KB201404

마포삼열 자료집 제4권

마포삼열 자료집 제4권

옥성득 책임편역 | 숭실대학교 가치와윤리연구소 간행

러일전쟁과 한국의 운명, 1904년 [OAK]

Korea's Fate during the Russo-Japanese War, 1904

평양 마포삼열 사택, 1905년 [OAK]

Moffett House in Pyeng Yang, 1905

평양신학교 학생과 교수진, 1905년 [MOF]

Theological Students and Faculty Members, Pyeng Yang, 1905

평양신학교 학생, 1905년 [OAK]

Theological Students, Pyeng Yang, 1905

평양 숭의여학교, 1904년 [OAK]

Girls' Elementary School in Pyeng Yang, 1904

철도 부설로 땅을 잃고 보상을 받지 못해 철로를 파괴한 농부를 처형하는 일본군, 1904년 [OAK]

Execution of the Korean Farmers who lost their land and destroyed the railroad, 1904

No. 22 What can wash away my sins ? 7. 8. G. Hymns. 332.

뎨이십이

내죄를씻는거슨

일

내죄를씻는거슨
예수의피밧긔업네
다시셩케ᄒᆞ기도
예수의피밧긔업네
후렴

예수흘닌거슨
나를희게ᄒᆞᆫ픠
귀흠도귀ᄒᆞ다
예수의피밧긔업네

이

나를졍케ᄒᆞ기도
예수의피밧긔업네
샤죄ᄒᆞ는빙거도
예수의피밧긔업네
후렴

삼

죄를속ᄒᆞ는것도
예수의피밧긔업네
내공로ᄒᆞ나업네
예수의피밧긔업네
후렴

ᄉᆞ

ᄇᆞ라고평안ᄒᆞᆫ것
예수의피밧긔업네
내올흠이이것ᄲᅮᆫ
예수의피밧긔업네
후렴

오

영화영화이말ᄲᅮᆫ
예수의피밧긔업네
이결노찬미ᄒᆞ네
예수의피밧긔업네

「찬미가」, 1905 [OAK]

Korean Hymnal, 1905

철도 공사에 동원된 한국인들, 1904년 [OAK]

Korean Workers Mobilized by Japanese to the Railroad Construction, 1904

●

1906년 4월 발생한 샌프란시스코 지진과 대화재 현장, 1906년 [OAK]

A View of San Francisco Destroyed by the Earthquake and Fire, 1906

●
핫지 홀, 프린스턴 신학교, 1906년 [OAK]
마포삼열은 1906년 11월부터 1907년 2월까지 워필드 교수 밑에서 신학을 공부했다.

Hodge Hall, Princeton Theological Seminary where Dr. Moffett Studied under Prof. Warfield, 1906-1907

간행사

이 땅에 장로교 신앙을 전하고 근대 대학교육의 문을 연 마포삼열 선교사의 자료집이 드디어 빛을 보게 되었습니다. 마포삼열 선교사는 1890년 1월 20일, 자신의 26세 생일에 인천에 도착했고, 이후 한반도의 북한 지역 선교에 헌신했습니다. 또한 윌리엄 베어드를 통해 한국 최초의 대학인 숭실대학이 평양에 설립될 수 있도록 돕고, 평양신학교를 직접 만들어 개신교 신학교육의 토양을 마련했습니다.

마포삼열 선교사는 저술이나 일기를 남기지 않고 대신 엄청난 양의 편지를 남겨놓습니다. 이는 선교보고서와 몇 편의 잡지 기고문과 함께 그의 사역을 연구하기 위한 중요한 자료가 됩니다. 우리는 마포삼열 선교사의 선교 열정뿐만 아니라 부인 앨리스 피시와의 아름다운 사랑과 그녀의 이른 죽음에 대한 안타까움, 그리고 재혼한 루시아 피시와 그 자녀들에 대한 사랑의 마음도 잘 읽을 수 있습니다. 이 편지들은 위대한 신앙인의 스토리만이 아니라 따뜻한 한 인간의 이야기를 우리에게 전달해줍니다.

마포삼열 선교사는 일제의 교육정책에 맞서 기독교 교육을 지키기 위해 전력을 다했고, 또 1918년부터 10여 년간 숭실대학 학장으로 지내면서 대학교육의 발전을 위해 많은 노력을 기울였습니다. 1934년 1월에 한국선교 44주년이자 선교사로서의 정년을 맞았는데, 이는 그의 헌신의 마침점이 아니라 마지막 고난의 시작이었습니다. 이때 일제의 신사참배 요구가 본격적으로 시작되었기 때문입니다. 그는 대학이 신사참배를 하지 않고 존속할 수 있도록 필사의 노력을 기울이지만 결실을 보지 못한 채 1936년 여름에 몸의 일부가 마비되는 병을 얻어 치료차 미국으로 갑니다. 몸이 회복되자 그는 한국으로 돌아오려고 노력했지만 한국은 그를 다시 불러오지 못했습니다. 그 와중에 평양에 남아 있던 부인마저 급작스런 병으로 아들과 함께 미국으로 급히 귀국한 탓에 마포삼열 선교사는 자신의 '진짜 고향'인 한국으로 다시 돌아오지 못하고 몇 년 후 캘리포니아에서 쓸쓸히 별세하게 됩니다. 이즈음의 편지들은 눈물과 탄식 없이 읽기가 어렵습니다. 한참의 시간이 지난 뒤 장로회신학대학은 그 유해를 모셔와 학교 캠퍼스 가운데 안장했습니다.

이 자료집은 숭실대학교 가치와윤리연구소와 강북제일교회의 협력으로 만들어졌습니다. 수년간의 작업 끝에 총 10권으로 기획된 이 자료집 가운데 처음 네 권이 숭실대학교 창립 120주년을 맞는 해에 이렇게 출간이 됩니다. 이를 위해 강북제일교회는 재정지원을 하고 가치와윤리연구소는 원문 편지의 편집과 번역을 UCLA에 있는 옥성득 교수에게 의뢰하는 등 자료집 발간과 관련된 일체의 작업을 수행했습니다. 옥성득 교수는 제1권으로 발간이 중단된『마포삼열 서한집』의 편역자이기도 합니다. 가치와윤리연구소는 그 책을 출간한 두란노아카데미로부터 편집 및 제작권을 모두 인수하여 이 사업을 진행했습니다. 나머지도 서둘러 준비하겠습니다.

이 일을 위해 많은 도움을 주신 숭실대학교 한헌수 총장님과 직원 선생님들, 어려운 여건 가운데에서도 재정적 지원을 감내해주신 강북제일교회의 황형택 목사님과 당회원 및 성도 여러분, 편역으로 수고해주신 옥성득 교수님, 영문으로 된 서문 번역에 도움을 주신 박신순 박사님, 이 책의 편집 및 제작권을 기꺼이 넘겨준 두란노아카데미, 그리고 어려운 출판계 사정에도 불구하고 흔쾌히 출판을 담당해주신 새물결플러스 대표 김요한 목사님, 선구매 방식으로 지원해주신 많은 분께 진심으로 감사드립니다. 아울러 이 책을 준비하는 과정에 많은 자문과 도움을 주신 곽신환 교수님과 김인섭 교수님께도 깊은 감사를 드립니다.

이 책을 통해 마포삼열 선교사의 선교 열정과 한민족에 대한 사랑, 특히 오늘날 북녘의 민중에 대한 사랑이 이 땅의 신앙인들 마음에 다시 샘솟기를 간절히 바랍니다.

2017년 1월
숭실대학교 가치와윤리연구소 소장
김선욱

기념사

한 사람의 인생 이야기가 그 사람 개인의 역사로 그치지 않고, 한 국가나 어느 시대의 역사의 흐름을 주도하는 거대한 물줄기가 되는 경우가 있습니다. 마포삼열 선교사의 인생이 그러했습니다. 그의 인생은 한 개인의 역사로 끝나버린 것이 아니라, 한국 초기 기독교 역사와 근대 교육을 용솟음치게 만드는 거대한 소용돌이가 되었습니다.

역사는 명징하고 엄정한 기록으로 남아 있을 때, 그리고 기록된 역사를 되새김질하는 맑은 역사의식에 근거한 탁월한 해석이 있을 때 그 가치가 더욱 빛이 납니다. 이번에 숭실대학교 가치와윤리연구소의 뜨거움으로 마포삼열 선교사를 작금의 역사 속으로 불러오게 된 것은 참으로 소중한 발걸음이었습니다. 강북제일교회가 그 발걸음에 맞춰 함께 걸어갈 수 있게 된 것을 영광이라 생각하며 감사합니다. 함께 협력해주신 당회와 교인들에게도 감사의 마음 남기고 싶습니다.

2017년 1월

강북제일교회 담임목사

황형택

Editor's Remarks

The Duranno Academy gave up publishing the Letters of Samuel Austin Moffett series after the publication of its first volume in October 2011 and the decease of its chair Rev. Yongjo Ha. Now I am grateful for the publication of the first two volumes of the new series by the Holy Wave Plus Press in January, 2017 and volumes 3 and 4 in the summer of 2017. These volumes are the results of multiple cooperation—Mrs. Eileen F. Moffett's transcription of the English texts, my translation and editorial works, financial support of the Kangbuk Leading Church (senior pastor Hyung-Taek Hwang), planning of the project by the Institute of Values and Ethics of Soongsil University (chair Prof. Seon-Wook Kim), and the publication by the Holy Wave Plus Press (chair Rev. John Kim).

The Korean title of the new series adopted "Sources" of Samuel Austin Moffett instead of "Letters." Even though most primary materials are letters, the volumes have many reports and articles of newspapers and magazines. As the new series need to be edited in a unified format, the first volume was revised and redesigned.

My special thanks should go to Rev. Hyung-Taek Hwang who has been leading the church notwithstanding its painful events; Prof. Seon-Wook Kim whose valuable service made the project possible; Rev. John Kim who volunteered to take up the publication despite the expecting loss. They put the yoke of this costly project for the reformation of the Korean churches, who would recover the sacrificial and missional spirit and deeds by remembering the early missionary couple. I am specially grateful for the readers who supported the publication by ordering the volumes in advance.

July 1, 2017

Sung-Deuk Oak

편역자 글

2011년 10월 두란노아카데미(대표 하용조 목사)에서 『마포삼열 서한집 제1권』을 출판한 후, 두란노아카데미가 여러 가지 사정으로 제2권 이후의 출간을 포기했다. 이제 새 기획과 편집으로 2017년 1월에 개정판 1권과 함께 2권을 출판하고, 2017년 여름에 제3-4권을 출판하게 되어 기쁘다. 이 책은 아일린 마페트 여사의 영어 원문 작업, 필자의 편역 작업, 강북제일교회(담임 황형택 목사)의 재정 후원, 숭실대학교 가치와윤리연구소(소장 김선욱 교수)의 기획, 그리고 새물결플러스(대표 김요한 목사)의 출판이 협력하여 이루어졌다.

새 시리즈는 제목에서 "서한집" 대신 "자료집"을 사용하여 『마포삼열 자료집 제0권』 등으로 출판한다. 대부분의 원사료가 서신이지만, 편지 외에도 보고서나 신문 잡지의 기사들이 있기 때문에 자료집이라는 더 적절한 용어를 사용한다. 새물결플러스가 시리즈를 맡아 발간하면서 전집을 통일적으로 편집하기 위해서 제1권 개정판을 발간한다. 숭실대학교 가치와윤리연구소가 두란노아카데미로부터 출판권을 이양받았을 때 1권의 판권과 재고도 넘겨받았다. 그러나 새물결플러스에서는 재고 초판본을 모두 파기하고 2-4권과 동일한 편집 형태로 만들기 위해 새로 1권을 편집하고 인쇄했다.

교회의 어려움 속에서도 묵묵히 목회자의 길을 걸어가는 황형택 목사님과, 책을 만들기 위해 봉사를 아끼지 않은 김선욱 교수님, 악화되는 출판 환경 속에서 적자가 예상되는 자료집이지만 출판을 떠맡은 김요한 목사님은, 헌신한 선교사들에 대한 바른 기억과 계승을 통해 한국 교회가 역사의식을 회복하고 개혁될 수 있도록 충성스럽게 수고했다. 선주문으로 출판을 격려해준 여러 독자들께도 고마움을 표한다.

2017년 7월 1일

옥성득

Foreword 1

“The true leader can be recognized because somehow his people consistently turn in superior performances. ... Moffett...was a leader from the time he set foot on Korean soil, wrote Martha Huntley in her impressive book on the early Korea missionaries, To Start a Work (Korea edition, 1987).

That is very true, but I want to add a few words from an even closer perspective. Samuel Austin Moffett was my father. I am Samuel Hugh Moffett, the third of his five sons. And to me he was the best father a son could ever have. Father married twice. His first wife, Alice Fish bore him two sons, James and Charles. She died in 1912 and in 1915 he married Lucia Hester Fish and three more sons were born; Samuel H., Howard, and Thomas. The five boys always considered themselves three-quarter brothers because their mothers were first cousins.

As one by one of us five boys left Korea for college, father told us among other sound advice, “Don’t be a minister unless you have to be. It sounds negative. But it was wise. He knew that a call to the ministry was not to be taken lightly. It must be such a certain call from God that one could not resist it. Father himself majored in chemistry in college and was strongly urged to pursue a promising career as a scientist, but the call of God in his life to prepare for the ministry was so unmistakable that he surrendered to it. I am sure he was pleased and thankful when four of his five sons did feel a strong call to the ordained ministry. Only one had a different call, and that surely would please his father, also. Howard became a medical missionary and his brothers good-naturedly teased him, calling him a “heathen because he was not an ordained clergyman.

His second son, Charles, was the only one Dr. Moffett saw leave for

서언과 감사 1

"자신을 따르는 사람들이 지속적으로 뛰어난 역할을 수행하도록 만드는 사람이 바로 진정한 지도자다.…마포삼열 목사는…한국 땅에 첫발을 디딜 때부터 그런 지도자였다"라고 마르다 헌틀리는 초기 내한 선교사들에 대한 저서 『사역의 시작: 한국 개신교 선교의 기초, 1884-1919』(서울: 대한예수교장로회, 1987)에서 썼다.

그녀의 말은 정말 사실인데, 나는 좀 더 가까이에서 살펴본 입장에서 몇 마디 추가하고 싶다. 마포삼열(馬布三悅) 선교사는 내 부친으로, 나는 그분의 다섯 아들 중 셋째인 새뮤얼 휴 마페트(馬三樂)다. 나에게 그분은 최고의 아버지셨다. 아버지는 두 번 결혼하셨다. 아버지의 첫 아내 앨리스 피시는 두 아들 제임스와 찰스를 낳고 1912년에 돌아가셨다. 1915년 아버지와 결혼한 루시아 헤스터 피시는 세 아들, 나와 하워드와 토머스를 낳으셨다. 우리 다섯 형제는 서로를 3/4 형제라고 했는데 이는 어머니들이 사촌 간이었기 때문이다.

한 명씩 차례로 아들들이 대학을 다니기 위해 한국을 떠날 때, 아버지는 유익한 충고와 함께 "반드시 되어야 할 경우가 아니면 목사가 되지 말라"라고 말씀해주셨다. 이는 부정적으로 들리나, 실은 현명한 조언이었다. 아버지는 목회자라는 소명을 가볍게 여겨서는 안 된다는 것을 아셨다. 결코 거부할 수 없도록 반드시, 그리고 분명히 그 소명은 하나님께로부터 오는 것이어야 했다. 아버지는 대학에서 화학을 전공하셨는데, 주변에서 과학자의 길을 가라고 강하게 권면할 만큼 촉망받는 인재셨다. 그러나 일생을 목회자로 살기 위해 준비하라는 하나님의 소명은 확실했고 그래서 그 부르심에 순종하셨다. 아버지의 다섯 아들 중 4명이 강한 소명을 느끼고 안수 목사가 되었을 때 아버지가 기뻐하며 감사하셨으리라 확신한다. 다른 소명을 받은 한 명에 대해서도 아버지가 기뻐하셨음은 분명하다. 하워드는 의료 선교사가 되었는

missionary service. The year was 1938 and Charlie, Marion, and little Alice, named for Charlie's mother, said Goodbye to their father and embarked for India. Dr. Moffett had been forced out of Korea in 1936 by the Japanese over the Shinto Shrine controversy, and was living in retirement in California. He had become so identified with his life in Korea that it was said he went to the post office in Monrovia, California and asked for stamps, using the Korean language.

I was in my first year at Princeton Theological Seminary when my father died in 1939 and myyounger brother, Howard, was just beginning medical school. Jim, the oldest son, had just finished his theological education at the Biblical Seminary in New York City. Our youngest brother, Tom, was still in High School.

There are many incidents in our family life with father which are clearly etched in my memory. One day some of us boys were playing soccer in our yard in Pyeng Yang with friends. Father was sitting in a committee meeting on our porch. Suddenly my brother Charlie, going after the ball, crashed into one of father's favorite flowering bushes and broke several branches. We looked toward the porch to see what kind of punishment might be forthcoming. But when one of his colleagues asked, "Dr. Moffett, aren't you going to punish your son for damaging that beautiful bush? Father, knowing it was an accident, gently said, "I am even more interested in growing boys than in growing bushes and in time I will know where to place the bushes so I can have both.

Father never brought the business of controversial church and mission affairs into discussions at home. He was often away, of course, but when he was home we enjoyed delightful conversations at mealtime, frequently with guests present. I never heard him speak unkindly about any colleague. If he had serious disagreements with missionary or Korean colleagues on policy issues, we boys never knew about it.

Visitors came to our home in droves. How well I remember many of them. Famous names in Korean Church history were simply good

데, 안수 목사가 아닌 그를 우리는 "이교도"라고 부르며 놀려대곤 했다.

아버지는 1938년에 둘째 아들 찰스가 선교사로 출발하는 모습만을 직접 보실 수 있었다. 그해에 찰리, 마리온, 그리고 찰리의 어머니의 이름을 받은 어린 앨리스가 아버지에게 작별 인사를 고하고 인도를 향해 떠났다. 아버지는 1936년 신사참배 논쟁 때문에 일본인에 의해 한국을 떠나실 수밖에 없었고, 은퇴한 후에는 캘리포니아에서 사셨다. 한국 문화에 너무 오랫동안 적응하셨기 때문에, 아버지는 캘리포니아 몬로비아 우체국에 가서 우표를 살 때 한국어로 말씀하셨다고 한다.

아버지가 1939년에 돌아가셨을 때 나는 프린스턴 신학교 1학년에 재학 중이었고, 동생 하워드는 의대를 다니기 시작했다. 큰형 짐은 뉴욕 시에 있는 성경신학교에서 신학 교육을 막 마쳤고, 막내 동생 톰은 아직 고등학생이었다.

아버지에 대한 여러 가지 기억이 내 마음에 새겨져 있다. 하루는 우리 형제들이 평양 사택의 마당에서 친구들과 축구를 하고 있었다. 아버지는 마루에서 위원들과 회의를 하고 계셨다. 갑자기 형 찰리가 공을 따라가다가 아버지가 가장 아끼는 꽃나무에 부딪히며 가지들을 부러뜨렸다. 우리는 어떤 벌이 내려질지 알 수 없어 마루를 쳐다보았다. 그때 동료 선교사가 "마페트 박사, 아름다운 나무들을 망가뜨렸다고 아들을 벌하지는 않겠지요?"라고 물었고, 아버지는 그것이 어쩔 수 없이 벌어진 일인 것을 아시기에 부드럽게 말씀하셨다. "꽃나무 키우는 것보다 아들 키우는 데 더 관심이 많지요. 꽃나무를 어디에 옮겨 심어야 할지는 곧 알 수 있을 것이고, 그래서 둘 다 잘 키울 수 있을 것입니다."

아버지는 교회에서 벌어지는 논쟁이나 선교회 사업 문제를 집으로 가져와서 논의하신 적이 없다. 물론 자주 집을 비우셨으나, 집에 계실 때면 손님들과 함께 유쾌한 대화를 즐기며 식사할 때가 많았다. 나는 아버지가 동료들에 대해 안 좋게 말씀하시는 것을 들은 적이 없다. 다른 선교사나 한국인 동료와 정책 문제로 심각한 의견 차이가 있었겠지만, 우리는 이런 것을 전혀 알 수 없었다.

friends to us boys. I was fascinated by the big thick glasses of Rev. Kil Sun-Ju. He had spent many months in prison following the Independence Movement of 1919. After his release and undoubtedly before that, also, he was a frequent visitor in our home consulting with my father. I used to climb up on his lap when I was four or five years old, look up into his face and ask him in Korean to recite a certain verse or passage of the New Testament. I knew he had memorized huge portions of the Bible, especially from the Book of Revelation, while in prison. He would always quote whatever chapter and verse I might ask of him.

A Korean friend in Taegu once told us a story which had become dear to his family. He said that when his father was a student at Soongsil College in Pyeng Yang, Dr. Moffett, who at that time was the president of Soongsil, asked this young man to take care of his home while he and his family were away for a week or two. He said, "I am making you the Master of my home while I am away." One day Dr. Moffett returned unexpectedly for a short time. This young man had climbed up into the apricot tree in the yard and picked some of the ripe fruit. He was startled and greatly embarrassed by what he had done. But when he began to apologize, Dr. Moffett said to him, "You have absolutely nothing for which to apologize. Didn't I tell you that while I am away you are the master (주인) of this house? As master you have a perfect right to do what you have done. Our friend said that story had become a family treasure.

Prayer was a natural part of our family life. In the evenings, usually after dinner, we listened to father read a brief passage of Scripture and then we would kneel by a chair or a bed and hear him pray. His prayers were simple but profound. He prayed as though he personally knew the Father to whom he was praying. What a deep impact that had on all our lives! On summer vacations when we had a thatched-roof house built on a Korean boat and spent several weeks traveling up the Taedong river while father visited churches in villages along the river,

우리 집에는 방문객이 끊이지 않았다. 나는 그들 가운데 많은 사람을 생생히 기억한다. 그들은 한국 교회 역사에서는 유명한 사람들이었지만 우리에게는 단지 좋은 친구들이었다. 나는 길선주 목사의 크고 두꺼운 안경에 반했다. 그는 1919년 3·1운동 후 감옥에서 여러 달을 보냈고 석방된 후에는, 의심할 여지없이 그전에도, 아버지와 상의하기 위해 자주 우리 집을 방문했다. 네다섯 살 때 나는 늘 그의 무릎에 올라가서 그의 얼굴을 바라보며 한국어로 신약성경의 특정 구절이나 문단을 암송해달라고 부탁하곤 했다. 나는 그가 성경의 수많은 부분을 암기하고, 특히 감옥에서 요한계시록을 암기했다는 것을 알고 있었다. 내가 어떤 장, 어떤 절을 부탁하든지 그는 항상 척척 암송했다.

대구에 살던 한국인 친구가 한번은 자신의 가족이 소중히 간직하는 한 이야기를 들려주었다. 그의 부친이 평양 숭실대학 학생일 때의 일이다. 당시 숭실대 학장이던 아버지는 가족과 함께 한두 주일 집을 비우게 되었다. 그러자 내 친구의 부친에게 집을 잘 돌봐줄 것을 부탁하면서 다음과 같이 말씀하셨다고 한다. "내가 없을 때는 자네가 이 집의 주인이네." 어느 날 아버지가 일정보다 빨리 잠깐 집에 들르셨다. 그때 이 청년은 마당에 있는 살구나무에 올라가서 익은 살구를 몇 개 따고 있었다. 그는 놀랐고 자신의 행동으로 인해 크게 당황했다. 그러나 그가 사과하려고 했을 때 아버지는 그에게 말씀하셨다. "자네는 사과할 것이 전혀 없다네. 내가 없을 때는 자네가 이 집의 주인이라고 말하지 않았던가? 주인은 그런 일을 할 충분한 권리가 있는 거야." 내 친구는 그 이야기가 자신들의 가보(家寶)가 되었다고 말했다.

기도는 우리 가족에게 자연스러운 생활의 일부였다. 저녁마다 아버지는, 대개는 식사 후에 간단히 성경 구절을 읽으신 후 의자 옆이나 침대 옆에서 무릎 꿇고 기도하셨다. 아버지의 기도는 단순하고 심오했다. 아버지는, 기도를 드리는 아버지 하나님과 개인적으로 알고 있는 사이인 것처럼 기도하셨다. 그 기도가 우리 모두의 삶에 얼마나 깊은 영향을 주었던가! 여름 휴가철에는 한국식 배 위에 지은 초가집에 살면서 여러 주 동안 대동강을 따라 올라갔다. 아버지가 강 주변의 교회들을 방문하시는 동안 우리 형제는 수영하

we boys had great fun swimming and playing on the sand banks where we parked. But each morning before we were allowed to play, we had to memorize two or three of the questions from the Presbyterian shorter catechism. Although we sometimes grumbled about that, it gave us a solid theological and biblical world view which we recognized as a great gift later in our lives.

Just a year before he died my father wrote the following note to me. I had graduated from Wheaton College earlier that year and was spending several months in three small rural churches in North Dakota which my brother Charles had been serving when he was called to India. At the urging of Charlie to give temporary pastoral care to these churches, even though I had not yet had any formal theological education, I was writing and preaching some of the first sermons I had ever prepared. I was careful to send copies of them to my father. This is the letter he wrote to me: "...I want to hear from you as to whether you are holding the Gospel door open for new decisions. Your sermons are fine and are holding to the Gospel message but are you giving an appeal from time to time for decision on the part of those who hear you that they may decide to follow Christ?

And, finally, I want to emphasize how important to my father was the principle which the early Presbyterian missionaries in Korea had adopted as their guide for planting a solid, indigenous Christian church in Korea. A few months after father arrived in Seoul in 1890, Dr. John L. Nevius, a seasoned Presbyterian missionary in China visited Korea. After unsuccessfully trying to persuade his fellow missionary colleagues in China to adopt the three-self plan of missions, his arguments in favor of it did take root in the minds of these young pioneers in Korea. Self-support, self-propagation, and self-government proved to be a solid foundation on which the fledgling Korean Presbyterian Church came to life in Christ and has grown into a tree whose branches spread nourishment throughout the world.

고 모래사장에서 놀기도 하며 재미있게 보냈다. 그러나 이렇게 놀기 전, 매일 아침마다 장로회 소요리문답에서 두세 가지 질문을 외워야 했다. 비록 당시에는 가끔 불평하기도 했지만, 뒷날 우리는 마음 깊은 곳에 튼튼한 신학적·성경적 세계관을 심어주었던 이 일이 우리 삶에 주어진 위대한 선물인 것을 깨달았다.

아버지는 돌아가시기 1년 전쯤 내게 짧은 편지를 보내주셨다. 그해 초 내가 휘튼 대학을 졸업하고 형 찰리가 사역하다가 인도로 가면서 목회자가 부재하던 노스다코타 주의 작은 시골 교회 세 곳에서 여러 달을 보내고 있을 때였다. 비록 그때까지 공식적인 신학 교육을 받은 적은 없지만, 형이 내게 임시로 이 교회들에서 목회해줄 것을 강권했기 때문에 나는 생애 처음으로 설교문을 써서 설교하고 있었다. 나는 조심스럽게 그 사본들을 아버지에게 보내고 있었는데, 아버지는 다음과 같은 답장을 써서 보내주셨다. "…나는 네가 사람들이 새로운 결단을 하도록 복음의 문을 열고 있는지 듣고 싶었는데, 너는 복음의 메시지를 붙잡는 좋은 설교를 하고 있구나. 그러나 설교를 듣는 사람들이 그리스도를 따르기로 결정할 수 있도록 때때로 결단의 시간을 요청하고 있는지 궁금하다."

끝으로 나는 초기 한국 장로교회 선교사들이 탄탄하고 토착적인 한국 교회를 설립하기 위한 지침으로 채택한 원리가 아버지에게 얼마나 중요했는지 강조하고 싶다. 아버지가 1890년 서울에 도착하고 몇 개월이 지난 후, 중국에서 오랫동안 선교한 존 네비우스 박사가 방한했다. 그는 선교를 위한 삼자(三自) 계획을 세워 중국에 있는 동료 선교사들이 채택하도록 설득하다가 실패했는데, 그 후 그 계획은 한국에 있는 젊은 선교사들의 마음에 뿌리를 내렸다. 자급, 자전, 자치는 신생 한국 장로교회가 그리스도 안에서 생명을 얻고 큰 나무로 자라 그 가지가 전 세계에 양식을 전하게 하는 튼튼한 기초가 되었다.

"오, 주님! 당신의 나라가 임하시며 당신의 뜻이 하늘에서 이루어진 것처럼 땅에서도 이루어지이다."

"Thy Kingdom come, O Lord, Thy will be done on earth as it is in Heaven

July 25, 2011
Princeton, New Jersey
Samuel Hugh Moffett

프린스턴에서

2011년 7월 25일

새뮤얼 휴 마페트(馬三樂)

●
새뮤얼 휴 마페트(馬三樂)
이 글을 쓴 후 2015년 2월 9일에 별세했다.

Foreword 2

I never met Samuel Austin Moffett, my husband's father. He died in 1939. But when I arrived in Korea in 1956 to marry his third son, Samuel Hugh Moffett, shortly after the hostilities of the Korean War had ended, I quickly discovered that I was marrying into a family that was greatly beloved, especially by the thousands of refugees who had fled the Communist-controlled northern half of the country. It seemed to me that they all knew Ma Moksa (마목사) and had tears in their eyes when they spoke of him. It also seemed to me that they were almost all Christians. And living and serving among those Christians of Korea for the next twenty-five years had an immeasurably positive impact on my own life as a Christian.

It was after we left Korea in 1981 when Sam was sixty-five years old, the retirement age for Presbyterian missionaries in Korea, and was called to the faculty of a new "mission field, as President James McCord of Princeton Theological Seminary called it, that I began asking the Lord to show me a new mission for myself.

When we began unpacking boxes of papers which we had brought from Korea and boxes which had been in storage here in the United States, I realized that there was a treasure trove of material which, as an historian, Sam had collected on the history of the Korean Church and on the missionary families who had served there, including a vast number of letters and writings of his own father, one of the pioneers. I became more and more convinced that since we were almost next door to the great Princeton Theological Seminary library and within an hour's drive of the Presbyterian Historical Society archives in Philadelphia, I was in a unique location to do something with all this primary source material.

서언과 감사 2

나는 남편의 부친인 마포삼열 선교사를 만난 적이 없다. 그분은 1939년에 사망하셨다. 그러나 내가 1956년에 새뮤얼 휴 마페트와 결혼하기 위해 동족상잔의 전쟁이 끝난 지 얼마 되지 않은 한국에 도착했을 때, 곧 한국인, 특히 공산주의자들이 지배하는 북한에서 내려온 수만 명의 피난민들이 무척이나 사랑하는 가족에게 시집온 것을 깨닫게 되었다. 그들 모두가 '마 목사'를 알고 있는 것처럼 보였고, 그에 대해 말할 때 그들의 눈에는 눈물이 고여 있었다. 또한 피난민들은 거의 모두 기독교인인 것처럼 보였다. 이후 25년간 한국의 기독교인들과 함께 살면서 섬긴 시간은 기독교인으로서의 내 삶에 측량할 수 없는 긍정적인 영향을 미쳤다.

남편 샘이 한국에서 장로회 선교사가 은퇴하는 나이인 65세가 된 1981년에 한국을 떠나 프린스턴 신학교의 총장 제임스 맥코드가 지칭한 대로 새로운 '선교지'의 교수로 부름을 받았을 때, 나는 내게도 새로운 선교지를 보여달라고 주님께 간구하기 시작했다.

우리 부부가 한국에서 가져온 서류 박스와 미국의 창고에 넣어두었던 박스를 정리하기 시작했을 때, 역사가인 샘이 한국 교회 역사와 한국에서 봉사한 선교사 가족들에 대해 수집해둔 보물 같은 자료를 발견했다. 거기에는 개척 선교사로 활동하던 마포삼열 선교사의 수많은 편지와 글도 있었다. 우리가 프린스턴 신학교의 큰 도서관 근처에 살았고, 한 시간만 차를 타고 가면 필라델피아에 장로회역사협회 고문서실이 있었기에 이 모든 일차 사료를 가지고 무엇인가를 할 수 있는 독특한 위치에 내가 있음을 점점 더 확신하게 되었다.

우리가 미국으로 돌아온 1981년은 교수진과 학생들이 개인 컴퓨터를 학문적인 작업에 사용하기 시작하던 때였다. 나는 지체하지 않고 바로 컴퓨터에 손을 대기 시작했고 사용법을 배웠다. 이 일은 재미있었고 나는 하나님

We had returned to the United States in 1981 and this was just the time when personal computers were beginning to be used by faculty and a few students for academic work. I could hardly wait to get my hands on one and learn how to use it. For me that was fun. And I soon discovered what became a real calling of God.

Many hours were spent in the Speer library at the microfilm machines transcribing all the hand-written letters of S. A. Moffett and a few other of his missionary colleagues, whose correspondence with the Board of Foreign Missions extended over fifty years. The technology available when the letters were microfilmed was not up to today's standards but for the most part they were readable with squinting and pondering at times. I am thankful that S.A. Moffett's handwriting was quite legible. In later years some of the letters were typewritten, which is not surprising since the Underwood typewriter was showing up more and more frequently in Korea.The great pioneer Presbyterian missionary, Horace G. Underwood was a brother of Mr. John Underwood, founder of the Underwood Typewriter Company.

One of our great disappointments was the fact that all of Samuel A. Moffett's personal letters to his family in Madison, Indiana from his earliest days in Korea through the next forty-six years were destroyed when his brother Howard S. Moffett's home burned to the ground in 1944. Those precious letters had all been kept by S.A. Moffett's mother until she died in 1912 and then by his brother Howard in his home. Shortly before the tragic fire, Aunt Susie, who was living at that time with Uncle Howard had gathered those letters together and was preparing to send them all to my husband, Samuel Hugh Moffett, who was even then becoming the family historian.

Fortunately, in spite of that great loss, we did have many other letters, as you will see in this collection. Pulling together and transcribing these letters from the files of the Presbyterian Historical Society, from our own rather vast collection and from a few other

이 내게 주신 진정한 소명을 곧 발견했다.

나는 스피어 도서관에서 마이크로필름 판독기로 마포삼열 선교사와 그의 동료들이 50년 넘게 북장로회 선교본부에 보낸 편지들을 보면서 컴퓨터로 타이핑하는 작업에 많은 시간을 보냈다. 마이크로필름을 만들 당시의 기술은 오늘날의 수준에는 미치지 못했지만, 대부분의 편지는 눈을 가늘게 뜨고 보거나 한참 생각하면 어느 정도 읽을 수 있었다. 나는 마포삼열 선교사의 필적이 상당히 또렷해서 감사했다. 후대에 가면 일부 편지는 타자기로 친 것도 있었다. 이것은 놀라운 일이 아닌데, 한국에서 언더우드 타자기가 점점 더 빈번하게 사용되고 있었기 때문이다. 사실 위대한 개척 선교사 언더우드[元杜尤] 목사의 형 존 언더우드는 언더우드 타자기회사의 설립자였다.

가장 아쉬운 점은 마포삼열 선교사가 한국에 도착한 이후 46년간 인디애나 주 매디슨에 있는 가족에게 보낸 개인 편지가 1944년 마포삼열 선교사의 형 하워드의 집이 화재로 전소될 때 모두 사라진 것이다. 그 소중한 편지들은 모두 마포삼열 선교사의 어머니가 1912년에 돌아가실 때까지 간직해 둔 것인데, 이어서 하워드 삼촌이 보관하게 되었다. 그 불행한 화재가 발생하기 직전, 당시 하워드 삼촌과 함께 살던 수시 고모가 모든 편지를 모아 그때 벌써 가족사를 담당하고 있던 남편에게 보내려고 준비하고 있었다.

큰 손실에도 불구하고, 다행히 이 시리즈에서 보듯이 다른 많은 편지가 남아 있었다. 미국 장로회역사협회의 파일, 더 많은 우리의 수집 자료철, 그리고 다른 자료에서 이 편지들을 다 찾아내어 컴퓨터에 타이핑하는 일은 많은 시간과 날과 해가 걸렸다. 그러나 이 작업은 개인적으로 내게 커다란 복이었다. 그리고 이제 나는 다른 많은 사람들도 진실로 위대한 한 인물의 개인적인 글을 읽고 복을 누리기를 희망한다. 왜냐하면 그분이 내 시아버님이기 때문이 아니라, 직접 펜으로 쓴 글과 정신과 마음을 통해 그분이 얼마나 온전히 주 예수 그리스도께 복종했고 얼마나 진지하고 지혜롭고 일관되게 그 놀라운 자유의 복음을 그분이 무척이나 사랑한 한국인들에게 전하려고 했는지를 배웠기 때문이다.

마포삼열 선교사는 1889년 말 한국을 향해 출발할 때 다음과 같이 썼

sources has taken hours, days and many years of work. But it has been a great blessing to me personally and I now hope it may be a blessing to many others who will benefit from the personal writings of a truly great man. I can say that, not because he was my father-in-law, but because I have learned from his own pen and his own mind and heart how fully he had surrendered himself to the Lord Jesus Christ and how earnestly, wisely and unfailingly he sought to present that wonderful liberating good news to the much-beloved Korean people.

As he was leaving for Korea he wrote, "I am resolved to know Jesus Christ, and Him alone. He knew that he was not going to Korea to civilize its people. He realized that they were a people of an ancient cultural heritage far more civilized than his own. But he also knew that they were a people who desperately needed the liberating power of the Lord Jesus Christ to deliver them from fear, from hopelessness and from bondage to sin and evil. It was to that purpose that he sailed for Korea in the last month of 1889, arriving at the dawn of a new year, a new decade and the early years of a new life for the people of Korea.

I hope you will come to know something of the character of this young man who stepped on the soil of Korea on his 26th birthday. He was purposeful and serious, yet he had a great sense of humor. He could forcefully argue a point when he thought an important principle was at stake. But he respected colleagues with whom he sometimes differed and knew they were Brothers and Sisters in Christ.

Some of his Korean colleagues labeled him the Looking Up the Road Man. He was always looking ahead and planning ahead and his plans were directed to planting a church of disciplined, educated, mature and witnessing believers. He was a strong proponent of Christian Education at all levels and sought when planting a church to plant a school beside it. Samuel A. Moffett was a mission strategist. A careful reading of the published material in these books will give abundant illustration to this claim. But when a visitor at the fiftieth anniversary celebration of the

다. "나는 예수 그리스도 그분만 알기로 결심했습니다." 시아버님은 한국인을 문명화하기 위해 한국에 가는 것이 아님을 아셨다. 시아버님은 한국인들이 고대 문명의 유산을 가진 민족이며 미국인보다 더 문명화된 민족인 것을 아셨다. 그러나 동시에 한국인들에게 불안, 절망, 죄와 악의 굴레로부터 자유롭게 하는 주 예수 그리스도의 능력이 간절히 필요한 것도 아셨다. 그분이 1889년 12월 한국을 향해 떠난 것은 바로 그 목적 때문이었다. 1890년대는 한국 민족에게 새로운 10년이었고 새 생명이 주어진 초창기였다.

나는 독자들이 26세 되던 생일날 한국 땅을 밟은 이 청년의 인격이 어떠했는지를 알기 원한다. 그는 목적이 분명하고 진지하면서도 유머 감각이 뛰어났다. 그는 중요한 원칙이 걸려 있는 문제라고 생각하면 핵심을 강력하게 논증할 수 있었다. 그러나 때로 의견이 다를지라도 동료들을 존중했고, 그들이 그리스도 안에서 형제자매임을 기억했다.

그의 동료들은 그를 '길 앞을 내다보는 사람'이라고 불렀다. 그는 항상 앞을 바라보며 미리 계획했는데 그 계획은 훈련된, 교육받은, 성숙한, 전도하는 교인으로 이루어진 교회를 설립하는 방향으로 나아갔다. 그는 모든 수준의 기독교 교육을 강하게 옹호했으며, 교회를 설립할 때 바로 옆에 학교를 설립하려고 노력했다. 그는 선교 전략가였다. 이 시리즈들을 주의 깊게 읽어 보면 이 주장에 대한 사례들을 넘치도록 찾을 수 있을 것이다. 그러나 한국 장로회 선교 희년 때 방문한 어떤 사람이 한국 교회의 성장을 어떻게 설명할 수 있는지 질문했을 때, 그는 단순히 이렇게 대답했다. "50년간 우리는 이 사람들에게 하나님의 말씀을 제시했고 성령께서 그 나머지를 행하셨습니다."

1904년 미국의 젊은 작가 잭 런던이 러일전쟁을 취재하기 위해 신문사 종군기자로 한국에 파견되었을 때, 그는 마페트 선교사의 한국어 이름이 길에서 만난 사람들에게 마술처럼 효력을 발휘하는 것을 보았다. 잭 런던은 전쟁 지역까지 가기 위해 북쪽으로 먼 길을 여행하지 않을 수 없었다. 온갖 손짓 몸짓을 다 하면서 의사소통을 여러 번 시도한 후, 그는 호주머니에 있는 종이 한 장을 기억했다. 그것은 새 친구 마페트의 한국어 이름이 쓰여 있는 종이였다. 그는 천천히 "마-목-사"라고 발음했다. 그러면 기적처럼 사람들의

Korea Presbyterian Mission asked him how to account for the growth of the Korean Church, he answered simply, "For fifty years we have held up the Word of God to these people and the Holy Spirit has done the rest.

As early as 1904 when a young American writer, Jack London, was sent to Korea to cover the Russo-Japanese War as a Correspondent for his newspaper, he found that Moffett's Korean name worked like magic among people he met on the road. London had to travel long distances through the north on his way up to the war zone. After many attempts to be understood, by wildly waving his arms or trying other agonizing contortions, he remembered a piece of paper he carried in his pocket. It was the Korean name of his new friend, Moffett. Slowly he pronounced that name, "Ma Mōksa."Miraculously, he watched faces light up with joy and infinite comprehension. Almost immediately doors swung open to this young stranger eager to meet any need he might have. Jack London was later to become a well-known author in America, who wrote a story about his friend, Dr. Moffett, in Korea.

Samuel Austin Moffett has left behind a memorable legacy in Korea. Among the fruit of his work are the great Presbyterian theological seminaries which claim him as their founder. He would be intensely saddened by the divisions in the Church and in the nation, but very thankful to know how the Korean churches have shouldered the responsibility of World Mission outreach. It is our hope and prayer that the written records left by our father, Samuel Austin Moffett, will turn the eyes of the reader not primarily to the Moffett legacy but that they will serve as an extended witness of his life to the Great Light of the World, the Lord Jesus Christ.

Addendum:

When Dr.Oak Sung-Deuk contacted me to ask whether I might be interested in working with him on the publication of the letters and articles of Samuel Austin Moffett, I had no hesitation in giving him a

얼굴이 기쁨과 무한한 이해로 밝아지는 것을 보았다. 바로 즉시 사람들은 이 낯선 이방인에게 문을 활짝 열고 그가 필요한 것이라면 무엇이든지 열심히 도와주려고 했다. 잭 런던은 뒷날 미국에서 유명한 작가가 되었는데 그는 한국에서 사귄 친구인 마페트, 즉 마포삼열 선교사에 대한 이야기도 썼다.

마포삼열 선교사는 한국에 기념할 만한 유산을 남겼다. 그 열매 가운데 하나는 그가 설립한 여러 장로회신학교다. 그는 교회와 나라가 분열된 것에 크게 상심할 것이지만 동시에 한국 교회들이 세계 선교의 책임을 어깨에 메고 나아가고 있는 것으로 인해 깊이 감사할 것이다. 우리는 마포삼열 선교사가 남긴 기록을 통해 독자들이 그의 유산에만 눈을 고정하지 말고, 세계의 위대한 빛이신 주 예수 그리스도를 섬긴 그의 생애를 통해 더 폭넓은 그분의 증인으로 섬기기를 바라고 기도한다.

감사의 글

옥성득 교수가 내게 마포삼열 선교사의 편지와 기사를 출판하기 위해 함께 일하는 데 관심이 있는지 문의했을 때 나는 지체하지 않고 긍정적으로 대답했다. 남편과 나는 그가 만든 양질의 책들과 그의 성실한 인격을 알고 있었다. 그는 이미 『언더우드 자료집』 5권의 편집을 책임졌고 다른 번역과 출판 프로젝트를 완성했기 때문에 우리는 그의 관심에 기뻤다. 우리는 이 프로젝트를 착수해준 그에게 감사의 빚을 졌기에 이 자리를 빌려서 고마움을 표한다.

마포삼열 선교사 가족은 윌리엄 베어드 박사가 숭실대학을 설립할 때부터 그 대학의 운명과 함께했다. 베어드 목사는 마포삼열 선교사와 인디애나의 하노버 대학과 맥코믹 신학교 시절부터 친한 친구였다. 그들은 나중에 평양에서 장로회 선교사로서 동역자와 동료가 되었다. 마포삼열은 모든 수준의 교육을 옹호하는 사람이었고 베어드의 노력을 강력하게 지원했다. 베어드가 숭실대학 학장직을 사임하고 몇 년 후인 1918년부터 마포삼열은 10년간 학장으로 봉직했다. 당시 평양에서 성장한 남편 샘은 지금도 간혹 숭실대학 교가를 부르곤 한다. 1925년 동아시아 축구 시합에서 숭실대학 축구팀

positive answer. My husband and I knew the quality of his work and the integrity of his character. He had already presided over the publication of the Underwood Papers in several volumes, among a number of other translation and publishing projects, and we were pleased that he was interested. We wish to acknowledge our debt of gratitude to him for undertaking this project.

The Moffett family has followed the fortunes of Soongsil College (now University) from the time of its founding by Dr. William Baird. Baird was a close friend and companion of Samuel A. Moffett while they were both students at Hanover College in Indiana and at McCormick Theological Seminary. They were later partners and colleagues as Presbyterian missionaries in Pyeng Yang, Korea. Moffett was a great advocate for education at all levels for Korea and strongly supported Dr. Baird's efforts. A few years after his friend Baird resigned as president of Soongsil, Moffett stepped in as president for about ten years in the 1920s. His son, young Sam Moffett, growing up in Pyeng Yang during those years still breaks out singing the Soongsil song once in a while. He remembers how proud all the Soongsil fans were in 1925 when the college soccer team took first place in the major East Asia tournament that year. Another thing our family cannot forget was the time in 1919 when the Japanese occupying government demanded that the Korean flag be removed from the Soongsil flag pole. Dr. Moffett, who was president at the time,with a downcast heart asked his fourteen-year-old son, James, to climb up the flagpole and take it down. Moffett then sent it to America by James when he went to school in the U.S. a short time later. More than fifty years later, in 1974, that young boy now 65 years old, following his late father's instructions, brought the flag back to Korea and proudly presented it to Soongsil. It was widely reported in local newspapers. We are grateful to Prof. Kim Sunwook, Vice President of External Affairs and Director of the Institute of Values and Ethics at Soongsil University for his enthusiastic endorsement of Soongsil's plan

이 1등을 차지했을 때 그가 모든 숭실 팬들과 함께 얼마나 자랑스러워했는지 지금도 기억한다. 우리 가족이 잊을 수 없는 또 다른 일은 1919년 한국을 다스리던 일본 총독부가 태극기를 숭실 게양대에서 제거하라고 요구했던 때다. 당시 학장이던 마포삼열 선교사는 무거운 마음으로 14세 된 아들 제임스에게 게양대에 올라가 태극기를 내리라고 부탁했다. 곧 제임스가 미국에 있는 학교에 진학하게 되자 마포삼열은 그 국기를 미국으로 보냈다. 50년 후인 1974년 65세가 된 그 소년은 돌아가신 부친의 지시를 따라 그 태극기를 한국으로 가져가서 자랑스럽게 숭실대학교에 기증했다. 한국의 여러 신문이 이를 대대적으로 보도했다.

우리는 『마포삼열 자료집』을 숭실대학교 가치와윤리연구소가 간행하게 되어 기쁘게 생각하며 소장인 김선욱 교수께 특별히 감사드린다. 또한 이 프로젝트를 후원하는 강북제일교회와, 숭실대학교를 졸업한 황형택 담임목사께 깊이 감사드린다.

나는 필라델피아에 있는 장로회역사협회의 프레드릭 하우저 박사와 직원들께 감사한다. 그들은 마이크로필름에 담긴 문서들에서 마포삼열의 편지를 출판하도록 허락하고 도와주었다. 또한 나는 프린스턴 신학교 루스 도서관의 직원들과 특별자료실의 클리퍼드 앤더슨 박사와 케네스 헨크 고문서 사서께 감사한다. 그리고 지난 여러 해 동안 우리의 한국 자료를 정리하는 일을 도와준 내 여동생 조앤 플라워 해케트에게 마음으로부터 깊이 고마움을 표한다.

무엇보다 고마운 사람은 나를 지속적으로 격려하고 사랑으로 도와준 남편이자 동반자이고 마포삼열의 아들인 새뮤얼 휴 마페트다. 그는 오랫동안 아버지의 수많은 편지를 수집하고 보관해온 장본인이다. 한국에서 어릴 때부터, 그리고 아시아 선교사로서 아버지의 삶을 뒤따르기 위해 프린스턴 신학교에서 목회 훈련을 받고 있던 당시 아버지가 돌아가시기까지 그분을 알았던 사람이 결국 그였다. 아들이 아버지에게 할 수 있는 이보다 더 큰 헌사가 어디 있겠는가?

to undertake this publication of these volumes of Moffett Letters and Papers. I would like to express sincere gratitude for the support of the Leading Church of Kangbuk in Seoul and its senior pastor Rev. Hwang Hyongtaek, who is a graduate from Soongsil, for this project.

I wish to acknowledge and thank Dr. Frederick J. Heuser and the staff of the Presbyterian Historical Society of Philadelphia also for their cooperation and helpfulness in allowing us to publish the Moffett letters from their microfilmed document collection. My gratitude also goes to the staff members of Princeton Theological Seminary's Luce Library, Dr. Clifford Anderson, Director of Special Collections and Mr. Kenneth Henke, Archivist. And to my own sister, Joanne Flower Hackett, who has given hours, days, weeks and years to helping me with our Korea collection I owe heartfelt thanks.

Most of all, it is to my husband, Samuel Hugh Moffett, my dearest life companion and son of Samuel Austin Moffett, that I am most grateful for his constant encouragement and loving assistance. He was the one who collected and kept so many of his father's letters through the years. After all, he knew this man from his youngest days as a babe in Korea until the death of his father while Sam was training for the ministry himself at Princeton Theological Seminary to follow in his father's footsteps as a missionary in Asia. What greater tribute can a son give to his father.

December 3, 2016
Princeton, New Jersey
Eileen Flower Moffett

2016년 12월 3일

프린스턴에서

아일린 플라워 마페트(馬愛隣)

차례 CONTENTS

Introduction

The historical backdrop of this volume is "Korea in transition" during the Russo-Japanese War (1904-05) and the concomitant enforced Protectorate Treaty by the victor Japan in November, 1905. Korean Protestant Christianity used this critical war time for rapid growth and revival movements. Two kingdoms competed to conquer the Korean Peninsula. The Japanese Empire, armed with modern weapons and medical science, began to defeat the Russians from the Battle of Chemulpo in February, 1904 and ruled Korea militarily in occupied Seoul. The Protestant Church, armed with the Holy Spirit, hoisted the torch of revivals to launch spiritual warfare against sins of the Korean people to expand the Kingdom of God. The divine spirit manifested its strong power and wonders in many cities and towns from 1903 and especially its most radical character in Pyongyang in January, 1907.

Mr. and Mrs. Moffett not only cared the churches in northwestern provinces, but also helped war correspondents in many ways during the war. They devoted themselves to the oversight of churches which were experiencing exponential postwar growth. Above all, the couple was blessed with the birth of James McKee Moffett, their first son, on February 28, 1905, after six years of marriage. They shared the joy with all Christians in Pyongyang who had prayed for the first child of the "Pastor Ma." Unlike their short furlough in 1901, the family enjoyed a yearlong furlough from June, 1906 to May, 1907. When Mr. Moffett arrived in Hawaii and California, he deeply considered the lives of Korean immigrants and Korean Presbyterians in Hawaii and San Francisco, California for their spiritual welfare. He assisted Mr. Pang Hwa-jung, son of Pang Ki-ch'ang in Pyongyang, to work as itinerating

서문

제4권이 다루는 3년(1904-1906년)의 시기는 정치적으로 러일전쟁 가운데 동아시아에서 러시아의 세력이 축소되고 대한제국이 일제의 보호국으로 전락하는 대전환기였다. 한국 개신교회는 전쟁의 혼란을 극복하고 대부흥 운동에 접어들었다. 양대 왕국이 한반도를 점령하기 위해 경쟁을 벌였다. 근대 무기로 무장한 일본 제국은 제물포에서 러시아 함대를 격파한 후 서울을 강점하고 군사 통치에 들어갔으며, 성령으로 무장한 교회는 영적 전투를 위한 성령의 횃불을 들었다. 여러 도시에서 성령의 강력한 침투가 일어났고, 하나님의 왕국은 평양에서 가장 과격한 모습을 드러내기 시작했다.

마포삼열 부부는 전쟁 기간 동안 영미 종군 기자들을 적극 지원하는 환대를 실천했으며, 전후에 폭발적으로 성장하는 서북 지역 교회들을 돌보고 감독하며 미래를 계획하는 일에 전력했다. 무엇보다 결혼 후 6년 여 만인 1905년 2월 28일 첫아들 제임스 맥키가 태어나 오랫동안 기도해온 교인들과 함께 큰 기쁨을 맛보았다. 1901년의 짧은 안식년 휴가와 달리 1906년 6월에 시작된 부부와 아기의 안식년 휴가는 1년간 지속되었다. 마포삼열은 7월에 하와이와 샌프란시스코에서 한인 이민자들과 한국인 장로교인들의 영적 복지를 위해 현장을 조사했으며, 연말부터 전도사 방화중을 세워 목회하도록 주선했다. 가족들과 즐거운 재회를 나눈 후 마포삼열은 1906년 11월부터 프린스턴 신학교의 워필드 교수 밑에서 개인적으로 신학을 공부했다. 이는 1901년에 설립한 평양 연합장로회신학교의 교장으로서 한국인 목회자를 양성하고 안수하는 책임을 다하기 위한 준비였다.

1. 러일전쟁과 마포삼열 부부, 1904년 3-9월

제4권의 첫해 9월까지는 러일전쟁과 관련해 편지가 많이 오갔다. 대부분 종군 기자들과 교환한 것으로, 미국에 있는 가족의 안부 편지도 상당 부분 차

evangelists among Koreans in San Francisco and Los Angeles from December, 1906. After spending delightful times with his parents in San Rafael and Madison, Mr. Moffett studied theology at Princeton Theological Seminary under the guidance of Professor B. B. Warfield from November, 1906 to February, 1907. As principal of the Presbyterian Theological Seminary in Pyongyang for training of Korean ministers, Mr. Moffett utilized the time for an intensive study of contemporary Presbyterian theology.

The Moffetts and the Russo-Japanese War, March-September 1904

The file of 1904 has many letters concerning the affairs of the Russo-Japanese War. They are between war correspondents in the field and the Moffetts in Pyongyang and the couple's letters to their parents at home in US telling them of their safety. The war, started in February, 1904, continued until the fall of 1905 and ended with the treaty at Portsmouth, Maine. Korea became a protectorate of Japan. The main battlefields of the war stretched from the Yalu River to the Liaodong Peninsula in Manchuria. The Japanese Navy's great victories at the Battle of Port Arthur and the Battle of Tsushima ended the Russian southward expansionism in the Korean Peninsula. Unlike in the Sino-Japanese War, therefore, Korean cities like Seoul, Pyongyang, and Ŭiju incurred no damages from ground battles. The Japanese moved along the Beijing Road from Seoul to Kaesong, Pyongyang, and Ŭiju and employed many Korean "chigye" porters to carry war supplies and weapons even though it was a busy farming season. The Japanese Army mobilized and coerced many Korean farmers to construct the railroad from Seoul to Ŭiju. The army officials allocated the needed number of workers to the magistrates and imposed compulsory labor with lower wages on the farmers. Mr. and Mrs. Moffett tried to have amicable relationships with four parties—Japanese soldiers, Korean officials, foreign war correspondents, and Dr. Allen, American minister in Seoul. The interests

지한다. 1904년 2월 8일 제물포 해전으로 시작된 러일전쟁은 1905년 가을까지 계속되었으며, 일본의 승리와 포츠머스 조약으로 종료되었다. 그 결과 대한제국은 일본 제국의 보호국이 되었고, 5년 후 식민지로 전락했다. 러일전쟁의 주요 전장은 압록강에서 요동 반도로 확산되었고, 여순항과 쓰시마 해협 대전에서 일본군이 대승을 거두면서 종전되었다. 따라서 청일전쟁과 달리 서울, 평양, 선천 등은 전투로 인한 피해가 적었다. 1904년 5월 1일 발생한 압록강 전투는 육상에서 치른 첫 주요 전투였는데, 철저히 준비한 후 우회로를 통해 기습 공격한 일본이 대승을 이루며 종결되었다. 이후 전선은 만주와 요동으로 옮겨갔다. 서울-개성-평양-선천-의주로 이어지는 경로를 따라 전진하던 일본군은 봄 농번기에도 불구하고 많은 한국인 농부를 인부로 동원하여 군수 물자와 무기를 수송했다. 이어서 장기전에 대비한 경의선 철도 부설을 위해 주변의 군마다 노동자의 수를 할당하여, 농부들을 저임금으로 강제 노동을 시켰다. 마포삼열 부부는 일본군과 평양 관리, 종군 기자, 평양 주민, 미국 공사 알렌의 4개 그룹과 우호적인 관계를 유지하려고 노력했다. 이 4개의 관계가 서로 상충할 때도 있었지만, 환대와 실용과 목회의 관점에서 상황에 대처해나갔다.

일본군과의 우호 관계

1904년 3월 대동강을 도강하여 평양에 입성한 일본군과 마포삼열 등 개신교 선교사는 청일전쟁에 이어 우호적인 관계를 유지했다. 비록 대부분의 선천 지부 선교사가 평양으로 피난 오고 많은 여성 선교사와 자녀들이 미국 군함을 타고 진남포에서 제물포로 철수했지만, 미국과 일본이 기본적인 관계를 유지했다. 또 청일전쟁 때와 달리 러일전쟁 때에는 평양 주변에서 전투가 발생하지 않았기 때문에 평양 선교사들과 마포삼열 부부는 자리를 지키면서 피난 생활을 하는 선교사들을 대접하고 두려움에 떠는 한국인 교인들을 보호하며 선교회 자산을 지켰다. 일본군은 평양을 점령한 후 남문 교회당을 임시 영사관으로 사용하여 교회 재산에 피해를 주었으나, 교회 건물을 이전하도록 부지를 허락했다. 일본 공사관은 마포삼열에게 1904년 9월 27일자로

of these groups sometimes collided, yet the Moffetts dealt with them from the perspective of hospitality, practicality, and ministry.

Amicable Relationship with the Japanese Army

The Japanese crossed the Taedong River and began to enter the city of Pyongyang in March, 1904. Mr. Moffett and other missionaries maintained a friendly relationship with Japanese soldiers as in the time of the Sino-Japanese War in 1894. As there were no battles in Pyongyang or neighboring towns, however, Mr. and Mrs. Moffett remained in the city, hosting missionaries from Sŏnch'ŏn, consoling the frightened Koreans, and protecting mission properties. The Japanese occupied the city and used the South Gate Church for their temporary Consulate building. The church was forced to accept a new piece of land in exchange by the Japanese army. On September 27, 1904, the Japanese Legation issued Mr. Moffett a "travel certificate" (*pyo*) that allowed him to trip anywhere in Korea. Mr. Moffett could attend the annual meeting of the mission in Seoul. This shows that even missionaries were under such surveillance during the war time.

Amicable Relationship with American and British War Correspondents

Among about 60 war-correspondents who walked through Pyongyang to Manchuria in 1904, five or six famous reporters were helped by the kindness of Mr. and Mrs. Moffett. The couple hired trustworthy fast Korean runners to carry articles and supplies from Pyongyang to battlefield and vice versa. Mr. Moffett passed correspondents' articles to Tokyo through the Pyongyang-Seoul telegraph service.The couple helped a famous writer Jack London(the *San Francisco Examiner*), Robert Dunn(the *New York Globe*), Frederick A. McKenzie(the *London Daily Mail*), Robert Moore Collins and Willard W. Strait(the *Reuters*), photographer Richard Harding Davis(the *Colliers Weekly*), and businessmen James R. Hull and C. D. Hagerty(transportation company).

조선 전역을 자유로이 통행할 수 있는 "표"를 주었다. 이는 그때 선교회 연례 회의를 위해 서울로 여행을 가야 했기 때문인데, 한국을 점령한 일본군의 허락이 있어야 선교사들도 여행할 수 있었던 상황을 반증한다.

종군 기자들과의 우호 관계

1904년 3월부터 평양에 들어온 미국과 영국에서 온 60여 명의 종군 특파원 가운데 5-6명이 평양을 지나 의주로 일본군을 따라 올라가면서, 평양에 있는 마포삼열 부부를 통해 기사를 전송하고 취재에 필요한 물건과 보급품을 받았다. 캘리포니아 「샌프란시스코 이그재미너」의 잭 런던(Jack London), 「뉴욕 글로브」의 로버트 던(Robert Dunn), 「런던 데일리 메일」의 프레드릭 매켄지(Frederick A. McKenzie), 「로이터 통신」의 로버트 콜린스(Robert Moore Collins)와 윌러드 스트레이트(Willard W. Strait), 「콜리어즈 위클리」의 사진 기자 리처드 데이비스(Richard Harding Davis), 평양에서 운송업을 한 사업가 제임스 헐(James R. Hull)과 해거티(C. D. Hagerty) 등이 마포삼열 부부의 도움을 받았다.

이들 종군 기자들은 3월에 평양에 들어오고 4월 말에 의주로 진출했으며 5월 1일 압록강 전투 이후에는 만주로 들어갔다. 이들의 기사는 평양 전신국에서 전보를 통해 서울과 부산을 거쳐 도쿄로 발송되어 미국과 영국으로 전송되었는데, 평양의 마포삼열과 선천의 샤록스 의사가 만주-의주-선천-평양 간의 파발 체계(한국인 파발 선발, 임금 지급, 기사 발송, 소포와 서신 전달)를 마련해주었다. 특히 마포삼열 부부는 평양에 도착한 기자들의 생필품과 취재 도구와 전신환도 전달해주었다. 마포삼열 부부는 이들을 통해 종군 기자의 애환을 알게 되었으며, 세계 정세를 보는 시각도 확장했다. 특히 매켄지는 마포삼열과의 친분 이후 친한파가 되어 한국의 독립을 위해 일제와 투쟁하는 개신교 민족주의를 세계 여론에 우호적으로 소개했다.

평양 주민과의 우호 관계

청일전쟁 이후 평양에 진출하던 일본 상인과 이민자들은 1899년 평양이 개

These men came to Pyongyang in March, arrived at Ŭiju at the end of April, and entered Manchuria after the Yalu River Battel on May 1. Their handwritten articles were carried by hired Korean runners to Ŭiju first. Dr. Sharrocks in Sŏnch'ŏn was responsible for managing aprivate express postal system from Manchuria to Pyongyang(via Ŭiju and Sŏnch'ŏn). Mr. and Mrs. Moffett in Pyongyang helped correspondents' with money exchanges, getting food, and transporting boxes of clothes and cameras. Mr. Moffett learned about the correspondents' hardships and expanded his understanding of the world affairs through friendship. Especially Mr. F. A. Mckenzie became a pro-Koran reporter-writer after his experience with Koreans and friendship with Mr. Moffett and introduced Korean Christian patriotism fighting against Japanese imperialism for the national independence to the world's opinion leaders.

Amicable Relationship with Koreans in Pyongyang

Japanese merchants and immigrants, who began to come to Pyongyang after the Sino-Japanese War in 1895, invaded the city in groups from 1899 when it became an open port city. They purchased lands and houses for cheap and in bulk after the war. When the Russo-Japanese War broke out and the Japanese Army occupied Pyongyang, the "oldest city of Kija," they designated a huge size of lands in the Oesŏng [external castle] area as "concession" and confiscated them for the "land for military use." 400 Korean families were lost their homes and expelled to nowhere. The South Gate Presbyterian Church lost its chapel. Hundreds of lots of rice fields were confiscated for military use. As the Japanese made the Korean government pay them the wage, the residents could not get proper compensation.[1]

There were four kinds of confiscated land: 1) beaches and islands where the Japanese installed cannons, 2) the land for military use

---

1 S. A. Moffett to H. N. Allen, July 14, 1904.

항 도시가 되면서 대규모로 침투하기 시작했다. 이들은 토지와 주택을 헐값에 대량 매수했다. 이 상황에서 러일전쟁이 발발하자, 평양을 점령한 일본군은 평양 외성 일대에 광대한 조계지(租界地)를 설정하고 강제로 토지를 몰수하여 군용지로 점령했다. 평양 외성 지역에 살던 400가구의 주민들은 집을 잃고 내몰렸으며, 남문교회도 부지를 잃었고, 주변의 수백 필지의 땅도 군용지로 빼앗겼으나, 일본군이 한국 정부에 보상하도록 조치했기 때문에, 주민들은 제대로 보상을 받지 못했다.[1]

러일전쟁 이후 일본군에 의해 군용지로 수용된 토지는 네 가지로 분류할 수 있다. 첫째, 일본 육·해군이 포대와 전신소를 설치하기 위해 점령한 해변과 섬 지역, 둘째, 경의선과 마산선 등 군용 철도 용지, 셋째, 한국주차군(韓國駐箚軍)의 주도로 행해진 한국 주요 도시인 서울(용산), 평양, 의주 지역의 병영 부지, 넷째, 진해만과 영흥만의 군항화를 위한 군용지(軍用地), 평양에서는 둘째에 해당하는 군용 철도 용지와, 셋째에 해당하는 병영 부지의 강제 수용이 대규모로 이루어졌고, 이에 대해 한국인의 격렬한 저항이 일어났다. 정부와 언론계는 주민들의 고통을 대변하는 데 실패했다. 마포삼열 등의 선교사들은 외성에 거주하는 교인들이 큰 피해를 입고 남문예배당 부지마저 수용되자, 일본군의 점령에 항의하고 미국 공사 알렌의 중재를 요청했다.

외성 지역을 비롯해 철로 주변의 토지가 강제 몰수되는 상황에서, 평양에 진보회, 일진회, 개신교회, 천주교회 등 여러 개의 정치 종교 단체가 등장했다.[2] 평양 정부는 일본군과 이들 사회 종교 단체들 사이에서 때로는 일본군의 눈치를 보고, 때로는 선교사들의 눈치를 보면서 무력한 주민들에게만 권력을 행사했다.

장로교인들은 단군과 기자의 고도가 일본 침략군에 점령되자, 기독교의 유일신 "하나님" 신앙과 단군 신화를 연결시키고, 기독교 단군 민족주의로 일제에 대항했다. 을사조약이 체결되자 숭실학당 학생들이 수업을 거부했으

1 S. A. Moffett to H. N. Allen, July 14, 1904. 그 토지 수용의 근거는 전쟁과 더불어 강제로 체결된 한일의정서(韓日議定書)의 제4조다. "제4조 군략상(軍略上) 필요(必要)한 지점(地點)을 수용(收用)할 수 있다."

2 S. A. Moffett to H. N. Allen, December 16, 1904.

near the railroad stations like Yongsan, Pyongyang, and Masan, 3) the Japanese Army's barrack land like Yongsan, Pyongyang, and Ŭiju, and 4) the confiscated land for the navy port like Chinhae and Yŏnghŭng. In Pyongyang, Korean denizens radically resisted against the second and third cases. The Korean government and journalism failed to represent the pains of the people. Moffett and other missionaries in Pyongyang protested to the Japanese army's occupation of the properties, including a church, and requested that American Minister Dr. Allen negotiate with the Japanese.

In the turmoil of large-scale land confiscation in Pyongyang, several religious and political societies emerged for the Koreans—pro-Japanese Chinbo-hoe (Society of Progress) and Ilchin-hoe (Society of Daily Progress), Protestant Churches, and Roman Catholic Churches. The local Korean Government, sandwiched between these organizations and the Japanese Army, saw both sides and exercised their power to powerless Korean citizens.[2]

Korean Presbyterians in the old city of Tan'gun and Kija confronted Japanese imperialism with Christian Tan'gun nationalism, which was a product of combination of the monotheistic faith in Hanănim (who Tan'gun worshipped as the only God) with the Tan'gun myth.[3] After the Protectorate Treaty was enforced in November, 1905, students of Soongsil Academy rejected the classes. Twelve representatives "decided to die in spite of the advice of the missionaries" and came to Seoul.[4] They were arrested while participating in the street protests. Some joined the Righteous Army. Others organized a secret society to assassinate national traitors and were arrested while attempting to assassinate Yi Wan-yong. Great revivals after the war occurred in the political context of Korean Tan'gun

---

2 S. A. Moffett to H. N. Allen, December 16, 1904.

3 Sung Deuk Oak, "North American Missionaries' Understanding of the Tan'gun and Kija Myths of Korea," *Acta Koreana* 5:1 (January, 2002): 54-55.

4 S. A. Moffett to A. J. Brown, January 31, 1906.

며, "선교사들의 충고에도 불구하고 죽기로 결심한" 12명이 대표로 서울로 올라와 시위를 주도하다가 체포되었다.[3] 그 외에도 평양의 반일 의병 운동과 친일파 처결 암살단 조직, 이완용 암살 시도 등이 계속되었다. 평양에서 러일 전쟁 이후 교회가 부흥하고 대부흥이 발생한 데에는, 단군 민족주의라는 정치적인 흐름과 1906년부터 이를 견제해야 하는 선교사들의 부흥 운동이 만나서 갈등하고 결합하는 역사가 있었다.

참고로 헐버트는 한국사를 정리하면서, 중국, 중국인, 중국 문화와 다른 한국, 한국인, 한국 문화의 독자성, 유구성, 창조성, 정체성을 강조하고 북한 지역의 단군 민족주의와 인도에서 유래된 남방 문화와의 결합을 통한 다양성과 통일성을 강조했다. 헐버트가 조선 정치의 주류인 서인 노론의 사서인 『동국통감』(東國通鑑)을 극복하기 위해 『동사강요』(東史綱要, 1884)를 이용한 것도 단군 민족주의와 상통하는 흐름이었다. 『동사강요』는 남인 오운(嗚澐)의 『동사찬요』(東史纂要, 1608), 북인 조정(趙挺)의 『동사보유』(東史補遺, 1630), 소론 임상덕(林象德)의 『동사회강』(東史會綱, 1719) 등을 참고하여 기술한 역사서로, 『삼국유사』의 단군 신화를 비롯한 여러 건국 설화와 기자 조선론을 수용하여 주자학적 명분론과 중화주의의 한계를 극복하고 한민족의 정체성과 독자성을 강조했다.[4]

---

3 S. A. Moffett to A. J. Brown, January 31, 1906.

4 Sung Deuk Oak, "North American Missionaries' Understanding of the Tan'gun and Kija Myths of Korea," *Acta Koreana* 5:1 (January, 2002): 54-55. 임란 이후에 등장한 『동사찬요』(1608), 『동사보유』(1630)는 새로운 역사의식을 보여주었다. 남인 이황(李滉)의 문인인 오운이 소북파의 정책을 비판하고 절의를 존중하는 입장에서 쓴 것으로, 기자 조선을 높여 임란으로 무너진 조선의 문화와 풍습을 재확립하려는 의지를 천명했다. 집권 대북파 입장에서 쓴 『동사보유』(1630)는 주자학을 비판한 사서로서, 단군조선부터 고려 말까지의 역사를 편년체로 서술했다. 특히 고기(古記)에 실린 신화와 설화인 단군신화, 해모수신화, 고주몽신화, 김수로왕신화, 김알지설화 등 건국 설화를 비롯해 고려 태조의 설화까지 수록했다. 유교적 명분론 대신 위기에서 나라를 구한 충신 열사를 강조했다. 한 세기 후의 『동사회강』(1719)은 삼국무통설과 삼국을 통일한 통일 신라와 후삼국을 통일한 고려의 정통성을 강조함으로써 다양성과 통일성을 강조했다. 참고 소요한, "헐버트 선교사의 한국사 연구: 새로 발굴된 『동사강요』(東史綱要)를 중심으로", 「대학과 선교」 30 (2012): 103-124.

nationalism, which collided with missionaries' intention to depoliticize the church starting in 1906.

Amicable Relationship with Dr. Allen, US Minister

Moffett was assisted by Dr. Allen of the American Legation when he purchased property to open the station in Pyongyang in 1893-94, and when the incident of the persecution of Christians happened just before the Sino-Japanese War in 1894. Minister Allen then helped missionaries whenever necessary in several large and small cases.When the Russo-Japanese War broke out, Allen sent the cruiser Cincinnati to Chinnampo on March 14, 1904 to protect American citizens in the northwestern provinces—missionary families and the Unsan mine technicians—and ordered them to come to Chemulpo. Of course, only some women and children left Pyongyang.

Therefore, in 1904 when Oesŏng of Pyongyang was occupied for military use, Moffett explained the situation in detail in a letter to Dr. Allen on July 14 and asked for his help. Moffett reported that there were hundreds of unjustifiable cases such as confiscation of the site of the South Gate Church, foreclosure of missionaries' boats, and no compensation for homes and lands of church members. In the letter of August 15, Moffett reported to Allen in detail about the forced labor of Korean farmers by the Japanese soldiers in connection with the construction of the Seoul-Ŭiju railway. It was reported that the riots were about to happen in Kangsŏ, Yonggang, Samhwa, and Jŭngsan counties.[5]

President Roosevelt's summon of Dr. Allen halted his anti-Japanese stance suddenly. Underwood in Seoul sent a circular letter to the entire missionary community asking Minister Allen to continue to work. All twenty-one Presbyterian and Methodist missionaries in Pyongyang

---

5 S. A. Moffett to H. N. Allen, August 15, 1904.

알렌 미국 공사와의 우호 관계

평양 선교지부 설치를 위한 부지 매입이나 1894년 청일전쟁 직전 기독교인 박해사건 때 마포삼열은 알렌 미국 공사의 도움을 많이 받았다. 이후 몇 가지 크고 작은 사건에서 필요할 때마다 알렌 공사는 선교사들을 도왔다. 러일전쟁이 발발하자 알렌은 서북 지역 선교사 가족과 운산광산의 미국 시민을 보호하기 위해 3월 14일에 순양함 신시내티호를 진남포로 보내어 제물포로 오도록 편의를 제공했다. (물론 일부 여성과 아이들만 평양을 떠났다.)

따라서 1904년 평양 외성의 군용지 점령 때에도 마포삼열은 7월 14일 장문의 편지로 상황을 자세히 설명하고 도움을 요청했다. 남문교회 부지의 군용지 편입, 선교사들의 배 차압, 일부 교인들의 주택과 토지의 철도 부지 강제 편입과 무보상 등 지나치게 불의한 행동이 수백 건이 넘는다고 보고했다. 8월 15일 자 편지에서 마포삼열은 경의선 철도 부설과 관련 일본군이 한국인 농부들을 강제로 노동시키는 일에 대해 알렌 공사에게 상세하게 보고했다. 강서, 용강, 삼화, 증산군에서는 폭동 직전까지 갔다고 알렸다.[5]

알렌의 반일적 태도는 루즈벨트 대통령이 그를 소환함으로써 마감되었다. 서울의 언더우드는 알렌 공사가 계속 공사직을 유지해야 한다고 청원하는 회람 서신을 전체 선교사 공동체에 돌렸다. 평양에서는 1905년 3월 23일에 장로회와 감리회 선교사 21명 전원이 서명한 청원서를 언더우드에게 발송했다.[6] 선교사들의 사랑을 받았던 알렌은 일본군의 한국 점령과 함께 서울을 떠나는 것으로 정리되었다.

2. 평양 선교 지부의 발전

러일전쟁에 이어 1904년 봄부터 지식인들의 친일 태도와 달리, 경의선(京義線)을 따라 피해를 입은 서북 주민들이 점령군인 일본군과 이어서 등장한 일본 통감부에 대한 반일 저항을 계속하면서 교회는 정치 기구로 전락할 위험

5 S. A. Moffett to H. N. Allen, August 15, 1904.

6 S. A. Moffett to H. G. Underwood, March 24, 1905.

signed a petition and sent it to Underwood on March 23, 1905.[6] Allen, who had been loved by missionaries, had to leave Seoul watching the Japanese Army's occupation of Seoul as he left.

The Development of the Pyongyang Station

From the spring of 1904, just after the break of the War, anti-Japanese resistance movement emerged among the suffering people along the line of Seoul-Ŭiju railroad. That was different from the pro-Japanese attitude of the intellectuals. There was a risk for the church in northwestern provinces to become a political organization. In the past, some people joined the church to get a job or earn money. But now they came to the church to protect their lives or properties, relying on the political power of missionaries. Some desired to protect their village community from the external forces like Ilchin-hoe or Tonghaks. They built a chapel and inviteda missionary to baptize the believers. Some built a false church and squeezed money from the villagers in disguise of missionary authority and power. Others joined the church to receive better education or to get treatment at a mission hospital. As a result of these political, economic, and civilizational motives of conversion, missionaries tried to screen "rice Christians" out or to train them to be sincere believers. Mr. Moffett developed two methods—Bible training classes and the catechumen system—to weed out the rice Christians and to educate probationers.

The Catechumenate

The catechumen (probationer) system was a process by which newbelievers were trained for baptism for six months or more. The students learned the basic doctrines, how to attend worship services, pray, and read the Scriptures. They needed to memorize the Apostles'

6 S. A. Moffett to H. G. Underwood, March 24, 1905.

이 있었다. 과거에는 직업을 얻고 돈을 벌기 위해 교인이 되었으나, 이제는 선교사의 정치적인 힘에 의지하여 생명이나 재산을 보호하려는 자들이 교회로 들어왔다. 혹은 마을 공동체를 외부 세력으로부터 보호하려는 욕구를 가진 자들이 교회를 조직하고 선교사를 초청해서 세례를 요청했다. 혹은 가짜 교회를 세우고 선교사 세력을 이용하여 주민들로부터 돈을 빼앗는 자들도 등장했다. 어떤 사람들은 교육을 더 잘 받기 위해, 혹은 선교 병원에서 치료받기 위해 교회에 가입했다. 이런 정치적·경제적·문명적 개종 동기로 교회에 오는 자들을 통칭 "쌀 신자"로 본 선교사들은 이들을 걸러내거나 바른 신자로 교육할 방법과 수단이 필요했다. 그것이 학습 제도와 사경회였고, 마포삼열은 이 두 가지 방법을 발전시켜 교회 교육의 주된 방법으로 삼았다.

학습 제도

학습 제도란 일정 기간 기초 교육을 통해 초신자로 하여금 확실한 신앙고백과 신자로서의 증거를 가지도록 하여 세례 받을 준비가 되도록 하는 과정이다. 학습교인은 6개월 이상 매 주일 예배와 학습자반에 참석하여 기독교의 기본 교리를 배우고 예배, 기도, 성경 읽기, 사도신경과 주기도문과 십계명 암송, 찬송 부르기, 교인의 도리 등을 배웠다. 이 과정을 거치며 주일을 성수하고, 귀신 숭배와 조상 숭배를 중단하며, 전도하여 새로운 신자를 한두 사람 만든 증거가 있을 때 세례 문답에 들어갈 수 있었다. 숭실학당 교사로 있다가 영수가 된 이영언(李永彦)은 전도의 열매가 없으면 학습교인이 되거나 세례교인 문답에 통과하도록 허락하지 않는 제도를 도입시켰다.[7] 마포삼열은 학습 제도의 목적을 다음 세 가지로 정리했다.

> 어떤 사람이 죄를 알고, 하나님을 예배하고 싶은 마음과 그리스도를 죄에서 구원하신 구주로 영접한 것에 대해 전하면, 그는 죄와 그리스도에 대한 믿음과 기독교인의 삶을 살겠다는 의도를 공개적으로 고백하도록 격려받아야 한다. 그

7 S. A. Moffett, "Policy and Method of the Evangelization of Korea," *Korea Field* (Nov., 1904): 195.

Creed, the Lord's Prayer, the Ten Commandments, and some hymns. When a candidate for baptism was examined, they checked his or her confession of faith and its evidence. He had to give up spirit worship, ancestor worship, concubines, and drinking alcohol and gambling. The candidate needed a good record of Sabbath keeping and to have at least two new believers as a result of his own evangelism. Yi Young-ŏn, a teacher of Soongsil Academy, introduced such a requirement of active evangelism as a fruit of faith.[7] Mr. Moffett summarized the purpose of the catechumen system in three ways.

> Just as soon as a man gives evidence of a knowledge of sin, of a desire to worship God, and of an acceptance of Christ as his Savior from sin, he should be encouraged to make a public confession of sin, of faith in Christ, and of his intention to lead a Christian life. The object of it is three-fold, first, it assists a man to reach a decision, and the very decision is a means of strengthening him, helping him to cut loose from his past life and ideas by holding before him a definite step to be taken: second, it is a formal recognition of his desire to be a Christian and an enrolling of him in a class for instruction, so that he becomes connected with the church in a way that necessitates some provision for his systematic instruction and oversight: third, it is a means of witness-bearing to others, and puts him in the position of at once making known to others the fact that he has identified himself with Christianity. Reception into the catechumenate is an extension of the hand of Christian fellowship, encouraging one in his first formed intentions to renounce heathenism and accept Christ. I look upon it as more particularly valuable as an agency in the early stages of work, furnishing a means of recognition and organization of first converts before the church with its baptized membership and fuller organization, becomes the more prominent exponent of Christianity. The more systematic and thorough the

---

7 S. A. Moffett, "Policy and Method of the Evangelization of Korea," *Korea Field* (Nov., 1904): 195.

것의 목적은 세 가지다. 첫째, 그것은 사람으로 하여금 결정에 이르도록 돕는다. 바로 그 결정은 그를 강하게 하는 수단이 되는데, 그가 분명한 한걸음을 내딛기 전에 그를 붙잡아줌으로써 과거의 삶과 사상으로부터 단절하도록 도와준다. 둘째, 그것은 기독교인이 되려고 하는 소망에 대한 공식적인 인정이며, 교육을 위한 수업에 등록시켜서 그가 체계적인 교육과 관리를 받을 수 있는 준비를 하게끔 하는 방식으로 교회와 연계시킨다. 셋째, 그것은 다른 사람들에게 전하는 하나의 수단으로, 그가 자신을 기독교와 동일시했다는 사실을 다른 사람들에게 즉시 알리는 자리에 그를 자리 잡게 한다. 학습교인으로 등록시키는 것은 기독교적 친교의 손길을 뻗는 것인데, 이교를 버리고 그리스도를 영접하기로 처음으로 형성된 의도에 대해 그를 격려하는 것이다. 나는 그것을 사역의 초기 단계에서 특히 더 가치 있는 기관으로 여기는데, 그것은 처음 회심한 사람들을 세례 받은 등록교인과 더 완전한 조직을 가진 교회 앞에서 인정하고 조직하는 방식을 제공함으로써, 기독교에 대한 더 뚜렷한 주창자가 되게 한다. 학습교인에게 성경을 가르치는 것이 더 체계적이고 철저할수록, 이 요소가 복음화에서 더 가치 있는 것임이 입증될 것이다.[8]

1904년 5월 러일전쟁의 흑암이 평양을 지나가자 사람들이 교회로 몰려들었다. 이들은 몇 개월 이상 교육을 받고 문답을 거쳐 통과하면, 전 교인이 참석한 주일 예배 시간에 다음과 같은 질문에 응답하고 권면을 받으면서 공개적으로 신앙을 고백했다.

사랑하는 형제자매여, 이전에 여러분은 참하나님에 대해 알지 못했고 우상과 귀신을 섬겼으며 사탄의 종이었습니다. 이제 여러분은 하나님의 진리를 들었으니 모든 우상 숭배를 버리고 하나님만을 섬기겠습니까? 하나님의 아들 예수 그리스도께서는 그분의 사랑을 드러내기 위해 오셨으며 우리를 죄로부터 구원하기 위해 죽으셨습니다. 그분을 믿고 그의 제자가 되기를 원합니까? 여러분이

8 위의 글, 195-196.

> Bible instruction of the catechumenate, the more valuable will this factor prove to Evangelization.[8]

The war had not hampered the church work at all. People rushed into the church when the possibility of the war disappeared from Pyongyang in May, 1904. They studied at the classes of catechumens for months, passed the examination, and then were baptized with the public confession of faith at the Sunday service after the following questions and answers.

> Dear brothers and sisters, before this you were ignorant of the true God and were worshipers of idols and demons, and were slaves of Satan; now that you have heard the truth of God do you decide to give up all idol worship and to serve God alone? Jesus Christ the Son of God came to reveal His love and died to save us from our sins; do you believe in Him and desire to become His disciples? Since you desire to enter the church are you willing to conform to its rules and guidance? You have now come out from the world & the dominion of Satan, but he will seek constantly to tempt you back into sin;—I charge you to pray continually, to trust in God for strength and for the supply of your every need; read the Bible daily as God's message to you and strive daily to live by its teachings.[9]

From January 1 to May 8, 1904, 205 people were baptized and 236 catechumens were registered. Denizens of the city who fled to remote countries began to return in March and they rushed into the classes for catechism and baptism. Daily examinations were conducted in early April and 245 men and women were accepted as catechumens. The elders found through examinations that the catechumens were ready

8 Ibid., 195-196.

9 M. Alice Moffett to Her Parents, April 10, 1905.

교회에 들어오기를 원하므로 그 규칙과 지도를 따르겠습니까? 여러분은 이제 세상과 사탄의 지배로부터 벗어났으나 사탄은 계속해서 여러분을 죄에 빠트리도록 유혹할 것입니다. 나는 여러분이 계속해서 기도하기를 권합니다. 하나님이 강건함과 매일의 필요를 충족시켜주실 것이라고 믿기를 권합니다. 하나님이 여러분에게 주시는 말씀인 성경을 매일 읽고 그 가르침에 따라 살기 위해 매일 노력하기를 권면합니다.[9]

1904년 1월 1일부터 5월 초까지 장대현교회에서는 205명이 세례를 받고 236명이 학습교인으로 등록했다. 3월에 피난을 갔던 시민들이 돌아오기 시작하면서 학습 문답과 세례 문답을 위해 몰려들었다. 4월 초 며칠간 매일 세례 문답과 학습 문답을 했고, 4월 9일 주일 예배 때 245명의 남녀를 공식적으로 학습교인으로 받아들였다. 장로들은 학습교인들을 문답한 결과, 이들 중 많은 사람이 세례받을 준비가 된 것을 발견했다. 5월 둘째 주일에 장대현교회에서 110명이 세례를 받았다. 남녀 학습교인반이 주일 오후에 운영되었다. 1905년 9월 장대현교회는 915명의 세례 받은 등록신자, 499명의 학습교인, 150명의 유아세례를 받은 어린이를 포함한 총 1,564명이 있는 대형 교회로 발전했다.

사경회와 부흥

사경회(Bible Training Class)는 매년 성경을 교재로 전 교인을 단기 집중 훈련하여 전도인으로 만드는 프로그램이다. 이는 매주 일요일에 실시하는 전 교인 성경공부의 연장으로, 주로 겨울 농한기에 일주일부터 열흘간 진행되었다. 1904년 한 해 동안 약 60퍼센트의 등록교인과 학습교인이 1회 이상 사경회에 참석했으며, 약 75퍼센트의 미조직교회가 사경회를 개최했다.[10] 이 비율은 점차 증가해서, 전 교인이 1년 1회 사경회에 참석하는 방향으로 나아

9 M. Alice Moffett to Her Parents, April 10, 1905.

10 "Our Training Class System: From Annual Report of Pyeng Yang Station," *Korea Field* (May, 1905): 233.

for baptism. On May 15, 110 catechumens were baptized. The classes for the candidates for baptism were held every Sunday afternoon. In September, 1904 the Central Presbyterian Church grew into a large one with 1,564 members, including 915 communicants (baptized members), 499 registered catechumens, and 150 children who received infant baptism.

Bible Training Classes and Revival Meetings

The Bible training class [hereafter BTC] was an intensive annual program for all church members to study the Scriptures in order to become voluntary evangelists to their neighbors. It was an extension of the Sunday Bible study and was held for a week or ten days usually during the winter agricultural off-season. In the year of 1904, about 60 percent of communicants and probationers attended the BTC at least once, 75 percent of the groups opened the BTC.[10] The percentage increased gradually to the direction of everyone attending the BTC once a year. Its program focused on the Bible study, yet had various sessions.

> The usual program is a sun-rise prayer and song service in whatever house those attending the class are sleeping. After breakfast all meet for a half-hour devotional exercise, after which they scatter for the morning Bible study, the number of classes depending upon the available teaching force. In the afternoon there is another hour of Bible study, an hour for teaching singing, and often a part of the afternoon is used in preaching to the unconverted in their homes. In the evening all unite in a conference or an evangelistic service.[11]

There were three kinds of BTC of various sizes and locations: a church BTC in a rural village church that many groups [unorganized

---

10 "Our Training Class System: From Annual Report of Pyengyang Station," *Korea Field* (May, 1905): 233.

11 Ibid.

갔다.

> 통상적 프로그램은 다음과 같다. 참석자가 어느 집에서 자든지 새벽 기도와 찬양 예배를 드린다. 아침식사 후 30분간 함께 경건회를 드리고, 이어서 오전 성경공부를 위해 흩어진다. 학급의 수는 가르치는 교사의 수에 달려 있다. 오후에 각각 1시간의 성경공부와 찬양 부르기가 있으며, 자주 오후 시간에 집에 있는 불신자들을 찾아가 전도한다. 저녁에는 다 함께 토론회를 하거나 전도 집회에 참석한다.[11]

규모에 따라 면 소재지 정도의 교회에서 모이는 교회 사경회, 한 군의 군청 소재지에 있는 교회에서 모이는 시찰(視察 circuit) 사경회, 한 도의 도청 소재지가 있는 선교지부의 도시에서 열리는 도(都) 사경회가 있었다. 시찰 사경회나 도 사경회는 남녀가 시기를 달리해서 별도로 모였으나, 시골 교회에서는 같은 기간에 남녀 반을 분리해서 시행했다. 사경회는 성격에 따라 일반 사경회, 교사 사경회, 직원(집사, 영수, 장로) 사경회, 조사 사경회 등으로 구분되었다. 남성 조사 사경회는 신학교 수업이 시작되면서 그곳으로 흡수되었고, 전도부인을 위한 여성 사경회는 여성성경학교로 발전되었다.

사경회는 경전 공부하기를 좋아하는 한국인의 특성에 맞게 적응된 프로그램이었다. 다양한 성경공부 방법이 이용되었는데, 주제별이나 책별 공부보다 한 절씩 주석적으로 공부하는 방법이 가장 인기 있었다. 이와 같이 성경공부에 끌렸던 것은 한국인이 배우기를 좋아하기 때문이기도 했지만, 당시 읽을거리가 될 만한 좋은 한국 문학이 없기 때문이기도 했다.

도 사경회에서는 주로 선교사들이 가르쳤지만, 시찰 사경회와 지역 사경회에서는 조사와 장로들이 가르쳤다. 기독교인들은 하나님의 말씀을 공부하기 위해 특별히 매년 여러 주 동안 그들의 생업을 내려놓는 것이 바르고 옳다는 것을 배웠다. 이렇게 하나님의 말씀을 공경하는 방법으로 그들은 모든

---

11 Ibid.

churches] attended; a circuit BTC in a large town church that people in surrounding counties attended; and a station BTC for selected leaders and staff of the churches in a province. Men's BTC and women's BTC were held on different dates at the circuit and the station, but a rural church BTC met at the same time in separated rooms. Different kinds of BTC were held to train general members, teachers of Sunday schools, church staff (deacons, leaders, and elders), Bible women (unordained female evangelists), and helpers (unordained male ministers). The helpers' BTC was developed into the theological seminary from 1901 and the BTC for the Bible women advanced to the Women's Bible Training School from 1907 in Pyongyang.

BTC was a program suitable for Koreans who were familiar with traditions of studying and memorizing religious scriptures. They adopted various studying methods—topical study, book by book study, and studying verses with explanatory commentary—it was this last method that became popular. Koreans were drawn to these classes, because of their interest in studying vernacular Korean scriptures, but also because they had no other quality vernacular literature available to them.

The station BTC was taught mostly by missionaries, yet the circuit BTC by both missionaries and Korean helpers and Bible women, and the church BTC by Korean helpers, elders, Bible women, and leaders. Christian members learned that it was right and necessary for them to lay down all secular things to study the Holy Scriptures intensively for a week every year. This method made them revere the Word of God and respect the authority of God in their everyday lives. Not the words of missionaries and helpers, but the Word of God became the norm of Christian faith and practice from the beginning. On the other hand, elders and leaders of major churches in cities and towns went to smaller church BTC for leading the classes, deacons and other staff of those urban churches had opportunities to develop their leadership and spirituality by taking the responsibilities for caring the churches.

사람에게 그들의 삶 가운데서 하나님의 권위를 드러냈다. 조사나 선교사의 말보다 주님의 말씀이 애초부터 신앙과 실천에서 기독교인의 규범이 되었다. 한편 사경회 기간에는 도시 교회의 장로들과 영수들 대부분이 시골에서 열린 사경회를 맡아 자리를 비웠기 때문에, 그들의 사역을 집사와 구역장들이 맡아 성장하는 기회가 되었다.

결국 사경회는 훈련받은 조사와 전도인과 목사를 양성하는 지도자 교육의 기회가 되었고, 이는 토착 교회 설립을 위한 "자치"로 나아갔다. 외국인 선교사는 교회의 기초와 설립을 위한 초기 단계에서 중요한 기관이지만, 본토인 교회 자체는 그 나라의 완전 복음화를 위한 기관이 되어야 하며, 그 교회로부터 영구적인 요소들이 될 기관과 사람들이 나와야 한다. 당시 중고등학교-대학을 거쳐 신학교에 가는 자들이 없던 상황에서 사경회는 지도자를 계발하고 목회자를 훈련하는 기관이 되었다. 철저한 준비를 하려면 초중학교, 고등학교, 대학교, 신학교 교육을 거쳐야 하기 때문이다.

사경회는 1903-1907년의 대부흥이 일어난 자리였다. 사경회의 저녁 집회는 불신자들이 참석하는 전도 집회의 성격으로 진행되었다. 설교는 인간의 원죄와 예수 그리스도의 속죄 교리를 설명하고, 죄 용서와 중생을 얻기 위해 회개를 촉구했다. 찬송과 기도와 회심을 결단하도록 촉구하는 감정적인 미국 부흥회 스타일의 설교가 매일 저녁 외쳐졌다. 이 주중에 연속적으로 연장된 전도 집회를 통해 많은 사람이 회개하고 중생을 체험했다.

그러나 1905년 9월 15일 한국복음주의연합공의회가 조직되었을 때 선교사들은 새로운 사람들을 교회로 전도하는 일보다 먼저 선행되어야 할 것이 기성 신자들을 영적인 잠에서 깨우는 일이라고 확신하고 1906년 1월말 설을 기해 전국적으로 열리는 연례 사경회를 초교파적인 부흥회의 기회로 삼기로 결정한 후 그 이유를 다음과 같이 밝혔다. "부흥 집회의 첫 번째 목적은 새로운 신자의 등록보다 교회 내부의 영적 각성이어야 한다. 사역에 먼저 깊이가 있으면, 그다음 넓이는 자연히 따라올 것이다." 이 결정은 2년 넘게 진행되어온 감리교회의 부흥 운동을 장로교회까지 확대함으로써 한국 교회 전체의 영적 "각성"(awakening)을 이루려는 것이었다.

After all, BTC developed into the educational institutions like a seminary and women's Bible training school, which advanced the self-government of the Korean church. Foreign missionaries are important forces for the founding and starting of the churches. However, the indigenous churches should become self-propagating organizations for the full evangelization of the nation and produce permanent "native" leaders and self-governing institutions. As there were no seminary students who graduated from high schools or colleges, BTC developed leadership of mature Christians and trained future ministers.

BTC became the kindling for the great revival movement from 1903 to 1907. Non-Christians as well as Christians were invited to the evening meeting of BTC and thus it became an evangelistic and revival meeting. Preachers presented the doctrines of sin, repentance, confession, forgiveness, and conscious salvation by the redemptive blood of Jesus on the cross. This emotional style of American revival meetings showcased every night as preachers urged people to repent their sins to receive divine forgiveness. Through these protracted evangelistic meetings of weekdays, people had joyful born-again experiences.

However, on September 15, 1905 when the General Council of the Evangelical Protestant Missions in Korea was organized, missionaries decided to hold a simultaneous revival throughout the church in Korea during the New Year season to awaken the church members from spiritual slumber rather than gather new people into the church. They argued that "the first aim be a spiritual work within the church rather than the enrollment of new names. Let the work first be *deep*, and *breadth* will naturally follow."[12] They intended to drive all churches to a spiritual awakening by expanding the Methodist revival movement to the Presbyterians.

Missionaries intended to depoliticize the church that involved in the

---

12 "A Call to a Special Effort," *Korea Mission Field* 2 (Dec., 1905): 30.

교회의 내적인 성격을 새롭게 하고 사역의 넓이보다 깊이를 더한다는 목적 이면에는 사실 교회를 비정치화(非政治化)하려는 의도가 있었다. 즉 총체적인 국가·사회적 위기를 외적으로는 한국 복음화의 기회로 삼는 한편, 내적으로는 "정치적 선동이나 정치적 논의"에 대한 관심을 "부흥"으로 돌리려고 했다. 부흥은 성령의 역사로만 일어나지만, 교회를 다스리던 선교사들은 "정교분리" 정책을 강조하고 일제의 한국 지배를 기정사실로 환영함으로써, 민족의 의제인 항일 민족 운동에 참여하던 한국 교회의 정치성을 약화시키려고 했다. 성령의 역사는 교회의 부흥을 가지고 오지만, 동시에 인간의 의도와 선택은 성령의 역사를 진흥시키거나 후퇴시키거나 왜곡할 수 있다. 선교사들은 역사가 짧은 한국 교회가 민족주의자들의 지도를 받아 항일 운동에 나서거나 의병 운동을 지지한다면, 일본 통감 정부의 극심한 박해를 받아 결국 식민지 통치하에서 조직 교회로 생존하지 못할 것을 염려했다. 그들은 일종의 교회 보호 정책인 정교분리 정책을 채택했고, 교회의 정화와 영성 심화를 위해 사경회와 부흥회를 강화했다. 이는 다른 식민지에서도 주류 교단 교회가 취한 선교 정책이었다.

부흥 지도자들의 정치성과 부흥 자체가 가진 성령의 주도성은 구분되어야 한다. 부흥회 인도자들의 영성은 개인차가 있지만, 부흥 운동과 상관없이 일반적으로 20세기 초 복음주의 선교사들이 식민지 선교지에서 채택한 정책은 정교분리 내지는 정치 참여 금지였다. 한국의 첫 부흥 운동에서도 선교사들이 1906년부터 비정치화를 의도하고 1907년 부흥 운동의 결과로 교회가 비정치화된 측면이 없지 않다. 사실 부흥 운동과 상관없이 일부 예외를 제외하고 1905년 이후 일제 시대 선교사들과 선교본부의 공식 정책은 친정부적(친일적) 정교분리였다. 그러나 대부흥운동을 전개하고 경험한 한국 교인들의 반응은 선교사들과 달랐다. 그들 중 일부는 과격한 무장 독립운동으로 나아갔고, 일부는 애국 계몽을 위한 교육 운동으로, 일부는 교회 자체의 부흥 운동으로 나아갔다.

nationalist movement. Externally they made a use of the total national crisis as an opportunity for evangelization of the nation, and at the same time there were internal efforts to turn Christians' concern for political propaganda and issues into spiritual awakening. They wanted to deter those who sought to exploit religion for political ends like many Ch'ŏndogyoists. Missionaries in control of the churches emphasized the separation of church and state, welcomed the Japanese *de facto* rule of Korea, and tried to weaken nationalism of Korean Protestant Christians who were actively engaging in the movement of anti-Japanese imperialism. The work of the Holy Spirit brings the revival of the church. At the same time, Christians' intention and choices can coordinate, hold back or distort the work of the Spirit. Missionaries worried about the extinction of the infant Korean churches under the colonial rule and the severe persecution that would follow if they engaged in the anti-Japanese activities or Righteous Army resistance under the leadership of nationalists. Thus they adopted the policy of separation of church and state, as a policy of protection for the nascent church. And they strengthened the BTC and revival meetings for the screening of political elements from the church and the deepening of spirituality. That was the same mission policy adopted by the mainline churches in the colonial mission fields.

We need to separate the politicity of the revival leaders and the initiative of the Holy Spirit in the revival itself. The general policy of the evangelical missionaries in colonial fields, regardless of the revival movement, was for church-state separation and the prohibition of political activities. Missionaries in Korea sought to depoliticize the Korean churches during the first revival movement in 1903 and the result of the great revival in 1907 was the depoliticization of the churches to some extent. Even among the missionaries who did not support the mystic revival movement, the official policy of the missions in Korea since 1905 had been complete pro-Japanese and loyalty to the colonial

한국 독립노회 설립과 평양 장로회신학교의 발전

1904년 북장로회 한국 선교회와 한국에서 활동하는 4개 장로회 선교회(미국 북장로회, 미국 남장로회, 호주 장로회, 캐나다 장로회) 연합의 장로회공의회(Council of the Presbyterian Missions in Korea)는 한국 독립 노회(Korean Independent Presbytery) 설립을 지지하고 이를 최대한 신속하게 추진하기로 했다. 미국 남장로회 측의 일부 반대가 있었으나 다른 대안이 없어 그대로 진행되었다.[12]

우리는 이 당시 마포삼열의 편지를 보면서, 그가 얼마나 한국 독립 노회를 조직하려고 애썼는지 알 수 있다. 그는 선교사들과 안수받은 한국인 목사들로 자치하는 노회를 조직할 때에야 한국인과 선교사 간에 신뢰가 유지될 수 있다고 보았다. 그것은 침략해 들어오는 일본에 대항하는 한국인-서양인(선교사)의 연합체적 성격도 있었다. 당시 일본은 동아주의(Pan-Asianism)를 앞세워 반서양제국주의를 위해 일본을 중심으로 동아시아가 연합할 것을 강조했고, 러일전쟁도 동일 노선에서 한국 지식인들의 환영을 받았다. 그러나 그들은 을사조약 이후 동아주의의 제국주의적 실상을 깨닫게 되었다. 하지만 이미 때가 늦었다. 1904년부터 구체화된 한국 "독립" 노회 조직의 노력은 일본의 동아주의에 대항하는 한국 기독교 민족주의와 연결되는 측면이 있었다.

독노회 조직을 위해서는 한국인 목회자의 안수가 필요했으므로, 1901년에 시작된 평양의 북장로회 신학교를 한국 장로회공의회가 정규 교육 과정을 가진 연합 신학교로 승인했다. 그 결과 1905년도 수업에서는 호주 장로회의 엥겔 목사가 구약학을 가르치기 시작했다. 마포삼열은 신학 교육의 정상화를 위해 1906년 10월 말 안식년 휴가를 얻어 시카고 맥코믹 신학교에 가서 연설하게 되었을 때, 맥코믹 여사를 만나 후원을 요청했고, 그녀로부터 평양신학교 건물을 위한 5,000달러 기부금을 받았다.[13] 이 후원금으로 1907년 신학교 교사 건축을 시작하여 이듬해 기숙사와 함께 본관을 완성함으로

---

12 S. A. Moffett to A. J. Brown, Jan. 24, 1905.

13 A. J. Brown to the Korea Mission of PCUSA, Nov. 8, 1906.

government in the name of the separation of church and state. However, the responses of Koreans who experienced awakening and spread the revival movement were different from those of missionaries. A small number of them engaged in radical military resistance movement, some in moderate educational movement, and others in the revival of the church itself.

Independent Presbytery and Union Presbyterian Seminary

In September, 1904 the council of the Presbyterian Missions in Korea, composed of four Presbyterian missions in Korea—PCUSA, PCUS, Australian Presbyterian Church, Canadian Presbyterian Church—decided to establish the independent presbytery in Korea as soon as possible. Some missionaries of PCUS opposed this move. However, they did not suggest an alternative, so the resolution was adopted.

As seen in his letters, Mr. Moffett did his best to organize the independent presbytery in Korea. When an independent and self-governing presbytery was organized with missionaries and ordained Korean ministers, he believed that the trust between missionaries and Koreans could be established and grow. The presbytery had a nature of Koreans-Westerners (missionary) union against the incoming Japanese colonialism. At that time, Japanese Pan-Asianism emphasized the union of the East Asian countries, centering Japan, for the fighting against Western imperialism. Korean intellectuals supported Pan-Asianism during the Russo-Japanese War, the first major war between the East and the West in the twentieth century. When the treaty between Japan and Korea was enforced in November, 1905 and Korea lost its right of diplomacy, the true nature of pan-Asianism was revealed to them. Therefore, the effort to organize the "independent" presbytery in Korea could be related to Korean Christian nationalism against Japanese Pan-Asianism.

For the organization of the independent presbytery, the first need was

써, 50명 이상의 신학생을 매년 3개월간 집중 교육할 수 있었다.

3. 마포삼열과 가족생활

제4권은 마포삼열의 가족 간에 주고받은 편지가 상당 부분을 차지한다. 1904년에는 러일전쟁 기간 동안 안부를 전하고 묻는 편지가 태평양을 오갔다. 1905년에는 첫아들 제임스 맥키(James McKee Moffett)의 출생과 성장을 알리고 축하하는 편지가 오갔다. 1906년에는 안식년을 준비하는 소식과 미국에 도착한 후 친척과 가족과 주고받는 편지가 늘어났다. 제1권 서문에서부터 밝혔듯이, 불행히도 이 기간 마포삼열 목사가 그의 부모에게 보낸 편지가 화재로 모두 사라졌다. 따라서 그의 어머니나 가족이 평양에 보낸 편지, 마포삼열의 아내가 샌라파엘에 있는 부모와 왕래한 편지를 통해 마포삼열 목사의 일상을 짐작할 수 있다.

1904년 1월부터 1906년 5월까지 마포삼열은 가장 바쁜 시절을 보냈다. 전쟁 기간의 긴장감이 지나고 전후의 교회 급성장과 함께, 그는 평양 선교지부 관리는 물론 평북의 선천 선교지부와 황해의 재령 선교지부를 개척하고 정착하는 단계를 지원하는 일로 과로했다. 따라서 1906년 6월 1일부터 시작된 안식년은 그와 가족이 건강을 회복하고 몸과 정신을 재충전하는 기회가 되었다.

무엇보다 1905년 2월 28일 첫아들 제임스 맥키(James McKee Moffett)의 출생은 마포삼열 부부에게 큰 기쁨이 되었다. 1899년 6월 1일 결혼했지만 마포삼열의 아내가 건강이 좋지 않아 오랫동안 자녀가 없었기 때문에 그 기쁨은 몇 배나 컸다. 특히 마포삼열 부부에게 자녀를 허락해달라고 기도해 온 모든 교인이 크게 기뻐했다.

제임스를 데리고 마포삼열 부부는 1906년 6월 1일 평양을 떠나 캘리포니아를 향해 출발했다. 평양을 떠나는 마포삼열은 전송을 나온 1,000여 명의 교인들을 바라보면서 감격했다. 그가 1890년 처음 방문했을 때 단 한 명의 교인도 없던 평양이었다.

the training and ordination of Korean ministers. The Council approved the Presbyterian Theological Seminary, started in Pyongyang in 1901, as a union seminary for the four missions. As a result, Rev. G. Engel of the Australian mission began to teach the Old Testament from 1905. When Mr. Moffett, as the first principal, made an address at the McCormick Theological Seminary in Chicago in October, 1906, he asked Mrs. McCormick's support for the seminary in Pyongyang. She promised to donate $5,000 for the buildings. This funded the completion of a dormitory and the main building of the school 1907 which served more than 50 students intensively for three months every year.

Moffett and Family Life

The fourth volume also contains many private family letters. During the Russo-Japanese War in 1904, family letters crossed the Pacific Ocean, concerning the safety of the Moffetts in Pyongyang. In 1905, there was happy correspondence concerning the birth and growth of James McKee, their first son. In 1906, when the Moffetts prepared for the sabbatical furlough, their correspondence with families and friends increased. Unfortunately, all the letters of Mr. Moffett to his parents in Madison during these years were lost in a fire. However, through his mother's letters to Pyongyang and Mrs. Moffett's letters to her parents in San Rafael, we can ascertain Mr. Moffett's daily life and work in Pyongyang from 1905 to 1906.

Mr. Moffett's busiest period was from January, 1904 to May 1906. Once wartime tensions passed, the church grew explosively. In addition to caring for the Pyongyang station, he overextended himself working to open the Sŏnch'ŏn station in North P'yŏng'an province and the Chaeryŏng station in Hwanghae province. Their furlough beginning in June 1, 1906 was a much-needed time for Mr. and Mrs. Moffett to refresh their mind, body and spirit.

Above all, the birth of James McKee Moffett on February 28, 1905

저는 겨우 16년 만에 평양시에 그토록 뚜렷한 변화가 왔다는 것을 깨닫기가 힘들었습니다. 16년 전 이 달 그곳에 처음 들어갔을 때 그 도시에는 한 명의 기독교인도 없었습니다. 지금은 기독교 인구가 약 5,000명인데 이들 가운데 1,000명 이상이 우리를 배웅하기 위해 10리를 걸어서 역까지 왔습니다. 남성, 여성, 남학생, 여학생이 모두 줄지어 서서 송별 찬송가를 부르는 것을 볼 때 우리의 가슴은 벅찼습니다. 이어서 50명의 신학생이 앞으로 나와서 그들 중 2명이 우리에 대한 그들의 사랑의 징표로 우리에게 은메달을 걸어주었을 때, 우리는 주님이 한국에서 섬기는 특권을 우리에게 주신 데 대해 진심으로 감사했습니다.[14]

7월 초에 2주 동안 하와이와 캘리포니아에 거주하는 한인 이민자 상황을 조사한 마포삼열은 샌라파엘에 먼저 도착한 아내와 아들과 함께 처가에서 즐거운 휴식을 취했다. 돌이 지난 외손자를 보는 장인과 장모의 기쁨은 형언할 수 없었다. 이어서 마포삼열 가족은 일리노이 주 매디슨으로 가서 마포삼열의 부모와 대가족이 된 형제자매와 친척들을 만났다.

마포삼열은 9월에 열린 일리노이 뉴앨버니 노회에 참석했을 때 노회장에 선출되었다. 1902년 미국 방문 전 1901년에 모교 하노버 대학으로부터 명예박사 학위를 받은 데 이어, 두 번째 안식년 때 큰 명예를 얻었다. 이 노회에는 게일 목사도 회원으로 함께 참석했는데, 마포삼열의 노회장 선출을 축하했다. 노회 전후로 두 사람은 여러 지역 교회와 선교본부를 방문하고, 한국 선교 상황을 알리고 지원을 요청했다.

한편 마포삼열의 아내는 로제타 홀 의사의 부탁으로 평양 외국인학교 교사를 물색했다.[15] 평양 외국인 공동체의 규모가 성장하면서 자녀들의 중학교 교육 문제가 시급해졌는데 그들은 산동의 즈푸에 있는 선교학교로 유학을 보내는 대신, 평양에 규모 있는 중고등학교를 설립하고자 했던 것이다. 마침 그 안이 구체화되던 시점에 마포삼열 부부가 미국에 갔고, 자녀의 미래를

14 S. A. Moffett to A. J. Brown, August 1, 1906.

15 Rosetta S. Hall to M. Alice Moffett, Aug. 11, 1906.

became a source of joy to the couple. Due to Mrs. Moffett's illness, they were not able to have a child for six years. All of the Korean Christians in Pyongyang, who had prayed for a child to their pastor, were also greatly delighted at the news of the birth of their first son.

Mr. and Mrs. Moffett left Pyongyang for California on June 1, 1906. They were moved at the sight of 1,000 Christians who came to the railroad station to send them off. There were no Christians in 1890 when he first visited the city.

> It was hard for me to realize that in only 16 years there had come such a marked change in the city of Pyengyang. When I entered it the first time 16 years ago this month there was not a Christian in the city. We now have a Christian constituency of some 5,000 people and of these more than a thousand walked three miles to the station to see us off. Our hearts were full as we saw the men and women, school boys and school girls all lined up singing Christian hymns in farewell and then when the 50 theological students came forward and through two of their number pinned on us silver medals as a token of their love for us we were indeed thankful that the Lord had given us the privilege of service in Korea.[13]

After investigating the situation of Korean immigrants in Hawaii and California for two weeks in early July, Mr. Moffett took a pleasant rest at the house of his parents-in-law in San Rafael with wife and son who had arrived in the city earlier. They could not express their joy when they saw their adorable grandson just past his first birthday. Then the Moffett family went to Madison, Illinois so Mrs. Moffett could meet her in-laws for the first time.

Mr. Moffett was elected as moderator when he attended the annual meeting of the New Albany Presbytery held in September. This was

13 S. A. Moffett to A. J. Brown, August 1, 1906.

생각하면 그들에게도 교사 모집이 중요했다.

1906년 11월부터 이듬해 2월까지 마포삼열은 오랫동안 계획해온 대로 프린스턴 신학교에 가서 워필드 교수 등의 조직신학 강의를 들었다. [따라서 그는 1901년 1월 평양에서 대부흥 운동이 일어났을 때 그곳에 없었다.] 1907년 첫 졸업생을 배출하는 평양 연합장로회신학교의 교장으로서 그는 4개 선교회의 신학적 다양성을 고려하되 장로회 신학의 정체성을 유지하기 위한 신학적 방향을 정립하고 최신 신학을 정리할 필요가 있었기 때문이었다. 1890년에 그가 졸업한 맥코믹 신학교나 16년 후에 온 프린스턴 신학교는 19세기 프린스턴 신학(Princeton Theology), 곧 보수 정통 개혁주의(칼뱅주의) 장로회 신학(구학파)을 따뜻한 복음주의(신학파)로 표현하는 학문성을 유지하고 있었다. 신학에서는 알렉산더(Archibald Alexander), 핫지(Charles Hodge), 워필드(B. B Warfield)의 조직신학을 함께 공부하는 등 그런 신학 노선에 서 있었다. 아직 1920년대의 근본주의나 메이첸파가 등장하기 전이었기 때문에 시카고의 맥코믹 신학교, 프린스턴의 프린스턴 신학교, 뉴욕의 유니언 신학교의 장로회 신학은 크게 다르지 않았다. 근본주의가 아닌 보수 정통 칼뱅주의와, 역사가 짧은 아시아 선교지에 적합한 복음주의 신학을 조화하는 작업이 마포삼열의 과제였다.[16]

---

16 1905년 당시 내한한 북장로회 남자 목회자 선교사들의 출신 신학교를 분석하면서, 대부분이 맥코믹 신학교 출신이었기 때문에 근본주의적이고 보수적인 선교사들이 지배적이었다고 말하는 글이 많은데, 이는 단순한 분석이다. 당시 맥코믹이 그렇게 근본주의적이지도 않았고, 마포삼열의 멘토였던 실천신학의 헤릭 존슨(Herrick Johnson) 교수는 해외선교운동의 지도자로서 뉴욕 주의 오번 신학교(1910년대에 자유주의로 경도)에서 가르치다가 1880년에 맥코믹으로 와서 1906년까지 가르친 중도파 설교학/목회학 교수였다. 1900년 당시 맥코믹 신학교, 프린스턴 신학교, 뉴욕 유니언 신학교는 신학적으로 크게 다르지 않았다. 선교사로 나온 자들은 부흥 운동과 소위 신파(New School)의 영향을 받은 자들이고, 주류 복음주의 개신교에 속한 자로서, 신학적으로는 중도 우파, 도덕적으로는 "청교도형"이었다. 다만 서울과 평양 선교사, 곧 미국 중부 시카고의 맥코믹 출신과 뉴욕-뉴저지 출신의 양키 선교사의 차이는 그들이 성장한 중소도시 대 대도시의 문화적 차이가 더 컸다고 하겠다. 서울을 대변한 언더우드와 에비슨은 영국에서 태어나 부유한 부모를 따라 어릴 때 미국으로 이민을 간 1.5세였다. 그들은 뉴욕이나 토론토와 같은 국제도시에서 자라며 국제적 감각을 키우고, 대도시 문화를 수용하며, 사업을 하는 부모 밑에서 사업 감각을 키우고, 뉴욕 대학교나 토론토 대학교와 같은 큰 대학교에서 공부하면서, 초교파적인 공기를 호흡했다. 언더우드는 화란개혁교회의 뉴브룬스위크 신학교를 다니면서, 구세군 활동을 하다가, 북장로회 선교사로 내한했다. 에비슨은 감리교인이었으나, 장로교회 선교사로 내한했다. 평양과 서북(선천, 재령)을 대변한 마포삼열, 베어드, 리, 스왈른, 위트모어, 헌트, 쿤스, 블레어 등 이들 중에서는 미국 중부의 중소도시 출신이 많았다. 뉴욕 양키들이 보기에 시골뜨기였다. 그들의 부모도 농부나 작은 사업가가 많았다. 그들은 자연히 작은 중고등학교를 졸업하

another honorable recognition of his mission work in Korea since his reception of the honorary doctoral degree from his alma mater Hanover College in 1901. As Mr. James Gale attended the meeting, he congratulated Mr. Moffett's election. Messrs. Moffett and Gale visited many local churches and the Board in New York, informed of the urgent situation of the field, and asked their generous support for the Korea Mission.

At the same time, Mrs. Moffett was searching for a teacher for the Foreign School in Pyongyang at the request of Mrs. Rosetta S. Hall.[14] As the foreigners' community in Pyongyang grew larger and their children's education became an urgent issue, they suggested a plan to establish a good-sized academy instead of sending teenagers to the mission school in Chefoo, Shandong. It was important for Mrs. Moffett to find good teachers for her own son as well as all the future children of the mission.

Mr. Moffett attended the theological classes of Professor B. B. Warfield and others at Princeton Theological Seminary in Princeton, NJ from November, 1906 to February, 1907. [So he was not in Pyongyang when the great revivals happened.] As the first principal of the Presbyterian Theological Seminary in Pyongyang who planned to graduate the first seven students in May, 1907 and more in coming years, he needed to maintain the Presbyterian theological traditions and identity by updating current theological development as well as harmonizing the variations among four different missions. Both of his alma mater McCormick Theological Seminary in 1890 that he graduated from and Princeton Theological Seminary in 1906 advocated the conservative Reformed theology (Calvinism), called Princeton theology in the late nineteenth and early twentieth centuries, which kept academic balance between Presbyterian Old School and evangelical New School. Students of both seminaries studied books and papers of Archibald

---

14 Rosetta S. Hall to M. Alice Moffett, Aug. 11, 1906.

4. 하와이와 캘리포니아 한인 이민을 위한 지원

한국 장로회공의회의 임명을 받은 마포삼열 목사는 도중에 하와이에 들러 2주간 농장에서 노동하는 한인 이민자들, 특히 장로교회를 세워주기를 요청하는 장로교인들의 영적 상태를 조사했다. 감리교회가 주도하는 한인 교회 설립과 자격 미달자가 감리회 전도사로 임명되어 목회하는 데 불만을 품은 장로교인들과 여러 차례 서신 교환을 통해 상황을 파악하고 있었기 때문이었다. 흔히 알려진 사실과 달리 초기 하와이 기독교인은 감리교인보다 장로교인이 훨씬 많았다. 약 3/4 이상이 장로교인이었고, 유력한 지도자도 장로교인이 더 많았다. 그러나 하와이는 감리회, 공리회, 성공회가 사역하는 지역이었고, 장로교회는 없었다. 이 때문에 초기 한인 기독교회의 경우, 와드맨 목사의 감독하에 감리회가 조직했다.

1905년 9월 8일부터 약 한 달간 윤치호는 외무차관 자격으로 하와이를 방문하여 오아후, 카우아이, 마우이, 하와이 섬에 흩어져 있는 32개 사탕수수 농장에서 일하는 한인 이민자들의 실태를 조사하고 5,000명의 한인을 만나 41회 연설을 했다. 당시 한인들은 저급한 노동 환경에서 저임금에 시달렸고, 특히 미혼자는 일당을 술과 노름으로 탕진하거나 범죄자로 감옥생활을 했다. 첫 이민자들이 외국에서 복지와 교회 생활이 녹록지 않은 상황이었음을 알 수 있다.[17]

장로교인들은 운영 방식이 다르고, 일부 미자격자가 전도사로 임명되며, 지나치게 정치 운동에 전념하는 일부 감리회 전도사들을 보면서 불만을 품게 되었다. 그들은 영수를 중심으로 독자적으로 예배를 드리거나, 성공회로

고, 작은 인문 대학(liberal arts)을 다녔다. 따라서 이들은 경건한 집안에서 검소하게 자라 보수적인 "청교도형"의 도덕과 신앙으로 무장하고, YMCA의 스포츠를 보급하는 유형의 남성적 육체를 지닌 강건한 청년으로 세계 선교에 헌신했다. 이들은 미국의 YMCA처럼 선교지 한국의 도시에서 중하층 청년들을 기독교와 직업 교육으로 신분을 중산층으로 상승시킴으로써, 자신들의 분신을 확산시켰다.

17 『윤치호 일기 6권』(국사편찬위원회, 1976), 145-170; 윤치호, "포와한인", 「대한매일신보」, 1906년 1월 10일-17일,. 한편 "The Koreans in Hawaii," *Korea Review* (Nov., 1905): 14-15에서 한 장로회 선교사가 하와이 이민자의 부정적인 면을 많이 이야기했다. 그러나 존스는 G. H. Jones, "The Koreans in Hawaii," *Korea Review* (Nov., 1906): 401-406과 "Koreans Abroad," *Korea Review* (Dec., 1906), 446-451에서 하와이 농장 전체 노동자의 약 9.7퍼센트를 차지하는 4,883명의 한인 농장 노동자들의 긍정적인 측면을 강조했다.

Alexander, Charles Hodge, and B. B. Warfield. As fundamentalism or the Machen School in 1920s had not emerged yet, the theological positions among McCormick (Chicago), Princeton (Princeton), and Union (New York) were not very different. Moreover Mr. Moffett was under the strong influence of professor of Herrick Johnson who taught homiletics and pastoral theology at Auburn (1874-1880) and McCormick (1880-1906) and supported the Student Volunteer Movement for Foreign Missions. Mr. Moffett needed to walk the road untrodden in the Korean context, neither just following the American traditional Presbyterianism, nor overly swayed by new theological developments, but finding a moderate evangelical theology suitable to the Koreans and East Asians.

Support for the Korean Immigrants in Hawaii and California

Mr. Moffett, appointed by the Presbyterian Council in Korea, went to Hawaii to visit Korean immigrants, particularly the Korean Presbyterians who had requested that the council assist in building a Presbyterian church in Hawaii, and surveyed their situation and spiritual state. Before departing for Hawaii, Mr. Moffett had exchanged letters with some Koreans who became dissatisfied with the church establishment movement driven by Methodists and unqualified Methodist evangelists appointed by the Methodist Church in Incheon. About three quarters of Korean Christian immigrants in Hawaii were Presbyterians, not Methodists, and there were more leaders among Presbyterians. Yet, according to the comity among churches in USA, the mission territory of Hawaii was given to Methodist missions, ABCFM, and Anglicans. Thus there was no Presbyterian church in the islands. Because of this territorial agreement, Korean Methodist churches were organized in the Hawaiian Islands under the leadership of Superintendent John W. Wadman.

When Yun Ch'iho visited Hawaii as vice-minister of foreign affairs of the Korean government for a month from September 8, 1905, he

넘어가거나, 감리회와 연합하되 장로교인 지도자가 감리회의 전도사가 되거나, 캘리포니아로 와서 장로교회를 조직하려고 했다.

1906년 마포삼열은 안식년으로 미국에 오면서 하와이와 캘리포니아를 방문하고 한인들을 만났다. 그는 호놀룰루에서 감리교 사역을 주관하던 와드맨 목사, 회중교회의 스커더 의사, 중국인 사역 담당자 쓰윙 목사와 12명의 한국인(장로회인, 감리교인, 비신자)과 회의를 가졌다.[18] 한 지역에서 별도의 조직을 유지하던 65명의 장로교인을 포함하여 여러 지역에서 장로교인들이 다수를 차지했으며 자격을 갖춘 지도자들이 있었다.

이어서 마포삼열은 샌프란시스코에서도 대지진 후 고통 중에 있는 한인들과 교회 상황에 대해 조사했다. 약 1,000명의 한인이 캘리포니아에 거주하고 있었고, 그중 10퍼센트 정도가 기독교인이었으며, 그들 다수가 장로교인이었다.[19] 하와이보다 캘리포니아 한인들이 더 진취적이고 유력하며 지도자가 많았다(그 가운데는 리버사이드로 내려간 안창호가 있었다). 샌프란시스코의 한 감리교인은 지진 재해 구제비 500달러를 일본 영사로부터 받아 착복하기도 했다.[20] 마포삼열은 브라운 총무에게 하와이와 캘리포니아의 상황을 보고하면서 미래의 장로교회 지도자들이 많은 미주 한인들을 위해 선교부가 적극 나서줄 것을 강력히 요청했다.

> 지금 캘리포니아의 리버사이드에는 30명 혹은 그 이상의 기독교인들이 있는데, 그들은 그곳의 장로회 목사와 이미 만나고 있고[21] 우리 교회가 그들을 돌봐주기를 기대하고 있습니다.[22] 대략 열 곳 또는 열다섯 곳에 한국에서 온 기독교

---

18 S. A. Moffett to A. J. Brown, August 1, 1906.

19 캘리포니아 한인 기독교인은 1909년 377명, 1910년에 483명, 1911년에 560명으로 증가했다.

20 S. A. Moffett to A. J. Brown, August 1, 1906.

21 1903년 Central Presbyterian Church of Los Angeles의 목사로 부임한 프리차드(A. B. Prichard) 박사이다. 그는 이민이나 소수 인종에 대해 우호적인 목사로, 1906년 한인들과 방화중을 도와 한인 교인들이 예배를 드리도록 했다.

22 이를 통해 일부가 1906년 5월 10일 로스엔젤레스 노회의 허락을 받아 벙커힐에서 예배를 드리기 시작하여 나성한인연합교회로 발전했다고 한다.

investigated the reality of Korean laborers in 32 plantations in Oahu, Kauai, Maui, and Hawaii. He met 5,000 Koreans and delivered 41 addresses. Korean immigrants suffered from low wages and deplorable labor conditions. Young bachelors wasted money on drinking and gambling, and many were imprisoned. Earlier immigrants had to endure difficult times with less aid from social welfare and churches.

Presbyterians Koreans were dissatisfied with operation of the church, the appointment of unqualified evangelists, and the evangelists' excessive involvement in politics. Some Presbyterians met independently for worship and fellowship with a leader; some joined the Episcopal Church; or others joined the Methodist Church letting a Presbyterian leader to become a local evangelist of the Methodist Church. Some went to California where they could organize a Presbyterian church.

When Mr. Moffettcame to the States for a furlough in 1906, he visited Hawaii and California and met Korean immigrants there. In Honolulu he held a meeting with Mr. Wadman who supervised Methodist ministry in Hawaii, Dr. Scudder of the Congregational Church, Pastor Tsing Wing of Chinese ministry, and 12 Koreans (Presbyterians, Methodists, and non-Christians). Presbyterians occupied the majority in many areas, including 65 Presbyterians who had a separate organization in one area, and they had more qualified leaders.

And then Mr. Moffett came to San Francisco and surveyed the suffering of Korean immigrants and churches after the great earthquake and fires in April, 1906. Presbyterians were the majority among 10 percent of estimated 1,000 Koreans in California. There were more ambitious and capable leaders in California than Hawaii. AnCh'ang-ho in San Francisco and Riverside was one of them. A Methodist in San Francisco received a $500 earthquake relief fund for Koreans from the Japanese consul, which he embezzled. Reporting dire situations of Korean in Hawaii and California, Mr. Moffett urged Dr. Brown, Secretary of the Board in New York, to help Korean immigrants, who

인 무리가 있습니다. 저는 한국에서 우리의 사역이 조직된 것과 똑같은 계획에 따라 우리가 소규모 미조직 교회들을 조직해서 그곳에 있는 장로회 교회와 호의적이고 유익한 관계를 유지하도록 하고, 그 교회의 등록신자가 되게 하며, 그들과 만나고, 또한 원한다면 별도로 한국어로 예배를 드릴 수 있다는 데 대해 의심치 않습니다.[23]

한인들은 한국의 독립을 위해 일하면서 미국에서 한국에 대한 관심을 불러일으켰다. 또한 한국에 있는 가족의 복지를 위해 송금하고 있었으므로, 재정적으로도 한국 교회에 도움이 되었다. 마포삼열 목사가 구체적으로 제안한 계획은 다음과 같았다.

래플린 목사의 지도 아래 한 사람의 한국인을 샌프란시스코나 오클랜드에 본부를 둔 전도사로서 고용하는 것입니다.[24] 그는 우리 장로교회의 모든 한국인 사역에 대한 영적인 감독을 맡고, 우리 교인들과 계속 연락을 주고받으면서, 그들이 우리 교회와 일체감을 느끼도록 관리할 것입니다. 또한 그는 그들을 미조직교회의 예배자로 조직하고, 한국의 교회와 이곳의 한국인들 및 미국에 있는 우리 교회와 이곳의 한국인들 사이의 연결고리 역할을 담당하고, 가능하다면 1년에 한두 번씩 이 미조직교회를 방문하고, 샌프란시스코에 있는 그의 본부를 우리 장로교회의 한국인들의 종교적인 삶을 위한 하나의 정보국으로 만들어 줄 전도사입니다. 이 사역을 위한 사람이 여기 있는데, 평양의 방 장로의 아들입니다. 그는 평양 교회에서 집사였고, 한국을 떠날 때 숭실중학교 졸업을 1년 앞두고 있었습니다. 그는 우리가 알던 자요, 시험해 보았던 사람이며 한국 신자들과 불신자들의 신뢰를 받고 있습니다.[25]

---

23 S. A. Moffett to A. J. Brown, August 1, 1906.

24 캘리포니아 중국인장로회선교회(Chinese Presbyterian Mission of California)의 래플린(John Hood Laughlin, 1854-1918) 목사다.

25 S. A. Moffett to A. J. Brown, August 1, 1906.

could produce many leaders for the future of Korea.

> There are now in Riverside California some 30 or more Christians, already in touch with the Presbyterian pastor there and they are looking to our church to care for them. There are groups of Koreans in some 10 or 15 places where we have Christians and where I have no doubt we can organize little groups on the same plan as our work in Korea is organized, placing them in sympathetic, helpful touch with the Presbyterian churches in these places, holding their membership there and meeting with them if so desired but also holding separate services in Korean.[15]

These Korean immigrants for the independence of Korea, by trying to raise interest in Korea among Americans. They also helped the Korean churches indirectly by sending money to their families in Korea. The specific plan proposed by Mr. Moffett was follows:

> Will the Board not sanction the following plan for one year at least—viz: the employment of but one Korean as an evangelist to have his headquarters in San Francisco (or Oakland) under the direction of Mr. Laughlin[16]—this evangelist to have spiritual oversight of all the Korean work of our church—to keep in communication with our Christians; to see that they identify themselves with our churches, to organize them in groups of worshipers and to act as the connecting link between the church in Korea and the Koreans here and between our church in America and the Koreans here, he to visit these groups if possible once or twice a year and to make his headquarters in San Francisco a *Bureau of Information* for the *religious* life of our Korean people. The man for this work is here—a son of Elder Pang of Pyengyang—himself a former deacon in the Pyengyang Church and within one year of

15 S. A. Moffett to A. J. Brown, August 1, 1906.

16 Rev. John Hood Laughlin (1854-1918) of the Chinese Presbyterian Mission of California.

리버사이드 한인의 지도자는 도산 안창호(安昌浩, 1878-1938)였다. 1902년 유학을 위해 도미하여 샌프란시스코에 정착한 안창호는 직업안내소를 세워 한인들을 모집했고, 1904년 로스엔젤레스 동쪽에 있는 리버사이드로 이주했다. 그곳에 한인 10여 가족 50여 명이 거주하는 판자촌 "파차파 캠프"를 세우고 오렌지 농장에서 일했다. 하와이에는 교단 간 합의 때문에 장로회가 들어갈 수 없었다. 대신 캘리포니아에서는 마포삼열의 제안대로 샌프란시스코에 있는 방화중을 첫 순행 전도사로 1년간 지원해서 그 도시와 리버사이드와 로스엔젤레스를 순회하며 미조직교회를 돌보도록 했다.

방화중(邦和重, 1876-1940)은 평양장대현교회 방기창 장로의 아들이다. 그는 숭실중학교를 다니다가 1903년 하와이로 이민을 왔으며, 1904년 샌프란시스코에 와서 도산과 함께 활동하다가, 1906년 전도사로 임명받고 샌프란시스코와 오클랜드 지역 전도사로 활동하면서 리버사이드와 로스엔젤레스를 한 차례 방문하고 장로교인들을 돌봤다. 리버사이드와 로스엔젤레스의 미조직 장로교회는 방화중 전도사가 로스엔젤레스로 내려왔을 무렵인 1907-1908년 조직되었고 이후 로스엔젤레스한인교회로 발전했다.

2017년 8월 1일

UCLA에서

편역자 옥성득

graduation from our Academy when he left there. He is a man whom we have known and tried and who has the confidence of the Korean believers and unbelievers.[17]

The leader of Koreans in San Francisco and Riverside was Dosan An Chang-ho (1878-1938). In 1902 he came to California and settled down in San Francisco. He set up a job information center and recruited Korean laborers. He moved temporarily to Riverside, east of Los Angeles, in 1904. He set up a "Pachapa Camp"with shacks where 50 people of 10 families resided and worked at the orange farms. Unlike Hawaii where the Presbyterian church could not be organized, Presbyterian Koreans in California, as suggested by Mr. Moffett, supported for Pang Hwa-jung in San Francisco as itinerating evangelist to work among the unorganized Korean groups in San Francisco and Riverside for a year.

Mr. Pang was a son of elder Pang Ki-ch'ang of the Central Church in Pyongyang. He attended Soongsil Academy and immigrated to Hawaii in 1903. He moved to San Francisco in 1904 and worked with Dosan. In 1906 he was appointed as an "itinerating evangelist"and worked in San Francisco and Auckland and visited Riverside and Los Angeles for a season. Christian groups in Riverside and Los Angeles began to be organized when Mr. Pang moved down to Los Angeles in 1907-08 and would later develop into the Los Angeles Korean American Church later.

August 1, 2017

Sung Deuk Oak

17 S. A. Moffett to A. J. Brown, August 1, 1906.

일러두기 Explanatory Remarks

1. 맞춤법 및 부호 사용 원칙

• 맞춤법의 경우, 기본적으로 국립국어원의 원칙을 따랐다.
• 성경 인용의 경우, 개역개정을 기본으로 하고 그 외에는 인용 출처를 밝혔다.
• 국내 단행본에는 『 』, 정기간행물에는 「 」, 외서의 경우에는 이탤릭체, 논문에는 " "(큰따옴표)로 표시했다.
• 라틴어의 경우, 이탤릭체로 표시했다.

2. 구성

• 이 책에서는 마포삼열 선교사와 그 가족, 동료의 서신, 보고서, 신문과 잡지 기사 등을 연대순으로 배열했다.
• 각 자료마다 첫 부분에 그 출처를 밝혔다. 제일 위에는 자료의 출처를, 그다음 위쪽 왼편에는 글쓴이를, 오른편에는 글이 기록된 장소와 시간을 표시했다.
• 약자, 판독이 불확실한 단어, 생략된 부분의 경우, [ ]로 표시했다.
• 선교 편지의 대부분을, 장로회역사연구소(the Presbyterian Historical Society)가 발행한 마이크로필름에서 입력하고 번역했다. *The Correspondence and Reports of the Board of Foreign Missions of the Presbyterian Church of the USA, 1833-1911, Korea Missions* (Philadelphia: Presbyterian Historical Society, 1957).
• 가족 편지는 프린스턴 신학교의 '마포삼열 자료'에서 선별했다.
• 각주의 경우, 원본의 각주 외에 편역자가 추가한 각주가 있기에 한글 번역본의 각주가 영문 원본의 각주와 동일하지 않은 경우가 대부분이다.

3. 용어 통일

• 중국의 지명은 당시 통용하던 한자 지명을, 일본 지명은 발음대로 한 것이 많다.
예. 만주의 봉천[심양], 산동의 지푸, 일본의 요코하마

• 다음의 지명은 현재 사용하는 용어로 통일한다.
• Korea: '조선'이나 '대한제국' 대신 '한국'으로 번역했다.
• Seoul: '한성'이나 '경성' 대신 '서울'로 번역했다.
• 북한: 오늘날의 북한이 아니라 서울 이북의 지리적인 북한을 말한다.
북부 지방, 북한 지방으로 번역하기도 했다.
• 선교부, 선교회, 선교지부, 선교지회
각 교단의 해외선교 이사회 'Board'는 '선교부'로,
그 산하에 있는 한국 전체 'Mission'은 '선교회'로,
선교사가 거주하는 여러 도시의 'station'은 '선교지부'로
선교지부 내의 'sub-station'은 '선교지회'로 번역했다.

• 각 도의 감영(현재의 도청)이 있던 도시(capital)는 '주도'(主都)로 번역한다.
예. 황해도의 주도인 해주

약어표 Abbreviations

BFBS	The British and Foreign Bible Society
Church at H & A	*The Church at Home and Abroad* (New York: PCUSA)
MEC	The Methodist Episcopal Church
MECS	The Methodist Episcopal Church South
PCUS	The Presbyterian Church of the United States
PCUSA	The Presbyterian Church in the United States of America
PHS	The Presbyterian Historical Society, Philadelphia, PA
PTS	The Princeton Theological Seminary
SHMC	The Samuel Hugh Moffett Collection
SPG	The Society for the Propagation of the Gospel
SVM	The Student Volunteer Movement for Foreign Missions
YMCA	The Young Men's Christian Association

사진 및 그림 제공 IMAGE COURTESY

[MOF]	Image courtesy of Samuel Austin Moffett Collection, Special Collections of Princeton Theological Seminary Library, Princeton, New Jersey
[OAK]	Sung-Deuk Oak's Collection

인천에 설치된 일본군 적십자병원, 1904년 [OAK]

A Japanese Red Cross Hospital in Incheon, 1904

남대문로를 지나며 서울을 점령하는 일본군, 1904년 [OAK]

Japanese soldiers passing through the South Gate Road to Myongdong, 1904

러일전쟁 중 평양 대동강을 도강하는 일본군, 1904년 4월 [OAK]

Japanese soldiers crossing the Taedong River, Pyongyang, April, 1904

AMERICAN MISSIONARIES AND REFUGEES

This group was photographed by Collier's photographer, R. L. Dunn, at Ping Yang, on the arrival there of the advance guard of the Japanese army. Among the group are several English and American women and children refugees who sought their missionary friends at the outbreak of hostilities

●

러일전쟁으로 평양으로 피신한 선교사와 가족들, 1904년 봄 [OAK]

American missionary refugees in Pyongyang, Spring, 1904

평양을 지나 압록강으로 가는 일본군 부교 수송대, 1904년 [OAK]

Japanese soldiers carry pontoon bridge materials to the Yalu River, 1904

한국인을 러시아군 스파이로 의심해 총살하는 일본군, 1904년 [OAK]

Japanese soldiers shot a Korean farmer suspecting for a Russian spy, 1904

●
평양 웰즈 의사와 적십자단 콜레라 방역대, 1904년 [OAK]

Cholera corps of the Red Cross in Pyongyang, 1904

러일전쟁 중 평양에서 조직된 한국 최초의 적십자단[구세군], 1904년 [MOF]
마포삼열 목사는 뒷줄 왼쪽에, 폴웰 의사는 가장 오른쪽에 서 있다.

The Red Cross organized in Pyongyang during the war, 1904
Mr. Moffett is standing left end, Dr. Folwell right end with Japanese

서신 LETTERS
1904

The correspondence consists of two sources. Most are from the mission letters between S. A. Moffett and the secretary of the Board of Foreign Missions of the PCUSA in New York. They are microfilmed by the Presbyterian Historical Society in Philadelphia. The source of these letters is marked by "PHS" on the head of each letter. The other is family letters marked by "SHMC," which are collected, preserved, and transcribed by Aileen Flower Moffett.

Maria Jane McKee Moffett

Madison, Indiana

January 5, 1904

My Dear Sam:

I never before could say with so much truth that I hadn't time to write or read or do what I very much wished to do. These short days—no cook, the routine of house-hold work, the cold weather coming upon us, the rush of the holidays make me feel that I have left undone just what I hoped to do and what must be postponed from day to day. "Whatever" are housekeepers going to do? I am half the time without a cook. After staying for a few weeks, they get married or get sick or their friends get sick and call them home. Half my friends have the same experience. I have not been able to invite Dr. Wells to visit us and will not if this state of affairs continues. I have no reserve strength to do from day to day just what has to be done. Ned comes down from the hill nearly every day, giving us help with the heavy work. I can understand in a way how the work piles upon you and no let-up year after year. I hope the river outing did you both good.

Am sorry Alice is having trouble with her knee. I have had another visit at Fort Wayne—the third time since April.[1] Rob came for me after a two weeks visit. I ran away from the work and then I thought it time to see the precious lamb [her baby granddaughter, Lenore]. Everybody exclaims how beautiful she is. She is so sweet and good and we all think wonderfully smart. Rob and I took Christmas dinner with Howard and family. The children had a tree and loads of presents. As we drove up we met Clinton on the road on "Dixie" coming to meet us "Korean fashion." We stopped at Will's to see their pretty Christmas tree in the bay window and to leave silver spoon, box of tenpins, book, etc. [I] sent Tom a box.

1 Her daughter, Susan Moffett Moffat's home.

마리아 제인 맥키 마페트

인디애나, 매디슨

1904년 1월 5일

사랑하는 샘에게,

요즘처럼 시간이 부족했던 적은 없었다. 무엇을 쓰거나 읽을 시간, 하고 싶은 것을 할 시간을 낼 수가 없단다. 춥고 날이 짧은 겨울에 가정부도 없이 가사 일을 하며 명절을 맞아 분주하다 보니, 모든 일을 하지 못한 채 차일피일 미루고 있다는 생각을 떨칠 수가 없구나. 주부가 닥치는 대로 "아무 일"이나 해야 할까? 나는 그동안 가정부 없이 지내는 날이 더 많았단다. 그들은 몇 주 동안 머문 후에 결혼을 하거나 아프거나 아픈 친구를 돌보기 위해 가버렸단다. 내 친구들 중 절반이 같은 경험을 했단다. 나는 웰즈 의사를 아직 초대하지 못했단다. 만일 이런 상태가 계속된다면 결코 초대할 수 없을 거야. 반드시 해야 할 일만 해도 날마다 벅차구나. 네드가 거의 매일 같이 언덕 마을에서 여기까지 내려와 많은 일을 해주면서 우리를 돕는단다. 네게도 많은 일이 쌓여 있고 매년 쉬운 해가 없다는 것을 안다. 강 주변 산책이 너희 두 사람에게 도움이 되기를 바란다.

앨리스가 무릎이 아파서 고생한다니 안타깝구나. 나는 포트웨인을 다시 방문했는데, 4월 이후 세 번째란다.[1] 롭이 2주간 방문한 후에 나를 데리러 왔다. 나는 소중한 어린 양[손녀딸인 레노아]을 봐야 할 때라고 생각해서 일에서 떠나왔다. 모든 사람이 이 아이가 얼마나 아름다운지 감탄하고 있단다. 우리 모두는 이 아이가 예쁘고 착할 뿐 아니라 놀랍도록 영특하다고 생각한다. 롭과 나는 하워드와 그의 가족과 함께 성탄절 저녁 식사를 했단다. 아이들은 크리스마스트리와 한 아름의 선물을 받았지. 우리는 마차를 타고 돌아오다가, "한국 옷"을 입고 말을 타고 우리를 만나러 오는 클린턴을 만났단다.

1 인디애나 주 포트웨인에 있는 딸인 수잔 마페트 모패트의 집이다. 수잔은 수지로 불렸고, 이때 딸 레노아를 낳은 상태였다.

He had hoped to make us a visit before Christmas and I wrote him to meet me at Fort Wayne but he found too many pastoral duties and had to give it up. He was greatly disappointed for I think he was pretty homesick. I was sorry not to get up a box for you and Alice but I have been housed up since the cold weather. The next $50 you may accept for a C.[hristmas] P.[resent]. I will send [it] whenever you wish. I wrote you that Mrs. Cogley cannot respond to the request–she has so many calls. Will and Howard and Clinton drop in very often to take a meal with us. Ella and Carrie go to Mrs. Todd's, then they all drive up together after Sunday School or on other days after shopping and visiting. Mrs. Ling has been sick for some weeks. Howard expects to go South before long.

Your loving Mother

우리는 윌의 집에 잠깐 들려서 퇴창에 놓여 있는 예쁜 크리스마스트리를 보고 은수저, 볼링 상자, 책 등을 주었단다. 톰에게는 선물 한 상자를 보냈지. 나는 성탄절 전에 우리를 방문하려는 그에게 포트웨인에서 만나자고 편지했지만, 그는 목회 업무가 너무 많아서 만나는 것을 포기해야 했단다. 그는 대단히 실망했는데, 내 생각에 그는 몹시 고향을 그리워하는 것 같다. 너와 앨리스에게 선물 상자를 보내지 못해 미안하구나. 추운 날씨로 인해 집안에 갇혀 지내야 했단다. 다음에 성탄절 선물로 50달러를 보내마. 언제든지 네가 원할 때 그것을 보내마. 콜기 부인이 네 지원 요청에 응할 수 없다고 전해달라는구나. 그녀는 너무 많은 요청을 받고 있단다. 윌과 하워드와 클린턴은 자주 우리를 방문해서 식사를 함께한단다. 엘라와 캐리는 토드 부인을 방문하는데, 그들은 주일 학교가 끝난 후나, 때로는 쇼핑이나 방문 후에 함께 올라간단다. 링 부인은 몇 주 동안 아팠단다. 하워드는 곧 남부로 갈 예정이란다.

네 사랑하는 엄마가

Maria Jane McKee Moffett

Madison, Indiana

March 2, 1904

My dear Sam:

We are wondering what your surroundings are and if you have had to leave your home. We have been told the United States vessels are giving the missionaries all protection but of course we are anxious to hear something every day although the dispatches may be so very unreliable. We have received from the *Board of Foreign Missions Bulletin* No. 1, giving us all the information they have and it has been a great comfort to us–but again we hear that the Pyeng Yang missionaries have gone to Northern Manchuria for safety and those from Seoul are to go to the Philippines. Oh! that this cruel war was over. In a note to Tom [S. A. M.'s younger brother] from Mrs. Fish [Alice Fish Moffett's mother], she says: "I today telegraphed to Rev. Arthur J. Brown of New York thus:–'Do you hear from our children, the Moffetts: Are they protected'?" His reply came worded thus: "Cable just received announces all missionaries safe–full protection arranged." This is a comfort and I hope is all true.

Howard [S. A. M.'s older brother] and family have been in Florida for some weeks–have visited several places and are enjoying the warm climate. A great many others have gone for the winter but I decided I couldn't stand the journey and was better off at home, although we have had an unusually cold winter. I have been housed up–have been to church and P.M. a few times.

Tom [S. A. M.'s younger brother] is running the Home Mission Committee at present, having a good man to fill his pulpit for a while. [He writes]: "There is a plan for Dr. Cook and me to accompany several of the Indians to Washington D. C. to plead their cause for a reservoir. There is great destitution among the Pimas. I will write you more concerning this in a few days. We hope to secure water for irrigation

마리아 제인 맥키 마페트

인디애나, 매디슨

1904년 3월 2일

사랑하는 샘에게,

우리는 네 환경이 어떤지, 그리고 네가 사택을 떠나야 했는지 궁금하다. 미국 군함이 선교사들을 잘 보호하고 있다고 들었지만, 또 편지 배달이 제대로 이루어지지 않으리라 이해하지만, 네게서 어떤 소식이 올까 매일 고대하고 있단다. 우리는 「해외 선교부 회보」 제1호를 받았는데, 그들이 가지고 있는 모든 정보를 우리에게 전달해주어서 큰 위안이 되었단다. 그러나 우리는 평양 선교사들의 안전을 위해 다시 북만주로 갔고 서울 선교사들은 필리핀으로 갔다는 이야기를 들었단다. 오! 이 잔인한 전쟁이 끝났으면 좋겠구나! 피시 부인은 톰에게 보낸 짧은 편지에서 이렇게 말했단다.[1] "나는 오늘 뉴욕의 브라운 목사에게 다음과 같은 전보를 보냈습니다. '우리 자녀, 마포삼열 부부로부터 어떤 소식을 들었습니까? 그들은 보호받고 있습니까?' 그리고 다음과 같은 답신을 받았습니다. '방금 받은 전보를 보면 모든 선교사가 안전하다고 합니다. 완전한 보호 조치가 취해졌습니다.'" 이 말에 위안을 받았단다. 모든 것이 사실이기를 바란다.

하워드와 그의 가족은 몇 주 동안 플로리다에 있었는데, 여러 곳을 방문했고 따뜻한 날씨를 즐기고 있단다.[2] 많은 사람이 겨울을 지내러 갔지만, 나는 그 여행을 견뎌낼 수 없으리라고 결정했고, 이례적으로 추운 날씨이기는 하지만 집에서 더 잘 지내고 있단다. 나는 교회에 다녀왔는데 오후에 몇 번 갔을 뿐 집안에 틀어박혀서 지낸단다.

톰은 한동안 그의 설교단을 좋은 사람에게 맡기기로 하고 현재 "국내 선교 위원회"를 운영하고 있단다. [그는 다음과 같이 편지했다.] "쿡 박사와 제

1 피시 부인은 마포삼열의 장모이며, 톰은 마포삼열의 남동생이다.

2 하워드는 마포삼열의 형이다.

through a special act of Congress. Friends of Missions to the Indians will have to furnish the expense. We have written to the Board and to General Howard. Ex[ecutive] Secretary Long is chairman of the Lake Mohonk Conference Committee to promote the object."

I don't feel like writing of anything but the war. It is in my thoughts day and night.

All is well at Fort Wayne [Indiana]. Susie [S. A. M.'s older sister] writes the baby is all that's good and sweet and well and lovely. Mary [is] not well. I will send this off hoping and praying it may find you both safe and well.

Your loving Mother

가 인디언 여러 명과 함께 워싱턴으로 가서 저수지를 위해 탄원할 계획입니다. 피마족은 극심한 빈곤에 시달리고 있습니다. 며칠 내로 이와 관련해서 더 자세히 써 보내겠습니다. 우리는 의회의 특별법을 통해 관개용 물을 확보할 수 있기를 희망합니다. '인디언 선교 친우회'는 그 비용을 제공해야 할 것입니다. 우리는 선교부와 하워드 장군에게 편지를 보냈습니다. 실행 총무 롱은 이 사안을 추진하는 모홍크 호수 컨퍼런스 위원회의 의장입니다."

나는 전쟁 말고는 다른 걸 쓰고 싶지 않구나. 주야로 그 생각에 매달려 있단다.

포트웨인은 모든 것이 괜찮다. 수지는 아이가 착하고 예쁘고 건강하고 사랑스럽다고 편지에 썼단다. 메리는 건강이 좋지 않구나. 나는 너희 둘 모두 안전하게 잘 지내기를 바라고 기도하면서 이 편지를 보낸다.

네 사랑하는 엄마가

Samuel A. Moffett[1]

Pyeng Yang, Korea

March 5, 1904

[Dear Dr. Wells]:

Pyeng Yang is in it once more. We wish it were otherwise, but we are glad we are here as long as there is trouble. The first shots on land were fired here last Sunday morning, when Russian cavalry scouts came within a mile or so of the city and were fired upon by the Japanese from the Seven Stars or north gate. Two horses were injured. That day the Japanese Consul suggested that there might be more firing, and that if we wished we could send the ladies from our house, which is a quarter of a mile outside the walls, inside the fortifications. However, nothing more occurred, but we had to stay close indoors. Since then the Russians have gone steadily back to the north, because the Japanese army has been forcing them back until now the Russians are at Chungju, and the Japanese have taken possession of An Ju.

"All the ladies and children came down from the American mines, 100 miles to the north, ten days ago. All the missionaries from Syen Chyen came here except Dr. and Mrs. Sharrocks and Mr. Whittemore, who remained in Syen Chyen and are liable to find themselves in the thick of the trouble. For a while it looked as if we might have to send the women and children from Pyeng Yang, as Minister [Horace] Allen has sent us word that a cruiser would come for us as soon as possible. Now, however, as the cruiser is expected in a few days to take off the mines people and those others who might wish to go, we can stay on, with the possibility of having to leave later if the Russians come on victoriously and a battle is fought here.

"The correspondents have arrived and are fine fellows. We enjoy

1 This letter to Dr. J. Hunter Wells, published in *The Morning Oregonian*, Monday, April 11, 1904.

마포삼열

한국, 평양

1904년 3월 5일

웰즈 의사에게,

평양은 다시 한번 전쟁 중에 있습니다. 우리는 그렇게 되지 않기를 바랐지만 곤경이 있는 이곳에 우리가 있게 되어서 기쁩니다. 이곳 육지에서 이루어진 첫 번째 사격은 지난 일요일 아침에 시작되었습니다. 러시아의 기갑 부대 정찰병들이 이 도시의 1마일 지점까지 접근해오자, 칠성문(북문)에서 일본인들이 사격을 했습니다. 말 두 마리가 상처를 입었습니다. 그날 일본 영사는 전투가 더 있을 수도 있으며, 우리가 원한다면 요새 안쪽에 있지만 성벽에서 1/4마일 바깥에 있는 우리 집으로부터 여성들을 다른 곳으로 보낼 수 있다고 제안했습니다. 그러나 더 이상 아무 일도 일어나지 않았습니다. 그럼에도 우리는 집안에 머물러 있어야 했는데, 일본군이 러시아군이 있는 정주(定州)까지 밀어붙이면서 러시아군이 북쪽으로 계속 퇴각했기 때문입니다. 일본인들은 안주(安州)를 점령했습니다.

모든 여성과 아이는 10일 전에 북쪽으로 100마일 거리에 있는 미국 [운산] 광산에서 내려왔습니다. 샤록스 의사 부부와 위트모어 목사를 제외한 선천의 모든 선교사가 이곳으로 왔습니다. 선천에 남은 사람들은 자신들이 깊은 곤경에 처해 있음을 곧 알게 될 것입니다. 얼마 동안 우리는 평양에서 여성과 아이들을 내보내야 할지도 모른다고 생각했는데, 알렌 의사가 우리를 위해 되도록 빨리 순양함을 보낼 것이라고 알려주었기 때문입니다. 며칠 후면 순양함이 광산의 사람들과 가고 싶어 하는 사람들을 태우고 떠날 예정이므로, 만일 러시아인이 승리해 들어와 전투가 이곳에서 벌어진다면 우리는 결국 떠나야 할 가능성을 염두에 두고 머물 수 있습니다.

도착한 특파원들은 좋은 기자들입니다. 우리는 그들을 즐겁게 만났습니다. 「런던 데일리 메일」의 매켄지는 우리 집을 방문한 손님이었고, 뉴스를 파헤치는 훌륭한 사람입니다. 「콜리어즈 위클리」 잡지사는 이곳에 사진사를

meeting them. McKenzie, of the *London Daily Mail*, is our guest, and is a great man to ferret out news. *Collier's Weekly* has a photographer here, and he is sending out pictures, which I presume will appear in the paper from time to time. Jack London is also here.

The Japanese are conducting themselves very well and there is no complaint against them. Although fully nine-tenths of the natives have left Pyeng Yang, almost all native Christians have remained, and the merchants of that class are doing a thriving business.

[unsigned as published in Portland, Oregon newspaper, but attributed to Samuel A. Moffett, Dr. Wells' pioneer missionary colleague in Pyeng Yang]

두고 있는데, 그는 사진을 보내고 있습니다. 그 잡지에 가끔 내가 실릴 것이라고 추측합니다. 책 런던도 이곳에 있습니다.

일본 군인들이 잘 행동하고 있어서 그들에 대한 불평은 없습니다. 한국인들의 90퍼센트가 평양을 떠났지만, 거의 모든 한국인 기독교인이 남아 있고, 기독교인 상인들은 성공적으로 사업하고 있습니다.[1]

마포삼열 드림

1 러일전쟁 기간 동안 평양에 남은 개신교인들이 선교사와 일본군의 보호를 받고 생명과 재산을 보존하고 사업을 할 수 있었던 사실은 전후에 개신교가 성장하는 중요한 한 요인이 되었다.

Samuel A. Moffett

Pyeng Yang, Korea

March 14, 1904

Dear Father Fish:

We are all well and are still in Pyeng Yang with prospects of staying here for some time and a probability of not having to go out at all. We are in the midst of war scenes but not on what we expect to be the battle field.

We are deeply thankful that the situation is such that it is not necessary to send out the women and children as we feared for a while it might be. Last week we received word from Dr. Allen that the Cruiser Cincinnati would come to Chinnampo to take off the people from the American mines and those of our number who wished to leave. He did not say the women must come to Seoul but "may" come to Seoul so we all of us decided that the situation was not one which made it necessary to send them out now. The river is now almost free from ice—the steamers are now running between Chemulpo and Chinnampo and in a few days will be running up to within five miles of us so that on short notice we can send any out should it become necessary.

The Japanese troops are now here in force, others are coming, others are landing at Chinnampo and many have already gone north—the 2,000 Russian Cavalry and scouts retreating before them. Everything points to a battle up on the Yalu river near or beyond Eui Ju sometime about the first of May. I think the general opinion is that Japan will at least hold her own and not be repulsed or forced back. Even in case of defeat and a retreat her troops will make one or more stands north of us and in any event we will have abundant time to get out of here should there be the appearance of a battle here.

War correspondents and military men are appearing on the scene and we are having a good time entertaining some of them and hearing war news. We are also getting ideas of what a war correspondent's

마포삼열

한국, 평양

1904년 3월 14일

장인어른께,

우리는 아직 평양에 머물며 잘 지내고 있습니다. 우리가 떠나야 할 필요가 없을 듯하여 이곳에서 한동안 지낼 수 있을 것으로 보입니다. 우리는 전쟁의 한가운데 있지만, 이곳에서 전투가 벌어지리라고는 예상하지 않습니다.

한때 여성과 아이들을 후방으로 보낼 수밖에 없을 것으로 생각했으나 다행히 상황이 그렇게까지 나쁘지 않아서 우리는 깊이 감사하고 있습니다. 지난주에 우리는 알렌 의사로부터, 미국 [운산] 광산의 사람들과 우리 선교사 중 떠나기를 원하는 사람들을 대피시키기 위해 순양함 신시내티호를 진남포항으로 보내겠다는 연락을 받았습니다. 그는 여성들이 서울로 반드시 와야 한다고 말하지 않았고, "올 수도 있다"고 말했으므로, 우리 모두는 여성들을 바로 피신시켜야 할 상황은 아니라고 결정했습니다. [대동]강에는 얼음이 거의 녹았습니다. 제물포와 진남포를 잇는 기선이 개통되었으며, 며칠 후에는 우리가 있는 곳에서 5마일 떨어진 곳까지 오기 때문에, 만일 필요하면 누구라도 바로 보낼 수 있습니다.

일본 군대가 현재 이곳에 집결해 있고, 다른 부대가 오고 있으며, 일부 부대는 진남포에 상륙하고 있고, 많은 부대가 이미 북쪽으로 갔습니다. 2,000명의 러시아 기병대와 정찰병들은 그 전에 퇴각했습니다. 모든 상황을 고려할 때, 5월 1일 전후에 압록강 부근이나 의주 너머에서 전투가 있을 것입니다. 일반 여론은 일본군이 최소한 현재 전선을 유지하고, 격퇴당하거나 뒤로 물러나지는 않을 것으로 봅니다. 비록 패하거나 퇴각하더라도 일본군은 우리가 있는 이곳보다 더 북쪽에서 한두 차례 저항할 것입니다. 만일 이곳 평양에서 전투가 발생하더라도 우리는 대피할 시간이 충분히 있습니다.

종군 기자들과 군인들이 이 도시로 오고 있습니다. 우리는 그들 중 일부를 만나 즐거운 시간을 보내기도 하고, 전쟁 소식을 듣기도 합니다. 또한 우

experiences are. We had Jack London of *San Francisco Examiner* with us last week. He pushed on north against orders and was put in jail under guard about 15 miles north of us. He came back yesterday and now we hear that all war correspondents have been ordered back to Chemulpo.

Yesterday Gen'l Henry T. Allen of the U. S. Army in the Philippines arrived and is our guest. We are seeing what for us are new phases of life.

The nations of the earth carry on their warfare and in the midst of it we continue our warfare against Satan's kingdom. Our Christians have been richly blessed these days by the assurance they have of the overruling presence of God and of His watchful care for them. They have been grandly witnessing to others by their own freedom from fear. I am carrying on examinations for baptisms each day and before many Sabbaths are past expect to have between fifty and a hundred ready to be baptized and received into the church. I suppose fully 4/5 or 9/10 of the people in the city have fled to the country and now Japanese soldiers are occupying all the houses. Nevertheless, we had a congregation yesterday of about 800 Christians and much of our work goes on as usual.

From Syen Chyen we hear by courier about twice a week. The Russians have been there but the Sharrocks family, Mr. Whittemore and our property there have not been molested. We are hoping that the Russians will soon retire beyond the Yalu and leave our Syen Chyen Station outside of the ground to be contested.

If you will watch the *San Francisco Examiner* and *Collier's Weekly*, you will soon be finding some articles and pictures that will interest you. When through with them please mail to me for our amusement. We shall enjoy seeing how much Jack London can color the facts transpiring about us. I do not know why our December letters were so long delayed. The letters of early February have been delayed purposely as the Japanese did not wish word of the Chemulpo battle to go out until after their official reports were given to the world. We are taking it for granted

리는 종군 기자의 경험이 어떤 것인지 배우고 있습니다. 지난주에는 「샌프란시스코 이그재미너」의 잭 런던 기자를 만났습니다. 그는 명령을 어기고 북쪽으로 올라가다가 이곳에서 15마일 떨어진 곳에서 보초병에게 잡혀 투옥되었습니다. 그는 어제 돌아왔는데, 모든 종군 기자는 제물포로 돌아가라는 명령을 받았다고 합니다.

어제 필리핀에 있는 미 육군의 헨리 알렌 장군이 도착했고, 우리 집에 손님으로 있습니다. 우리는 인생의 새로운 국면을 경험하고 있습니다.

지상의 나라들은 그들의 전쟁을 수행하고 있고, 그 가운데서 우리는 사탄의 왕국에 대한 전쟁을 계속하고 있습니다. 한국인 그리스도인들은 하나님의 통치하시는 임재와 주의 깊은 돌보심에 대한 확신으로 인해 최근에 풍성한 복을 받았습니다. 그들은 두려움에서 자유로운 삶을 다른 사람들에게 놀랍게 전해왔습니다. 저는 매일 세례 신청자들을 문답하고 있으며, 몇 주 지나지 않아 세례와 입교 준비가 된 50명에서 100명의 신자가 나올 것으로 기대합니다. 저는 도시 인구의 80-90퍼센트가 시골로 피난을 갔다고 생각하며, 일본군이 모든 집을 점유하고 있습니다. 그럼에도 불구하고 어제 주일 예배에는 약 800명의 그리스도인이 참석했고, 우리의 사역은 대부분 평상시처럼 진행되고 있습니다.

선천으로부터 일주일에 두 번씩 파발꾼을 통해 소식을 듣습니다.[1] 러시아 군인들이 그곳에 주둔해 있고, 샤록스 의사 가족과 위트모어 목사와 재산은 피해 없이 안전합니다. 우리는 러시아 군대가 압록강 너머로 후퇴하고 선천 선교지부가 공방을 벌이는 전쟁터가 되는 위험에서 벗어나기를 희망합니다.

「샌프란시스코 이그재미너」와 「콜리어스 위클리」를 보시면 흥미 있는 기사와 사진들을 볼 수 있을 것입니다. 다 보신 후에 저희도 볼 수 있도록 우

---

1 이후 편지에서 "courier"는 모두 "파발꾼"으로, "courier service"는 "파발 서비스"로 번역했다. 파발은 조선 정부가 주요 지점에 역참을 두고 운영한 공문서 배달 체계인데, 이와 유사한 사설(私設) 서비스라고 볼 수 있다. 러일전쟁 종군 기자들은 미국 선교사들(평양의 마포삼열 목사와 선천의 샤록스 의사)의 도움을 받아 한국인 배달꾼들을 고용하여 운영했다. 고용된 파발꾼들은 선교사들이 추천했으므로 신용할 수 있는 예수교인들이 많았을 것이고, 이들은 파발 서비스를 통해 높은 임금을 받았다.

that you are not worrying over us. We intend to do nothing rashly, to run no serious risks and to take all precautions for safety long before necessity arises.

Dr. & Mrs. Sharrocks decided that it was their duty to stay in Syen Chyen even tho there might be danger. They are of course in some danger, but I do not believe anything serious will happen to them. However, my own decision for Alice is that if there is any probability of a battle here she will go out to Seoul while I stay here or *hereabouts* to guard the property–avoiding all risk, nevertheless. This I think is the decision of most of the men. Alice is better and stronger and growing more so every day.

We are going along peacefully with our usual avocations interspersed here and there with war talks. I have been in the garden trimming grape vines this afternoon getting ready for spring. Alice and I went down to look at our lettuce bed and the onions sprouting in the hot bed. Are not these peaceful occupations? The question of food supply is one that interests us greatly. We shall probably have to wait a month or more longer than usual for our supplies from Smith's Cash Store–because of the scarcity of ships from Japan–all having been called off for use as transports. Flour and butter are pretty nearly out–so we are laying in a supply of Korean sesame oil and Korean wheat with which to meet the emergency.

Of chickens and eggs and rice we have already laid in quite a supply knowing that the presence of 10,000 Japanese soldiers will make chickens and eggs pretty scarce. What is to be the outcome of the war no one knows but the Lord is over all and we doubt not that it means eventual good to the Koreans and also to Chinese and Russians. We shall have to labor on here for a while under greatly disturbed conditions but we fully believe that even these experiences will be made to work out good to us and the Korean Christians.

We rejoice in the good news of your continued good health and are

편으로 보내주시기 바랍니다. 우리는 잭 런던[2]이 우리에 대해 일어난 사실을 얼마나 많이 윤색할 수 있는지 보면서 즐거워할 것입니다. 우리는 12월에 보낸 편지가 아직도 도착하지 않고 그렇게 오래 지연되는 이유를 모릅니다. 2월 초에 보낸 편지는 일본군이 의도적으로 지연시켰는데, 제물포 전투에 대한 공식적인 전황 보고서를 발표하기 전에 그 소식이 외부로 빠져나가는 것을 원치 않았기 때문입니다. 장인어른께서는 저희에 대해 염려하지 않으셔도 됩니다. 우리는 어떤 일도 경솔하게 하지 않고 심각한 위험을 감수하지도 않을 것이며, 필요가 생기기 전에 미리 안전을 위한 모든 예방 조치를 취할 것입니다.

샤록스 의사 부부는 비록 위험하지만 선천에 남아 있는 것이 자신들의 의무라고 결정했습니다. 물론 그들은 약간 위험합니다. 그러나 저는 어떤 심각한 일도 그들에게 일어나지 않으리라고 믿고 있습니다. 하지만 앨리스에 대한 제 개인적 결정은 다음과 같습니다. 만일 이곳에 전투 발생 가능성이 조금이라도 있으면 제가 재산을 보호하기 위해 최대한 모든 위험을 피하면서 이곳이나 부근에 머물더라도 그녀를 서울로 보낼 것입니다. 저는 이것이 거의 모든 남성의 결정이라고 생각합니다. 앨리스는 더 건강하며 더 강해졌고, 매일 그렇게 되어가고 있습니다.

우리는 전쟁 이야기를 하고 평소대로 여기저기 흩어져 있는 일을 하면서 평화롭게 지내고 있습니다. 저는 오늘 오후에 봄을 맞아 정원에서 포도나무 가지를 전지했습니다. 앨리스와 함께 양상추 묘상(苗床)과 온실에서 싹이 나고 있는 양파를 보러 내려갔습니다. 평화로운 일상사가 아닙니까? 음식물의 공급은 우리가 관심을 기울이는 문제 중 하나입니다. 일본에서 한국으로

2 *A Daughter of the Snows*(1902), *The Call of the Wild*(1903), *The Sea Wolf*(1904), *The Faith of Men*(1904) 등의 작가로, 1904년 이혼하고 러일전쟁 당시 *San Francisco Examiner* 특파원으로 한국에서 활동했다. 본명은 John Griffith London(1876-1916)이며 무신론자였다. 러일전쟁 당시 한국의 피해와 실상을 사진으로 담아 많은 자료를 남겼으며, 한국에 대해 우호적인 글을 썼다. 미국 선교사들에 대해서도 우호적이었다. 러일전쟁 기간 중 일본군이 허락한 서방의 종군 기자는 총 14명이었지만 이들 중 다수는 동경에 거주하면서 일본군이 전해주는 내용만 본국에 송고(送稿)했다. 잭 런던은 일본군 제1군과 함께 압록강 전투까지 취재한 탓에 두 차례나 간첩 행위로 체포되었고, 두 차례나 추방되기도 했다. 일본의 이익에 반하는 취재는 일절 허락되지 않아 잭 런던은 그 절망감으로 죽을 때까지 일본에 대한 분노와 불쾌감을 노골적으로 표현했다.

always made glad when mother can write that she too is well. To mother I send a heart full of loving sympathy in the death of Uncle Charles. What a comfort to know that his faith became bright and clear in his latter days.

Please give a cordial greeting to Uncle Tom and Mr. Havens and remember me especially to Mr. James whose acquaintance I very greatly valued.

With much love to Mother and you
Your affectionate Son,
Samuel A. Moffett

러일전쟁 종군 기자인 잭 런던과 일본군, 1904년 3월 [OAK]
Huntington Library, San Marino, CA

운항하는 기선이 모두 군용 수송선으로 징발되어 배편이 취소되었기 때문에, 스미스현금상점이 공급하는 상품을 받으려면 십중팔구 평소보다 한 달 이상 기다려야 합니다. 밀가루와 버터는 거의 떨어졌습니다. 그래서 우리는 비상시에 대처하기 위해 한국산 참기름과 한국 밀을 사서 저장하고 있습니다.

우리는 닭고기와 계란과 쌀을 이미 상당량 비축했습니다. 10,000명의 일본군 병사가 주둔하면 닭과 계란이 동날 것이기 때문입니다. 전쟁의 결과를 아는 자는 아무도 없지만, 우리는 주님이 만사를 다스리고 계시니 궁극적으로는 전쟁이 한국인과 중국인과 러시아인에게도 좋은 결과를 가져오리라 의심치 않습니다. 우리는 이곳에서 당분간 불안한 상황하에서 사역해야 하지만, 이 경험이 우리와 한국인 그리스도인들에게 합력하여 선을 이루게 되리라고 확신합니다.

아버지께서 계속 건강을 유지하시고 어머니께서도 잘 지내신다는 소식을 들어서 저희는 기쁩니다. 찰스 외삼촌이 돌아가신 데 대해 어머니께 심심한 사랑의 조의를 표합니다. 그분의 믿음이 생애 말년에 밝고 분명하게 되었다는 사실을 알고 큰 위로를 받았습니다.

톰 삼촌과 헤이븐즈 씨에게 따뜻한 안부를 전해주십시오. 특히 귀중하게 알게 된 제임스 씨에게 안부를 전해주시기 바랍니다.

어머니와 아버지께 애정을 가득 담아서,

사랑 받는 사위,

마포삼열 올림

Alice Fish Moffett

Pyeng Yang, Korea

March 14, 1904

Dear Father and Mother:

Word came to us a few days ago that quantities of mail is detained both in Chemulpo and Japan and I am distressed for fear our letters are not reaching you; but I do hope the news is not true for I am writing regularly the first part of every week and you should have word by every steamer to counteract all the newspaper reports and let you know that we are alright.

The cruiser which Dr. Allen sent us is to leave Chinnampo–the port on the river below Pyeng Yang–this afternoon and all those who were to take her went down yesterday and day before. Oh, I am so thankful with every thought that we ladies of the station have not had to leave. Japanese soldiers are passing through to the North in great numbers–5,000 came in the other day and are leaving today I believe. We hear that the Russians who came down this far have all retreated and rumor says they will make their strong stand at the Yalu. There is every prospect that battle will be far to the North and that we may remain here. The crowding of the soldiers into the city is making it very hard for the Koreans. Numbers of the Christian women are taking refuge with us, and almost all available space is taken in the buildings about our compound.

With us are Mr. Koons, Mr. and Mrs. Ross and two children from Syen Chyen, as you know, and General Allen of the American army in the Philippines. He has been there several years and was in command of 10,000 soldiers. We feel greatly honored by having so distinguished a guest. He is a tall handsome man of fine physique–every inch a general, and a delightful Christian gentleman. Major Pereira of the British Grenadiers came with him and is a guest at Mr. Lee's.

There was a good congregation yesterday in spite of the troublous

앨리스 피시 마페트

한국, 평양

1904년 3월 14일

아버지 어머니께,

많은 우편물이 제물포와 일본에 억류된 채 배달되지 않고 있다는 소식을 며칠 전에 들었습니다. 저희 편지가 부모님께 전달되지 못할까 걱정됩니다. 그러나 그 소식이 사실이 아니기를 바랍니다. 왜냐하면 저는 매주 초에 정기적으로 편지를 쓰므로, 매 기선마다 오는 제 소식을 통해 두 분이 모든 신문 보도가 사실이 아니며 저희가 무사하다는 것을 아실 수 있기 때문입니다.

미국 공사 알렌 의사가 보낸 순양함이 오늘 오후 평양 아래쪽에 있는 항구인 진남포를 떠납니다. 그 군함을 타기로 한 사람들은 모두 어제나 그저께 그곳으로 내려갔습니다. 아, 우리 평양 선교지부의 여성 선교사들이 떠나지 않아도 된 것을 생각할 때마다 무척 감사합니다. 일본군이 대규모로 전진하며 북상하고 있습니다. 며칠 전에 5,000명이 이곳에 왔는데, 오늘 떠나리라고 생각합니다. 한때 이곳까지 내려왔던 러시아 군인들은 모두 퇴각했다고 들었습니다. 소문에 의하면 그들은 압록강에서 강력한 방어전을 펼칠 것이라고 합니다. 전투가 먼 북쪽에서 벌어질 전망이므로 저희는 이곳에 남아있을 수 있습니다. 이 도시에 몰려드는 군인들 때문에 한국인들은 큰 고통을 당하고 있습니다. 많은 여신자들이 저희 집에 피신해 있으며, 선교 구내의 거의 모든 건물마다 사용할 수 있는 공간을 이들이 차지하고 있습니다.

우리와 함께 선천에서 온 쿤즈 목사, 로스 목사 부부와 두 아이, 그리고 아시겠지만 필리핀 주둔 미국 육군의 알렌 장군이 머물고 있습니다. 그는 필리핀에 여러 해 거주했고, 휘하에 10,000명의 군인이 있습니다. 우리는 그와 같이 저명한 분을 손님으로 모셔서 큰 영광이라고 생각합니다. 그는 키가 크고 건장한 체격을 가진 미남으로서 어디로 보나 장군의 모습이며 유쾌한 기독교인 신사입니다. 그와 함께 영국 근위대의 페레이라 소령도 왔는데 리 목사의 집에서 손님으로 지냅니다.

times. I had a class of about thirty women in the morning and oh, it is such a joy to be with them—doubly so now when they lean so upon us. I cannot express my joy at the privilege of being here. Mrs. Ross is far from well. Dr. Whiting and I consulted about her the other day and I shall try to do what I can to help her while she is here. Cannot do all I would like, for my hands are too full at present. I am well—so much better than I was three months ago—and am glad to have the strength to use in these busy times. Sam too, is well though very busy so that I scarcely see him except at meal times. He is such a dear, dear husband, and we are always as happy together as can be. This you may always read between the lines of all my letters—I do not begin to tell you of the deep, constant happiness which we always have in our home, but you understand I am sure that there is never a cloud upon it.

One of the ladies from the mines—Mrs. Mary L. Johnson, who has been there with her brother, is now on her way to America and promised to go to see you. She is a lovely Christian woman and will tell you many things about us which I cannot write. I am so glad you will have a visit from her. She is to be at 1410 Louisa St. North, Berkeley.

A heart full of love,
Hastily, Your loving
Alice Fish Moffett

어려운 시기에도 불구하고 어제 주일 예배에는 많은 회중이 모였습니다. 제가 인도하는 오전 성경공부반에 약 30명의 여성이 참석했습니다. 오, 그들과 함께 있는 것이 얼마나 기쁜지요. 그들이 우리에게 의지하는 지금은 그 기쁨이 두 배가 됩니다. 제가 여기에 있는 특권과 기쁨을 이루 다 표현할 수 없습니다. 로스 부인은 건강이 아주 나쁩니다. 화이팅 의사와 저는 엊그제 그녀와 상의했는데, 그녀가 여기 있는 동안 그녀를 도울 수 있는 모든 일을 하려고 합니다. 그러나 해주고 싶은 일을 다 할 수 없는데, 현재 제가 맡은 일이 손에 가득하기 때문입니다. 저는 건강합니다. 3개월 전보다 훨씬 더 좋아졌습니다. 이 바쁜 시점에 사용할 힘이 있어서 기쁩니다. 샘도 건강합니다. 다만 너무 바빠서 식사 시간 외에는 그를 거의 볼 수 없습니다. 그는 정말 좋은 남편이며, 우리는 함께 더할 나위 없이 행복합니다. 저희 가정에 늘 존재하는 깊고 지속적인 행복에 대해 아직 말씀드리지 못했지만 이미 두 분은 제가 보내는 모든 편지의 행간에서 이것을 읽으셨을 것입니다. 두 분이 이해하고 계심에도, 우리 가정에 구름 한 점 없음을 말씀드립니다.

운산광산에서 오빠와 함께 있다가 온 메리 존슨 부인은 이제 미국으로 가는 중인데, 두 분을 찾아뵙겠다고 약속했습니다. 그는 사랑스러운 기독교인 여성으로, 제가 편지에 쓰지 못한 많은 사연을 부모님께 말씀드려줄 것입니다. 두 분이 그녀를 만나게 되어 기쁩니다. 그녀의 주소는 버클리 노스 루이사 스트리트 1410번지입니다.

마음 가득 사랑을 담아,
급히, 사랑하는 딸,
앨리스 피시 마페트 올림

A. M. Sharrocks[1]

Syen Chyen, Korea

March 29, 1904

Dear Dr. Moffett:

Our last letters of the 26th were written during anxious hours. The man was hardly on his way when we heard that our courier going east with letters to the churches had been caught 10 li out and the letters taken to headquarters. Soon after the General sent up saying that sending letters these days was out of order.

Sunday the main body of the troops in Syen Chyen went down the road. Twenty-five li down they made preparations for a stand but went on later and we had to wait till last night to get any word from them. In the meantime, a small fleet of Japanese transports were reported off our coast and we learned later that they were landing on Sin Mi do, our island, and marching over to this side where Korean junks were waiting for them with the exception of a possible surprise, for we thought the Japanese might get over during the night and come up Monday. We had rather a quiet day Monday up until evening when a couple of houses downtown got on fire and lit up the town. This was the second fire down in the same neighborhood within a few days. Both at night. Many of the few remaining Koreans in town were at the fire so that it gave opportunity for thieving among the Koreans and a case of Russians catching women was reported. This excited the population beyond all bounds and they began to fly to the four corners of the earth, three of which seemed to be within our walls. About 1:00 we were awakened by rumors of wounded Russians being carried in on stretchers and that

---

1 Marian Sharrocks Inteann, Theodora Sharrocks Bertrand and Horace F. Sharrocks, M.D., *In Syen Chyen, Korea during the Russo-Japanese War of 1904*, letters and diaries of Dr. & Mrs. Alfred M. Sharrocks and Rev. Norman C. Whittemore, Kwik Kopy Printing, Santa Rosa, CA, 1984.

A. M. 샤록스

한국, 선천

1904년 3월 29일

마포삼열 박사에게,

지난 26일에 극도로 불안한 상황에서 편지를 썼습니다. 그런데 그 편지를 가진 우리 심부름꾼이 교회를 향해 동쪽으로 가다가 10리 밖에서 잡혔고, 편지가 군 본부로 보내졌다는 이야기를 들었습니다. 이 며칠간 외부 서신 발송을 금지하는 명령이 내려져 있었음을 얼마 후에 장군이 알려주었습니다.

일요일에 선천에 있는 부대의 본대가 길을 따라 내려갔습니다. 25리를 내려간 후 그들은 주둔할 준비를 했지만 나중에 더 진군했으며, 우리는 그들로부터 한마디라도 듣기 위해 어젯밤까지 기다려야 했습니다. 한편 작은 일본 수송 함대가 우리 해안을 떠났다는 소식을 들었습니다. 얼마 후 그들이 우리 섬인 신미도(身彌島)에 상륙하기 위해 한국 어선들이 있는 해안을 향하고 있음을 알게 되어 깜짝 놀랐습니다.[1] 왜냐하면 우리는 일본군이 밤에 바다를 건너서 월요일에 나타날 것이라고 생각했기 때문입니다. 우리는 월요일 하루를 조용하게 보냈는데, 저녁에는 시내에 있는 집 두 채에 화재가 발생했습니다. 이것은 두 번째 화재로, 이삼 일 전에도 이웃에서 같은 일이 있었습니다. 두 사건 모두 밤에 발생했습니다. 마을에 남아 있는 소수의 한국인들은 불이 난 곳에 모여 있었고, 그래서 그 기회를 이용해 도둑들이 한국인의 집을 털었습니다. 여성을 잡아가는 러시아인들에 대한 사건이 보고되었습니다. 이 때문에 사람들은 격분했고, 그들은 사방으로 뛰기 시작했는데, 사방 가운데 세 방향이 우리 담장 안에 있는 듯했습니다. 밤 1시 경에 우리는 부상당한 러시아인들이 들것에 실려 옮겨지고 있으며, 시내 한 거리에서 전투가 벌어졌다는 소문에 잠에서 깼습니다. 한국인들은 붙잡혀서 강제로 부

1 샤록스는 선천 해안을 "우리" 해안, 신미도를 "우리" 섬으로 표기하면서 일본군이 우리 한국 땅을 침략한 것을 암시했다.

there was fighting down the road somewhere. Koreans were also being grabbed and forced to carry the stretchers. As a result, we had in our house about 30 women and in the cellar a lot of men who had come in during the night to get under cover. There was little sleep for anyone.

This morning bright and early I went downtown to see if I could be of any assistance to the wounded and I was sorry to find that almost the first one I saw was our friend Lieutenant Basilovitz. His wound however was not as serious as some of the others. He has been struck above the hip and the pelvic bone perforated. In the room with him were two other officers, one of whom just died before I got there and the other I think died as they were starting out. The wounded were being taken to Eui Ju and could not stop long but I had time to send up to the house for a pair of chair poles and to get four chair coolies so that our friend would have a much safer and more comfortable ride than he would have had on his poor stretcher. He was in good condition and will no doubt be well in a month or so. He told of the "Battle of Tyung Ju." Unfortunately, he was one of the first men struck so that most of what he knew he learned from others. As I understand it, from his broken account, it was as follows: Monday morning they were approaching Tyung Ju about 600 strong. They had heard that the Japanese were in Tyung Ju so scouts were sent ahead to find out their position and number. The report came back that there were only about 60 Japanese so thinking they would be an easy capture, they advanced with little care. When they approached the wall and got within easy good range, they were fired upon by what turned out to be about a thousand. The charge was broken and the troops were gathered on the crest of a hill outside the city. The Japanese came after them and it was here that the fighting was done. About 11:00 a.m. March 28, the Russians were partly under shelter of the hill while the Japanese had to climb the steep incline to get at them. Consequently, the Japanese losses were much heavier than the Russians. However, the latter had to retreat. On the Russian side, the losses were about 10 killed and between

상병을 들것에 날라야 했습니다. 그 결과 우리 집에는 대략 30명의 여성이 있고, 창고에는 밤에 들어온 많은 남성이 대피해 있습니다. 제대로 눈을 붙이고 잔 사람이 없을 정도입니다.

오늘 아침 일찍 저는 부상자들을 어떻게 도울 수 있는지 알아보기 위해 시내로 갔습니다. 제가 처음으로 본 사람이 우리의 친구 바실로비츠 소위였습니다. 안타까운 마음이 들었지만 그의 상처는 다른 사람들의 것만큼 심하지는 않았습니다. 그는 엉덩이 위에 총을 맞았는데 골반 뼈에 관통상을 입었습니다. 그와 함께 2명의 다른 장교가 있었는데, 그들 중 한 명은 내가 도착하기 직전에 사망했고, 나머지 한 명은 밖으로 옮길 때 죽은 것 같습니다. 부상자들은 의주로 이송되고 있어서 오래 머무를 수 없었습니다. 그러나 저는 4명의 가마꾼과 가마를 드는 한 쌍의 긴 나무를 그 집으로 보낼 수 있는 시간이 있었고, 그래서 우리 친구를 엉성한 들것으로 나를 경우보다 훨씬 안전하고 편안하게 이송시킬 수 있었습니다. 그는 좋은 상태였고 틀림없이 약 한 달 후에는 건강해질 것입니다. 그는 "정주 전투"에 대해 이야기했습니다. 불행하게도 그는 처음 총상을 입은 자들 가운데 한 명이었고 그가 아는 사실의 대부분은 다른 사람으로부터 들은 것이었습니다. 그의 단편적인 설명을 바탕으로 전투를 재구성해보면 다음과 같습니다. 월요일 아침에 그들은 정주에 집결했는데 대략 600필의 말로 구성된 기병대였습니다.[2] 그들은 일본군이 정주에 있다고 들었기 때문에 일본인들의 위치와 숫자를 알기 위해 정찰병을 먼저 보냈습니다. 대략 60명의 일본인이 있다는 보고가 들어왔고, 그들은 쉬운 공략이 되리라고 생각하면서 거의 조심하지 않고 진군했습니다. 그들이 성벽 가까이 이르러 쉽고 좋은 사거리 안에 들어왔을 때, 약 1,000명의 일본군이 일제히 사격했습니다. 러시아군 돌격대는 무너졌고 기병대는 도시 외곽의 언덕 마루에 집결했습니다. 일본군이 추격했고 전투가 종료된 곳은 그곳이었습니다. 3월 28일 오전 11시경, 러시아인들은 부분적으로 언덕

2 로마 시대부터 기병대는 각각 300필의 말을 타는 기병을 가진 두 개의 대대로 구성된 600명의 기병(600 strong) 여단으로 구성되었다.

20 and 30 wounded–among them four officers. The Japanese losses are not known to us yet, but are said to be greater.

Just as the last of the Hospital Corps with their wounded moved out of town, we noticed the troops coming into town at the other end. Mr. Whittemore had come down by this time so we went into town to meet the troops. There are two bands with them and both of them were playing as they came along. It was nearly noon and they all turned in for camp.

They had lost their ground it is true but they had stood against odds. As they were fighting they knew that to the north of them was a division of about 3,000 or so and on their south were a thousand or more landing at the coast. Either or both of these divisions were supposed to be able to drop in behind them at any time. They complement the Japanese on their brave charge up the hill, but the bravery was not all on one side.

A few days ago a sergeant was hurt by a horse and became my patient. We learned to know each other pretty well and he seemed to be a fine fellow. Lieutenant Basilovitz said that when he was shot and fell, he was only about 100 paces from the Japanese line and in the hot of the firing. This same sergeant seeing him fall ran out to help him to the rear and just as he got to him, a ball went through his head and he was dead instantly. Out came a second man to help and he too received a bullet in the face. Two others came out at once and got Basilovitz in, all okay. In many ways, the Russians have shown up pretty well and the Japanese will not have such a nice time of it as they did ten years ago.

Wednesday–March 30–Yesterday just after lunch we were all out on the front porch looking around when all at once there was the greatest running around and confusion. The few Russians who were around on the outer parts of town began to run to their camps. The Koreans streamed out of town and soon the sentinels from all the hills and roads came in. In the meantime, word came up that the Japanese were coming, which of course, we had already guessed. Soon the troops moved out in

의 은신처 아래에 있었던 반면에 일본인들은 그들에게 접근하기 위해 가파른 오르막을 올라가야 했습니다. 결과적으로 일본인의 피해는 러시아인보다 훨씬 더 심했습니다. 그러나 러시아인들은 퇴각해야 했습니다. 러시아 측의 손실은 약 10명의 사망자와 20-30명의 부상자가 발생했으며, 그중에는 4명의 장교도 포함되어 있었습니다. 일본군의 사상자는 아직 알려지지 않았지만 훨씬 많다고 합니다.

의무대의 마지막 인원이 부상자들과 함께 도시를 떠날 때, 우리는 다른 방향에서 러시아 군대가 입성하는 것을 목격했습니다. 이 무렵 위트모어 목사가 내려와 있었고, 우리는 군인들을 만나기 위해 도시로 들어갔습니다. 그들과 함께 2개의 군악대가 있었는데, 그들이 도시에 들어올 때 두 군악대가 연주했습니다. 정오 무렵이었고 모두 야영지를 준비하고 있었습니다.

그들은 후퇴했지만, 불리한 상황을 극복한 것도 사실입니다. 전투를 하면서 그들은 북쪽으로는 약 3,000명의 일본군 사단이 있고, 남쪽으로는 1,000명이 넘는 군대가 해안에 상륙하고 있다는 사실을 알았습니다. 어느 한 부대나 두 부대 모두 언제든지 그들 배후로 쳐들어올 수 있었습니다. 그들은 언덕을 올라간 용감한 공격에 대해 일본인들을 칭찬했지만, 용감한 것은 양쪽 모두였습니다.

며칠 전 한 하사관이 말을 타다가 부상을 입고 제게 치료를 받았습니다. 우리는 서로를 꽤 잘 알게 되었는데 그는 좋은 친구 같았습니다. 바실로비츠 소위가 총에 맞아 쓰러질 당시 그들은 일본군 전열에서 불과 약 100보 거리의 집중 사격 지역에 있었다고 합니다. 소위가 쓰러지는 것을 본 어떤 하사관이 그를 뒤로 보내기 위해 달려왔으나 도착하자마자 총알이 머리를 관통하면서 즉사했다고 합니다. 두 번째 군인이 돕기 위해 다가갔지만 그 역시 얼굴에 총알을 맞았습니다. 다른 2명이 즉시 나와서 바실로비츠를 옮겼고 모두 무사했습니다. 많은 곳에서 러시아인들은 우수한 전력을 잘 드러냈으며, 일본인들은 10년 전 청일전쟁 때와 같은 호시절을 누리지는 못할 것입니다.[3]

---

3 샤록스 의사는 러시아군을 호평하고 있다.

marching order and took their stand along the top of the ridge in back of Kook Su's house—only a five-minute walk from our house. The horses were all tied down in back of the hill. Mounted scouts were hurrying out all the roads and to the top of all the hills round about Syen Chyen. Soon everything became as still as death. On the tops of all the distant hills were groups of Koreans who had gone there with the double reason of safety and a good place from which to have a good view. We waited this way for a couple of hours thinking that any minute might make us the witnesses of a battle. Soon the tension became less great and at 5:00 the Russians began to move off.

This morning we learned the reason for all this. A squad of Japanese scouts approached within 20 li of Syen Chyen and were met by Russian sentinels. A few shots were exchanged and a Russian horse killed. The Russians came in at once thinking that the Japanese were coming in full force.

Cho, our courier, got in this a.m. and we're glad to get the mail, but sorry to hear that you were sick. Sorry also that you folks were foolish enough to ask if it were proper to send war news to us. Get after Ross and Swallen for their over-prudence. Cho was in Tyung Ju during the fight. So were one or two other of our Syen Chyen men whom we have had a chance to question about it today. My description of it above will have to be changed somewhat. Every time we hear of it through a new person we get a new version if it. The truth is that there were several smaller engagements going on at the same time and no one saw it all. Most of the Russians went in at the west and crossed over to the East Gate and were met by the Japanese who were outside the East Gate. At the same time some of the Japanese who were down at the South Gate seem to have had an engagement with some Russians outside the wall. Finally, the Japanese got their way into the East Gate and the Russians made their stand up among the woods on the hills in the north end of the city. It was here that the Japanese did their brave work charging up the

어제 3월 30일 수요일 점심 직후에 우리 모두가 마루에 앉아 있을 때, 갑자기 야단법석이 일어나면서 혼란스럽게 되었습니다.[4] 도시의 외곽 지역을 순찰하던 몇 명의 러시아인이 야영지로 달려가기 시작했습니다. 한국인들은 도시에서 줄지어 빠져나갔고, 곧 모든 언덕과 거리에서 초병들이 들어왔습니다. 그 사이에 일본인들이 다가오고 있다는 말이 전해졌는데, 물론 우리는 이미 짐작하고 있었습니다. 곧 군대가 행군 대열로 나갔고, 국수의 집 뒤편 산마루 꼭대기를 따라서 방어선을 쳤는데, 우리 집에서 걸어서 겨우 5분 거리입니다. 말은 모두 언덕 뒤쪽에 묶어두었으며, 말을 타던 기병들은 서둘러 모든 길에서 나와서 선천 주변의 모든 언덕 꼭대기로 올라갔습니다. 곧 사방이 쥐 죽은 듯이 고요해졌습니다. 멀리 떨어진 모든 야산 언덕 꼭대기에 한국인이 무리 지어 있었는데, 그곳이 안전하고 구경하기에 좋기 때문에 그곳으로 갔습니다. 우리는 몇 분만 있으면 전투를 목격하게 되리라고 생각하면서 그렇게 몇 시간을 기다렸습니다. 곧 긴장이 완화되었고, 5시가 되자 러시아인들은 이동하기 시작했습니다.

오늘 아침 우리는 이 모든 일에 대한 이유를 알았습니다. 일본 정찰대가 선천에서 20리 거리까지 접근했고, 러시아 초병들과 만났습니다. 서로 몇 발을 사격했고 러시아군의 말 한 마리가 죽었습니다. 러시아인들은 일본인들이 총력으로 쳐들어올 것으로 생각하고 즉시 들어왔던 것입니다.

오늘 오전에 들어온 우리 파발꾼 조 씨로부터 우편을 받을 수 있어서 기뻤지만 귀하가 아팠다는 소식을 듣게 되어 유감입니다. 또한 우리에게 제대로 된 전쟁 소식에 대해 물었지만 대답할 수 없어서 유감입니다. 일단 로스와 스왈른처럼 지나치다 싶을 정도로 신중한 태도를 가져야 합니다. 조는 전투가 벌어질 때 정주에 있었습니다. 우리가 오늘 만난 선천 교인 한두 사람도 그곳에 있었기에 우리는 전투에 대해 물어볼 기회가 있었습니다. 정주 전투에 대해 제가 전에 묘사한 내용은 다소 바뀌어야 합니다. 새로운 사람을 통해 전투 소식을 들을 때마다 우리는 새로운 내용을 얻게 됩니다. 여러 개

4 이 편지는 3월 29일에 쓰기 시작하여 31일 사건까지 기록했다.

hill at their enemy. The Russians were driven out of their strong position and retreated with the Japanese at their heels. The chase lasted for 15 li to the top of quite a high pass and another stand was made on the pass. The Japanese used the church as a temporary field hospital.

The Koreans report the Japanese loss to be less than the Russian loss.

Thursday, March 31–Elder Yang starts off at daybreak so we must close up our mail this evening. The news can be brought up to date in a word. We saw our first Japanese yesterday. About 26 mounted scouts came in late in the afternoon. They searched the town and went back. This morning two Russian scouts were reported in town. This afternoon eleven Japanese came up and soon went off again. Probably the troops will begin to come in tomorrow or some time soon.

We have been within the Russian lines for about a month and a half. Yesterday we were between the lines. Think of it, *three Americans between the lines* for nearly *twenty-four hours*!! We are now within the Japanese lines and still safe.

It has been a pretty peaceful war so far though nearly two months of hostilities have passed. This will not continue long however. If the Japanese do not get up to the Yalu pretty soon, they may find it hard to cross over. The Russians expected large reinforcements to meet them at the Yalu and we hear that they are now fortifying the hills in back of An Tung and that lots of cannon are being planted there. No doubt they will try to make a stand there if their infantry can get down in time to meet the Japanese.

Regarding the mail we are sending to each other, I think that as long as we understand perfectly that none of the information we send is for publication and especially now that we are both within the same lines there can be no reason for our not sending any news we wish to each other. Surely, there is now no *danger* in it such as there might have been while the Russians were here.

I will not have time to write to others so will you kindly give the

의 소규모 교전이 동시에 벌어졌는데, 아무도 그것을 모두 보지는 못했기 때문입니다. 러시아군은 대부분 서쪽으로 들어가서 동문 쪽으로 가로질러 갔고 동문 외곽에 있던 일본군과 교전을 벌였습니다. 동시에 남문에 내려가 있던 일본군 가운데 일부가 성벽 외곽에 있던 소수의 러시아군과 교전을 한 모양입니다. 마침내 일본군은 동문으로 갔고, 러시아군은 도시 북쪽 끝에 있는 언덕의 숲속에서 방어했습니다. 일본군이 적을 언덕 위로 밀어붙이며 용감하게 작전을 했던 곳이 바로 이곳이었습니다. 러시아군은 우세한 고지에서 밀려났고 바짝 추격하는 일본군에게 쫓기며 퇴각했습니다. 일본군은 15리 떨어진 높은 고갯길까지 계속해서 나아갔고, 또 다른 방어전이 그 고갯길에서 전개되었습니다. 일본군은 교회를 임시 야전 병원으로 사용했습니다.

한국인들은 일본의 손실이 러시아의 손실보다 적다고 보고했습니다.

3월 31일 목요일. 양전백 장로가 내일 새벽에 떠나므로 우리는 오늘 저녁에 우편을 마무리해야 합니다. 지금까지의 뉴스는 다음 한마디로 표현할 수 있습니다. 우리는 어제 처음 일본군을 보았습니다. 약 26명의 말을 탄 정찰병이 오후 늦게 선천에 들어왔습니다. 그들은 도시를 수색하고 돌아갔습니다. 오늘 아침 2명의 러시아 정찰병이 도시에 있었다고 합니다. 오늘 오후에는 11명의 일본군이 왔다가 곧 다시 나갔습니다. 아마도 군대가 내일이나 곧 들어오기 시작할 것입니다.

우리는 한 달 반 동안 러시아군 전선 안에 있었습니다. 어제 우리는 두 전선 사이에 있었습니다. 생각해보십시오. 두 전선 사이에 3명의 미국인이 거의 24시간 동안 있었습니다! 우리는 이제 일본군 전선 안에 있고 여전히 안전합니다.

거의 두 달간의 교전이 있었지만, 지금까지는 평화로운 전쟁이었습니다. 하지만 이것은 오래 지속되지 않을 것입니다. 만일 일본군이 압록강까지 곧바로 진출하지 못하면 그들은 강을 건너는 일이 어렵다는 사실을 알게 될 것입니다. 러시아군은 압록강에서 대규모 병력을 보충할 것으로 예상됩니다. 그들은 현재 안퉁(安東)시 뒤의 언덕을 요새화하고 있으며 많은 대포를 그곳에 설치하고 있다고 들었습니다. 의심할 여지 없이 그들은 보병이 제 시간에

others the news that may be in this.

With love and regards to all,

A. M. Sharrocks

내려와서 일본군과 만날 수 있다면 그곳에서 방어를 할 것입니다.

우리가 서로에게 보내는 우편과 관련해서 말하자면, 저는 우리가 보내는 어떤 정보도 출판을 위한 것이 아니라는 사실을 이해하는 한, 특별히 같은 전선 안에 있으므로 서로에게 소식을 보내지 않을 이유가 없다고 생각합니다. 러시아인들이 이곳에 주둔할 때 발생할 수 있는 위험이 이제는 없는 게 확실합니다.

저는 다른 사람들에게 편지를 보낼 시간이 없습니다. 따라서 귀하가 이 편지에 있는 소식을 다른 사람들에게 친절히 보내주면 감사하겠습니다.

모든 이에게 사랑과 안부를 전하며,

A. M. 샤록스 드림

Moffett, Baird & Hunt

Pyeng Yang, Korea

April 8, 1904

Dear Dr. Brown:

Your letter of Dec. 26, 1903 dealing with the question of the establishment of a department for training of ministers in connection with one of the institutions in Korea has been considered by the station and in reply to your request for an early expression of opinion we desire to lay before you a few thoughts for consideration in the hope that no definite action will be taken by the Board until the Mission and the Presbyterian Council have had opportunity to more thoroughly discuss the whole question of ministerial education and to lay before you their views on the subject. Up until last year the question of Theological Education had received but very little thought or attention from the other sections of Korea, our Northern field alone having made such progress along educational lines as to have given serious consideration to plans for the education of a ministry. Last year however, the Mission and Council began the discussion of questions along this line and at the coming meetings this will probably be one of the most important subjects for consideration. We should like to see the Council in Korea fully discuss plans and outline some measures and policy for consideration before the Board takes definite action appropriating money for any specific object or place. Seoul is the geographical center but it is also the center of all political intrigue and ambition and of influences far from helpful to the spiritual growth of students. It is a serious question as to whether it should be the center–at least the only center–of our Theological Education. Again, money and buildings alone do not make a successful educational plant and we should not like to see a forced growth where and when the conditions do not promise a natural growth. In fact, the whole question is one which we consider so important and one which

마포삼열, 베어드 & 헌트

한국, 평양

1904년 4월 8일

브라운 박사님께,

한국에 있는 한 기관과 연계해서 목회자들을 교육하는 부서를 설립하는 문제를 다룬 귀하의 1903년 12월 26일 자 편지는 선교지부에서 고려되었습니다. 의견을 조기에 표현해달라는 귀하의 요청에 따라, 우리는 선교회와 장로회 공의회가 목회자 교육에 대한 문제 전체를 좀 더 철저하게 토론해서 그 사안에 대한 그들의 관점을 귀하에게 제시할 기회를 갖게 되기 전까지 선교본부가 분명한 조치를 취하지 않기를 바라면서, 고려할 몇 가지 의견을 제시하고자 합니다. 작년까지 "신학 교육" 문제는 한국의 다른 지역에서는 거의 생각하지 않았고 관심을 두지도 않았습니다. 우리 북부 지역에서만 교육 분야에서 상당한 진전을 이루었기 때문에 목회자 교육을 위한 계획에 대해 심각하게 고려했습니다. 하지만 작년에 선교회와 공의회가 이 분야와 관련된 문제를 토론하기 시작했고, 내년 회의에서 이것은 아마도 가장 중요하게 고려해야 할 사안 중 하나가 될 것입니다. 우리는 선교본부가 특정 목적이나 장소를 위한 자금을 지출하는 분명한 조치를 취하기 전에, 한국의 공의회가 계획을 충분히 토의하고 고려할 조치와 정책을 개괄하는 것을 보고 싶습니다. 서울은 지리적 중심지인 동시에 모든 정치적 음모와 야심의 중심지이자 학생들의 영적 성장에 결코 도움이 안 되는 영향력의 중심지입니다. 서울이 신학 교육의 중심지, 적어도 유일한 중심지여야 하는가는 심각한 문제입니다. 다시 말씀드리면, 자금과 건물만이 성공적인 교육 기관을 만드는 것은 아닙니다. 우리는 주변 상황이 자연스러운 성장을 약속하지 못하는 장소와 시점에 강요된 성장을 보고 싶지는 않습니다. 사실 그 문제는 우리가 대단히 중요하다고 생각하고 초기 전도 운동에서 상당한 주의를 요하는 것입니다. 그러므로 우리는 웰즈 의사 가족의 관대한 기부금이 선교회 사역의 다른 목적에 사용되거나, 선교회와 장로회공의회가 좀 더 광범위한 계획을 준비하

demands such great care in initial movements that our desire would be that the generosity of Dr. Wells' family might be directed towards some other object of Mission work or the use of the funds be delayed until more definite and far-reaching plans are prepared by the Mission and the Presbyterian Council and considered by the Board.

For the Station: Samuel A. Moffett
W. M. Baird Committee
Wm. B. Hunt
Approved by the Station April 9th, 1904
Margaret Best, Sec'y

고 선교본부가 그것을 고려할 때까지 자금 사용을 연기해주기를 바랍니다.

선교지부를 대표해서: 마포삼열

W. M. 베어드 위원회 올림

Wm. B. 헌트

1904년 4월 9일 선교지부가 승인함

서기 마거릿 베스트 올림

Jack London

Headquarters of First Japanese Army

April 24, 1904

Dear Dr. Moffett:

Mr. Hare has just arrived. Said he took over films & letters for me from messenger you dispatched. Many thanks. You can imagine my relief.

Now, if any mail should come for me I think the best thing to do with it would be to mail it on to me by the Jap. Field Post. I am confident it would come through better than by messenger–especially if I should be in Manchuria.

Address: Jack London
War Correspondent
Headquarters of First Pap. Army

Sincerely yours,
Jack London

잭 런던

일본 육군 제1군 사령부

1904년 4월 24일

마포삼열 박사님께,

헤어 씨가 조금 전에 도착했습니다. 귀하가 보낸 급사로부터 저를 위한 필름과 편지를 받았다고 들었습니다. 대단히 감사합니다. 제가 안심하는 것을 상상할 수 있으시겠지요.

어떤 우편이 제게 와야 한다면, 가장 좋은 방법은 그것을 일본 야전 우체국을 통해 제게 당도하도록 보내는 것이라고 생각합니다. 그것이 급사편보다 더 잘 전달될 것이라고 확신합니다. 특히 제가 만주에 있을 경우에 그럴 것입니다.[1]

주소 잭 런던
종군 기자
육군 제1군 사령부

잭 런던 올림

1 잭 런던은 4월 5일 서울에 있었고, 4월 17일에는 안주, 4월 24일에는 의주에 도착했다. 그곳에서 압록강 전투를 목격했고, 이어서 일본군 제1육군을 따라 만주에 들어가 5월 8일에는 안퉁, 5월 17일에는 봉황성에 들어갔다. 6월 4일에는 서울로 돌아왔으며, 7월에는 미국으로 돌아갔다.

Mrs. Samuel Shuman Moffett

Madison, Indiana

Tuesday, April 26, 1904

My Dear Sam:

The noon mail very kindly sent me three letters. I always read yours first & then want to sit right down & answer it. I wish I could know you had entirely recovered from the "grippe." You will have to take the very best of care for a long time to prevent a back set. But Alice will see to that. I had another attack this winter & it has left me short of breath & very little strength. The little I try to do keeps me tired & now I am longing to get out and ride to P.M. but very seldom get to morning service. Once in a long time in the evening.

Did I write you, Sam, of the flying visit Susie [her daughter] & I had from Tom [her youngest son]? He went to Washington to plead for the Pima Indians—then on to New York. Had a satisfactory business conference of 12 days, enlisting the interest of several senators who promised to do all they could for the cause. On his return he gave part of two days to Ft. Wayne to see the baby & not much longer time to us. At St. Louis he was delayed so he visited the Fair grounds—the buildings on a grand scale & great beauty & interest.

He hurried on to Tucson to prepare for Communion service & then to Flagstaff to Presbytery with Dr. Cook, McAffee Herndon, etc. He was elected moderator & said he was sitting hours & hours just before my beautiful pulpit. He enjoyed meeting his Flagstaff friends whose acquaintances he made eleven years ago. He writes "Two days was a short time to prepare for our Communion Sabbath but it was a joyous day for us, when the hall was filled so that all of the Indian boys had to stand & ten new members were received into Communion. Two of these were Indians—a young man & woman of the village. Four were young people of our Sabbath School."

새뮤얼 슈만 마페트 부인

인디애나, 매디슨

1904년 4월 26일 화요일

사랑하는 아들 샘에게,

정오에 배달되는 우편물 편에 세 통의 편지가 왔다. 나는 늘 네 편지를 먼저 읽고 그 자리에서 답장을 쓴단다. 네가 "독감"에서 완전히 회복되었는지 알면 좋겠지만 그렇지 않아 유감이다. 재발하지 않도록 오랫동안 조심하지 않으면 안 된다. 그러나 앨리스가 잘 돌봐주리라고 생각한다. 나는 올겨울에 또 독감에 걸렸고, 그래서 숨이 가쁘고 힘이 없단다. 뭔가를 하려면 쉽게 피곤해지는구나. 이제는 외출해서 오후에 마차를 타고 싶지만, 오전 예배에 가는 일도 드물단다. 오랜만에 저녁 예배에 한 번 참석했단다.

샘, 내가 잠시 수지를 방문했고 톰이 온 일에 대해 네게 편지했는지 모르겠구나. 톰은 피마 인디언을 변호하기 위해 워싱턴으로 갔고, 이어서 뉴욕에 갔단다. 12일 동안 만족스럽게 협의한 결과 관심을 가진 서너 명의 상원으로부터 그 사안을 위해 최선을 다해 노력하겠다는 약속을 받았다는구나.[1] 그는 돌아가는 길에 아기를 보기 위해 포트웨인에 이틀간 방문했고 우리와는 긴 시간을 함께 보내지 못했단다. 세인트루이스 일정이 연기되어서 그는 세계박람회장을 방문했는데, 대규모의 아름답고 흥미로운 건물들이 늘어서 있었다고 한다.

그는 성찬식을 준비하기 위해 급히 애리조나 주의 투선으로 갔고, 그다음에 쿡 박사와 맥아피 햄던 등과 함께 노회에 참석하려고 플래그스태프로 갔단다. 그는 노회장으로 선출되었고, 내가 기부한 아름다운 설교단 앞에서 장시간 앉아 있었다고 말했단다. 그는 11년 전에 알게 된 플래그스태프의 친구들을 만나서 즐거운 시간을 보냈다는구나. 그가 편지를 보냈는데 이렇게

---

1 피마 인디언은 뉴멕시코나 애리조나 서남쪽에 거주하는 토착 부족이었다. 그들의 농사를 위해 저수지를 만들어 주자는 안건이다.

Sam, have you read Gale's book, *"The Vanguard"*? Tom gave me his copy & we have been wonderfully interested in it. "Willis" is "Sam" & whenever he is mentioned I say "that's Sam." It has had a big run. The characters are the missionaries & now I want to know who the others are. If you ever learn, let me know.

And now I am to try a new maid. Had the last interesting one only three months. I hear the incoming one is very clean & a good cook. Oh! that she may prove a treasure. There is so little now in the papers about the war. We are hoping & praying the Russians will never get possession of Korea. The eyes of the world are turned toward our little country.

With very much love to Alice,

Your loving Mother

셨단다. "성찬식 주일을 준비하기에 이틀은 짧은 시간이지만 그럼에도 즐거운 시간을 보냈습니다. 예배당이 가득 찼기 때문에 인디언 소년들은 서 있어야 했습니다. 10명이 새 입교인이 되어 성찬식에 참여했습니다. 그중 2명은 인디언으로 마을의 젊은 남녀 청년입니다. 4명은 우리 주일학교의 청소년입니다."

샘, 게일 목사의 책 『선구자』를 읽어보았니? 톰이 그 책을 내게 주었단다. 우리는 그 책에 큰 흥미를 느끼게 되었지. "윌리스"가 바로 너 "샘"이더구나. 윌리스가 언급될 때마다 나는 이렇게 말한단다. "그건 샘이야." 그 책은 히트를 쳤단다. 등장인물은 모두 선교사인데, 이젠 너 외에 다른 인물이 누구인지 알고 싶구나. 혹시 알게 되면 알려주길 바란다.[2]

나는 이제 새 가정부를 고용해보려고 한다. 지난번 흥미로운 가정부는 3개월 만에 그만두었단다. 새로 올 가정부는 무척 깨끗하고 요리를 잘한다고 한다. 오, 그녀가 보물로 밝혀지기를! 이제 신문에는 전쟁에 대한 기사가 거의 없구나. 우리는 결코 러시아가 한국을 차지하지 않기를 희망하고 기도한다. 온 세계가 우리의 작은 나라 한국을 주시하고 있단다.

앨리스에게 가득 사랑을 보내며,
네 사랑하는 엄마가

---

2 이 책은 초기 한국 선교에 관한 역사적 사실을 바탕으로 한 소설이다. 등장인물 중 주인공 선교사 윌리스는 마포삼열, 한국인 고 씨는 고찬익, 제임스(브루스)는 헤론(John W. Heron)과 홀(William J. Hall) 의사, 프럼은 리(Graham Lee), 화이어블로어는 펜윅(Malcolm Fenwick), 길버트는 언더우드(H. G. Underwood), 포스터는 아펜젤러(H. G. Appenzeller)를 모델로 했다. 한국어 번역본은 『선구자』(심현녀 역, 대한기독교서회, 1993)로 나왔다.

Jack London[1]

Headquarters of First Japanese Army

April 27, 1904

Dear Dr. Moffett:

Films arrived safely. Many thanks. Was pretty close to being under shell-fire today.

Will you please (per enclosed money), buy me 20 yen worth of Japanese 10-sen (ten-sen) stamps, & mail same to me? Fix them, please, so that they will not stick together.

My address is:

Jack London

War Correspondent

Headquarters,

First Japanese Army.

Sincerely & gratefully yours,

Jack London

P.S. Glad you took stamps from film wrappers.

---

1 War correspondent of *The San Francisco Chronicles*. He was the author of *The Call of the Wild* and many other books and stories.

잭 런던

일본 육군 제1군 사령부

1904년 4월 27일

마포삼열 박사님께,

필름은 안전하게 도착했습니다. 대단히 감사합니다. 오늘은 포성이 가까이 들리는 곳에서 지냈습니다.

동봉한 돈으로 10전짜리 일본 우표를 20엔어치 사서 제게 우편으로 보내주시겠습니까? 우표를 고정해서 서로 달라붙지 않게 해주시기 바랍니다.

제 주소는 다음과 같습니다.

잭 런던
종군 기자
일본군 제1군 사령부

감사드리며,
잭 런던 올림

추신. 필름 포장지에서 우표를 떼어 가지셔서 기쁩니다.[1]

---

1 마포삼열은 우표 수집에 열심이었다. 그는 자녀들에게도 우표를 수집하도록 했다. 우표 수집은 그의 평생 취미이자 투자였다.

Robert L. Dunn[1]

Tokyo, Japan

April 29, 1904

My Dear Dr. Moffett:

Just a line to ask you to please see that if any mail comes your way that it is forwarded to me care of this hotel [Imperial Hotel, L'td.]. Might I not ask you to please notify the P.O. to that effect, and if you cannot do this please see that Dr. Lee [Graham Lee] or in fact any one who is liable to be down in the city attends to it for me.

I often think of you and all the dear ones there. Please give them my kindest regards.

Would not trouble you about mail, but, I have only had two letters since coming away from home.

Many thanks.

Yours ever,

Robert L. Dunn

1 A war correspondent.

로버트 L. 던[1]

일본, 도쿄

1904년 4월 29일

마포삼열 박사님께,

혹시 제국호텔 앞으로 보낸 제 우편물 가운데 귀하에게로 간 것이 있는지 확인을 부탁드리려고 간단히 씁니다. 이 내용을 우체국에도 좀 알려주시기를 부탁드립니다. 만일 그렇게 하실 수 없으면, 그레이엄 리 박사나 또는 시내에 나가서 저를 위해 그 일을 할 수 있는 누구에게라도 부탁해주시기 바랍니다.

저는 귀하와 그곳에 계신 여러분을 자주 생각합니다. 그들에게 제 안부를 전해주십시오.

이 편지가 귀하에게 폐가 되지 않기를 바랍니다. 하지만 저는 집을 떠났다가 돌아온 이후 단지 두 통의 편지만 받았습니다.

감사드리며,

로버트 L. 던 올림

1 러일전쟁 기간 한국 종군 특파원을 지낸 기자다. 러일전쟁 개시를 알린 1904년 2월 9일 제물포 항에서 침몰한 러시아 군함을 촬영한 사진이 유명하다.

F. A. McKenzie[1]

Headquarters of First Imperial Japanese Army

May 1, 1904

Dear Dr. Moffett:

Sunday, May day, battle day, to-day combines all three. Enclosed telegram will tell you the story of the fight.

I was very glad to receive your letter last night, through the kindness of Mr. Maxwell, whose courier brought it from Syen Chyen. I don't wonder at your suggestion about dates. The reason of my omitting them was very simple. When I wrote my first message, I was unaware of a rule of the censorship forbidding one to state the place or date of dispatch, and so had to mark them out.

There is one thing I want to say, and I hope you will not be offended with me for saying it. Every time I send you a telegram, I feel that I am imposing on your kindness. You are a very busy man, and the sending of telegrams in Korea takes time. I feel mean in acting in this fashion. Now if you could get any man to do the sending, I would very gladly pay any amount you thought right. If you would keep an eye on the man, and perhaps allow me to address the messages still to you, you would be adding greatly to my already great obligations to you.

I enclose with this two hundred yen more to pay for the cables. I had to send off very hastily yesterday, without returning home, and could enclose nothing then.

It was very thoughtful of you to send a duplicate of my message to Seoul. It will probably save some time, as I believe last week there was a great delay at the Pyeng Yang telegraph office.

I am inclined to hire two more couriers, making eight in all, for the

---

1 A war correspondent of the *London Daily Mail* covering the Russo-Japanese War and the author of *The Tragedy of Korea* (1908) and *Korea's Fight for Freedom* (1920).

F. A. 매켄지[1]

일본 육군 제1군 사령부

1904년 5월 1일

마포삼열 박사님께,

오늘은 일요일, 노동절, 전투일, 이 세 가지가 겹치는 날입니다. 동봉한 전보에 오늘 전투 이야기를 담았습니다.

저는 어젯밤 귀하의 편지를 받고 무척 기뻤습니다. 맥스웰 씨가 친절하게 그의 파발꾼을 통해 편지를 선천에서 가져왔습니다. 저는 날짜에 대한 귀하의 제안을 의아하게 생각하지 않습니다. 제가 날짜를 생략한 이유는 단순합니다. 제가 첫 기사를 썼을 때, 발송 날짜와 장소를 밝혀서는 안 된다는 검열 규칙이 있다는 것을 몰랐습니다. 그래서 어쩔 수 없이 그것을 지워야 했습니다.

한 가지 말씀 드릴 것이 있습니다. 제 말에 언짢아하지 않기를 바랍니다. 전보를 보낼 때마다 귀하께 부탁의 짐을 지우는 듯합니다. 귀하가 바쁘신 분이고, 또 한국에서 전보를 치는 것은 시간이 많이 걸리는 일입니다. 저는 이런 식으로 행동하는 것이 폐가 된다고 생각합니다. 귀하 대신 전보를 보낼 사람을 구할 수 있다면, 어떤 합당한 금액이라도 지불하겠습니다. 만일 귀하께서 그런 사람을 물색해주시고, 계속 기사를 귀하에게 보낼 수 있도록 허락해주시면, 지금까지 이미 베푼 큰 은혜에 은혜를 더하게 될 것입니다.

전보 비용으로 200엔을 동봉합니다. 어제는 집에 돌아가지 못하고 급하게 보내야 했기 때문에 아무것도 동봉할 수 없었습니다.

귀하께서 제 기사 사본을 서울에 보내신 것은 사려 깊은 일입니다. 그로

1 프레드릭 아서 매켄지(1869-1931)는 캐나다 퀘벡 출신의 스코틀랜드계 영국인으로, 31세가 된 1904년 *Daily Mail*(London)의 극동 특파원으로 파견되어 러일전쟁을 취재했다. 이때 마포삼열과 친하게 지냈다. 일본 언론은 그의 보도를 사실이 아니라고 비판했다. 이후 1906년에 다시 내한하여 *Tragedy of Korea*(1908)를 집필하고. 1907년 8월 순종 황제 즉위식에 참석한 목격담, 양평과 제천 일대의 항일 의병 종군기, 베델의 필화 사건 등을 알리고 일제의 만행을 고발했다. 삼일운동이 일어나자 다시 한국에 와서 *Korea's Fight for Freedom*(1920)을 집필하고, 한국인의 독립 투쟁을 알렸다.

Pyeng Yang northern journey. Eight men I reckon should easily be able to maintain a daily service between the two places, and to do the trip as a regular thing, without extra rewards, in forty-eight hours. That would mean each man having six hours walk out, six hours back and twelve hours rest. If you agree with this, would you engage the men, send them up as the two first from Pyeng Yang, and get the others to move up so as to make the even chain.

In coming up, I lost the one paper containing the agreed on Korean signs for "Hurry" and "Travel Sunday." Would you mind giving me copies? Here I am, with more encroachments on your kindness.

How are you? Are you feeling really better? Please give my kindest remembrances to Mrs. Moffett and to all at Pyeng Yang.

Very sincerely,

F. A. McKenzie

인해 상당한 시간을 절약할 수 있을 것입니다. 지난주에 평양 전보국에서 전보 발송이 오랫동안 지연되었기 때문입니다.

저는 평양 이북 여행을 위해 2명의 파발꾼을 더 고용하려고 합니다. 그러면 모두 8명이 되어 두 장소 사이에 날마다 소식을 전할 수 있고, 48시간마다 정기적인 여행이 될 수 있을 것입니다. 각 사람이 6시간 동안 걸어갔다가 6시간 만에 돌아오고 12시간을 쉬는 것입니다. 귀하께서 이 안에 동의하시면 사람들을 고용해 두 사람을 먼저 평양에서 출발시켜 올려보내 주시고, 나머지도 적절하게 연결되어 움직이도록 올려보내 주시기 바랍니다.

제가 올라올 때 "급송"과 "일요일 배달"에 해당하는 단어를 한글로 쓴 종이를 잃어버렸습니다. 복사본을 보내주시겠습니까? 제가 귀하께 더 많은 폐를 끼치고 있습니다.

어떻게 지내시는지요? 정말 더 좋아졌습니까? 부인과 평양에 계신 모든 분께 안부를 전해주시기 바랍니다.

F. A. 매켄지 올림

F. A. McKenzie

Headquarters, First Imperial Japanese Army, Manchuria

May 8, 1904

My dear Dr. Moffett:

I am sorry for all the trouble you have had over the refusal of the postal authorities in Pyeng Yang to accept our messages. The military authorities here assure me that it must be under some misunderstanding, that any officer who refuses a censored message or attempts to alter it will be punished, and that no official has a right to delay them in any way. They further say that while there was some delay throughout Korea last week, they have now telegraphed down removing it, and that all our telegraphic messages have now been sent through.

Of course, this is very poor consolation for those of us who planned and worked, and found all our work come to nothing. We will all be the laughing stock of England and America, for the full news was allowed to go through to Japan and printed in the papers there two or three days after the fight.

I have been a trifle out of sorts this past day or two. Thanks to my tent not yet arriving, I have had to spend the past week in the outer court of a Taoist temple, a draughty, cold, damp place, bleak at midday, and an ice house at night. The result was that I spent yesterday in bed.

I have broken both my pairs of glasses. Is there an oculist in Pyeng Yang who could either repair enclosed, or send me another pair of equal strength?

The news of the success of your work must cheer your heart. Is this war going to prove as great a blessing to you as the last? I sincerely hope so. I never realised how poor, how barren Korea is until I entered Manchuria. This land is splendid compared with it, the people of a finer type, the houses, the industry, the methods of agriculture, the available food, in every way superior to those across the Yalu. China, so far, has

F. A. 매켄지

만주 일본 육군 제1군 사령부

1904년 5월 8일

마포삼열 박사님께,

평양 우편 당국이 우리의 기사를 받지 않고 거부하는 바람에 귀하께서 곤란을 겪게 되어 죄송합니다. 이곳 군 당국은 제게 다음 사실을 보장했습니다. 곧 그것은 오해였음이 분명하고, 검열된 기사를 거부하거나 변경하려는 장교는 처벌받으며, 어떤 직원도 그 기사를 어떤 식으로든 지연시킬 권리가 없다는 것입니다. 그들은 지난주에 한국의 모든 지역에서 지연이 발생했으나 이제 전보 양이 감소하면서 그것이 해소되었고, 우리의 전보 기사는 이제 발송이 완료되었다고 말했습니다.

이는 물론 계획하고 일했으나 모든 일이 허사였음을 발견한 우리에게는 아무런 위로가 되지 않습니다. 우리는 영국과 미국에서 웃음거리가 될 것입니다. 왜냐하면 모든 뉴스가 일본까지 가도록 허락되었고, 전투 이삼일 후에 신문 기사를 허락했기 때문입니다.

저는 지난 하루나 이틀 동안 몸이 약간 불편했습니다. 아직 텐트가 도착하지 않았기 때문에 지난 한 주간은 도교 사원의 바깥 건물에서 지내야 했는데, 외풍이 세고 추운 데다 습기가 차고 한낮에도 음산하고 밤에는 얼음 저장고 같은 곳이었습니다. 그 결과 저는 어제 하루를 아파서 침대에 누운 채 보냈습니다.

제 안경이 두 개가 다 부러졌습니다. 동봉한 안경을 수리하거나 동일한 도수의 다른 안경을 보내줄 수 있는 안경사가 평양에 있습니까?

성공적인 사역 소식으로 귀하의 마음이 즐거울 줄 믿습니다. 지난번 전쟁처럼 이 전쟁도 귀하에게 큰 축복으로 증명될까요? 저는 진심으로 그렇게 되기를 희망합니다. 저는 만주에 들어오고 나서야 한국이 얼마나 가난하고 황량한 곳이었는지 깨닫게 되었습니다. 한국과 비교하면 만주 땅은 비옥하며, 사람들은 더 세련되고, 주택, 산업, 농업 방식, 이용 가능한 음식 등 보는

surprised and impressed me profoundly, and I find here a different type of Chinaman to any I knew before.

I wonder if I might trouble you further to have a couple of good sized tins of baking powder and two or three tins of sweetened condensed milk from Rondon, Plaisant's—sent up by the next messenger. If your man could have them obtained, I should be very glad.

The next messengers will probably have to come on to us about twenty miles along the main road north of the Yalu.

With kindest remembrances to Mrs. Moffett, and to all at Pyeng Yang.

Very sincerely,
F. A. McKenzie

면에서 압록강 건너 한국보다 우월합니다. 지금까지 본 중국은 저를 깜짝 놀라게 했고 깊은 인상을 주었습니다. 저는 이곳에서 전에 알았던 것과는 다른 유형의 중국인을 봅니다.

한 가지 부탁을 더 드려야겠습니다. 롱동 플레상 회사가 만든 베이킹 파우더 대용량 두 통과 연유 두세 통을 다음 파발꾼 편으로 보내주시면 감사하겠습니다. 귀하의 사람이 그 물건을 구입할 수 있으면 저는 대단히 기쁘겠습니다.

다음 파발꾼은 압록강 북쪽의 간선도로를 따라 약 20마일 정도 더 올라오면 십중팔구 우리에게 올 수 있을 것입니다.

부인과 평양에 계신 모든 분께 안부를 전해주시기 바랍니다.

F. A. 매켄지 올림

A. M. Sharrocks, M.D.

Syen Chyen, Korea

May 9, 1904

Dear Dr. Moffett:

Would that our mail could get in without the aid of the Japanese! I don't see anyway what object they can have for not delivering the incoming mail. There are obvious reasons for holding mail outward bound but–well, it will all be over some day. We were real thankful for your *Harpers* and Mr. Ross' [Cyril Ross] *Digests*. They have been about the only outside news we have had except what you good people have given us in your letters.

It looks now as though Korea was going to escape the exciting times people had predicted for her. At least the fighting for this summer will undoubtedly be confined to Manchuria and from the way the Russians are falling over themselves to get out of the way it will probably be pretty well up in the interior. We have much to be thankful for, surely.

Our work has apparently suffered very little. The churches have been damaged, one or two at least utterly destroyed and the Christians all along the road scattered. But the prospect for a rapid recovery is excellent.

They need the careful attention of the workers now more than ever before and Whittemore has been among his groups now for more than a couple of weeks and will before long visit all the churches directly affected by the war. It is too bad Ross cannot do the same but his field has not been so upset as Whittemore's and will probably get on its feet all right.

The Koreans are moving back and the farming is now going on at a good rate and soon things will be all O.K.

Fair-day [chang-nal] seems to have become a custom of the past. Strange to say even yet it has not been established. Everybody has

A. M. 샤록스, M. D.

한국, 선천

1904년 5월 9일

마포삼열 박사에게,

우리 우편물이 일본인의 도움 없이 도착할 수 있으면 좋겠습니다! 그들이 들어오는 우편물을 무슨 목적으로 배달하지 않는지 전혀 알 수가 없습니다. 외부로 나가는 우편물을 억류하는 것은 명백한 이유가 있지만, 글쎄요, 언젠가는 모든 것이 끝나겠지요. 귀하의 「하퍼」 잡지와 시릴 로스의 「다이제스트」지를 보내주어 정말 고맙습니다. 귀하의 편지 안에 있는 소식이 외부에서 온 유일한 뉴스였습니다.

이제 한국은 사람들이 예측했던 위협적인 시간을 벗어나고 있는 듯합니다. 적어도 올여름의 전투는 의심할 여지 없이 만주에 국한될 것입니다. 또 발을 빼기 위해 전열을 강화하는 러시아군의 방식으로 볼 때, 십중팔구 깊은 내륙에서 주로 전개될 것입니다. 확실히 우리는 감사해야 할 일이 많습니다.

우리의 사역은 거의 피해를 입지 않은 게 분명합니다. 예배당이 손상되었고, 적어도 한두 개는 완전히 파괴되었으며, 기독교인들은 사방으로 흩어졌습니다. 그러나 신속하게 회복될 전망은 밝습니다.

이제 어느 때보다 사역자들이 조심스럽게 그들을 돌봐야 합니다. 위트모어는 2주 이상 그의 미조직교회 사이에서 일해왔는데, 전쟁으로 직접 영향을 받은 모든 교회를 곧 방문할 것입니다. 로스가 같은 일을 할 수 없어서 유감이지만, 그의 지역은 위트모어의 지역에 비해 심하게 영향을 받지 않았기 때문에 대부분 제대로 일어설 수 있을 것입니다.

한국인들은 돌아오고 있고, 이제 농사도 정상적인 속도로 이루어지고 있으며, 곧 만사가 괜찮아질 것입니다.

장날은 과거의 관습이 되어버린 듯합니다. 말하기가 이상하지만 아직까지 장이 열리지 않았습니다. 모두 원하는 것을 구하러 사방으로 돌아다녀야 하고, 읍 주민들은 쌀을 사기 위해 시골까지 먼 거리를 가야 합니다. 식료품

to scurry around for what he wants and the town people go out long distances into the country to buy their rice. Food stuff is very high, but fortunately Spring vegetables, etc. will soon be in and the people will be able to live almost entirely off their gardens.

Some day when you have time let us know how the other correspondents are getting their dispatches out.[1] No doubt several are sending them to you and Lee direct and if so we are anxious to know whether they get in ahead or how much behind ours were. I don't see how they can get in ahead of some of ours. The quickest yet from here was 39 hours 40 min., practically a day and a half—as quick as Whittemore makes it on his wheel [bicycle]. How are the men from P. Y. to Seoul doing? And what do you pay, etc. I pay entirely according to the time they make. Have a scale of wages on my desk all figured out. 40 hours or less gets 100 ny. while 60 hours only gets 65 ny. and so on. The prices paid by the correspondents to men from them to me are relatively higher but my rates seem to inspire quick time and the number of men coming to me and asking to be sent show that the Koreans here think these sums sufficiently large. The trips average about 90 ny. tho we have had one that made 100.

All well up here. We are glad to learn that Dorothy is gaining.

Yours truly,

A. M. Sharrocks

---

1 A Russo-Japanese War correspondents from U. S. newspaper.

이 비싸지만, 다행히 봄 채소 등이 곧 들어오고, 사람들은 자신의 텃밭 소출로 거의 먹고 살 수 있을 것입니다.

시간이 날 때 귀하께서 다른 종군 특파원들이 기사를 어떻게 송고하는지 알려주시기 바랍니다. 의심할 여지 없이 몇몇 기자는 원고를 귀하와 리 목사에게 바로 발송하고 있음이 분명한데, 만일 그렇다면 우리는 그 기사가 제때 발송되고 있는지, 혹은 우리가 보내는 원고가 얼마나 늦게 도착하는지 무척 궁금합니다. 저는 그들이 어떻게 우리 기사보다 더 빨리 보낼 수 있는지 모르겠습니다. 여기서 아무리 빨리 떠나도 39시간 40분, 곧 실제로 하루 반이 걸리는데, 위트모어가 자전거로 가는 것만큼 빠릅니다. 평양과 서울 사이를 다니는 사람들은 어떻게 일합니까? 귀하가 보수를 얼마나 지급하고 있는지 궁금합니다. 저는 전적으로 소요 시간에 따라 지급합니다. 저는 책상 위에 임금 기준 표를 붙여놓았습니다. 40시간 이하로 가면 100냥을 주는 반면, 60시간이 걸리면 65냥만 주는 식입니다. 종군 특파원들은 그들이 제게 보내는 파발꾼들에게 상대적으로 더 많은 임금을 주지만, 제 기준은 신속함을 요구합니다. 많은 수의 한국인이 제게 와서 일을 하겠다고 요청하는 것을 보면, 이곳 한국인들은 그 정도 액수면 충분히 많다고 생각하고 있음을 알 수 있습니다. 100냥을 받은 사람은 한 명이며, 평균적으로는 90냥가량 됩니다.

이곳 위쪽은 모두 잘 지냅니다. 우리는 도로시가 건강을 회복하고 있어서 기쁩니다.

A. M. 샤록스 드림

Robert M. Collins

No Place, No Date

[Probably headquarters in Manchuria, Imperial Japanese Army]

probably May, 1904

My dear Dr. Moffett:

We arrived at our destination yesterday (Saturday) in good condition, both men and horses. The situation is very interesting but the reports that we should hurry to get here in time for a big battle were without foundation. Two days ago there was an attempt by the Russians to cross the river in boats to reconnoiter apparently, but it was not successful and the Russians used artillery to cover the retreat. Probably you heard, as we did, reports of a battle based on this artillery fire which was heard 35 miles away.

When you are at the Japanese post office will you be kind enough to ask for letters for me and have them forwarded to headquarters if there are any? Doubtless you will be glad when the correspondents get so far away they cannot give you more trouble.

\With the best regards to Mrs. Moffett, I am,

Very sincerely,

R. M. Collins[2]

2 A Russo-Japanese War correspondents from U. S. newspaper.

로버트 M. 콜린스

장소 미정

〔아마도 만주, 안퉁〕〔일본 제국 육군 제1군 사령부〕

1904년 5월〔날짜 미정〕

마포삼열 박사님께,

우리는 어제(토요일) 목적지에 사람과 말 모두 건강하게 도착했습니다. 전황은 흥미롭지만, 큰 전투에 대해 급히 입수한 보고는 근거가 희박합니다. 이틀 전 러시아군이 정찰하기 위해 배를 타고 도강을 시도했다가 실패했으며, 철수하는 것을 엄호하기 위해 발포했습니다. 우리가 들었듯이 귀하도 35마일 떨어진 곳에서 일어난 이 포 사격에 근거한 전투에 대해 보고를 들었을 것입니다.

귀하께서 일본 우체국에 가시면 제게 온 편지가 있는지 알아봐 주시고, 혹시 있으면 사령부로 보내주시겠습니까? 종군 특파원들이 귀하를 더 이상 성가시게 할 수 없을 만큼 멀리 가면 분명 기쁘실 것입니다.

부인께 안부를 전해주십시오.

로버트 M. 콜린스 올림

Samuel A. Moffett

Pyeng Yang, Korea

May 12, 1904

Dear Dr. Brown:

We can rejoice together over the fact that the war has interfered so little with our work in Korea and that we are practically undisturbed. During February and March, the presence of the Russians and Japanese along the main roads caused the cessation of church services in a good many places and here in Pyeng Yang conditions were considerably unsettled. Attendance at church service fell as low as 250 the Sabbath day the Russian scouts exchanged shots with the Japanese on the city wall to the North and all the city gates were closed, shutting out those living outside the walls. The sentries allowed us missionaries to enter for church service. Many families and almost all the young women and children went to the country when the Japanese army came in, so that for a while the women's meetings and the girls' schools were discontinued. Attendance at the boys' schools fell from about 200 to 50 and a third of the Academy students left to look after affairs at their homes. Nevertheless, there was no panic, the influence of the Christians steadying the whole community so that the exodus was in marked contrast with that of 1894 when the city went wild at the mere rumor of the approach of the Japanese. Very many of the Christians remained with their families and carried on their business as usual, exercising a great influence upon all. Unbelievers bear willing testimony to the benefit they received from the assurance given by the attitude of the Christians. Certainly the Church has become the most influential single factor in the life of the city.

For some two months we all gave up itinerating but we kept in touch with country churches through the evangelists and through meetings with the many who came in from all directions for counsel and

마포삼열

한국, 평양

1904년 5월 12일

브라운 박사님께,

우리는 전쟁이 한국에서의 우리의 사역에 거의 지장을 주지 않았고, 우리가 실제로 방해를 받지 않았다는 사실로 인해 함께 기뻐할 수 있습니다. 2월과 3월에 간선 도로를 따라 러시아군과 일본군이 주둔해 있었기 때문에 많은 장소에서 교회 예배를 중단해야 하는 상황이 야기되었고, 이곳 평양의 상황은 상당히 불안정했습니다. 교회 예배 참석 인원은 주일에 최저 250명까지 떨어졌습니다. 러시아 정찰병들은 도시 북쪽 성벽에서 일본군들과 총격전을 벌였고, 모든 성문은 닫혔으며, 성벽 외곽에 살고 있는 사람은 모두 들어오지 못하게 했습니다. 초병들은 우리 선교사들이 교회 예배를 위해 들어오는 것은 허락했습니다. 많은 가족과 거의 모든 젊은 여성과 어린이가 일본군이 성에 들어왔을 때 시골로 피난을 갔기 때문에, 한동안 여성 모임과 여학교는 중단되었습니다. 남학교의 출석수는 약 200명에서 50명으로 감소했고, [숭실]중학교 학생의 1/3이 집안일을 돌보기 위해 떠났습니다. 그럼에도 불구하고 극심한 공포는 없었습니다. 기독교인들의 영향력은 전체 공동체를 안정시켜서, 일본군이 접근한다는 단순한 소문에 도시가 극도의 혼란에 빠졌던 1894년의 피난 사태와 현저하게 비교되었습니다. 수많은 기독교인이 자기 가족과 함께 남아서 평소처럼 일함으로써 모든 사람에게 큰 영향력을 미쳤습니다. 불신자들은 기독교인들의 태도에서 나오는 확신으로부터 받은 혜택에 대해 기꺼이 증언합니다. 교회는 도시 생활에서 가장 영향력 있는 단일 요소가 된 것이 확실합니다.

약 두 달 동안 우리는 순회 여행을 포기했지만, 전도인들을 통해, 그리고 상담과 격려를 받으려고 사방에서 오는 많은 사람과의 만남을 통해 시골 교회와 꾸준히 접촉했습니다.

숭실중학교는 순회 여행에 나갈 수 없는 선교사들이 어쩔 수 없이 도시

encouragement.

The Academy secured a great benefit from the enforced presence of those who could not itinerate. Mr. Swallen, Mr. Hunt, Mr. Bernheisel, Mr. Blair and Miss Best all took part in Academy work to the great satisfaction of the students, while their work in the city churches was especially timely and helpful since during a part of March and April I was laid aside with a severe attack of the "grippe" and a heavier burden of work fell on Mr. Lee.

Our Spring class for women was given up and the April term of the Theological class was postponed as all the men were needed more urgently in their homes or in the country churches. This was the time of greatest confusion and excitement in the country, due to the presence of tens of thousands of Japanese passing through to the North and to the fact that in April there was great expectation of an uprising of the Tong Haks.

The Christians everywhere exhibited great courage and steadfast faith in the face of repeated threats and the evidently rapid growth of the Tong Hak movement which was avowedly anti-Christian.

With the defeat of the Russians and the presence of the Japanese which prevented an uprising, the Tong Hak movement seems to be collapsing and in the minds of tens of thousands who were deceived by it there is a feeling of great disappointment and vexation. They are now in many places turning to the Christians in the spirit of inquiry and we again have a great opportunity to bring the truth home to the hearts of these thousands who have been deceived.

We have busy times upon us and ahead of us. This month sees us back in ante-bellum conditions. Itineration has begun again. Mr. Bernheisel, Mr. Hunt, Mr. Blair & Mr. Swallen have all been out for one or more trips and report the work in excellent condition with promise of another large harvest. Dr. Whiting and Mr. Koons have been out for language study and for the experience to be gained in traveling with

에 남게 되면서 큰 혜택을 받았습니다. 스왈른 목사, 헌트 목사, 번하이젤 목사, 블레어 목사, 그리고 베스트 양 모두가 학생들이 만족스러워 할 정도로 중학교 사역에 참여했습니다. 도시 교회에서 그들의 사역은 특히 제때에 이루어졌고 도움이 되었습니다. 3월과 4월의 일부 기간에 저는 심한 "독감"에 걸려 사역을 쉬어야 했기 때문에 리 목사가 더 많은 사역의 부담을 졌습니다.

우리는 여성을 위한 봄 사경회를 포기했고, 신학교의 4월 수업 또한 집이나 시골 교회에 학생들이 좀 더 긴급하게 필요했으므로 연기했습니다. 당시 북쪽으로 지나가는 수만 명의 일본군이 있었고 4월에는 동학도의 봉기가 예상되었기 때문에 시골에서 가장 큰 혼란과 흥분이 있던 시기였습니다.

모든 곳에서 기독교인들은 반복적인 위협과 공공연하게 반기독교적인 동학운동의 명백하고 신속한 성장에 맞서서 대단한 용기와 꾸준한 신앙을 보여주었습니다.

러시아군이 패하고 일본군이 주둔하면서 봉기를 막았고, 동학운동은 붕괴하고 있는 듯합니다. 동학에 현혹되었던 수만 명의 사람의 마음에 큰 실망과 좌절감이 있습니다. 그들은 이제 많은 곳에서 구도자의 정신을 가지고 기독교인이 되고 있습니다. 우리는 현혹되었던 이 수천 명의 가슴 속에 진리를 가져다줄 위대한 기회를 다시 맞고 있습니다.[1]

바쁜 시기가 다가왔고 우리는 앞으로도 바쁠 것입니다. 이번 달에 우리는 전쟁 전의 상황으로 돌아왔습니다. 순회는 다시 시작되었습니다. 번하이젤 목사, 헌트 목사, 블레어 목사, 스왈른 목사는 모두 최소 한 차례 순회 여행을 나갔는데, 그들은 사역이 또 다른 대규모 추수를 약속하는 좋은 상황에 있다고 보고합니다. 화이팅 의사와 쿤즈 목사는 언어 공부를 위해, 그리고 다른 선교사와 함께 여행하면서 경험을 쌓으려고 나가 있습니다. 스누크 양도 인근 지역으로 떠났습니다.

리 목사는 담당 차례라 이번 달에 중학교에 남아서 가르칩니다. 저는 도

---

1 마포삼열은 러일전쟁 기간 동학도에 의해 항일 의병이 일어날 수 있었으나 일본군에 의해 저지되었다고 보았다. 선교사들은 1894-1895년뿐만 아니라 이후 계속된 민족주의 의병에 대해 이를 동학에 의한 봉기로 보았다.

other missionaries. Miss Snook has also started out to nearby places.

Mr. Lee is kept in this month by duties in the Academy and I am trying to finish up the examinations for baptism in the city church. Within two weeks I expect to have over a hundred men and women examined and accepted for baptism so that notwithstanding the war we shall have our usual spring addition to the Church roll.

The congregation is now back to its usual proportions. Last Sabbath the Central Church was nearly full, the men's side being full even to the gallery and the new South Gate Church congregation filled its small building to overflowing, emphasizing the need for the new building there. I have no doubt that if, as now planned, the building is put up this year to seat 350 people it will be filled before next year, necessitating the completion of the building to seat twice as many.

These are times of wonderful opportunity. I would we all had double the physical strength to put into the work just now. We are rejoiced at the decision not to withhold re-enforcements. We need them more than ever in order to open new stations.

The cable message from Seoul was a mis-statement. Neither Mr. Whittemore nor Dr. & Mrs. Sharrocks left Syen Chyen at all and there was no thought of the gentlemen leaving either Pyeng Yang or Syen Chyen. We planned to send out the women and children if it became necessary but our hopes that they might be able to stay were fulfilled and the only change in the situation was the withdrawal of the single ladies and two families from Syen Chyen at the suggestion of the American Minister. This left sufficient food supply for Mr. Whittemore and Dr. Sharrocks and family and they were able to remain with the Christians and conserve the work. The war has now passed beyond them and notwithstanding the appearance this week of a small scouting party of Russians at An Ju and of two scouts near here, coming from the East Coast or from the extreme north of Korea, we are not likely to see any further disturbance in Korea unless the Japanese meet with disastrous

시 교회에서 세례 문답을 마치려고 노력하고 있습니다. 2주 내에 100명 이상의 남녀에게 세례 문답을 하고 세례를 베풀 것으로 기대합니다. 전쟁에도 불구하고 우리는 평소처럼 교회 명부에 춘계 등록 인원을 추가할 것입니다.

예배 참석 회중은 이제 평소 비율로 돌아왔습니다. 지난 주일에 중앙교회(장대현교회)는 거의 가득 찼는데, 남성 예배실은 심지어 입구 회랑까지 가득 찼습니다. 새로운 남문교회(남문외교회)의 회중은 작은 건물을 가득 채우고 넘쳐서, 그곳에 새로운 건물이 필요하다는 사실을 강조하고 있습니다. 지금 계획한 대로 올해 350명을 수용할 수 있는 건물을 짓는다면, 내년이 오기 전에 가득찰 것이고, 의심할 여지 없이 그보다 두 배의 인원을 수용할 수 있는 건물을 완성할 필요가 있을 것입니다.[2]

지금은 놀라운 기회의 시간입니다. 저는 우리 모두가 바로 지금 사역에 쏟아부을 수 있는 육체적 힘을 두 배나 갖게 되기를 바랍니다. 우리는 인원 보강을 미루지 않았던 결정에 대해 기뻐합니다. 새 선교지부를 설립하기 위해 어느 때보다 그들이 필요합니다.

서울에서 보낸 전보는 잘못된 메시지였습니다. 위트모어 목사나 샤록스 의사 부부는 선천을 떠난 적이 없으며, 그들은 평양이나 선천을 떠날 생각조차 한 적이 없습니다. 우리는 필요하면 여성과 아이들을 배로 보내려고 계획했지만, 그들이 머무를 수도 있을 것이라는 우리의 희망이 실현되었습니다. 유일한 상황 변화는 미국 공사의 제안으로 선천에서 미혼 여성들과 두 가족이 철수한 일이었습니다. 이것으로 인해 위트모어 목사와 샤록스 의사 가족이 충분한 음식을 공급받을 수 있었고, 한국인 기독교인과 함께 남아서 사역을 유지할 수 있었습니다. 이제 전쟁은 지나갔고, 동해안이나 한국 북단에서 오는 작은 정찰대가 안주에서, 그리고 두 정찰병이 이 근처에서 출현한다고 하더라도, 일본군이 멀리 북쪽 만주에서 비참한 패배를 당하지 않는다면 한국에서 더 이상의 소요는 없을 듯합니다.

---

2 평양 장대현교회에서 분리되어, 남문밖교회(1903), 창동교회(1905), 산정현교회(1906), 서문밖교회(1909) 등이 차례로 설립되었다.

defeats far up in Manchuria.

Mr. Whittemore is out among his churches in the North, farming is resumed and all is quieting down.

Now a word about property. We recognize the wisdom of the Board's action withholding appropriations for buildings but now is the very best time to appropriate for the purchase of land for station or building sites or for purchase of Korean buildings. How about appropriations for purchase of sites for the new stations, for the quarters at An Ju for Mr. Blair, in Hoang Hai for Mr. Hunt, for the Taegu property (especially urgent) and for Dr. Wells' hospital? If they have not been granted, I most urgently plea for a re-consideration. We can obtain now what we may not be able to secure again, or if obtainable what will cost several times as much. The Japanese are already buying up houses and land around Pyeng Yang and will soon shut us out of the most desirable sites everywhere. As for building in Pyeng Yang we have always gone ahead in faith and expect to go ahead at once with the new church at the South Gate. I wish we might do the same with the Hospital. You already have before you the double reason why we need it now–for the sake of the medical work and for the sake of the Advanced School for women and girls. If we cannot have the whole amount this year may we not have the half, ¥5,000, which will enable us to purchase site, grade the same, purchase the timbers allowing them to season some, get out the foundation stones, and put up one or more of the smaller outbuildings and then put up the main building next year? This would probably enable us to provide for the Girls' School this year.

Yen 5,000 is just about the amount which was put into the present hospital plant–a gift for medical work. Now that we need it for the Advanced school, cannot the Board appropriate that amount for the school and as it were purchase the medical plant from itself for educational work and leave this 5,000 yen free for a new medical plant? Then if Dr. Wells raises 5,000 yen he will have the full ¥10,000 needed.

위트모어 목사는 북쪽 지역에 있는 그의 교회에 나가 있습니다. 농사가 다시 시작되었고, 만사가 조용해지고 있습니다.

이제 부동산에 대해 한 말씀 드리겠습니다. 우리는 건물을 위한 예산 지출을 보류하는 선교부의 결정이 지혜롭다고 인정합니다. 하지만 지금이 선교지부, 건물 부지, 또는 한옥 구입을 위해 지출을 승인할 최적기입니다. 새로운 선교지부를 위한 부지의 구입, 안주에 블레어 목사를 위한 숙소, 황해도에 헌트 목사를 위한 숙소, (특히 긴급히 필요한) 대구의 부동산, 그리고 웰즈 의사의 병원 등을 위한 지출 예산은 어떻게 되었습니까? 만일 그것이 승인되지 않았다면, 저는 다시 고려해줄 것을 가장 절박하게 탄원할 것입니다. 우리는 다시는 확보할 수 없을, 혹은 확보해도 지금보다 몇 배나 많은 비용을 들여야 할 부동산을 지금 확보할 수 있습니다. 일본인들은 평양 주위의 집과 땅을 이미 다 매입하고 있고, 곧 모든 곳에서 가장 바람직한 부지로부터 우리를 몰아낼 것입니다. 평양의 건물에 대해 말씀드리면, 우리는 항상 믿음 안에서 앞서 나갔으며, 남문에서도 새 교회를 위해 즉시 앞서 나가길 기대하고 있습니다. 저는 병원에 대해서도 동일한 일을 할 수 있기를 희망합니다. 이미 귀하께서는 우리가 지금 그것을 필요로 하는 두 가지 이유를 아십니다. 즉 의료 사역과, 소녀들을 포함한 여성의 고등 교육을 위해서입니다. 우리가 올해 전액을 받을 수 없다면, 반액인 5,000엔을 받아 부지를 구입하고, 그곳에 평탄 작업을 하고, 목재를 구입해서 어느 정도 건조시키고, 초석을 깔고 한 개나 그 이상의 작은 부속 건물을 건축하고 나서 내년에 주요 건물을 건축할 수는 없겠습니까? 이렇게 하면 우리는 올해에 여학교를 확실히 제공할 수 있을 것입니다.

5,000엔은 현재 병원 시설에 투입한 대략적인 금액으로, 의료 사역을 위한 기부금입니다. 이제 우리는 상급 학교를 위해 그 액수가 필요하므로, 선교부가 학교를 위한 이 금액을 지출할 수는 없겠습니까? 다시 말씀드리면 선교부가 이 의료 시설을 학교 용도로 구입하고, 새 의료 설비를 위해 5,000엔을 자유롭게 남겨줄 수 없을까요? 그 경우 만일 웰즈 의사가 5,000엔을 모금하면, 필요한 10,000엔 전액을 갖게 됩니다.

One more remark and I will finish this letter—a combination of the Station's monthly report and a personal letter. I want to endorse most fully all that Mr. Lee wrote about Dr. Whiting. Mr. Lee and I spoke of writing a joint letter on the subject but his letter is sufficient in its accurate statement of the situation. Dr. Whiting is a spiritual power in our work with promise of very great usefulness.

We have all been greatly helped by your letters and by the deeply sympathetic one from Dr. Ellinwood. Notwithstanding the war, we all trust your brightest hopes for the work in Korea may be realized.

Yours very sincerely,

Samuel A. Moffett

한 가지 더 말씀드리면서 선교지부의 월례 보고서이자 개인적인 편지를 마치겠습니다. 리 목사가 화이팅 의사에 대해 썼던 모든 것에 대해 저는 전적으로 지지합니다. 리 목사와 저는 그 사안에 대해 연합 편지를 쓰는 것에 대해 이야기했지만, 그의 편지가 정확하게 그 상황을 진술했습니다. 화이팅 의사는 우리의 사역에서 유용하게 쓰임 받을 영적인 힘입니다.

우리 모두는 귀하의 편지와 엘린우드 박사님의 깊이 공감하는 편지 한 통에 크게 도움을 받았습니다. 전쟁에도 불구하고 우리 모두는 한국 사역에 대한 귀하의 가장 밝은 희망이 실현될 수 있다고 믿습니다.

마포삼열 올림

A. M. Sharrocks, M.D.

Syen Chyen, Korea

May 16, 1904

Dear Dr. Moffett:

The mapu [pony boy] with load of provisions for Mr. London [Jack London] has searched in vain for Mr. London in Wiju and An Tung. The men left there early last week and so of course he could not find them. Whether he did wrongly in not following them up I do not know but I am sending him back to P. Y. [Pyeng Yang] and will send the load on by a Syen Chyen mapu.

Am not paying the mapu anything, for he said he could get down all right by borrowing along the road.

No couriers down from Manchuria for some time except one bearing a letter to me. They have all gone into Manchuria about 130 li—or nearly 300 li from here [one li is $\frac{1}{3}$ of a mile].

Yours truly,

A. M. Sharrocks

P.S. In case any more loads or other things are to be sent up from P. Y. to the correspondents it might be well to tell the coolie or mapu [horse-tending boy] to enquire of us on their way up, for we are apt to have more recent knowledge of their locality.

A. M. S.

A. M. 샤록스, M.D.

한국, 선천

1904년 5월 16일

마포삼열 박사에게,

잭 런던 씨를 위한 보급품을 실은 마부가 의주와 안퉁에서 런던 씨를 찾았으나 소용이 없었습니다. 런던 일행은 지난주 초에 떠났기 때문에 마부가 그들을 찾을 수 없었습니다. 그가 그들을 뒤따라가지 않은 것이 잘못인지 모르지만, 그를 평양으로 돌려보냅니다. 그리고 짐은 선천 마부를 통해 런던 씨에게 보내겠습니다.

나는 마부에게 아무 돈도 지불하지 않습니다. 그가 길을 따라가면서 돈을 빌려서 내려갈 수 있다고 말했기 때문입니다.

제게 편지 한 통을 가져온 한 명의 파발꾼을 제외하면 얼마 동안 만주에서 파발꾼이 내려오지 않았습니다. 그들은 모두 만주 내륙으로 130리, 혹은 이곳에서 거의 300리쯤 떨어진 먼 곳에 가 있습니다.

A. M. 샤록스 드림

추신. 평양에서 종군 특파원들에게 보낼 짐과 다른 물품이 더 있으면, 짐꾼이나 마부더러 올라가기 전에 우리에게 문의하라고 말해주는 것이 좋겠습니다. 우리가 그들이 어디에 있는지 최근 지식을 더 가지고 있기 때문입니다.

A. M. S

Samuel A. Moffett & Graham Lee[1]

Pyeng Yang, Korea

May 16, 1904

Dear Dr. Wells:

Two days ago the city of Pyeng Yang was greatly excited over the rumor that the Russians had come back again. The Japanese merchants shut up shop, took their guns and with the soldiers, marched out to the north wall to meet the Russians. The Koreans closed all their stores and houses and prepared to flee and all but the native Chinese were greatly excited. Before the scaptjdque, several hundred Russians attacked An Ju, 50 miles north of here, but were held off by 100 Japanese until reinforcements arrived and repulsed the Russians, driving them off into the northeast.

We are now 200 miles or more from the "front," from which point correspondents send back their telegrams to be sent from here. We are privileged to see the telegrams to know the news which is sent to Europe and America. Notwithstanding the war, the work here goes on most successfully. Reports in a few days ago showed 205 persons baptized and 236 received as catechumens since January 1st. I expect to baptize 110 a week from Sunday in the church here in Pyeng Yang."

[Yours very sincerely, Samuel A. Moffett]

[Dear Dr. Wells]:

On May 10 a band of Cossacks suddenly appeared at An Ju and tried to take the place. We don't know how many there were–the Koreans give all sorts of numbers from 100 to 500. The Japanese put up a stiff fight and held the Russians off until reinforcements arrived. During the fight Mr. Blair was on his way to An Ju and hearing of the scrap he pushed

1 Letters written to Dr. J. Hunter Wells while he was on furlough in Portland, Oregon, published in the *Oregon Journal*, June 18, 1904, Portland, Oregon.

마포삼열 & 그레이엄 리

한국, 평양

1904년 5월 16일

웰즈 의사에게,[1]

이틀 전에 평양시는 러시아군이 다시 돌아왔다는 소문에 크게 흥분했습니다. 일본 상인들은 가게를 닫고 총을 들고 군인들과 함께 러시아군에 대항하기 위해 북쪽 성벽으로 행진해갔습니다. 한국인들은 모든 가게와 집의 문을 닫고 피난을 갈 준비를 했습니다. 토착 중국인을 제외한 모두가 크게 흥분했습니다. 전투가 벌어지기 전에 수백 명의 러시아군이 이곳에서 북쪽으로 50마일 떨어진 안주를 공격했지만, 보충 병력이 오기 전에 100명의 일본군이 러시아군을 물리쳐서 북동쪽으로 몰아냈습니다.

우리는 지금 "전선"에서 200마일이나 그 이상 떨어진 곳에 있는데, 그곳에서 종군 기자들은 이곳에서 발송되도록 그들의 전신을 보냅니다. 우리는 유럽과 미국으로 가는 기사 내용을 알기 위해 그 전신을 볼 수 있는 특권이 있습니다. 전쟁에도 불구하고, 이곳 사역은 가장 성공적으로 진행되고 있습니다. 며칠 전의 보고서는 1월 1일 이후 지금까지 205명이 세례를 받고, 236명이 학습교인으로 등록했음을 보여주었습니다. 나는 평양에 있는 이곳 교회에서 다음 주일에 110명에게 세례를 줄 것으로 기대합니다.

[마포삼열 드림]

[웰즈 의사에게]

5월 10일에 한 무리의 러시아군이 갑자기 안주에 출현해서 그 지역을 장악하려고 했습니다. 우리는 그 수가 얼마인지 모르지만, 한국인들은 100명에서 500명으로 어림잡습니다. 일본군이 투지로 싸워서 러시아군의 추가 병력

1 미국 오리건 포틀랜드에서 안식년 휴가 중인 웰즈(J. Hunter Wells) 의사에게 보낸 편지가 지역 신문에 게재되었다.

on, hoping to be in time to see something of it. He reached the south gate of the city wall about 9 o'clock that night, but the Japanese would not let him in, so he skirted around until he found a break he knew of in the city wall and got in there. It was rather risky, for the Japanese were on the lookout. With the Russians on the outside and the Japanese on the inside, the wall was a dangerous place.

Missionary work is growing on all sides and hundreds are becoming Christians, the war making but little difference in our work.

[Yours sincerely, Graham Lee]

이 도착하기 전에 물리쳤습니다. 전투가 진행될 때 블레어 목사가 안주로 가는 중이었는데, 총격 소리를 듣고 뭐라도 보기 위해 급히 갔습니다. 그는 그날 밤 9시에 도시 남문 성벽에 도착했지만 일본군이 그를 성안으로 들어가도록 허락하지 않았습니다. 그래서 성벽을 서성거리다가 알고 있던 도시 성벽에 있는 틈을 찾아서 그곳을 통해 안으로 들어왔습니다. 그것은 위험한 행동이었는데, 일본군이 보초를 서고 있었기 때문입니다. 러시아군은 밖에 있고, 일본군은 안에 있었기 때문에 성벽은 위험한 곳이었습니다.

선교사 사역은 사방에서 성장하고 있고, 수백 명이 기독교인이 되고 있으며, 전쟁으로 인해 우리의 사역이 달라진 것은 거의 없습니다.

[그레이엄 리 드림]

Mrs. Samuel Shuman Moffett (Maria Jane McKee Moffett–S. A. Moffett's mother)

Madison, Indiana

May 17, 1904

My Dear Sam:

I had been thinking of you all morning & had been wondering if you were still fighting the grippe & how it was going with you. When Will [her oldest son] came to dinner he brought your letter of April 14th & the "*Korea Field*." I hope before this you have quite recovered. I have had three attacks this year–couldn't gain strength in limbs or *head*–very unfortunate for me to lose what little memory they once had–a clear case of "chung sin."[1] I can't walk–going out only in the carriage but fortunately get round the house as usual. Get to P.M. & generally to the evening service on Sunday. I often wish for a rolling chair & a "coolie" to run it. I do miss "Major"–Sam Graham sends me the ugliest horses & young drivers. Rob [another son] generally drives if I go on the hill or take my friends for a drive. The hill top never did look so beautiful but I doubt if I'm to have any good of it this summer.

Susie [her daughter] wants Rob & me to go with their family & Helen to Lake Bluff near Chicago. She goes for Baby's benefit thinking our climate too warm for her as she will be teething this summer. I am not sure I am able to stand the journey or to leave home at all but I do want to go to Fort Wayne to be with that darling baby for a while before they go. Susie urges us to go to her for a visit & then go with them north. I have a fine maid now–good cook & very clean. Ella [her son, Howard's wife] expects to entertain her Miss[ionary] Society next Sat–arranged for it last week but it rained. Their house is "spick & span"–two new carpets & everything shining. About 20 will be taken up in carriages to spend the afternoon–refreshments served & hope to have a

1 A Korean word meaning "presence of mind."

새뮤얼 슈만 마페트 부인(마리아 제인 맥키 마페트-마포삼열의 어머니)

인디애나, 매디슨

1904년 5월 17일

샘에게,

오늘 오전 내내 네 생각을 하면서 보냈단다. 네가 아직도 독감과 싸우고 있는지, 어떻게 지내는지 궁금하구나. [네 큰 형] 윌이 저녁 식사를 하러 왔다. 4월 14일 자 네 편지와 「코리아 필드」를 가지고 왔다.[1] 이 편지를 받기 전에 네가 나았기를 바란다. 나는 올해 세 번이나 감기에 걸려서 손발과 머리에 힘이 없구나. 과거엔 "정신"이 맑았는데,[2] 이제는 애석하게도 기억력이 감퇴하고 있다. 나는 걸을 수 없어서 외출하려면 마차를 타야 하는데, 다행히 평소처럼 집 주변을 돌아다닌단다. 오후 예배에 가고 보통은 주일 저녁 예배에 참석한다. 휠체어와 그것을 밀어줄 "일꾼"이 있으면 좋겠다는 생각을 자주 한단다. 말 "메이저"가 보고 싶구나. 샘 그레이엄은 내게 가장 볼품없는 말과 젊은 마부를 보냈단다. 내가 언덕에 갈 경우 롭이 마차를 몰거나 친구들이 몰고 간단다. 언덕 꼭대기가 지금처럼 아름다운 적이 없었지만, 올여름에는 한 번이라도 볼 수 있을지 모르겠구나.

수지[딸]는 롭[아들]과 내가 그들 가족 및 헬렌과 함께 시카고 근처의 블러프 호수로 가기를 원한다. 수지는 날씨가 너무 덥기 때문에 올여름에 치아가 나는 아이를 데리고 피서를 가려는 것이란다. 나는 내가 여행을 견딜 수 있을지, 또 집을 떠날 수 있을지 자신이 없구나. 그러나 그들이 출발하기 전에 잠시 포트웨인에 가서 귀여운 아이와 함께 지내고 싶구나. 수지는 자기 집에 와서 함께 가자고 한다. 나는 좋은 가정부를 얻었단다. 음식도 잘하고

---

1 한국 선교회 장로회공의회가 발행한 영문 잡지로, 빈턴 의사가 편집인이었다. 1901년부터 1905년까지 발행되었으며, 1905년 11월 감리회 한국 선교회의 영문 잡지인 *The Korea Methodist*(1904-1905)와 연합하여 *The Korea Mission Field*를 발행했다.

2 마포삼열의 어머니가 한국어 "정신"을 사용했다. 아마도 마포삼열이 이전에 보낸 편지에서 바빠서 "정신이 없다"라는 말을 썼기 때문일 것이다. 마포삼열이 부모님에게 매주 보낸 수많은 편지는 화재로 모두 소실되었다.

good time generally. Dr. Barnard & Mr. Bodell go to the Assembly this week. Tom [her youngest son] is not sent this year. He had a fine visit to Washington & New York a few weeks since, giving Susie & me short visits; taking in the Exposition. He was sent to Washington to plead the cause of the Pima Indians. He has decided to accept the call to "Trinity" Ch. His people could not & would not allow him to decline. He thought it was time for a change of climate.

I do hope the quiet times will continue & we will still hear of the success of the Japanese, & the Russians will be kept far from you—& your pretty home & surroundings still be in your possession. How fine for you to have your own fruits & vegetables. Our vines, grass, wild flowers, trees & wisteria are lovely this year & Rob brings white & purple lilacs from the hill-top by the wagon load. I hope we can send you flower seed & perhaps little roots of some of our vines. Will & Howard get from our yard every season lilies of the valley, altheas & roots from our different vines. Ned [gardener?] takes up the canna bulbs each year & keeps them in the cellar. A lovely wisteria runs over the veranda & we will have round beds of scarlet G—S sage nasturtiums, petunias & holly hocks. Surely your place is situated something like our hill-top. How far are you from the river Tatong? Can you see it from anywhere on your grounds?

Sam, we did enjoy *"The Vanguard"* ever so much. Tom gave me his copy as he passed through. He writes me he has two copies out with friends. I only know you & Dr. Heron in the book. I want to know some of the other characters. I sent my copy to Dr. Graham to read. Tom Graham visited his mother on the way to the Assembly. Preached for us Sunday evening. Good sermon & very Scotchy. Has more of the brogue than formerly. We had a large attendance. Had a nice little ride with Howard Sat. afternoon. Rode round town—picked up Ella & Carrie—called at the store for another supply of table linen—fine goods at ½ price. Got another silk dress. Mr. Dennis is the Rector across the street.

깨끗하단다. 엘라[아들 하워드의 처]는 다음 주 토요일에 선교회를 대접하려고 한다. 지난주에 하려고 했는데 비가 와서 연기했단다. 그들의 집은 "깔끔하게" 되었다. 새 카펫을 두 개나 깔았고 모든 것이 반짝인단다. 약 20명이 마차를 타고 가서 오후를 보낼 텐데, 다과를 나누면서 즐거운 시간을 보낼 것이다. 이번 주에 버나드 박사와 보델 씨가 총회에 간다. [막내아들] 톰은 올해 참석하지 않는다는구나. 그는 몇 주 전에 워싱턴과 뉴욕을 방문했고, 수지와 나를 잠시 방문했고, 박람회를 보았지. 그는 피마 인디언들을 대변하기 위해 워싱턴 디시에 파송되었단다. 그는 트리니티교회의 청빙을 수용하기로 결정했다. 그는 이제 자리를 바꾸어 새 환경으로 갈 때라고 생각했단다.

나는 네게 조용한 시간이 계속되고, 일본군의 승전으로 러시아군이 멀어졌으며, 네가 네 예쁜 집과 주변을 계속 차지하고 있다는 소식을 듣기를 진심으로 바란다. 네가 가꾼 과일과 채소를 먹을 수 있다니 얼마나 좋니! 우리의 덩굴, 잔디, 야생화, 나무, 등나무가 올해는 아름답다. 롭이 언덕 위에서 짐마차에 가득 흰색과 보라색의 라일락을 가지고 왔단다. 네게 꽃씨와, 가능할지 모르지만 우리의 덩굴 몇 종류의 작은 뿌리도 보낼 수 있기를 바란다. 윌과 하워드는 계절마다 우리 뜰에 와서 은방울꽃, 접시꽃, 여러 종류의 덩굴 뿌리를 가져간단다. 정원사 네드가 매년 칸나 구근을 파서 지하실에 보관하지. 멋진 등나무가 베란다 위를 덮고 있단다. 샐비어, 한련, 페튜니아, 접시꽃을 심은 화단을 둥글게 만들 것이다. 분명 네 화단도 우리의 언덕과 비슷한 곳에 자리 잡고 있겠지. 네가 있는 곳은 대동강에서 얼마나 떨어져 있니? 네 마당에서는 사방으로 강을 볼 수 있니?

샘, 우리는 [게일이 쓴] 『선구자』를 즐겁게 읽었단다. 톰이 지나가면서 그가 가진 책을 내게 주었지. 그는 두 권을 더 사서 친구에게 주었다고 편지했단다. 나는 그 책에서 너와 헤론 의사만 안다. 나는 다른 인물들도 더 알고 싶구나. 내 책은 그레이엄 박사에게 읽으라고 주었단다. 톰 그레이엄은 총회에 가는 길에 그의 모친을 방문했고, 주일 저녁에는 우리를 위해 설교했단다. 좋은 설교였고 스코틀랜드 풍이었지. 표준어 대신 사투리를 많이 사용하더구나. 많은 회중이 참석했단다. 하워드와 토요일 오후에 잠시 마차를 탔는데

I hear he is very "High Church." The wife calls him "Priest Dennis." Rev. Bamford has received a call to St. Paul's church in Jeffersonville. It is thought he will return from England to accept. I think I wrote in last letter of the death of Uncle George Quinby [husband of Sallie Moffett, sister of S. A. M.'s father]. He had been an invalid for several years. He was taken to Bucyrus for burial. Aunt Sallie is still with Rejina in Wooster. Since her accident she has not been strong & will never be able to keep house again.

Tom [S. A. M.'s younger brother] writes: "The papers & clippings which I send you by this mail will supplement my letter. I have been getting into the papers pretty much and it appears that the Associated Press dispatches had my interview with the President [Theodore Roosevelt] at the White House. The Board of Home Missions through Dr. Thompson sent me a check last month & the Indians on the Reservation wanted to present me with a 'watch or something'. I put a quietus on that plan & it is probable that a set of steriopticon slides will be the *compromise* which will be presented. I can use these for the benefit of the Indians themselves."

Does the present state of affairs make Alice nervous? We are rejoiced it was possible for you to stay in your home. I don't wonder Mrs. Fish was worried over such notices in the papers.

Your loving Mother

좋더구나. 마을을 돌아다녔는데, 엘라와 캐리를 태웠고, 식탁보를 마련하기 위해 좋은 물건을 반액으로 파는 가게에 들렀단다. 비단 드레스를 한 벌 구했지. 데니스 씨는 길 건너에 사는 교구 목사란다. 나는 그가 "고교회파"라고 들었다. 그의 처는 그를 "데니스 신부"로 부른단다. 뱀포드 목사는 제퍼슨빌에 있는 세인트폴교회의 청빙을 받았단다. 그는 청빙을 수락하기 위해 영국에서 돌아올 것 같구나. 나는 지난번 편지에 네 고모부 조지 퀸비의 사망에 대해 썼다고 생각한다.[3] 그는 여러 해 동안 아팠단다. 매장을 위해 그를 부키러스로 옮겼지. 고모 섈리는 여전히 레지나와 함께 우스트에 살고 있다. 사고 이후에 그녀는 건강하지 못했고, 다시는 집안일을 할 수 없을 것이다.

톰이 다음과 같이 편지했단다. "이 우편을 통해 보내드리는 문서와 신문 기사 스크랩이 제 편지를 보충해줄 것입니다. 많은 문서를 동봉합니다. 연합통신은 백악관에서 제가 [루즈벨트] 대통령과 가졌던 면담을 보도하고 있습니다. 국내 선교부에서는 톰슨 박사를 통해 수표를 보냈으며, 보호구역 안의 인디언들은 제게 "손목시계나 다른 것"을 선물하기를 원했습니다. 저는 그 계획을 중지시켰습니다. 아마도 입체 환등기용 슬라이드 세트가 타협안이 될 것입니다. 저는 이것을 인디언들의 이익을 위해 사용할 수 있습니다."

현재 정황이 앨리스를 불안하게 하니? 너희가 너희의 집에 머무는 게 가능하다니 우리는 기쁘구나. 나는 피시 부인이 신문 기사를 보고 걱정하시는 게 이상하지 않구나.

사랑하는 엄마가

---

3 퀸비는 마포삼열의 아버지의 여자 형제인 섈리 마페트의 남편이다.

W. W. Straight

Seoul, Korea

May 24, 1904

My dear Dr. Moffett:

Your letter just received. I am glad to hear that you received the money from the Dai Ichi Genko [bank]. You were quite right in paying Mr. Hull the 100 y. on his expense account. I have directed him to return that sum to you that the two accounts may be kept separate. I am also sending him money to pay Dr. Sharrocks as Mr. Collins directed.

You must be correct I think in your surmise that the men at the front have found out some other way of sending their stuff. Certainly nothing has come through here. And it is hard to believe that they are none of them allowed to send anything. I understand now that navigation on the Yalu has been stopped save for government vessels. This means another expedition I presume. Something is happening up there which we know nothing about.

With many thanks for your kindnesses—I am

Sincerely yours,
W. W. Straight

Mr. Collins has just wired me from somewhere or other that he has gone to Shimonoseki. He wants an effective courier service between Seoul and the Headquarters at the front. He trusts that you will be kind enough to help us in this matter and oversee the men arriving in Pyeng Yang and if possible wire messages from that front. It will indeed be a great kindness on your part. Any ideas you may have on the subject will be most heartily welcomed. My own plan as I write Mr. Hull would be this: Say you have 6 stages between two given points.

No. 1 carries to No. 2 & returns home. No. 2 to No. 3 and returns. 3 to 4. 4 to 5, each returning. 5 carries to 6th and last and goes home. He

W. W. 스트레이트

한국, 서울

1904년 5월 24일

마포삼열 박사님께,

보내주신 편지를 조금 전에 받았습니다. 저는 귀하가 다이이치은행(大一銀行)으로부터 돈을 받았다는 소식을 들어서 기쁩니다. 100엔을 헐 씨의 비용 계좌에 지불한 것은 잘한 일입니다. 저는 그에게 그 금액을 구별되어 있는 귀하의 두 계좌로 보내라고 지시했습니다. 또한 저는 콜린스 씨가 지시한 대로 샤록스 의사에게 지불하도록 헐 씨에게 돈을 보냅니다.[1]

전선에 있는 자들이 그들의 물건을 보낼 다른 방법을 찾아냈다는 귀하의 추측이 확실히 맞습니다. 분명히 아무것도 이곳을 지나가지 않았습니다. 그들 중 누구도 무엇을 보내는 것을 허락받지 못했다고 믿기는 어렵습니다. 이제 정부 선박을 제외하면 압록강 항해는 중지된 것으로 알려져 있습니다. 저는 이것이 다른 군대 파견을 위한 것이라고 짐작합니다. 우리가 전혀 모르는 어떤 일이 위쪽에서 일어나고 있습니다.

베풀어주신 친절에 감사드리며,

W. W. 스트레이트 올림

콜린스 씨가 방금 전보를 보냈습니다. 발신처는 알 수 없는데, 그는 이미 시모노세키로 갔습니다. 그는 서울과 전선의 사령부 사이에 효과적인 파발 서비스를 원합니다. 그는 귀하께서 이 문제에서 우리를 친절히 도와주시고, 평양에 도착하는 파발꾼들을 감독하고, 혹시 가능하면 그 전선에서 오는 메시지를 전보로 보내주실 분으로 신뢰하고 있습니다. 그렇게 해주시면 저희에게 큰 친절을 베푸는 것입니다. 이 주제에 대해 귀하께서 의견을 표해주시기를 충심으로 기대합니다. 지금 헐 씨에게 편지하듯이, 제 자신의 계획은 다

1 헐(R. R. Hull)은 러일전쟁 당시 평양에서 운송업을 한 사업가였다. 콜린스와 스트레이트는 종군 기자다.

always, and as a matter of fact all have substitutes who could be sent in case of another messenger arriving in their absence. I suppose some guarantee will be necessary—and a contract price agreed upon. I fear my ignorance in these matters is such that I shall be obliged to impose upon your good nature and ask you for help in the matter. Trusting that I may have an early reply, I am

Sincerely yours
W. W. Straight

음과 같습니다. 즉 귀하께서 주어진 두 지점 사이에 6개의 파발 역참을 두는 것입니다.

1역참은 2역참으로 배달하고 집으로 돌아갑니다. 2역참은 3역참으로 전달하고 돌아갑니다. 3역참은 4역참에, 4역참은 5역참에 전달하고 각각 돌아갑니다. 5역참에서 마지막 번인 6역참에 전달하고 집으로 돌아갑니다. 사실상 모든 사람은 자신이 없을 때 다른 파발꾼이 도착할 것을 대비하여 자신을 대신할 사람을 늘 대기시켜놓아야 합니다. 저는 일정 보수에 대한 보장은 필요하다고 생각하며, 계약 금액에 대한 동의가 필요합니다. 이 문제에 대해 제가 무지하기 때문에 저는 귀하의 선량한 성품에 짐을 지우지 않을 수 없으며, 도와주시기를 부탁드립니다. 빠른 답장을 보내주시리라고 믿습니다.

W. W. 스트레이트 올림

Alice Fish Moffett

Pyeng Yang, Korea

May 25, 1904

Dear Father and Mother:

Let me give you as best I can a picture of the service in the Church last Sabbath–a day full of joy for us. For several weeks Sam has been spending a part of each day in the examination of catechumens. At first he said "There are so many people in the country there will probably not be many to receive baptism this spring." But those here must have sent word to the country that examinations were going on, for people continued to come in and to turn up from most unlikely places, until finally Sam said, "Well, if this continues long we shall have the largest number of all this year in spite of the war."

On Sabbath morning when Quen-si went to the women's Bible class she saw a crowd of people coming in the distant city gate and thought to herself, "Why, I wonder what holiday this is to bring so many people to the city." She said to me afterwards, "I watched them for a few minutes and found they were all Christians coming to the chapel." Word had gone out to the nearby country villages and a great many came in for the afternoon service. This service was a very impressive one. Just in front of the platform in either wing of the church were seated those to be baptized–70 men and 61 women–the number including several boys and girls so that the ages ranged from 12 to 76 years. After the opening exercises a few simple questions were asked and answered, then baptism was administered to the people just as they were seated in rows–Mr. Lee baptizing the men on their side and Sam the women at the same time. Then Sam gave a short talk on the nature, etc. of baptism and closed the service, which was even then a long one. Mrs. Whiting said afterward that she could not keep from weeping during the service. I tell her I never can.

앨리스 피시 마페트

한국, 평양

1904년 5월 25일

부모님께,

지난 주일 교회 예배 상황을 최대한 잘 묘사해드리려고 합니다. 기쁨이 충만한 날이었습니다. 여러 주일 동안 샘은 매일 일정 시간을 들여서 학습교인들을 문답했습니다. 처음에는 샘이 "너무 많은 사람이 시골로 피난을 갔기 때문에 아마도 올봄에는 세례를 받을 사람이 많지 않을 듯해"라고 말했습니다. 그러나 이곳에 남아 있던 사람들이 시골에 가 있는 사람들에게 세례 문답이 진행되고 있다는 말을 전했음이 틀림없습니다. 왜냐하면 사람들이 계속 몰려오고 있고, 전혀 예상치 않은 지역에서 사람들이 오기 때문입니다. 마침내 샘은 "글쎄, 이런 추세라면 전쟁에도 불구하고 올해 가장 많은 사람에게 세례를 주겠군"이라고 말했습니다.

주일 아침에 권 씨가 여성 성경공부반에 갔을 때, 그녀는 멀리 떨어진 성문으로 들어오는 한 무리의 사람을 보고 속으로 '무슨 일인가? 저렇게 많은 사람이 도시로 오다니, 오늘이 무슨 공휴일이지'라고 생각했습니다. 나중에 그녀는 제게 이렇게 말했답니다. "그 사람들을 몇 분간 바라보았는데, 그들이 모두 예배당에 오는 교인이라는 것을 알게 되었습니다." 소문이 가까운 시골 마을들로 퍼졌고, 많은 사람이 오후 예배에 모였습니다. 주일 예배는 인상적이었습니다. 강단 앞부분에, 예배당 양쪽 남녀 예배실 두 방향으로 각각 세례 받을 70명의 남성과 61명의 여성이 앉았습니다. 그런데 여러 명의 소년 소녀가 포함되어 있어서 연령대는 12세부터 76세까지였습니다. 세례식이 개회되고 간단한 질문 몇 개와 답이 오간 후에 앉은 순서대로 세례를 베풀었습니다. 리 목사가 남성들에게 세례를 주고 동시에 샘은 여성들에게 세례를 주었습니다. 이어 샘이 세례의 성격 등에 대해 간단히 설교한 후 예배를 마쳤습니다. 그럼에도 불구하고 긴 예배였습니다. 화이팅 부인은 예배 시간에 눈물이 흐르는 것을 주체할 수 없었다고 나중에 말했습니다. 저도 그랬다고 그

These dear women are so happy when they are baptized and received into the church. But they always dread the examinations. They often come to me beforehand and say, "I am so stupid, I do not know anything–how can I answer the Mōksa's [pastor's] questions? You just tell him that I *do* know something and ask him to baptize me." Then afterwards they say, "Oh I learned a great deal in there–more than I have learned in classes. Now I am glad I did try to answer."

One who was baptized this time is a very bright happy young woman of about 25, but one who has already endured very much because of her Christianity. About three years ago when she first became a Christian her husband persecuted her shamefully, beating her when she wanted to go to service and sometimes binding her fast and leaving her on the floor of the house with the baby in front of her where she could do nothing for the child. Once while persecuting her in this way he said in anger, "What shall I do to you to make you give up this Christianity?" And she replied calmly, "You can beat me and bind me–you can cut me in two, but I *must* be a Christian." He has gradually ceased these beatings and as the little woman said the other day with her bright sweet smile, "He only abuses with the tongue now." A woman standing near said "And the Lord gives you happiness in spite of it, doesn't He?" and she laughed back, "Oh yes, I am happy all the time in my heart."

One of the little girls only 13 years old is the only Christian in her household. She knows it means no easy life for her to take her stand for Christ, but she has been firm in her new life for many months and gave a very clear, bright testimony. Their personal histories are so interesting and bear such wonderful testimony to the power of the Gospel in their hearts and lives. One dear old white-haired woman in my class has been transformed during the last few months–it is wonderful to see the change in her and the taking hold of the Gospel truths upon her heart. She has gained control over a fearful temper which has had its way all her life. In examinations Sam asked her how she is different now

녀에게 말했습니다.

이 사랑스런 여성들은 세례를 받아 입교하게 되어 행복해합니다. 그러나 그들은 언제나 세례 문답을 두려워합니다. 그들은 문답하기 전에 제게 와서 말합니다. "저는 정말 무식합니다. 아는 게 없답니다. 어떻게 목사님의 질문에 대답하지요? 제가 무언가 정말 알고 있다고 그에게 말씀해주시고 세례를 주라고 부탁해주세요." 그런데 세례 문답 공부를 마치고 나면 이렇게 말합니다. "오, 문답 시간을 통해 많은 것을 배웠어요. 성경공부반에서 배운 것보다 더 많이 배웠습니다. 답하려고 노력한 게 기쁩니다."

이번에 약 25세의 젊고 똑똑한 한 여성이 세례를 받았는데, 그녀는 행복했지만 이미 많은 것을 견뎌왔습니다. 3년 전 그녀가 처음 교인이 되었을 때, 남편이 그녀를 모욕하며 핍박했습니다. 예배에 가려고 하면 구타했고, 어떤 때는 꽁꽁 묶어서 마루에 앉히고 그 앞에 어린아이를 두어서 아이에게 아무것도 할 수 없도록 만들었습니다. 이런 식으로 핍박할 때 한번은 남편이 화가 나서 말했습니다. "어떻게 하면 예수교를 포기하겠어?" 그녀는 조용히 말했습니다. "나를 때리고 묶을 수 있고 몸을 잘라 두 동강을 낼 수 있지만, 그래도 나는 반드시 예수교인이 되어야 해요." 그 후 남편은 점차 때리는 것을 멈추게 되었습니다. 얼마 전 이 귀여운 여인이 밝고 상냥한 미소를 지으며 말했습니다. "그는 이제 혀로만 못살게 군답니다." 그 옆에 서 있던 한 여성이 말했습니다. "그럼에도 불구하고 주님이 행복을 주십니다. 그렇지요?" 그러자 그녀는 웃으며 대답했습니다. "아, 그럼요. 제 마음은 언제나 행복해요."

소녀 가운데 13세밖에 안 된 한 아이는 그녀의 집에서 유일한 예수교인입니다. 그녀는 그리스도를 위해 사는 삶이 결코 편안한 삶이 아님을 알고 있지만, 여러 달 동안 새로운 삶에 굳건하게 서 있었고, 분명하고 똑똑한 간증을 했습니다. 그들의 개인적인 이야기는 흥미롭습니다. 그들은 자신의 마음과 삶 속에 있는 복음의 능력에 대해 놀라운 간증을 합니다. 제 성경공부반에 참석하는 백발의 한 여성은 지난 몇 개월 동안 변화를 받았습니다. 그녀가 변하는 모습과, 복음의 진리를 마음으로 붙잡는 모습을 보는 것은 경이롭습니다. 그녀는 일생 동안 자신을 떠나지 않은 무서운 성질을 자제할 수

from before she knew Jesus. "Oh, she said, "I used to scold and abuse everybody all the time–and *now I don't want to*."

At a time like this I think always–if *our* joy is so great over these precious souls as we see them coming into the church, what must be the joy in the presence of the angels–the infinite joy in the Father's heart of love. Do you wonder I am thankful to be here?–that we are all thankful every day that we were not called away from this flock? Changes are coming and coming rapidly–new temptations are coming to this people with the influx from the outside world and new situations for them and for us to meet. But the Lord will give grace and wisdom for these–and *nothing* can take away the joy of these years that are past for we know the Lord's own children are *safe* in the hollow of His hand.

Friday, May 27

Sam has just started to the country for a long-planned trip. I, too, hoped to go out about this time but as Dr. Whiting says, I managed to pick up a few la grippe "bugs" after every one else had had a turn and la grippe can make one *feel* very miserable while not being very sick. I have only a few of the symptoms, am glad to say–severe headache, coryza [acute nasal inflammation], and a troublesome cough, all of which came on top of my stomach attack. This will work off in a few days, however.

Mother's letter of Apr. 11th is the last at hand–the letter asking for my waist and skirt measurements. I send them with this. Now, Mother dear, don't make too many things for me. Next winter I should like one winter underskirt and two short ones of flannel. Of combination suits I have heavy ones which ought to last two years. I could use nicely some very light cotton union suits for the first change from light undervests to combinations but they are far from being necessary. The fact is, Mother dear, I have lots of old clothes and plenty of chances to use them, so that

있게 되었습니다. 문답 때 샘은 그녀에게 예수를 믿기 전과 비교하면 지금 무엇이 달라졌는지 물었습니다. 그녀는 "오, 저는 늘 모든 사람을 비난하고 욕했습니다. 이제는 그렇게 하고 싶지 않습니다"라고 대답했습니다.

이들이 교회에 들어오는 것을 볼 때 저는 늘 생각합니다. 이런 귀중한 영혼에 대한 우리의 기쁨이 넘치는데, 천사들과 함께 있으면 얼마나 기쁠지, 하나님 아버지의 사랑 안에 있으면 얼마나 무한한 기쁨을 누릴지를 말입니다. 제가 이곳에 있는 것을 감사하는 게 두 분은 이상하세요? 우리 모두는 이 무리로부터 떠나라는 소환 명령을 받지 않아 매일 감사드립니다. 변화는 급속하게 밀려옵니다. 새로운 유혹이 외부 세상으로부터 이 사람들에게 몰려와서 그들과 우리가 대면해야 하는 새로운 상황이 전개됩니다. 그러나 주님이 이들에게 은혜와 지혜를 주실 것입니다. 그리고 과거 몇 년간의 기쁨을 빼앗아갈 수 있는 것은 아무것도 없습니다. 왜냐하면 주님의 소유된 자녀들은 그분이 감싸는 손안에서 안전하다는 것을 알기 때문입니다.

5월 27일 금요일

샘이 조금 전에 오랫동안 계획했던 시골 전도 여행을 떠났습니다. 저도 이번에는 나가고 싶었지만, 화이팅 의사가 말한 것처럼 다른 모든 사람이 돌아가면서 걸린 독감에 걸렸습니다. 독감은 심하게 아프지는 않더라도 사람들로 하여금 지독하다고 느끼도록 만들 수 있습니다. 저는 위통과 함께 극심한 두통, 코 막힘, 기침 등의 증세만 보인다고 말할 수 있어서 기쁩니다. 그러나 며칠 쉬면 나을 것입니다.

4월 11일 자 어머니의 편지를 받았습니다. 제 허리와 치마 치수를 물으셔서 이 편지에 치수를 적어 보냅니다. 그런데 사랑하는 엄마, 저를 위해 너무 많은 것을 만들지 마세요. 올겨울에는 겨울 속치마 하나와 짧은 플란넬 치마 두 개가 있으면 좋겠어요. 원피스 속옷으로는 무거운 옷이 하나 있는데 2년은 입어야 합니다. 가벼운 속옷에서 원피스 속옷으로 처음 갈아입을 때 가벼운 면 원피스를 멋지게 사용할 수 있겠지만 전혀 필요하지는 않습니다. 어머니, 사실 저는 오래 된 옷이 많이 있고 그 옷을 입을 기회가 많습니다. 그

a fresh suit or waist for best now and then keeps me well supplied. The little fancy collar you sent in the last box is a beauty. Now Goodbye for this time, my dear ones—a heart full of love to you both from

Your loving daughter

Alice Fish Moffett

래서 새 정장이나 허리를 날씬하게 만드는 원피스가 있으면 이런저런 경우에 잘 어울릴 겁니다. 지난번 박스에 보내주신 귀엽고 화려한 옷깃은 정말 아름다워요. 사랑하는 부모님, 이제 안녕히 계십시오. 두 분께 마음 가득 사랑을 담아 보냅니다.

사랑하는 딸,

앨리스 피시 마페트 올림

W. W. Straight

Seoul, Korea

Hotel Du Palais

L. Martin, Proprietaire

May 29, 1904

My dear Dr. Moffett:

I am forwarding this letter by one of the four couriers I have engaged to cover the route between this place and Pyeng Yang. Men are to be stationed at Songdo, Namchunyi, Pongsan and Pyeng Yang and I have arranged pay at $30–nickels per month with a bonus for quick delivery and a fine if over three days. This Pyeng Yang–Seoul line cannot, however, be considered the most important as in most cases I trust that you will be able to forward all messages over the Corean wires. The Wiju line is therefore the one on which the greatest speed is desirable. Hull writes that the Coreans are putting on a commercial line–we may be able to use that and we may not. Of course there will be difficulty in communicating with the men in Manchuria. Hull if he goes to Antung will have to arrange a Chinese service to connect. If he does not get up Collins will have to arrange it himself. It might be possible to get a Korean at Wiju who could forward things through Chinese friends but the language troubles are serious. That however could be the best plan. If you–with Dr. Sharrocks, could put in say four men between Pyeng Yang and Wiju and arrange with the Wiju man to make connection with a Chinaman who will see Hull or Collins or if he cannot do this arrange with some Chinese postal [?]. There ought to be lots of them willing to undertake the work. We really ought to have a responsible man at Wiju and trust that you will be able to get one.

I have paid these men I am sending off one month's wages in advance. Any funds you may need, please ask for & please send receipts

W. W. 스트레이트

한국, 서울
오텔 뒤 팔레
소유자, 마르탱
1904년 5월 29일

마포삼열 박사님께,

저는 이 편지를 서울과 평양 사이의 길을 담당하도록 고용한 4명의 파발꾼 가운데 한 명 편으로 보냅니다. 그들은 송도, 남천리, 봉산, 평양에 배치될 것이며, 30달러를 매달 동전으로 주기로 합의했습니다. 신속 배달의 경우 보너스를 주고, 3일 이상 지연되면 벌금을 부과하는 조건입니다. 하지만 이 서울-평양 라인은 가장 중요한 노선은 아닙니다. 저는 많은 경우 귀하께서 한국 전보로 모든 메시지를 보낼 수 있을 것이라고 믿습니다. 따라서 의주 라인이 최대 속도가 필요한 노선입니다. 헐 씨는 한국인들이 상업 노선을 설치하는 중이라고 편지했습니다. 우리는 그 노선을 사용할 수도 있고 사용하지 않을 수도 있습니다. 물론 만주에 있는 사람들과 연락하는 일은 어려울 것입니다. 만일 헐 씨가 안퉁에 가면, 연결할 중국인 서비스를 협의해야 할 것입니다. 만일 그가 만들지 못하면, 콜린스가 스스로 만들어야 할 것입니다. 의주에서 한국인 한 사람을 얻어서 그가 중국인 친구들을 통해 전달할 수도 있지만, 언어 소통이 심각한 문제입니다. 하지만 그것이 최선의 방안입니다. 만일 귀하께서 샤록스 의사와 함께 평양과 의주 사이에 예컨대 4명을 배치하고, 의주 사람을 중국인과 연결시켜서 그 중국인이 헐이나 콜린스를 만나거나, 혹은 그가 이것을 할 수 없다면 중국 파발 마부들로 파발 서비스를 마련할 수도 있습니다. 그 일을 맡으려고 하는 마부들이 틀림없이 많이 있을 것입니다.

제가 내보내는 파발꾼들에게는 1개월 임금을 미리 주었습니다. 귀하께서 필요한 자금이 있으면 청구해주시고 영수증을 보내주시면 제 계좌로 바로 처리될 수 있습니다.

so that my accounts may be straight.

I am enclosing a letter for Bass at the front and one for Hull at Chinnampo. Kindly forward both. If Hull goes North try to arrange some way in which the Wiju cooly [coolie] will recognize him and know how to reach him.

Thanking you for your trouble in this matter, I am

Sincerely yours, W. W. Straight

Please note time sending, receipt of all dispatches. This is a necessary check.

Japanese official statement after Kinchow–16 hr. fight–3,000 casualties–Russians leave 900 dead–50 big guns. Tremendous but costly victory.

전선에 있는 바스 씨와 진남포에 있는 헐에게 보내는 편지를 동봉합니다. 두 통 모두 전달해주시기 바랍니다. 만일 헐이 북쪽으로 가면 의주 파발꾼이 그를 알아보고 그에게 전달하는 방법을 알려주시기 바랍니다.

이 문제로 어려운 일을 도와주셔서 고맙습니다.

W. W. 스트레이트 올림

모든 전송물의 발송 시간과 영수증을 챙기시기 바랍니다. 이것은 필요한 점검입니다.

진저우(金州) 전투 후에 일본군의 공식 성명은 이렇습니다. 16시간의 전투, 3,000명의 사상자, 900명의 러시아군 전사, 50문의 대포 노획, 압승이지만 희생도 큰 승리.[1]

1 5월 1일 압록강 전투에 이어 요동에서 전투가 벌어졌는데, 25-26일 진저우 전투에 이어 26일 남산 전투에서 일본군은 많은 전사자를 냈지만 대승을 거두고 점령했다. 러시아군 전사자 1,400명, 일본군 전사자 6,198명이었다. 이는 러시아군이 남산에 요새를 설치하고 격렬하게 저항했기 때문이다. 이어서 일본군은 뤼순(Port Arthur)을 봉쇄하기 위해 진격했다. 1905년 1월 뤼순 함락을 위해 59,000명의 일본군이 전사했다.

James R. Hull

Letter sent from unidentified place and date

1904

My dear Dr. Moffett:

Upon second thought it strikes me that an inferior runner service will be worse than none. Expense is not to be considered in equaling, if not excelling, the best service now extant. This will make possible the employment of Christian Koreans at much more profitable work than to which they are accustomed. I respectfully suggest that a relay be established every 12 hours and the runners be made to understand that the best time means a prize of 50 yen at the end of the service.

I have telegraphed Straight [W. W. Straight, war correspondent] to forward the money to you. If you deem my suggestion wise, kindly notify Dr. Sharrocks. I will keep the two runners at Antung, but I think one man at each relay station en route will be sufficient. If you can find the men to cover the ground between Pyeng Yang and Syen Chyen I believe Dr. Sharrocks can do likewise between Syen Chyen and Wiju & it will remain for me to do the best, I can in Chinese territory.

Straight has just telegraphed that Mrs. Palmer cables: "Palmer unleave front any circumstances." Will you kindly send runner with same?—I wish you would kindly send me names of relay-stations when once established.

Hastily,
James R. Hull

제임스 R. 헐

보낸 장소 미상

1904년 5월 날짜 미상

마포삼열 박사님께,

다시 생각해보니 저질의 파발꾼 서비스는 없는 것보다 더 나쁘다는 것을 깨닫게 되었습니다. 비록 탁월하지는 않더라도 현존하는 최선의 서비스와 동등한 것을 유지하려면 비용은 고려 사항이 아닙니다. 이를 위해 통상적인 임금보다 훨씬 더 많이 주는 조건으로 한국인 기독교인을 고용할 수 있습니다. 제가 정중히 제안하는 조건은 다음과 같습니다. 12시간마다 중계 배달하고, 각 배달마다 최선의 시간을 지킬 경우 배달 후 50엔을 주는 것입니다.

저는 귀하에게 돈을 주라고 스트레이트에게 전보를 보냈습니다. 만일 귀하께서 제 제안을 지혜롭게 여기시면 샤록스 의사에게 알려주시기 바랍니다. 저는 안퉁에 2명의 파발꾼을 둘 것입니다. 그러나 각 중계소에는 한 명씩 두어도 충분할 것입니다. 만일 귀하께서 평양과 선천 사이를 담당할 사람을 찾을 수 있으면, 샤록스 의사도 동일하게 선천에서 의주 사이를 맡을 사람을 찾을 수 있을 것이며, 중국 영토에서 최선을 다하는 것은 제 몫이 되겠습니다.

방금 스트레이트의 전보를 받았는데, 팔머 부인이 다음과 같은 전보를 보냈습니다. "팔머는 어떤 경우에도 전선을 떠나지 않음." 동일한 내용을 파발꾼을 통해 보내주시겠습니까? 중계소를 설치하시면 그 이름을 알려주시기 바랍니다.

제임스 R. 헐 올림

W. W. Straight

[Unidentified place and date]

sometime in 1904

Dear Dr. Moffett:

Your letter received with the wires from Mr. Collins. The messenger evidently did not make his trip in the necessary time for he only turned up at eleven this morning. I have received no news from Mr. Collins, save one letter saying that he had written for money. None has come. I shall try to send something to you as soon as possible. I sent a man, James R. Hull, to act as "forwarding agent" at Pyeng Yang and as I fear no wire will go through–will you ask him what he's been doing, please? He may have gone on farther. Will send money when I can by Collbran & Bostwick [owners of a business firm in Seoul] courier.

With many thanks for your trouble–believe me.

Sincerely yours,
W. W. Straight

W. W. 스트레이트

장소 미상

1904년 5월 날짜 미상

마포삼열 박사님께,

귀하의 편지와 콜린스 씨의 전보를 받았습니다. 파발꾼은 필요한 시간 안에 오지 못한 것이 분명합니다. 왜냐하면 그는 오늘 아침 11시에야 나타났기 때문입니다. 저는 콜린스 씨로부터 돈 문제로 쓴 편지 외에는 어떤 소식도 받지 못했습니다. 아무것도 오지 않았습니다. 저는 되도록 빨리 귀하에게 뭔가 보내려고 합니다. 저는 전보가 전달되지 않을까 걱정이 되어 평양에서 "배송업자"로 활동하도록 제임스 R. 헐이라는 사람을 보냈습니다. 귀하께서 그에게 어떤 일을 하고 있었는지 물어봐 주시겠습니까? 그는 더 멀리 다녀왔을 수도 있습니다. 가능하면 콜브란 앤 보스트위크의 파발 편으로 자금을 보내겠습니다.[1]

귀하의 수고에 큰 감사를 드리며,

W. W. 스트레이트 올림

---

1 콜브란 앤 보스트위크는 서울에 있는 회사다.

[Alice Fish Moffett](unsigned)

Pyeng Yang, Korea

May 30, 1904

Dear Dr. Sharrocks:

On the enclosed sheet is a copy of the telegram rec'd yesterday from Mr. McKenzie in Japan. I am sending word to his three couriers between here & S. C. [Syen Chyen] to be in their places as before ready to receive letters from the North & carry them night and day. Will you inform the men from S. C. to Wiju and also in Antung? That completes Mr. McKenzie's affairs.

Now for those of Mr. Collins. A letter from Mr. Straight in Seoul rec'd this morning asks Mr. Moffett's assistance in arranging a full courier service between Seoul & Wiju. The plan which Mr. S. suggests is practically that which has been followed for others. I am replying to him that in Mr. Moffett's absence I will consult with Mr. Lee in placing men between here & Wiju, hoping that Mr. Moffett will return from the country in time to complete the arrangements. Will you place men for Mr. Collins between S. C. & Wiju on the same plan & scale of wages as for others & send details of the arrangements to Mr. Moffett with the first opportunity? By this courier I send letter packet, a pair of leggings for Mr. Hull and a package which Mr. Lee is forwarding to Mr. Davis.

Mr. Straight has telegraphed Y. 100.00 from Seoul which will be forwarded to you when Mr. M. returns. etc., etc.

Will you please send notes to Mr. McKenzie & Mr. Collins saying their messages have been rec'd here and the service of couriers arranged as requested?

Unsigned copy of letter sent

[undoubtedly written by a missionary in Pyeng Yang, perhaps by Alice Fish Moffett]

[앨리스 피시 마페트](서명 없음)

한국, 평양

1904년 5월 30일

샤록스 의사 귀하,

동봉한 종이에는 일본에 있는 기자 매켄지 씨로부터 어제 받은 전보 사본이 있습니다. 나는 이곳과 선천 사이에 있는 그의 3명의 파발꾼에게 그들의 자리를 지키고, 북쪽으로부터 오는 편지를 받을 준비를 하다가, 받으면 주야로 배달하라는 소식을 보내고 있습니다. 선천에서 의주까지, 그리고 안퉁에 있는 사람들에게도 알려주시겠습니까? 그러면 매켄지 씨의 안건은 완성됩니다.[1]

콜린스 씨의 사안으로 넘어갑니다. 서울에 있는 스트레이트 씨가 보낸 편지를 오늘 아침에 받았는데, 그는 서울과 의주 간 전체 파발 서비스를 마련하는 데 마포삼열 목사의 도움을 요청하고 있습니다. 스트레이트 씨가 제안하는 계획은 특별히 다른 사람들이 취한 방법입니다. 마포삼열 목사가 없어서 제가 대신 답장을 보내는 중입니다. 평양과 의주 사이에 사람을 두는 것에 대해서는 리 목사와 의논할 것입니다. 저는 마포삼열 목사가 시간 안에 돌아와서 그 배치를 완성해주기를 희망합니다. 귀하께서 다른 사람들과 같은 계획과 임금 체계로 선천과 의주 사이에 사람들을 배치하고 상세한 배치 상황을 기회가 되는 대로 일찍 마포삼열 목사에게 알려주시겠습니까? 이 파발꾼을 통해 편지 한 다발, 헐 씨에게 보내는 각반 한 벌, 리 목사가 데이비스 씨에게 보내는 소포 한 개를 보냅니다.

스트레이트 씨는 서울에서 100엔을 전신환으로 보냈는데, 마포삼열 목

1 이 편지 전후로 볼 때, 평양에서 마포삼열 부부는 러일전쟁 기간 동안 미국인과 영국인 종군 기자들의 기사를 전달하는 일종의 사설 우편 전달 체계를 마련하고, 그 배달꾼으로 믿을 만한 기독교인들을 추천해 그들이 높은 임금을 받도록 선처했음을 알 수 있다. 일본의 승리를 바랐던 영미 신문사처럼 마포삼열을 비롯한 미국 개신교 선교부 소속 선교사들은 일본의 승리 소식을 담은 전쟁 기사를 의주-선천-평양-서울 라인으로 연결해주었다. 마포삼열과 연결된 기자는 잭 런던, 매켄지, 스트레이트 등이었다.

한성감옥의 이승만을 방문한 언더우드, 1902년 [OAK]

Mr. Underwood visited Syngman Rhee in the Seoul Prison, 1902

사가 돌아오면 귀하에게 보내는 조치 등을 취할 것입니다.

귀하께서 매켄지 씨와 콜린스 씨에게 그들의 메시지를 받았으며 요청한 대로 파발꾼 서비스를 마련했다고 알려주시겠습니까?

앨리스 피시 마페트 올림

H. G. Underwood

Seoul, Korea

May 30, 1904

Dear Mr. Moffett:

Thanks very much for yours of the 25th which came down in remarkably quick time arriving here on the 28th in the evening. I began to get anxious about Mackenzie [F. A. McKenzie, war correspondent], not having heard from him so long, and now I learn from your letter that he is contemplating a trip to Japan! Lucky man who can do that, no such luck down this way, we are hard at it all the time; and here have I in my letters to him been wishing him *health*, etc. under the impression that war correspondents had to endure hardships of all kinds & much discomfort! I trust you received all my letters with enclosures for Mackenzie and that these went forward. Nothing new here. That the Japanese gained another signal victory at Kinchow you of course know by this time. Best regards.

Yours very sincerely,
H. G. Underwood

언더우드

한국, 서울

1904년 5월 30일

마포삼열 목사 귀하,

25일 자 귀하의 편지를 잘 받았는데, 놀랍게도 빨리 배달되어 28일 저녁에 이곳에 도착했습니다. 매켄지 기자로부터 오랫동안 소식을 듣지 못해 걱정하기 시작했는데, 귀하의 편지로 이제 그가 일본 여행을 계획한다는 것을 알게 되었습니다. 그럴 수 있다면 행운아지요. 그런 행운을 만날 기회가 없기에 우리는 언제나 그런 행운을 열심히 찾지요. 그에게 보내는 내 편지에 건강 등을 빌고 있는데, 종군 기자들은 온갖 종류의 난관과 수많은 불편을 감수하지 않으면 안 된다는 인상이 있기 때문입니다! 귀하가 매켄지에게 보내는 제 모든 편지를 받았고 그것을 그에게 전해주었으리라고 믿습니다. 이곳에 새로운 것은 없습니다. 물론 지금쯤 귀하도 일본군이 진저우에서 또 하나의 중요한 승리를 거두었다는 것을 알고 계시겠지요.

H. G. 언더우드 드림

Robert L. Dunn

Tokyo, Japan

Imperial Hotel, Ltd.

May 31, 1904

My dear Dr. Moffett:

Still here as you will see. Going home Saturday, cannot wait longer to join army. The second column is still here and as I was on the third it is useless for me to wait longer. I got one letter returned from Korea, guess you forwarded it. Here is thanks anyway, whether or not you did. Will you kindly have any future mail sent to "N. Y. Tribune" "Art Dep't." New York. I am expecting a great many letters, they are some where in Korea. If your man ever goes to P.O. please have him give in my address. Would like very much to see you again. The entire trip I made to Pyeng Yang was like being at home, every one treated me so nicely. Please remember me to all. Don't forget the Dr. W. [Wells] and Mr. S. [Swallen], also my good friends on the other hills.

Sincerely yours,

Robert L. Dunn, Art Dep't. New York Tribune, N. Y.

[Mr. Dunn was a war correspondent in the Russo-Japanese War]

로버트 L. 던

일본, 도쿄

제국 호텔

1904년 5월 31일

마포삼열 목사님께,

보시다시피 아직 이곳에 있습니다. 토요일에 본국으로 갑니다. 군대와 동행하는 것을 더 이상 기다릴 수 없군요. 제2군은 아직 이곳에 있고, 저는 제3군과 함께 있으므로, 더 이상 기다리는 것은 소용이 없습니다. 한국에서 반송된 한 통의 편지를 받았는데, 귀하에게 보낸 것입니다. 귀하께서 반송했는지 아닌지는 모르지만 아무튼 감사드립니다. 앞으로는 뉴욕의 "「뉴욕 트리뷴」 미술부"로 보내주시기를 부탁드립니다. 만일 귀하의 고용인이 우체국에 가면, 그에게 이 주소를 주시기 바랍니다. 귀하를 다시 만날 수 있기를 고대합니다. 평양까지의 여행은 집에 있는 것처럼 편안했으며, 모든 사람이 저를 친절하게 대해주었습니다. 모두에게 안부를 전해주십시오. 웰즈 의사와 스왈른 목사, 그리고 다른 언덕 위에 있는 좋은 친구들에게도 안부를 전해주시기 바랍니다.

로버트 L. 던 올림

뉴욕, 「뉴욕 트리뷴」 미술부

F. A. McKenzie

Headquarters, First Imperial Japanese Army, Manchuria

June 5, 1904

Dear Dr. Moffett:

I returned to Antung last night, and found a number of letters from and through you, and some packages awaiting me. I was very pleasurably surprised to learn that you had sold the little pony. I had already regarded it as an absolute loss.

The two boxes of provisions, the box of Tansan and the Parcels Post parcel arrived safely, as also did the tent. Alas, the P. P. Parcel was not the camera. That camera seems lost utterly. The last news I can get is that it was sent from Tokyo to Chemulpo April twelfth.

You will be glad to know that after some difficulty, owing to the Post Office having evidently resolved not to transmit any telegrams I sent to my wife through the Yokohama office, we found one another, and had some days together. It was like a breath of new life. Will you believe that not a single letter which I sent to her since I left Seoul in April for the front had reached her, despite her repeated personal and written applications to the Yokohama post office. Words fail me when I think of the grief and anxiety the long silence must I know have cost her.

I am facing the difficulty of getting matter through. I retain my Pyeng Yang courier service, six between Pyeng Yang and Wiju, and three beyond, northwards. I shall also send duplicates of my censored matter in some cases by other routes. In many cases I mean to transmit my copy direct from Pyeng Yang to Shanghai, paying full or urgent rates from Pyeng Yang. My correspondent, Dudeney in Shanghai, will then deal with it. My London people are very good in expressing confidence in me, and their letters are even kinder than their telegrams, but I myself feel ashamed of all the delays I have suffered. If I could place my hand on any fault, and say that something which I could change was to blame,

F. A. 매겐지

만주 일본 육군 제1군 사령부

1904년 6월 5일

마포삼열 박사님께,

어젯밤에 안퉁으로 돌아왔습니다. 귀하의 편지, 귀하를 통해 온 여러 편지, 그리고 저를 기다리는 소포를 발견했습니다. 귀하가 조랑말을 파셨다니 즐겁게 놀랐습니다. 저는 이미 그 일이 전적으로 손해라고 여겼습니다.

두 개의 보급품 상자, 곧 탄산 박스와 우편 소포 상자가 안전하게 도착했으며, 텐트도 잘 도착했습니다. 불행히도 우편 소포 상자는 사진기 상자가 아니었습니다. 사진기는 완전히 잃어버린 듯합니다. 제가 구한 최근 소식은 사진기가 4월 12일에 도쿄에서 제물포로 보내졌다는 것입니다.

다음 소식을 아시면 귀하께서 기뻐하시겠지요. 요코하마 우체국을 통해 제가 제 아내에게 보낸 모든 전보는 우체국에서 전송하지 않기로 결정했기 때문에, 우리는 많은 곤란을 겪은 후 만나서 며칠간 함께 지냈습니다. 그것은 새 생명의 숨결 같았습니다. 제가 4월에 서울을 떠나 전선으로 간 후 아내에게 보낸 편지 가운데 한 통도 그녀에게 도착하지 않았다는 것을 믿을 수 있겠습니까? 그녀가 반복해서 요코하마 우체국에 직접 서면으로 청원했는데도 불구하고 말입니다. 그 긴 침묵의 기간 그녀가 겪은 슬픔과 불안을 생각하면 할 말을 잃어버립니다.

저는 국면을 해결해나가야 하는 어려움에 직면해 있습니다. 저는 평양과 의주 사이에 6명의 파발꾼을 둔 평양 파발 서비스를 유지하고 있으며, 북쪽으로 3명의 파발꾼이 더 있습니다. 또 어떤 경우에는 검열된 기사 사본을 다른 경로를 통해 보낼 것입니다. 많은 경우에 저는 평양에서 급행비 전액을 지불하고 평양에서 상하이로 제 기사 사본을 바로 전송하려고 합니다. 그러면 상하이에 있는 제 통신원인 두드니가 처리할 것입니다. 제 런던 사람들은 저에 대한 깊은 신뢰를 표현하고 있으며, 심지어 그들의 편지는 전보보다 더 친절합니다. 그러나 저는 제가 겪었던 모든 지연에 대해 스스로 부끄러움

I could at least do something to remedy it. But, in the language of Gladstone, "the resources of civilization are not yet exhausted."

Would you do me the favour of retaining the balance of the London money for the time, and using it for cabling expenses? I am very anxious to obtain news of the happenings at Con-gin, the port between Wonsan and the north. Could you suggest any way in which I could attempt to do so?

I shall write you a fuller letter in a day or two. My letters are packed up, my boys are waiting, and in a few minutes I have to be on to Fengwangcheng.

I am anxious to see how my courier service works now. Accordingly, I am stating on the outside the exact time of this leaving here. Would you send a messenger back at once, with orders to tell the others to go on quickly at each point. My next address will be Headquarters, Fengwangcheng.

With kindest regards,

Very sincerely,

F. A. McKenzie

[British War Correspondent–Russo-Japanese War]

을 느낍니다. 만일 어떤 잘못이 제게 있었다면, 즉 제가 바꿀 수 있었던 어떤 것에 대해 책임이 있었다면 저는 그것을 고치기 위해 최소한 무언가를 할 수 있었을 것입니다. 그러나 글래드스톤의 말을 빌리면, "문명의 자원은 아직 고갈되지 않았다"고 하겠습니다.[1]

당분간 런던에서 보낸 돈의 잔고를 유지하면서 전신 비용으로 사용해 주시겠습니까? 저는 원산과 북쪽 사이에 있는 항구인 청진(淸津)에서 발생하는 뉴스를 구하기 위해 애쓰고 있습니다. 그렇게 할 수 있는 어떤 방법을 알려주시겠습니까?

하루나 이틀 후에 더 긴 편지를 귀하께 보내겠습니다. 제 편지는 포장했고, 급사들은 기다리고 있으며, 몇 분 후에 저는 펭왕청(鳳凰城)으로 떠나야 합니다.[2]

지금 제 파발 서비스가 잘 작동되는지 염려됩니다. 따라서 이곳을 떠나는 현재 시각을 이 편지 봉투 바깥에 적습니다. 받으시면 즉시 다른 파발꾼을 돌려보내 주시고, 각 지점마다 빨리 다른 지점으로 연락하도록 명해주시기 바랍니다. 저의 다음번 주소는 펭왕청 사령부입니다.

안녕히 계십시오.

F. A. 매켄지 올림

1 글래드스톤(William E. Gladstone, 1809-1898)은 영국의 진보적 정치가로서 네 차례나 수상을 역임했다. 1894년 퇴임 때 그의 나이는 84세였는데, 역대 최고령 수상이었다. 그는 "Justice delayed is justice denied"(지연된 정의는 거부된 정의다) 등 유명한 말을 많이 남겼다.

2 이때 봉황성에는 육군 제1부대 사령부가 설치되어 있었다. 과거 봉황성은 고려문을 지나면 바로 나오는 국경 도시였다.

Alice Fish Moffett

Pyeng Yang, Korea

June 9, 1904

My dear Ones:

Early in every week I try to begin a letter to you but here is Thursday without one ready. And now I want to go back to our anniversary day. I think I wrote you in my last letter that Sam was to come in from a country trip for that evening because two deacons were to be elected in the city church. Dearest surprised me by coming early in the forenoon, having dropped down the river in a boat instead of coming overland. And what do you suppose he brought for my *wooden* wedding present? A collection of *brass* Korean antiques, candle sticks, incense jar, bowls, basins, etc.—quite an array of such things as it is becoming more and more difficult to get—so many of them are carried to Seoul and sold to curiosity seekers. In one little group which Sam visited, an entire family consisting of the man of the house, his mother, wife and two children all received baptism and it was from them he secured the brass set which had been used in their ancestral worship. Some of these pieces are very old, are of pure brass, and each sounds a beautiful clear note, making a chime. We shall put them away to take home to you.

We had our dainty but quiet little dinner that evening and an hour later, on his way to prayer-meeting Mr. Lee came in to have an extra dish of ice cream with us. Mr. Koons asked what refreshments had been served at our wedding and neither Sam nor I had any idea about such trifling details! We were too much concerned with the main event, which has proved the best thing we ever did. Mr. Koons expects to "do likewise" in a year or two when a certain young lady comes out from America.

Next day Sam expected to start out again but was taken down with an old fashioned attack of malaria and obliged to wait till Saturday

앨리스 피시 마페트

한국, 평양

1904년 6월 9일

사랑하는 두 분께,

매주 초에 저는 부모님께 보내는 편지를 쓰려고 하지만, 오늘이 목요일인데도 아직 한 통도 준비하지 못했습니다. 먼저 저희 결혼기념일로 돌아가서 쓰고 싶군요. 저는 지난번 편지에서 도시 교회[장대현교회]에서 2명의 집사를 선출해야 하기 때문에 샘이 그날 저녁 시골 순회 여행에서 돌아올 것이라고 썼다고 생각합니다. 사랑하는 샘은 오전 일찍 돌아와서 저를 놀라게 했는데, 육지로 오는 대신 배를 타고 강으로 내려왔기 때문입니다. 그가 결혼 5주년 목혼(木婚) 기념 선물로 무엇을 가져왔다고 생각하세요? 놋쇠로 만든 한국 골동품인 촛대, 향로(香爐), 밥그릇, 접시 등인데, 점점 더 얻기가 힘들어지는 물건을 다양하게 수집했습니다. 이런 많은 것을 서울로 가져가서 골동품을 찾는 사람들에게 팝니다. 샘이 방문했던 한 작은 미조직교회에서는 한 가정의 가장, 어머니, 아내, 두 아들로 구성된 가족이 모두 세례를 받았고, 그들로부터 샘은 제사에 사용하던 놋쇠 제기 세트를 얻었습니다. 이 물건 중 일부는 오래됐고 순 놋쇠로 만들어서 각각 아름답고 청명한 소리를 내어 종처럼 울립니다. 우리는 그것을 모아서 부모님께 가져갈 것입니다.

우리는 그날 저녁 우아하지만 조용하고 조촐한 저녁식사를 했습니다. 한 시간 후 기도회에 가는 길에 리 목사가 와서 우리와 함께 여분의 아이스크림 한 접시를 먹었습니다. 쿤즈 목사는 결혼식 때 어떤 음료를 내놓았는지 물었습니다. 샘과 저 모두 그런 사소한 세부 사항에 대해서는 아무 생각이 없었습니다! 우리는 식의 주요 행사에만 너무 신경을 썼는데, 결혼식은 우리가 경험했던 최고의 행사였습니다. 쿤즈 목사는 한두 해 후에 어떤 젊은 숙녀가 미국에서 오면 "비슷하게 하리라고" 예상됩니다.

다음날 샘은 다시 떠나려고 계획했지만, 오래전에 유행했던 말라리아가 발병해서 몸져누웠고, 토요일까지 기다렸다가 안식일을 지내기 위해 50리

when he went out 50 li to spend Sabbath at the Soon An church. Here he had a very busy time, beginning early in the morning with a conference with the officers, leading the morning Bible study class, then examining 21 people for baptism, preaching at the two o'clock service, administering baptism and the communion and closing the day with another conference of an hour and a half with the officers. Blessed work but wearing. He returned on Monday to find many things waiting to be crowded into Tuesday and on Wednesday began a course of teaching which will last nearly a month. Both the Theological and Normal classes began yesterday and the summer Training class for men will open June 22nd. Our plan now is to take a vacation in our boat on the river from August 1st to 20th (about), possibly leaving for Seoul by September 1st as Sam wants to make a trip south before Annual Meeting to look over the ground for a new Station. Annual Meeting is to be held in Seoul from September 20th.

I have been very busy these past ten days with house cleaning–think of it–in June! But the weather has been so cold we needed the stoves morning and evening. When the change did come it was sudden, indeed. Actually, Sam was wearing winter clothing one day even to heavy flannels and the next a white duck suit. The house is almost all in order now–winter clothing put away in moth balls, screens all in place and mosquito nets hung, and much necessary work on the compound finished or under way. I have yet to go through some trunks and boxes in my small dry goods, grocery and drug stores before the rainy season comes to spoil things.

This afternoon I am wearing my pretty new white waist with the front of embroidery which you sent to me. The one which you mailed has not yet arrived. I do hope it will not be lost. I am afraid from your letters, Mother dear, that you are going to send too many things when you once get started! I will tell you everything I really need and you know I have such a host of things which I ought to wear out. However,

를 걸어 순안교회로 가야 했습니다. 그곳에서 그는 바쁜 시간을 보냈는데, 아침 일찍 교회 직원들과 회의를 하는 것으로 시작해서, 아침 사경회반을 인도하고, 이어서 21명에게 세례 문답을 했고, 2시 예배에서 설교하고, 세례와 성찬식을 집례했으며, 직원들과 또다시 1시간 반 동안 회의를 하는 것으로 하루를 마감했습니다. 축복받은 사역이지만 힘들기도 합니다. 그는 월요일에 돌아왔는데, 화요일에 잡아놓은 많은 일이 기다리고 있는 것을 발견했습니다. 수요일에는 거의 한 달 동안 계속될 한 과목의 강의를 시작합니다. 신학 수업과 사범 수업이 어제 시작됐고 남성을 위한 여름 사경회가 6월 22일에 개강합니다. 현재 우리 계획은 8월 1일에서 (대략) 20일까지 강에 있는 우리 배에서 휴가를 보내는 것입니다. 그런데 샘이 새로운 선교지부를 위한 부지를 살펴보기 위해 연례 회의 전에 남부 지방으로 여행하기를 원하기 때문에, 아마도 9월 1일 이전에 서울을 향해 떠날 것입니다. 연례 회의는 9월 20일부터 서울에서 개최됩니다.

저는 지난 10일 동안 집을 청소하면서 바빴는데, 생각해보니 6월이네요! 너무 추워서, 우리는 아침과 저녁으로 난로가 필요했습니다. 정말 갑자기 추위가 왔습니다. 실제로 샘은 겨울옷을 입었는데, 하루는 심지어 두터운 플란넬을 껴입었고 그다음 날에는 흰색 오리 점퍼까지 입었습니다. 집은 이제 거의 정돈되었습니다. 겨울옷은 좀약을 넣어서 치웠고, 차양을 모두 제자리에 설치했고, 모기장도 걸었으며, 사택에 필요한 많은 일은 끝났거나 진행 중입니다. 저는 장마철이 와서 물건을 망치기 전에 작은 건조 물품, 식료품 창고, 약방에 있는 많은 트렁크와 상자를 더 꼼꼼히 챙겨야 합니다.

오늘 오후에 저는 어머니께서 보내주신 자수 문양이 앞에 새겨져 있는 예쁘고 하얀 새 블라우스를 입었습니다. 보내신 소포는 아직 도착하지 않았습니다. 그것이 분실되지 않기를 바랍니다. 사랑하는 어머니, 저는 편지를 읽으면서 어머니께서 일단 일을 시작하면 너무 많은 것을 보내실까 염려됩니다. 제가 정말로 필요한 모든 것을 어머니께 말씀드리겠어요. 제가 입어서 닳아 없애야 하는 많은 옷이 있음을 알고 계실 것입니다. 그러나 어머니는 좋은 물건을 많이 우리에게 보내지 않을 수 없으시겠지요. 그렇지요?

you cannot keep from sending us lots of good things, can you?

I do so enjoy reading about your home doings–company dinners, rides in the surrey, house furnishing (think of fitting up *our* room already!), cooking, trips to the city, etc.

How manifold are the blessings from our Father upon us all. Praise Him for His good gifts to us which are so far beyond what we could seek for ourselves.

We both send a heart full of love to both our dear ones.

Your loving daughter,

Alice Fish Moffett

저는 어머니가 집에서 하시는 일에 대해 쓴 글을 읽는 게 정말 즐겁습니다. 친구들과의 식사, 마차 타기, 집안에 가구 들이기(저희 방도 이미 가득 채워졌다고 생각해보세요), 요리, 도시로의 여행 등.

우리 모두에게 내리시는 하나님 아버지의 축복이 얼마나 다양한지요. 우리가 구하는 것을 훨씬 뛰어넘는 하나님의 선하신 선물에 대해 찬양을 드립니다.

저희 두 사람이 사랑하는 두 분께 마음에 사랑을 가득 담아 보냅니다.

당신의 사랑하는 딸,

앨리스 피시 마페트 올림

F. A. McKenzie

Headquarters, First Imperial Japanese Army, Manchuria

June 13, 1904

Dear Dr. Moffett:

The messenger came through in very good time indeed, arriving here this morning about ten o'clock. I was glad to hear all your news. The presence of marauding bands of Russians in Korea is not very re-assuring, is it, however impotent for serious mischief they may be.

Mr. Fraser is here with us, and any letter sent up by my messengers will reach him. I will see that he gets it.

Would you do me the kindness of dispatching a man with enclosed letter to Mr. Muhlensteth. I don't know if you would mind telling the man to return immediately Mr. Muhlensteth gives his answer, as one of the things he is bringing back, I urgently want.

I am very glad you opened the telegram, which you asked me about. If any post office message comes for me, you would be doing me a real favour in opening it, as if it were notice of a parcel lying in the Office for me, your signing it (if you did not mind this) would save about a fortnight in the thing reaching me.

Please give my very kindest remembrances to Mrs. Moffett and to all at Pyeng Yang.

Yours very sincerely,
F. A. McKenzie

P.S. There is a little war news to give. Great movements are pending. The nature of them is carefully concealed from us, as is but natural. The Russians are far from idle, and a very early date may see the greatest battle of the war.

F. A. 매켄지

만주 일본 육군 제1군 사령부

1904년 6월 13일

마포삼열 박사님께,

파발꾼은 시간에 잘 맞추어 오늘 아침 10시경에 도착했습니다. 귀하의 모든 소식을 듣게 되어 기쁩니다. 한국에 러시아군 습격대가 남아 있다는 것을 믿기 어렵지만, 있다면 심각한 폐해 때문에 무력할 것입니다.

프레이저 씨는 우리와 함께 이곳에 있으며, 제 파발꾼들이 올려보내는 어떤 편지도 그에게 도착할 것입니다. 그가 편지를 잘 받는지 제가 챙길 것입니다.

뮬렌스테트 씨에게 보내는 동봉한 편지를 전달할 파발꾼을 파송해주시겠습니까? 뮬렌스테트 씨가 주는 답장을 받아서 즉시 오도록 그에게 말해주시기 바랍니다. 그가 받아올 물건 중 하나가 긴급하게 필요합니다.

귀하께서 문의하셨던 전보를 열어보셨다니 기쁩니다. 우체국에서 제게 보내는 전갈이 있을 경우, 귀하께서 열어보시면 제게 정말 도움이 되겠습니다. 제게 온 소포가 있으면, 수고스럽겠지만 귀하께서 우체국에 가서 서명해주시면 감사하겠습니다. 그러면 소포 도착 시간을 2주 앞당길 수 있습니다.

부인과 평양에 있는 모든 분께 제 안부를 전해주시기를 부탁드립니다.

F. A. 매켄지 올림

추신. 작은 전쟁 소식이 있습니다. 대규모 이동이 임박합니다. 그것이 무엇인지에 대해서는 당연히 우리에게 알려주지 않지만, 러시아군도 결코 한가하지 않으며, 며칠 안에 큰 전투가 벌어질 것입니다.

Robert M. Collins

Feng Wang Cheng

June 14, 1904

My dear Mr. Moffett:

I am under great obligations to you for your great kindness and most valuable assistance in arranging our courier service, as well as for past kindnesses. I trust that you will permit me to remunerate you for your help. Everything is on a dead level with us here. We are merely waiting events, and know almost nothing of what is going on outside. I left at your house a box with some clothes. I will be grateful if you will forward it to Mr. Straight at Seoul when you have an opportunity. Doubtless you know that London [Jack London] and Kirton left a few days ago, finding it a waste of time to remain on account of the strict censorship and the limited opportunities for observation. Davis and Thomas have just been recalled and are starting home tomorrow, via Japan. Please remember me kindly to Mrs. Moffatt [Moffett].

Very sincerely yours,
Robert M. Collins

로버트 M. 콜린스

펭왕쳉

1904년 6월 14일

마포삼열 목사님께,

과거에 진 신세에 더해 파발꾼 서비스를 마련하도록 호의를 베풀어주시고 귀중한 도움을 주셔서 깊이 감사드립니다. 도와주신 일을 다시 언급하는 것을 양해해주시리라고 믿습니다. 이곳은 사방이 쥐 죽은 듯이 조용합니다. 우리는 그저 사건이 발생하기를 기다리고 있습니다. 바깥에서 어떤 일이 벌어지고 있는지 모릅니다. 저는 귀하의 집에 옷을 담은 상자 한 개를 두고 왔습니다. 기회가 되면 그것을 서울에 있는 스트레이트 씨에게 보내주시면 감사하겠습니다. 귀하도 분명 아시다시피, 엄격한 검열과 제한된 관찰 기회 때문에 남아 있는 것이 시간 낭비임을 알게 된 잭 런던과 커턴은 며칠 전에 한국을 떠났습니다. 데이비스와 토마스는 소환되어 내일 일본을 거쳐 본국으로 떠납니다. 부인에게 제 안부를 전해주시기 바랍니다.

로버트 M. 콜린스 올림

Mrs. Samuel Shuman Moffett(Maria Jane McKee Moffett)

Madison, Indiana

Friday, June 14, 1904

My Dear Sam:

The war news is not very satisfactory but we are taking great comfort as long as the Japanese are victorious & the fighting will be done as far as possible from Pying Yang—the Japs have the sympathy of the world pretty much. I suppose the Russians are still very confident of success eventually but they surely have met with a great many losses—What a great good thing you kept your homes. I love to think of you & Alice there—It is a lovely place to me & I often wish I could be there for a while. We have quite decided we will go next week to Fort Wayne for a visit to Susie & probably go on to the lake with her. She thinks she must take the baby to a colder climate. Helen rented a furnished house not far from Chicago. She will be housekeeper. Susie will take her cook—Rob & I will board & Mary will come in August. I suppose Ben can spend Sunday with the family. I dread the trip but I don't know what else to do. I am sorry to close our hill top for the season but I can't be there alone as I was last summer. When my cook is not willing to go on the hill & I cannot afford to lose her—she is a devout Catholic & her mother is an invalid. She will not leave the church or the mother. She goes home at night. Will has just been here on his way home. He has been taking his dinners with us for 6 or 8 months. I am very glad to have him.

Saturday

My plans for a visit to F.W. [Fort Wayne, Indiana] are somewhat upset. Last night a letter came from Susie saying "Aunt Lizzie," Dr. M's [Susie's husband, Rev. Dr. David William Moffat] sister had written that she would like to visit them so I am trying to decide whether I will make them a short visit or go directly to Lake Bluff, Rob & I meeting them

새뮤얼 슈만 마페트 부인(마리아 제인 맥키 마페트)

인디애나, 매디슨

1904년 6월 14일 금요일

아들 샘에게,

전쟁 소식이 썩 만족스럽지는 않지만 우리는 일본군이 승리하고 전투가 평양에서 최대한 먼 곳에서 벌어진다니 큰 위안이 되는구나. 일본인은 세계 여론의 동정을 꽤나 받고 있단다. 러시아인들이 아직 최종 승리를 자신하고 있는 듯이 보이지만, 패배를 많이 겪은 게 분명하단다. 네가 집을 지킬 수 있어 얼마나 좋은지! 평양에 있는 너와 앨리스를 생각하는 게 기쁘단다. 그곳은 내게 사랑스러운 곳이고, 잠시 그곳에 갈 수 있으면 얼마나 좋을지 자주 소망해본단다. 우리는 다음 주에 수지를 보러 포트웨인에 가기로 거의 결정했단다. 그때 수지와 함께 호수로 갈 게 거의 확실하다. 수지는 아이를 더 추운 기후로 데리고 가야 한다고 생각한단다. 헬렌은 시카고에서 멀지 않은 곳에 가구가 딸린 집을 월세로 얻었는데 가정주부로 지낼 거라는구나. 수지는 식모 롭을 얻을 것이고, 나는 거기서 하숙을 하고 메리는 8월에 올 거란다. 벤은 주일에 가족과 함께 지낼 수 있다고 생각한다. 나는 여행이 두렵지만 다른 대안이 없구나. 여름철에 언덕 꼭대기에 있는 우리 집 문을 닫아서 유감이지만, 지난여름처럼 나 혼자 지낼 수는 없단다. 내 식모는 언덕 위에 갈 뜻이 없고, 나는 그녀가 없으면 안 된단다. 그녀는 독실한 가톨릭 신자이고, 그녀의 어머니는 환자란다. 그녀는 교회나 어머니를 떠날 수 없다는구나. 그녀는 밤에 집으로 간단다. 윌은 집에 가는 길에 잠시 이곳을 들렀단다. 그는 지난 6-8개월 동안 우리와 함께 저녁을 먹었단다. 나는 그가 함께해서 매우 기쁘단다.

토요일

포트웨인으로 가려던 내 계획이 다소 어긋나 버렸구나. 어젯밤에 수지가 편지를 보냈는데, 남편 데이비드 모패트 박사의 여동생이 편지로 방문하고

there. Susie wants me to do whatever is most comfortable & pleasant–but it will be a pretty hard journey for me at best & I must postpone it for a week or two. I don't look forward with very much pleasure to the trip for I have more comforts at home & enjoy the drives to the hill-top.

I took Addie Turpin for the drive yesterday & Rob had 9 little girls on the place. They climbed trees, had refreshments–pulled oranges from the tree that Rob tied on before they went up, fastened bananas to the limbs & shook the trees that showered down peanuts. He put up a ladder & had his pockets full of nuts. "Oh! they had the finest time" they reported to their mamas in our neighborhood–swung in hammocks–rode the pony & did everything they could.

We took Will's children over one day. Rosa (the cook) entertained them. Donald calls Emily "Kee" & says the baby is "baby Kee." It is two weeks old but has no name yet. For the second name I give it "Glasgow." Her great grandmother's name was Jane Glasgow. Howard comes in very often. He has as much business as he wants.

After Charlie Blair left, Will felt it necessary to take charge of the carpet department & he has disposed of about all & they are reducing the stock as fast as possible. No special word from Tom. He was feeling the hot weather very much when he wrote last. He will have a long vacation. Expects to go to the Grand Canyon to spend part of the time. He has had us all with him so much in the last few years he gets lonesome when he has nothing to do. I wish we were all to be on the hill.

Howard is still insisting on building a winter house on the hill for me but I don't think I am quite ready to give up my old home. Mrs. Clark comes over every day. I see my friends oftener & get to P.M. oftener than I would if fixed permanently on the hill. Ned bought the Ling cottage for $1,350.00 borrowing the money from B association–renting it for $0.00–retaining the most of the garden & crop–potatoes, cherries, etc.. Whatever he bought the house for I don't know. He didn't consult any of us & he says Jennie bought it, always speaking of it as belonging

싶다고 했단다. 그래서 나는 그들을 잠시 맞은 후 바로 벌러프 호수로 가서 그곳에서 롭과 수지 가족을 만날지 결정해야 한단다. 수지는 내가 편하고 좋을 대로 하라고 하지만, 좋아도 꽤 힘든 여행이 될 거라서, 나는 여행을 한두 주 연기해야 한단다. 나는 여행에서 많은 즐거움을 기대하지 않는데, 집에 있는 게 더 편하고, 언덕 위까지 마차로 가는 것을 즐기기 때문이란다.

어제는 애디 터핀과 함께 드라이브를 했는데, 롭이 9명의 어린 소녀를 데리고 왔단다. 그들은 나무에 올라가고, 음료수를 마시고, 그들이 오기 전에 롭이 나무에 달아놓은 오렌지를 따고, 바나나를 팔다리에 달기도 하고, 나무를 흔들어서 땅콩이 비처럼 쏟아지게 했단다. 롭은 사다리를 놓고 땅콩을 따서 주머니 가득 담았지. 그들은 "오, 정말 재미있게 놀았어요!"라고 근처에서 그물 침대를 타고 있는 엄마들에게 가서 말했단다. 아이들은 조랑말을 타고, 할 수 있는 모든 일을 다 했단다.

우리는 윌의 아이들을 하루 동안 데리고 있었단다. 요리사인 로사가 손자들을 즐겁게 했지. 도널드는 에밀리를 "키"라고 부르고 아기는 "베이비 키"라고 부른단다. 생후 2개월이 되었는데 아직 이름이 없단다. 나는 중간 이름을 "글래스고"로 지어주었지. 그녀의 증조할머니 이름이 제인 글래스고였단다.[1] 하워드는 자주 들른다. 그는 원하는 만큼 사업을 하고 있단다.

찰리 블레어가 떠난 후, 윌은 카펫 분과를 맡아야 할 필요가 있다고 느꼈단다. 그래서 거의 모든 것을 처분했고 최대한 빨리 재고를 줄이고 있단다. 톰은 별다른 소식이 없구나. 지난번 편지에서는 더위를 몹시 탄다고 썼지. 그는 긴 휴가를 보낼 거란다. 휴가 시간의 일부는 그랜드 캐년으로 가서 보낼 계획이란다. 그는 지난 몇 년간 우리와 함께 많은 시간을 보냈는데, 할 일이 전혀 없을 때는 외로움을 느낀단다. 우리 모두가 언덕 위에서 함께 지낼 수 있으면 좋겠지만 그럴 수 없어 유감이다.

하워드는 아직도 그 언덕에 겨울 집을 지어야 한다고 우기지만, 나는 내 옛집을 포기할 준비가 전혀 안 되어 있단다. 클라크 부인이 매일 건너온다.

---

1 마페트 가문이 스크틀랜드계이므로 놀랄 일이 아니다.

to hcr.

We have 7 horses on the three places–no cows on the fine pasture except our own & how we will miss our nice milk & cream. I still hire a horse from Sam Graham. He has several quiet ones.

Addie Turpin spoke some of Howard yesterday wishing so much to continue his studies in electricity but thought he must continue his work at drug store & support himself now he has graduated at the high school. He united with the church some time ago & tries to live up to his good promises. Addie says she hears nothing but the best words of praise from all who have employed him.

Are you gaining strength, Sam? The grippe holds on to people dreadfully. It came in a good time if there is any good time, for you could afford to lay aside for a vacation. But I am sorry that war is the cause for the enforced rest. Does Tokyo still hold your letters? Give ever so much love to Alice. I hope you are both well again & safe from all danger from this dreadful war.

Your loving Mother

나는 친구들을 더 자주 보고, 만일 언덕 위에 영구적으로 거하게 되면 오후 예배에 더 자주 갈 것이다. 네드는 링 시골집(the Ling cottage)을 비협회(B association)에서 돈을 빌려서 1,350달러에 구입했단다. 그리고 그 집을 무료로 빌려주었는데, 정원에서 나온 감자, 체리 등은 네드가 가진단다. 그가 그 집을 무슨 용도로 샀는지 나는 모른다. 그는 우리 중 누구와도 상의하지 않았단다. 그는 제니가 샀다고 했는데, 늘 그 집이 그녀의 것이라고 말한다.

세 곳에 말 일곱 마리가 있는데, 좋은 목초지에 소가 없어서 우리는 우리의 좋은 우유와 크림을 무척 그리워하게 될 것이다. 나는 여전히 샘 그레이엄으로부터 말 한 필을 빌린단다. 그가 가진 말들은 순하단다.

어제 애디 터핀이 하워드에 대해 약간 이야기했는데, 전기 공부를 계속할 뜻이 많다고 하는구나. 하지만 그녀는 하워드가 이제 고등학교를 졸업했으니 약방에서 계속 일하면서 자립해야 한다고 생각한단다. 하워드는 얼마 전에 교회에 등록했으며, 그가 한 서약대로 살려고 노력한단다. 그는 고용주들로부터 최상의 칭찬만 듣고 있다고 애디가 전했다.

샘, 이제 기력을 회복했니? 독감이 무섭게 사람들을 괴롭히는구나. 독감에 걸릴 좋은 때가 있다면 적기에 걸렸구나. 왜냐하면 독감 때문에 누워서 쉴 수 있으니까 말이다. 그러나 전쟁 때문에 어쩔 수 없이 쉬게 되어 유감이구나. 도쿄에서 아직도 네 편지를 붙잡아두고 있니? 앨리스에게 언제나 사랑을 가득 보낸다. 너희 두 사람 모두 이 무서운 전쟁과 모든 위험으로부터 다시 건강하고 안전하기를 소망한다.

사랑하는 엄마가

Robert M. Collins

Headquarters of Imperial Japanese Army

June 18, 1904

My dear Dr. Moffett:

I again venture to trespass upon your kindness by asking if you will please send me by some returning messenger a pair of high yellow shoes that were left with my things at your place. I enclose also a roll of photographs for Straight and a telegram. I suppose you have heard the news of the Russian defeat above Port Arthur. It will be interesting to hear what is thought of it in St. Petersburg as it is the first important military operation for which Kuropatkin is directly responsible.

Very truly yours,

Robert M. Collins

로버트 M. 콜린스

일본 육군 제1군 사령부

1904년 6월 18일

마포삼열 목사님께,

다시 한번 염치 불구하고 부탁드리고자 합니다. 귀댁에 두고 온 제 물건 가운데 노란색 신발 한 켤레를 다음에 오는 파발꾼 편으로 보내주시기 바랍니다. 또한 스트레이트에게 보내는 사진 한 통과 전보를 동봉합니다. 뤼순(Port Arthur) 위쪽에서 러시아군의 패배 소식을 들으셨을 줄 압니다. 상트페테르부르크에서 무슨 생각을 하는지 들으면 재미있을 것입니다. 왜냐하면 이것은 쿠로파트킨 국방장관이 직접 책임을 맡은 중요한 첫 군사 작전이었기 때문입니다.

로버트 M. 콜린스 올림

F. A. McKenzie

Headquarters of First Imperial Japanese Army, Manchuria

June 21, 1904

My dear Dr. Moffett:

Your letter reached me safely last night, and I was greatly interested in all your news. You probably know much more of the progress of events than I do. You have of course heard of the battle on the railway line, when a considerable Russian force, under General Starberg, was defeated, with a loss of 1,500. We see no fighting here, although we hear occasional heavy firing; but we know enough to be aware that the Russians are attempting to take the offensive in many directions. I anticipate that the next month will be one of active fighting.

I think that, now that I can send off much of my daily stuff direct from Headquarters, I will not continue regularly to employ the men between Syen Chyen and Pyeng Yang. Would you mind paying the men up to whatever is due to them? It is always possible to get men, I suppose, at Pyeng Yang and Syen Chyen, and as the service will be occasional, that will be a substantial saving.

That is a great balance I have to my credit, and how you got all the things through so economically, amazes me. I would like, if it were possible in any way, to have six hundred yen sent up to me, the remainder staying with you. Is there any way it could be sent up? Would the Dai Ichi Ginko transfer it to its branch at Antung or Wiju, when I could send to there?

I hope that you and Mrs. Moffett and all our friends at Pyeng Yang are well. Will you tell Mr. Koons that I am doing a little photography now, with a camera I brought from Japan. I enclose one photo to show how I am progressing.

Very sincerely,

F. A. McKenzie

F. A. 매켄지

만주 일본 육군 제1군 사령부

1904년 6월 21일

마포삼열 박사님께,

귀하의 편지가 어젯밤에 무사히 도착했습니다. 귀하의 모든 소식이 흥미롭습니다. 저보다 귀하께서 사태의 추이를 더 잘 아실 것입니다. 철도 노선에서 벌어진 전투에 대해서는 물론 들으셨겠지요. 그때 스타르베르크 장군 휘하의 러시아 대군이 1,500명의 전사자를 내고 패배했습니다. 이곳은 가끔 큰 포성이 울리지만, 전투 장면은 볼 수 없습니다. 그러나 우리는 러시아군이 여러 방향에서 공격을 시도하리라는 것을 충분히 잘 알고 있습니다. 제 생각에는 다음 달에 본격적인 전투가 벌어질 것으로 예상합니다.

이제 사령부에서 곧바로 많은 분량의 기사를 보낼 수 있기 때문에, 선천과 평양 사이에 파발꾼들을 계속 정규적으로 고용하지 않을 것입니다. 그들에게 주어야 할 돈이 있으면 모두 지불해주시겠습니까? 파발 서비스가 간혹 필요한 경우가 있지만 평양과 선천에서는 언제든지 사람을 구할 수 있기에 저는 돈이 상당히 절약되리라고 생각합니다.

제 계좌에 많은 잔고가 있습니다. 귀하께서 모든 일을 그렇게 경제적으로 운영하셨다니 놀라울 따름입니다. 지불하고 남은 돈 600엔을 되도록 제게 보내주시기 바랍니다. 이곳으로 송금할 방법이 있습니까? 다이이치은행이 안퉁이나 의주 지점으로 송금할 수 있습니까? 제가 언제 그곳으로 받으러 갈 수 있을까요?

귀하와 부인과 평양의 모든 친구가 건강하기를 빕니다. 쿤즈 목사에게 제가 지금 일본에서 가지고 온 사진기로 약간의 사진 작업을 하고 있다고 말해주시겠습니까? 제 실력이 얼마나 늘었는지 보여드릴 사진 한 장을 동봉합니다.

F. A. 매켄지 올림

Charles H. Fish

San Rafael, California

sometime in 1904

(second half of a letter to his daughter, Alice F. Moffett and her husband, S. A. Moffett)

Rev'd. John S. MacIntosh, President, is a grand man and a first class preacher, especially for people who are hard of hearing. I have no news from Emily or Edward (brother of CHF) since my last letter. Lucia (sister of CHF) is around again after a confinement from threatened pneumonia. Theodore (brother of CHF) is packing up for his move bag & baggage to Oregon. I hope he will succeed in apple raising as well as he has in raising children. Mother and I are planning a trip to Carpinteria. As the Stock Board will probably adjourn on the 30th inst. for a week, we will have a chance to see our friends Steve Henry & families and sit under the fig tree where you learned to love figs. I can remember digging them out of your mouth when you could neither swallow nor spit.

Our Pastor has been suddenly called home to Canada by the death of his father which was sudden and unexpected. He will return this month and in the meantime Mr. Crosley supplies very acceptably. Mr. C. made a mistake in getting out of the pulpit, for teachers abound more than preachers in this country.

I commenced this week reading *The Vanguard* [by James S. Gale], and of course I am deeply interested, especially in one character, Willis.[1]

I am called away and must close.

The Lord bless you dear ones,

Father

1 - The character *Willis* in Dr. Gale's novel, *The Vanguard*, is Samuel A. Moffett.

찰스 H. 피시

캘리포니아, 샌라파엘

1904년 날짜 미상

(딸 앨리스와 사위 마포삼열에게 보내는 서신의 후반부)

의장인 존 S. 매킨토시 목사는 기품 있는 신사이면서 일류 설교자인데, 특히 잘 듣지 못하는 사람들에게 좋은 설교자란다. 내가 너희에게 보낸 지난번 편지 이후에, 에밀리나 에드워드[찰스 피시의 형]로부터 아무 소식도 받지 못했다. 루시아[여동생]는 위협적인 폐렴으로 인해 격리 수용된 후에 다시 건강해졌단다. 데오도르[형]는 오리건으로 가기 위해 가방과 수화물을 꾸리고 있다. 나는 그가 사과 재배뿐만 아니라 아이들 양육도 성공하기를 바란다. 너희 어머니와 나는 카핀테리어로 갈 여행을 계획하고 있다. 회사의 주주 이사회는 아마도 이달 30일에 한 주 동안 휴회할 예정이기 때문에, 우리는 스티브 헨리와 그의 가족을 보고, 네가 무화과나무를 사랑하는 법을 배웠던 그 나무 아래에 앉을 기회를 가질 것이다. 나는 네가 그 열매를 삼키지도 못하고 뱉지도 못했을 때, 그것을 네 입에서 꺼냈던 일이 기억나는구나.

우리 목사님은 예상치 않게 부친이 갑자기 돌아가셔서 본국인 캐나다로 가셨단다. 그는 이번 달에 돌아올 거란다. 그동안 크로슬리 목사가 설교했는데 반응이 좋았단다. 크로슬리 목사가 설교를 그만둔 것은 실수였는데, 이 나라에는 설교자보다 교사가 훨씬 더 많기 때문이다.

나는 이번 주에 『선구자』를 읽기 시작했다. 물론 나는 한 등장인물인 윌리스에 특히 깊은 관심이 있단다.[1]

누가 나를 오라고 불러서 이만 줄인다.

주께서 사랑하는 너희 둘을 축복해주시기를,

아버지가

---

1 게일의 소설 『선구자』(*Vanguard*)에 등장하는 윌리스(Willis)는 마포삼열이다.

Samuel A. Moffett

Pyeng Yang, Korea

July 14, 1904

Hon. H. N. Allen

U. S. Legation,

Seoul

Dear Dr. Allen:

I want to thank you for your attention to my telegram concerning the arrest of men for selling land to Americans and for the release of the men and also to write you more fully with reference to the situation here as regards the attitude of Korean officials towards property questions and the rights of foreigners. With the advent of many Japanese, the coming of the railroad, the confiscation of land and houses for the railroad, the wholesale purchase of land and houses by Japanese merchants and others, the injustice of the Korean Magistrate, his apparent alliance with the Japanese to force Koreans to sell at great loss, the indefiniteness of Korean deeds, the lack of a system for recording deeds, the high handed measure of Japanese and French and the Korean officials, it is not at all unlikely that complications over property questions will arise and we may have to refer a number of questions to you for advice and help. I hope to talk over the situation with you in September but will write something of the situation now.

The situation is this:—

The Japanese are buying up property right and left in the city, and outside the city and particularly in the Waysung—or old site of Kija's capital—where the railroad is to run and where supposedly the railroad yards and station are to be, and where the new Western Palace (Korean) is. The expectation is that a large city is to spring up there. The Japanese have staked off their purchases (many of them) marking the stakes as defining Japanese property. The railroad men have run the line for the

마포삼열

한국, 평양

1904년 7월 14일

서울
미국공사관
알렌 의사 귀하,

미국인에게 토지를 판 사람들이 체포된 일과 그들의 석방에 대한 제 전보에 귀하께서 보여주신 관심에 감사드리고 싶습니다. 또한 토지 문제 및 외국인의 권리에 대한 한국인 관료들의 태도와 관련하여 이곳 상황에 대해 좀 더 자세히 편지를 보내고 싶습니다. 많은 일본인의 출현, 철도의 도래, 일본 상인과 다른 외국 상인들의 토지와 주택의 대규모 구입, 한국 관리의 부정, 일본인들과 공모해 한국인들이 막대한 손해를 보면서 팔도록 강요하는 일, 한국 토지 문서의 부정확성, 토지 문서 기록 체계의 부족, 그리고 일본, 프랑스, 한국 관료들의 고압적인 조치 등으로 인해 재산 문제에 대한 복잡한 문제가 일어나지 않을 수가 없는 듯합니다. 우리는 조언과 도움을 받기 위해 귀하에게 많은 문제를 여쭤봐야 합니다. 저는 오는 9월에 귀하에게 그 상황에 대해 말하고 싶지만, 지금 그것에 대해 조금 쓰겠습니다.

상황은 다음과 같습니다.

일본인들은 도시 안팎의 좌우 모든 부지를 매입하고 있는데, 특히 기자(箕子)의 고도(古都)였던 외성(外城) 지역을 사들이고 있습니다. 그곳은 철도가 지나갈 예정이고, 아마도 철도 기지와 철도역이 위치하며, 한국 왕실의 새 서궁(西宮)이 지어질 곳입니다. 대도시가 이곳에 생겨날 것으로 예상됩니다. 일본인들은 (많은) 구입 부지 주변에 말뚝을 박아서 일본인 재산으로 규정하는 표시를 했습니다. 철도 직원들은 농작물이 자라고 있는 논밭과 주택을 가로질러 철도용 노선을 긋고, 그 철로 양쪽에 그 지역에서 가장 좋은 토지와 주택을 포함하고 있는 수백 에이커를 거대한 조계지(租界地, concession)로 구획했습니다. 이 조계지(그들은 租界라고 부릅니다) 안에서는 농지와 400채의

road through growing crops and houses and on either side of it have marked off a large "Concession" of hundreds of acres containing the best land and best houses in the province. Within this "Concession" (Chokyai they call it) the land and 400 houses are condemned and the people are forced out being ordered out by Japanese and Korean officials and told to look to the Korean government for pay. The people are being paid for their houses through the Korean Magistrate and although not treated impartially are on the whole paid a pretty fair compensation. I have not heard of anyone having been paid for land or crops but on the contrary, apparently reliable reports say that within this concession the magistrate himself is buying up land at a cheap price and selling it to the Japanese, that the Dai Ichi Ginko [bank] men are buying up land and that the Japanese are ordering the people off the land and out of the houses.

The people are highly enraged—see no hope of redress, do not understand what is being done, cannot trust their own officials, are driven out of house and land and lose their crops. Ignorant and helpless, they are the victims of their own officials and all kinds of sharpers, and when they appeal to the law for justice find the official apparently in league against them and growing rich off of their plight.

Within this concession was one of our chapels valued at about 1,500 yang (150 yen) but not replaceable for less than 2,000 yang. For this the church received 635 yang and the privilege of tearing down and removing the building—entailing a loss but not a sufficiently large one to make us think it worthwhile to protest and claim more.

Outside of this "Concession" also the Japanese have bought hundreds of fields and the French have bought some. The latter with high handed measures forced the people who had houses on their purchase to tear them down under threats of exacting a high rent for the same. This produced intense indignation.

Foreseeing the loss of our chapel and the eventual building up of a large population where there are now fields and seeing some of the

가옥이 폐기 처분을 받았고, 일본인과 한국인 관리들에 의해 퇴거 명령을 받은 주민들은 강제로 추방되었는데, 이들은 보상을 위해서는 한국 정부에 알아보라는 말을 들었습니다. 주민들은 한국인 감리[監吏]를 통해 주택 보상비를 받았는데, 공정하게 다루어지지는 않았지만 대체로 좋은 보상이라고 합니다. 저는 토지나 농산물에 대해 보상을 받았다는 사람을 보지 못했습니다. 그럼에도 믿을 만한 보고서는 다음과 같이 말합니다. 이 조계지 안에서 감리 본인이 싼 가격으로 토지를 매입해서 그것을 일본인에게 판매하고 있고, 일본 다이이치은행 직원들이 토지를 구입하고 있으며, 일본인들은 주민들에게 토지와 집에서 나오라고 명령하고 있습니다.

주민들은 분노하고 있습니다. 보상받을 가망이 없고 관리들을 신뢰할 수 없는 상태에서 어떤 일이 진행 중인지 이해하지 못한 채 집과 토지에서 쫓겨나고, 농작물을 잃고 있습니다. 그들은 무식하고 어쩔 도리가 없기에 관리들과 온갖 종류의 사기꾼의 희생자가 되고 있습니다. 주민들이 정의를 위해 법에 호소할 때, 그들에 대해 적대적으로 결탁하여 그들의 곤궁을 통해 자신의 부를 늘리고 있는 관리들을 발견합니다.

이 "조계지" 안에 있는 우리 예배당 하나는 대략 1,500냥(150엔)의 가치가 있지만 2,000냥보다 적은 금액으로는 바꿀 수 없습니다. 교회는 이 건물에 대한 보상으로 635냥과 건물을 철거해서 옮길 수 있는 권리를 받았는데, 그렇게 큰 금액은 아니지만 손해를 보았으므로 우리는 더 항의하고 요구할 가치가 있다고 생각합니다.

또한 이 "조계지" 바깥 지역에서도 일본인들은 수백 개의 토지를 매입했고 프랑스인들도 일부를 매입했습니다. 프랑스인들은 고압적인 방법을 썼는데, 그들이 구입한 곳에 집이 있는 사람들에게 높은 임대료를 청구하겠다고 위협해서 강제로 주민들의 집을 철거했습니다. 이것은 주민들의 강한 분노를 샀습니다.

우리 예배당의 손실과 현재 토지가 있는 곳에 결국 인구가 많이 늘어나게 될 것을 예상하면서, 또 기독교인 일부와 다른 주민들이 실질적으로 손해를 보는 가격에 강제로 파는 것을 목격하면서, 우리가 미래에 사용할 사

Christians and others practically forced to sell at sacrifice and knowing that we will need for our work sites for future use, Mr. Lee and I bought some fields *outside* of this concession near to purchases made by Japanese and French. On one piece which we bought, the Japanese Commissary Department had erected a stable in the early spring. It was not being used but the owner of the field could not farm it. We put up our stakes and soon after heard that the magistrate had issued an order forbidding the sale of any property to foreigners. He arrested the man who had sold to the French and it is reported extorted money from him and ordered the transaction annulled but failed, in the latter part because the Frenchman refused to return the deeds. He is said to have extorted money from some who sold to Japanese. He called in the man who sold to us, ordered him to annul the transaction and refused to give him but a small proportion of the amount of his loss from non-use of the field– as rent for the same from the Japanese who used it for stables and are paying the rent through Korean officials. The man declined to receive the amount offered as rent and now has received nothing but abuse from the official. The Japanese have doubtless paid fair compensation for the rent of the field but the magistrate gets most of it and the people bear the loss. Many fields were so used and some owners have taken the small amount offered having no redress and not grit enough to refuse. The Japanese removed the stables from our land about a month after our purchase of it.

When the man told us of the officials order to annul the sale we of course refused to give up the deeds and the matter was dropped. Some days after this when I put up stakes on another field purchased some time ago, not far from the Western Palace and on which were several houses, the people, expecting treatment similar to that given by the Frenchman, went to the Palace officials and complained of the sale of the land to a foreigner. This official (Ye Eui Ho) arrested and put in the stocks Chay Pong-nin, who had sold the field to Sun Oo-chun and Sun Oo-chun who

역 부지가 필요하리라는 사실을 알게 되었기 때문에 리 목사와 저는 일본인과 프랑스인이 구입한 대지 근처에 있는 조계지 바깥 지역에서 일부 대지를 구입했습니다. 우리가 구입한 한 부지에 일본 병참부가 이른 봄에 마구간을 지었습니다. 그 땅은 사용되지 않고 있으며 그 토지 주인은 그곳에서 농사를 지을 수가 없었습니다. 우리는 말뚝을 세웠는데, 그 후에 곧 감리가 어떤 토지도 외국인에게 매매하는 것을 금하는 명령을 내렸다는 것을 들었습니다. 그는 프랑스인들에게 매매한 자를 체포했고, 그에게서 대금을 압수해서 매매를 물리라고 명령했지만 실패했습니다. 왜냐하면 프랑스인들이 토지 문서의 반납을 거절했기 때문입니다. 감리는 우리에게 매매한 사람을 소환해서 그에게 거래를 무효로 하라고 명령했고, 그 대지를 사용하지 않아 손해를 본 금액에서 일부분만 보상하고 나머지에 대해서는 지불을 거절했습니다. 보상액이란 부지를 마구간으로 사용한 임대료를 한국인 관리를 통해 지불하는 일본인으로부터 받은 돈입니다. 일본인들은 의심할 여지 없이 부지의 임대료에 대해 공정한 보상을 했지만, 지방관은 대부분을 착복했고, 주민들은 손실을 감내했습니다. 많은 토지가 그렇게 사용되었고, 일부 소유주들은 보상도 받지 못하고 거절할 용기도 없어서, 제공하는 적은 금액을 받았습니다. 일본인들은 우리가 그 토지를 매입하자 약 한 달 후에 우리 토지에서 마구간을 철거했습니다.

땅을 판 사람이 우리에게 와서 관리들이 매매를 물리라고 명령했다고 알려주었을 때, 우리는 물론 토지 문서를 주는 것을 거절했고 그래서 그 사안은 폐기되었습니다. 며칠 후 서궁으로부터 멀지 않고 제가 얼마 전에 구입한 여러 채의 집이 있는 또 다른 대지에, 사람들은 프랑스인들이 했던 것과 유사한 조치를 기대하면서 말뚝을 세우고 궁의 관리들에게 가서 외국인에게 토지를 매매한 것에 대해 불평을 토로했습니다. 이 관리(이의호)는 채병린을 체포해서 옥에 가두고 형틀에 채웠는데, 그는 그 대지를 선우준에게 팔았고 선우준은 그것을 제게 팔았습니다. 제가 항의하여 선우준은 보석으로 잠시 풀려났습니다. 저는 귀하에게 전보를 보냈고, 며칠 후 채병린은 제 땅의 말뚝을 뽑는 조건으로 풀려났는데, 경찰관과 함께 와서 그렇게 했습니다. 저는 새

sold it to me. Upon my representations, Sun Oo-chun was temporarily released on bail. I telegraphed to you and in a few days the other man was released but only on condition that he pull up my stakes, which he did, accompanied by a policeman. I have replaced my stakes, putting them in more securely. The people in the houses were again alarmed thinking they would be forced to tear down at once but learning that they would receive just treatment and not be subjected to the high handed treatment accorded by the Frenchman they quieted down and there is no further trouble. The instruction from the Foreign Office will doubtless prevent any more arrests.

Now, another situation:—

Koreans under Japanese supervisors have made a wagon road towards Wiju [D;Wn] which took in a part of a field belonging to Mr. Hunt back of the hill on which we live. Mr. Hunt asked the Japanese Consul where he should apply for compensation and received the reply: "This is an enterprising by Korean authority and those Japanese only manage that business under the authority so that I will like to inform you that I think you will be right to consult with the matter to Korean authority." He then applied to the Kamni [magistrate] who replied that he would certainly receive compensation either from the Koreans or Japanese and that he need not worry, the matter would be settled in due time. I think there will be no difficulty over that matter. Through this same field of Mr. Hunt's and through a field belonging to me in the Waysung (outside of the Japanese or railroad "Concession"), the railroad is to run and through my field the grading has been done. We have not yet applied for compensation for the loss of these fields. Before doing so we should like to know from you through whom we should apply and what is to govern in determining the amount of damages. The amount will not be large—less than 100 yen I think, but if paid through the Korean magistrate, Paing, we shall probably have difficulty. This man, Paing, who caused us so much trouble here a year ago or two, is the most unjust

말뚝으로 교체해서 더욱 견고하게 박았습니다. 그 집에 있던 사람들은 즉시 강제로 철거되리라고 생각했기에 긴장해 있었는데 오히려 공정한 대우를 받고 프랑스인들이 했던 고압적인 처사를 당하지 않을 것을 알고 평정을 되찾았으며, 더 이상 아무 문제도 없었습니다. 외부의 지시가 내려온다 해도 의심할 여지 없이 더 이상의 체포는 없을 것입니다.

이제 또 다른 상황입니다.

일본인 감독관 밑에 있는 한국인들은 의주로 가는 마찻길을 만들었는데, 우리가 사는 언덕 뒤편의 헌트 목사가 소유하고 있는 부지의 일부를 침범했습니다. 헌트 목사는 일본 영사에게 어디에 보상을 요구해야 하는지 물었고 다음과 같은 답장을 받았습니다. "이것은 한국 당국에 의한 사업입니다. 일본인들은 일본 당국 아래에 있는 사업만 관리합니다. 따라서 귀하께서 한국 당국과 이 문제에 대해 이야기를 나누는 것이 옳다고 생각한다고 알려드리는 바입니다." 그래서 그는 한국인 감리에게 보고했는데, 감리는 한국인이나 일본인으로부터 분명히 보상을 받을 것이며, 그 문제는 머지않아 해결될 것이니 걱정할 필요가 없다고 대답했습니다. 저는 그 사안에 대해서는 어떤 어려움도 없으리라고 생각합니다. 헌트 목사의 이 부지와 (일본인 지역이나 철도 조계지 외부에 있는) 외성에 있는 제가 소유한 토지로 철도가 지나갈 것인데, 제 부지를 따라서 이미 정지 작업이 완료됐습니다. 우리는 이 대지의 손실에 대한 보상금을 아직 신청하지 않았습니다. 그렇게 하기 전에, 우리가 누구를 통해 신청해야 하는지, 그리고 피해액을 결정할 때 무엇을 기준으로 삼아야 하는지를 귀하로부터 알고 싶습니다. 금액은 크지 않을 것입니다. 제 생각에 100엔보다 적을 것입니다. 그러나 한국인 감리 팽 씨를 통해 지불된다면 우리는 아마도 어려움을 겪게 될 것입니다. 이곳에서 한두 해 전에 우리에게 많은 문제를 야기했던 이 팽 씨라는 작자는 제가 다루어야 했던 자 중에서도 가장 부정을 많이 저지르는 약삭빠른 악당이며 외국인의 권리를 가장 업신여기는 자입니다. 몇 달 전에 그의 부하들이 제 서면 항의에도 불구하고 제 배를 압수해서 그다음 날 돌려주었습니다. 얼마 후 그들은 헌트 목사의 배를 압수했고, 그가 그런 무법적인 조치를 그만둘 수 없다면 나는 미국 공사

and yet shrewd scoundrel I have ever had to deal with and is the most contemptuous of foreigner's rights. Some months ago his underlings took my boat against my written protest, returning it the next day. Shortly afterwards they took Mr. Hunt's boat and I sent in word asking for its release and compensation for the seizure of my boat, saying that if he could not stop such lawless proceedings I should write the American Minister. Mr. Hunt's boat was released at once but no compensation given me for mine. I have not pressed this matter again. This same magistrate, Paing, recently accompanied a Japanese military officer connected with the railroad to the house of Miss Kirkwood's teacher and tried to bully his father into selling the house to the Japanese. The house is situated on the river bank just outside of the "Concession." It is a valuable site which will be worth a great deal in a few years and the owner does not want to sell. The Japanese and the magistrate wrote out a deed and tried to force the man to sign it, but he refused and was roundly abused. Finally they wrote out another deed at a higher price (less than he was offered for it a year ago), took the deed unsigned; left a note for the amount and afterwards calling up the local supervisor put the money in his charge for the owner of the house. Thus the magistrate is in league against his own people and they know not how to protect themselves.

The man who watches our cemetery (having a house nearby) was ordered out of his house the other day by the Japanese at work on the railroad who threatened to make him pull down his house unless he gave it up for their use as an eating house while working on the road nearby. No compensation is offered and the man can appeal to no one for protection or redress.

We hear of these cases affecting men who are in touch with us. There are hundreds such of which we do not hear. Do not understand me as being antagonistic to the Japanese; far from it. I write you these things to give you information of a situation in which I am sure you are interested and which will help to keep you posted as to what is going on. It may be

에게 편지를 보낼 수밖에 없다고 말하면서 제 배의 압류에 대한 보상과 헌트 목사의 배를 반환해줄 것을 요청하는 말을 전했습니다. 헌트 목사의 배는 즉시 반환되었지만 제 배의 압류에 대해서는 어떤 보상도 이루어지지 않았습니다. 저는 이 사안에 대해 다시 압박하지 않았습니다. 이런 감리 팽 씨가 최근 철도 업무를 보는 일본군 장교를 데리고 커크우드 양의 어학교사의 집으로 가서 그 집을 일본인에게 팔라고 교사의 부친을 위협했습니다. 그 집은 "조계지" 바로 밖에 있는 강둑에 위치하고 있습니다. 그곳은 몇 년 내에 그 가치를 상당히 인정받을 만한 좋은 위치이므로 집 주인은 팔고 싶어 하지 않습니다. 그 일본인 장교와 감리는 증서를 써서 그 사람에게 억지로 서명하도록 했지만, 그는 거절했고 심한 곤욕을 치렀습니다. 마침내 그들은 좀 더 높은 가격으로 (그가 1년 전에 그것에 대해 제안받았던 금액보다 적은) 또 다른 증서를 써서 서명을 받지 않은 채 증서를 가져갔고, 그 금액에 대해 메모를 남기고 나중에 지방 감독관에게 전화를 걸어서 그 집주인에게 대금을 지불하도록 책임을 맡겼습니다. 이렇게 그 감리는 그의 동족들에 맞서 적대적인 결탁을 하고, 주민들은 스스로를 어떻게 보호해야 할지 모르는 실정입니다.

우리 묘지를 돌보던 사람은 (그 근처에 집이 있는데) 철도에서 일하는 일본인들로부터 며칠 전 그의 집에서 나가라는 명령을 받았습니다. 이 일본인들은 근처 철도에서 일하는 동안 집을 식당으로 사용하도록 내어주지 않으면 집을 철거하도록 만들겠다고 위협했습니다. 어떤 보상도 주어지지 않았고, 그 사람의 보호나 보상을 위해 호소할 수 있는 사람이 아무도 없습니다.

우리는 우리가 만나는 사람들에게 영향을 주는 이런 사안들에 대해 듣고 있습니다. 우리가 듣지 못한 다른 경우가 수백 건이 있습니다. 제가 일본인을 적대시한다고 오해하지 마십시오. 결코 그렇지 않습니다. 제가 이런 일을 써서 보내는 것은 상황에 대한 정보를 귀하에게 제공하기 위함입니다. 귀하께서 이 일에 관심이 있고, 또 어떤 일이 벌어지고 있는지에 대해 귀하께 계속 알려주는 것이 도움이 되리라고 확신하기 때문입니다. 어떤 식으로든 다소간 귀하에게 유용하리라고 봅니다. 물론 우리 모두는 늘 한국인을 지지하며 그들이 한국 관리들과 일부 일본인들로부터 당하는 과도한 부당 행위

of more or less use to you in some way. Of course we are all pro-Korean all the time and wish there was some way to overcome the rank injustice to which the Koreans are subjected by their own officials and by *some* of the Japanese.

Incidentally, if you ever have an opportunity to help to remove the magistrate Paing from his position you will do the Korean people here a great service and make the situation here a more agreeable one to us.

Thanking you again for your kindness and with kind regards

Yours very sincerely,

Samuel A. Moffett

를 극복하는 길이 있기를 바랍니다.

혹시 귀하께서 감리 팽의 관직을 삭탈하도록 도울 기회를 얻으신다면, 귀하는 이곳 한국인들에게 위대한 봉사를 하고, 이곳 상황을 우리에게 좀 더 우호적으로 만들게 되는 것입니다.[1]

귀하의 친절에 다시 감사를 드리고, 안부를 전하며,

마포삼열 올림

1 마포삼열이 한국 정치에 가장 적극적으로 개입한 사건이다.

F. A. McKenzie

Headquarters of First Imperial Japanese Army, Manchuria

July 14, 1904

Dear Dr. Moffett:

Thank you very much for the parcels received; the box of hypo. from Seoul, and the package from Shanghai.

I wonder if the long lost camera has yet arrived? It has at last been located at Seoul, and Mr. Muhlensteth in his last letter wrote as though it would accompany that letter. If it has not yet arrived, would you mind sending enclosed wire to Mr. Muhlensteth.

I also enclose a wire to Tokyo, which I should much like sent, and one or two letters to Seoul, for posting.

I join you in July 4th celebrations, despite the efforts of some of your countrymen here to force one into Anglo-American controversies. They seem convinced that Englishmen must have some fundamental animosity to America, and they judge one's every word accordingly. The attitude is novel and interesting to me. In my innocence, I imagined that both peoples had buried the hatchet many years ago.

We are doing nothing here, just apparently sitting still. What is proceeding at the front, I cannot say. Up to a few days since, General Kuropatkin surprised us all by remaining south of Haicheng. I do not know if he is still there. If he remains (although there is a good position between Haicheng and Kai ping where he can fight) he seems fair to be delivered wholly into our hands. That is, unless there is some unknown factor influencing him. If he goes, then hey for Harbin.

Would you do me a great favour sometime, by sending me (when a messenger is coming up) a few numbers of the *"British Weekly"* and a standard book on Korea. Both will be returned promptly. I am especially anxious to see any March numbers of the *"B. W."*

Please give my very sincerest greetings to Mrs. Moffett.

F. A. 매켄지

만주 일본 육군 제1군 사령부

1904년 7월 14일

마포삼열 박사님께,

서울에서 온 하이포 박스와 상하이에서 온 소포를 보내주셔서 깊이 감사드립니다.

오랫동안 잃어버렸던 사진기가 아직 도착하지 않았습니까? 그것이 마침내 서울에 있다는 사실이 확인되었습니다. 뮬렌스테드 씨가 지난번 편지에서 마치 편지와 함께 사진기를 보냈다는 듯이 썼습니다. 아직 도착하지 않았다면, 뮬렌스테드 씨에게 전보를 보내주시겠습니까?

또한 도쿄에 보내는 전보를 동봉하오니 보내주시길 부탁드립니다. 서울에 우편으로 보낼 한두 통의 편지도 넣었습니다.

저는 귀하와 함께 미국 독립기념일 축하에 동참합니다. 비록 이곳에서 귀하의 동포인 미국 시민 일부가 영미 논쟁으로 저를 끌어들이고 싶어 하지만 말입니다. 그들은 영국인들이 미국에 대해 어떤 근본적인 악의가 있음이 틀림없다고 확신하는 듯하며, 그것에 따라 한 사람의 말을 판단합니다. 그런 태도는 제게 새롭고 흥미롭습니다. 순진하게도 저는 두 나라의 국민이 오래전에 총칼을 묻어버리고 화해했다고 상상했습니다.

우리는 이곳에서 아무것도 하지 않고 그저 조용히 앉아 있습니다. 전선에서 어떤 일이 진행되고 있는지 말할 수 없습니다. 며칠 전까지 쿠로파트킨 장군이 하이쳉(海城) 남쪽에 남아 있어서 우리 모두를 놀라게 했습니다. 저는 그가 아직 그곳에 있는지는 모릅니다. (비록 하이쳉과 카이핑(開平) 사이에 그가 싸울 수 있는 좋은 지점이 있지만) 만일 그가 머물러 있다면, 그는 완전 일본군 수중으로 넘어올 것으로 보입니다. 곧 그에게 영향을 미칠 알려지지 않은 요소가 없다면 그렇게 된다는 뜻입니다. 만일 그가 간다면 하얼빈(哈爾濱)으로 가겠지요.

(심부름꾼이 올라올 때) 「브리티시 위클리」 몇 부와 한국에 대한 표준적인

Very sincerely,
F. A. McKenzie

매켄지 기자 [OAK]

Frederick Arthur McKenzie (1869–1931)

책 한 권을 보내주시면 감사하겠습니다. 본 후에 바로 돌려드리겠습니다. 특히 3월에 발간된 「브리티시 위클리」 아무 호라도 꼭 보고 싶습니다.

부인에게 제 신실한 안부를 전해주십시오.

F. A. 매켄지 올림

C. D. Hagerty

Seoul, Korea

July 21, 1904

Dear Mr. Moffett:

Pak Pil Won, the Korean who arranged the courier service, has reduced their number to two, and doubled their wages. The arrangement seems to be satisfactory, as your letters and the package for Mr. Miller came through in three days.

I have not heard from Mr. Hull save through the letter you enclose. Do you know if he received the $500 which Mr. Straight telegraphed to him, and if the courier service from Pyeng Yang northward will be affected by his removal to Chinnampo? My understanding is that the couriers from you met a relay at Wiju or Antung, through the agency of Mr. Hull, this last relay going to Mr. Collins.

I am leaving Seoul, and have appointed Mr. Ernest Bethell who has established a daily paper here, our representative in these parts. Kindly direct your answer to this note to him, and favor him with news of our situation at Antung. It looks to me as if we were in a hole and if we are Mr. Bethell will have to straighten it out, particularly with reference to the courier service. I am ignorant of the place of residence of Dr. Sharrocks? Possibly Mr. Hull has made an arrangement with him.

The small service you ask of delivering the package to Mr. Miller I shall perform most happily, and you may feel free to call upon Mr. Bethell similarly, or otherwise. Mr. Bethell's address is care the British Legation, in case you should desire to use the post office in addressing him. I am writing to Mr. Hull at Chinnampo. I am also sending by this courier a letter and a package of newspapers to Mr. Collins. Make free with the papers yourself.

Sincerely yours,
C. D. Hagerty

C. D. 해거티

한국, 서울

1904년 7월 21일

마포삼열 목사님께,

파발 서비스를 주선했던 박필원이 파발꾼 수를 2명으로 줄이고 임금을 두 배로 올렸습니다. 이 조정은 만족스러운 듯합니다. 귀하의 편지와 밀러 목사를 위한 소포가 3일 만에 도착했기 때문입니다.

귀하께서 동봉해서 보내주신 편지 외에는 헐 씨로부터 소식을 듣지 못했습니다.[1] 스트레이트 씨가 전신환으로 보낸 500달러를 그가 받았는지 아십니까? 그리고 그가 진남포로 철수하면 평양 이북의 파발 서비스가 영향을 받습니까? 제가 이해하기에는 귀하께서 보내는 파발꾼들은 의주나 안퉁에서 헐 씨가 고용한 대리인들에게 이어주고, 마지막으로 교체된 자들이 콜린스 씨에게 갑니다.

저는 서울을 떠납니다. 서울에서 일간 신문을 설립한 어니스트 베델 씨를 이 지역의 우리 대표자로 임명했습니다. 이 편지에 대한 답장을 그에게 직접 주시기 바라며, 안퉁에서 우리의 상황에 대한 소식도 그에게 전해주시기를 부탁드립니다. 우리는 궁지에 빠진 것처럼 보이며, 만일 그렇다면 베델 씨가 그것을 해결해야 할 것입니다. 특히 파발 서비스 문제가 그렇습니다. 제가 샤록스 의사의 거주지 주소를 모릅니다. 아마도 헐 씨가 샤록스 의사와 어떤 조치를 취했을 것입니다.

밀러 목사에게 가는 소포를 배달해달라고 귀하께서 부탁한 작은 일을 제가 기쁜 마음으로 행하겠습니다. 동일하게 혹은 다르게 베델 씨에게 가는 것도 자유로이 부탁하시기 바랍니다. 우체국을 이용해서 그에게 편지하기를 원하실 경우 베델 씨의 주소는 영국영사관 전교(轉交)입니다. 저는 진남포에 있는 헐 씨에게 편지를 쓰고 있습니다. 이 파발꾼을 통해 콜린스 씨에게 편

1 헐은 평양에서 사업하던 운송업자였다.

서울의 그랜드호텔에서 기사를 작성하는 잭 런던 특파원, 1904 [OAK]

Jack London at the Grand Hotel in Seoul, 1904

지 한 통과 신문 한 꾸러미를 함께 보냅니다. 신문은 귀하께서 자유로이 처리하시기 바랍니다.

C.D. 해거티 올림

F. A. McKenzie

Headquarters of First Imperial Japanese Army

July 25, 1904

Dear Dr. Moffett:

This is a race with another man to get the story off first. If you could in any way get the Post Office people to put the message through promptly, I should be most sincerely obliged.

I have had a three days' journey to get the story, and am not long in, so that I shall not write much now.

My glasses got broken. Would it be too much to ask you to have them put right at one of the shops in your city. Pyeng Yang is a centre of trade compared with here.

Very kindest regards to Mrs. Moffett and all.

Very sincerely,
F. A. McKenzie

F. A. 매켄지

일본 육군 제1군 사령부

1904년 7월 25일

마포삼열 박사님께,

이것은 누가 이야기를 다른 사람보다 먼저 보내느냐의 경주입니다. 만일 귀하께서 우체국 직원을 통해 즉시 메시지를 타전해서 보낼 수 있다면 감사하겠습니다.

저는 그 이야기를 얻기 위해 3일간 여행을 했으며, 온 지 오래되지 않았기 때문에 지금은 많이 쓰지 않을 것입니다.

제 안경이 부러졌습니다. 그곳 도시에 있는 안경점에서 고쳐달라고 부탁하면 폐가 되지 않을지 모르겠습니다. 평양은 이곳과 비교하면 무역 중심지입니다.

부인과 모두에게 안부를 전해주십시오.

F. A. 매켄지 올림

Arthur J. Brown

New York City

August 1, 1904

The Rev. S. A. Moffett, D.D.

Pyeng Yang, Korea, Via Chemulpo

My dear Dr. Moffett:

Your excellent letter of May, 12 was eagerly read and liberal extracts from it were promptly sent to the papers. You will never know how many prayers have been offered for the beloved missionaries in northern Korea and our hearts are full of thanksgiving as we note day by day the answer to those prayers. So far as we can judge from the dispatches in the daily papers, Japan is pretty apt to keep Korea. The Russians are apparently being defeated in almost every battle. The sympathy of the American people as a whole is strongly with Japan and the more we hear of the brutality, lust and drunkenness of the Russian troops, the more strongly do we sympathize with the Japanese.

I have had my faith and courage strengthened by a few days at a Student Conference in Northfield, Massachusetts. Over 600 young men were present, representing a large number of the leading colleges and universities of the East. Mr. John R. Mott, the leader of the movement, presided and splendid addresses were delivered by many eminent men, including President Patton of Princeton University, President Hopkins of Williams College, Dr. C. Campbell Morgan, our own Mr. Speer and others. It was good to see the prominence given to Foreign Missions. Several foreign missionaries were on the program and some of the speakers who were not foreign missionaries strongly and eloquently urged the claims of foreign work. I am sure that everyone of that great body of young men was profoundly stirred by the needs of the heathen world, and that many felt that the Spirit of God was calling them to service on the foreign field.

아서 J. 브라운

뉴욕시

1904년 8월 1일

마포삼열 박사에게,

귀하의 탁월한 5월 12일 자 편지를 열심히 읽었고, 그것에서 임의로 발췌한 것을 신문사에 신속히 보냈습니다. 귀하는 한국 북부에 있는 사랑하는 선교사들을 위해 얼마나 많은 사람이 기도하고 있는지 모를 것입니다. 우리의 마음은 그 기도에 대한 매일의 응답을 목도하면서 감사로 가득 차 있습니다. 우리가 일간 신문 보도를 통해 판단하는 한, 일본은 한국을 잘 지키고 있습니다. 러시아인들은 거의 모든 전투에서 분명히 패배하고 있습니다. 대체로 미국인들은 일본을 강력하게 동정하는데, 러시아 군대의 잔인함과 욕정과 술 취함에 대해 들으면 들을수록, 우리는 점점 더 일본인을 동정하게 됩니다.

나는 매사추세츠 주의 노스필드에서 열린 학생자원선교대회에서 며칠을 보내면서 신앙과 용기를 북돋았습니다. 600명 이상의 젊은이가 참석했는데, 이들은 동부의 많은 일류 대학교를 대표합니다. 이 운동의 지도자인 존 모트 목사가 사회를 봤고, 프린스턴 대학교의 패튼 총장, 윌리엄스 칼리지의 홉킨스 총장, 켐벨 모건 박사, 스피어 목사, 그리고 다른 사람들을 포함한 많은 저명한 사람이 훌륭한 연설을 했습니다. 해외 선교를 강조한 점이 좋았습니다. 여러 해외 선교사가 프로그램에 참석했고 해외 선교사가 아닌 연설자 가운데 몇 사람은 강하고 유창하게 해외 사역을 촉구했습니다. 거대한 무리의 젊은이 모두가 이교도 세계의 부름에 깊은 감동을 받았고, 저는 많은 사람이 하나님의 성령이 그들을 해외 선교지에서 봉사하도록 부르고 계신다는 것을 느꼈다고 확신합니다.

대회에서 가장 멋진 일 중 하나는 전반적인 정신이었습니다. 내가 들은 모든 연설의 수준이 높았지만, 나는 어떤 특정 연설보다 전체적으로 대회에 모인 사람들이 기독교인의 삶과 봉사의 진정성과 활력에 대한 훌륭한 증인이었다는 사실에 깊은 인상을 받았습니다. 나는 수천 명의 목회자와 평신도

One of the most wonderful things about the Conference was the general spirit. I was impressed not so much by any particular address, though all the addresses that I heard were of a high order, as by the magnificent witness of the Conference as a whole to the genuineness and the vitality of Christian life and service. I could not but wish that thousands of ministers and laymen could have been present. We hear a good deal nowadays in the public prints about the decadence of Christianity, but no one who attended that Conference could fail to see that there is something tremendously real in our religion. It was inspiring to see that fine body of highly trained young men, the very best minds of the rising generation, spending day after day in prayer and conference and Bible study and giving their chief thought to the wide problem of world evangelization. At no time during the Conference did I hear of doubts or discouragements as to the future. There was, on the contrary, the most confident faith that the work is God's, that He is calling us to do it and that victory is sure if we put ourselves under the guidance of Christ.

I came away feeling new hope for the future, and I want to pass that feeling of hope on to you. God reigns, Christ leads, and there can be no question about the outcome.

Affectionately yours,
Arthur J. Brown

가 더 많이 참석했으면 하고 바랄 수 밖에 없었습니다. 요즈음 우리는 공적인 인쇄물에서 기독교의 쇠퇴에 대해 많이 듣습니다. 그러나 선교대회에 참석했던 사람들 가운데 우리 기독교에 놀랍도록 진실한 어떤 것이 있음을 보지 못한 이는 없습니다. 수준 높은 훈련을 받은 한 무리의 멋진 청년들이 곧 떠오르는 세대에서 가장 뛰어난 지성을 가진 자들이, 기도와 회의와 성경 공부로 매일을 보내고, 세계 복음화의 폭넓은 문제에 대해 집중적으로 생각하는 것을 보는 일은 고무적이었습니다. 회의 동안 나는 미래에 대한 의심이나 낙심은 추호도 들을 수 없었습니다. 반대로 그 사역이 하나님의 사역이고 당신께서는 그 일을 행하도록 우리를 부르시며, 만일 우리가 자신을 그리스도의 인도 아래 놓으면 승리는 확실하다는 가장 확신에 찬 신앙이 있었습니다.

나는 미래에 대한 새로운 희망을 느끼면서 돌아왔습니다. 나는 그 희망의 감정을 귀하에게 전하고 싶습니다. 하나님께서 다스리시고 그리스도께서 인도하시니 결과에 대한 어떤 의문도 있을 수 없습니다.

사랑을 담아,

아서 J. 브라운 드림

F. A. McKenzie

Headquarters of First Imperial Japanese Army

August 2, 1904

Dear Mrs. Moffett:

Thank you very much for your cheerful letter. It arrived just before the battle, and we have been so busy since that I am delaying writing you a proper letter (one does not call two minute notes like this letters) until later.

Here is another telegram.

The *British Weeklies* were great. I have not yet had time to open the books, but I stole half an hour from sleep to glance over the papers.

Very sincerely,

F. A. McKenzie

P.S. Could the next messenger who comes up bring me some olive oil, vinegar, and, if possible, lime juice or lime juice cordial?

F. A. 매켄지

일본 육군 제1군 사령부

1904년 8월 2일

마포삼열 부인께,

용기를 북돋아주는 편지를 보내주셔서 대단히 감사합니다. 편지는 전투 직전에 도착했고, 우리는 너무 바빠서 적절한 답장은 다음에 쓰겠습니다(2분만에 쓰는 이 메모를 편지라고 부를 수는 없습니다).

여기에 다른 전보도 있습니다.

「브리티시 위클리」는 좋았습니다. 아직 책을 펼쳐볼 시간이 없었으나, 신문을 훑어보기 위해 잠자는 시간에서 30분을 줄였습니다.

F. A. 매켄지 올림

추신. 올라오는 다음 파발 편으로 올리브 오일, 식초, 그리고 가능하면 라임 주스나 라임 주스 음료를 좀 보내주십시오.

Samuel A. Moffett

Pyeng Yang, Korea

August 15, 1904

Hon. H. N. Allen
U. S. Legation,
Seoul
Dear Dr. Allen:

Several in our community feel that you will be interested in certain aspects of the relations between the Japanese and Koreans in this part of the country, and that we ought to keep you informed. They have suggested that I write you telling you of the situation arising from the impressment of Koreans for work on the Railroad and for labor as coolies with the army in Manchuria. For some days there has been great indignation over the enforced labor on the railroad at wages which in many cases is said to be insufficient to pay for food only, the wages as reported to us ranging from 16 cents Korean to 80 cents Korean a day. Men have been taken in squads 50 or 100 li [one li is $\frac{1}{3}$ of a mile] or more from their houses, compelled to work a few days and then sent back, their wages for their work not even paying their board bills not to mention the expense coming and going. This has been done by the Korean officials to the village or township elders or trustees. This is a busy time with the farmers and many have tried to avoid the work so as to care for their crops. The Japanese have resorted to beating them and forcing them to labor. Where the wages earned have not been sufficient to pay for the Board, it is reported that the village or township from which the men come has been levied upon to supply the deficiency. I am told that in and around Pyeng Yang each house has been ordered to furnish one laborer, and that in case of refusal Japanese have entered houses and beaten with sticks the head of the house until he promised to comply.

마포삼열

한국, 평양

1904년 8월 15일[1]

알렌 의사 귀하,

우리 공동체의 여러 선교사는 귀하께서 이 지역의 일본인과 한국인 관계의 특정 측면에 대해 관심을 갖고 있으리라고 생각합니다. 그래서 그들은 우리가 귀하께 계속 알려주어야 한다고 여깁니다. 그들은 철도 건설 사역과 만주에 있는 일본군을 따르는 짐꾼으로 한국인을 강제 징용함으로써 발생하는 상황에 대해 알리는 편지를 제가 귀하께 써 보내야 한다고 제안했습니다. 며칠 동안 식비에도 못 미치는 불충분한 임금을 받고 철도 강제 노동을 하는 것에 대한 엄청난 분노가 있었는데, 우리에게 보고된 바로는 하루 일당은 한화로 16전에서 80전이라고 합니다. 사람들을 그들의 집에서 50리 또는 100리 떨어진 곳까지 분대 단위로 선발해서 며칠간 강제로 일을 시킨 후에 돌려보내는데, 그들이 한 일에 대한 임금은 왕복 여비는 말할 것도 없고 식비도 지불하지 못할 정도입니다. 이런 일은 한국인 관리, 마을이나 읍의 유지나 이장에 의해 이루어졌습니다. 농번기이다 보니 많은 농부가 농작물을 돌보기 위해 그 일을 피하려고 했습니다. 일본인들은 한국인 농부들을 구타하고 강제로 일을 시켰습니다. 받은 임금이 식비를 지불하기에도 충분하지 않았던 곳에서는, 보도에 의하면 마을이나 소도시에서 부족한 노동자를 채우기 위해 사람들을 징용했다고 합니다. 평양 시내와 주변의 각 집마다 한 명의 노동자를 제공하라는 명령을 받았고, 거부할 경우에는 일본인들이 집에 들어가 명령을 따르겠다고 약속할 때까지 그 집의 가장을 방망이로 때렸다고 들었습니다.

황주의 한 마을에서는 일부 기독교인들이 철도에서 일하는 것을 거부했

1 마포삼열은 7월 14일 자 편지에서 조계지에 대한 사안을 다루었고, 두 번째 알렌 공사에게 보낸 이 편지에서는 경의선 부설 관련 강제 노동에 대해 다루었다.

In one village in Whang Ju some of the Christians refused to work on the railroad and the word was taken to the Japanese that none of the Christians would work. Upon this the Japanese went to the village, beat the leader of the Church and threatened to beat the Evangelist, forcing the two men to sign a paper promising to send 35 men to work on the road.

A number of Christians and other villagers from Chai Chai, 25 li from here, were taken 50 li to Choong Wha county, among them the leader of the Church. Saturday night this leader asked the interpreter to tell the Japanese in charge that he could not work the next day, Sunday. The interpreter refused. The man then said that unless he would explain the matter the Japanese would think that he was running away, but still the interpreter refused, and so when the man went to Church on Sunday instead of working it gave the impression that he was running away from the work.

Along the line of the Railroad there has been a good deal of disturbance, but I have mentioned in detail only these few which have come clearly to our notice.

More serious, however, has been the agitation caused by the demand for coolies for work in Manchuria. The Japanese Consuls in Chinnampo and Pyeng Yang have compelled the Korean prefects to issue orders for as many coolies (one for every 6th house) to be sent to Manchuria. Some prefects have refused, others have complied. The governor in Pyeng Yang refused at first but was told that the Japanese would make the Magistrate Paing governor in his place unless he issued the order.

This move has caused not only indignation and alarm, but has led to an insurrection in An Ju county, and to such disturbances as to threaten insurrections in Kang Sye, Ryong Kang, Sam Wha and Chung San counties, while in Anack county an even more serious situation is arising. Here, because alarmed at the threat to send in Japanese soldiers, bind them, and send them bound by ship to Manchuria, whole villages

으며, 일부 기독교인들이 일을 하지 않을 것이라는 말이 일본인들에게 들어갔습니다. 그러자 곧 일본인들은 마을로 가서 교회의 영수를 때리고 전도사를 구타하겠다고 협박하면서, 이 두 사람으로 하여금 35명을 철도에서 일하도록 보낸다고 약속하는 서류에 강제로 서명하도록 했습니다.

이곳에서 25리 떨어진 재재(Chai Chai)의 많은 기독교인과 다른 마을 사람들은 50리나 떨어진 중화군으로 이송되었는데, 그중에는 교회의 영수도 있었습니다. 토요일 밤에 이 영수는 통역관에게 부탁해서 책임을 맡고 있는 일본인에게 다음 날인 일요일에는 일할 수 없다고 말해달라고 했습니다. 통역관이 거절하자 영수는 그 문제를 설명하지 않으면 일본인들이 그가 도망갔다고 생각할 것이라고 말했습니다. 그러나 통역관은 여전히 거절했고, 그래서 영수가 일요일에 일하는 대신 교회로 갔을 때, 작업장에서 도망갔다는 인상을 주었습니다.

철도 노선을 따라 상당한 소요가 있었지만, 저는 분명하게 우리의 주의를 끌었던 이 몇 가지만 자세히 언급했습니다.

그러나 더욱 심각한 것은 만주에서 일할 짐꾼에 대한 요구로 인해 발생한 소요였습니다. 진남포와 평양의 일본 영사들은 가능한 많은 노동자를(여섯 집마다 한 명) 만주에 보내는 명령을 내리도록 한국인 군수들에게 강요했습니다. 일부 군수들은 거절했지만, 다른 군수들은 그에 응했습니다. 평양 감사는 처음에는 거절했지만, 일본인들은 그가 명령을 내리지 않으면 감리 팽 씨로 하여금 그의 자리를 대신하도록 하겠다고 말했습니다.

이런 조치는 분노와 경악을 야기했을 뿐만 아니라 안주군에 폭동이 일어나도록 했고, 그 소란으로 강서, 용강, 삼화, 증산군에서는 폭동 직전까지 갔습니다. 한편 안악군에서는 더욱 심각한 상황이 발생했습니다. 이곳에 일본 군대를 파송하여 한국인들을 잡아서 배편으로 만주로 보낸다는 소문에 놀라서 늙은이들을 제외한 모든 사람이 마을을 버리고 도망갔다고 합니다.

한 주나 그 이상 동안 우리 조사와 영수는 이 상황과 일본인들에 대한 사람들의 감정 변화에 대해 크게 경각심을 가지게 되었습니다. 이들은 이전부

are reported deserted by all but the old men, the people having fled in consternation.

For a week or more our helpers and leaders have been coming in greatly alarmed over the situation and the change of the sentiment among the people towards the Japanese. Our people have been, and are strongly pro-Japanese and wish to remain so, but the mass of the people are becoming outspoken in bitterness against the Japanese, and are openly saying they hope the Russians will come in again.

Just at this time comes the report that the Russians have taken Gensan [Wonsan] from which all the people have fled, and that they are now at Cha San, Kang Tong and Sung Chun counties 100 li or more north east of Pyeng Yang. Last Tuesday night Japanese troops went out to this region–1,000 of them it is reported.

The country people are getting indignant and excitement and disturbance are growing, while the Japanese are becoming more and more suspicious and overbearing.

Some of the Christians and others here have recently organized a debating society which I understand has aroused the suspicion of the Japanese although the Society is doing nothing along political lines and its officers assure me they intend to keep it clear of politics.

It looks as though the Japanese were making the mistake of alienating the sympathy of the whole people and of turning them from friends into enemies by a policy of enforced labor and very unwise administration in matters which affect a large number of people. Injustice from their own officials the Korean endures, but from the Japanese they keenly and indignantly resent.

Believing that the Japanese would appreciate it if we reported to the Consul here the rumors which were reaching us, Mr. Lee [Graham Lee], Mr. Morris and I called on him and in substance told him what I have written you. He seemed glad to have us tell him of the situation, and was himself somewhat worried over it. He explained that the people were not

터 강력하게 친일적이었고 지금도 그러하며 앞으로도 그렇게 남기를 바랍니다. 그러나 대중은 일본인들에 대한 비난을 노골적으로 말하게 되었고, 러시아인들이 다시 내려오기를 바란다고 공공연히 말하고 있습니다.

바로 이때에 러시아인들이 원산을 차지했고, 모든 사람이 그곳에서 도망쳐 나왔으며, 그들은 지금 평양에서 북동쪽으로 100리 정도 떨어진 자산, 강동, 성천에 있다는 보고가 들어왔습니다. 지난 화요일 밤 일본 군대가 이 지역으로 갔는데, 1,000명이라고 알려졌습니다.

시골 사람들은 점점 더 분노하고 있고, 흥분과 소란은 커지고 있으며, 일본인들은 점점 더 의심하고 횡포를 부리고 있습니다.

이곳의 일부 기독교인들과 다른 사람들은 최근에 토론회를 조직했는데 저는 그 단체가 정치적인 노선에서는 어떤 일도 하지 않지만, 일본인들의 의심을 불러일으켰다고 생각합니다. 그 간부들은 토론회가 정치와 전혀 관련이 없을 것이라고 제게 장담했습니다.

강제 노동 정책과, 많은 사람에게 영향을 주는 사안에서 현명하지 못한 행정으로 인해 일본인은 전체 한국인의 공감으로부터 소외되는 실수를 범하고, 그들을 친구에서 적으로 바꾸는 실수를 범하고 있는 듯합니다. 주민들은 한국인 관리의 부정은 참지만, 일본인에게는 격렬하게 분노합니다.

이곳의 일본인 영사에게 우리가 듣고 있는 소문을 알려주면 고마워하리라고 믿으면서 리 목사와 모리스 목사와 저는 제가 귀하에게 썼던 것을 말했습니다. 그는 우리가 말해줘서 기뻐했으며, 그 상황을 다소 걱정하는 듯이 보였습니다. 그는 주민들을 강제로 만주로 보내서는 안 된다고 설명했지만, 한국인들이 기꺼이 가서 러시아로부터 그들의 나라를 안전하게 지켜야 한다고 생각했습니다.

또한 그는 일본인 인부 두 사람이 하루에 하는 일의 양인 칸의 비율로 철도 노역 임금을 지불한다고 설명했습니다. 만일 2명의 한국인이 하루에 그들의 일을 마치면, 그들은 일본인들이 받는 것과 동일한 임금을 받겠지만, 그 일을 마치는 데 4명의 한국인이 일했다면 그들은 반만 받을 것입니다. 이것이 왜 받은 임금에서 불균형이 있었는지이, 많은 경우에 왜 그것이 불충분한

to be forced to go to Manchuria but said he thought the Koreans ought to be willing to go and thus to keep safe their country from Russia.

He also explained that work on the railroad was paid for at the rate of so much per *Kan*, paying for an amount of work which two Japanese would do in a day. If two Koreans did their work in one day they received the same wages Japanese would receive, but if it took four Koreans to do this work they each received only half as much. This he said would explain why there was such disparity in wages received and why in many cases it was insufficient. He also said there might be some squeezing, and that the disturbances had been such that he expected soon to put Japanese police along the road whenever work was being carried on.

We made one request of him that he arrange with the Japanese supervisors that the Christians at work should be free on Sunday. This he seemed quite willing to do, and I think he appreciated our visit and the spirit in which the information was given, as we assured him that we wished to use our influence to maintain friendly relations between the Japanese and Koreans.

It is with the same hope in view that we wish to keep you informed as to any movements which seem to threaten trouble.

A good many Koreans come to us to know if they can get any damage for the land which is taken for the railroad. I have not as yet been able to learn what the agreement with the government is. If you can give me any information on this point and through whom the Koreans can secure the price of their land, I shall be greatly obliged.

Mr. Hunt and I have just learned that our claims will be considered at the Railroad Headquarters here.

With kindest regards.

Yours very sincerely,

Samuel A. Moffett

지에 대한 이유를 설명해줄 것이라고 그는 말했습니다. 또한 그는 약간의 압력이 있었을 수 있고 큰 소요가 있었지만, 앞으로는 작업을 할 때마다 일본 경찰이 투입될 것으로 예상한다고 말했습니다.

우리는 현장의 기독교인들이 일요일에는 일을 하지 않도록 그가 일본인 감독관들과 조정해줄 것을 요구했습니다. 그는 이 일을 어느 정도 기꺼이 할 것 같습니다. 일본인과 한국인 사이에 우호적인 관계를 유지하기 위해 우리의 영향력을 사용하고 싶다고 우리가 그에게 확실히 말했기 때문에, 저는 그가 우리의 방문과 정보 제공에 대해 고마워한다고 생각합니다.

우리가 사태를 위협하는 것처럼 보이는 움직임에 대해 귀하에게 계속 알려드리고 싶어 하는 관점에도 동일한 희망이 있습니다.

많은 한국인이 철도 용도로 차압된 토지에 대해 어떤 보상을 받을 수 있는지 알기 위해 우리에게 오고 있습니다. 저는 아직 정부와의 합의 내용이 무엇인지 알 수 없었습니다. 이 점과 한국인들이 누구를 통해 그들의 토지 가격을 보장받을 수 있는지에 대해 귀하가 어떤 정보를 주실 수 있다면 대단히 감사하겠습니다.

헌트 목사와 저는 이곳 철도 본부가 우리의 요청을 고려하리라는 사실을 조금 전에 알았습니다.

안녕히 계십시오.

마포삼열 올림

F. A. McKenzie

Headquarters of First Imperial Japanese Army, Manchuria

August 15, 1904

Dear Mrs. Moffett:

I have not had opportunity earlier to tell you how much I am appreciating the books and the *"British Weeklies."* But I have a terrible confession to make about the *"B.W's."* You know that any paper which enters this camp is at once bespoke by everyone, for reading matter is scarce here. All wanted to read these papers. The result is that, after passing through all hands, they show great signs of wear. I shall straighten them out the best I can, when I return them, but I can only offer my apologies. The two books have not suffered.

What a lot has happened since we last met. Do you remember the morning when I rode from your door, with the new saddle bags fixed? Although I had to discard the saddle bags for that ride, they have been of very great service since.

I read your accounts of your own work in Pyeng Yang with wonder. One compares its purpose and outcome with one's own work, and the result is a very profound dissatisfaction. But there is at least one thing I believe I can honestly say of my work here. However much it may lack, it will give no man a love of war. I have purposely emphasized the horrible tragedy of it, the real suffering, the pain. We grow callous here, and the things that six months ago would have been horrors are now trifles. But we never grow so callous as to forget the misery that all our big fights are bringing on tens of thousands of women and children to whom the political issues at stake are but a name. Sometimes one looks at a blue eyed, curly haired, fair young Russian prisoner, or turns one's eyes from the lifeless body of a boyish Japanese infantryman, and then memory comes of what this means to the mother in the Japanese city, or the waiting wife in the Russian village.

F. A. 매켄지

만주 일본 육군 제1군 사령부

1904년 8월 15일

마포삼열 부인께,

책과 「브리티시 위클리」 여러 호를 보내주셔서 얼마나 많이 감사하는지 부인께 말씀드릴 기회가 없었습니다. 그런데 주간지 「브리티시 위클리」에 대해 죄송한 고백을 해야겠습니다. 부인도 아시다시피 이 병영 안으로 반입되는 어떤 신문도 즉시 모든 사람의 입에 오르내리게 됩니다. 이곳에는 읽을거리가 없기 때문입니다. 모두가 이 신문을 읽기 원했습니다. 그 결과 모든 사람의 손을 거친 후 신문은 너덜너덜하게 되었습니다. 제가 돌려드릴 때 최대한 바로 펴서 보내겠지만, 죄송하다는 사과의 말씀을 드릴 수밖에 없습니다. 책 두 권은 무사합니다.

지난번 우리가 만난 이후에 얼마나 많은 일이 일어났는지요! 제가 부인의 집 대문 앞에서 새 안장 가방을 고정하고 말을 타던 아침을 기억하시는지요? 비록 승마 여행을 위해 나중에 안장 가방을 버려야 했지만, 유용하게 사용했습니다.

저는 부인이 평양에서 하신 사역을 읽고 놀랐습니다. 사람들은 자신의 사역을 그 목적과 결과를 놓고 비교하는데, 결과는 깊은 실망감을 안겨줍니다. 그러나 이곳의 제 사역에서는 정직히 말할 수 있는 것이 한 가지 있다고 믿습니다. 곧 제 일의 결과가 아무리 부족하더라도, 전쟁을 사랑하도록 만들지는 않을 것입니다. 저는 의도적으로 전쟁의 참상, 실제적 고통, 아픔을 강조해왔습니다. 이곳에서 우리는 무감각해지고 있습니다. 6개월 전에는 끔찍했을 일이 이제는 사소한 일입니다. 그러나 큰 전투가 벌어지면 정치적 사안과는 상관이 없는 수천수만 명의 여성과 어린이가 당하는 비참함을 잊을 정도로 무감각해지지는 말아야 합니다. 어떤 때는 푸른 눈에 곱슬머리를 한 하얀 살결의 러시아인 청년 죄수를 보고, 어떤 때는 소년처럼 생긴 일본군 보병의 싸늘한 시체를 봅니다. 그러면 분명히 일본의 한 도시에 있는 그 어머

My wife has been spending the summer partly in Shanghai, and partly in Japan. It was a very great treat our being together for two or three days at the end of May. I am hoping that we will meet again in December. I want to get away from here in November, but my people may not care for it. However, I shall do my best to quit.

I wonder if Dr. Moffett and yourself realise how much your good services have aided one during the past few months. If I do not say much about this, it is not that I have not thought a great deal of it. You have both made me your debtor in a way I can never repay.

Yours very sincerely,

F. A. McKenzie

니나 러시아의 시골에서 그를 기다리는 아내에게 이 전쟁이 무엇을 의미하는지 기억하게 됩니다.

제 아내는 올여름을 상하이와 일본에서 보내고 있습니다. 우리 부부가 5월 말에 며칠간 함께 지낸 일은 커다란 환희였습니다. 저는 우리가 12월에 재회하기를 고대합니다. 저는 11월에 이곳에서 벗어나기를 바라지만 제 동료들은 고려해주지 않겠지요. 하지만 저는 떠나기 위해 최선을 다할 것입니다.

마포삼열 박사님과 부인께서 지난 몇 달 동안 저를 얼마나 성심껏 많이 도와주셨는지 잘 모르실 것입니다. 혹시 제가 이 일에 대해 별로 많이 이야기하지 않더라도, 제가 그것을 많이 생각하지 않는 것은 아닙니다. 두 분에게 진 빚은 결코 갚을 수 없을 것입니다.

F. A. 매켄지 올림

F. A. McKenzie

Headquarters of First Imperial Japanese Army, Manchuria

August 15, 1904

My dear Dr. Moffett:

The messengers brought the letter and enclosure safely. The draft was very serviceable, for cash had been running short here.

I wonder if you would mind receiving two hundred pounds for me from Tokyo, and sending me part of it up. I was hoping to be able to get it through Yinkow, and so save troubling you, but all our dreams of visiting Yinkow immediately are at an end. The authorities have, for the moment, refused permission for us to go or send there.

This further places us in another difficulty. We were allowing supplies of food to run short, knowing that there was plenty at Yinkow. Could you have a few things bought in Pyeng Yang, and have a man bring them up on his back? The things we want, especially are a few tins of meat (small tins), some butter, and some tins of cream (unsweetened), with one or two tins of salmon, if it is to be had, or similar things. There are very few chickens or the like to be had here, and eggs are now as scarce as possible. I had ten eggs sent up from Lienshankwan, five miles back, last week. Fraser and I had six, and some criminal came along and induced our boy to lend him four, on the solemn promise that they should be returned that evening. Alas for return! Not an egg has been seen since, nor is one likely to be. The Chinese sellers are frightened to come near us, lest they should be suspected of being spies.

I am hoping to get away in November. My people, happily, are very well satisfied with what I have done, and their letters could not be kinder or more appreciative. Thanks to your help, my messages have got through right up to time. In the case the other day, where Mr. Collins was 36 hours before me with the account of the battle of Chaotao, he wrote his from information sent over to Headquarters. I rode over to the

F. A. 매켄지

만주 일본 육군 제1군 사령부

1904년 8월 15일

마포삼열 박사님께,

파발꾼들이 편지와 동봉한 것을 안전하게 가지고 왔습니다. 이곳은 현금이 바닥나고 있기 때문에 환어음은 크게 유용합니다.

도쿄로부터 200파운드를 받아서 그 일부를 제게 송금해달라고 부탁드려도 되겠습니까? 저는 귀하에게 폐를 끼치지 않기 위해 인코우(營口)를 통해 받을 수 있기를 희망했지만, 조만간 인코우를 방문하려던 우리의 모든 꿈이 물거품이 되었습니다. 관계 당국이 얼마 동안 우리가 그곳에 가거나 사람을 보내는 것을 허락해주지 않았습니다.

이 때문에 우리에게 다른 어려움이 생겼습니다. 우리는 인코우에 충분한 식량이 있음을 알면서도 음식이 부족한 상태로 지냈습니다. 평양에서 식료품 몇 개를 사서 파발 편으로 등에 지워 이곳으로 올려보내 주실 수 있겠습니까? 우리가 원하는 것은 특히 (작은 통의) 고기 통조림 몇 개, 버터 조금, (달지 않은) 크림 몇 통, 그리고 만일 있다면 연어 한두 통, 혹은 비슷한 것이면 됩니다. 이곳에서는 닭이나 그와 비슷한 종류를 구할 수가 없으며 계란을 구하기도 거의 불가능합니다. 저는 지난주에 5마일 떨어진 리엔산관에서 보낸 계란 10개를 받았습니다. 프레이저와 제게 6개가 남았을 때 어떤 좋지 않은 사람이 와서 급사를 통해 4개를 빌려갔습니다. 그날 저녁 반드시 갚겠다고 엄숙하게 약속했으나 아, 돌려주기는커녕! 그날 이후 계란은 한 개도 보지 못했고, 그럴 가망도 없습니다. 중국인 상인들은 겁을 먹고 가까이 오지 않는데, 스파이로 의심을 받지 않으려고 접근하지 않습니다.

저는 11월에 이곳을 벗어나려고 합니다. 다행히 신문사에서는 그동안 제가 한 일에 대해 만족하고 있으며, 그들이 보내는 편지에서 더 이상 바랄 수 없을 정도로 친절하게 감사를 표하고 있습니다. 귀하의 도움 덕분에 제가 보낸 기사는 제시간에 전달되었습니다. 며칠 전의 경우, 차오타오 전투에 대

field of battle, three days' hard travelling, and so was perforce behind. But I got the much fuller and firsthand account, which well atoned for the delay. One has constantly to choose between giving a skimpy immediate account, or waiting a few hours for fuller and better details. It is often hard to decide what is right to do. But since what I have done fully satisfies my people at home, I am feeling very content.

We are evidently being compelled to delay our advance by the wet weather. The rain just now is very heavy.

The camera and the other package, which were stopped by the Japanese, arrived here last night. The camera is a beauty, and I must try to print some results of its work to show you.

Very sincerely,

F. A. McKenzie

한 설명에서 콜린스는 저보다 36시간을 앞섰는데, 그는 사령부에 도착한 정보를 바탕으로 기사를 작성했고, 저는 전투 현장까지 3일 동안 힘들게 말을 타고 갔기 때문에 그만큼 기사 송고가 늦었습니다. 그러나 저는 현장에서 훨씬 더 자세하게 취재한 기사를 만들었고, 이 점이 지연을 보상했습니다. 종군기자는 뼈대만 있는 즉각적인 설명을 하거나, 더 풍부하고 좋은 세부 사항을 위해 몇 시간을 기다리거나 둘 중 하나를 끊임없이 선택하지 않을 수가 없습니다. 어느 것이 바른지를 결정하는 일은 종종 어렵습니다. 그러나 제가 취재한 기사에 대해 본사에서 전적으로 만족하고 있으므로 저 역시 자족하고 있습니다.

장마철로 인해 우리의 진군은 지연될 수밖에 없습니다. 비는 이제 막 폭우로 변했습니다.

일본인들이 압류했던 사진기와 다른 소포가 어젯밤 이곳에 도착했습니다. 사진기는 멋집니다. 귀하께 보여드리기 위해 사진기로 만든 작품 몇 개를 인화해야겠습니다.

F. A. 매켄지 올림

Robert M. Collins

Tien Shui Tien, Manchuria

August 17, 1904

My dear Dr. Moffett:

I enclose a telegram for Egan in Tokyo and will be grateful if you will dispatch it. Also a telegram regarding money for Mr. Blundell, which I will ask you to send if you need funds, making any changes in it you may think best. Will you be kind enough to send Dr. Sharrocks some money to pay the couriers, I do not know how much he may need. I enclose also a letter for Mr. Hull. We have been experiencing a week of the hardest rains I have ever known outside of the Philippines. The war with us has been quiet since we reached this place. McKenzie's man tells me that one of my runners was assaulted by Chinese near Antung on the sixth and his message and other things taken from him. Such are the fortunes of wear. Probably you know that O. K. Davis has left us some time since, being recalled by the Herald. The correspondents of the second army, among whom are Richard Harding Davis and John Fox, are not many miles from us although we have not seen them. Everyone in this camp is well and all are hoping that the war will be finished this summer so that we may go to other climates for the winter. We have just received word of the defeat of the Russian navy, which tends toward that happy conclusion. I am,

Very sincerely yours,
Robert M. Collins

로버트 M. 콜린스

만주, 텬수이텬

1904년 8월 17일

마포삼열 박사님께,

도쿄에 있는 이간에게 보내는 전보를 첨부하니 발송해주시면 감사하겠습니다. 또한 블런델에게 보내는 돈 관련 전보도 첨부하니 혹시 자금이 필요하시면 보내시기 바라며 액수는 필요한 만큼 변경하셔도 됩니다. 파발에게 지불하도록 샤록스 의사에게 돈을 좀 보내주시겠습니까? 저는 그가 얼마나 필요한지 모릅니다. 또한 저는 헐 씨에게 보내는 편지를 동봉합니다. 지난 일주일 동안 장맛비가 쏟아졌는데, 필리핀을 벗어난 이후 이런 비는 처음입니다. 우리가 이곳에 온 이후 전투가 벌어지지 않고 조용합니다. 매켄지의 파발이 알려주기를, 제 파발 한 명이 안퉁 부근에 있는 제6중계소에서 중국인에게 공격을 받았고 가지고 있던 메시지와 물건을 빼앗겼습니다. 전쟁 때에는 이런 일을 겪게 마련입니다. 어쩔 수 없습니다. 데이비스가 얼마 전에 헤럴드 지의 소환을 받고 떠난 일을 귀하도 아마 아실 것입니다. 제2군의 종군 기자단에는 리처드 하딩 데이비스와 존 팍스 등이 포함되어 있는데, 비록 우리가 그들을 보지는 않았지만 그들은 우리와 멀리 떨어져 있지 않습니다. 이 군 부대에 있는 모든 기자가 건강하며, 한결같이 전쟁이 올여름에 끝나서 겨울에는 다른 기후의 지역으로 가기를 희망하고 있습니다. 방금 전에 러시아 해군의 패배 소식을 받았는데, 이는 그런 행복한 종전을 향해 가는 것을 보여줍니다.

로버트 M. 콜린스 올림

Alice Fish Moffett

Pyeng Yang, Korea

September 6, 1904

(copy of portions of letter from Dr. Alice Fish Moffett to her father)

Dear Fatherdy:

Once I have already acknowledged the receipt of the draft which you sent for Pak Soon-Il. Sam thinks it can be put to the best use by buying a field which will perhaps yield her enough for a living. But I must wait till the crops are harvested in order to buy to the best advantage so I shall give her a monthly allowance for the present.

Dear little woman, the trial has been very hard for her and still is. She has the use of both arm and leg once more and speaks fairly distinctly, but she will never again think or speak as readily as she did, and so cannot hold the attention of a class of women, nor compel the interest of those who are hearing for the first time. She used to be splendid at preaching to new-comers. I have seen her hold a room full of twenty women or more who were not at all interested in the Gospel– only curious to ask questions about articles in the room, and by her skillful answer to a question or by some pointed query on her part, she would gradually bring them to listen to what she had to say and before long they would be enquiring about the truth she was talking about rather than about our foreign furniture.

Now I must tell you about Elder Kil [Kil Sun-Ju], the man to whom you gave the eye treatment from Dr. Oneal (Chicago). Of the Dr. I have not much to say–I am afraid he is a quack–however his remedies certainly helped Kil Changno [elder Kil]. He had been in deep trial and despondency as darkness was settling down upon him at only thirty-five years of age with his work as an elder and his career as a candidate for the ministry before him. His faith did not fail and he was ready to submit if it was best that he should be totally blind.

앨리스 피시 마페트

한국, 평양

1904년 9월 6일

아버지께,

[앞부분 생략]

지난번에 아버지께서 박순일에게 보낸 환어음을 수령했다고 이미 알려드렸습니다.[1] 샘은 논을 사는 것이 그 돈을 가장 유용하게 쓰는 일이라고 생각하는데, 그러면 아마 그녀의 생계가 충분히 해결될 것입니다. 그러나 가장 좋은 조건으로 사려면 추수가 끝날 때까지 기다려야 하므로, 당분간 제가 그녀에게 매월 생활비를 줘야 합니다.

사랑스럽고 귀여운 여인에게 닥친 시련은 너무 가혹했고 지금도 힘듭니다.[2] 그녀는 두 팔과 두 다리를 다시 쓰고 말을 꽤 분명하게 하지만, 앞으로는 결코 예전처럼 그렇게 손쉽게 생각하거나 말할 수 없을 것입니다. 그래서 20명의 여성 성경공부반을 열 수도 없고, 처음 참석한 자들의 관심을 사로잡을 수도 없습니다. 그녀는 초신자들을 상대로도 설교를 잘했습니다. 저는 그녀가 복음에 전혀 관심이 없는 여성 20여 명을 방 안 가득 모아 지도하는 것을 보았습니다. 방 안에 있는 물건들에 대해 흥미로운 질문을 하고 또 스스로 중요한 점을 물어보고 요령 있게 대답하면서, 그녀는 자신이 말해야 하는 것을 듣도록 점점 그들을 이끌었습니다. 마침내 그들은 외국 가구에 대한 질문보다 그녀가 말하고 있는 진리에 대해 묻게 되었습니다.

이제 저는 길선주 장로에 대해 말씀드리겠습니다. 아버지께서 시카고의 오닐 의사로부터 받은 눈 치료법을 준 사람입니다. 의사에 대해 저는 별로 할 말이 없습니다. 저는 그가 돌팔이라는 생각이 듭니다. 하지만 그의 치료법은 길 장로에게 도움을 준 게 분명합니다. 그는 깊은 시련과 절망 속에 빠져 있었

---

1 1904년 10월 12일 자 찰스 피시의 편지 참조.

2 주일학교 여교사인 박순일은 아마도 남편의 핍박을 받아 구타를 당해 몸이 망가진 듯하다. 그 결과 이혼을 했고, 딱한 처지의 소식을 들은 앨리스의 부친이 혼자 살 수 있도록 돈을 기부했다.

Before the fourth week I saw the supply was insufficient and wrote at once sending money for more remedies. His reply (Dr. Oneal of Chicago) was that he could not send more medicine without making terms for further treatment. By this time the three months course was over and very soon reverse changes began in the eye. Before long the darkness was complete which meant a perfectly hard cataract. To shorten my story—then Dr. Whiting came (from San Jose, California) and after examination and much consideration of the case, consented to operate for removal of the cataract. Dr. Wells had previously operated on the other eye but the patient's blood was in poor condition and the severe inflammation which followed destroyed the retina. We knew there was danger this time also and that every precaution must be taken. Doctor gave Kil Changno a course of tonic treatment beforehand—the officers of the church voted that he should have vacation for a month and they used every effort to keep perplexing church matters away from him. We made his case a special subject of prayer and the whole church was praying for his eyesight. Doctor and Mr. Moffett went together to his house for the operation and gave special directions about every detail that should follow. There was not a particle of inflammation even about the wound! Healing was complete and perfect and on the day when the bandages were removed and Kil Chang-no could distinguish the faces of his wife and boy and the doctor, the news flew like wild fire through the church and there was great rejoicing. A week ago last Sabbath Kil Changno was in the pulpit again with his cataract glass fitted to the eye that was given back to him and once more he read from the Bible to a delighted people. Everybody said "It was in answer to prayer." "It was accomplished only by prayer," and all gave praise to God and loving gratitude to our beloved Dr. Whiting!

A heart full of love from your loving daughter,

Alice

습니다. 그는 35세에 장로와 목사 후보생으로서의 사역과 직업을 앞두고 시력이 사라지고 있었습니다. 하지만 그는 믿음을 잃지 않았고, 눈이 완전히 머는 것이 최선이라면 그것을 기꺼이 받아들일 마음의 준비가 되어 있었습니다.

4주 전에 약이 떨어져가는 것을 보고, 저는 즉시 송금할 테니 더 많은 치료제를 보내달라고 편지했습니다. 오닐 의사는 추가 치료에 대한 계획을 마련하기 전에는 더 이상 약을 보내줄 수 없다고 답장했습니다. 이제 3개월의 치료 기간이 끝났고, 눈이 악화되기 시작할 것입니다. 머지않아 완전한 흑암이 올 것인데, 이는 완전한 경성 백내장(硬性 白內障)을 의미합니다. 이야기를 간단히 줄이겠습니다. 그때 [캘리포니아 산호세에서] 화이팅 의사가 왔고, 검사 후 여러 가지를 고려한 끝에 백내장을 제거하는 수술을 하기로 동의했습니다. 웰즈 의사가 이전에 다른 쪽 눈을 수술했으나, 환자의 혈액 상태가 좋지 않아 수술 후에 발생한 심각한 염증으로 망막이 파손되었습니다. 우리는 이번에도 그 위험이 존재하므로 극도로 조심해야 한다는 것을 알았습니다. 의사는 먼저 강장 치료 과정으로 몸보신을 하게 했습니다. 제직회는 그가 한 달간 휴가를 가져야 한다고 투표했고 교회의 번잡한 일에서 벗어나도록 최선을 다했습니다. 그의 질환은 우리의 특별 기도 제목이 되었으며, 그의 시력 회복을 위해 전 교회가 기도했습니다. 의사와 마포삼열 목사가 함께 수술을 위해 그의 집으로 갔고, 일어날 수 있는 모든 세부 사항에 대해 특별한 지시를 주었습니다. 마침내 수술 자국에도 염증이 발생하지 않았습니다! 완전하고 완벽한 치유가 이루어졌습니다. 붕대를 제거한 날 길 장로가 자기 아내와 아들과 의사의 얼굴을 알아볼 수 있었을 때, 그 소식은 들판의 불처럼 교회에 퍼졌고 큰 기쁨이 넘쳤습니다. 일주일 전 지난 주일에 길 장로는 전에 쓰던 눈에 맞게 제작된 백내장용 안경을 쓴 채 다시 설교단에 섰고, 기뻐하는 사람들에게 성경을 봉독했습니다. 모든 사람이 말했습니다. "기도의 응답이었습니다." "오직 기도로 이루어진 일입니다." 모두가 하나님께 영광을 돌렸으며, 우리의 사랑하는 화이팅 의사에게 진심으로 감사했습니다.

마음 가득 사랑을 담아서 사랑하는 딸,

앨리스 올림

Maria Jane McKee Moffett

Madison, Indiana

September 8, 1904

My Dear Sam:

Your boathouse letter comes promptly as it is dated Aug. 8th & has just been handed in. What a lovely way to spend your vacation. Can't you give me a rough sketch of your boat, the table & surroundings—the bill of fare for the day, etc.? How many Koreans man the boat & how are you sheltered from the rain?

I was very sorry to have our hill top closed this summer. It is an expensive luxury—Ned struck for higher wages in the spring—I kept (boarded) his two horses so I had nothing but the milk & fruit when I was at home. I get a horse, when I ride, from Sam Graham's stable. They are not as fine looking as Major but they always send me a quiet one. Will has a horse & surrey & still keeps Daisy for ornament.

Mrs. Gale is still visiting Abbie [her oldest son, Will's wife]. She is devoted to the children & is a great help—Amy Glasgow is a fine little girl—just as good & pretty as she can be. I can say the same of Emily for she *is* a little piece of perfection. Donald is what you might call a "Juster" & as smart as he can be. We felt pretty lonesome & homesick when Tom left. He gave us a visit of only three days—pushed on to Minnesota to hear a Mr. Latimore preach, hoping he would suit his church people for a pastor. Tom doesn't want to accept the call & says the only way is to get someone for the place. Says he has lived in the tropics for 11 years & thinks it time for a change. He seemed to feel the heat more this summer than ever before. I hope he won't get farther away from home. He urged us to go to Santa Barbara for the winter—but I would rather stay at home. These days I miss home comforts & cannot stand the fatigue of travel & the "hurry & scurry" of getting round.

Howdie has been bringing me some peaches that were beauties. As

마리아 제인 맥키 마페트

인디애나, 매디슨

1904년 9월 8일

아들 샘에게,

네가 보트 하우스에서 8월 8일 자로 보낸 편지가 일찍 도착해서 조금 전에 손에 넣었단다. 여름휴가를 그렇게 보내다니 정말 멋지구나. 배와 식탁과 주변과 하루 운행 여비 등에 대해 대충이라도 묘사를 해줄 수 없겠니? 몇 명의 한국인이 배를 운행하니? 또 비가 오면 어떻게 피하니?

나는 올여름에 언덕 위 오두막집의 문을 닫아서 대단히 유감이란다. 네드는 봄에 임금 인상을 위해 파업에 들어갔단다. 내가 그의 말 두 마리를 먹이고 있는데, 값비싼 사치다. 내가 집에 있을 때에는 우유와 과일밖에 먹을 게 없구나. 내가 말을 탈 일이 있으면 샘 그레이엄의 마구간에서 말 한 마리를 구한단다. "메이저"만큼 멋있지는 않지만 늘 조용한 말을 보내준단다. [장남] 윌은 말 한 마리를 가지고 있는데, "데이지"를 장식용으로 가지고 있는 게 분명하구나.

게일 부인은 [윌의 아내] 애비를 아직 방문 중이란다. 아이들에게 헌신적이라 큰 도움이 된다. 에이미 글래스고는 귀여운 소녀로, 얼마나 착하고 예쁜지 모른다. 에밀리도 마찬가지로 정말 더할 나위 없이 깜찍하다. 도널드는 네가 "저스터"라고 부를 수 있을 정도로 총명하단다. 톰이 떠난 후 우리는 많은 외로움을 느끼고 향수에 젖었지. 그는 단지 3일만 방문할 수 있었는데 왜냐하면 래티모어 목사의 설교를 듣기 위해 미네소타로 서둘러 갔기 때문이란다. 그는 목사가 교회 교인들에게 적임자로 판명되기를 희망하면서 갔단다. 톰은 교회의 청빙을 받아들이는 것을 원치 않는데, 유일한 해결 방안은 그 자리에 다른 사람을 구하는 것이다. 그는 열대 지방에서 11년간 살았기 때문에 이제는 임지를 바꿀 때라고 생각한단다. 그는 어느 때보다 올여름에 더위를 더 많이 타는 듯하다. 나는 그가 집에서 너무 먼 곳에 가지 않기를 희망한다. 그는 우리가 겨울에 산타바바라에 가야 한다고 강권했지만, 나는 그

yellow & red as they ever get & one peach is as much as one wishes at a sitting. Would like him to send you seeds. This is the first year of bearing—getting about ½ bushel. Have had more fruit than we could use—gave to our friends and preserved more than ever.

I think I wrote you all about Lake Bluff. Susie will stay several weeks longer unless the weather is cool in F.W. [Fort Worth]. They rented the cottage for the season. How I miss the darling baby Lenore. I forgot to speak of how beautiful Tom's remarks were at prayer meeting. The subject—on topic card was "self-examination." He is never at a loss for a word or an idea. His friends always come to hear him.

Sam, I am so glad your home is by the river side & that you can enjoy the water, the hills & the mountains & you can think of the beauties surrounding your old home. Write me that you have burned all these scribbles of Tom's.

Your loving Mother

냥 집에 있을 거란다. 요즈음 나는 집의 편안함이 그립고, 여행의 피로와 "바쁘게 서둘러" 돌아다니는 것을 견딜 수 없구나.

하우디가 복숭아를 조금 가지고 왔는데 정말 아름답구나. 황적색으로 더할 나위 없이 제대로 익어서 한 자리에서 한 개만 먹어도 더 이상 바랄 게 없단다. 그더러 네게 씨를 보내주라고 할까? 올해 처음 열렸는데 약 한 말을 수확했단다. 사용할 수 있는 것보다 더 많은 과일을 수확했기 때문에 친구들에게 나누어주고, 어느 해보다 더 많이 병에 넣어 저장했단다.

내가 블러프 호수에 대해서는 네게 이미 편지했다고 생각한다. 수지는 포트웨인의 날씨가 춥지 않으면 여러 주 더 머물 것이다. 그들은 여름 한철 오두막집을 빌렸단다. 사랑스런 아기 레노르가 무척이나 보고 싶구나! 기도회에서 톰의 설교가 얼마나 아름다웠는지 말하는 것을 잊었구나. 주제가 "자아 성찰"이었다. 그는 말 한마디나 개념 하나에도 주저함이 없었단다. 그의 친구들은 그가 설교하면 늘 들으러 온단다.

샘, 나는 네 집이 강가에 있어서 네가 강물과 언덕과 산을 즐길 수 있고 우리의 옛날 집 주변의 아름다운 풍경을 생각할 수 있어서 기쁘단다. 네가 톰의 낙서를 불태워버렸는지 내게 편지해라.

네 사랑하는 엄마가

F. A. McKenzie

Headquarters of First Imperial Japanese Army, Manchuria

September 17, 1904

Dear Mrs. Moffett:

It must have been a real exercise of self-denial for you not to go down to the Conference at Seoul. I can only hope that your rest will be so fully restored that you will feel rewarded for it.

I received the 500 yen safely last night, and the package containing clothes. You refer in your letter to several packages. The man only brought one.

We are now allowed access to the Newchang line. That means no more telegrams for the present through Pyeng Yang. I have told you before what a very great help your kindness and aid have been to me during this time.

I am half hoping, if they will let me, to return in November overland, through Korea. I want to see the country again.

I think the best way to send on the remainder of the money, would be to telegraph it to the Yinkow branch of the Dai Ichi Ginko [bank]. There must be a large amount to come out of it for recent telegraph and other expenses.

Would you please give the bearer five yen.

With kindest regards to Dr. Moffett and yourself, and to all our friends at Pyeng Yang.

Yours very faithfully,
F. A. McKenzie

P.S. What an iniquitous shame the decision of the House of Lords over the Free Church case was.

F. A. 매켄지

만주 일본 육군 제1군 사령부

1904년 9월 17일

마포삼열 부인께,

부인이 서울에서 열리는 선교사 대회에 내려가지 않은 것은 진정한 자기 부인의 행동이었음이 틀림없습니다.[1] 저는 부인이 휴식으로 몸이 완전히 회복되는 보상을 받기를 바랄 뿐입니다.

저는 어젯밤 500엔을 안전하게 받았으며 옷이 든 소포도 받았습니다. 부인의 편지에는 여러 개의 소포가 언급되었으나, 배달꾼은 한 개만 가지고 왔습니다.

우리는 이제 우장(牛莊)에 접근해도 된다는 허락을 받았습니다. 이는 더 이상 평양을 통해 전보를 보낼 일이 없음을 의미합니다. 전에도 말씀드린 대로 이 시기에 부인의 친절과 지원이 얼마나 큰 도움이 되었는지 모릅니다.

저는 본사에서 결정하면 11월에 한국 육로를 경유하여 돌아가기를 희망합니다. 다시 한국이 보고 싶습니다.

저는 남은 잔액을 보내는 가장 좋은 방법은 제일은행의 영구(營口) 지점으로 전신환을 보내는 것이라고 생각합니다. 최근의 전보와 다른 비용으로 인해 많은 돈이 지출되었음이 틀림없습니다.

이 편지 배달꾼에게 5엔을 지불해주시기 바랍니다.

마포삼열 박사님과 부인과 평양의 모든 친구에게 감사의 안부 인사를 전합니다.

F. A. 매켄지 드림

추신. 영국 자유교회에 대한 상원의 결정은 참으로 부끄러운 일입니다.

1 북장로회 한국선교회 20주년 기념 선교대회 겸 선교회 연례 회의가 서울에서 열렸다.

Charles II. Fish

San Francisco, California

October 12, 1904

Dear children Sam & Allie:

No letter has come from you since my last was written but it is no hardship for me to write (even when I have nothing to tell in the way of news) to my precious children. Mother & I are by ourselves lately so much that we live in Korea as much as we possibly can, wondering what you are doing and how you are prospering in body & spirit. This is the day your cottage buyer presents himself & he has just paid $50.88 installment No 11 which follows its predecessors into the bank today. By the way I have never heard from my remittance of $60 for Pak Soon-Il. Mr. Prescott is much pleased with his home which will be his in five years from date. Unless I break the family record you will have to get another collector before the contract is filled. Mother says I am growing younger and judging from my penmanship I think she is correct. The Lord is very gracious and loving to me in giving me health & strength for the duties which devolve upon me in my business affairs. Next Monday is our Annual Meeting and if I succeed in my election it will number 20 years of service with a prospect of more in my present position as President of the CC&V [Consolidated Virginia Mining] Co. Truly the Lord has led me in so many ways that I have a strong faith in His Providential care. The Ophir election follows in about one month and that brings to mind an occurrence which has brought me prosperity in a good degree for these 20 years. In '85 the President of the Ophir died. Mr. Flood [one of the owners] sent for me and said, pointing to a large pile of letters, "Do you see that pile of letters?" "Yes, Sir," I answered. He said, "those are applications for the office of President of Ophir & Mexican Co's. I see no letter from you among them." I answered, "No, Sir, I have had no reason to complain of your treatment of me." "Well," said he, "I am

찰스 H. 피시

캘리포니아, 샌프란시스코

1904년 10월 12일

샘과 앨리에게,

내가 지난번에 편지를 보낸 이후에 너희로부터 답장을 받지 못했지만, (그리고 비록 내가 전할 새로운 소식이 없지만) 이렇게 귀중한 내 자녀에게 편지를 쓰는 일은 어렵지 않단다. 네 어머니와 나는 너희가 어떻게 지내는지, 너희의 몸과 정신이 얼마나 창성하는지 궁금해하며 최근에는 마치 한국에 사는 듯했지. 오늘 드디어 네 오두막집을 사려는 자가 직접 찾아왔단다. 그는 열한 번째 할부금으로 50.88달러만 지불했다. 그 이전 할부금과 함께 오늘 은행에 입금했단다. 그런데 나는 박순일을 위해 60달러를 송금했는데 그에 대한 소식을 아직 듣지 못했구나. 프레스코트 씨는 집에 대해 기쁘게 생각하는데, 오늘부터 5년 후에는 그의 집이 될 거란다. 내가 가정사 기록을 중단하지 않는 한 계약이 만료되기 전에 다른 세 관리자를 얻어야 할 일은 없을 거다. 네 엄마 말로는 내가 점점 젊어지고 있다는구나. 내 글씨만 보면 네 엄마 말이 맞는 듯하다. 주님은 참으로 자비로우시고 사랑을 베푸셔서 사업을 할 수 있도록 내게 건강과 힘을 주셨다. 다음 월요일에는 연례 주주 총회가 열린다. 만일 내가 다시 선출된다면 버지니아광산합자회사의 회장 지위로 20년째 봉사하게 된다. 진실로 주님께서 다양한 방법으로 나를 인도해주셨으니 나는 우리를 돌보시는 섭리를 강하게 믿는다. 약 한 달 후면 오피어사의 선거가 있는데 이는 내가 지난 20년간 상당한 정도로 번창할 수 있었던 한 사건을 상기시켜준다. 1885년 오피어 회장이 별세했지. 소유주 가운데 플러드 씨가 나를 불러서 쌓여 있는 편지를 가리키면서 말했다. "저 쌓여 있는 편지 보이지요?" "예, 선생님." "그것은 오피어와 멕시칸 회사 회장 자리에 지원한 지원서예요. 그 가운데 귀하의 편지는 보지 못했어요." 그가 이렇게 말하자 나는 대답했지. "물론이지요, 저는 회장님이 저를 지금까지 이 자리에 있게 해 주신데 대해 만족합니다." 그러자 그가 말했지. "저는 두 회사의 회장직을 귀하에

going to give you the Presidency of both Companies," which he did and I have them to this day. If that was not Providential, what was it?

Mother is working like a Trojan to get your raiment in shape for the steamer of 23rd & I remonstrated and stormed (gently) at her for spending so much time sewing but it does no good and between us it seems to brace her up and she is positively looking better and feeling better than she has for years.

Our season thus far has been unexampled in the history of the country. Last year at this time we had less than an inch of rain. This year we have had to date over seven inches of rain, an amount far ahead of any previous record known. It has brought great losses to the bean & grape crops but has been of great service in starting the grass for pasture. It is something new to have green pastures in Oct. but they are here and we are hoping for rain enough to keep them alive during the fall & winter.

No late news from Emily. Brother Edward is confined to his room–can get about by sliding his feet on the floor but congratulates himself on being able to read & study his Bible. Brother Tom is quite well & sends love to you. Lute [his sister, Lucia] writes me a spicy letter once in a while from which I judge she is having pretty good times.

I cannot give you very good news from the spiritual condition of our church–the prayer meetings are well attended by a very few people. Our dear pastor serves us faithfully and well but he is quite discouraged in his attempts to get the church members to attend the services. San Rafael is a convenient place for visitors from the city and some of our people cannot ask them to spend their holiday in the church. I send you a leaf from a monthly publication, *The Kingdom*, emanating from a Christian Mission at North Beach in this city to which Mission I am a monthly contributor. The Pastor is a grand man whom I have learned to love dearly. It gives me great satisfaction to help him and my good brother Nam Art, from whom I have just rec'd a delightful letter. I must seal this

게 주려고 합니다." 그는 그렇게 했고, 나는 오늘까지 그 직에 있다. 만일 그것이 섭리가 아니라면 무엇이 섭리겠니?

네 엄마는 23일 떠나는 기선에 보낼 네 옷을 만들려고 마치 트로이 사람처럼 일한단다. 나는 재봉 일에 너무 많은 시간을 보내지 말라고 부드럽게 나무라고 꾸짖었지만 소용이 없구나. 그 말 때문에 네 엄마는 오히려 더 기운이 난 듯하고, 여러 해 동안 지금처럼 얼굴이나 기분이 더 좋았던 때는 없었단다.

올가을은 지금까지 이 지방의 역사상 유례가 없는 계절이었다. 작년 이맘때에는 비가 1인치도 오지 않은 반면, 올해는 현재까지 7인치 이상의 비가 오면서 어느 해보다 많은 강우량을 기록하고 있다. 많은 비가 콩과 포도 수확에 큰 타격을 주었으나, 초장에 새 풀이 돋아나는 데에는 큰 도움이 되었단다. 10월에 푸른 목초지를 보는 것은 새롭지만 그런 일이 일어났으니 가을과 겨울에 비가 더 내려 풀이 살아 있기를 바란다.

에밀리 누나로부터는 새 소식이 없구나. 에드워드 형은 방에 갇혀 지낸단다. 그는 마루에 발을 밀고 거동할 수 있는 정도지만 성경을 읽고 공부할 수 있어서 자족하고 있다. 동생 톰은 건강하고 네게 안부를 전한다. 동생 루시아가 간혹 내게 보내는 재미있는 편지를 보면 그녀는 잘 지내는 것 같구나.

우리 교회의 영적 상태에 대해서는 좋은 소식을 전할 수가 없구나. 기도회에는 극소수만 열심히 참석한단다. 목사님은 신실하게 잘 섬기고 있지만 교인들에게 예배 참석을 권해도 소용이 없어 크게 실망하고 있단다. 샌라파엘은 [샌프란시스코] 시내에서 온 방문자들에게 편리한 장소라 그들에게 교회에서 휴일을 보내라고 권할 수가 없다. 나는 월간지 「킹덤」에서 한 장을 떼어 네게 보낸다. 노스 비치에서 활동하는, 내가 매달 기부하는 한 기독교 선교회에 관한 기사다. 그 선교회의 목사는 위대한 인물로, 나는 그를 지극히 사랑하게 되었단다. 그와 냄 아트 형제를 도와주는 것이 크게 만족스럽다. 방금 냄 아트가 보낸 기분 좋은 편지를 받았단다. 내 배를 타러 가야 하므로 이 편지는 이만 줄이마.

10월 13일. 지난 두 달 동안 "내 배"[철도]는 소살리토[샌프란시스코]를

up as I must run for my boat.

Oct. 13th–For two months past "my boat" has been the old narrow gauge via Sausalito. It has been (the line) purchased by Foster and he now owns both lines between here & San Rafael. The road is now Broad Gauge and run by Electricity. Ross Valley has filled up wonderfully in the past year and is still gaining rapidly in population.

Mother gave me a little slip to enclose in my letter. Good by, dear children. We "commend you to God & the word of His grace."

Lovingly yours,

Fatherdy

지나가는 낡은 협궤를 이용했다. 포스터가 구입한 노선으로, 이제 그는 샌프란시스코와 샌라파엘 사이의 두 노선을 소유하고 있다. 지금 그 구간은 "광궤"(Broad Gauge)가 되었고 전기로 달린단다. 로스 밸리에는 지난해에 놀랍게도 마을이 들어섰고 이제 급속하게 인구가 증가하고 있단다.

엄마가 내 편지에 첨부하라고 작은 쪽지를 주었단다.

잘 지내라, 내 아이들. 우리는 "너희를 하나님과 그분의 은혜의 말씀에 부탁한다."

사랑하는

아빠가

Samuel A. Moffett

Pyeng Yang, Korea

October 20, 1904

Dear Dr. Brown:

After each Annual Meeting of Mission and Council I plan to write you commenting upon certain phases of the work as dealt with in these meetings.

1st. It was evident that the greatest problem before us this year is the financial one. The "rider" which was attached to almost all requests for or approval of new work, will show that the Mission very keenly feels that our present work is very inadequately supported. Important–yea almost essential as are the plans for the opening of new stations and for the development of our educational work, these must be held in abeyance until funds are supplied for the support of stations already established and for the oversight of our country work already in operation. The cut of 54% this year is playing havoc with our plans. Heretofore we have been able to supplement the Board's grants by using odd sums received here and there through friends, or by using such small balances as remained after meeting our living expenses, but these have now been exhausted and we all find ourselves so straitened financially that we not only have no balances with which to meet deficits in the work, but are compelled to adopt a stricter economy in our living expenses in order to live within our income. The expense of living is constantly increasing. Here is an illustration of the condition of things we now face–Mr. Swallen came in two days ago to discuss with us what he should do. The cut has taken off his literary assistant and left about one half the amount needed for his itineration, as the latter fund is now exhausted and there remains six months of the fiscal year. The Sabbath Schools and the *Christian News* throughout the country depend upon him for the lesson sheets, but he must have his literary assistant in order

마포삼열

한국, 평양

1904년 10월 20일

브라운 박사님께,

선교회의 연례 회의와 공의회가 끝날 때마다 저는 모임에서 다룬 사역의 특정 국면을 언급하는 서신을 귀하께 쓰려고 계획합니다.

첫째, 올해 우리가 직면한 가장 큰 문제는 재정 문제입니다. 새로운 사역의 허락을 요청하는 거의 모든 요구에 첨부된 "추가 조항"은 우리의 현재 사역이 부적절하게 지원받고 있다는 사실을 선교회가 절실하게 인식하고 있음을 보여줍니다. 중요하고 본질적인 것은 새로운 선교지부의 개설과 우리의 교육 사역의 발전을 위한 계획입니다. 하지만 이미 설립된 선교지부와 이미 시행 중인 우리의 시골 사역의 감독에 대한 지원을 위해 자금이 제공될 때까지 이것을 중지해야 합니다. 올해 54퍼센트의 예산 삭감으로 인해 우리의 계획은 막대한 피해를 입고 있습니다. 이제까지 우리는 지인들을 통해 이곳저곳에서 받은 많지 않은 돈이나 남은 생활비를 사용해서 선교부의 자금을 보충할 수 있었습니다. 그러나 이제는 모두 사용했고, 우리는 모두 재정적으로 궁핍해져서 사역에서 발생한 적자를 메울 잔고가 없을 뿐만 아니라 수입에 맞게 살기 위해 생활비를 훨씬 줄이지 않으면 안 됩니다. 물가는 끊임없이 상승하고 있습니다. 우리가 현재 직면하고 있는 상황을 보여 주는 일화가 있습니다. 스왈른 목사는 그가 해야 할 사역에 대해 우리와 의논하려고 이틀 전에 이곳에 왔습니다. 예산 삭감으로 인해 그는 서기(문서 조사)를 해고하고 순회 여행을 위해 필요한 금액의 대략 절반만 가지고 있는데, 후자를 위한 자금을 모두 사용한 현재, 회계 연도는 6개월이 남았습니다. 시골 곳곳의 주일학교와 「그리스도신문」은 그의 강좌에 의존하고 있습니다. 그러나 그것을 준비하려면 그에게는 서기가 있어야 합니다. 그의 주요 사역은 시골에 있고 교회를 방문하는 일이지만, 순회 여행 자금은 바닥이 났습니다. 그에게는 은행 잔고도 없는데, 이미 조사 한 명의 지원을 떠맡고 있습니다. 저는 예산이

to prepare them. His main work is in the country and his churches must be visited, but the itineration fund is exhausted. He has no bank balance, is already carrying the support of a Helper, and I know not what other phases of the work for which there is no appropriation, and he simply has not the money with which to provide a literary assistant or funds for itineration. This means disaster to the work. The rest of us would gladly come to the rescue with contributions, but we are all practically in the same difficulty—never before having met such financial stringency or being under the necessity of providing for so many deficits. This year also we all paid from our own pockets all expense to Annual Meeting, and where we have them, pay for our own literary assistants. Even the new missionaries will have to pay their language teachers' salaries for two months from their own funds, when already they are sorely pressed. We have all uncomplainingly, yea, gladly used all the funds we have in supplementing the Board's appropriations and for some years have thus been able to carry on the most urgent phases of the work without serious loss, but we have reached our limit and are now carrying more than we can stand. It is poor economy to place us here without sufficient to make the best use of our time. Mr. Swallen with twelve years' experience is too valuable a Mission asset for us to fail to make the best use of his time for lack of another one hundred dollars. Just how we are to plan for the oversight of his country work next spring I am sure I do not know. On this subject I want also to ask you to consider the following, even though comparisons are seldom felicitous. When we have but one or two evangelists provided for each of us by the Board (and these salaries subject to a cut which must be made up from our own pockets) we cannot but think it unjust that on other fields some of the missionaries are provided with from ten to twenty or more evangelists paid for by Board funds and this after the application of the cut. We have steadily opposed the use of much foreign money in the development of the work in Korea, and have sought to ask for such amounts only as seemed essential, not padding

남아 있는 다른 사역 분야를 알지 못합니다. 그는 서기를 지원하고 순행 경비를 위한 돈을 가지고 있지 않습니다. 이것은 사역의 재앙을 의미합니다. 우리 나머지 회원들에게는 기꺼이 기부금으로 그를 구출해주려는 마음이 있지만, 우리 모두 실제로 같은 어려움에 처해 있습니다. 이전에는 이런 재정 핍박을 겪거나 이렇게 많은 적자를 메울 필요가 없었습니다. 올해도 우리는 연례 회의에 가는 모든 경비를 사비로 지불했고, 순회 조사를 가진 자들은 그들의 경비 또한 사비로 지불했습니다. 심지어 신규 선교사들조차 이미 심한 압박을 받고 있는데, 자비로 두 달 동안 그들의 한국어 교사의 봉급을 지불해야 합니다. 우리 모두는 선교부의 예산을 충당하기 위해 우리가 가지고 있는 모든 자금을 불평 없이 기쁘게 사용했습니다. 그래서 몇 년 동안 심각한 손실 없이 사역에서 가장 중요한 시기에 사역을 진행할 수 있었습니다. 그러나 우리는 한계에 도달했고, 이제 우리가 감내할 수 있는 것보다 많은 일을 맡아야 합니다. 자금 불충분으로 우리의 시간을 가장 잘 사용할 수 없는 상황에 놓인 이유는 바로 경기가 나쁘기 때문입니다. 12년의 경험을 가진 스왈른 목사는 선교회의 귀중한 자산입니다. 그런데 100달러가 모자라서 그의 시간을 가장 잘 활용할 수 없도록 만들어서는 안 됩니다. 내년 봄에 그의 시골 사역을 감독하기 위해 우리가 어떻게 계획을 잡아야 할지 그 문제만 해도 분명히 알 수 없습니다. 이 사안에 대해, 저는 비유가 적절하지는 않지만, 귀하께서 다음을 고려해주시기를 요청하는 바입니다. 우리 각자에게는 선교부가 지원하는 한두 명의 전도인이 있고(이들의 급여는 삭감되었고 우리가 자비로 충당해야만 하지만), 다른 선교지에서는 일부 선교사들에게 선교부 예산으로 봉급을 지불하는 10명에서 20명의 전도인이 있습니다. 이는 예산 삭감이 적용된 이후의 상황이므로 불공평하다고 생각할 수밖에 없습니다. 우리는 한국에서의 사역을 발전시키면서 외국 자금을 많이 사용하는 것을 꾸준히 반대해왔고, 필수 불가결하다고 여기는 금액만 요청하려고 했으며, 삭감 부분을 보충해달라는 요구를 줄기차게 하지도 않았습니다. 20명의 조사가 두세 명으로 줄어들 정도로 삭감되면, 선교사는 두세 명의 사역을 다른 17명의 지역으로 확대함으로써 상황에 대처할 수 있습니다. 그러나 한 명이나 두 명의

our requests to meet the cut. When a man who has twenty helpers is cut to the extent of dropping two or three, he can meet the situation by enlarging the territory of the other seventeen; but when a man has one or two helpers and must cut off one, how is he to provide for the oversight of his work? One of my helpers has a church of 250 people (enough at home to occupy all the time of a pastor) and in addition, three other groups of from 30 to 70 people each. These he must look after, teach, care for as pastor and develop, while at the same time giving three months a year to his studies in the Theological Class, and all this on a salary not sufficient to provide for his family. About one fourth of what he receives comes from the Board. I have come to the conclusion that it is time for us to let you know more clearly the situation we are facing, for I do not believe that as yet the Board understands the plans and policy in detail of our work in Korea. Could we have the limited amounts which we ask for, their use would not militate against the spirit of self-support fostered in the church and we should secure much more efficient work from the missionaries, whose time is too valuable to waste from lack of sufficient tools. I sincerely hope you may give serious consideration to this financial question and in some way have the Board come to our relief by a re-adjustment of its methods of making appropriations for Korea.

2nd. The questions of opening new stations is urgent, important, and one of far-reaching strategic influence. Advance along this line is imperative if we are to occupy strategic points in the conservation of work already developed. I write frankly on one phase of this–viz., that if our church cannot occupy these points now we may as well understand that the Methodist Church will proceed to reap the results of our wide-spread work in Korea and will dominate sections of the country where now we are in the ascendancy and where the natural development of the work calls for our occupation. Two years ago we signified our intention to open a station in Kōng Ju or elsewhere in Choong Chung province. Within a year the Methodists sent a man to Kōng Ju and now have a one

조사를 두던 사람이 조사 한 명만으로 어떻게 그의 사역을 관리할 수 있겠습니까? 제 조사 한 명에게는 250명의 신자가 있는 교회가 있고(이는 목회자 한 명의 모든 시간을 간단히 차지하기에 충분합니다) 여기에 더해서 각각 30명에서 70명에 이르는 세 개의 미조직교회가 있습니다. 그는 목회자로서 이들을 돌보고 가르치고 관리해야 하며, 동시에 신학 수업을 위해 1년에 3개월을 사용해야 합니다. 그는 가족 부양에도 부족한 급여를 받으면서 이 모든 일을 하고 있습니다. 그가 받는 봉급의 약 1/4이 선교부에서 나옵니다. 저는 우리가 직면하고 있는 상황을 귀하께 분명히 알려야 할 때라는 결론에 이르렀습니다. 왜냐하면 저는 선교부가 아직까지 우리의 한국 사역의 상세한 부분까지 계획과 정책을 이해하고 있다고 믿지 않기 때문입니다. 우리가 요청한 제한된 금액을 받을 수 있겠습니까? 그 금액의 사용은 교회에 형성되고 있는 자립의 정신에 악영향을 미치지 않을 것입니다. 우리는 선교사들로부터 좀 더 효율적인 사역을 확보할 수 있을 것입니다. 그들의 시간은 불충분한 재정으로 인해 낭비하기에는 너무나 소중합니다. 귀하께서 이 재정 문제를 심각하게 고려해서 어떤 식으로든 선교부가 한국에 지출하는 방식을 재조정함으로써 우리를 안심시켜주시기를 간절히 바랍니다.

둘째, 새 선교지부를 개설하는 문제는 시급하고 중요하며 광범위한 전략적 영향을 미치는 사안입니다. 이 노선을 따라 전진하는 것은, 만일 우리가 이미 발전시킨 사역을 유지하는 전략적 거점을 점유하려면 반드시 필요합니다. 저는 한 가지 측면에 대해 솔직하게 쓰겠습니다. 우리의 교회가 이 거점들을 지금 점유할 수 없다면, 우리는 다음의 사실을 이해하면 좋을 것입니다. 즉 감리교회가 진출해서 한국에 광범위하게 퍼져 있는 우리 사역의 결과를 수확하게 되고, 현재 우리가 우위에 있는 시골 지역과 사역 발전에 따라 당연히 우리가 점유해야 할 지역에서 감리교회가 지배적인 우위를 차지할 것이라는 점입니다. 2년 전에 우리는 공주나 충청도의 한 지점에 선교지부를 설립하겠다는 우리의 의도를 표현했습니다. 1년 내에 감리교인들은 공주에 한 남성 선교사를 파송했고, 현재 그곳에 한 명의 남성 선교사가 있습니다. 올해 우리는 황해도에 선교지부를 설립하겠다는 우리의 희망에 대해 공개적

man station there. This year we publicly talked of our desire to open a station in Whang Hai province. Before our Annual Meeting decides upon this, the Methodists send a man to Hai Ju and begin building a house—in a province where we have ten times as much work as they. If we are to care for our own work and reap the natural result of its growth in Whang Hai province in a section where now we have about 1,500 church members and 4,000 adherents, we must have the men in charge of this work in closer touch with it where they can better direct the native workers and plan to make greater use of this large constituency as an evangelizing agency. "All of Mr. Sharp's work is in Whang Hai," wrote the Seoul Station to the Board this summer. He spent 96 days on his field during the year. To leave him in Seoul when "all" or most of his work is in Whang Hai, two or three days' journey away, is a waste of Mission assets. By a transfer of territory between Mr. Swallen and Mr. Hunt, all of Mr. Hunt's work is in Whang Hai and we are in favor of putting him into closer touch with his work. He has little or no local work in Pyeng Yang except some teaching in the Academy, but if in Chai Ryeng where we hope to see a station opened, he will be right in the midst of his work where his presence will tell every day in the development of the whole church of that region. With slight variations the same conditions apply to Mr. F. S. Miller and the plans for a station at Cheng Ju. The Board has already approved this plan, and to my mind the opening of a station at this point is the most important move before the Mission in the proper development of our whole Presbyterian work in Korea. This station is needed to unite our work in central and northern Korea with our work in southern Korea (Taegu and Fusan) and with the work of the Southern Presbyterian Mission in south-eastern Korea (Chun Ju and Kūn San). I visited this field with Mr. Miller in September just before our Annual Meeting, and we reported in favor of a station at Cheng Ju, the largest city in the two provinces—North and South Choong Chung—well located for reaching a thickly populated, large extent of territory

으로 이야기했습니다. 우리의 연례 회의가 이 일을 결정하기 전에, 감리교인들은 해주에 한 남성 선교사를 파송해서 사택을 건축하기 시작했는데 이 황해도는 그들보다 우리가 10배나 많은 사역을 해온 지역입니다. 현재 1,500명의 등록 신자와 4,000명의 초신자를 둔 황해도 사역을 돌볼 때 자연스럽게 일어날 성장 결과를 수확하려면, 우리는 전도 기관으로서 한국인 사역자들을 좀 더 잘 지도해야 합니다. 또 많은 교구민을 보다 잘 활용할 계획을 세울 수 있는 지역에서 좀 더 밀접하게 접촉하면서 사역을 맡을 선교사들을 배치해야 합니다. 서울 선교지부는 올여름 선교부에 "샤프 목사의 모든 사역은 황해도 지역에 있다"라고 서신을 보냈습니다. 그는 한 해 동안 자신의 선교지에서 96일을 보냈습니다. 그의 "모든" 혹은 대부분의 사역지가 황해도인데, 그를 이틀이나 사흘 정도의 거리인 서울에 남겨두는 것은 선교 자산의 낭비입니다. 스왈른 목사와 헌트 목사의 시찰을 서로 교체하면, 헌트 목사의 모든 사역은 황해도에 있게 되고, 그는 사역에 좀 더 가까이 있게 됩니다. 그는 학교에서 몇 가지 가르치는 일 외에는 평양에 사역이 거의 또는 전혀 없습니다. 그러나 우리가 선교지부를 설립하려는 재령에 있으면, 그의 존재가 그 지역의 전체 교회의 발전에 매일 영향을 줄 수 있는 사역의 중심부에 위치하게 됩니다. 약간의 차이를 두고 같은 상황이 F. S. 밀러 목사의 청주 선교지부를 설립할 계획에도 적용됩니다. 선교부는 이미 이 계획을 승인했는데, 제 생각에는 이 시점에 선교지부를 설립하는 것은 한국에서 우리 전체 장로회 사역을 적절히 발전시키는 선교회의 조치 가운데 가장 중요한 결정입니다. 이 청주 선교지부는 한국 중부와 북부에서의 우리 사역을, 한국 남부(대구와 부산)에서의 우리 사역과 한국 남동부(전주와 군산)에서의 남장로회 선교회 사역과 통합하기 위해 필요합니다. 저는 이 선교 지역을 연례 회의 직전인 9월에 밀러 목사와 함께 방문했습니다. 우리는 충청남도와 충청북도에서 가장 큰 도시인 청주에 선교지부를 설립하는 안에 찬성하는 보고서를 올렸습니다. 청주는 서울, 대구, 전주의 세 선교지부 사이에 위치해 있으며, 인구가 많고 넓은 지역입니다. 선교회는 이 지역을 선정한 것과 그곳에 선교지부가 필요하다는 데 대해 만장일치로 찬성했습니다. 그러나 4명의 회원이 선교회

lying between the three stations–Seoul, Taegu and Chŭnju. The Mission was unanimous in its choice of this site and as to the desirability of a station there. Four members, however, objected to the action of the Mission which, looking forward to the immediate execution of plans for opening of the station, seemed to them to place Chengju first in order of importance as, Chai Ryeng, Kang Kyei, and Cheng Ju, but the Mission struck this out and made no statement as to order of importance. On this there were various opinions held. So far as stated, this and the financial situation were the reasons for the four votes recorded against the action of the Mission on opening of new stations. Personally I put Cheng Ju first in order of importance but I want to put in a strong plea for immediate execution of plans for securing sites and temporary quarters in all three of these places. It will take less money now and we can now secure good, healthful sites. Another year from now we may not be able to buy at all. The Japanese are coming in rapidly and opportunities are slipping by–while prices are going up. Even though the stations may not be fully occupied for some years to come, now is the time to secure temporary quarters and thus occupy and pre-empt the strategic points needed for the future development of all our work. It was by just such moves that our work in Pyeng Yang and Syen Chyen was begun and developed, the stations growing naturally as the work developed.

3rd. Re-enforcements.–We are asking for but few men and women but we *do* need these. Our disappointment at the failure of Miss Carson to come for Taegu and of Mr. and Mrs. McCune to come for the Pyeng Yang Academy is a keen one. We need them greatly. I wish a lady for Taegu might arrive in time to avoid the necessity of transferring Miss Brown from Seoul. A new man to join Mr. F. S. Miller in the new station is needed now if he is to be ready with the language in time to take charge of that work when Mr. Miller's furlough comes due.

4th. Along Educational lines I should like to ask your attention again this year to the progress made in the training of Helpers and of

의 조치에 반대했는데, 선교지부 설립 계획을 즉각 실행할 것을 기대하면서도 재령, 강계, 청주 가운데 청주를 최우선 순위로 두는 것처럼 보였기 때문입니다. 그러나 선교회는 이 안을 각하시켰고, 중요도 순위에 대해서는 어떤 진술도 하지 않았습니다. 이에 대해 다양한 의견이 제시되었습니다. 지금까지 진술한 대로, 이것과 재정 상황 때문에 새 선교지부 설립을 위한 선교회의 조치에 4개의 반대표가 기록되었습니다. 저는 개인적으로 청주를 중요도 순위에서 첫째로 두고 있지만, 이 세 곳 모두에 부지와 임시 숙소를 확보하는 계획을 즉각 실시해야 한다고 강력하게 간청하는 바입니다. 지금 개설할 경우 더 적은 비용이 소요되고 우리는 좋고 건전한 지역들을 확보할 수 있습니다. 지금으로부터 1년 후에는 전혀 구입하지 못할 수도 있습니다. 일본인들이 빠르게 진출하고 있고, 기회는 지나가고 있으며, 가격은 상승하고 있습니다. 그 선교지부들을 앞으로 몇 년 동안 완전히 점유하지 못할 수도 있지만, 지금이 임시 숙소를 확보하고 점유해서 향후 우리의 모든 사역의 발전을 위해 필요한 전략적 거점을 선점할 때입니다. 평양과 선천에서 우리 사역을 시작하고 발전시킨 것은 바로 그런 조치 때문이었습니다. 사역이 발전하면 선교지부도 성장합니다.

셋째, 충원 건입니다. 우리는 겨우 몇 명의 선교사를 요청하고 있지만 이들은 정말로 필요합니다. 카슨 양이 대구로, 맥큔 부부가 평양 [숭실]중학교로 오지 못하게 되어 우리는 크게 실망했습니다. 우리는 그들이 절실히 필요합니다. 대구에 한 명의 여성 선교사가 제때 도착해서, 서울로부터 브라운 양을 전근시킬 필요가 없기를 바랍니다. 밀러 목사의 휴가 때가 되었으므로, 신설 선교지부에서 밀러 목사와 동역할 신규 남성 선교사가 그 사역을 담당하기 위해서는 시간에 맞게 언어를 준비할 수 있도록 지금 올 필요가 있습니다.

넷째, 교육 분야 건입니다. 저는 올해 우리가 조사와 목회자 후보생 양육을 위해 이룬 발전에 대해 귀하께서 다시 한번 주의를 기울여주시기를 요청합니다. 우리는 올해 이 사안에 대해 선교부의 조치와 서신을 기대했습니다. 저는 이전의 단순한 통계 보고서가 지시하는 것보다 훨씬 많이 발전했다고

Candidates for the Ministry. We have anticipated the action and the letters of the Board on this subject this year and I believe we are much farther advanced in this respect than former mere statistical reports seemed to indicate. The men have been in training but we had not reached the point where we were ready to enroll them as Candidates for the Ministry and start them on the Theological course. This year, however, we have so organized our work and developed our plans for more systematic, continuous instruction, that we were ready to advance a number of the trained Helpers or Evangelists to the position of Students for the Ministry. With 25 men ready to spend three months in continuous study beginning next April, and 8 of these to enter upon the third year's course of study with a view to probable ordination three years hence, have we moved too slowly in this matter? After forty years of work in Manchuria with tens of thousands of converts the Scottish Missions have ordained but two men to the ministry, and only within the last few years, (four years I think) have organized a Theological class with a set course of study. We have thought we were inclined to move faster than has been the policy on most Mission fields. When the minutes of the Council reach you please notice the reports on this subject. We greatly need now—in order to anticipate future demands—a much more efficient system of primary schools with better teachers. The Academy we hope will soon supply us with the latter, but we shall not be able to keep them for these positions unless we can arrange for better support than is now given. This is a problem on all fields but particularly so here where we have clung so tenaciously to the principle of self-support. We are taxing our country churches to build their church buildings and school buildings, to support their pastors, to support all training classes, to send out missionaries and over and above these to provide salaries for school teachers, who if they are to be secured must receive larger salaries than have heretofore been given to the inefficient men who, incapable of filling other positions, have been willing to render

믿습니다. 남성들이 우리의 양육을 받고 있지만, 아직은 목회자 후보생으로 등록하고 신학 과정을 시작할 정도까지는 준비되지 못했습니다. 그러나 올해 우리는 사역을 조직하고 계획을 발전시켜서, 그동안 훈련받은 많은 조사와 전도사를 목회를 목적으로 하는 신학생이 되도록 진학시켜 좀 더 체계적이고 지속적인 강의를 할 준비가 되었습니다. 25명이 내년 4월에 학기를 시작하고 계속 공부하면서 3개월을 보낼 준비가 되어 있고, 이들 가운데 8명은 아마도 3년 내에 안수를 받을 생각으로 3년차 과정에 들어갑니다. 이를 고려하면, 우리가 이 사안에 대해서도 느리게 활동하고 있었습니까? 만주에서 1만 명의 개종자와 함께 40년간 사역하면서 스코틀랜드 선교회는 겨우 2명만을 목회자로 안수했고, 지난 몇 년 안에(제 생각으로는 4년입니다) 겨우 확정된 교과 과정을 갖춘 신학 학급을 조직했습니다. 우리는 대부분의 선교지의 방침보다 더 빨리 진행하는 경향이 있다고 생각했습니다. 귀하께서 공의회 회의록을 받으시면, 이 사안에 대한 보고서를 주목해주십시오. 미래의 일을 예상하기 위해, 우리는 더 나은 교사와 함께 효율적인 체계의 초등학교가 현재 절실히 필요합니다. 우리가 바라는 학교는 우리에게 곧 제공될 것입니다. 그러나 우리가 현재 제공하는 것보다 더 나은 지원을 마련하지 않는다면 이 지역에서 학교를 유지할 수 없을 것입니다. 이는 모든 사역지의 문제이지만, 자립의 원칙을 완고하게 고수하는 이곳에서는 특히 그렇습니다. 우리는 시골 교회에게 다음을 부담시킵니다. 곧 그들은 교회 건물과 학교 건물을 건축하고, 그들의 목사를 지원하며, 모든 학교 수업을 지원하고, 선교사들을 파송합니다. 이 모든 것에 더해 학교 교사들의 봉급을 지불하기 위해 우리는 그들로부터 연보를 걷습니다. 이 교사들을 확보하려면, 이제까지 다른 자리에 갈 능력이 없었던 비효율적인 인원들에게 지불했던 봉급보다 훨씬 더 많은 봉급을 지불해야 합니다. 이들은 낮은 임금에도 불구하고 기꺼이 봉사해 왔습니다. 우리는 효율적인 학교의 가치에 대한 객관적 교훈을 주기 위해 이런 소수의 학교를 돕고 싶었습니다. 그러나 시골 학교에 대한 우리의 예산은 전액 삭감되었습니다. 저는 다시 중등 과정 학교의 건물에 대한 서울 선교지부의 필요에 대해 주의를 촉구하고자 합니다. 지난 8년 동안 교육위원회와

indifferent service for small wages. We have wanted to assist a few of these schools so as to give object lessons of the value of efficient schools, but our appropriations for country schools have all gone into the cut. I want again to urge attention to the Seoul Station's need for the Intermediate School building. For the past eight years the Educational Committee and the Mission have pressed for a good school in Seoul and yet conditions seemed to prevent the materialization of anything that could be called a school. Now however a beginning has been made and the conditions for its growth and development seem better than ever before. We certainly need a good building now, and if the Seoul Girls' School is to be properly housed in healthful surroundings, the request for an appropriation for the removal and re-building of the dormitory should be granted. Dr. Underwood, Dr. Gale and myself as the Educational Committee of the Mission were one in the view that the best disposition of the Dr. Wells Memorial Fund would be its appropriation for the main building of the Intermediate School in Seoul, and the Mission unanimously concurred in the report of the Educational Committee on this subject.

Where the money for our pressing needs is to come from I know not but it does seem to me that the Lord's people ought now to meet these most urgent requests from Korea–now while the opportunity is still ours and when comparatively small expenditures promise such far-reaching results as cannot be secured by even much larger expenditures a few years hence. If we do not now secure the greatly needed site for a Central Church in Seoul we may not be able to secure a suitable site at all. The work there is suffering greatly from the lack of a creditable church building large enough for union meetings of our own people. Given a site it is hoped the Seoul Station can evolve some plan for cooperation with the Koreans for the erection of a church building.

5th. On the Medical question I have but one additional comment to make this year, having in past years done all I could to prevent the

선교회는 서울에 양질의 학교를 설립하기 위해 노력했지만, 아직 학교라고 부를 만한 어떤 것도 실현되지 않은 상황입니다. 그러나 이제 학교가 시작되었고, 어느 때보다 성장과 발전을 위한 조건은 좋아 보입니다. 우리는 분명히 지금 좋은 건물이 필요합니다. 서울의 여학교가 건전한 환경에서 적절히 자리를 잡으려면, 구 기숙사의 철거와 신축을 위한 예산 요청이 승인되어야 합니다. 언더우드 박사, 게일 박사, 그리고 저는 선교회의 교육위원회로서 웰즈 박사 기념 기금을 가장 잘 활용하는 것은 서울에 있는 중학교의 본관 건물을 위한 비용으로 쓰는 일이라는 견해에 동의합니다. 그리고 선교회는 이 사안에 대해 교육위원회의 보고서에 만장일치로 동의했습니다.

저는 우리의 절실한 필요를 위한 자금이 어디서 들어올지 알지 못하지만, 주님의 사람들은 한국의 가장 긴급한 요청에 지금 응답해야 한다고 생각합니다. 아직 우리에게 기회가 있고 비교적 적은 비용이 필요하지만, 앞으로 몇 년이 지나면 훨씬 더 많은 비용으로도 확보할 수 없는 그런 광범위한 결과를 약속할 수 있을 때인 지금 그렇게 해야 합니다. 우리가 지금 서울의 중앙교회[승동교회]를 위해 절실히 필요한 부지를 확보하지 않는다면, 적절한 부지를 결코 확보할 수 없을 것입니다. 그곳 사역은 우리 교인들의 연합 모임을 열만큼 충분히 크고 좋은 교회 건물이 없어서 큰 고통을 받고 있습니다. 그런 부지가 주어진다면, 서울 선교지부는 교회 건물의 건축을 위해 한국인들과 협력하는 계획을 발전시킬 수 있을 것입니다.

다섯째, 저는 지난 몇 년 동안 의료 사역이 우리의 전도와 교육 사역의 발전을 저해할 정도로 큰 비중을 차지하는 것을 막기 위해 최선을 다했지만, 올해 의료 사역에 대해 한 가지만 추가로 언급하겠습니다. 선교회의 다른 사람들은 이제 이 사안에 대해 제가 그랬던 것보다 훨씬 더 경계하고 있습니다. 저는 그들의 의견 개진을 보고 선교부가 다음 사항을 의사들에게 강조할 수 있다고 믿습니다. 즉 좀 더 비싸고 좋은 시설을 갖춘 그들의 병원은 이제 더 부유한 계층의 사람들에게 매력적이므로 더욱 자립하도록 만들 필요가 있습니다.

여섯째, 교회 체제와 노회 조직에 관한 사안에 대해, 선교회는 공의회의

medical work from assuming such proportions in expenditures as would make it a menace to the development of our Evangelistic and Educational work. Others in the Mission are now even more alarmed on this subject than I have been and I trust that their representations may lead the Board to emphasize to the physicians the necessity of making their more expensive and well-equipped hospitals more and more self-supporting as they are now better able to appeal to a more wealthy class of people as their patients.

6th. On the subject of Church Government and the organization of a Presbytery I was appointed by the Mission to communicate with the Board representing the views of the Council and the action of the Mission. This I shall do later in a separate letter dealing fully with that question.

7th. I very greatly desire your advice as to what is best to be done concerning the young men of our church who have gone to America. Some of the brightest and best men of earnest Christian character after from one to four years study in the Academy, have gone to San Francisco and Los Angeles, and a far larger number of men less advanced and of less hopeful character have gone to Hawaii. What we ought to do for them I know not. I have written Rev. Mr. Laughlin in charge of Chinese work in San Francisco, hoping that he might keep some oversight of them. The situation is this. These men are members of our church, from families in connection with our church. Some day many of them will return to Korea and some of them will be qualified to fill responsible positions in nation or church. We ought not to lose them. Under our policy of discouraging such emigration for study or for work, and in view of the fact that we make no effort to assist them financially, they are coming under the oversight and direction of the Methodist Church whose people largely adopt the policy of assisting them and encouraging them in their ambitions and plans for a Western education and material advancement. The result is likely to be a transfer of their allegiance

견해와 선교회의 결정을 대변하여 선교부와 의견을 나누도록 저를 임명했습니다. 저는 이 문제를 자세히 다루는 별도 서신에서 이 주제를 이야기하겠습니다.

일곱째, 저는 미국으로 간 우리 한국 교회의 청년들과 관련해서 무엇을 하는 것이 최선인지에 대해 귀하의 조언을 진심으로 듣고 싶습니다. 중고등학교에서 1년에서 4년까지 공부한, 진지한 기독교인의 품성을 지닌 가장 똑똑하고 선한 학생 가운데 몇 명이 샌프란시스코와 로스엔젤레스로 갔고, 그보다는 학업이나 품성이 떨어지는 훨씬 더 많은 수의 학생이 하와이로 갔습니다. 저는 그들을 위해 우리가 무엇을 해야 할지 모르겠습니다. 저는 샌프란시스코에서 중국인 사역을 담당하고 있는 래플린 목사에게 그들을 어느 정도 관리해줄 수 있을 것을 기대하면서 서신을 보냈습니다. 상황은 이렇습니다. 이 남성들은 우리 교회의 신자이거나 우리 교회와 연관된 가족의 식구입니다. 언젠가 그들 중 많은 이가 한국으로 돌아오고, 일부는 국가나 교회에서 책임 있는 자리를 맡을 자격을 얻게 될 것입니다. 우리가 그들을 잃어서는 안 됩니다. 공부나 노동 목적의 이민을 장려하지 않는 우리의 정책하에서, 그리고 우리가 그들을 재정적으로 지원하는 어떤 노력도 하지 않는다는 사실을 고려하면, 전반적으로 그런 학생들을 도와주고 서구의 교육과 물질적 진보를 배우려는 야망과 계획을 장려하는 정책을 채택하는 감리교회의 관리와 지도 아래 그들이 들어가게 됩니다. 그 결과 그들은 소속을 감리교회로 바꾸게 될 가능성이 높습니다. 이것이 이 사안에 대한 최선의 결정입니까? 아니면 우리가 우리의 신자를 감독하고 관리해서 한국에 있는 우리 교회에서 앞으로 활동하도록 이 젊은이들을 유지하는 조치를 취해야 합니까? 저는 우리가 지역 교회에 소속되거나 목회자와 연결되지 않고 흩어져 있는 등록 신자와 초신자를 돌보기 위한 체계적인 규정을 가지고 있지 않다는 점에서 장로회 체계에 결점이 있다고 생각합니다. 분리된 교회와 목회자 간의 협력은 잘 제공되지 않습니다. 그런 조건을 충족하고 활동 계획을 제공하는 책임이 어느 누구에게도 있는 것 같지 않습니다. 우리는 하와이에서 아무런 사역이 없지만, 왜 우리가 그곳에 간 많은 한국 장

to the Methodist Church. Is that the best disposition of the matter, or should we take steps for the oversight and care of our own people and retain these young men for future service in our own church in Korea? I think our Presbyterian system is defective in the respect that we have no systematic provision for looking after scattered members and adherents who are not attached to a local church or under a pastor. Co-operation between separated churches and pastors is not well provided for. Responsibility for meeting such conditions and providing a plan of operation does not seem to rest upon any one. We have no work in Hawaii, but why should we not care for the many Presbyterian Koreans who have gone there? Whose place is it to decide that we will or that we will not? Believing that these men may hereafter have a great influence upon the work in Korea I want advice on this subject. I am keeping in touch with them by correspondence.

A somewhat similar condition exists among the Japanese in Korea. Whose place is it in our Presbyterian system to be cognizant of the need, and to move in this matter? At present I am looking after it as chairman of the committee appointed on my motion in Council last year, but I have more work now than I can cover and others are better situated to look after it, if only it were made some one's duty to meet and care for such conditions. It needs some one to plan for larger things.

8th. On the question of furloughs. We are asking for Mr. Hunt's furlough next July 1st. and for mine when regularly due in March, 1906. It is probable that in order to carry through the Theological work for 1906, I will remain until July 1st, but Mrs. Moffett will probably go at the regular time. We want Mr. Hunt's furlough to come while I am on the field and when he can best be spared. No man has used up more strength in itinerating than Mr. Hunt and no man has spent as much time in that work. His years will be up in October, 1905. By leaving so as to be absent two summers instead of two autumns the interests of the work are better conserved.

로교회 교인들을 돌보지 말아야 합니까?[1] 우리가 그렇게 하거나 하지 않기로 결정하는 것은 누구의 일입니까? 이 남성들이 나중에 한국에서의 사역에 큰 영향력을 미칠 수도 있다는 것을 믿으면서, 저는 이 사안에 대해 조언을 듣고 싶습니다. 저는 그들과 서신 연락을 계속하고 있습니다.

다소 비슷한 상황이 한국에 있는 일본인들 사이에서도 존재합니다. 필요를 인식하고 이런 문제에 대해 조치를 취하는 것은 우리 장로회 체계에서 누구의 일입니까? 현재 저는 작년 공의회에서 제 발의로 지명된 위원회의 위원장으로서 그 문제를 맡고 있습니다. 그러나 저는 현재 제가 다룰 수 있는 것보다 더 많은 일을 하고 있으므로, 만일 그런 상황을 대처하고 관리하는 것을 누군가의 의무로 만든다면, 다른 사람들이 그것을 맡는 것이 더 낫습니다. 누군가가 더 큰 그림을 그리면서 계획할 필요가 있습니다.

여덟째, 안식년 문제입니다. 우리는 헌트 목사의 안식년 휴가가 내년 7월 1일에 시작되도록 요청합니다. 제 경우 정규 일정대로 하면 1906년 3월로 예정되어 있습니다. 1906년의 신학교 사역을 수행하려면 제가 7월 1일까지 남아 있어야 하는 것은 거의 확실합니다. 그러나 제 아내는 정해진 시간에 갈 것입니다. 우리는 제가 선교지에 있어서 그를 가장 잘 대신할 수 있을 때, 헌트 목사가 안식년 휴가를 가게 되기를 원합니다. 헌트 목사보다 순회 여행에 더 많이 힘쓰는 자는 없습니다. 누구도 그 사역에서 그만큼 시간을 할애하지 않았습니다. 그의 안식년 기간은 1905년 10월에 만료됩니다. 두 번의 가을 대신 두 번의 여름 동안 자리를 비우려면 그렇게 떠나야 사역에 더 유익합니다.

우리 모두는 연례 회의 이후에 다시 사역에 매진하고 있습니다. 많은 사람이 시골에 있고, 다른 이들은 이곳에서 학교와 교회 사역으로 바쁩니다. 일본인들이 들어오면서 상황이 크게 변하고 있습니다. 분명히 다음 기회에 이 사안에 대해 귀하께 서신을 보내겠습니다.

이 장문의 글이 귀하께 부담을 주지 않았기를 바랍니다. 이 문제들은 대

---

1 1902-1904년 하와이 이민자 중에는 장로교인도 다수 있었다.

We are all hard at work again after Annual Meeting. Many are in the country, others busy with school and church work here. The incoming of the Japanese is changing conditions very materially. Doubtless I shall write you on this subject at a later time.

I trust I am not imposing upon you in writing at such length. These are questions of vital importance, and I want once a year at least to write you fully and frankly that we may the better work together for the advancement of the work.

Thanking you for your helpful letter of August 1st and with sincerest regards in which Mrs. Moffett joins me,

Yours very sincerely,

Samuel A. Moffett

단히 중요합니다. 저는 우리가 사역의 발전을 위해 함께 일하는 것이 좋다는 내용의 서신을 적어도 1년에 한 번은 자세하고 솔직하게 올리고 싶습니다.

귀하의 8월 1일 자 서신에 감사드리며, 제 아내와 함께 안부를 전합니다.

마포삼열 올림

Alice Fish Moffett

Pyeng Yang, Korea

October 25, 1904

Dear Fatherdy & Little Mother:

You will see by the enclosed "documents" that I have been practicing duplicating on some of Sam's papers for him, and so have secured a copy of each of these to send to you. When you have quite finished with them please send them on to Mother Moffett for her reading also, (Mrs. M. J. Moffett, Madison, Indiana.) The paper on "Evangelization" was well received in Seoul. Sam's criticism of it is, I think, the right one–that it needs polishing–some of the sentences are too complex–and that in some cases in order to [give] emphasis there is too much repetition and too much use of superlatives. But the subject matter is that which lies very near his heart, has grown out of his experience here from the first, and has been worked out and lived out through all these years.

The last few days have been filled with overseeing workmen, preparing for class work, teaching, holding committee meetings etc., busy, happy days in the midst of beautiful Autumn weather. The leaves on our place are gorgeous now in their Fall dresses; as one comes toward our house from the city gate there is a flame of yellow and red, mingled with various shades of green, which gives a brilliant effect. The vines on the old city wall are a bright scarlet, doing their part to make a beautiful landscape. I do think our climate here in Pyeng Yang can hardly be surpassed, especially in the Spring and Fall. We had a snow storm three days ago! For an hour or two heavy flakes fell, then in the afternoon the sun burst out and we have had milder weather since.

The "den" still progresses; the walls are all mudded except for the final smooth coat, and the men are working now on the stone chimney and brick fireplace this Fall, so are putting in a temporary mud wall to last till Spring, and will use a stove.

앨리스 피시 마페트

한국, 평양

1904년 10월 25일

아버지와 어머니께,

동봉한 "문서"를 보시면 제가 샘을 위해 그의 논문 일부를 복사해왔음을 알 수 있을 것입니다. 두 분에게 보내기 위해 제가 사본을 만들었습니다. 다 읽으신 후에는 시어머니께 보내주셔서 그분도 읽을 수 있도록 해주세요. "복음화"에 대한 논문은 서울에서 반응이 좋았습니다.[1] 그 주제에 대한 샘의 비평은 정당한 것으로, 다듬어야 할 필요가 있습니다. 일부 문장이 복잡하고, 어떤 경우에는 강조하기 위한 반복이 많고 형용사의 최상급을 너무 많이 사용했습니다. 그러나 주제는 그가 늘 마음 중심에 품고 있던 것으로, 처음부터 이곳의 경험에서 자라고, 지난 여러 해 동안 사역하면서 실행하고 생활화된 것입니다.

최근 며칠 동안 쉴 틈 없이 사역자들을 감독하고, 사경회를 준비하며, 가르치고, 위원회 회의를 하면서 아름다운 가을 날씨 가운데 바쁘고 행복하게 보냈습니다. 이곳의 나뭇잎은 이제 화려한 가을 옷으로 갈아입었습니다. 도시의 성문에서 우리 집을 향해오는 방문객들은, 노랗고 빨간 불꽃처럼 타오르는 화려한 단풍이 다양한 녹색과 어울려 이룬 눈부신 풍경을 볼 수 있습니다. 높은 성벽을 덮은 담쟁이는 밝은 진홍색으로 물들어 아름다운 경치에 운치를 더합니다. 저는 이곳 평양의 날씨가 특히 봄과 가을에는 어느 곳보다 더할 나위 없이 아름답다고 생각합니다. 3일 전에는 눈보라가 몰아쳤습니다! 두세 시간 동안 많은 눈이 내리더니 오후에는 해가 나서 그 이후엔 푸근한 날씨가 계속되고 있습니다.

여전히 거실 공사 중입니다. 부드러운 마감 칠을 할 곳 외에는 모든 벽에 진흙이 발라져 있습니다. 올가을 돌 굴뚝과 벽돌 벽난로를 설치하기 위해 지

1 이 책의 기사 부분에 실린 "한국 복음화의 정책과 방법"을 말한다.

In the Girls' School I have taken up physiology, two lessons a week, in place of hygiene. I have a text book in English, the Korean who helps me has one in Chinese, and together we translate each lesson into Korean.

Next week Mr. Koons and Sam both start out itinerating, Mr. Koons to be away a month and Sam for a nine days trip. I think I shall go out at the same time to one point in the country to hold a five days class with the women. I shall go in a four-man chair, have a warm room, a woman with me all the time, and shall teach only in the forenoons, so it promises to be not a tax but a change that will do me good.

We have had the sad news from Syen Chyen of the death of Mr. and Mrs. Kearns' baby a little more than a year old. He was quite ill early in the Summer, but was well again before Dr. Sharrocks left there, and all through the six weeks or so when Mr. and Mrs. Kearns were alone in the station we heard good reports of the boy. This is something to be very thankful for, that their bereavement did not come when they were alone and without a physician. After the Station members had returned, while Dr. Sharrocks was there and Dr. Whiting with him on a visit, the boy was suddenly taken sick again and must have quickly passed away. We are always in the midst of life and death, of joy and sorrow; what a comfort it is that nothing ever "happens" to the child of God and that "all things work together for good."

Tonight I am going to try a new departure. At the request of the Korean Church officers I am to have a meeting with their wives to give them an informal talk on home making and home keeping, and on how to be helpful to their husbands in their work in the church. The things they need to be taught are so many that I confess I hardly know where to begin and all my ideas are rather hazy as yet, but perhaps the first meeting will help to clear them up and show me better what to say to them.

We hear there are 5,000 Japanese soldiers on their way overland

금 일꾼들이 공사하고 있으며, 봄까지 지탱할 임시 진흙 벽을 세워서 난로를 사용하려고 합니다.

저는 [숭의]여학교에서 위생 대신 생리학을 맡아 일주일에 두 시간을 가르칩니다. 영어로 된 교과서를 사용하는데, 저를 도와주는 한국인은 한문으로 된 책을 가지고 있어서, 각 단원을 함께 한국어로 번역합니다.

다음 주에는 쿤즈 목사와 샘이 함께 순회 여행을 떠납니다. 쿤즈 목사는 한 달, 샘은 9일 동안 여행합니다. 동시에 저도 한 시골 지역으로 가서 5일 동안 여성 사경회를 열어야 합니다. 저는 4명의 가마꾼이 드는 가마를 타고 가서, 따뜻한 방에서 자고, 모든 시간을 여성들과 보내며, 오후에만 가르칠 것입니다. 그래서 그 일은 부담스럽기보다는 기분 전환이 되어 제게 도움이 될 것입니다.

우리는 선천에 있는 컨즈 목사 부부의 돌이 갓 지난 아이가 죽었다는 슬픈 소식을 들었습니다. 아이는 초여름에 많이 아팠지만 샤록스 의사가 선천을 떠나기 전에 다시 건강해졌습니다. 또한 우리는 컨즈 부부만 그 선교지부에 남아 있던 6주 동안 아이가 건강했다는 보고를 들었습니다. 그들만 남아 있고 의사가 없을 때 아이를 잃지 않은 것은 감사한 일입니다. 선교지부 회원들이 돌아오고 샤록스 의사가 그곳에 있고 화이팅 의사가 방문해서 함께 있을 때, 아이가 갑자기 다시 아프면서 죽은 게 틀림없습니다. 우리는 늘 삶과 죽음, 기쁨과 슬픔의 한가운데 있습니다. 하나님의 자녀에게는 어떤 일도 "우연히 일어나지" 않고 "모든 일이 합력하여 선을 이룬다"라는 말씀이 얼마나 위로가 되는지요!

오늘 밤 저는 다시 여행을 떠나려고 합니다. 한국 교회 직원들의 요청으로 그들의 아내들과 만나, 가정 꾸리기와 집안일 하기, 그리고 교회에서 그들의 남편의 사역을 돕는 방법 등에 대해 격식에 얽매이지 않고 이야기하는 시간을 가지려고 합니다. 그들이 배울 필요가 있는 내용이 많아서 저는 솔직히 어디서부터 시작해야 좋을지 모르겠고, 생각이 아직 정리되지 않았습니다. 그러나 아마 첫 모임을 하게 되면 생각도 정리되고 제가 그들에게 무엇을 말하는 게 좋을지 알게 될 것입니다.

from Seoul to form the Winter garrison for Pyeng Yang, and that they are already making trouble along the way by turning Christians out of homes and church buildings to house them. Sam has just gone in to the city to see the Japanese Consul and if possible secure some help for our people from him.

We are both very well. I am resting every day and taking good long walks in the sunshine; am feeling better than I have for months.

The Lord bless and keep you both my dear ones. Give much love to all the friends and relatives for me. With a heart full of love from both your children,

Your loving daughter,
Alice Fish Moffett

우리는 평양에 겨울 수비대를 만들기 위해 서울에서 5,000명의 일본군이 육지로 오고 있다는 소식을 들었습니다. 그들은 오는 길에 숙소로 삼기 위해 기독교인들을 집과 교회에서 몰아냈고, 벌써부터 소동을 일으키고 있습니다. 샘은 일본 영사를 만나기 위해 시내로 갔는데, 가능하면 영사로부터 우리 신자들에게 도움이 되는 방안을 확보할 것입니다.

저희 부부는 건강합니다. 저는 매일 휴식을 취하고 햇빛을 받으며 기분 좋게 오랫동안 산책합니다. 지난 몇 개월 동안 몸이 더 좋아진 것을 느낍니다.

주님께서 사랑하는 두 분에게 복을 주시고 지켜주시기를 빕니다. 모든 친구와 친척에게 제 안부를 전해주세요. 저희 두 자녀가 마음 가득 사랑을 담아 보냅니다.

사랑하는 딸,

앨리스 피시 마페트 올림

Maria Jane McKee Moffett[1]

Madison, Indiana

Wednesday, October 26, 1904

My Dear Sam:

As you will perceive I have been looking over old letters, burning some and folding away others to keep a little longer. It would be far better to destroy all, I suppose, but I will take pleasure & pain in reading once more the children's letters when they first began leaving home. How you & Tom did enjoy that Eastern trip with Father & what journeys you have taken since.

Tom writes of the fun you had in walking up & down the streets of Hagerstown—the German names on the signs—the fine fare at the hotel—the mountain scenery & all so new & strange. What mountains and canyons you both have seen far & near. He is still enjoying to the full the grand Western scenery.

Tom made us another short visit on his way from New York & Washington going direct to .... and then to Albuquerque to Presbytery when he handed in his resignation.

I must say Good bye for the present. I am tired & cold.

Your loving mother

---

1 Original in the collection of Alice Louise Moffett Starkey, oldest grandchild of Samuel Austin Moffett and the only grandchild he lived to baptize. Photo-copy in the Samuel Hugh Moffett collection of Samuel Austin Moffett papers.

마리아 제인 맥키 마페트

인디애나, 매디슨

1904년 10월 26일, 수요일

샘에게,

네가 감지하고 있겠지만, 나는 오래된 편지를 훑어보면서 일부는 태우고 나머지는 조금 더 오래 보관하려고 접어서 넣고 있단다. 모든 것을 없애버리는 것이 훨씬 더 낫겠지만, 나는 아이들이 처음 집을 떠나기 시작했던 때 그들이 보낸 편지를 한 번 더 읽고 기쁨과 고통을 느끼려고 한다. 너와 톰이 아버지와 함께 어떻게 동부를 방문했는지, 그 이후 네가 했던 여행은 어땠는지 보고 싶구나.

톰은 네가 하저스타운의 거리를 왔다 갔다 하면서 재미있어 한 일에 대해 썼단다. 거리 신호에 대한 독일어 이름, 호텔의 훌륭한 음식, 산의 경치와 새롭고 낯선 모든 것에 대해서 말이다. 너희 둘은 원근 각지에서 어떤 산과 계곡을 봤는지 궁금하구나. 그는 여전히 거대한 서부의 풍경을 최대한 즐기고 있단다.

톰은 뉴욕과 워싱턴을 떠나 잠시 우리에게 들렀다가 올버퀘르큐에서 노회에 사퇴서를 제출했단다.

이제 작별 인사를 해야겠다. 피곤하고 춥구나.

사랑하는 엄마가

Alice Fish Moffett

Pyeng Yang, Korea

November 7, 1904

To Mr. Charles H. Fish, 29 Nevada Block, San Francisco., CA [his office] (Rec'd Dec. 7th)

Dear Fatherdy and Little Mother:

Here I am at home again after a fine country trip and class. I had good chairmen this morning who brought me in the seventy "li" [one li is $\frac{1}{3}$ of a mile] in less than five hours. It was a beautiful ride in the keen November air. When we started in the early morning there was a heavy white frost, thin ice on the ponds, and a low mist over the valleys, with clouds of white smoke rising from the little thatched villages here and there. I was as warm as toast, wrapped like a mummy in my chair, and the men came swinging along at a good rapid pace.

Now for the class. Before I started out we had for some time been hearing unfavorable reports from this section, and it is true that it is a weak group and that a number of the men who attended for a time and some who were received as catechumens have fallen away, but still there is room for much encouragement, especially among the women. Although this is a busy time of the year when the women have much to do to prepare for Winter, I had a class of twenty-six gathered from eight small villages for four days of study, and at the Sabbath service there were nearly forty women present. Each morning after half hour devotional exercises I taught them for about an hour and a half by outlines of Bible study on the subjects of "Sin," "Repentance," "Salvation," etc., then there was a short class for the two or three women who cannot yet read the Korean character; and in the afternoon the Bible woman who was with me taught for an hour or so from the Gospel of John, and I closed the day with a singing class and the treating of patients. On the third day Sam reached that group on his

앨리스 피시 마페트

한국, 평양

1904년 11월 7일

아버지와 어머니께,[1]

저는 멋진 시골 여행과 사경회를 마친 후 다시 집으로 돌아왔습니다. 오늘은 좋은 가마꾼들을 만나 5시간이 되기 전에 70리를 왔는데, 11월의 시원한 공기를 마시며 아름다운 경치도 볼 수 있었습니다. 이른 아침 출발할 때 된서리가 잔뜩 내리고, 웅덩이에는 살얼음이 끼고, 계곡에는 안개가 낮게 드리우고, 여기저기 작은 오두막집 굴뚝에서는 흰 연기가 솟아오르고 있었습니다. 저는 미라처럼 담요로 겹겹이 몸을 싼 채 가마 안에 있어서 구운 빵같이 따뜻했고, 가마꾼들은 마치 달리는 것처럼 재빠르게 움직였습니다.

이제 사경회에 대해 말씀드릴게요. 제가 가기 전에 그곳에서 올라온 좋지 않은 내용의 보고서를 받았습니다. 사실 연약한 미조직교회인데요. 얼마 동안 참석한 많은 남성과, 학습교인으로 등록한 일부 신자들이 떨어져 나갔습니다. 그러나 상당히 고무적인 면이 있는데, 특히 여성들 사이에서 그렇습니다. 지금은 여성들이 월동 준비로 해야 할 일이 많아 한 해 중 분주한 때이지만, 8개의 작은 마을에서 온 26명의 여성이 사경회에 참석해서 4일간 공부했습니다. 주일에는 거의 40명의 여성이 참석했습니다. 매일 아침 30분간 경건회를 가진 후, 한 시간 반 동안 죄, 회개, 구원 등의 주제로 성경을 가르쳤습니다. 이어서 잠깐 동안 아직 한글을 모르는 두세 명의 여성이 한글을 배웠습니다. 오후에는 저와 함께 온 전도부인이 1시간가량 요한복음을 가르쳤으며,[2] 그 후 제가 찬양을 가르치고, 환자들을 진료함으로써 하루를 마감했습니다. 3일째, 샘이 순회하는 중에 그 미조직교회에 도착했고, 세례 지원자를 문답하고 책망하고 지도했으며, 그다음 날 오후에 성찬식을 거행했는데

---

1 수신 주소는 샌프란시스코 네바다 블록 29번지였고, 수신일은 12월 7일이었다. 평양에서 보낸 편지가 샌프란시스코까지 가는 데 1개월이 걸린 것을 알 수 있다.

2 전도부인은 원 씨였다.

circuit, examined for baptism, admonished, planned and advised, and the next forenoon held the Communion service, receiving three women in baptism. Then he started again on his round to visit six other groups, and will not be at home for a couple of days yet. Oh, what delightful work this is! I never come home from the country without wishing I could spend more time itinerating or at least holding classes among the country women, for I believe this latter work tells far more than short visits among many groups. The trip was a fine change for me and did me lots of good, though I am tired just now and come back to find a host of things to be attended to. What a constant joy and delight it is that these people receive us as they do, that they receive the Word so gladly and that the light is spreading so among them. The women out there were loud in their expressions of gratitude and joy at my coming, they literally "showered" me with eggs, chestnuts and anything Korean which they knew I would eat, and now I come home to find the heartiest kind of a welcome from our household and everyone I meet, all wanting to know all the details I have to tell about the church work in the country. What a priceless treasure love is, and what a blessing we have in the love of these people!

I ought to have put in a dash for every interruption in this letter just to show you how many there have been. It does not seem like a letter to you but I shall send it just to tell you that I am well and busy and happy as can be, and to fill it with a heart full of love to both of you, my dear ones.

Your loving daughter,
Alice Fish Moffett

3명의 여성이 세례를 받았습니다. 그리고 그는 6개의 미조직교회를 방문하기 위해 순회 여행을 계속했는데, 이틀이 지나야 돌아올 것입니다. 오, 얼마나 기쁜 사역인지요! 저는 집에 돌아올 때마다 좀 더 많은 시간을 순회 여행과 사경회에 쏟으면 좋겠다고 느낍니다. 짧게 여러 그룹을 방문하는 것보다 사경회를 여는 것이 훨씬 더 효과적이기 때문입니다. 여행에서 돌아온 지금은 비록 피곤하고 해야 할 많은 일이 밀려 있지만, 여행은 제게 기분 전환이 되었을 뿐 아니라 많은 유익이 있었습니다. 교인들이 저희를 환대하고, 성경 말씀을 기쁘게 받아들여서 그들 가운데 빛이 퍼지는 모습이 계속되고 있으니 얼마나 기쁘고 즐거운지요! 그곳 여성들은 제가 왔다고 큰 목소리로 감사와 기쁨을 표현합니다. 그들은 계란, 밤, 그리고 제가 먹을 수 있다고 생각하는 것이면 무엇이든지 가지고 와서 문자 그대로 "쏟아줍니다." 그리고 집에 돌아오면 집에서 일하는 식구들과 만나는 모든 사람이 진심으로 환영합니다. 그들은 시골 교회 사역에 대해 시시콜콜한 것까지 다 알기 원합니다. 사랑이 얼마나 귀중한 보물인지, 또 우리가 이 사람들을 사랑하는 것이 얼마나 큰 복인지요!

이 편지를 쓰면서 중단해야 했던 모든 곳에 빗금을 그어서 보여드리면, 제가 얼마나 많이 중단했는지 아실 수 있을 것입니다. 두 분께 드리는 편지가 아니라, 제가 얼마나 잘 지내고 바쁘며 행복한지 보여드리는 편지가 되었군요. 사랑하는 두 분께 마음 가득 사랑을 담아서 보냅니다.

사랑하는 딸,

앨리스 피시 마페트 올림

Charles H. Fish

San Francisco, California

November 18, 1904

CONSOLIDATED CALIFORNIA AND VIRGINIA MINING CO. 29

Nevada Block

CHAS. H. FISH, president A. W. HAVENS, SECRETARY

Dear Allie:

There is commotion in the quiet little home in San Rafael. I gave you a hint in my last letter that Mother was preparing exploring expeditions into Asia and they have ripened rapidly. I have penned a note to the O & B Ship Co. asking prices of 1st Class ticket & a few other questions for a young lady living in San Rafael who wishes to emigrate to Korea. Mother has an idea that travel is suspended when the ports freeze up but I am of the opinion that people find their way from Nagasaki to Seoul in the winter. That Mother of yours has a great deal of Roosevelt blood in her. She does things and when her work begins there is no let up until something happens. I have learned from experience that she has a good head on her shoulders but I should very much like to know what her children in Korea think of her management in this affair. She says we have no means of knowing and no time to find out by correspondence.

Tillie [referring to a young woman from San Rafael named Matilda Castersen, whose passage they are paying to go to Pyeng Yang to help Alice at the time of the birth of her first child] is very brave and has a good head on her so far as judgment is concerned in all places in which I have seen her tried, but this will be so entirely new that it seems we are asking too much. We will try to find some one who is going to Korea that will see that she gets into no trouble. The mail goes tomorrow & I am scribbling a short letter supposing that Mother will send you all the plans & specifications of this new project of hers.

Saturday, 19th: The probability is Tillie will leave here Dec. 3rd. I

찰스 H. 피시

캘리포니아, 샌프란시스코

1904년 11월 18일

앨리에게,

샌라파엘의 조용하고 작은 집이 소란스럽다. 네 엄마는 출발까지 얼마 남지 않은 아시아 탐사 원정대를 보내듯 준비하고 있다고 내가 지난 편지에서 네게 암시했다. 나는 한국으로 이주하기를 원하는 샌라파엘에 살고 있는 한 젊은 숙녀를 위해 1등석 표의 가격과 몇 가지 다른 질문을 담은 짧은 편지를 O&B 해운 회사에 보냈단다. 엄마는 항구가 동결되면 여행이 지체된다고 생각한단다. 그러나 나는 겨울에 나가사키에서 서울로 가는 길이 있다고 본다. 너희 엄마에게는 루즈벨트 집안의 피가 상당히 흐르는 것 같다. 그녀는 일단 일이 시작되면 어떤 일이 생길 때까지 그만 두는 법이 없단다. 나는 경험을 통해 그녀가 분별력이 좋다는 것을 알고 있지만, 한국에 있는 너희가 이 일에 대한 그녀의 견해를 어떻게 생각하는지 정말 알고 싶구나. 그녀는 우리로서는 알 수단이 없고 편지로 알아내기에는 시간이 없다고 말한다.

틸리는 용감하고, 내가 눈여겨본 바로는 모든 곳에서 좋은 분별력을 드러내었단다.[1] 그러나 이것은 완전히 새로운 상황이어서 우리가 너무 많은 것을 요구하는 것 같다. 우리는 한국에 가려는 여성이 어떤 곤경에도 빠지지 않게 할 사람을 찾으려고 애쓸 것이다. 내일 우편물이 떠날 것이고, 나는 네 엄마가 네게 그녀의 이 새로운 기획에 대한 모든 계획과 상세한 설명을 보내리라고 추정하면서 이 짧은 편지를 쓰고 있단다.

토요일, 19일: 아마도 틸리는 12월 3일에 이곳을 떠날 듯하구나. 나는 오늘 아침 이것을 부칠 약간의 시간이 있을 뿐이란다. 우리가 바르게 인도되길 바란다. 항상 기도하며, 우리 하나님 아버지께서 사랑하는 자녀들에게 복을

1 마틸다 캐스터슨이라는 이름을 가진 샌라파엘의 젊은 숙녀로, 앨리스가 첫 아이를 낳았을 때 앨리스를 돕기 위해 평양으로 가기로 했으므로 그 표를 앨리스 부모가 지불했다.

have only a few minutes to spare to get this off this morning. We will hope to be guided aright. Praying always and trusting our Father God bless you dear children.

Lovingly,

Fatherdy

내려주시리라 믿으며,

사랑하는,

아버지가

Alice Fish Moffett

Pyeng Yang, Korea

November 23, 1904

Dear Little Mother:

I am so well these days—so much stronger than I have been for months, that it is a pleasure to live and to work—and a pleasure to tell you about it. Digestion has been growing stronger and my usually inactive liver is working as I have scarcely known it to before. I can take long walks easily and love to be out of doors in this keen November air. I have to take a mild laxative now and then and need to curb my appetite at supper time or I am apt to lie awake part of the night, but these light troubles are my only ones. I am in bed nine or ten hours nearly every night, besides short rests in the day time. You should see how Sam watches over my resting and exercise and diet! He always has watched over me carefully but now I am quizzed about everything I do! And many times he says, "Now remember, there is *nothing* that *must* be done if you are not perfectly equal to it." So the days are passing most happily, and I am so thankful through every one of them for this gift of health. What a double delight it will be to have a little one year old to take home to you! I had been planning in my own mind to adopt the plan Mrs. Sharrocks used of having two envelopes ready (a pink one for a boy and a blue one for a girl) to mail to you at once, so you could read part of the news before opening the letter! But Sam says he will cable to Father and ask him to telegraph on to Mother Moffett, so we will make out a code before long to have in your hands, and then about the 20th of Feb. Father wants to go to the cable office to register again and tell them what to do with a message that may come in the next three weeks from that time. I wonder if you cannot have access to the Foreign Missions Code Book. Would not Dr. Condit have one? If when you receive this you will drop a note to Dr. Condit and find out if there is one available there will be time to let me

앨리스 피시 마페트

한국, 평양

1904년 11월 23일

어머니께,

저는 요즈음 정말 건강하게 지냅니다. 지난 여러 달보다 훨씬 더 강건해졌습니다. 살아서 일하는 것은 기쁜 일이며, 그것에 대해 어머니께 말씀드려서 기쁩니다. 소화력도 점차 좋아지고, 통상 활동하지 않는 것 같던 간(肝)도 이전에 문제를 느끼지 못할 때처럼 잘 작동하고 있습니다. 저는 먼 거리도 가뿐하게 걸을 수 있습니다. 이 차가운 11월의 공기에 바깥에 나가 있는 것이 정말 좋습니다. 저는 때때로 순한 변비약을 먹어야 하고 저녁 시간에 제 식욕을 억제해야 합니다. 그렇지 않으면 한밤중에 깨어 있어야 합니다. 그러나 이런 가벼운 문제가 제 유일한 문제입니다. 저는 거의 매일 밤 9시간에서 10시간을 침대에 있고, 게다가 낮에도 짧은 휴식을 취합니다.[1] 제가 휴식하고 운동하고 식사하는 것을 샘이 어떻게 관리하는지 어머니가 보시면 좋을 텐데 그렇지 않아 유감입니다. 그는 항상 주의 깊게 저를 보살폈는데, 이제는 제가 하는 모든 것에 대해 이야기합니다. 그는 "자, 당신이 그것을 완벽하게 감당할 수 없다면 반드시 해야 하는 일이란 없음을 기억해요"라고 여러 번 말했습니다. 이런 보살핌을 받으며 행복하게 하루하루가 지나고 있습니다. 저는 건강이라는 이 선물에 대해 하나하나 감사하게 생각하고 있습니다. 어머니께 작은 1살짜리 아이를 데리고 갈 수 있다면 두 배로 기쁘겠지요. 저는 두 개의 봉투(남자아이를 위해서는 분홍색 봉투, 여자아이를 위해서는 파란 봉투)를 준비해두었다가 어머니께 보내서, 봉투를 여시기 전에 미리 소식의 일부를 읽을 수 있도록 하라는 샤록스 부인의 조언을 따르려고 계획하고 있었습니다. 그러나 샘은 아버지께 전보를 보내서, 시어머니께 전보를 보내달라고 부탁할 거라고 합니다. 그래서 우리는 곧 전보 코드를 만들어 어머니 수중에 들

1 첫 아이를 임신했기 때문이다.

know, so that we can use that if we wish.

I have been thinking very carefully, Mother, about everything that will be needed, and there will be nothing lacking that I can possibly think of. I believe everything is on hand now, so do not worry and think of the many things you want to send me. Our closets and storerooms are overstocked even now. I have extra hot water and douche bags, rubber sheet, plenty of flannel, medicine closet in the bedroom; little outfit complete, toilet basket, bath tub, castile soap, basket crib, bedding, artificial food (which I hope not to use!), etc., etc.—everything which I can think of. Think of the little things that can be tucked into Smith orders after this, from rubber rings to picture books! Oh, it makes me so happy to think of it all.

I have been having great times enlarging skirt bands and piecing out underclothes! Fortunately, my old fashioned round skirts can be let out easily and my dear little Pak Si has made for me two underwaists from heavy twilled material I bought here. They are not handsome garments but are *large* enough and comfortable. My heavy brown wrapper is just what I need now; with two new dressing sacques from old material, the green shirt waist from you which I wore last winter, and for evenings in the house, the two etamine waists over a cream flannel underwaist, I am nicely supplied with clothes. I was obliged to cut my good, heavy union suits and piece them out, for comfort—but never mind—I am glad enough to do it! Oh, how much it means to us all, Mother dear, and how happy we all are in anticipation! How rich are the blessings of our heavenly Father! May this rich blessing He is giving to us be all to His glory and may He fit and prepare us for our responsibilities. I love to think that I have your special prayers even now, and it will not be long before replies will come to my Oct. letter and let us know that you, too, are rejoicing with us.

May our Father richly bless you both, my dear ones. Good night. A heart full of love from both your children.

어가게 하려고 합니다. 그 후 대략 2월 20일경에 아버지가 전신국에 가서 다시 등록하고 그들에게 그때로부터 다음 3주 내에 오는 전보를 처리할 방법을 말하면 됩니다. 저는 어머니가 해외선교부 전보 코드 책을 구할 수 있을지 궁금합니다. 콘디트 박사가 한 권을 가지고 있지 않나요? 어머니께서 이 편지를 받을 때, 콘디트 박사에게 짧은 편지를 남겨서 빌릴 수 있는 책이 있는지 알아보시면, 제게 알려줄 시간이 있고, 우리가 원한다면 그것을 사용할 수 있을 것입니다.

어머니, 저는 필요한 모든 것에 대해 주의 깊게 생각하고 있습니다. 제 생각에 아마도 부족한 것은 없는 듯합니다. 이제 모든 것이 편리합니다. 그러니 걱정하지 마시고 제게 보내시고 싶은 많은 것을 생각하지 마세요. 우리 옷장과 창고는 지금도 가득 찼습니다. 저는 침대에, 여분의 온수와 휴대용 세척기, 고무 시트, 많은 플란넬 천, 약장이 있습니다. 모든 것이 갖춰진 여행 용품, 화장실 바구니, 욕조, 카스티야 비누, 바구니 통, 침구류, (사용하지 않기를 바라는) 즉석식품 등 제가 생각할 수 있는 모든 것이 있습니다. 이 다음에 스미스상회로 보낼 주문에 집어넣을 작은 물건들에 대해서는 고무링에서 그림책까지 생각합니다. 오! 이 모든 것을 생각하면 정말 행복합니다.

저는 치마의 끈을 넓히고 속옷을 늘이면서 좋은 시간을 보내고 있습니다. 운 좋게도 제 구식 원형 치마를 쉽게 늘일 수 있어서, 소중하고 귀여운 박씨 부인은 제가 여기서 구입한, 능직으로 꼼꼼하게 짠 천으로 두 개의 속치마를 만들어주었습니다. 그것은 멋진 옷은 아니지만 충분히 크고 편안합니다. 지금은 짙은 갈색 실내복이 필요합니다. 오래된 재료로 만든 두 개의 짧은 화장 옷, 어머니께서 보내주셔서 작년 겨울과 집에서 저녁 식사 때 입었던 녹색 셔츠 드레스, 그리고 크림색 플란넬 속치마가 있는 두 개의 에타민 블라우스가 있어서 옷은 충분합니다. 저는 편하게 입기 위해 좋고 두터운 유니언 슈트를 잘라서 늘려야 했습니다. 그러나 신경 쓰지 마세요, 저는 그렇게 하는 것이 충분히 기쁩니다. 오! 사랑하는 어머니, 우리 모두에게 그것이 얼마나 많은 것을 의미하고, 우리 모두가 기대감에 얼마나 행복한지요! 하늘에 계신 우리 아버지의 축복이 얼마나 풍요로운지요! 당신이 우리에게 내리시

Alice Fish Moffett

P.S. I must not forget to tell you how I have gained in flesh the last two months—am getting back almost where I used to be, with solid flesh such as I have not had for a long time. Good digestion assimilation and circulation of course are doing this.

The enclosed letter to Annie Bradley was written long ago and I thought was forwarded promptly, but in some way it was tucked away in my desk and has only just been discovered. Am sorry it has been delayed so long.

Alice

는 이 풍요로운 축복이 모두 당신의 영광이 되며, 우리가 책임을 다하고 감당할 수 있도록 준비시켜 주소서! 저는 지금도 어머니의 특별한 기도를 받고 있으며, 10월 편지에 대한 답장이 머지않아 도착하리라고 생각합니다. 어머니도 우리와 함께 기뻐하신다는 것을 우리에게 알려주세요.

사랑하는 부모님을 우리 하나님 아버지께서 풍성하게 축복해주시기를 빕니다. 좋은 밤 되세요. 어머니의 두 자녀가 마음에 사랑을 가득 담아 드립니다.

앨리스 피시 마페트 올림

추신. 지난 두 달 동안 제가 얼마나 살이 쪘는지 말씀드리는 것을 잊어서는 안 되겠지요. 저는 예전의 모습으로 거의 돌아가고 있는데 오랜만에 통통하게 살이 쪘습니다. 물론 소화와 흡수와 혈액 순환이 잘 되어서 이렇게 되었습니다.

오래전에 쓴 애니 브래들리에게 보내는 편지를 동봉합니다. 저는 그 편지를 지체 없이 전달했다고 생각했는데, 어떻게 된 일인지 제 책상 안에 숨겨져 있었고 이제야 발견했습니다. 이렇게 오래 지연되어 죄송합니다.

앨리스 올림

Alice Fish Moffett

Pyeng Yang, Korea

November 28, 1904

Dear Fatherdy and Little Mother:

The last mail brought your precious letters of Oct. 19th and 24th, and with them came Smith's invoice of our order so we may expect the goods now before many days. You have loaded us down with Christmas gifts! What a time we shall have opening those boxes and packages! I certainly meant to tell you of the sending of our order and thought I had done so, but I did not send for a list of things *because* we did not need them! We are going to have just as good a time over all the gifts and good things which your love has provided as if we *did* need them, but I cannot say we did! I shall have clothes and shoes and under clothes until as Father says I shall have to sit up nights to wear them! And I think that surely with this coming supply of jelly, jam, beef etc., we ought to have enough to last until we go home. More about all this after the goods come in. Probably we can allow them ten more days before the river freezes.

The Woman's Training Class opened last Saturday morning, and these are the busiest kind of days for I am not only teaching every day but happen this year to be on the committee to look after the details of the class, and that means a good deal of work. But oh, it is such a pleasure to work for and with these women; I always do so thoroughly enjoy it all. There are a large number in for study this year who have never been here before and some from quite a distance and from new places, so that the class work of this Fall promises to reach out where we have not touched before. The women are all graded according to their ability to read and their knowledge of the Scriptures, and are placed in five classes. Every morning all gather in the chapel at nine o'clock for worship, then separate to five class rooms for study from half past ten

앨리스 피시 마페트

한국, 평양

1904년 11월 28일

아버지와 어머니께,

지난 우편물로 두 분의 10월 19일과 24일 자 소중한 편지를 받았습니다. 우리의 주문에 대한 스미스상회의 청구서도 왔으므로 머지않아 물건을 받으리라고 기대합니다. 성탄절 선물까지 가득 담아 보내셨군요! 그 상자와 꾸러미를 열 때가 되면 얼마나 기쁠지요! 제가 생각했던 우리의 주문을 보내는 일에 대해 두 분께 분명히 말씀드리려고 했지만, 저는 물건 목록을 보내지 않았습니다. 왜냐하면 우리에게 그것이 필요하지 않았기 때문입니다. 두 분이 사랑으로 보내신 모든 선물과 좋은 물건을 마치 우리가 필요했던 것처럼 즐겁게 가지고 있겠습니다. 그러나 우리가 필요했다고 말할 수는 없답니다! 아버지께서 말씀하신 대로 저는 옷과 신발을 가지게 되고, 그것을 입고 신기 위해 밤늦게까지 앉아 있어야 할 것입니다. 그리고 오고 있는 젤리, 잼, 소고기 등과 같은 식료품도 안식년을 맞아 고향에 돌아갈 때까지 사용할 만큼 충분히 가지고 있습니다. 주문한 물건이 온 후에 이 모든 것이 더 오겠지요. 강이 얼기 전에 배달부들에게 10일을 추가로 허락해주어야 되겠습니다.

지난 토요일[26일] 아침에 부인 사경회가 시작되었습니다. 저는 요즈음 가장 바쁜 날들을 보내고 있는데, 매일 가르쳐야 할 뿐만 아니라 올해 사경회의 세부 사항을 돌보는 위원회에 들어가서 할 일이 많기 때문입니다. 그러나 오, 이 여성들을 위해 일하는 것, 그리고 그들과 함께 일하는 것은 얼마나 즐거운지요. 저는 언제나 그것을 철저히 즐깁니다. 올해에 공부하러 온 여성들 대부분은 이전에 온 적이 없으며, 몇 명은 먼 곳에서 왔고, 몇 명은 새로운 마을에서 왔습니다. 그래서 올가을의 사경회 사역은 이전에 접근하지 않았던 마을에 다가갈 수 있을 전망입니다. 읽을 수 있는 능력과 성경 지식에 따라 5개로 반을 나누었는데, 아침마다 9시에 모두 예배당에 모여서 예배를 드리고, 이어서 10시 반부터 12시까지 5개 반이 따로 모여 공부합니다. 다시 5

to twelve; again the five classes gather from two to half past three, then have a singing class for half an hour and have an evening meeting for an hour or so of review study. I am teaching selections from the Psalms to the highest class and thoroughly enjoy it, as I believe the women do also from their interest and eagerness in the study.

Wed. 30th. One of the young girls who has been a protégé of ours for the last four years, a daughter of Sam's former teacher who died about four years ago, is to be married today to the son of one of the deacons of the church. I have just sent over our wedding gift to her; a partial table set of brass dishes for her house keeping, these taking the place here of family silver with us. Sam is to perform the ceremony this noon in the chapel, and then we are all invited to the Korean wedding feast at the home in the city.

Mr. Herbert Blair, our new worker for the North, was welcomed here last week. Am glad that you saw him, Fatherdy, if only for a few minutes. He is certainly a fine man, and oh, how much it means to have him here for the Northern work.; He will be here in Pyeng Yang until Spring probably, and then go to his appointed work in Syen Chyen. The other three new missionaries all stopped in Southern Korea.

Our dear Grandma Webb is talking quite seriously of going to America next Spring if she can find some one with whom to make the journey. She feels that the winters here are beginning to prove severe for her and fears that if she remains too long her health will suffer from it. It will be exceedingly hard for her when the time comes to leave Mrs. Lee and the children, but she says now that she is quite decided it is the thing for her to do. More than this, she says that she will make a short stay in Honolulu with a brother-in-law and then on reaching America wants to spend several months in San Rafael at the Jordan house. If this plan *is* carried out how fine it will be for you, Mother, to have someone who has lived here so many years with whom to talk about Korea. Dear Grandma Webb–I don't know what we shall do without her. With this prospect

개 반은 오후 2시부터 3시 반까지 모여 공부하고, 이어서 30분간 찬송을 부르고, 저녁에 1시간 남짓 배운 것을 복습합니다. 저는 최상급반에서 시편을 선별적으로 가르치는데 즐겁게 하고 있습니다. 저는 여성들도 큰 관심을 기울이며 열심히 즐겁게 공부한다고 생각합니다.

30일 수요일. 지난 4년간 우리의 후원을 받은 소녀 가운데 한 명은 4년 전에 죽은 샘의 어학교사의 딸인데, 오늘 교회 집사의 아들과 혼인합니다. 저는 조금 전에 그녀에게 결혼 선물을 보냈습니다. 살림에 필요한 놋그릇 식기 한 벌입니다. 이곳에서는 은제 식기 대신 놋그릇을 사용합니다. 샘이 오늘 오후에 예배당에서 주례를 하고, 이어서 우리는 시내에 있는 집에서 열릴 한국식 피로연에 초대를 받아 갈 것입니다.

북부 지방에 새로 온 사역자인 허버트 블레어 목사는 지난주에 이곳에서 환영을 받았습니다.[1] 비록 잠깐 동안이지만 아버지께서 그를 만나보셨다니 기쁩니다. 그는 좋은 사람이 분명합니다. 오, 북부 지방을 위해 그가 온 것이 얼마나 큰 의미가 있는지요! 그는 봄까지 평양에 머무르고 그다음에 임명지인 선천으로 가게 될 것입니다. 다른 3명의 신임 선교사는 모두 남부에 머물러 있습니다.

우리의 할머니 웹 여사는 함께 여행할 사람을 찾으면 내년 봄에 미국에 갈 것을 심각하게 고려 중입니다.[2] 그녀는 이곳의 겨울 추위에 자신의 몸이 상하기 시작하는 것을 느끼고, 너무 오래 머물러 있으면 건강을 해칠 것이라고 생각합니다. 그녀가 딸과 손자들을 두고 떠날 때가 오면 무척 힘들겠지만, 이것을 자신이 해야 할 일이라고 단호히 결심한 상태입니다. 나아가 호놀룰루에서 형부와 함께 잠시 지내고, 그 후에 미국에 가면 샌라파엘에 있는 조단의 집에서 여러 달을 보낼 것이라고 말합니다. 만일 이 계획대로 되면 어머니는 얼마나 좋으시겠어요? 이곳에서 여러 해를 살았던 분과 한국에 대해 이야기할 수 있으니 말입니다. 소중한 웹 할머니, 우리가 그녀 없이 어떻

1 블레어는 1904-1908년 선천에서 사역한 후 대구로 옮겼다.

2 웹 부인은 리 목사 부인의 어머니로 오랫동안 평양에서 딸 부부를 도우며 손자들을 돌봤다.

of her going to San Rafael do you know of any other place that would be better for her than with Mrs. Jordan? She did not ask me to write you about it but I know you will be glad to see that she is comfortably situated. She thinks that climate will be specially good for her.

We are having most beautiful weather—clear and cold and frosty; there is a tonic in every breath when one is out of doors. Sam is well, busy with city church work and preparing to go out day after tomorrow for another country class. I am *very* well. Am getting through the class work splendidly, and next week when this rush is over I mean to take an extra rest.

Fri., Dec. 2nd. How the days do fly away! Here we are already in the last month of this year. On Wed. we had a splendid union meeting of the women of the class and some of the city women. I have two classes a day now for three days in succession and with the necessary preparation for them it keeps me pretty busy, but the teaching is such a pleasure, every bit of it, even when in the girls' school I try to teach the capacity of the lungs in cubic inches and the meaning of residual air to pupils who do not know what a cube is!

I must tell you about our fresh corn meal for I think it quite a discovery. This Summer we had a Korean raise some field corn for us, working on shares so that he received part of the proceeds, and ever since the corn dried thoroughly I have had it ground a little at a time as we want to use it and find it much better even than that we receive from Smith's—because it is so perfectly fresh, I suppose. Now, Fatherdy, I want to know how we can best get a half bushel of field corn for planting next year. It ought not to be necessary to get it at seed prices and for this reason I would rather not put it on our order with the other seeds which we shall be sending for. Could you inquire about it for us at Smith's or elsewhere and have Smith receive and pay for half a bushel for us, to come out with the next order? As soon as this Fall order comes in I shall begin to work on the next one for Spring supplies, and shall try to send

게 지낼지 모르겠습니다. 그녀가 샌라파엘로 갈 전망인데, 조단 부인의 집보다 그녀에게 더 좋은 다른 장소를 아세요? 웹 부인이 이것에 대해 편지해달라고 부탁하지는 않았지만, 그녀가 편안하게 지내는 것을 보면 어머니도 기쁘실 것입니다. 할머니는 그곳 날씨가 특별히 자신에게 좋으리라고 생각합니다.

이곳 날씨는 상쾌합니다. 청명하고 추우며 서리가 내립니다. 바깥에 나가 숨을 들이쉴 때마다 원기가 돋습니다. 샘은 건강하고, 시내 교회 일로 바쁘며, 이틀 후 시골 사경회를 위해 외출할 준비를 하고 있습니다. 저는 건강합니다. 저는 사경회 수업을 멋지게 해내고 있으며, 다음 주에 이 분주함이 끝나면 충분히 휴식을 취할 것입니다.

12월 2일 금요일. 날이 얼마나 빨리 지나가는지요! 올해도 벌써 마지막 달이 되었습니다. 수요일에는 사경회에 참석한 여성들과 시내 교회의 일부 여성들이 함께 모이는 훌륭한 연합 집회가 열렸습니다. 저는 3일 연속으로 하루에 두 개의 수업을 했는데, 필요한 준비까지 하느라 정말 바빴습니다. 그러나 가르치는 일은 매 순간이 즐겁습니다. 심지어 여학교에서 가르칠 때에는 정육면체가 무엇인지도 모르는 학생들에게 폐활량을 인치 입방체 크기로, 또 남아 있는 잔여 공기의 의미를 가르치려고 노력했습니다.

신선한 옥수수 가루에 대해 말씀드려야겠습니다. 제 생각에 그것이 새로운 발견이기 때문입니다. 올여름에 우리는 한 한국인에게 밭에 옥수수를 재배하도록 했는데, 수확을 서로 나누는 방식이라 그도 일부를 가져갔습니다. 그 후 저는 옥수수를 바짝 말렸고, 우리가 한 번에 필요한 양만 조금씩 갈아서 썼는데, 스미스상회로부터 받는 것보다 품질이 훨씬 좋았습니다. 저는 아마도 완벽하게 신선해서 그렇다고 생각합니다. 아버지, 그래서 내년에 심을 최고급 옥수수 반 말을 어떻게 하면 구할 수 있을지 알고 싶어요. 종자용 가격으로 살 필요는 없습니다. 그래서 저희가 보낼 여러 씨앗 주문서에 포함시키지는 않을 것입니다. 저희를 위해 스미스상회나 다른 곳에 알아봐주시겠습니까? 그리고 스미스상회로 하여금 반 말 양의 옥수수를 받아서 다음 주문품을 발송할 때 함께 보내도록 대금을 지불해주시겠습니까? 올가을 주문한 것이 도착하면 저는 바로 다음 봄 공급물의 주문에 들어가서 12월 말까

it by the last of Dec. We need to allow more time now for transit, there are apt to be more delays this side of Japan than formerly. Little Mother, would you like to select the plain pale green ingrain wall paper and the window shades for the "den"? I do not yet know just how much will be needed but will send you the measurements later. I thought you would like to have a finger in the selection but it will not be necessary for you to see to it unless you wish to. Since there is no pattern to be chosen we will trust Smith's judgment as to shade.

Now I must say "Goodbye" and prepare for class work. May our Father continue His rich blessings upon you both, my dear ones. With much love to all the relatives and friends and a heart full of love from us both to you,

Your loving daughter,
Alice Fish Moffett

지는 보내겠습니다. 요즈음은 운송 시간을 더 여유 있게 잡아야 합니다. 이전보다 일본 쪽에서 더 많은 지연이 일어나는 경향이 있습니다. 어머니, 저희 "서재"에 사용할 평범한 연한 녹색 염색 벽지와 창문 블라인드를 골라주시겠어요? 저는 아직 얼마나 많이 필요할지 모르지만, 나중에 측정해서 방 크기를 알려드리겠습니다. 저는 어머니께서 벽지를 골라주기를 원하신다고 생각했지만, 원하지 않으시면 반드시 고르실 필요는 없답니다. 딱히 골라야 할 패턴이 없기 때문에 블라인드는 스미스상회의 판단에 맡기려고 해요.

이제는 "안녕"을 고하고 사경회 일을 준비해야 합니다. 우리의 천부께서 사랑하는 두 분께 복 내리시기를 빕니다. 모든 친척과 친구들에게도 사랑을 듬뿍 보내며, 두 분께 우리 두 사람이 마음에 사랑을 가득 담아 드립니다.

사랑하는 딸,

앨리스 피시 마페트 올림

Arthur J. Brown

New York, New York

December 9, 1904

My dear Dr. Moffett:

I have read with great care your thoughtful letter of October 20th, and I am very grateful to you for the pains that you took to place before me the various matters referred to. It is always a help to a Secretary to have such a light thrown upon a situation. I only wish that your letter had reached me in time for presentation to the Committee on Korea and the Board in connection with the consideration of the Minutes of the Mission Meeting, but unfortunately the letter did not arrive until all the Board actions had been taken, and my letter thereon had been sent to the field. We trust, however, that the conclusions of the Board will commend themselves to your judgment and to that of your associates.

I am trying to induce the First Presbyterian Church of Pittsburgh to furnish the funds for the opening of a new station in Korea, in addition to what it is already doing for the general work, and I am sending to the pastor, the Rev. Dr. Maitland Alexander, a liberal extract from your letter.

The question as to what we can do for the young Koreans who are going to Honolulu and to San Francisco is a very perplexing one. Unquestionably the first thing to do is to do everything possible to prevent their going. I enclose a leaflet on the general subject which I drew up some time ago and which the Board is widely distributing. It refers more particularly to Syrians, Armenians and Persians, and yet the same general considerations apply to Koreans. Some other Orientals have little difficulty in making their way financially in the United States at any rate after a few months' residence here, but I fear that the typical Korean would be quite unable to adjust himself to the conditions of our American life and that he would be in danger of being an object of

아서 J. 브라운

뉴욕 주, 뉴욕

1904년 12월 9일

마포삼열 박사에게,

귀하가 10월 20일 자로 보낸 사려 깊은 서신을 꼼꼼하게 읽었습니다. 귀하가 언급한 다양한 문제를 내게 제시하기 위해 기울인 노력에 감사하게 생각합니다. 어떤 상황에 대해 그렇게 조명해주는 것이 총무에게는 늘 도움이 됩니다. 연례 회의 회의록을 고려하는 일과 연계해서 한국 위원회와 선교부에 제출된 귀하의 서신이 시간에 맞게 일찍 도착했더라면 좋았을 것입니다. 그러나 애석하게도 그 서신은 선교부의 모든 조치가 취해지고 그에 대한 내 서신을 선교지에 보낸 후에 도착했습니다. 하지만 선교부 이사회의 결론을 귀하와 귀하의 동료들의 판단에 맡기는 바입니다.

나는 피츠버그의 제일장로교회가, 일반 사역을 위해 이미 하고 있는 일에 추가하여, 한국에 새 선교지부의 설립 자금을 제공하도록 설득하는 중입니다. 나는 그 교회의 메이트랜드 알렉산더 목사에게 귀하의 서신에서 임의로 발췌한 내용을 보냈습니다.

호놀룰루와 샌프란시스코로 가게 될 한국인 젊은이들을 위해 우리가 할 수 있는 일이 무엇이냐는 것은 당혹스러운 문제입니다. 의심할 여지 없이 가장 먼저 해야 할 일은 그들이 가는 것을 막기 위해 할 수 있는 모든 조치를 취하는 것입니다. 내가 얼마 전에 작성하고 선교부 이사회가 폭넓게 반포한 일반적 사안에 대한 소책자를 동봉합니다. 그것은 좀 더 구체적으로 시리아인, 아르메니아인, 페르시아인과 관련이 있습니다. 그러나 동일하고 일반적인 고려 사항을 한국인에게도 적용할 수 있습니다. 일부 다른 동양인은 미국에 와서 어떻게든 몇 개월을 지내는 데 재정적인 어려움이 별로 없습니다. 그러나 나는 전형적인 한국인은 우리의 미국 생활 환경에 적응할 수 없으며, 거의 처음부터 자선의 대상이 될 위험에 처하게 될까 염려됩니다.

오게 될 사람들에 대해, 나는 귀하가 캘리포니아에서 우리 선교회 사역

charity almost from the beginning.

As to those who will come, I think you have done the best thing by writing to the Rev. J. H. Laughlin, the Superintendent of our Mission work in California. Dr. E. A. Sturge, of San Francisco, the Superintendent of our Japanese work is also an excellent man and anything that could be done at all for those in this country would probably have to be through those brethren.

As for those in Honolulu, it appears quite out of the question for our Board to undertake any responsibility. You know that the Presbyteries have never had any work there and we have no one connected with us through whom we could operate it. The American Board [of Commissioners for Foreign Missions] long since discontinued its relations with that work as the churches in Honolulu and its vicinity are now wholly self-supporting. Probably the best way and the only way that I can now think of would be to address the President of the Union Board of Home Missions in Honolulu. It is a Board constituted in Honolulu, and has charge of all the missionary operations of the Congregational churches there. I do not know the name of the President, but a letter might be sent to the Rev. Frank Damon, Superintendent of the Mission for the Chinese, and who would know how to bring it to the attention of the proper persons. I have deep sympathy for the Koreans who turn in this way to other lands and I shall not forget to pray for them.

Your letter relating to the Korean Independent Church has not yet arrived. I hope it is on the way for I must hold up the matter at this end of the line until it comes.

A little volume by Robert F. Horton entitled *"The Bible, A Missionary Book,"* has recently given me much food for thought. I am not at all in sympathy with some of the author's fundamental positions–indeed I dissent so widely from them that I would not be prepared to recommend the book to a young Christian whose convictions were unformed or plastic. But on the other hand I found some passages that impressed me

의 감독인 래플린 목사에게 편지를 보낸 것이 최선이었다고 생각합니다. 우리의 일본 사역의 감독인 샌프란시스코의 스터지 박사 역시 훌륭한 사람입니다. 따라서 이곳에 와 있는 사람들을 위해 할 수 있는 어떤 일이 있다면 아마도 이 형제들을 통해 이루어져야 할 것입니다.

호놀룰루에 있는 사람들에 대해 우리 선교부 이사회가 어떤 책임을 질 것이냐는 문제는 의논할 필요가 없어 보입니다. 귀하는 장로회가 그곳에서 어떤 사역도 한 적이 없으며, 우리가 함께 일할 연결된 사람도 없다는 사실을 아실 것입니다. 미국 공리회가 오래전에 그곳에서의 사역 관계를 단절한 후, 호놀룰루에 있는 교회와 인근의 교회들은 이제 완전히 자립하고 있습니다. 아마도 내가 지금 생각할 수 있는 최선의 방법이자 유일한 방법은 호놀룰루에 있는 국내선교회 연합이사회 회장에게 위탁하는 것입니다. 그것은 호놀룰루에서 구성된 이사회인데, 그곳의 모든 회중교회의 선교 활동을 담당하고 있습니다. 나는 회장의 이름은 모릅니다. 그러나 중국인 선교회 감리사인 프랭크 데이몬 목사에게 서신을 보낼 수 있을 것입니다. 그는 그 문제에 적절한 사람들이 관심을 가지도록 하는 방법을 알 것입니다. 나는 이런 식으로 다른 나라에 가는 한국인들에 대해 깊은 동정심을 느낍니다. 그들을 위한 기도를 잊지 않겠습니다.

"한국 독립 교회"와 관련한 귀하의 서신을 아직 받지 못했습니다.[1] 나는 그 서신이 오는 중이기를 바랍니다. 왜냐하면 내가 그것이 도착할 때까지 이쪽에서 그 문제를 지연시켜야 하기 때문입니다.

로버트 호턴이 쓴 소책자 『성경, 전도의 책』이 최근 내게 많은 생각할 거리를 주었습니다. 나는 저자의 일부 근본적인 입장에 대해서는 전혀 공감하지 않습니다. 사실 나는 그것에 대해 다른 의견을 가지고 있기 때문에 아직 신념이 형성되지 않거나 바뀌기 쉬운 어린 기독교인들에게 이 책을 추천하고 싶지 않습니다. 그러나 다른 한편으로 깊은 인상을 받은 몇몇 구절이 있습니다. 나는 오랫동안 경건회 시간에 많은 시편 구절을 읽어왔는데, 그 구절

1 한국에 독립 노회를 세워서 미국 장로교회로부터 독립하는 것을 말한다.

as wonderfully fine. For many years I have made much of the Psalms in my devotional reading and I feel that they voice some of the profoundest expressions of the Christian life. You can imagine therefore how glad I was to find the following passages in Horton's book, and I pass them on to you as I know that you will enjoy them:

> "They (the Psalms) seem to be written in a universal tongue and except where the meaning of the original is obscure, there is no difficulty in rendering them poetically into any language under heaven. And as the language is plain, so the thought and the feeling are those of man as such. James Gilmour, a solitary missionary in Mongolia, fills his journals and letters with gratitude for the Psalms; he found them equal to all his needs and the expression of all his singular situations. He could, he said, launch his own canoe at any time upon that stream and be carried whither he would go. Any man anywhere can make the same discovery. These Hebrew Psalms are used wherever Christianity goes, and they have no small share in carrying it into the uttermost parts of the earth. There can be no hesitation in recognizing the supernatural cause of this remarkable fact. Whoever were the human authors of the Psalms, the real author was the Spirit of God. No human poet and no series of poets could have produced a collection capable of accomplishing such results as this has accomplished. The missionary character of the Psalter lies not only in its forecast of the Messianic Kingdom, but much more in the fullness, the richness, and the beauty with which it delineates both the deepest experiences and the transient moods of the human soul in its relation with God. Nothing important seems to be left out. Righteousness is described in full detail, and the blessedness of the righteous is celebrated with lyrical joy. The contrition of the heart that has sinned, the passionate cry for pardon, the bliss of being forgiven, the prayer for the Spirit to uphold as well as to cleanse, run through the Psalter from beginning to end. The human soul that is speaking is one that has seen affliction, is frequently overwhelmed, and cleaves to the dust; but there is a present help, there is

들이 기독교인의 삶에 대한 가장 심오한 표현 가운데 일부를 진술하고 있다고 느낍니다. 따라서 귀하는 내가 호턴의 책에서 다음과 같은 구절을 발견하고 얼마나 기뻤는지 상상할 수 있을 것입니다. 귀하도 좋아하리라는 사실을 알기 때문에 이것을 전합니다.

"시편은 보편적인 언어로 기록된 듯하다. 원래의 의미가 불분명한 곳을 제외하면, 그것을 하늘 아래 어떤 언어로든 시적으로 옮기는 데 어려움이 없다. 언어가 소박한 것처럼, 사유와 감정도 평범한 인간의 것이다. 몽고에서 홀로 사역하는 선교사인 제임스 길모어는 시편에 대한 감사로 그의 일기와 서신을 채우고 있다. 그는 시편이 그의 모든 필요와 외로운 상황을 동일하게 표현하고 있음을 발견했다. 그는 그 강물의 흐름에 언제라도 자신의 카누를 띄워서 그가 가려고 하는 곳은 어디든지 갈 수 있다고 말했다. 어떤 곳에서든, 누구든 동일한 점을 발견할 수 있다. 이 히브리 시편은 기독교가 가는 모든 곳에서 사용되고, 지구의 가장 멀리 떨어진 곳까지 운반되는 기독교의 짐에서 적지 않은 부분을 차지한다. 이 주목할 만한 사실의 초자연적인 원인을 인식하는 것에 약간의 주저함도 있을 수 없다. 시편 저자가 누구든지 간에 참된 저자는 성령이시다. 어떤 시인이나 일단의 시인들도 시편이 성취한 결과를 이룰 수 있는 시집을 만들 수 없었을 것이다. 시편의 선교적 특성은, 메시아 왕국에 대한 예언뿐만 아니라, 하나님과의 관계에서 인간 영혼의 가장 깊은 경험과 스쳐 지나가는 감정을 충분히, 풍부하게, 아름답게 표현하는 데 더 많이 있다. 생략해도 될 만큼 중요하게 여겨지지 않는 것은 없는 듯하다. 의로움은 상세하게 묘사되고, 의인의 축복은 서정적인 기쁨으로 기념된다. 죄를 범한 심정의 참회, 용서를 구하는 격정적인 통곡, 용서받은 희열, 그리고 고양시킬 뿐만 아니라 정화시키는 성령의 기도가 처음부터 끝까지 시편을 가로질러 흐른다. 말하고 있는 인간의 영혼은 곤경을 목도하고, 자주 압도되며 먼지처럼 흩어진다. 하지만 현재의 도움이 있고, 사랑하고 불쌍히 여기며 구원하시는 하나님이 계신다. 모든 시편에는 항상 하나님이 계신다. 시인은 하나님의 영광, 그분의 위엄, 자연 속에 있는 그분의 임재, 그분이 주신 율법, 그분의 집에서의 예배, 그분이 인간사를 쉬지 않고 돌보

> God who loves, and pities, and saves. Always in every Psalm there is God; the poet speaks of His glory, His majesty, His manifestations in nature, the law He has given, the worship of His house, His constant oversight of human affairs; but above all he speaks of God as a friend and even a lover, as a refuge, as a dwelling-place, as an overshadowing presence. Not infrequently, as the sinner speaks to God, God's voice is heard in reply, and the poem becomes a dialogue between God and man. The wonder and the comfort and the joy of it are unspeakable; as the intercourse goes on, earthly troubles fade away, earthly enemies are overcome, and even death, which at first sight seems to the singer the cessation of being, and an everlasting silence, is, like other foes, vanquished in the assurance, 'Thou wilt not leave my soul in hell, neither wilt thou suffer Thy holy one to see corruption. Thou wilt show me the path of life: in Thy presence is fulness of joy; at Thy right hand there are pleasures for evermore."

You will recall that Stanley in the heart of darkest Africa found strength and comfort and inspiration in the Psalms. How wonderful they are. I know that you often feel that God is speaking through them to your own soul, and I am sure that you must find them very helpful in your missionary work as well as in your personal experience. I would be interested in having you tell me in some future letter to what extent you find it true that the hearts of the people among whom you labor respond to the universal voice of the Psalms of Israel.

Please remember me cordially to Mrs. Moffett and to all at the station. We are looking forward with some eagerness to your next furlough. You will be lovingly welcomed and we know that you will be able to help a great deal in arousing a deeper interest in the work so dear to all our hearts.

Affectionately yours,

Arthur J. Brown

심에 대해 이야기한다. 그러나 무엇보다 시인은 하나님을 친구로, 심지어 연인으로, 피난처로, 거할 곳으로, 그늘을 만들어주는 임재로 이야기한다. 흔히 죄인이 하나님께 이야기할 때, 응답하는 하나님의 목소리가 들리고, 시는 하나님과 사람의 대화가 된다. 그 놀라움, 평온함, 그리고 기쁨은 말로 표현할 수 없다. 그 교제가 계속되면서 지상의 어려움은 사라지고, 지상의 적들은 극복된다. '주께서 내 영혼을 음부에 버리지 아니하시며, 주의 거룩한 자로 썩지 않게 하실 것입니다. 주께서 생명의 길로 내게 보이시리니, 주의 앞에는 기쁨이 충만하고 주의 우편에는 영원한 즐거움이 있나이다.' 노래하는 자에게는 처음에는 존재의 중단이며 영원한 침묵으로 보였던 죽음조차, 다른 적들처럼 확신 속에서 사라진다."

귀하는 깜깜한 아프리카의 중심부에서 지내던 스탠리가 시편에서 힘과 평안과 영감을 찾았던 사실을 기억할 것입니다. 얼마나 아름답습니까? 귀하는 하나님이 시편을 통해 귀하의 영혼에게도 이야기하시는 것을 자주 느끼실 것입니다. 나는 선교 사역뿐만 아니라 개인적인 경험에도 시편이 매우 도움이 된다는 사실을 확신합니다. 귀하가 앞으로 제게 보내실 서신에, 사역하는 사람들의 마음이 이스라엘 시편의 보편적인 소리에 진실하게 응답하는지를 어느 정도 발견하셨는지 알려주시면 흥미롭겠습니다.

부인과 선교지부에 있는 모든 사람에게 진심으로 제 안부를 전해주십시오. 우리는 귀하의 다음 안식년 휴가를 약간 흥분된 마음으로 고대하고 있습니다. 우리는 귀하를 사랑으로 환영할 것입니다. 우리는 귀하가 소중한 사역에 대한 더 깊은 관심을 우리 모두의 가슴에 일깨워주는 데 많은 도움을 줄 수 있음을 알고 있습니다.

당신의 친애하는,

아서 J. 브라운 드림

Alice Fish Moffett

Pyeng Yang, Korea

December 10, 1904

Dear Father and Mother:

Our Christmas order has arrived, and such an order as it is!—over filled with good things for us. I shall have to say of it as Sam did of Mother's strawberry jam he was enjoying on the river last Summer, *you* too are enjoying these good things with us, for you certainly do delight in loading us with everything to make these children of yours happy, and surely we always feel like children when we are delving into boxes and packages and bundles and finding surprises everywhere. I am having the unpacking of the order alone this time, for Sam is still out at the Han Chun class and will not return before next Tuesday, but I am saving everything possible for Christmas unopened so we can enjoy them together. I could not resist the dry goods, however, so that has all come to light. The waist you made is a beauty, Mother, and so beautifully done—no wonder you found it a great deal of work. The scarlet shirt waist is *gorgeous*, most too much so for a woman of thirty-four, is it not! I shall have to remember every time that I am wearing it to please you and Sam, and the Koreans! for they think it most beautiful. Hat, shoes, veil and dainty collars, everything carried splendidly. The Christmas candy has all been put away to be brought out later as the holidays approach perhaps. But the *fruit* is already unpacked and in use and oh, how good it is to have it.

Tues. 13th. Only today have I finished unpacking the entire order; everything came in even better condition than usual this time. Two of the small bottles of grape juice were entirely empty—the contents having leaked out in some unaccountable manner—but not one bottle was broken. What an array we have in our store room now! We are certainly prepared to live on the fat of the land through a fairly long siege.

앨리스 피시 마페트

한국, 평양

1904년 12월 10일

아버지와 어머니께,

우리의 성탄절 주문품이 도착했는데, 정말 대단합니다! 우리를 위한 좋은 물건으로 가득합니다. 저는 어머니의 딸기 잼에 대해 샘이 지난여름 강에서 즐겨 먹으면서 말한 내용을 그대로 말하지 않을 수 없습니다. 부모님도 이 좋은 물건들을 우리와 함께 즐거워하신다고 말입니다. 왜냐하면 두 분도 분명히 당신의 자녀들을 행복하게 만들 모든 것을 가득 담아 보내시면서 기쁨을 느끼시기 때문입니다. 사실 우리는 상자와 꾸러미와 포장을 풀 때마다 깜짝 놀랄 선물을 발견하면서 확실히 어린 자녀가 된 느낌입니다. 이번에는 저 혼자 물건의 포장을 풀었습니다. 샘이 아직 한천 사경회에 있고 다음 주 화요일에나 돌아오기 때문입니다. 그러나 성탄절을 위해 되도록 모든 것을 열지 않고 남겨두어서 함께 즐길 수 있을 것입니다. 하지만 옷상자는 열어보지 않을 수 없었습니다. 그래서 모든 옷이 빛 속에 드러났습니다. 어머니께서 만드신 블라우스는 멋져요. 정말 아름답게 만들어졌어요. 만드느라 얼마나 수고하셨을지, 어머니 솜씨가 어디 가겠어요? 진홍색 셔츠 조끼는 근사해요. 조끼는 대개 34세 여성에겐 너무 과하지만, 이건 아니에요! 저는 어머니와 샘과 한국인들을 즐겁게 하기 위해 이 옷을 입었던 모든 때를 기억하게 될 것입니다. 왜냐하면 그들이 그 옷을 가장 아름답다고 생각할 테니까요. 모자, 신발, 베일, 우아한 목 칼라, 모든 것이 잘 어울려요. 성탄절 캔디는 나중에 내어놓으려고 모두 따로 보관해두었습니다. 휴일이 다가오고 있으니까요. 그러나 과일은 이미 포장을 풀어서 먹고 있는데, 오, 그것을 먹어서 얼마나 좋은지요!

13일 화요일. 오늘에서야 겨우 모든 주문품을 다 풀었습니다. 이번에는 평소보다 모든 것이 더 나은 상태로 도착했습니다. 다만 작은 두 병의 포도주스는 완전히 비어 있었습니다. 어찌 된 영문인지 내용물이 완전히 샜지만 깨지지는 않았습니다. 이제 우리 저장실에 모든 물건이 멋지게 진열되어 있

Sam came home today from his country class. His wheel gave out and he had to walk in the whole thirty miles (about 90 "li") and in spite of being tired has a meeting which had been previously called for this evening. But he is well and had a fine trip and class.

Our Woman's Training Class closed last Thursday after what seemed to me the best session we have ever had. It was held from Nov. 26th., to Dec. 8th.—there were 321 women enrolled, and many of those in the first and second classes had come in for the first time. In spite of the fact that we thought it might be difficult for many of the country women to travel this year because of so many Japanese throughout the country, there was a larger enrolment than ever before, and, what surprised us still more, there was a class of 72 young women very few of whom were over twenty years of age. This last fact is an exceedingly encouraging feature of the class work. Of the 321 women only about 50 are city women and the others have come from all parts of the district under the care of this Station, so you see how far reaching is the influence that goes out from one of these classes. This year for the first time we graduated from the fifth class 16 women who have completed the entire course of study, keeping our hold on them, however, by giving them an outline for a course of home reading and study upon which they are to be examined when it has been completed. Nearly all these 16 women are already teachers in Sabbath School; traveling missionaries, or Bible women under personal instruction so it will be comparatively easy to see that their study is continued. Mrs. Whiting brought with her some money from a friend in America who asked that it be used in the distribution of the Gospel of John, so at the last union meeting the class women were told about this and asked to help in carrying these Gospels to unbelieving women in the country who are too poor to buy a Testament. 130 copies of Mark, Luke and John were distributed and the eagerness of the women to take them was so great that we had a hard time in giving them out just as fast as we could. Oh, but this is a joyous work, so full of

습니다! 오랫동안 도시가 포위를 당해도 호화롭게 살 준비가 되어 있는 게 분명합니다.

샘은 시골 사경회를 마치고 오늘 집에 왔습니다. 그는 자전거가 고장 나서 30마일을 걸어오느라 피곤했지만, 예정된 모임이 있어 오늘 저녁에는 그곳에 참석했습니다. 그는 건강하게 여행하면서 사경회를 훌륭하게 인도했습니다.

우리의 여성 사경회는 지난 목요일에 끝났는데, 제게는 지금까지 했던 성경공부 가운데 최고의 수업이었습니다. 사경회는 11월 26일부터 12월 8일까지 진행되었고, 321명의 여성이 등록했으며, 제1반과 제2반의 많은 여성은 처음 참석한 사람들입니다. 올해는 시골에 많은 일본군이 주둔해 있기 때문에 여성이 여행하기 어렵겠다고 생각했지만, 어느 때보다 더 많은 수가 등록했습니다. 우리가 더 놀란 사실은 20세 미만의 젊은 여성 72명이 참석해 한 반을 만든 것입니다. 이는 사경회 사역에서 고무적인 특징입니다. 321명 중 약 50명만 평양 시내 여성이고, 나머지는 이 선교지부가 관할하는 지역의 여러 시골 구석구석에서 왔습니다. 따라서 이런 사경회의 영향력이 얼마나 멀리까지 퍼지는지 알 수 있습니다. 올해 우리는 처음으로 사경회 전체 과정을 마친 5학년의 16명을 졸업시켰습니다. 하지만 우리는 집에서 읽고 공부할 과정의 개요를 줌으로써 그들을 계속 관리하는데, 그들은 그 과정을 마치면 시험을 칠 것입니다. 이 16명은 거의 모두가 이미 주일학교 반사, 순행하는 전도인, 혹은 개인 지도하에 있는 전도부인이므로, 그들이 공부를 계속하는지 비교적 쉽게 알 수 있습니다. 화이팅 의사가 미국에 있는 친구가 보낸 약간의 돈을 가지고 왔는데, 친구가 요한복음을 반포하는 데 사용해달라고 부탁했다고 합니다. 그래서 지난번 연합 모임 때 사경회에 참석한 여성들에게 이것에 대해 말했고, 시골에서 너무 가난해서 책을 살 수 없는 믿지 않는 여성들에게 복음서를 전하는 일을 도와달라고 부탁했습니다. 그래서 130권의 마가·누가·요한 복음이 반포되었는데, 쪽 복음서를 가져가려는 여성들의 열심이 대단해서 최대한 빨리 나누어주기 위해 준비하는 일이 쉽지 않았습니다. 오, 그러나 이는 즐거운 사역으로 복과 기회가 가득한 일입니다.

blessing and opportunity.

Today we are especially happy over the arrival of a new lot of New Testaments of the latest translation which have been printed in Japan. The Koreans are as eager for them as we are to have them to sell. They have come *just* in time for the weather has turned colder and the little river is already frozen.

Wed. evening. I had a good meeting this afternoon with the catechumen women. Won-si my Bible woman, has gone out to teach a country class for ten days. I am not doing any dispensary work now, giving all my time to four classes a week and the preparation for them.

Sam has gone to Korean prayer meeting this evening and I have been writing away here until now it is my early bed time and I must say "Good night" to you my dear ones. Give much love to all the relatives and friends for me. I intend to write at once to Benicia Presbytery and the Occidental Board about the Class and some features of the Fall work. May our Father continue His rich blessings upon you, keep you in health and strength and use you in His service.

With a heart full of love from both your children,

Your loving daughter,

Alice Fish Moffett

We are both *very* well.

오늘은 최근 번역되어 일본에서 인쇄된 『신약전서』의 새 판본이 도착한 날이라 특히 행복합니다. 한국인은 우리만큼이나 그 책을 열심히 판매합니다. 새 『신약전서』는 마침 때맞춰 도착했는데, 날씨가 더 추워졌고 이제 강은 이미 얼어버렸습니다.

수요일 저녁. 저는 오늘 오후에 여성 학습교인들과 유익한 수업을 했습니다. 제 전도부인인 원 씨는 열흘간 사경회에서 가르치기 위해 시골로 떠났습니다. 저는 이제 더 이상 진료실 일은 하지 않고, 모든 시간을 일주일에 4개의 성경공부반에서 가르치고 그것을 준비하는 데 보내고 있습니다.

샘은 오늘 밤 한국인 수요 기도회에 갔습니다. 일찍 잠자리에 들기 위해 편지를 마무리해야 할 시간이므로, 저는 사랑하는 두 분께 "안녕"을 고해야 하겠습니다. 모든 친척과 친구에게 대신 안부를 전해주세요. 베니시아 노회와 동양 선교부에 사경회와 가을 사역의 특징에 대해 곧바로 편지를 보내려고 합니다. 우리의 하나님 아버지께서 그분의 풍성하신 복을 두 분께 내려주시고, 두 분을 강건케 하셔서 하나님을 위해 봉사하는 데 사용해주시기를 빕니다.

저희 두 자녀가 마음 가득 사랑을 담아 보냅니다.

사랑하는 딸,
앨리스 피시 마페트 올림
우리 두 사람은 아주 건강합니다.

PHS, microfilm reel #281, Vol. 234, letter #144

Samuel A. Moffett

Pyeng Yang, Korea

December 16, 1904

Hon. H. N. Allen

U. S. Legation,

Seoul

Dear Dr. Allen:

I want to thank you most cordially for your action in the case of the transgression of treaty rights by the Acting Kamni here. I am glad to know that you secured the punishment of the man so that the lesson is taught. The officials for the last two months have been very friendly and I think intend to avoid any further transgressions of our rights. Magistrate Paing especially is seeking to curry favor with us. He has been out to see me twice recently and has several times attended Church and prayer meeting. Just at present he has been removed from office but I understand the Japanese Consul and Military Officer here are doing all they can to have him re-instated.

We are also having the Il Chin Hoi, the Chin Po Hoi and other societies here so that little by little the political atmosphere is becoming more and more cloudy.

Our community keeps well and work goes on as usual.

With kindest regards and wishes for a Glad Christmas season to you and Mrs. Allen.

Sincerely yours,

Samuel A. Moffett

마포삼열[1]

한국, 평양

1904년 12월 16일

알렌 의사 귀하,

이곳의 감리 대리가 조약 권리를 위반한 건에 대한 귀하의 조치에 대해 진심으로 감사드립니다. 저는 귀하께서 그 사람을 확실히 처벌함으로써 따끔한 맛을 보여준 사실을 알게 되어 기쁩니다. 지난 두 달 동안 관리들은 우호적이었는데, 우리의 권리에 대한 어떤 추가적인 위반도 피하려는 의도라고 생각합니다. 관찰사 방 씨는 특히 우리 비위를 맞추려고 노력하고 있습니다. 그는 최근 두 번이나 저를 만나러 왔고, 여러 번 교회 예배와 기도회에 참석했습니다. 현재 그는 자리에서 물러났지만, 저는 이곳에 있는 일본 영사와 육군 장교가 그를 복직시키기 위해 그들이 할 수 있는 모든 일을 하고 있는 것으로 이해합니다.

또한 이곳에는 일진회와 진보회와 다른 단체들이 있어서 정치적 분위기는 점점 더 혼탁해지고 있습니다.

우리 공동체는 잘 유지되고 있고 사역은 평소처럼 진행되고 있습니다.

안부를 전하며 귀하와 부인께 기쁜 성탄절이 되기를 기원합니다.

마포삼열 올림

1 마포삼열이 알렌 의사에게 보낸 이 편지를 알렌 의사가 브라운 총무에게 발송했다.

H. N. Allen

Seoul, Korea

December 30, 1904[1]

Dear Dr. Brown:

You may not have realized that the American Minister had as a part of his functions to compel recalcitrant officials to go to church. Hope it will do the man good.

Yours,

H. N. Allen

1 This letter from S. A. Moffett to Dr. Allen was forwarded by Allen to Dr. A. J. Brown at the New York Board offices.

H. N. 알렌

한국, 서울

1904년 12월 30일

브라운 박사님께,

미국 공사가 그의 직분의 일부로서 고집 센 관리를 교회에 가도록 강제해야 했다는 사실을 귀하께서 인식하지 못했을 것 같아 알려드립니다. 그 일이 그 사람에게 도움이 되었기를 바랍니다.

H. N. 알렌 올림

●

평양 장로회신학교 학생, 1904년 [MOF]
앞줄 왼쪽부터 길선주, 김종섭, 이기풍

Students of the Presbyterian Theological Seminary, Pyongyang, 1904
Front; Kil Sŏnju, Kim Chongsŏp, Yi Kip'ung

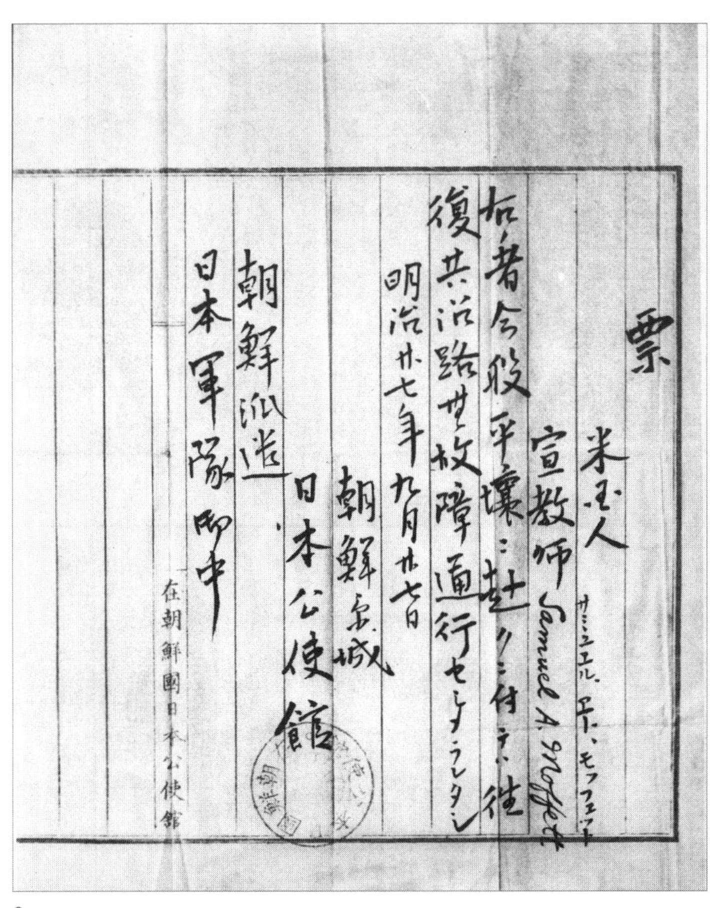

票

米国人
宣教師 Samuel A. Moffett サミユエル、エー、モフフェット

右者今般平壤ニ赴クニ付テハ往
復共沿路無故障通行セシメラレタシ

明治卅七年九月廿七日

朝鮮京城
日本公使館

朝鮮派遣
日本軍隊御中

在朝鮮國日本公使館

●

일본군이 발행한 마포삼열 목사의 전시 통행증, 1904년 [MOF]

Military pass for Rev. S. A. Moffett, 1904

평양 대동문, 1905년 [OAK]

The East Gate, Pyongyang, 1905

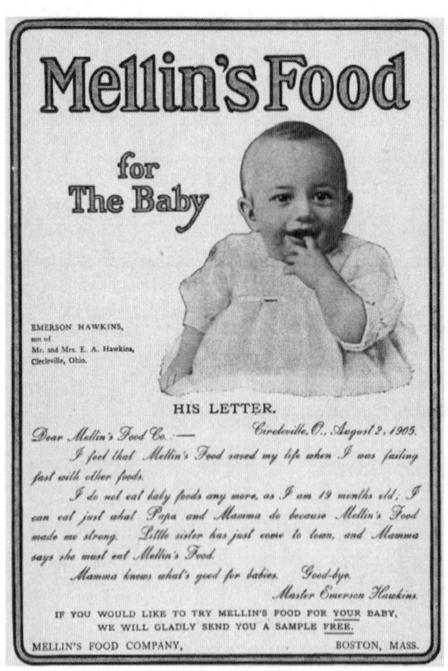

미국 잡지에 실린 멜린스 이유식 광고, 1905년 [OAK]

Mellin's Food for infants, 1905

DAUGHTERS OF EVE AT PYENG YANG.
Unmarried girl with basket on her head. It is her veil, her parasol, her rain umbrella, and the protection of her modesty.

평양 여인들, 중앙에 얼굴 가리개를 쓴 미혼 여성, 1905년 [OAK]

Daughters of Eve at Pyongyang and a girl with veil basket, 1905

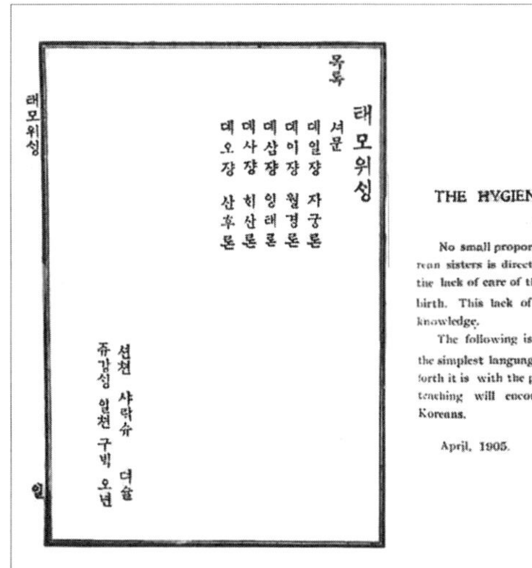

태모위싱

목록

셔문
뎨일쟝 자궁론
뎨이쟝 월경론
뎨삼쟝 잉태론
뎨사쟝 히산론
뎨오쟝 산후론

선천 샤락슈 뎌술
쥬강싱 일쳔 구빅 오년

태모위싱 일

THE HYGIENE OF PARTURITION.

No small proportion of the suffering of our Korean sisters is directly or indirectly resultant upon the lack of care of themselves before and after childbirth. This lack of care comes from the want of knowledge.

The following is practical knowledge put into the simplest language, and as this little leaflet goes forth it is with the prayer that all who endorse its teaching will encourage its reading among the Koreans.

A. M. SHARROCKS.

April, 1905.

선천의 샤록스 의사가 저술한 『태모위생』, 예수교서회, 1905년 [OAK]

Dr. Sharrocks, *The Hygiene of Parturition* (Seoul: CLS, 1905)

서신 LETTERS
1905

Maria Jane McKee Moffett

Madison, Indiana

January 7, 1905

My Dear Sam:

I have just wakened up to the fact that I have waited longer than usual in sending you a letter. More Christmas letters than usual and several outside letters that required my attention have run the number up to about 14 for December. I wrote several times to Will [her oldest son] during his visit to Tontogarry. He took his family about the first of December for a visit to Mrs. Gale and the Lawrence family. They made some arrangements as to expenses that would be satisfactory all round and be to the advantage of the poor preachers. There are five of the Lawrence children and when the greater number of the eight took the chicken pox I guess they thought there were more than 8 all together. They had a fine Christmas and lots of presents. Will went to Toledo and several other places near Tontog. On Saturday they had their turkey dinner. On Christmas day they had a church service for the children, the household attending–even little "Amy Glasgow." Then on Monday they had their real Christmas–presents, stockings and all. Had gas lighted rooms and hid away the presents as our children did in the long ago–besides, the piano, chairs and everything covered with presents.

We took our Christmas dinner with Howard's [her third son] family & they came to us for the day on Monday. January 2nd [we had] the great pleasure of Tom [her youngest son] being with us. He had written some time ago he hoped to come, as he might have another trip to New York & Washington D. C. A telegram came on Saturday saying he would be with us that night. On Sunday he sat in our pew, declining Mr. Bodell's invitation to preach or sit up on the platform. He met & spoke to a great many of his friends–both Madison & Hanover people. He wrote to Will to meet him at Fort Wayne Wednesday evening, Tom arriving at 5

마리아 제인 맥키 마페트

인디애나, 매디슨

1905년 1월 7일

사랑하는 샘에게,

오랜만에 네게 편지를 쓴다는 사실을 방금 깨달았구나. 성탄절 편지와 평소보다 더 많은 주의를 기울여야 했던 다른 외부 편지들이 12월에는 약 14통 정도 되었단다. 나는 월[장남]이 톤토게리를 방문했을 때 그에게 여러 통의 편지를 보냈다. 월은 12월 초에 가족을 데리고 게일 부인과 로렌스 가족을 방문했단다. 그들은 경비에 대해 사전에 조정을 해서 모두가 만족스럽고 가난한 설교자들에게 도움이 되었다는구나. 로렌스 가족의 자녀들 가운데 5명, 곧 8명에서 절반 이상이 수두에 걸렸을 때, 나는 아이들이 모두 합해서 8명 이상이 있다고 그들이 생각했으리라고 추측한다. 그들은 즐거운 성탄절을 보냈고 많은 선물을 받았단다. 월은 톨레도와 톤톡 근처에 있는 다른 여러 곳을 방문했지. 토요일에 그들은 칠면조로 저녁 식사를 했단다. 성탄절에는 어린 "에이미 글래스고"까지 모든 가족이 참석한 가운데 어린이들을 위한 예배를 드렸단다. 이어 월요일에 그들은 진정한 성탄절을 보냈는데, 선물과 양말과 모든 것을 받았단다. 방에 가스등을 켜고 우리 아이들이 오래전에 그랬던 것처럼 선물들을 숨겨놓았지. 그 외에도 피아노와 의자와 모든 곳을 선물로 덮어 놓았단다.

우리는 하워드[셋째 아들]의 가족과 함께 성탄절 저녁 식사를 했는데, 그들은 월요일에 왔단다. 1월 2일에는 톰[막내아들]이 우리와 함께 지내서 정말 기뻤단다. 톰은 뉴욕과 워싱턴 디씨로 다시 여행을 할지 모르기 때문에 얼마 전에 우리에게 오고 싶다고 편지를 했더구나. 토요일에 그가 그날 밤 우리와 함께 있을 것이라는 전보가 왔단다. 그는 주일에 설교를 하거나 강단 위에 올라와서 앉으라는 보델 목사의 제안을 사양하고 회중석에 앉았단다. 톰은 많은 친구, 곧 매디슨과 하노버 사람들 모두를 만나고 그들과 이야기를 나누었단다. 그는 월에게 수요일 저녁에 포트웨인에서 만나자고 편지를 썼

o'clock & Will at 7. He [Will] also had a visit to Peoria. If he decided to leave Madison, his friends in Peoria insist on him going there. He could not be happy without some of his "kith & kin." Aunt Kate [S. S. Moffett's sister] would love to have him with her & they would all feel they couldn't do enough for him & his family. Tom writes he met Mrs. R. S. McKee in Indianapolis. Had a nice call there with Boone and other friends. He has started off for Washington to attend to the Indian question once more. He says Susie is looking so well & Lenore [Susie's daughter] is a "treasure" & a jewel.

Your loving Mother,

[Mrs. Samuel Shuman Moffett]

는데 그는 5시에, 윌은 7시에 도착했단다. 또한 윌은 피오리아도 방문했단다. 피오리아에 있는 그의 친구들은 그가 매디슨을 떠나기로 결심했다면 그곳에 와야 한다고 고집했단다. 그는 "친척과 친구"와 함께 지내지 않으면 행복할 수 없을 것이다. 케이트 고모는 톰이 방문하기를 바라고 있는데 그들은 모두 자신이 그와 그의 가족을 위해 아무리 해도 모자라다고 느낄 것이다. 톰은 인디애나폴리스에서 맥키 부인을 만났다고 편지에 썼다. 또한 그곳에서 분느와 다른 친구들과 함께 즐거운 만남을 가졌단다. 그는 인디언 문제를 한 번 더 살펴보기 위해 워싱턴으로 출발했다. 톰은 수지가 건강해 보이며 레노어[수지의 딸]는 "보물"이자 보석이라고 말한다.

사랑하는 엄마가,

[새뮤얼 슈만 마페트 부인]

Samuel A. Moffett

Pyeng Yang, Korea

January 24, 1905

Dear Dr. Brown:

Doubtless it will seem that I have been negligent in the matter of my letter on the subject of the Korean Independent Church, as per action of the Mission recorded on page 48 of printed minutes, but the very great delay in the printing of the Minutes of the Council for which I have been waiting is the main reason for my delay. I think however that this will be in time to receive whatever attention is necessary before the next meeting of the General Assembly.

There is little occasion for me to write much in addition to the action of the Council, a copy of which will accompany this as part of my letter. The letter from the Board, received in response to last year's report and request, was one which caused us a great deal of thought and received most serious consideration up to and including the time of the Council meeting. The Committee on Church Government also gave itself to prolonged consideration of the matter in every phase that we could think of and in all its bearings upon the conditions of the work in Korea. When our report was brought before the Council, copies were placed in the hands of the members that the report might be clearly understood. The report very evidently expressed the views of the Council and was approved without a single negative vote after the asking of questions and hearing of replies which brought out fully the import of the report and its bearings upon what we all recognize to be a step of the greatest importance. There was but one member of the Council, Mr. Harrison of the Southern Presbyterian Mission, who expressed any doubt as to the advisability of the plan proposed, but after hearing explanations he said that he had no alternative plan which he could propose and that he did not know that any better plan could be devised. We all recognized that

마포삼열

한국, 평양

1905년 1월 24일

브라운 박사님께,

인쇄된 회의록 48쪽에 기록된 선교회의 조치에 따른 것으로서 한국 독립 교회 주제에 대한 제 서신과 관련해서 제가 의심할 여지 없이 태만했던 것으로 보일 듯합니다.[1] 그러나 기다렸던 공의회 회의록 인쇄가 늦어진 것이 제가 서신을 늦게 쓰게 된 주된 이유입니다. 그러나 저는 이 서신이 다음 총회 이전에 도착해서 필요한 관심을 받게 되리라 생각합니다.

제가 보내는 이 서신의 일부로서 동봉한 사본에 있는 공의회의 결정에 제가 추가로 쓸 내용은 없습니다. 작년 보고서와 요청서에 대한 답신으로 받았던 선교부 이사회의 서신은 우리로 하여금 많은 생각을 하게 했고, 우리는 공의회 회의 시간을 포함해서 지금까지 가장 심각하게 고려했습니다. 교회 정치 위원회도 한국의 사역 상황에 대해 모든 방면에서 생각할 수 있는 모든 국면을 놓고 그 사안을 장시간 고려했습니다. 우리 보고서가 공의회에 제출되었을 때, 그 보고서를 분명히 이해할 수 있도록 회원 모두에게 사본을 나누어주었습니다. 그 보고서는 분명하게 공의회의 입장을 표명했으며, 그 보고서의 취지와 우리 모두가 가장 중요한 단계라고 인식하는 데 미치는 영향을 충분히 밝혀주는 질의응답을 한 후에 단 하나의 반대표도 없이 승인되었습니다. 제안된 계획의 타당성에 대해 남장로회 선교회의 해리슨 목사만 약간의 의심을 표현했습니다. 하지만 그는 설명을 들은 후 자신이 제안할 수 있는 대안은 없으며, 더 좋은 계획을 세울 수 있을지 모르겠다고 말했습니다. 우리 모두는 어떤 계획이든지 극복해야 할 어려움이 분명히 있다는 사실을 인정했습니다. 그러나 공의회는 다른 선교지에서 채택했던 어떤 계획보다 이 계획이 한국에서 적은 어려움으로 더 많은 이익을 제공하리라고 강하게

1 4개의 장로회 선교회가 한국에 하나의 연합 장로교회 노회를 구성해서 본국의 교회로부터 독립하는 문제다.

under any plan there doubtless will be difficulties to meet and overcome, but the Council was strongly of the conviction that this plan for Korea presents less difficulties and offers greater advantages than any known to us as having been adopted in other fields.

The Southern Presbyterian members of Council stated their belief that the objection in their Church arose from a feeling that the procedure is one not directly provided for in the rules of their Church although they know that many of their ablest men think it a wise procedure. They also stated their hope that even though they might not be able to unite with us, we, the other three Presbyterian Missions, might unite to form the Union Presbytery of which their native churches should be a part and by which their candidates for the ministry might be ordained.

Personally, I know that Dr. Rankin, their Secretary who died here in Pyeng Yang was heartily in favor of the plan after his conversation with their missionaries in China and with us in Korea and that it was his intention to urge upon his Church to give its sanction to the same.

I would ask that in connection with paragraphs III and (3) of the report you particularly notice the report of the Committee on Theological Education, (appended herewith), and I would ask a very careful reading of the whole report in the hope that it may clear up any misunderstandings, misapprehensions or doubts in the minds of the Board. On the other hand, we will most sincerely welcome any further light or suggestions from the Board which may enable us to see some better plan of procedure which will meet the needs of the situation in Korea. We are the ones dealing directly with existing conditions and upon us must rest the burden and responsibility for the successful execution of any plan adopted, and we desire most earnestly to secure the plan which will most speedily and with the least difficulty place the Korean Church in a position of independent responsibility, able to wisely govern itself and manage its own affairs. Believing that our proposed plan promises this desired result we again most earnestly request the sanction of the Board

확신했습니다.

공의회의 남장로회 회원들은 본국 교회에서 비록 유능한 많은 사람이 그 계획이 현명한 조치라고 생각한다는 사실을 알고 있지만 그럼에도 반대하는 이유는, 그 조치가 교회의 규정에 직접적으로 근거하지 않는다고 느끼기 때문이라고 믿는다고 진술했습니다.[2] 또한 그들은 우리와 연합할 수 없게 되어도, 우리의 다른 세 개의 장로회 선교회가 연합 노회를 구성하고, 그들의 본토인 교회들이 회원이 되어야 하며, 그들의 목회 후보자들이 연합 노회에서 안수를 받을 수 있기를 바란다고 진술했습니다.

저는 개인적으로 이곳 평양에서 별세한, 그들의 총무였던 랜킨 박사가 중국에서 활동하는 남장로회 선교사들과 그리고 한국에 있는 우리와 대화를 나눈 후에 그 계획에 진심으로 찬성했으며, 남장로회 교회가 이를 승인하도록 촉구하는 것이 그의 의도였다는 사실을 알고 있습니다.[3]

저는 보고서의 3절 (3)항과 연관해서, 귀하께서 특별히 (이 서신에 첨부한) 신학교육위원회의 보고서에 주목했는지 질문하고 싶습니다. 또한 저는 귀하께서 그 보고서 전체를 주의 깊게 읽어주시기를 부탁드립니다. 그러면 선교부 이사회가 가지고 있는 오해 및 오인과 의심이 일소되리라고 희망합니다. 한편 우리는 한국 상황의 필요에 대처하는 더 나은 진행 계획을 제시하는 선교부 이사회의 추가적인 견해나 제안이 있다면 이를 진심으로 수용할 것입니다. 우리는 현재 상황을 직접 다루고 있으며, 채택한 계획을 성공적으로 실행할 의무와 책임을 져야 하는 자들입니다. 우리는 한국 교회가 자신의 일을 자치하고 운영하며 독립적으로 책임을 지는 위치에 가장 빠르게, 그리고 최소한의 어려움만 겪으면서 자리 잡을 수 있도록 하는 계획을 확보할 수 있기를 진심으로 바랍니다. 우리가 제안한 계획이 소망하는 결과를 약속해준다고 믿으면서, 우리는 내년도 보고서를 작성하기 전에(첨부된 통계 자료를 보

---

2 남장로회는 이때 대한예수교장로회 독노회 구성이나 감리회와 연합하여 하나의 대한예수교회를 설립하는 문제도 본국 교회의 헌법과 신앙고백을 근거로 반대했다. 그러나 곧 연합 노회 구성에는 찬성함으로써 1907년 대한예수교장로회 노회가 구성되었다.

3 연합 노회 구성을 지지한 랜킨 총무의 사망으로 한국 장로교회 독노회 구성이 연기된 것을 알 수 있다.

and the General Assembly that we may not long delay the Presbyterial organization of this large body of Christians, which will number over 10,000 communicants before another year's report is made (see statistics appended) We deem this a matter of gravest importance to the welfare of the Church in Korea and believe that to delay much longer in giving the Koreans the organization to which they are entitled will be to bring upon us many difficulties in the management of a work already so large that it more than taxes our strength and resources. In less than three years we shall have men ready for ordination and by that time we must be provided with regular Presbyterial authority for their ordination. How shall this be effected? Our plan differs but slightly from that of the English Presbyterian and Dutch Reformed Missions in South China which has been one of the most successful plans inaugurated. To us upon whom the question presses with greater force each year, it is of great importance that we have a settled plan of procedure upon which we can go ahead with the natural development of the Church. This plan should be adopted before our men are ready for ordination in order that that step may receive the attention which its importance deserves.

That the Board may see its way clear towards granting our urgent request is our hope.

Very sincerely,

Samuel A. Moffett[1] per A. F. M.

1 This letter was apparently written or dictated by Samuel A. Moffett and typed by Alice Fish Moffett.

십시오) 1만 명 이상의 세례자를 가질 이 거대한 기독교인의 몸으로서 노회를 조직하는 것을 오랫동안 지체할 수 없음을 선교부와 총회가 승인해주기를 진심으로 요청합니다. 우리는 이것이 한국 교회의 복지를 위해 심각한 사안이라고 생각하며, 한국인들이 받을 자격이 있는 조직을 주는 것을 너무 오래 지체하면 우리가 사역을 운영할 때 많은 어려움이 야기될 것이라고 믿습니다. 이 사역은 이미 거대해서 우리의 역량과 자원을 혹사시키고 있습니다. 우리는 3년 이내에 안수받을 준비가 될 남성들이 있으므로 그때까지 그들에게 안수를 줄 수 있는 정식 노회의 권위를 부여받아야 합니다. 어떻게 이 일이 이루어질 수 있습니까? 우리의 계획은 이미 시작된 것 가운데 가장 성공적인 남중국의 영국 장로교회 선교회와 화란 개혁파 선교회의 계획과 조금만 다를 뿐입니다. 그 문제로 인해 매년 더 강력하게 압박을 받는 우리로서는 교회의 자연스러운 성장과 함께 전진할 수 있는 절차에 대한 확정된 계획을 갖는 일이 매우 중요합니다. 그 단계가 가진 중요성에 관심을 기울일 수 있도록, 우리의 남성들이 안수받을 준비가 되기 전에 이 계획을 채택해야 합니다.

우리는 선교부가 우리의 긴급한 요청을 승인하는 방향으로 가는 분명한 길을 볼 수 있기를 희망합니다.

마포삼열 올림[4]

4 이 서신은 마포삼열이 불러주거나 쓴 것을 부인 앨리스가 타이핑한 것이 분명하다.

Samuel A. Moffett

Pyeng Yang, Korea

January 25, 1905

Dear Dr. Brown:

I want to add a few words to you personally on the subject of our plans for the organization of the Korean Church.

The question is one of gravest importance and great concern to us upon whom rests the burden and responsibility of the care of what has become a great and growing church gathered almost entirely within the last ten years.

We cannot afford to long delay the proper Presbyterial organization of the body of believers, putting upon its trained leaders the rights and responsibilities to which they are entitled.

I enclose an extra copy of the *Report of the Committee on Church Government* underlined so as to call attention to certain statements which I think deserve particular attention. I did not feel at liberty to so mark the copy which accompanies my letter written to represent the Mission, as that should go just as it was adopted by the Mission. We should not wait to ordain men and to give them full authority as Presbyters until they feel that the failure to do so constitutes a grievance and they become estranged from us even to a slight degree. We now have their entire confidence and [they] know we are desirous of moving forward on this line and are preparing them for it. We can retain this confidence very readily if we give them their full rights just as speedily as they are prepared for them.

The incoming of the Japanese who are so decidedly pro-Asiatic and so jealous of foreign influence in the East will very soon make it even the more essential that we retain the entire confidence of the Koreans and give no occasion to them to feel that we withhold from them what they are prepared for. We cannot wait much longer without taking some

마포삼열

한국, 평양

1905년 1월 25일

브라운 박사님께,

저는 한국 교회의 조직에 대한 우리의 계획과 관련해서 귀하께 개인적으로 몇 마디 더 말씀드리고 싶습니다.[1]

그 문제는, 전적으로 지난 10년 사이에 모여 훌륭하게 성장하는 교회가 된 신자들을 관리해야 할 의무와 책임을 지고 있는 우리에게 가장 중요하고 지대한 관심사 중 하나입니다.

우리는 훈련된 영수들에게 그들이 받을 자격이 있는 권리와 책임을 부여하고, 신자들의 몸인 적절한 노회로 조직하는 것을 오랫동안 미룰 여유가 없습니다.

제가 생각하기에 특별한 주의를 기울일 필요가 있는 몇 가지 진술에 주목하실 수 있도록 밑줄을 친 교회정치위원회 보고서의 추가 사본을 동봉합니다. 선교회를 대표하는 제 서신에 동봉한 사본에는 표시를 자유롭게 할 수 없었는데, 그것은 선교회가 채택한 그대로 전달되어야 했기 때문입니다. 우리는 남성들을 안수하고 그들에게 노회 회원으로서의 완전한 권위를 부여하는 일을, 그렇게 하지 않아 불만이 형성되고 조금이라도 우리로부터 멀어진다고 그들이 느낄 때까지 기다려서는 안 됩니다. 우리는 지금 그들의 전적인 신뢰를 받고 있으며, 그들은 우리가 이 방면으로 일을 진행해서 그들을 준비시키기를 원한다는 것을 알고 있습니다. 그들이 준비되는 대로 신속하게 그들에게 완전한 권한을 부여한다면, 이 신뢰를 매우 쉽게 유지할 수 있습니다.

분명하게 친아시아적이며 동양에서 외국의 영향력에 대해 시기하는 일

---

1 우리는 이 무렵 마포삼열의 서신을 통해 그가 한국 독립 노회를 조직하려고 얼마나 애썼는지 알 수 있다. 그는 안수받은 한국인 목사들로 자치하는 노회를 조직할 때, 한국인과 선교사 간에 신뢰가 유지될 수 있다고 보았다. 그것은 침략해 들어오는 일본에 대항하는 한국인-서양인(선교사)의 연합체적 성격도 가지고 있었다. "독립" 노회 조직이 기독교 민족주의와 연결되는 측면이다.

forward steps in organization and if our plan does not commend itself to the Board, the Board ought to propose a better and a practicable one sufficiently worked out in detail as to enable us to apply it to conditions here in a way to avoid greater difficulties than any which we believe our plan is likely to lead us into. Any plan will involve some difficulties, and will furnish problems for solution. The work everywhere meets with difficulties and problems, but we cannot refuse to go ahead because of that fact.

May we not look to you to represent our needs before the Board and the General Assembly, interesting yourself personally in seeing that this matter is taken up and carried through the Board and Assembly in a way which will put us in position to go ahead with far-reaching plans without longer delay. If we are compelled to delay long without proper Presbyterial organization which will put the burden of ecclesiastical work upon the Koreans, I fear we shall incur great loss and be involved in many difficulties. We look to you to take up the question at that end of the line and so I have written you as clear an account as I can of the situation as we view it and we have tried to make clear the reasons for our request—in the long report presented.

I thank you for your letter of December 9th just received. I trust that the request of our station that the Board allow Mr. Hunt to spend a month in Hawaii while on his way home in order to investigate the question of the conditions of our Korean Christians there will be granted. Investigation will, I think, show that there are nearly 200 Presbyterian Christians there and they have a claim upon us for spiritual oversight.

We are keenly disappointed that Mr. & Mrs. McCune are not likely to come to us. Our need is great and we are more & more pressed with opportunities for our work continues to grow and grow, the more advanced stages of its development requiring more time for study and teaching. Mr. Koons has just finished his first year, but having made good progress in the language, he finds his hands more than full of

본인들이 한국으로 들어오면서, 우리가 한국인들의 전적인 신뢰를 유지하고, 우리가 그들이 준비해온 것을 보류한다고 그들이 느끼게 하는 경우를 제공하지 않는 일이 곧 더 중요해질 것입니다.[2] 우리는 조직과 관련해서 어떤 추가 조치도 취하지 않으면서 더 이상 기다릴 수는 없습니다. 만일 우리의 계획이 선교부 이사회의 인정을 받지 못한다면, 이사회는 이곳 상황에 적용할 수 있는 세부 사항까지 충분히 만들어진, 보다 적절하고 실용적인 계획을 제안해야 합니다. 그래서 우리의 계획이 초래할 수도 있는 어려움보다 더 큰 어려움을 피할 수 있도록 해야 할 것입니다. 어떤 계획도 어느 정도의 어려움을 수반하고 해결해야 할 문제가 따라올 것입니다. 모든 곳에서의 사역은 어려움과 문제에 직면하지만, 우리는 그 사실 때문에 앞으로 나아가기를 거부할 수는 없습니다.

우리가 귀하에게 이사회와 총회에 우리의 요구를 대변하는 것을 기대할 수 없다면, 우리로 하여금 더 이상의 지연 없이 원대한 계획들을 가지고 전진할 수 있는 위치에 두는 방식으로 이 문제가 이사회와 총회에서 다루어지고 결정되도록 귀하께서 개인적으로 관심을 기울여주시기를 바랍니다. 만일 우리가 한국인에게 교회 사역의 짐을 지우게 될 적절한 노회의 조직 없이 오래 지체할 수밖에 없게 된다면, 저는 우리가 커다란 손실을 입고 많은 어려움에 빠지게 되지 않을까 우려됩니다. 우리는 귀하가 그 문제를 그쪽에서 다루게 되리라 기대합니다. 그래서 우리가 상황을 보는 그대로 설명을 최대한 분명하게 써서 귀하에게 보냈습니다. 우리는 제출한 장문의 보고서에서 우리가 왜 그런 요청을 하는지 그 이유를 명확하게 쓰려고 노력했습니다.

제가 방금 받은 귀하의 12월 9일 자 서신에 감사드립니다. 헌터 목사가 귀국하는 길에 하와이에 있는 한국인 기독교인들이 처한 상황을 조사하기 위해 그곳에서 한 달을 보낼 수 있도록 선교부 이사회가 허락해달라는 우리 선교지부의 요청이 받아들여지리라고 저는 믿습니다. 제 생각에 그 조사는

---

2 러일전쟁으로 고조된 일본의 동아주의(pan-Asianism)는 황인종 동아시아가 서양 백인의 제국주의에 대항하기 위해 일본을 중심으로 뭉쳐야 한다고 주장하고, 아시아 종교와 철학의 우위성을 주장했다.

pressing demands for service in looking after newly developing work.

There are other matters of which I wish to write but as I leave for another country class tomorrow they must await my return.

We are all grateful for the additional appropriation granted us and are also not a little disquieted in mind over our adoption of the Special Finance Committee's report—but of this more later on.

With most cordial regards from Mrs. Moffett and me to you and Mrs. Brown

Very sincerely yours,
Samuel A. Moffett

그곳에 거의 200명의 장로교인이 있으며, 그들이 우리에게 영적인 관리를 청원하고 있음을 보여줄 것입니다.

우리는 맥큔 부부가 우리에게 오지 못할 것 같아 실망스럽습니다. 우리의 필요는 매우 크며, 우리의 사역이 계속해서 성장하므로, 또 연구와 수업을 위해 더 많은 시간이 요구되는 보다 진전된 발전 단계로 나아가고 있기 때문에 우리는 더욱 많은 압박을 받고 있습니다. 쿤즈 목사는 그의 첫 해를 이제 막 마쳤으며, 한국어를 잘 배워가고 있습니다. 그는 새롭게 발전하고 있는 사역을 돌보는데, 그의 봉사를 긴급하게 요구하는 일이 넘쳐서 손이 모자랄 지경입니다.

제가 쓰고 싶은 다른 사안이 있지만 내일 다른 시골 사경회가 있어서 떠나야 하기 때문에 이만 줄입니다. 그들은 제가 돌아오기를 기다리고 있음이 틀림없습니다.

우리 모두는 추가 예산을 지원해주셔서 감사드립니다. 우리가 특별재정위원회의 보고서를 채택한 것에 대해 일말의 불안감도 없습니다. 그러나 여기에 대해서는 나중에 더 쓰겠습니다.

저희 부부가 귀하와 사모님께 안부를 전합니다.

마포삼열 올림

Alice Fish Moffett

Pyeng Yang, Korea

January 26, 1905

My dear Dr. Brown:

Mr. Moffett left this morning for another ten days country trip asking me to copy and mail to you the accompanying letter.

How very often, as I think of you and Mrs. Brown, I wish that there might go to you constantly the many little incidents and interesting touches which are coming to us every day in this work.

Yesterday at my afternoon class with the catechumen women we were studying a lesson on prayer–the benefits of public and of private prayer. As I spoke of the passage, "not forgetting our own assembling together, etc." one woman said, "I don't see how any one can be a Christian all alone, not wanting to come to all the meetings and to praise and pray with others. Why, the Lord fills my heart so full of joy I cannot endure it to stay at home–I have to come here and find someone to tell it to." This is the woman who became a Christian in a country village and whose relatives have driven her from home because of her faith. Again and again she says, "Oh, pray that the Lord will soften their hearts enough so that I can go back and preach to them. I am the only one of my family who knows the way of life and they will not even let me stay there so that I can witness for Jesus."

When I read "enter into thine inner chamber and having shut thy door, pray," a dear old woman looked up quickly and asked "What can I do? There isn't any 'inner chamber'. There isn't *any* place where I can go to be alone. If I just sit where the other people are and pray alone in my heart will it be alright?" This is the woman whom I asked once how she knew she was a Christian–what grace she had received. "Oh," she said, "I used to scold *everybody*, *all* the time; and now I *don't want* to."

Plans are being laid for the training class for city men and women

앨리스 피시 마페트

한국, 평양

1905년 1월 26일

브라운 박사님께,

마포삼열 목사는 동봉한 편지를 복사해서 귀하께 발송해달라고 제게 부탁한 후 오늘 아침에 열흘 예정으로 또 다시 시골 지역으로 여행을 떠났습니다.

귀하와 사모님을 생각하면, 저는 우리가 이 사역에서 매일 겪고 있는 많은 사소한 사건과 흥미로운 접촉을 두 분께 계속해서 자주 전할 수 있으면 좋겠다고 소망합니다.

어제 여성 학습교인을 위한 오후 수업에서 우리는 기도의 교훈, 즉 대중 기도와 개인 기도의 은혜에 대해 공부하고 있었습니다. 제가 "스스로 모이기를 폐하지 말라"라는 구절 등을 언급했을 때 한 여성이 말했습니다. "모든 모임에 참석하여 다른 사람들과 함께 찬양하고 기도하기를 원하지 않는 사람이 어떻게 혼자서 기독교인이 될 수 있을지 모르겠습니다. 주님께서 제 마음을 기쁨으로 가득하게 해주셔서 저는 집에 가만히 있는 것을 견딜 수가 없습니다. 여기에 와서 그것에 대해 이야기할 사람을 찾아야 합니다." 이 여성은 시골 마을에서 기독교인이 되었고 그로 인해 집에서 쫓겨났습니다. 그녀는 반복해서 다음과 같이 말합니다. "오, 주님께서 그들의 마음을 부드럽게 해 주셔서 제가 돌아가 그들에게 전도할 수 있게 되기를 기도하고 있습니다. 그들은 제가 그곳에 머무르는 것조차 허락하지 않는 것이 사실입니다. 하지만 제가 가족 중에서 생명의 길을 아는 유일한 사람이기 때문에 예수님을 전할 수 있습니다."

제가 "너의 골방으로 들어가 문을 닫고 기도하라"라는 구절을 읽었을 때, 한 나이 든 부인이 다음과 같이 물었습니다. "어떻게 하지요? '골방'이 없는데요. 제가 혼자 있기 위해 갈 수 있는 장소가 전혀 없어요. 다른 사람들이 있는 곳에 앉아서 제 마음속으로 혼자 기도해도 괜찮을까요?" 이 부인은 제가 언젠가 어떻게 자신이 기독교인인 것을 아는지, 그녀가 어떤 은혜를 받았는

at the Korean New Year. When I announced the time of the class to my women they said, "Only for a week? Can't we study longer than that? Their hunger for Bible study is surely one of our greatest joys in the work.

The people of a group fifty "li"[a li is approximately $\frac{1}{3}$ of a mile] north of here have taken up a special offering and asked us to send them a woman from the city who can spend three weeks in company with two women of that group in visiting in twenty neighboring villages preparatory for a class which Miss Snook will hold at a central point. I am searching for just the right woman to lead the enthusiastic people in their campaign.

Yesterday afternoon Mr. Koons visited a village across the river where the people gathered the implements of devil worship from their houses and made a great bonfire, declaring their desire to believe in Christ and study the Scriptures. The Christians of another village ten "li" away have just purchased a good house near the city and with their own hands are tearing it down and carrying it out to build into a church.

A dear old grandmother of 86 years, one of our frequent callers, has just come in again to "see her brother" (Mr. Moffett). She loves to tell me again and again how she first heard the Gospel from him, how he received her as a catechumen, then into the church in baptism, and how he has taught her all the precious things that she knows about Jesus. "And so," she says, "that is why I love Jesus best and my brother next." Then she always says "You know I am 86 years old now. *When* do you think I shall go to be with Jesus?" And so the incidents multiply and crowd themselves into the days, and oh, how happy they make us and what a constant joy is this life and this work.

Please give my warmest love to Mrs. Brown.

Very sincerely,
Alice Fish Moffett

지 물었던 여인입니다. 그녀는 다음과 같이 말했습니다. "오! 예전에는 늘 모든 사람을 꾸짖었어요. 그런데 지금은 그렇게 하고 싶지 않습니다."

도시 사람들을 위한 구정 사경회 계획을 세우고 그 시간표를 발표했습니다. 그러자 그들은 말했습니다. "겨우 일주일인가요? 그보다 길게 공부할 수 없습니까?" 그들이 느끼는 성경공부에 대한 굶주림은 분명 우리가 이 사역에서 얻는 가장 큰 기쁨입니다.

이곳에서 북쪽으로 50리 떨어진 곳에 있는 한 미조직교회에서 특별 헌금을 모아 우리에게 한 명의 여성을 보내달라고 요청했습니다. 스누크 양이 중심부 교회에서 인도할 사경회를 준비하며 조직 교회의 여성 2명과 3주 동안 스무 개의 이웃 마을을 방문하는데, 이때 동행할 수 있도록 저는 전도 활동에 열정적인 그 미조직교회를 인도할 적합한 여성을 지금 찾고 있습니다.

어제 오후에 쿤즈 목사는 강 건너 한 마을을 방문했습니다. 그곳에서 사람들은 예수를 믿고 성경을 공부하겠다는 의지를 선언하면서 귀신 숭배 도구들을 집에서 모두 가져와 태웠는데 불길이 거대했습니다. 10리 떨어진 다른 마을의 기독교인들은 도시 근처에 있는 좋은 집을 구입해서 그들의 손으로 직접 그 집을 헐고 교회당으로 재건축하는 일을 진행하고 있습니다.

우리를 자주 찾는 86세의 할머니가 "그녀의 형제(마포삼열 목사)를 보려고" 방금 다시 들어왔습니다. 그녀는 어떻게 그에게서 복음을 처음 들었는지, 어떻게 그가 그녀를 학습교인으로 받아들였고, 그 후에 세례를 통해 입교시켰는지, 그녀가 예수에 대해 알고 있는 모든 소중한 것을 어떻게 그가 가르쳐주었는지 제게 반복해서 말하는 것을 좋아합니다. 그녀는 말합니다. "그래서 그것이 내가 예수님을 가장 사랑하고, 그다음으로 내 형제를 사랑하는 이유지." 그녀는 언제나 다음과 같이 말합니다. "나는 지금 86세입니다. 예수님과 함께 있기 위해 언제 가야 한다고 생각하세요?" 이런 일이 많아지고 쌓여가면, 오 그런 날이 얼마나 우리를 행복하게 하고, 이 삶과 이 사역이 얼마나 지속적인 기쁨이 될까요.

부인께도 안부를 전해주십시오.

앨리스 피시 마페트 올림

Samuel A. Moffett

Pyeng Yang, Korea

February 4, 1905

Dear Dr. Brown:

The delay in reporting to you the result of the language examinations at last Annual Meeting is due to the fact that I have been waiting for a report from Dr. Gale on some of the papers which he & Dr. Underwood were to examine. I am sorry to learn from him that 4 of the papers of the 2nd year students have been misplaced and not yet found—so I shall send you the report although it will be somewhat deficient. Of those who should have passed their 3rd year examinations last year or before I am glad to be able to report that Dr. Sharrocks, Mr. Sharp and Miss Snook have completed their work and passed finally both oral and written examinations and that Mr. Welbon passed his 3rd year written examination. Mr. Welbon's oral examination was unsatisfactory although it was an improvement over last year and I still think that he will secure a fair working knowledge of the language and probably satisfy the Committee this coming year. A grade of 60 being required to pass, the grades of the above-mentioned were:

Dr. Sharrocks	Written	(passed in 1903)	Oral	60
Mr. Sharp	"	66	"	72 1/3
Miss Snook	"	78	"	68
Mr. Welbon	"	76 1/4	"	46 2/3

Of those who came up regularly for 3rd year examinations the grades were as follows:

Mr. W. N. Blair	Written	77 1/4	Oral	80
Mrs. W. N. Blair	"	80 1/4	"	81 2/3

마포삼열

한국, 평양

1905년 2월 4일

브라운 박사님께,

지난번 연례 회의에서 귀하께 한국어 시험 결과를 보고하는 일이 늦어진 이유는 게일 박사와 언더우드 박사가 검토하기로 했던 일부 시험지에 대한 게일 박사의 보고서를 기다렸기 때문입니다. 2년 차 학생들의 시험지 가운데 네 장이 분실되었다는 사실을 그에게 듣게 되어 유감입니다. 그러므로 약간 부족하기는 해도 그 보고서를 귀하께 보내드립니다. 작년 혹은 그 이전에 3년 차 시험을 통과한 사람 가운데 샤록스 의사와 샤프 목사와 스누크 양이 그들의 공부를 마치고 구두시험과 필기시험을 모두 통과했고 웰번 목사가 3년 차 필기시험을 통과했다는 사실을 보고할 수 있어서 기쁩니다. 웰번 목사의 구두시험은 작년보다는 나아졌지만 불만족스러웠습니다. 저는 그가 올해에는 아마도 적절한 한국어 활용 지식을 습득해서 위원회를 만족시키리라고 생각합니다. 합격 점수는 60점이며 위에 언급한 사람들의 점수는 다음과 같습니다.

샤록스 의사	필기(1903년에 합격함)	구두 60
샤프 의사	필기 66	구두 72.33
스누크 양	필기 78	구두 68
웰번 목사	필기 76.25	구두 46.66

3년 차 시험에 정식으로 올라온 이들의 점수는 다음과 같습니다.

블레어 목사	필기 77.25	구두 80
블레어 부인	필기 80.25	구두 81.66
밀러 목사	필기 79.50	구두 75

Mr. E. H. Miller	" $79\frac{1}{2}$	" 75
Mrs. E. H. Miller	" $65\frac{1}{4}$	" 55
Miss Barrett	" 69	" 50

So that Mr. & Mrs. Blair & Mr. Miller have completed their three years work on the language and passed from under the Committee while Miss Barrett and Mrs. Miller have yet to take the 3rd year oral examination again. Miss Barrett has had special difficulties to overcome and has not had that diversity of work which is favorable to facility in conversation while Mrs. E. H. Miller has suffered from poor health a good part of the year.

Of the 2nd year students all have done well except Mr. Barrett, who is having a very difficult time of it in acquiring the language. Mr. Bruen and Mr. Adams of Taegu have been asked to give him special assistance and oversight in the hope that he may make better progress. The grades are as follows:

Mr. Kearns	Written $80\frac{3}{4}$	Oral 80
Miss Samuels	" $78\frac{2}{3}$	" $79\frac{1}{3}$
Mr. Smith	" 60	" 86
Mr. Clark	" paper misplaced	" 97
Mr. Bruen	" " "	" $82\frac{1}{3}$
Mr. Barrett	" " "	" 50

Of the 1st year students I have only good to report, all of them having made very satisfactory progress.

The grades are as follows:

Miss Brown	Written 82.3	Oral 88
Mr. Hall	" 94.5	" $94\frac{2}{3}$
Miss Kirkwood	" 86.5	" $84\frac{2}{3}$

밀러 부인	필기 65.25	구두 55
배럿 양	필기 69	구두 50

블레어 부부와 밀러 목사는 3년 과정의 한국어 공부를 마쳤고 위원회의 심사를 통과했으며, 배럿 양과 밀러 부인은 3년 차 구두시험을 다시 봐야 합니다. 배럿 양은 극복해야 할 특별한 어려움이 있었으며 대화 능력에 도움이 될 만한 다양한 사역을 하지 못했습니다. 밀러 부인은 1년 중 상당 기간 건강이 좋지 않아서 고생했습니다.

2년 차 학생들은 한국어 습득을 어려워하는 배럿 목사를 제외하면 모두 잘했습니다. 대구의 브루엔 목사와 애덤스 목사는 배럿 목사가 더 나아지리라고 희망하면서 그에 대한 특별 도움과 관리를 요청했습니다. 점수는 다음과 같습니다.

컨즈 목사	필기 80.75	구두 80
사무엘즈 양	필기 78.66	구두 79.33
스미스 목사	필기 60	구두 86
클라크 목사	필기시험지 분실	구두 97
브루엔 목사	필기시험지 분실	구두 82.33
배럿 목사	필기시험지 분실	구두 50

1학년 학생들에 대해서는 좋은 점 외에는 보고할 일이 없습니다. 그들은 모두 만족스러운 진전을 보였습니다. 점수는 다음과 같습니다.

브라운 양	필기 82.3	구두 88
홀 목사	필기 94.5	구두 94.66
커크우드 양	필기 86.5	구두 84.66
쿤즈 목사	필기 84.5	구두 83.66
눌 의사	필기 89.1	구두 83

Mr. Koons	"	84.5	"	$83\frac{2}{3}$
Dr. Null	"	89.1	"	83
Mrs. Null	"	90.7	"	$85\frac{2}{3}$
Mrs. Clark	"	84.8	"	not taken

Your reference in your letter to the "partial" report of the Examination Committee in the Minutes of the Annual Meeting, prompts me to call attention to the fact that the Examination Committee makes its report direct to the Board, not to the Mission, the reason for its making certain announcements to the Mission being that 1st year students are allowed a vote only in case of passing the examinations and 3rd year students upon passing the examinations become "Senior" Missionaries with certain rights. It has always been our custom to consider the report on the language examinations with grades, etc. a sort of confidential communication to the Board.

Our requirements along the line of language study are high and the efficiency of our mission in the use of the language is a cause of great gratification. The fact that some few fail to meet the standard in the given three years time needs not indicate that they will fail to get the language if given a little more time. Some few require more time than the average.

I have only to suggest a personal letter from you to Mr. Barrett urging him to special persistent effort toward improvement in the language. All others I think are working under sufficient pressure.

Yours very sincerely,
Samuel A. Moffett

눌 부인	필기 90.7	구두 85.66
클라크 부인	필기 84.8	구두 치르지 않음

연례 회의 회의록에 있는 시험 위원회의 "부분" 보고서에 대해 귀하께서 서신에서 언급한 것으로 인해 시험 위원회가 선교회가 아니라 선교부에 직접 보고한다는 사실에 주의를 환기시켜 드립니다. 선교회에도 통지하는 이유는 1년 차 학생들이 시험을 통과할 경우에만 투표권이 허락되며, 3학년 학생들은 시험을 통과하면 특정 권리를 가지는 "고참" 선교사가 되기 때문입니다. 점수 등을 포함한 한국어 시험에 대한 보고서를 선교부에 보내는 일종의 친전으로 간주하는 것은 우리의 통상적인 관례였습니다.

한국어 공부와 관련된 우리의 자격 요건 수준은 높으며, 한국어 구사에서 우리 선교회의 효율성은 만족스럽습니다. 주어진 3년 동안 몇 명이 기준에 도달하지 못했다는 사실을 근거로, 조금 더 많은 시간을 주어도 그들이 언어를 습득하지 못하리라고 단정할 수는 없습니다. 일부 선교사는 평균보다 약간 더 많은 시간이 필요합니다.

저는 귀하께서 배럿 목사에게 한국어 향상을 위해 특별히 꾸준한 노력을 기울이도록 독려하는 개인 서신을 보내주시기를 제안합니다. 제 생각에 다른 모든 사람은 충분히 압박을 느끼며 공부하고 있습니다.

마포삼열 올림

Samuel A. Moffett

Pyeng Yang, Korea

February 4, 1905

Dear Dr. Brown:

The station has asked that Mr. Hunt be allowed to spend a month in Hawaii on his way home on furlough in order to investigate the situation there as it relates to the Christian Koreans who have gone there. I feel that we owe it to them to investigate as to their spiritual welfare and I am sure a month from Mr. Hunt given to that work will be as important a service as a month spent in looking after a country circuit here.

He can get in communication with Rev. Frank Damon, as suggested in your letter to me, and I hope the way may open up for us to arrange to send a good Korean evangelist there to work among the Koreans under the direction if need be, of the Congregational Church—or under the direction of the Korean Committee of Missions.

If the Board will authorize Mr. Hunt to give a month to this work we shall await his report with great interest as will the whole Korean Church here, which is interested in these Koreans who have gone from its midst.

With kindest regards,

Yours very sincerely,
Samuel A. Moffett

마포삼열

한국, 평양

1905년 2월 4일

브라운 박사님께,

선교지부는 하와이로 간 한국인 기독교인들과 관련된 상황을 조사하기 위해 헌트 목사가 귀국하는 길에 그곳에서 한 달의 시간을 보내도록 허락해줄 것을 요청했습니다. 저는 그들의 영적인 복지를 조사하는 것이 우리의 의무라고 느낍니다. 헌트 목사가 그 임무를 수행하도록 주어진 한 달은 이곳에서 지방을 순회하며 시찰을 관리하는 데 사용하는 한 달 만큼이나 중요하리라고 확신합니다.

귀하께서 제게 보내주신 서신에서 제안했듯이, 그는 프랭크 데이몬 목사와 연락할 수 있습니다. 필요하다면 회중교회나 한국 선교 위원회의 감독하에 그곳 한국인들 사이에서 사역할 좋은 한국인 전도사를 우리가 파송하는 길이 열리기를 바랍니다.

선교부에서 헌트 목사가 이 사역에 한 달을 사용하도록 승인한다면, 우리는 큰 관심을 가지고 그의 보고서를 기다릴 것이며, 한국에서 건너간 이들에게 관심을 가지고 있는 모든 한국 교회도 그렇게 기다릴 것입니다.

안부를 전합니다.

마포삼열 올림

Alice Fish Moffett

Pyeng Yang, Korea

February 27, 1905

My dear Hester:

Your good letter from San Rafael was greatly appreciated; I am so glad to hear something about your school work. Of course you have Mission work with the children, and of the most important and hopeful kind for you have them at the impressionable age.

I wish you could step in and see some of the school work here. How very strange and crude it would seem to you, though interesting also in some respects. If you should go first to a heathen school for boys conducted in pure Korean style, you would probably want to laugh the first moment and stop your ears the next. There are the youngsters, big and little, dirty or perhaps partially clean, with long black greasy braids of hair down their backs, sitting cross-legged on the floor, and all shouting out Chinese characters at the tops of their voices. *That* is study—such studying as can be heard a block away.

Christian schools have sprung up here and there through the country in connection with the churches and chapels, nearly all of them supported by the people and taught by Christian Koreans. One of the first results of the establishment of a little group of Christians in a town or village is the desire on the part of the people to give their children a Christian education. These schools are as yet very primitive because there are no well-trained teachers for them. The Bible is the chief text book, and Chinese, the proper use of Korean, elementary geography and arithmetic, and *cleanliness* form part of the course. Every summer there is a short normal course for these country teachers.

Here in Pyeng Yang there are six day schools for boys and three for girls in different parts of the city; an Academy for boys, having a five-year course and about 85 pupils in attendance; and an advanced school

앨리스 피시 마페트

한국, 평양

1905년 2월 27일

헤스터에게,

샌라파엘에서 보내준 네 반가운 편지는 정말 고맙다. 네 학교 사역에 대해 듣게 되어 기쁘구나. 물론 너는 아이들과 함께하는 선교회 사역이 있고, 감수성이 풍부한 나이의 아이들을 데리고 있으니, 가장 중요하고 희망에 찬 사역을 하고 있구나.

나는 네가 이곳에 와서 이곳의 학교 사역을 볼 수 있으면 좋겠다. 어떤 면에서는 흥미롭겠지만 또 이상하고 조잡해 보일 수도 있겠지. 네가 만일 순수하게 한국식으로 운영되는 남학생들의 서당에 먼저 간다면 아마도 처음에는 웃고 그다음에는 네 귀를 막고 싶을 거야. 기름이 낀 긴 머리를 땋아서 등 뒤로 내리고 바닥에 책상다리를 하고 앉은 크고 작은 아이들이 목소리를 높여서 한자를 크게 읽는단다. 그것이 공부란다. 그런 공부는 한 구역 떨어진 곳에서도 들을 수 있단다.

기독교 학교는 교회 및 예배당과 연계되어 이 나라의 전국 방방곡곡에서 생겨났고, 거의 모든 학교에 한국인들이 지원하고 있으며 한국인 기독교인들이 가르치고 있단다. 한 도시나 마을에 기독교인들의 소규모 미조직교회가 생기면 그 첫 번째 결과 중 하나가 교인들이 자녀들에게 기독교 교육을 시키기를 원한다는 것이란다. 이 학교들은 잘 훈련된 교사가 없기 때문에 아직은 원시적이란다. 성경이 주요 교재이고 한문, 적절한 한국어 활용, 초등 지리와 산수, 그리고 위생이 교과 과정의 일부를 이룬단다. 매년 여름에는 이 시골 교사들을 위한 단기 사범 과정이 있단다.

이곳 평양에는 시내 곳곳에 여섯 개의 주간 남학교와 세 개의 주간 여학교가 있단다. 5년 과정으로 약 85명의 학생이 출석하는 숭실중학교와 삼사 개월 동안의 겨울 학기에만 수업을 하는 소녀와 젊은 여성을 위한 상급 여학교가 있단다. 우리는 이 어린 소녀와 여성들이 집으로부터 완전히 벗어나서

for girls and young women which has only a Winter session of from three to four months. We believe that it is better for these young girls and women not to be taken entirely away from their homes and placed in a boarding school the year round. They would of course be educated more rapidly, but educated, we fear, away from their homes and former surroundings so that it would be difficult or impossible for them to go back and be helpful where they are so much needed. Under the present arrangement these girls come to the city for study during the winter and return in the spring to their homes for farm or field or house work, wherever they are, using what they have learned in the school to help the girls and women of their own villages. In this school and in the Academy most of the classes are taught by missionaries. This winter I had an interesting class with the girls in physiology and hygiene. Our greatest difficulty is the lack of text books in the Korean language. There are, of course, many in the Chinese, for China is a very much older Mission field, and Chinese text books are useful to the boys and men but not to the girls, for Koreans never educate their girls and women. So in some of the branches taught in the girls' school we have to translate our text books as we go along. For my physiology class I took my American text book, the Korean who helped me took another in Chinese which would give him the terms I wanted, and between us we made one in Korean, he writing from my dictation. It is very interesting work, but slow, as you may imagine.

Do let me hear from you again, Hester. I am not a very good correspondent but it is not because I do not *want* to write, and I do love to tell about the work here if I only have time to do so.

With very much love for you all,

Affectionately your cousin,
Alice Fish Moffett

1년 내내 기숙학교에 머물러 있지 않는 편이 더 낫다고 믿는다. 그 경우 물론 더 빨리 교육받겠지만 우리는 그들이 가정과 이전의 환경을 떠나서 교육을 받게 되면, 그들을 많이 필요로 하는 가정으로 돌아갔을 때 도움이 되기 어렵거나 불가능하게 될 수도 있다고 우려한단다. 현재 계획은 이 소녀들이 겨울에는 도시에 공부하러 오고, 봄에는 어디에 살든지 논이나 밭이나 가사 일을 위해 집으로 돌아가서 학교에서 배운 것을 그들의 마을에 있는 소녀와 여성들을 돕는 일에 활용하는 것이란다. 이 학교와 중학교에서는 대부분의 수업을 선교사들이 가르친단다. 올겨울에 나는 소녀들에게 생리학과 위생에 대한 흥미로운 학과를 가르쳤단다. 우리의 가장 큰 어려움은 한국어로 된 교재가 부족하다는 거야. 물론 한문 교재는 많은데, 이는 중국이 훨씬 더 오래된 선교지이기 때문이지. 한문 교재는 소년과 남성에게는 유용하지만 소녀들에게는 그렇지 않은데, 한국인들이 소녀와 여성은 절대 교육을 시키지 않기 때문이야. 여학교에서 가르치는 몇 개 학과에서는 진도가 나가면 교과서를 번역해야 한단다. 나는 생리학 수업을 위해 내 미국 교재를 골랐고 나를 돕는 한국인은 내가 원하는 용어를 알려주는 한문 교재를 골라 내가 불러주는 것을 받아적어서 우리끼리 한국어로 된 교재를 만들었단다. 그것은 흥미로운 일이지만 네가 상상할 수 있는 것처럼 속도가 느리단다.

헤스터, 다시 네 안부를 전해주렴. 나는 편지를 자주 쓰지 않지만 그것은 내가 쓰고 싶지 않아서가 아니란다. 내가 그렇게 할 시간만 있다면, 이곳의 사역에 대해 정말 말해주고 싶구나.

너희 모두에게 큰 사랑을 담아서,

사랑하는 네 사촌 언니,
앨리스 피시 마페트 보냄

PHS, microfilm reel # 281, Vol. 235, letter #45

Samuel A. Moffett

Pyeng Yang, Korea

March 9, 1905

Dear Dr. Brown:

It is my privilege to write you the monthly account of the work of the station, and a special pleasure it is this month because of the remarkable blessing which has been granted us in our work.

January witnessed a most successful Winter Training Class with an attendance of some 700 men; another profitable term of the Theological Class; the closing of the term of the Advanced School for Women & Girls under Miss Snook's charge, the attendance having been larger than last year; and the opening of a new term of the Academy with a large increase in attendance, many coming as self-supporting pupils. All of these mark progress and a growing solidity in the work.

After the Training Class came the annual exodus of missionaries, evangelists, helpers and leaders who scattered far and wide for a series of country classes preceding, during and following the Korean New Year's season, Mr. Lee going to Syen Chyen to assist in their large class there held at New Year.

The reports from these classes give increased evidence of the exceeding great value of this feature of our work while they show a state of inquiry greater than ever before, new zeal and consecration on the part of the Christians, and a spiritual revival within the church which is reaching out to the unconverted and bringing in larger numbers than at any previous time. I cannot now write you details of this work but must tell you of what has occurred in and around the city.

In January Mr. Koons & Miss Kirkwood gave attention to two suburban villages each about 2 miles out—where for some time we have had a few believers in connection with the city church—villages where considerable seed sowing had been done but which had received

마포삼열

한국, 평양

1905년 3월 9일

브라운 박사님께,

귀하께 선교지부 사역의 월례 보고서를 쓰는 것은 제 특권입니다. 이번 달에는 그것이 특별히 기쁜 일입니다. 우리의 사역 가운데 주어진 놀라운 축복 때문입니다.

1월에는 약 700명의 남성이 출석한 가운데 가장 성공적인 겨울 사경회가 열렸고, 또 다른 유익한 신학반 수업이 있었습니다. 스누크 양이 책임을 맡고 있는 여성과 소녀를 위한 상급 [숭의]여학교는 작년보다 출석자가 늘어난 가운데 학기를 마쳤습니다. 출석자가 많이 증가한 가운데 [숭실]중학교는 새 학기를 시작했는데, 많은 입학생이 상급반 학생입니다. 이 모든 것이 우리의 사역이 발전하고 견실해지고 있음을 보여줍니다.

도시 사경회가 끝난 후에 한국의 설날과 그 전후 기간 동안, 일련의 지방 사경회를 위해 멀리 넓게 흩어져 있었던 선교사와 전도사와 조사와 영수들이 한 해에 한 번 실시하는 대이동을 했는데, 리 목사는 설날에 열리는 대규모 사경회를 돕기 위해 선천으로 갔습니다.

이들 사경회로부터 온 보고서를 보면, 어느 때보다 더 많은 구도의 상태, 기독교인들의 새로운 열의와 헌신, 불신자에게 다가가서 과거 어느 때보다 더 많은 사람을 인도하고 있는 교회 안에서 일어나는 영적인 부흥, 그리고 우리의 사역의 이런 특징이 가지는 엄청나게 큰 가치에 대해 늘어난 증거가 제시되어 있습니다. 제가 지금 이 사역에 대해 자세히 쓸 수는 없지만, 이 도시와 그 주변에서 일어났던 일에 대해 귀하께 말씀드리고자 합니다.

1월에 쿤즈 목사와 커크우드 양은 한동안 도시 교회와 연결된 두세 명의 신자가 있는 약 2마일 정도 떨어진 교외의 두 마을에 관심을 기울였습니다. 이 마을들은 과거에 상당히 많은 씨가 뿌려졌지만 관심이나 감독을 받지 못했습니다. 그들의 방문이 사태를 촉발했고 곧 확신을 구체화시켰습니다.

very little attention or oversight. Their visit precipitated matters and soon crystallized conviction. In the one group of villages there were soon gathered some 70 or more people who gave up spirit worship, kept the Sabbath and confessed faith in Christ. The Christians who had been there went to work with a will, rejoiced that at last they were to be looked after. After a few visits from Mr. Koons & Dr. Whiting's teacher this group was ready for an advance movement. They raised over 500 ryang for a church building, bought a house near the city–took it down and removed it to their village and are ready to set it up as a church just as soon as the spring opens up. While Dr. Whiting was away his teacher and a city Christian held a class there for the men, followed by a class held for the women by Mrs. Moffett's Bible Woman and the city church woman missionary. There are now 80 or more in this group which will soon be organized as a separate group giving up its connection with the city church.

In the other village a similar work has developed. Their leader is a young man–the son of one of the first men baptized here in 1894. He had grown cold–had fallen into sin and was a cause of anxiety to his parents and to us for a while. Last fall I refused to baptize his child until he showed clearer evidence of true repentance. This seemed to wake him up. He attended the winter class, received a spiritual blessing, and went back to work zealously in his village, with the result that he soon came urging a visit from the missionary. Mr. Koons & Miss Kirkwood made a few visits there, and soon that village was rejoicing over a work of grace. Mr. Bernheisel preached to them one Sabbath and they began coming to the city service. The young man's father, now a deacon, was rejoiced. He went over one day and superintended the destruction and burning of the idols and evil spirit shrines in some twenty houses. There are now in this village some 50 or more meeting for worship and planning to build a church this spring. This work, however, and the reports from the country classes were but harbingers of the most remarkable movement we have

이 마을의 한 미조직교회에 귀신 숭배를 포기하고 안식일을 지키며 예수에 대한 믿음을 고백한 약 70명 이상의 사람이 곧 모였습니다. 그곳에 있었던 기독교인들은 열의를 가지고 사역하러 갔으며, 마침내 보살핌을 받게 된 것에 대해 기뻐했습니다. 쿤즈 목사와 화이팅 의사의 어학교사가 몇 번 방문한 후에 이 미조직교회는 전진할 준비가 되었습니다. 그들은 교회 건축을 위해 500냥 이상을 모아 도시 근처에 있는 집을 한 채 구입해서 그것을 허물고 그들의 마을로 옮겨갔으며, 봄이 되면 곧 그것을 예배당으로 지을 준비가 되어 있습니다. 화이팅 의사가 없을 때 그의 어학교사와 도시의 한 교인은 그곳에서 남성 사경회를 열었고, 이어서 마포삼열 부인의 전도부인과 도시 교회의 여성 전도사가 여성 사경회를 개최했습니다. 이 미조직교회에는 현재 80명 이상의 교인이 있는데, 곧 도시 교회와의 연계를 포기하고 별도의 교회로 조직될 것입니다.

다른 한 마을에서도 비슷한 일이 일어났습니다. 그들의 영수는 젊은 남성인데, 이곳에서 1894년에 처음으로 세례를 받은 사람의 아들입니다. 그는 점점 신앙이 식었고 한동안 죄에 빠져서 그의 부모와 우리를 불안하게 만들었습니다. 작년 가을에 저는 그가 진정으로 회개했다는 더 분명한 증거를 보여줄 때까지 그의 자녀에게 세례 주기를 거부했습니다. 이 때문에 그는 정신을 차린 듯합니다. 그는 겨울 사경회에 참석했고, 영적인 축복을 받았으며, 열정을 가지고 돌아가 그의 마을에서 사역했고, 그 결과 곧 선교사의 방문을 재촉하게 되었습니다. 쿤즈 목사와 커크우드 양은 그곳을 여러 번 방문했고, 곧 그 마을은 은혜의 역사에 대해 기뻐하게 되었습니다. 번하이젤 목사가 어느 주일에 그들에게 설교했으며, 그들은 도시 예배에 오기 시작했습니다. 지금은 집사인 그 청년의 아버지는 기뻐했습니다. 어느 날 그는 약 스무 채 가량의 집에 있는 우상과 귀신의 주물들을 파괴하고 불태우는 일을 감독했습니다. 지금 이 마을에는 50명 이상의 사람이 예배를 위해 모이며, 올봄에 교회를 건축할 계획입니다. 그러나 이 사역과 시골 사경회에 대한 보고서는 한국 북부 지역에서 우리가 지금까지 본 가장 놀라운 운동의 예고에 불과했습니다.

yet seen in North Korea.

Plans were already made for Bible study classes for men and for women in the city churches in February, beginning with the Korean New Year when the merchants close their shops for several days and are at leisure. Mr. Swallen finished his work with the Theological Class and I came back from two successful classes in the country, one with Mr. Bernheisel and one with Mr. Blair, in which I had seen in the one a great spiritual blessing upon the church, in the other great zeal and enthusiasm in seeking the conversion of unbelievers. Then we planned for a regular evangelistic campaign in the city in connection with the city classes. In the morning we taught about 150 men in the old church building, while the ladies of the station had over 150 women in classes in the Central Church. In the afternoons we combined these into a conference at the Central Church with an attendance of over 400 men and women. An hour was spent in the discussion of such topics as Family Religion, Marriage, Sabbath Observance and Truthfulness—followed by prayer. Then we divided into groups of four or five each, took sheet tracts and printed invitations and systematically canvassed the whole city, visiting every house and distributing tracts and the invitations to the night meetings in both Central and South Gate churches.

At night the evangelistic services were held, the buildings soon being full. From the second night on, decision was asked for and each night there were from 20 to 50 men and women in the Central Church and from 10 to 40 in the South Gate Church who rose, signifying their decision to accept Christ, came forward for prayer and gave in their names as believers. The city became a regular bee-hive of religious activity, the converts soon ran up into the hundreds and the meetings increased in interest. In the Wai Sung [outside the wall] chapel Mr. Bernheisel & Dr. Whiting began services to relieve the congestion at the South Gate and in this suburban group proportionate results were obtained.

상인들이 여러 날 동안 상점 문을 닫고 한가해지는 2월의 구정 정월 초하루에 도시 교회의 남성과 여성을 위한 사경회를 시작하기로 한 계획이 이미 세워졌습니다. 스왈른 목사는 신학 수업과 관련된 그의 사역을 마쳤고, 저는 시골에서의 성공적인 두 사경회, 즉 번하이젤 목사와 함께했던 사경회와 블레어 목사와 함께했던 사경회를 마치고 돌아왔습니다. 번하이젤 목사와 함께했던 사경회에서 저는 교회 위에 임한 큰 영적인 축복을 보았으며, 블레어 목사의 사경회에서는 불신자들의 회심을 추구하는 열심과 열정을 보았습니다. 이어서 우리는 도시 사경회와 연관하여 도시에서 개최할 정기 전도대회를 계획했습니다. 아침에 우리는 오래된 교회 건물에서 약 150명의 남성을 가르쳤고, 선교지부의 여성 선교사들은 중앙[장대현]교회에서 열린 사경회반에서 150명 이상의 여성을 가르쳤습니다. 오후에 우리는 이 두 반을 중앙교회에서 토론회로 합쳤는데, 400명 이상의 남성과 여성이 출석했습니다. 한 시간 동안 가족 종교, 결혼, 주일성수와 신실함 등의 주제를 토론했으며, 이어서 기도하는 시간을 가졌습니다. 우리는 각각 4명 혹은 5명의 소그룹으로 나누어서 체계적으로 도시 전체를 돌아다니면서 모든 집을 방문해 중앙교회와 남문교회에서 열리는 저녁 집회에 나오라는 내용이 인쇄된 초대장과 소책자를 배부했습니다.

밤에는 전도 집회를 개최했는데, 두 교회당이 곧 가득 찼습니다. 둘째 날 밤부터 결단을 요청했고, 매일 밤 20명에서 50명의 남녀가 중앙교회에서, 남문교회에서는 10명에서 40명의 남녀가 그리스도를 받아들이겠다고 결단하며 일어섰고, 기도를 받기 위해 앞으로 나와서 신자로서 이름을 제출했습니다. 도시는 기독교 활동을 정기적으로 하는 벌집처럼 변했는데, 곧 개종자가 수백 명에 이르렀으며 집회에 대한 관심이 증가했습니다. 남문교회의 혼잡함을 덜기 위해 외성 예배당에서 번하이젤 목사와 화이팅 의사가 예배를 시작했고, 이 교외의 미조직교회에서도 상응하는 결과를 얻었습니다.

2주 동안 우리는 이 사역을 계속했으며, 이어 집회의 성격을 바꾸어 수백 명의 새 신자에게 특별 강습을 시행했습니다. 교회는 요리문답을 공부하는 학교로 바뀌었습니다. 새 신자들을 10명씩 그룹으로 나누어 각각 교사 한

For two weeks we continued this work and then changed the character of the meetings, making them for the special instruction of the hundreds of new believers. The church was converted into a school studying the Catechism. The new believers were divided into groups of ten each with a teacher while in the gallery from one to two hundred unbelievers who came each night were preached to by a native elder and the unbelieving women were instructed by Sin Si, the pastor's assistant among the women. Each night during these meetings also from 8 to 15 more reached a decision. Since these meetings closed we have arranged a special meeting every Saturday night for the instruction of the new believers. At these meetings, at the Wednesday prayer meeting and at the Sabbath Services, there have been still others who have risen upon invitation to accept Christ and we now have enrolled some 900 names of men and women in the city churches who since February 1st have reached the decision to be Christians.

A hundred or more of these represent other villages and cities some from as far away as 300 miles, away up on the Yalu [river] and some from as far south as Seoul. Most of them are men & women who have been considering the question for months or years, who have read much and heard more of the gospel, the elders declaring that their examination for the catechumenate shows many of them to be ready for baptism.

One feature of the work was the fact that most of our elders & leaders were away holding country classes and the work devolved upon the deacons and the leaders of tens who responded most effectually, they themselves thus developing into more valuable workers. The Elders & Leaders came back from the country classes in time for part of the meetings and in time for the work of instruction, rejoicing greatly over the reports which had reached them.

We are overwhelmed with work and are pressing into service all who are able to teach and all who have leisure for service in city or country. The Academy boys have rendered valuable assistance both in canvassing

명을 배당했고, 회랑에서는 한국인 장로가 매일 밤 찾아오는 100명에서 200명의 비신자에게 설교했으며, 마포삼열 목사의 조수인 신씨 부인이 비신자 여성들을 가르쳤습니다. 이 모임 동안 매일 밤 8명에서 15명 이상이 결신했습니다. 이 집회들이 끝난 이후 우리는 새 신자의 교육을 위해 매주 토요일 밤에 특별 집회를 계획했습니다. 이 집회와 수요 기도회와 주일예배에서 예수를 영접하는 초대에 응해 일어선 이들이 여전히 있었습니다. 우리는 2월 1일 이후 기독교인이 되기로 결심한 약 900명의 이름을 도시 교회에 등록했습니다.[1]

이들 가운데 100명 남짓은 다른 마을과 도시에서 왔는데, 일부는 위로 300마일이나 떨어진 압록강 부근에서 왔고 또 일부는 남쪽 아래로 서울에서 왔습니다. 그들 대부분은 몇 달 혹은 몇 년 동안 숙고했고, 복음을 많이 읽었으며, 그보다 더욱 많이 들었던 자들입니다. 장로들이 학습교인들을 문답한 결과, 이들 중 많은 사람이 세례 받을 준비가 되어 있다고 선언했습니다.

이 사역의 한 가지 특징은, 우리 장로와 영수들 대부분이 시골에서 열리는 사경회를 맡아 자리를 비우고 있어서 그 사역을 효율적으로 대응할 수 있는 집사들과 구역장들에게 맡겼고, 따라서 이들 스스로 더욱 가치 있는 일꾼으로 성장했다는 사실입니다. 장로와 영수들은 집회와 강의 시간에 맞추어 시골 사경회에서 돌아왔고, 이런 보고를 듣고 크게 기뻐했습니다.[2]

우리는 넘치는 사역에 압도되어 있으며, 가르칠 수 있는 모든 사람과 도시나 시골에서 봉사할 시간을 낼 수 있는 모든 사람을 동원하고 있습니다. 중학교 남학생들은 도시로 전도하러 다니고, 새로운 개종자들에게 기도회와 특별 토요 야간 집회를 상기시키기 위해 방문하는 일에 큰 도움이 되었습니다. 우리는 또 다른 문제, 즉 어떻게 우리 회중을 모두 수용할 것이냐라는 문제에 봉착해 있습니다. 규모가 큰 장대현교회와 아직 완공되지 않은 새 남문교회는 모두 차고 넘치며, 두 번째 건물을 완공하기 전에 세 번째 건물이 필

1 1905년 평양의 구정 사경회 때 큰 부흥이 일어났음을 알 수 있다.

2 평양 시내 장대현교회와 남문교회의 한국인 직분자로 남자는 장로, 영수, 집사, 구역장이 있었고, 여자는 전도부인과 구역장이 있었음을 알 수 있다.

the city and in looking up new converts to remind them of the prayer-meetings and the special Saturday night meetings. We are face to face with another problem—i.e. how to accommodate our congregations. The large Central Church and the new South Gate church (not yet finished) are both full and even before we finish the second building we need a third. We shall urge increased contributions and their immediate payment in hopes of finishing the South Gate Church at once, leaving us free to go ahead with plans for a third church. We are happy over the situation even though perplexed as to how to plan for the accomplishment of so much that is demanding attention. We are simply swamped by the demands upon us for instruction, examination, oversight and organization.

The best of it is, this movement is not confined to the city. It is springing up and spreading all through the country and from every country church and group we hear of larger congregations, too small buildings, new believers in other villages, and other groups being formed. People who have been hearing the gospel for years and who see that through all the disturbances and changes, the Church of Christ alone goes on steadily, making for joy and peace and clean lives, are now repenting of their sins and seeking peace and pardon. A few days ago a sorceress sent me her two large drums, her gongs and cymbals and other paraphernalia, her husband who brought them, rejoicing that they had been freed from devil worship. A letter from a country leader tells of work in seven new villages. A prominent man from another city came to me yesterday with a list of 15 men who, with him wish to be Christians and urge me to go back with him to instruct them. I cannot go—my hands are too full of work here. A letter received last night from a city 100 miles away from a man who was converted here last month asks for a load of books saying that the whole city is aroused with a spirit of inquiry and he wants books for their instruction. The new converts are already at work and are bringing in others.

A colporteur comes in today saying there are 100 new believers in a

요합니다. 우리는 남문교회를 완공하는 즉시 세 번째 교회 건물을 자유롭게 계획할 수 있으리라는 희망으로 기부금을 늘리고 즉시 지불하도록 강권할 것입니다. 우리는 비록 많은 성과를 얻기 위해 어떻게 계획해야 할지 많은 관심이 요구되고 있어서 당황스럽기는 하지만 그 상황에 대해 기뻐하고 있습니다. 우리는 교육, 문답, 감독, 조직에 대한 요구 앞에 압도당하고 있습니다.

가장 좋은 점은 이 운동이 평양 도시에 국한되지 않는다는 사실입니다.[3] 그것은 전국을 통해 자라고 퍼져나가고 있으며, 우리는 모든 시골 교회와 미조직교회로부터 성장하는 회중, 너무 작은 예배당, 다른 마을에 있는 초신자들, 그리고 조직되고 있는 다른 미조직 교회들에 대해 듣고 있습니다. 여러 해 동안 복음을 들었고, 모든 소요와 변화 속에서도 그리스도의 교회만이 기쁘고 평화롭고 깨끗한 삶을 만들어가며 꾸준히 전진해간다는 사실을 보는 사람들은 지금 죄를 회개하고 평화와 용서를 구하고 있습니다. 며칠 전에 한 무당이 두 개의 큰 북과 징과 꽹과리와 다른 도구들을 제게 보냈는데, 그것을 가져온 그녀의 남편은 그들이 귀신 숭배로부터 해방되었다고 기뻐했습니다. 한 시골 영수는 새로운 일곱 마을의 사역에 대해 편지했습니다. 또 다른 도시에서 온 유력한 사람은 기독교인이 되기를 원하는 15명의 남성 명단을 들고 어제 저를 찾아와서 그와 함께 가서 그들을 가르쳐달라고 제게 간청했습니다. 저는 갈 수 없습니다. 이곳에서 두 손에 일이 가득하기 때문입니다. 지난달에 회심한 한 남자가 쓴 편지가 100마일 떨어진 한 도시에서 어젯밤 이곳에 도착했는데, 그가 사는 도시 전체가 구도 정신으로 흥분해 있다고 말하면서 그들을 가르치기 위한 책이 필요하므로 한 짐의 책을 보내주기를 부탁했습니다. 새로 개종한 자들은 이미 일하고 있으며 다른 사람들을 인도하고 있습니다.

한 권서가 오늘 찾아왔는데 서쪽으로 25마일 떨어진 교회에 100명의 새신자가 있다고 말했습니다. 또 다른 미조직교회의 영수는 도시에서 한 것처럼 그들 주위의 모든 마을로 가서 집집마다 방문해서 전도하기로 계획했다

3 1905년 구정 때부터 전국적인 부흥 운동이 일어나고 있었다.

church 25 miles west. The Leader of another group comes in for sheet tracts saying they have arranged to visit all the villages around them canvassing the houses as was done in the city. Here and in many other groups the people are contributing so many days each of evangelistic service. Even as I write Miss Kirkwood's teacher comes in to report. While she is in the country teaching a class in one section we utilize him by sending him to another section where in some ten or more villages there are men who reached a decision in the city meetings. He reports these men as rejoiced to see him–also a gathering of 15 in one village where for some time we have had 4 or 5 believers, while in other central and large villages there is a wide spread spirit of inquiry.

I have never known a time when we had so many ripe opportunities and while we now have a good many workers yet we cannot compass the work. All are working away at full pressure and we are making use of all available men and all forces, yet with such opportunities we need more workers.

This is the situation we are confronting and which at last Station Meeting caused us to take action making special representation to the Board of our need of three new workers–immediately–one for the Academy in place of Mr. McCune if he is not coming, one single lady for evangelistic and school work and one a clerical worker with a view to relieving Mr. Lee of that part of his work. We urge the sending of these three before fall. The Academy needs two men and although we are indirectly providing that amount of teaching it is done at the expense of the pressing evangelistic work. Mr. Blair ought now to be on his country circuit or in the strategic point of An Ju, but he is tied down to teaching for two months in the Academy. In April, May and June Mr. Lee will be tied down in the same way and his country work is already suffering from lack of attention.

The Academy is developing into a strong, influential institution but it needs the constant oversight and joint direction of two men who

고 말하며 소책자를 받으러 왔습니다. 이곳과 다른 많은 미조직교회에서 사람들은 각자 전도 봉사를 위해 크게 기여하고 있습니다. 제가 편지를 쓰는 동안에도 커크우드 양의 어학교사가 찾아와서 보고했습니다. 그녀가 한 지역에서 사경회반을 가르치며 시골에 나가 있는 동안, 우리는 도시 집회에서 결심했던 사람들이 있는 대략 열 개나 혹은 그 이상의 마을에 또 다른 구역으로 그를 파송함으로써 그를 활용합니다. 그의 보고에 따르면 이 사람들은 그를 만나는 것을 기뻐합니다. 한동안 4-5명의 신자가 있던 한 마을에서는 15명이 모였고, 다른 중앙 마을과 큰 마을들에는 구도 정신이 널리 퍼져 있습니다.

저는 우리가 이렇게 많은 무르익은 기회를 가진 때를 결코 알지 못합니다. 우리는 현재 뛰어난 사역자들이 많이 있지만 아직도 사역을 다 순회할 수 없습니다. 모두가 분주하게 일하고 있고 이용 가능한 모든 인력을 동원하고 있지만, 그런 기회를 고려하면 여전히 더 많은 일꾼이 필요합니다.

이것이 우리가 당면한 현실이며, 지난번 선교지부 회의에서 우리가 선교부 이사회에 3명의 사역자가 필요하다는 특별 진정서를 보내는 결정을 하게 만든 상황입니다. 맥큔 목사가 오지 않으면 그를 대신해서 중학교에서 사역할 한 명, 전도와 학교 사역을 맡을 미혼 여성 한 명, 그리고 리 목사의 행정 사역의 부담을 덜어줄 행정직 사역자 한 명, 이렇게 3명을 가을 이전에 파송해줄 것을 간청합니다. 중학교에는 두 사람이 필요합니다. 우리가 두 사람이 가르치는 분량의 수업을 간접적으로 제공하고 있지만 긴급한 전도 사역을 희생하면서 하고 있습니다. 블레어 목사는 지금 시골 순회 여행으로 나가 있거나 안주의 전략 지역에 있어야 하지만, 중학교에서 두 달 동안 가르치는 일로 묶여 있습니다. 마찬가지로 4월, 5월, 6월에는 리 목사가 묶여 있게 될 텐데, 그의 시골 사역은 관리 부족으로 이미 지장을 받고 있습니다.

숭실중학교는 강하고 영향력 있는 기관으로 발전하고 있지만, 우리가 만들고자 하는 적절하게 균형 잡힌 기관이 되기 위해서는 서로 보완할 수 있는 두 사람의 지속적인 감독과 협동 지도가 필요합니다. 베어드 박사는 너무 바빠서 그가 사역의 모든 분야를 발전시키는 것은 정말 불가능합니다.

can supplement each other in order that it should be the properly well-rounded institution we want to make it. Dr. Baird has his hands so full that it is simply impossible for him to develop all departments of the work and we are failing to make the greatest use of a fine opportunity. This imperative need recognized for three years by station & mission we again present with great urgency.

The need for another single lady is greater than we can possibly make clear to you. Our country women plead for classes. They long to study and will cheerfully bear all their expenses but we are able to provide for only about 1 or 2 classes a year in each missionary's circuit so that with our present force we can have a class for women in each group conducted by one of the missionary ladies about once in 8 years.

These country classes are one of the most important features of the whole work and my own judgment is that if in order to provide for our educational work, which is imperative, we are forced to cut off these classes we will strike out what has been the most distinguishing as well as the most effective agency in the development of our wide-spread evangelistic work in North Korea.

We are taxing the strength of our ladies to the utmost, are keeping the Girls' School term down to 3½ months in the year and yet we do not reach even the strategic points with one class a year. Country class work is exacting, taxing the strength of the ladies and is possible only at certain seasons of the year. Each one can conduct not more than eight such classes of from one week to ten days each in addition to city classes, school work, house visitation, etc., etc., so that with but 3 ladies (only 2 this year) we can provide for not more than about 20 classes when we ought to have nearer 50. Each one of us who has one or more country circuits would gladly plan for from 10 to 20 such classes each and it would be exceedingly profitable could we do so. That, however, would mean about 100 classes a year which we have no hope of securing. We ought, however, to be able to make provision for a far larger number than

우리는 좋은 기회를 최대한으로 활용하지 못하고 있습니다. 3년 동안 선교지부와 선교회가 인식해온 이 시급한 요구에 대해 다시 한번 간절하게 말씀드립니다.

또 다른 미혼 여성에 대한 필요는 우리가 귀하께 더 이상 분명하게 말할 수 없을 정도로 막대합니다. 우리의 시골 여성들이 사경회를 열어달라고 호소하고 있습니다. 그들은 공부하기를 열망하고 있고 모든 비용을 기쁘게 자비로 감당하겠지만, 우리는 각 선교사의 순회 구역에서 1년에 하나나 두 개의 사경회만을 제공합니다. 따라서 현재 우리 인력으로는 대략 8년에 한 번 정도 여성 선교사 가운데 한 사람이 각 미조직교회의 여성들을 위해 한 번의 사경회를 할 수 있을 뿐입니다.

이런 시골 사경회는 전체 사역에서 가장 중요한 특징 중 하나이며, 제 판단으로는 긴급한 우리의 교육 사역을 감당하기 위해 이 사경회반을 줄일 수밖에 없습니다. 이는 우리가 한국의 북부 지역에 널리 퍼진 전도 사역의 발전에서 가장 특징적이고 효과적이었던 것을 어쩔 수 없이 잘라내는 것을 의미합니다.

우리는 여성 인력을 최대한으로 활용하고 있으며, 여학교의 학기를 1년에 세 달 반으로 줄여서 운영하고 있지만 한 해에 한 반을 운영한다는 전략적인 지점까지는 미치지 못하고 있습니다. 시골에서 사경회를 하는 것은 노력을 요구하고, 여성 인력에 부담을 주며, 1년 중 특정 계절에만 가능합니다. 한 사람이 도시의 성경 공부, 학교 사역, 심방 등에 추가해서 1주일에서 열흘 동안 그런 사경회를 많아야 8개를 진행할 수 있으므로, 우리가 50개 가까이 사경회를 해야 하지만, 3명의 여성(올해는 2명)만으로 많아야 20개의 사경회를 제공할 수 있을 뿐입니다. 한 개 혹은 그 이상의 시골 순행 구역[시찰]을 가지고 있는 우리 각자는 그런 사경회를 10개에서 20개까지 기꺼이 계획할 것이며, 우리가 그렇게 할 수 있다면 막대한 이익을 줄 것입니다. 그러나 그것은 우리가 도저히 확보할 희망이 없는 1년에 약 100개의 사경회를 제공하는 것을 의미합니다. 그러나 우리는 지금 확보한 것보다 훨씬 더 많은 수의 사경회를 준비할 수 있어야 합니다. 베스트 양과 스누크 양이 했고 커크우드

we now have. The work Miss Best & Miss Snook have done and Miss Kirkwood is now doing is simply invaluable. Their classes strengthen, solidify and *establish* the groups.

The new station to be opened in Whang Hai will soon call for a lady and she should be here now preparing for it. The third need is for a man to relieve Mr. Lee. He finds it impossible to care for his work. He has too much, while more & more we are of necessity putting upon him more work in Pyeng Yang in connection with local church work, Academy, Theological & Training classes and building. He has for three years called attention to the neglect of his country work. It is suffering and opportunities for advance are being lost and we are not reaping our own harvests. We feel the need for these three workers so keenly that we have taken special action and the station instructed Mr. Blair & me in connection with the monthly letters to present this request to the Board. Our need ought to appeal to some good man now finishing his seminary course.

With kindest regards,

Yours very sincerely,
Samuel A. Moffett

양이 지금 하고 있는 일은 가치 있는 일입니다. 그들의 사경회는 미조직교회를 강건하게 하고, 단결시키며, 확립시키고 있습니다.

황해도에 설립되는 새로운 선교지부에는 한 명의 여성 선교사가 곧 필요하며, 그녀는 지금 그것을 준비하기 위해 이곳에 있어야 합니다. 세 번째로 리 목사의 부담을 덜어줄 한 명의 남성 선교사가 필요합니다. 리 목사는 그의 사역을 모두 감당하는 것이 불가능하다고 느끼고 있습니다. 지역 교회 사역, [숭실]중학교, 신학교, 사경회, 그리고 건축과 관련하여 평양에서 우리의 필요에 따라 그에게 더 많은 일을 맡기다 보니 그는 너무 많은 일을 감당하고 있습니다. 그는 자신의 시골 사역을 태만히 하고 있는 데 대해 3년 동안 호소해왔습니다. 이는 고통스러운 일이고, 발전할 기회가 사라지고 있으며, 우리는 수확물을 추수하지 못하고 있습니다. 우리는 3명의 사역자가 필요하다고 분명하게 느껴서 특별한 조치를 취했으며, 선교지부는 블레어 목사와 제게 월례 보고서를 보낼 때 선교부 이사회에 이런 요청을 분명하게 제출하라고 지시했습니다. 우리의 요구가 틀림없이 지금 신학교 과정을 마치고 있는 어떤 훌륭한 사람의 마음을 움직이리라고 생각합니다.

안부를 전하며,

마포삼열 올림

Samuel A. Moffett

Pyeng Yang, Korea

March 10, 1905

Dear Dr. Brown:

In addition to what I wrote you yesterday there are a few other matters of which I wish to write. One is with reference to the request for an appropriation for Mr. Bernheisel's quarters. Of this I wrote once before but I want to make clear the reason why this request should receive consideration.

Mr. Bernheisel for years has occupied Mr. Lee's guest house which Mr. Lee built with his own funds and which he now imperatively needs for use as a private office. It is not right that Mr. Lee should be deprived of the use of these rooms, now that his own efficiency in the work is affected thereby. Mr. Bernheisel has never been provided by the Board with even temporary quarters and as we ask for but 700 yen ($350^{oo}) for that purpose it does seem to us that the time for granting this has now come. As a matter of inherent justice I think Mr. Lee could claim that amount as rent for his guest house for a term of 5 years during which it has been used for quarters for a missionary. Had he asked $5^{oo} a month doubtless the Board would have granted it and he would now have just about $350^{oo}—the amount needed. I put it this way that you may see that aside from the fact that Mr. Bernheisel should be provided with rooms, we ought not longer to impose upon Mr. Lee's good nature and unselfishness when it is working an injustice to him. He will not enter complaint, but will continue to submit to the inconvenience, but knowing as I do how much he needs and would like to have the rooms, I write this in order to explain the situation.

In one of your letters you ask for an explanation of the expression "foreign funds, not Board funds," used in connection with the Syen Chyen & Pyeng Yang South Gate Church. What we mean by it is that

마포삼열

한국, 평양

1905년 3월 10일

브라운 박사님께,

어제 박사님께 쓴 내용에 덧붙여서 말씀드리고 싶은 몇 가지 다른 문제가 더 있습니다. 한 가지는 번하이젤 목사의 숙소를 위한 비용을 요청하는 건입니다. 이 일에 대해 예전에 한 번 쓴 적이 있지만, 왜 이 요청을 고려해야 하는지 그 이유를 분명하게 말씀드리고 싶습니다.

번하이젤 목사는 리 목사가 자비로 지은 사랑채를 수 년 동안 사용해왔는데, 지금은 하루라도 빨리 그 집을 리 목사의 개인 사무실로 사용해야 합니다. 사역에서 그의 효율성이 이런 상황 때문에 영향을 받고 있으므로 리 목사가 이 방을 사용하지 못하도록 하는 것은 옳지 않습니다. 번하이젤 목사에게는 선교부 이사회가 심지어 임시 숙소조차 제공한 적이 없습니다. 우리가 그 목적을 위해 700엔(350달러)을 요청하므로 이를 승인할 때가 온 것 같습니다. 공평성이라고 하는 본질적인 차원에서, 저는 리 목사가 한 선교사의 숙소를 위해 5년간 그의 사랑채를 빌려준 비용에 대한 액수도 요구할 수 있다고 생각합니다. 그가 한 달에 5달러를 요구했다면 선교부는 틀림없이 그것을 승인했을 것이고, 그는 지금 필요한 액수인 약 350달러를 가지게 되었을 것입니다. 제가 이렇게 쓰는 것은 번하이젤 목사가 방을 제공받아야 한다는 사실 외에도, 리 목사에게 불공평한 것이라면 더 이상 우리가 그의 좋은 성품과 이타적인 마음을 강요해서는 안 된다는 사실을 귀하께서 이해해주시기를 바라기 때문입니다. 그는 불평하지 않겠지만 불편을 계속 감수하게 될 것입니다. 저는 그가 얼마나 방을 필요로 하고 또 갖고 싶어 하는지를 잘 알고 있으므로 상황을 설명하기 위해 이 편지를 씁니다.

귀하께서는 귀하의 편지 중 하나에서 선천과 평양의 남문교회와 관련해서 사용한 "선교부의 기금이 아닌 외부 기금"이라는 표현에 대한 설명을 요청하셨습니다. 우리가 그 표현으로 의미하는 바는, 큰 도시 교회들을 건축

in building the large city churches where the necessity is such that we cannot wait for the Korean contributions to amount to sufficient to build, we have permission to use foreign funds to a certain extent–that is, money furnished by the missionary as a gift to the Korean Church from his own pocket or from some individual personal gift to him–instead of our asking for an appropriation from the Board for the purpose. For example, when we built the Central Church here my brother gave me some money to be used just as I wished and with some of that we assisted the church to the extent of less than $\frac{1}{3}$. In building the South Gate Church several of us contributed from our own pockets–thus enabling the Koreans to go ahead at once with the building. The money is not asked from the Board nor is it given to or through the Board, but to the Korean Church direct–all our churches being built by and for the Korean Church. We obtain the sanction of the Station for such use of money because we always go on the principle that even private personal funds should be used only for such purposes and in such ways as are first sanctioned by the Mission.

With reference to requests for appropriations for purchase of station sites, I want to urge the granting of all of these *now* as a matter of economy. With the incoming of the Japanese, the price of land is going up rapidly and it will cost us many times more money a few years hence to get the land needed for station sites. As an illustration–the hospital site in Pyeng Yang is a case in point. The site could not now be bought for less than some 2,000 yen, but by buying it in advance a few years ago with private funds and turning it over to the Board at cost price it has cost the Board less than 500 yen. The same situation will exist at Cheng Ju and at Chai Ryeng.

If you will grant the 1,500 yen for site & quarters for the Whang Hai station and the 1,500 yen asked for Cheng Ju the Board will doubtless save several thousand yen in the opening & development of these stations.

할 때 필요한 것이 많기 때문에, 한국인들의 연보가 건축에 충분한 액수에 이르기까지 기다릴 수 없는 상황에서 우리는 선교부에 그 용도로 예산을 지원해주기를 요청하는 대신, 해외 기금을 어느 정도 사용할 수 있도록 허락하는 것입니다. 곧 선교사가 사비나 그가 받은 개인적인 선물을 한국 교회에 기부금으로 제공하는 것입니다. 예를 들면, 우리가 이곳에 장대현교회를 지었을 때, 제 형이 제가 원하는 곳에 사용하라고 제게 약간의 돈을 주었는데, 그 금액의 일부를 건축비의 1/3 이하로 정한 외부 기부금에 냈습니다. 남문교회를 건축할 우리 가운데 여러 명이 사비를 모아서 기부했기 때문에 한국인들은 즉시 건물의 건축을 추진할 수 있었습니다. 그 기금은 선교부가 요청한 돈이 아니고 선교부나 선교부를 통해 주어진 것도 아니며, 직접 한국 교회—한국 교회에 의해 그리고 한국 교회를 위해 지어지고 있는 모든 교회—에 준 돈입니다. 우리는 비록 개인적인 자금이라고 할지라도 그런 목적을 위해서만 사용해야 하고, 선교회가 미리 규정해놓은 방식으로 해야 한다는 원칙을 항상 따르고 있으므로, 그런 기금을 사용하려면 선교지부의 승인을 받아야 합니다.

선교지부의 부지를 구입하기 위한 예산 요청과 관련해서, 저는 이 모든 것을 경제적 관점에서 지금 승인해주시기를 간절히 부탁드리고 싶습니다. 일본인들이 들어오면서 땅값이 급속히 오르고 있으며, 이삼 년 후에 선교지부의 부지를 위해 필요한 땅을 구하려면 몇 배 더 많은 비용이 들 것입니다. 평양 병원 부지가 좋은 실례입니다. 지금 그 부지는 대략 2,000엔보다 조금 적은 금액에 구입할 수 있지만, 개인 자금으로 몇 년 전에 미리 구입해서 선교부에 원가로 넘김으로써 선교부는 500엔 이하만 부담했습니다. 동일한 상황이 청주와 재령에서도 있을 것입니다.

황해도 선교지부를 위한 부지와 숙소를 위해 1,500엔을, 청주를 위해 요청한 1,500엔을 승인하면 선교부는 의심할 여지 없이 이 선교지부들의 설립과 발전에서 수천 엔을 절약하게 될 것입니다.

이 편지가 귀하에게 도착했을 때 이런 요청을 고려했지만 승인하지 않았다면, 저는 경제적인 관점에서, 그리고 이 요청을 만족시키면서 사역을 발

If these requests have been considered and not granted when this reaches you—I would urge an additional appropriation to meet these needs as a matter of economy and also for the furtherance of projects for development of work. I trust my letter on [the] subject of Church Government reached you safely and that we may look for favorable action on the part of the Board and the General Assembly.

On February 28th our home was gladdened by the arrival of our first-born—a son, James McKee, who has rejoiced our hearts and brought sunshine into our home. Mrs. Moffett and the baby are both doing nicely and we are indeed grateful for this richest blessing granted unto us.

With kindest regards

Very sincerely yours,
Samuel A. Moffett

전시키기 위한 계획을 진행하기 위해 추가 예산을 배정해줄 것을 간청합니다. 저는 교회 정치라는 주제에 관한 제 편지가 귀하께 무사히 도착했고, 선교부와 총회에서 호의적인 결정을 내릴 것을 기대할 수 있다고 믿습니다.

제 가족은 2월 28일에 첫아이 제임스 맥키가 태어나서 기뻤습니다. 우리의 마음을 기쁨으로 채우고 우리 가정에 햇빛을 가져다준 아들입니다. 산모와 아기는 모두 건강하며 우리에게 허락된 가장 풍성한 이 축복에 대해 진심으로 감사드립니다.[1]

안부를 전하며,

마포삼열 올림

1 2월 28일 첫아들 제임스가 태어났다.

Samuel A. Moffett

Pyeng Yang, Korea

March 18, 1905

Dear Father Fish:

Your good letter of February 14th was welcomed a few days ago and found us all in high spirits and good health with everything going well. Our household is running along as usual and with Aunt Tillie here I am finding that I am free to look after work as usual—except for the extra magnetic attraction which causes me to run into the bedroom now & then through the day to get another glimpse of our little treasure. I usually find him cuddling up to his mother, smacking his lips and looking up at me with the most perfectly satisfied expression one can imagine. How I wish you could see Alice in her mother joy. She is having just the best time she ever had in all her life—which, however full of love it has been—wanted just this one new phase of love to be perfect.

Now just a few words concerning Miss Castersen's [the young woman they call "Aunt Tillie" or "Matilda"] return and plans for the same—and then I must start in on a lot of work awaiting me.

[The rest of this letter is missing except for an addition many years later addressed to Jamie in his father's hand explaining that Miss Castersen is "your Aunt Tillie" now Mrs. Algren—and signed "Father."]

마포삼열

한국, 평양

1905년 3월 18일

장인어른께,

장인어른께서 2월 14일에 보낸 친절한 서신을 며칠 전에 반갑게 받았습니다. 모든 일이 순조로운 가운데 우리 모두는 고무되어 있고 건강합니다. 우리 가정은 평소대로 잘 지내며 틸리 이모가 여기 있어서 저는 평소처럼 사역을 자유롭게 돌볼 수 있습니다. 다만 아기가 특별한 자석 같은 매력을 지녀서 수시로 침실로 달려가 우리의 작은 보물을 한 번 더 보지 않을 수 없답니다. 저는 아이가 사람이 상상할 수 있는 가장 완벽하게 만족한 표정으로 엄마에게 안기거나, 입술을 빨거나, 저를 쳐다보는 것을 봅니다. 어머니로서 기쁨에 가득 찬 앨리스를 장인어른께서 보실 수 있다면 얼마나 좋을까요? 그녀는 자기 인생에서 최고의 시간을 보내고 있습니다. 비록 그녀의 삶이 사랑으로 가득 찬 인생이었다고 하더라도 완벽하게 되기 위해 이 새로운 사랑의 국면을 필요로 합니다.

이제 캐스터슨 양의 복귀와 그에 대한 계획에 대해 몇 가지 말씀드리고,[1] 저를 기다리는 많은 사역을 시작해야겠습니다.[2]

1 그들이 "틸리 이모"나 "마틸다"라고 부르는 젊은 여성을 말한다.

2 이 편지의 나머지는 분실되었다. 다만 아들 제임스에게 마포삼열이 추가한 부분이 있다. 즉 여러 해 후에 캐스터슨 양이 "틸리 이모"이며 현재 알그렌 부인이 되었다는 설명을 더하고 "아버지"라고 서명했다.

Alice Fish Moffett

Pyeng Yang, Korea

March 21, 1905

Dear Fatherdy and Little Mother:

Yesterday was my letter day to you but it was filled full of little things and passed without a beginning being made. Baby and I are doing finely with one exception and that is that his demands for food are getting beyond what I can supply. I have been nursing him pretty well up to the present but now, in spite of all I can do in the way of eating and drinking and breast massage, the supply is not sufficient and I have had to begin on cow's milk and Mellin's food. I am *so* sorry–I do so want to nurse him through the summer. I am eating heartily and drinking bowls of liquid between meals but am gaining flesh myself, instead of making milk. The beginning of bottle feeding brings up visions of all sorts of troubles for Baby but I guess it cannot be helped. He is growing and gaining right along–a pound in three weeks is doing well–is it not?

Sam is rushed more than ever these days–so many kinds of work are crowding in upon him. He is very tired and is made more so by knowledge of the number of important things which cannot possibly be touched. He ought to stop and rest but cannot bear to do it with so much demanding attention. On Sabbath Sam and Mr. Koons walked out ten "li" to hold communion and baptismal service at a new group where Mr. Koons has been visiting and teaching the people on alternate Sabbaths for the past few months. Seven were received in baptism and sixteen as catechumens. About eighty are in attendance and the people began yesterday to put up a new building to be used as a church.

The Spring training class for women is now in session with not so large an attendance as in the Fall, probably because field work is beginning in the country. It seems strange to me to be out of the class room but this time my days will be spent in the training of one new

앨리스 피시 마페트

한국, 평양

1905년 3월 21일

사랑하는 아버지 어머니께,

어제가 제가 편지를 드리기로 했던 날이었는데 사소한 일이 잔뜩 있어서 시작도 하지 못한 채 지나가 버렸습니다. 아기와 저는 한 가지 외에는 잘 지내고 있는데, 그것은 음식에 대한 그의 요구가 제가 줄 수 있는 이상이 되어 가고 있다는 점입니다. 현재까지는 모유 수유를 꽤 잘해왔지만, 지금은 제가 최대한 먹고 마시고 유방 마사지를 해도 모유가 충분히 나오지 않아서 소젖과 멜린 이유식을 시작하지 않을 수 없었습니다.[1] 저는 이것이 유감스럽습니다. 여름 내내 모유를 꼭 먹이고 싶습니다. 저는 마음껏 먹고 있고 식사 사이사이에 액체로 된 음식을 여러 그릇 마시고 있지만, 모유를 만들어내는 대신 살만 찌고 있습니다. 소젖을 먹이기 시작하는 것이 아기에게 모든 종류의 문제를 야기하는 환상을 불러일으키지만 어쩔 수 없는 것 같습니다. 그는 잘 자라고 있고 살도 적당히 찌고 있습니다. 3주에 1파운드씩이면 그렇죠?

요즘 샘은 어느 때보다 바쁩니다. 너무 많은 종류의 일이 그에게 몰려들고 있습니다. 그는 무척 피곤해하는데 감히 건드릴 수도 없는 중요한 일의 수를 알게 되면 더욱 그렇게 됩니다. 그는 멈추고 쉬어야 하지만 관심을 요구하는 일이 너무 많이 있어서 그렇게 할 수가 없습니다. 주일에는 샘과 쿤즈 목사가 새로운 미조직교회에서 성찬식과 세례식을 거행하기 위해 10리를 걸어갔는데, 그곳은 쿤즈 목사가 지난 몇 달 동안 격주로 주일마다 방문해서 사람들을 가르친 교회입니다. 7명이 세례를 받았으며 16명이 학습교인으로 등록했습니다. 약 80명이 출석하고 있으며 교인들은 어제 예배당으로 사용할 새 건물을 짓기 시작했습니다.

---

1 일반 우유가 아닌 소의 젖을 짜서 주었다. 이때 우유는 구할 수가 없었기 때문에 암소를 사서 그 젖을 짜서 주었던 것이다.

assistant missionary! Jamie is the most recent arrival in our Station, the last "single man" to be added, but one not appointed by the Board this time. God grant he may have a deep love for this people and this land of his birth and that he may be a true missionary to the Koreans from his earliest years. How he has transformed the world for us! What a different light is upon all things now that we plan and work and live for him. What deep lessons one's own baby teaches of our relationship to our loving heavenly Father. As Baby depends on us for all things, so are we utterly dependent on our Father's care. And if we desire to do so much for our little one what will not an infinite Father do for us. Constantly do we praise Him for His blessings and for this new revelation of Himself to us.

I am up and about now as freely as I wish to be, but I am still trying to keep myself lazy so far as work is concerned.

Sam wrote to you, Father, about the plans for Matilda's home trip with Mr. and Mrs. Hunt who expect to take a steamer from Japan early in July. They have written already to engage passage at that time and Sam has done the same for Matilda. This will be a fine opportunity for her–so much better than taking the trip alone. Of course it is longer than she need to stay here but we could not plan before now for her return and a much longer time is required from here than from America for one must send to Yokohama and wait for an answer and thus have a berth engaged a month or more in advance to be sure of it.

Fatherdy, you have given us so much in sending Matilda out to us that we feel we would like to help out toward her expenses. Will you not take part of the sum from the $800.°° which you are keeping for me there? I wish you would–it is only right. She has been such a blessing and help to me from the time she arrived, and is especially so during these days when there are so many little things to be done for both Baby and me. The boy shall know some day as well as I can tell him what the care of "Aunt Tillie" meant to him in his early babyhood. Still the good

여성을 위한 봄 사경회가 지금 진행 중인데 가을만큼 출석자가 많지는 않습니다. 아마도 시골에서 농사일이 시작되어서 그런 것 같습니다. 교실 밖에 있는 것이 이상하지만 이번에는 한 명의 새 보조 전도인을 훈련시키면서 하루하루를 보내고 있습니다! 제이미는 우리 선교지부에 가장 최근에 도착한 인물로 추가된 마지막 "미혼 남성"이지만 이번에는 선교부가 파송하지 않은 회원입니다. 하나님이 그로 하여금 한국인과 그가 태어난 이 땅에 대한 깊은 사랑을 갖게 하시고, 첫해부터 한국인을 위한 진정한 선교사가 되게 해 주시기를 빕니다. 우리의 세상을 그 아이가 얼마나 크게 변화시켰는지요! 만물을 얼마나 다르게 보도록 빛을 비추어 우리가 그를 위해 계획하고 일하며 살게 하는지요! 아기가 사랑하는 하늘에 계신 아버지와 우리의 관계에 대해 얼마나 깊은 교훈을 가르쳐주는지요! 아기가 모든 것에 대해 우리에게 의존하듯이 우리도 우리 아버지의 보살핌에 온전히 의지하고 있습니다. 우리가 우리의 어린 자녀를 위해 그토록 많은 일을 하기를 원하는데 우리의 무한하신 아버지께서 우리를 위해 무엇인들 하지 않으시겠어요? 우리는 끊임없이 당신의 축복과 당신 자신을 우리에게 보여주시는 이 새로운 계시로 인해 당신을 찬양합니다.

저는 지금 제가 원하는 대로 자유롭게 활동할 수 있을 정도로 건강해졌지만, 사역에 관해서는 여전히 제 자신을 게으르게 하려고 노력하고 있습니다.

아버지, 7월 초에 일본에서 기선을 탈 헌트 목사 부부와 함께 마틸다가 본국으로 가는 여행 계획에 대해 샘이 아버지께 편지를 썼습니다. 그 부부는 벌써 승선표 예약을 위해 편지를 썼고, 샘도 마틸다를 위해 동일하게 했습니다. 이것은 그녀에게 좋은 기회가 될 것입니다. 혼자 여행하는 것보다 훨씬 나을 것입니다. 물론 그녀가 이곳에서 머물러야 할 기간보다 더 오래 있게 되겠지만, 우리는 그 이전에 그녀의 귀국을 계획할 수 없었습니다. 여기서 표를 예약하려면 미국보다 훨씬 더 많은 시간이 걸리는데, 요코하마로 편지를 보내 답장을 기다려야 하고, 따라서 확실하게 표를 얻으려면 한 달이나 그전에 미리 예약을 해야 하기 때문입니다.

letters of congratulation keep coming in, and some dear little letters are sent to Jamie which I am putting away for the boy to read some day. A good letter came from Mr. Bostwick [who has been visiting his son in Seoul ever since shortly before the Moffett wedding, which he attended. His son, with Mr. Collbran, built the tram line and is head of the Seoul Electric Co.]−I presume he has already left Seoul for San Francisco [his home] and I am so sorry he could not come up here again for a real visit and to see Baby before going home. You will see him before long, I suppose.

Good night, my dear ones. A heart full of love from all three of us for you both. Matilda, too, sends much love to you.

Your daughter,

Alice

아버지, 마틸다를 우리에게 보내주어 많은 것을 베풀어주셨기 때문에 우리가 그녀의 비용을 도와주고 싶습니다. 그곳에서 저를 위해 가지고 계신 800달러로 전체 경비의 일부를 부담해주지 않으시겠습니까? 그렇게 해주시기를 바랍니다. 그래야만 옳습니다. 그녀는 정말 축복이었고 도착했던 시간부터 제게 큰 도움이 되었습니다. 아기와 저 둘 모두를 위해 해야 할 작은 일이 많이 있는 요즘에는 특히나 그렇습니다. 아이는 "틸리 이모"의 보살핌이 자신의 유아 시절에 무엇을 의미했는지 언젠가 알게 될 것이고 저도 그를 위해 말해줄 수 있습니다. 아직도 축하하는 친절한 편지가 계속 오고 있는데, 사랑스러운 작은 편지가 제이미에게 오고 있습니다. 저는 그 편지를 언젠가 아이가 읽을 수 있도록 따로 보관해두었습니다. 보스트윅 씨로부터 친절한 편지가 왔습니다.[2] 저는 그가 이미 서울을 떠나 샌프란시스코로 갔다고 짐작하고 있었는데, 그가 집으로 가기 전에 이곳에 와서 아기를 보지 못한 것이 아쉽습니다. 아버지와 어머니께서는 머지않아 그를 보게 되실 것이라고 생각합니다.

안녕히 계세요. 내 사랑하는 부모님. 두 분께 우리 셋 모두가 마음 가득한 사랑을 보냅니다. 마틸다도 사랑을 보냅니다.

당신의 딸,

앨리스 올림

2 보스트윅 씨는 마포삼열의 결혼식에 참석했는데, 그 직전부터 서울에 있는 그의 아들을 방문하고 있었다. 그의 아들은 콜브란 씨와 함께 서울의 전차 회사를 운영한 서울전기회사의 사장이었다.

Pyeng Yang American Community

Pyeng Yang, Korea

March 23, 1905

We the undersigned members of the American community in Pyeng Yang do most earnestly petition for the retention of Hon. H. N. Allen as Minister of the United States of America to Korea.

Signed
Samuel A. Moffett
Graham Lee
J. Hunter Wells
W. M. Baird
Mrs. H. C. Whiting
Velma L. Snook
William N. Blair
Helen B. Kirkwood
Sallie Swallen
Mary R. Armstrong
Bertha F. Hunt
E. W. Koons (per S. A. M.)
C. F. Bernheisel
E. D. Folwell

Signed
Arthur L. Becker
J. Z. Moore (per A. L. B.)
R. S. Hall
H. P. Robbins
E. M. Estey (per H. P. R.)
Margaret A. Webb
Blanche W. Lee

평양 미국 공동체

한국, 평양

1905년 3월 23일

아래에 서명한 평양의 미국 공동체 회원들은 알렌 경이 주한 미국 공사로 계속 보직을 유지하기를 간절히 청원합니다.

서명자
마포삼열
그레이엄 리
J. 헌터 웰즈
W. M. 베어드
H. C. 화이팅 부인
벨마 L. 스누크
윌리엄 N. 블레어
헬렌 B. 커크우드
샐리 스왈른
메리 R. 암스트롱
버타 F. 헌트
E. W. 쿤즈(대리 마포삼열)
C. F. 번하이젤
E. D. 폴웰

서명자
아서 L. 베커
J. Z. 무어(대리 아서 L. 베커)
R. S. 홀
H. P. 로빈스
E. M. 에스티(대리 H. P. 로빈스)
마거릿 A. 웹
블랑쉐 W. 리

Samuel A. Moffett

Pyeng Yang, Korea

March 24, 1905

Dear Dr. Underwood:

Herewith signed petition for Dr. Allen's retention as Minister.

Mr. Morris [Methodist missionary] and wife are in [the] country so could get no signature from that family.

Received your telegram at midnight. Sent out early next morning and by noon had petition signed. I then telegraphed you—and now send on the signed petition not knowing just what your plan is.

Sincerely hope efforts will prove successful.

Hastily but sincerely,
Samuel A. Moffett

마포삼열

한국, 평양

1905년 3월 24일

언더우드 박사님께,

알렌 의사가 공사직을 유지하도록 요청하는 서명을 한 청원서를 동봉합니다.[1]

모리스 목사와 부인은 지방에 있기 때문에 그 가족으로부터는 서명을 받을 수 없었습니다.

귀하의 전보를 자정에 받았습니다. 그다음 날 아침 일찍 청원서를 회람시켜 정오까지 서명을 받았습니다. 이어 귀하께 전보를 보냈습니다. 귀하의 계획이 무엇인지 모르지만 서명한 청원서를 보냅니다.

모든 노력이 성공하기를 진심으로 바랍니다.

서둘러서,

마포삼열 드림

1 알렌 공사는 루즈벨트 정권의 친일 정책을 반대했기 때문에 공사직에서 파면되고 소환되었다.

Maria Jane McKee Moffett

Madison, Indiana

March 30, 1905

"Praise God from whom all blessings flow."

My dear children:

How can I write what I want to say? The glad tidings have quite upset me. How did the letter of Feb. 28th reach me so soon? The "code" has not been used–have heard nothing from San Rafael–and to think of the baby being a month old when the wonderful news reached us. Rob brought in the big letter while I was making a call with Mrs. Clark. We at once determined to send for the carriage & drive down to tell Mrs. Palmer–she wasn't at home. We then drove round to find Ella, knowing she was in town. Found her & then telephoned to Howard–then sent a telegram to Susie. I gave the telegram to Rob thus: "James McKee Moffett arrived in Korea–everybody happy–Feb. 28th." How I wish I might be in your home for a few days that I might have the "Lamb" in my arms & hear the sound of his voice. Only yesterday I received your letter telling of the glorious outpouring in your churches & in the country all around. I had just finished reading that for the third or fourth time when the big letter was brought in.

Will & his family left us this morning for Peoria to make that their home, as I have written you. How I will miss Will. I have always depended on him & consulted him in all business matters. Cousin Edgar [Williams] & his family will make it very pleasant for him–Aunt Kate [S. S. Moffett's sister] is delighted to have them. Rev. Jack knows some of the Pying Yang missionaries. What a happy thought in Mrs. Fish to send Miss Casterson to you & Alice. It surely would be the greatest comfort & I wonder if anybody else would ever have thought of it. I have wondered day after day what I could send Alice for her comfort but gave it up knowing Mrs. Fish would think of everything.

마리아 제인 맥키 마페트

인디애나, 매디슨

1905년 3월 30일

"만복의 근원이신 하나님을 찬양하라."

내 사랑하는 자녀들아,

어떻게 내가 하고 싶은 말을 쓸 수 있을까? 기쁜 소식이 나를 정신 못 차리게 하는구나. 2월 28일 자 편지가 어떻게 그렇게 빨리 내게 왔을까? 전보는 오지 않았다. 샌라파엘에서 온 소식도 없었단다. 놀라운 소식이 우리에게 전해졌을 때, 아기는 태어난 지 한 달이 되었다고 생각했지. 내가 클라크 부인과 통화를 하는 동안 롭이 큰 편지를 들고 들어왔단다. 우리는 즉시 마차를 부르기로 했고 팔머 부인에게 소식을 전하기 위해 갔지만 그녀는 집에 없었단다. 그다음에 우리는 엘라가 마을에 있는 것을 알고 엘라를 찾으러 갔단다. 그녀를 찾아서 하워드에게 전화를 했지. 그리고 수지에게 전보를 보냈단다. 나는 롭에게 이렇게 쓴 전보를 주었단다. "제임스 맥키 마페트가 한국에서 태어났음. 모두 행복함. 2월 28일." 며칠 동안 네 집에 머물면서 그 "양"을 내 팔에 안고 그 목소리를 들을 수 있었으면 하고 얼마나 바랐는지 모른단다. 어제서야 비로소 너희 교회와 그 나라 전체에서 영광스러운 성령의 부으심에 대해 이야기하는 네 편지를 받았단다. 세 번째나 네 번째 편지를 다 읽고 나자 큰 편지가 도착했지.

내가 네게 보낸 편지에서 썼듯이, 윌과 그의 가족은 오늘 아침에 피오리아를 그들의 고향으로 만들기 위해 그곳으로 떠났단다. 내가 윌을 얼마나 그리워하게 될지! 나는 언제나 그에게 의존해왔고 모든 사업을 그와 의논했단다. 에드가 사촌[윌리엄스]과 그의 가족은 그를 즐겁게 해줄 것이다. 케이트 고모[마포삼열의 아버지의 여동생]는 그들과 함께 지내게 되어 기뻐하고 있단다. 잭 목사는 몇 명의 평양 선교사를 알고 있단다. 피시 부인이 캐스터슨 양을 너와 앨리스에게 보낸 일을 생각하면 얼마나 즐거운지 모르겠구나! 그것은 분명히 가장 큰 위로가 되었을 텐데, 나는 다른 사람이라면 그것을 생

Could the cablegram have been drowned on the Pacific journey? I can scarcely wait for the next letter. With the greatest love & thankful heart to know that all's well.

Your loving Mother

각할 수 있었을지 의문이다. 매일 나는 앨리스를 편하게 해주려면 무엇을 보낼 수 있을까 생각해왔지만, 피시 부인이 만사를 생각하리라는 사실을 알고 그만두었단다.

해저 전신이 오는 길에 태평양에 빠졌을 수도 있을까? 다음 편지를 거의 기다릴 수가 없구나. 가장 큰 사랑을 보낸다. 모두가 잘 지내고 있다는 것을 알고 감사하며,

네 사랑하는 엄마가

Alice Fish Moffett

Pyeng Yang, Korea

April 3, 1905

Dear Father and Mother:

Jamie is growing finely these days;—he is so well, no colic or troubles of any kind so far—he just eats and sleeps as a normal little boy should. But when he wants anything he knows it and demands it with a vengeance. He manages to want his morning bath just about the time Aunt Tillie wants her breakfast and nothing else will pacify him—he simply screams until he gets it, but as soon as she takes him to get him ready, is as good as can be. We put him in his tub when we bathe him together but he doesn't like it very well yet. Matilda says "Tell Grandpa that is one time when Baby must be a Moffett. He certainly isn't a Fish when he tries to climb out of his tub."

Last week Wednesday when the sun was warm just at noon I took him out for the first time to call on dear Grandma Webb and Auntie Lee. He had on the little cloak Aunt Lute sent out and a pink hood given him by Minnie Barstow. Minnie is a young girl of sixteen whose parents live in Chemulpo and whose father requested that she might come here to attend the P. Y. school with the other children, so she is living at Mr. Hunt's and studying with Harriette. On that same Wednesday Minnie brought down her camera and wanted to take Baby's picture while the sun was bright. He was sound asleep after his first little trip in the open air and we did not want to wake him even for the sake of "taking" his eyes, so I picked him up just as he was and he slept right through the whole process with about ten people around him all directing how things should be done! So here he is with his blue eyes closed, but we'll try to have another little print some day when he is awake.

These are very hastily printed as you can see. We shall have some better results from No. 2 of these films and I wanted to wait for a lighter

앨리스 피시 마페트

한국, 평양

1905년 4월 3일

사랑하는 아버지와 어머니께,

요즘 제이미는 잘 자라고 있습니다. 이제까지 건강하게 지내며 어떤 종류의 배앓이나 문제도 없었습니다. 정상적인 아이가 그렇듯 잘 먹고 잘 잡니다. 아이는 틸리 이모가 아침을 먹기 원할 때쯤 목욕을 하고 싶어 하는데, 무엇으로도 달랠 수 없고 그녀가 준비시키기 위해 데리고 가야 즉시 순해지니 어쩔 수가 없습니다. 우리가 씻기려고 함께 욕조에 아이를 넣을 때 보면 그는 완벽히 좋아하는 것 같지 않습니다. 마틸다가 이렇게 말했습니다. "할아버지께 이 아기가 마페트 가문의 사람임이 틀림없다고 말씀드리세요. 욕조를 기어 나오려고 할 때 아기는 분명히 피시 가문 사람은 아니에요."[1]

정오에 햇볕이 따뜻했던 지난주 수요일에는 처음으로 제이미를 데리고 나가서 웹 할머니와 리 아주머니를 방문했습니다. 아이는 루트 아주머니가 보내주신 작은 망토를 입고 미니 바스토우가 준 분홍색 모자를 쓰고 있었습니다. 미니는 16살의 소녀인데, 그녀의 부모는 제물포에 살고 있습니다. 이곳에서 다른 아이들과 함께 평양 외국인학교에 다닐 수 있도록 그녀의 아버지가 요청해서 그녀는 헌트 목사의 집에 살면서 해리어트와 함께 공부하고 있습니다. 수요일에 미니는 햇볕이 밝을 동안 아기 사진을 찍기 위해 카메라를 가지고 나가고 싶어 했습니다. 아기는 야외로 나가는 짧은 첫 외출을 하며 깊이 잠들었는데 우리는 아기의 눈 사진을 "찍기" 위해 아이를 깨우고 싶지는 않았습니다. 저는 아기를 그대로 안았고, 둘러선 10명 모두가 어떻게 해야 하는지 지시했지만 모든 과정 동안 아기는 잠들어 있었습니다. 그래서 아기는 사진에 푸른 눈을 감고 있습니다. 하지만 우리는 언젠가 아기가 깨어 있을 때 또 한 장의 사진을 찍으려고 시도할 것입니다.

---

1 마페트 가문이 스코틀랜드계이므로 흔히 고집이 세다는 뜻.

one to send to you, but Sam says you would rather see this *now* and then a better one later. He would like to send it by special courier if he could! I suppose you have received Sam's first bulletins by this time but we are still waiting very impatiently, I fear, for your first letters after receiving the cable. Our next mail will bring them probably and that should be this week. I am *so* well. Better and stronger than I have been for a long time. Of course I am sleepy. Am not yet accustomed to so much night work but that is not Baby's fault for he is good as can be, he knows when night comes and sleeps beautifully, but after he is fed and settled down again it takes me so long to go to sleep again that sometimes the next feeding time overtakes me. However, I am getting along beautifully and have only the one regret—that in spite of all effort I only gain flesh myself and cannot furnish milk for the boy. The bottle feeding agrees with him perfectly but is not the best, of course. The best of cow's milk out here is not rich.

Day after tomorrow I expect to begin my class work again, taking up two classes a week with some of the women who have recently become catechumens and have no one to teach them.

There is *so* much to be done. Everyone is over busy. Last Saturday night at the special class for the new believers, four more came forward for the first time. Every day examinations for baptism and for the catechumenate are being held. Reports from the country tell of continued ingathering in many groups and the establishment of groups in new villages here and there. The showers of blessing continue. God keep us in the right place to receive and to be used of Him. Oh, how carefully we should walk before Him and among this people. I fear sometimes lest we shall become so accustomed to all this that we shall fail to realize what wonderful things the Spirit of God is doing about us. We must constantly grow in the midst of these blessings or we shall fail to hold them aright. We cannot give more than we receive nor lift others above our own plane. Pray for us along this line, that we may be kept in the place of

두 분도 보실 수 있듯이 이 사진들은 급하게 인화된 것입니다. 두 번째 필름에서는 더 나은 결과가 나오도록 할 것입니다. 저는 기다렸다가 두 분께 더 밝은 사진을 보내드리고 싶었지만, 샘은 부모님께서 지금 이것을 보시고 나중에 더 나은 사진을 보고 싶어 하실 것이라고 말합니다. 그는 할 수 있다면 특별 파발로 보낼 수 있기를 바랍니다. 지금쯤이면 샘의 첫 번째 보고를 받으셨으리라고 짐작하지만, 우리는 그 전보를 받은 후 두 분의 첫 편지를 조급하게 기다리고 있습니다. 아마 다음 우편물로 그 편지가 올 텐데 그날은 이번 일요일이 될 것입니다. 저는 정말 잘 지내고 있습니다. 오랫동안 제가 지냈던 것보다 더 잘 지내고 더 건강합니다. 물론 저는 졸리기는 합니다. 아직까지 밤에 많은 일을 하는 데 적응되지 않았지만 그것은 아기의 잘못은 아닙니다. 왜냐하면 아기는 더할 나위 없이 착하고 언제 밤이 오는지 알고 예쁘게 잘 잡니다. 그렇지만 아기를 먹이고 눕히고 나면 저는 다시 잠을 청하기까지 시간이 오래 걸려서 때로는 다시 아기를 먹일 시간이 되어버립니다. 그렇지만 한 가지 안타까운 점 외에 저는 잘 지내고 있습니다. 그것은 아기를 위한 모든 노력에도 불구하고 제가 살만 찌고 모유가 나오지 않는다는 것입니다. 소젖을 먹이는 것이 아이에게 완벽하게 잘 맞기는 하지만 물론 최선은 아닙니다. 이곳은 가장 좋은 소젖도 영양이 풍부하지 않습니다.

내일 모레 저는 다시 성경공부반 수업을 시작할 예정입니다. 최근에 몇몇 여성이 학습교인반 수강자가 되었지만 그들을 가르칠 사람이 없습니다. 그래서 그들을 위해 일주일에 두 번의 수업을 할 것입니다.

해야 할 일이 정말 많습니다. 모든 사람이 지나치게 바쁩니다. 지난 토요일 밤 초신자들을 위한 특별 수업에서는 처음으로 4명이 더 나왔습니다. 매일 세례 문답과 학습 문답이 이루어지고 있습니다. 지방에서 오는 보고서를 보면 많은 미조직교회에서 모임을 계속하고 있고, 여기저기 새로운 마을에서 미조직교회가 세워지고 있습니다. 축복의 소나기가 계속 쏟아지고 있습니다. 하나님이 당신을 받아들이고 당신을 위해 사용될 바른 장소에 우리를 두시기를! 오, 우리가 얼마나 당신 앞에서 그리고 사람들 사이에서 조심스럽게 걸어가야 할까요. 때로 저는 우리가 이 모든 것에 너무 익숙해져서 하나님

usefulness and of power—that the Lord may not need to set us aside to accomplish His work.

The theological class (twenty-one in attendance at present) began its studies today. Sam is director of this work and has two classes each day so he is very busy.

Matilda sends her love and Sam and I send a heart full. Jamie will be sending kisses to you some day, but I will do it for him for a while. Give my love to Mrs. White and to all the relatives.

Your loving daughter,

Alice Fish Moffett

Matilda says "Thank you" for the check received. I acknowledged it in my last letter.

A. F. M.

Tuesday—this was weighing morning. Baby has gained half a pound this last week. Isn't that doing well?

의 영이 우리에 대해 어떤 멋진 일을 하고 계신지 깨닫지 못할까봐 두렵습니다. 우리는 이 모든 축복 속에서 계속 성장해야 하며 그렇지 않으면 그 축복을 바르게 지키지 못할 것입니다. 우리는 받은 것보다 더 많이 줄 수는 없으며, 우리 자신의 수준 이상으로 다른 사람들을 향상시킬 수 없습니다. 우리가 유용하고 힘 있는 자리에 놓여 있도록, 주님이 당신의 일을 성취하시기 위해 우리를 한쪽으로 제쳐놓을 필요가 없도록 우리를 위해 기도해주십시오.

(현재 21명이 출석하고 있는) 신학교 수업은 오늘 개학했습니다. 샘은 이 사역의 관리자이며 매일 두 개의 수업을 맡고 있기 때문에 매우 바쁩니다.

마틸다가 사랑을 보내며 샘과 저도 마음 가득 사랑을 보냅니다. 제이미가 언젠가 키스를 보내드리겠지만 한동안은 제가 그를 대신해 보내겠습니다. 화이트 부인과 모든 친척에게 제 사랑을 전해주세요.

사랑하는 딸,

앨리스 피시 마페트 올림(뒷면을 보세요)

마틸다는 받은 수표에 대해 "감사해요"라고 말합니다. 제 지난번 편지에서 그것을 언급했습니다.

A. F. M.

화요일 — 이날은 몸무게를 재는 아침이었습니다. 아기는 지난주에 0.5파운드나 늘었습니다. 잘 자라고 있지 않나요?

Alice Fish Moffett

Pyeng Yang, Korea

April 10, 1905

Dear Father and Mother:

Yesterday was a wonderful Sabbath here with us—a happy, happy day—when a large number of men and women were received as catechumens in the Central Church. The building was crowded full on both sides, up onto the pulpit steps and back to the doors, about fifty school boys being crowded up on the platform back of the pulpit to make room below. I sat on the edge of the pulpit platform behind the organ because there was no room anywhere else. When I say this church was packed you must take the words literally. It does not mean that there are benches or pews or chairs on which people are comfortably seated but that every available inch of floor space is covered quite regardless of aisles, so that it is quite impossible to walk through the audience. Oh, how my heart swelled with joy and praise and thanksgiving as I looked over that reverent congregation and as we all sang together "Hark ten thousand harps and voices." Examinations of catechumens had been going on for many days and at yesterday's service 245 men and women were publicly received. It was a very impressive service. As the names were called one by one they rose in their places and one of the elders questioned them and gave them a charge. He said in substance, "Dear brothers and sisters, before this you were ignorant of the true God and were worshipers of idols and demons, and were slaves of Satan; now that you have heard the truth of God do you decide to give up all idol worship and to serve God alone? Jesus Christ the Son of God came to reveal His love and died to save us from our sins; do you believe in Him and desire to become His disciples? Since you desire to enter the church are you willing to conform to its rules and guidance? You have now come out from the world & the dominion of Satan, but he will seek constantly to tempt

앨리스 피시 마페트

한국, 평양

1905년 4월 10일

사랑하는 아버지와 어머니께,

어제는 우리에게 멋진 주일이었습니다. 행복하고 행복한 날, 많은 수의 남녀가 장대현교회에서 학습교인으로 등록했습니다. 양쪽 예배실이 꽉 찼고, 설교단 계단부터 뒤로는 문까지 붐볐으며, 설교단 아래 자리를 마련하기 위해 설교단 뒤에 약 50명의 남학교 소년을 가득 채웠습니다. 어디에도 자리가 없었기 때문에 저는 오르간 뒤쪽 설교단 모서리에 앉았습니다. 제가 이 교회가 꽉 차 있었다고 말씀드릴 때에는 말 그대로 받아들이셔야 합니다. 그것은 사람들이 편하게 앉는 긴 의자나 회중석이나 간이 의자만을 의미하는 것이 아니라, 통로든 뭐든 상관없이 모든 마루 공간이 사람들로 덮여 있어서 청중 사이로 걸어가기가 불가능함을 의미합니다.[1] 오, 그 경건한 회중을 바라보았을 때, 그리고 우리가 모두 함께 "찬송하는 소리 있어"라는 찬송을 불렀을 때, 제 마음이 얼마나 기쁨과 찬양과 감사함으로 벅차올랐는지 모르겠습니다.[2] 학습교인에 대한 문답은 며칠 동안 계속되었고, 어제 예배에서는 245명의 남녀를 공식적으로 받아들였습니다. 그것은 인상적인 예배였습니다. 한 사람씩 호명하자 그들은 자리에서 일어섰고 장로 가운데 한 사람이 그들에게 질문하고 권위 있게 권면했습니다. 그가 말한 내용은 대략 다음과 같습니다. "사랑하는 형제자매여, 이전에 여러분은 참하나님에 대해 알지 못했고 우상과 귀신을 섬겼으며 사탄의 종이었습니다. 이제 여러분은 하나님의 진리를 들었으니 모든 우상 숭배를 버리고 하나님만을 섬기겠습니까? 하나님의 아들 예수 그리스도께서는 그분의 사랑을 드러내기 위해 오셨으며 우리를 죄

1 장대현교회에는 아직 의자가 도입되지 않았다.

2 토마스 켈리가 1806년에 작사한 곡이다. "Hark, ten thousand harps and voices / Sound the note of praise above! / Jesus reigns, and Heav'n rejoices, / Jesus reigns, the God of love; / See, He sits on yonder throne; / Jesus rules the world alone./ [Refrain] Hallelujah! Hallelujah! Hallelujah! Amen!"

you back into sin;–I charge you to pray continually, to trust in God for strength and for the supply of your every need; read the Bible daily as God's message to you and strive daily to live by its teachings." These catechumens who are now received under the care of the church will be instructed for a year or more before being examined for baptism.

Yesterday forenoon I returned to my class of young girls for the first time in several weeks;–it was so good to be back in the morning Bible school again. The women nearly devoured me! They all asked about Baby and expressed their joy and thankfulness that I had a little son.

Jamie is growing finely and is perfectly well. He is getting a little fatter but he will not be a fat baby, I think. His little frame is already stretching out somewhat like his father's in miniature. He is a wide awake boy, sleeping very little during the day, but he sleeps *so* well at night that we have nothing to say about day time wakefulness. He lies and kicks and throws his arms and is beginning to bestow a rare smile now and then. Every afternoon he is taken up and given a play time of various changes of position, a ride in his borrowed carriage or a rock in someone's arms and then down again for a rest and sometimes a crying spell which also is exercise. He doesn't cry very much these days. Precious Baby Boy! Oh, he is such a treasure–just a little six weeks old bundle of blessings. How we ever got along without him before I do not know.

We have had a short visit from Mr. Holdcroft–a young gentleman from Seoul–who left us this noon for Syen Chyen. He is going back to America soon to take a Seminary course, hoping to return here as a member of our Mission. Possibly he will go by way of San Francisco and see you in a couple of months or so. Mr. Koons also left us today for a month's work in the province south of here.

Sam is very busy in the theological class and is examining for baptism or studying for the next class in every spare moment. He is showing the work, too, and is very tired and nervous, but he says this

로부터 구원하기 위해 죽으셨습니다. 그분을 믿고 그분의 제자가 되기를 원합니까? 여러분이 교회에 들어오기를 원하므로 교회의 규칙과 지도를 따르겠습니까? 여러분은 이제 세상과 사탄의 지배로부터 벗어났으나 사탄은 계속해서 여러분을 죄 가운데로 빠트리려고 유혹할 것입니다. 나는 여러분이 계속해서 기도하기를 권합니다. 하나님이 강건함과 매일의 필요를 충족시켜 주실 것이라고 믿기를 권합니다. 하나님이 여러분에게 주시는 말씀인 성경을 매일 읽고 그 가르침에 따라 살기 위해 매일 노력하기를 권면합니다." 지금 교회가 돌보는 학습교인은 세례 문답을 할 때까지 1년이나 그 이상 동안 교육을 받을 것입니다.

어제 오전에는 몇 주 만에 처음으로 어린 소녀들을 위한 제 성경 수업에 복귀했습니다. 아침 주일성경학교에 다시 돌아간 것은 정말 좋았습니다. 그 여성들은 저를 집어삼키다시피 했습니다! 그들은 모두 아기에 대해 물어보았고, 제가 아들을 낳은 것에 대해 기쁨과 감사를 표했습니다.

제이미는 잘 자라고 있고 완벽하게 건강합니다. 약간 살이 찌고 있지만 비만아는 되지 않으리라고 생각합니다. 아이의 작은 체격이 아버지의 체격을 축소해놓은 것처럼 성장하고 있습니다. 그는 초롱초롱하게 깨어 있는 아이라 낮에는 조금만 잡니다. 그렇지만 밤에는 잘 자서 낮 시간에 깨어 있는 것에 대해 불평할 이유가 없을 정도입니다. 아이는 누워 있거나 발로 차거나 팔을 뻗고 이따금씩 드물게 미소를 선사하곤 합니다. 매일 오후 다양하게 자세를 바꿔서 놀게 하고, 빌린 유모차에 태워주며 누군가의 팔 안에서 흔들어 주기도 한답니다. 그다음에는 쉬게 하려고 내려놓기도 하고, 때로는 한바탕 울어대기도 하는데, 이것도 운동입니다. 요즘은 많이 울지 않습니다. 소중한 아기! 오, 이 아기는 정말 보물입니다. 6주가 지난 작은 축복 덩어리입니다. 우리가 전에 이 아기 없이 어떻게 살아왔는지 모르겠습니다.

서울에서 온 젊은 신사인 홀드크로프트 목사가 잠시 우리를 방문했다가 오늘 정오에 선천으로 떠났습니다. 그는 신학교에 다니기 위해 곧 미국으로 돌아갔다가 선교회의 일원으로 다시 이곳에 돌아오기를 희망하고 있습니다. 아마도 그는 샌프란시스코를 거쳐서 가고 두어 달 정도 후에 부모님을 뵙게

week is his hardest time in the class and after that he can rest a little. I tell him laughingly that *I* would see nothing of him these days if I did not have a little attraction by my side! Somehow he thinks this baby is pretty nice!

How beautiful it is to have this crowning blessing in our home. The new love only makes all other loves fuller and more complete and Dearest and I love each other more than ever though we thought that was impossible before.

I am still waiting impatiently for the letters from you which tell us you know the news and am still sorry with every thought of the cable that did not reach you.

Good night, my dear ones. We all four send a host of love.

Yours,
Alice

될 것입니다. 쿤즈 목사도 이곳의 남쪽 지역에서 한 달 동안 사역하기 위해 오늘 떠났습니다.

샘은 신학교 수업으로 바쁜데, 모든 자투리 시간까지도 세례 문답을 하거나 다음 수업을 위해 공부하고 있습니다. 또한 그는 사역에서 성과를 거두고 있으며, 피곤해하고 긴장하고 있습니다. 하지만 이번 주가 그의 수업에서 가장 힘든 주이고 그다음에는 잠시 쉴 수 있을 것이라고 말합니다. 저는 제 옆에 작은 매력 덩어리를 두지 않았다면 그를 전혀 볼 수 없을 것이라고 그에게 웃으면서 말합니다. 아무튼 그는 이 아기가 착하다고 생각합니다!

이 더할 나위 없는 축복이 우리 가정에 임한 것이 얼마나 아름다운지 모르겠습니다! 새로운 사랑만이 모든 다른 사랑을 더 충만하고 완전하게 합니다. 남편과 저는 예전에 더 이상 사랑하는 것이 불가능하리라고 생각했음에도 불구하고, 어느 때보다 서로를 사랑하고 있습니다.

저는 아직도 부모님께서 소식을 아신다고 말씀해주실 편지를 초조하게 기다리고 있는데, 두 분께 도착하지 않은 전보를 생각하기만 해도 여전히 죄송합니다.

안녕히 주무세요, 사랑하는 두 분. 우리 모두가 많은 사랑을 보냅니다.

당신의,

앨리스 올림

Maria Jane McKee Moffett

Madison, Indiana

April 25, 1905

My dear Sam & Alice:

How are we ever going to stand it to wait a whole year before seeing the wonderful boy! Thank you for the letters written in the rush of work—to Howdie & to me. [They] came Monday morning—you surely know long before this that we did not receive the cablegram. Mrs. Fish very kindly wrote to me telling of the disappointment, but as we didn't get the benefit I hope you can recover something at that end of the line. Why does the baby cry? He ought not cry for an hour at a time. I wonder if he gets enough to eat? What are your rules for feeding? When Lenore had those crying spells we found she was hungry.

Did Susie write you of the dreadful accident that happened [to] the Lamb—her clothes catching fire from the stove? It was put out & the doctor there in the shortest time, but it was such a shock Susie could not recover from it for several days. It was in March & on account of Alice I did not write of it at the time. Her neck, face and right hand were burned but will leave no scar. She is all over it now and Susie writes she was very soon her own little happy self.

Ben Ninde & Helen were South during the winter. Helen is not strong at all and it seems necessary for her to have change of climate often. Susie does not say yet where she will spend the warm months. She may visit Winona during the General Assembly & later the Bible School—going back & forth from home & think that may satisfy for an outing. I want her very much to spend part of the summer on the hill top with us for I cannot go alone & I think Mary would enjoy it. I do not think she will go back to Washington for she is not strong enough. Susie thinks Dr. Moffat will not be in Ft. Wayne another year but I think it will be the hardest kind of a pull for him to resign. He cannot bear changes &

마리아 제인 맥키 마페트

인디애나, 매디슨

1905년 4월 25일

내 사랑하는 샘과 앨리스에게,

아름다운 아기를 볼 때까지 1년을 꼬박 기다려야 한다니 우리가 어떻게 견뎌낼 수 있을지 모르겠구나! 바쁜 와중에도 하우디와 내게 편지를 보내주어서 고맙구나. 편지는 월요일 아침에 도착했단다. 우리가 그 전보를 받지 못했다는 것을 이 편지가 오기 훨씬 전에 너희들이 알고 있었구나. 피시 부인은 전보가 오지 않아 실망했다고 말하면서, 친절하게 편지를 써서 내게 보냈단다. 그러나 전보가 도착하지 않았으므로, 그와 관련해서 네가 우체국으로부터 보상을 받을 수 있기를 바란다. 왜 아기가 울까? 아기가 한 번에 한 시간씩 울어서는 안 된단다. 아기가 충분히 먹고 있는지 궁금하구나. 네가 아기를 먹이는 규칙은 무엇이니? 레노르가 그렇게 심하게 울었을 때, 우리는 아이가 배고프다는 것을 알았단다.

수지가 그 "양"에게 일어났던 끔찍한 사건, 곧 아이의 옷에 난롯불이 붙었던 일에 대해 썼니? 불을 금방 껐고 의사가 속히 오기는 했지만 그 일로 수지가 너무 충격을 받아서 며칠 동안 회복되지 못했단다. 그 일은 3월에 있었는데, 나는 앨리스를 위해 그때는 그 사건에 대해 쓰지 않았단다. 아이는 목, 얼굴, 오른손에 화상을 입었지만 흉터는 남지 않을 거란다. 아이는 이제 다 나았고 수지는 아이가 행복해하고 있다고 썼다.

벤 닌드와 헬렌은 겨울 동안 남쪽에 있었단다. 헬렌은 전혀 건강하지 않아서 기후를 자주 바꿔주는 것이 필요한 것 같다. 수지는 어디에서 몇 달간 따뜻하게 보낼 예정인지에 대해 아직 말하지 않는구나. 헬렌은 총회 기간과 나중에 성경학교 기간 동안 집에서 오가면서 위노나를 방문할 것 같다. 만족스러운 외출이 될 것이라고 생각한다. 나는 그녀가 우리와 함께 언덕 위에서 여름 동안 잠시 지내기를 정말로 원하는데, 왜냐하면 나는 혼자 갈 수 없고 메리도 좋아하리라고 생각하기 때문이란다. 그녀는 충분히 건강하지 않

I think his people would be glad to have him just stay on indefinitely.

I would like to tell you the Second Church experience here but it is too long a story. They treated Dr. Barnard abominably. He & his wife are here still but attend our church. The church is now run by the Johnsons & is quite split up but they are rallying round the new pastor, Mr. Mattingly, & doing a great deal of advertizing. Garber & his wife are taking quite an active part after absenting themselves from church for years–the enclosed good advice from Connie [?] doesn't come with a very good grace from them. Mr. Bamford & family have returned from England & would be glad to take charge here again. They are at Jeffersonville but do not like it. Isn't it strange how people long for Madison? They would like a hill top place.

Will & his family are very much pleased with their new home. They have a very pretty modern house with grass & trees–a barn & every convenience. Will expects to come over the 1st of May for a short visit. He enjoys the activity of the new business & is very hopeful of success.

How your good work goes on & now you are ready & waiting for some more checks–well, if our boys were not so set upon a new church just now, I would give you almost any amount. Rob & Howard are trying to get our people enthused but it is uphill work. Those who can well afford to give several thousand seem to feel very poor. Our boys talk church whenever Howard comes over from the office–and Rob keeps on drawing church plans & interviewing people who have lots that might suit–but a site that would satisfy Rob at all is too high priced. I am glad the Blind School has been such a success. Have you the books with raised letters? If you have all you wish for that, I will now send the first installment of $50 or $100 for the Book Room & Y.M.C.A. building.

So Alice has been teaching the blind, too–Well I wonder what she can't do? What do you want for your work, Alice? I want to send a little package for the baby to your Mother to forward to you whenever she sends anything–which I believe she is always doing. I have the coral

기 때문에 나는 그녀가 워싱턴으로 돌아가리라고 생각하지 않는다. 수지는 모패트 의사가 포트웨인에 한 해 더 머물지 않으리라 생각하지만, 나는 그가 퇴직하는 것이 그에게 가장 힘든 일이 되리라고 생각한다. 그는 변화를 견딜 수 없으며, 나는 그의 사람들도 그가 무한정 계속 머물러 일하는 것을 기뻐하리라고 생각한다.

이곳의 제2교회 경험에 대해 말해주고 싶지만 너무 긴 이야기란다. 그들은 버나드 박사를 지독하게 대했단다. 그와 그의 부인은 아직도 여기 있지만 우리 교회에 출석한단다. 교회는 지금 존슨즈 부부가 꾸려나가고 있고 상당히 분열된 상태이지만, 새로 온 매팅리 목사를 중심으로 협력하고 있고 전도도 많이 하고 있단다. 가버와 그 부인은 몇 년 동안 교회에 다니지 않다가 중요한 역할을 맡고 있단다. 동봉한 코니의 좋은 충고에는 따뜻한 호의가 결여되어 있구나. 뱀포드 씨와 그 가족은 영국에서 돌아왔고 다시 이곳 일을 기꺼이 맡아서 하려고 한단다. 그들은 제퍼슨빌에 있지만 그곳을 좋아하지는 않는단다. 사람들이 매디슨을 그렇게 그리워하는 것이 이상하지 않니? 그들은 언덕 위 꼭대기를 좋아한단다.

윌과 그의 가족은 그들의 새로운 집에 대해 기뻐하고 있단다. 헛간과 모든 편리 시설과 나무와 잔디가 있는 꽤 현대식으로 지은 집이란다. 윌은 잠시 방문하기 위해 5월 1일에 올 예정이란다. 그는 새 사업과 관련된 활동을 즐기고 있고 성공할 희망에 차 있단다.

너희의 훌륭한 사역이 어떻게 진행되고 있는지, 그리고 지금 너희가 약간의 수표를 좀 더 받을 준비가 되어서 기다리고 있는지 궁금하구나. 우리 아들들이 지금 새 교회를 그렇게 착수하지 않았다면, 나는 너희에게 일정 금액이라도 주었을 것이다. 롭과 하워드는 우리 교인들에게 열정을 불어넣으려고 애쓰고 있지만, 그것은 벅찬 일이란다. 수천 달러를 줄 수 있는 사람들이 가난하다고 느끼고 있단다. 우리 아들들은 하워드가 사무실에서 올 때마다 교회에 대해 이야기한단다. 롭은 계속 교회에 대한 계획을 세우고 적당한 부지를 가진 사람들과 면담하고 있단다. 하지만 롭을 만족시킬 만한 부지는 가격이 너무 비싸단다. 맹인 학교가 그토록 성공적이었다니 기쁘구나. 점자 책을

armlets & one of Sam's baby dresses to send & Howard contributes a silver spoon to the package so it will not be very large unless I find something else.

We had the Presbyterial meeting here last week. There was a large attendance & the ladies were very much pleased with their entertainment and with Madison. I entertained two at Mrs. Edwards boarding house with eight or ten more ladies. The accommodations were far better than at the Hotel (Madison)—very good fare & nicely served. Rob decorated our church with purple & white lilacs. It was beautiful & the ladies exclaimed over the profuse loads of flowers. We get great branches from the hilltop. My ragged letter is almost as bad as yours, Sam. Tell me all about the baby.

Your loving Mother

가지고 있니? 맹인학교에 대해 네가 바라는 모든 것을 가지고 있다면, 서재와 YMCA 건물을 위해 50달러나 100달러를 첫 분할금으로 지금 보내마.

앨리스가 맹인들도 가르쳐왔구나. 나는 앨리스가 할 수 없는 것이 무엇인지 궁금하구나. 앨리스, 네 사역을 위해 무엇을 원하니? 네 어머니께 아기를 위한 소포를 보내서 네게 무엇이든 보내실 때—네 어머니께서 항상 하고 계신 일이라고 믿는다—전달하도록 하마. 나는 산호 팔찌와, 샘이 아기 때 입었던 옷 가운데 한 벌을 보내려고 하며 하워드는 은수저를 보탤 거란다. 내가 다른 어떤 것을 찾지 않는다면, 소포는 그렇게 부피가 크지 않을 거야.

지난주에 노회가 열렸단다. 많은 사람이 참석했고, 여성 대표들은 환대와 매디슨에 대해 즐거워했단다. 나는 에드워즈 부인의 하숙집에서 8명이나 10명의 여성과 함께 두 사람을 대접했지. 매디슨의 호텔보다 숙박 시설이 훨씬 더 좋았단다. 적합한 요금과 친절한 서비스였지. 룸은 우리 교회를 보라색과 흰색 라일락으로 장식했단다. 꽃이 아름다워 여성들은 풍성한 꽃에 대해 찬사를 보냈단다. 우리는 언덕 위에서 아름다운 꽃을 구했지. 샘, 내 편지는 네 것만큼이나 두서가 없구나. 아기에 대해 모든 것을 말해주기 바란다.

사랑하는 엄마가

Alice Fish Moffett

Pyeng Yang, Korea

3:40 a.m, June 5, 1905

Dear Father and Mother:

Matilda [a young woman Alice's mother sent out from San Rafael to help her when the baby arrived and for several months afterward] leaves soon for the long journey to the homeland. It will be so strange here without her. She has truly been a sister to me and a helper in every way. She has won the hearts of all—missionaries and Koreans. The women in the house have all been saying for the last few days, "We shall be very sorry when the Pu-ine [lady] leaves."

I know it did you good to have her come out here to me, and now it will be a joy to us to have her go back and tell you all she can about Baby Boy and the many little details of our home life that I cannot put in letters.

I am filling her trunks and *everything* with love to my dear ones.

Your,

Alice

앨리스 피시 마페트

한국, 평양

1905년 6월 5일 오전 3시 40분

아버지 어머니께,

마틸다는 고국으로 돌아가기 위해 곧 먼 길을 떠납니다.[1] 그녀가 없으면 이곳은 참 이상할 것입니다. 그녀는 제게 친자매와 같았고 모든 면에서 도움이 되었습니다. 그녀는 모든 사람—선교사와 한국인—의 마음을 얻었습니다. 지난 며칠 동안 집안의 모든 여성이 말했습니다. "부인이 떠나시면 우리는 정말 섭섭할 거예요."

저는 그녀를 이곳에 있는 제게 보낸 것이 부모님께 좋은 일이었다는 사실을 압니다. 그리고 그녀가 돌아가서 아기에 대해, 제가 편지에 쓸 수 없는 우리 가정생활의 많은 소소한 일에 대해 자세히 말씀드릴 수 있다는 사실이 우리에게도 기쁜 일이 될 것입니다.

저는 그녀의 짐 가방과 모든 것을 제가 사랑하는 분들에 대한 사랑으로 채우고 있습니다.

당신의,

앨리스 올림

1 아기 제이미가 태어났을 때 몇 달 동안 앨리스를 돕도록 친정어머니가 샌라파엘에서 보낸 젊은 여성.

Maria Jane McKee Moffett

Madison, Indiana

July 3, 1905

My Dear Sam & Alice:

I hope before another Fourth of July rolls round we will have the precious baby with us & the proud and happy parents. We have had Will & little Emily with us for nearly a week past. The coal mines shut down for a while in anticipation of a strike so Will takes this opportunity to settle up business & make a visit. He is a very affectionate, patient father & tries very hard to have the children do what is right & have them obey. Emily does not like to have him out of her sight but generally makes the best of it asking very often "when will papa come back?" She spent the first few days with Carrie [Howard's daughter]–she is so fond of babies & was so glad to have her but when she came down to be here for a while she didn't want to go back, so we kept her.

Sam, I know you are all mourning over the loss of Mrs. Hunt. Who can take the children? Will Matilda take charge of them on the voyage or will Mr. Hunt bring them to America? I have seen only short notices of her death. I receive the *Korea Field* regularly. Who sends it to me? Howard sent off a week or more ago a check for $500.00 as you requested. Also $200.00 from him & $100.00 from me. I enclose the order on the treasurer (the second), the first having been ordered sent by Howard. Is that the correct way to put it? I used to know something about business & banking terms but I haven't a bit of sense since I had two spells of grippe.

I am having just a miserable time in the kitchen. Rosa went home to nurse her mother weeks ago. Rob & I packed up & went to Fort Wayne, staying nearly three weeks. Had a maid 2 weeks and couldn't keep her. Rosa may come this week & may not. Oh, I am so tired cooking & washing dishes. If we are boarding when you come home what will you

마리아 제인 맥키 마페트

인디애나, 매디슨

1905년 7월 3일

내 사랑하는 샘과 앨리스,

나는 또 다른 독립 기념일이 오기 전에 우리가 소중한 아기와 대견스럽고 행복한 부모와 함께 있을 수 있기를 바란다. 거의 지난 한 주 동안 윌과 어린 에밀리가 우리와 함께 있었단다. 파업이 있을 것 같아서 광산이 한동안 문을 닫았는데, 윌은 이 기회를 이용해 사업을 청산하고 우리를 방문했단다. 그는 자애롭고 인내심이 많은 아버지이고 자녀들이 옳은 일을 하고 순종할 수 있도록 열심히 노력한단다. 에밀리는 자기가 볼 수 없는 곳에 아빠가 있는 것을 좋아하지 않지만 "아빠가 언제 돌아오세요?"라고 자주 질문하면서 상황에 대체로 잘 대처하고 있단다. 에밀리는 첫 며칠을 캐리[하워드의 딸]와 보냈단다. 캐리는 아기를 좋아해서 에밀리와 지내는 것을 무척 좋아한단다. 한동안 우리와 함께 있기 위해 이곳에 내려왔을 때, 캐리가 돌아가고 싶어 하지 않았기 때문에 우리는 그녀를 머물게 했단다.

샘, 나는 헌트 부인이 세상을 떠난 일에 대해 네가 슬퍼하고 있으리라는 사실을 안다. 누가 그 자녀들을 맡을 수 있을까? 마틸다가 여행을 하는 동안 그들을 맡을 거니? 아니면 헌트 목사가 미국으로 그 아이들을 데려올 예정이니? 나는 그녀의 죽음에 대해 짧은 통지만을 받았을 뿐이란다. 나는 「코리아 필드」를 정기적으로 받아본단다. 누가 내게 그것을 보내주고 있니? 하워드는 일주일 전이나 그보다 더 전에 네가 요청한 대로 500달러 수표를 보냈단다. 또한 그가 200달러, 내가 100달러를 보냈단다. 나는 회계 담당자에게 보내는 두 번째 우편환을 동봉한다. 첫 번째는 하워드가 보낸 것으로 처리했지. 내가 올바르게 처리한 거니? 예전에는 사업이나 은행 용어에 대해 어느 정도 알았는데, 독감을 두 번 앓은 후에는 조금도 모르겠더구나.

나는 부엌에서 불행한 시간을 보내고 있단다. 로사는 몇 주 전에 그녀의 어머니를 보살피기 위해 집으로 갔단다. 롭과 나는 짐을 싸서 포트웨인으로

say? Maids are scarce & so uncertain. One doesn't know what minute they may leave. Last summer we couldn't go on the hill top for not a cook would go & now I will lose Rosa if we move up, which I don't propose doing. All the hill top people have the same trouble. .... We sometimes have meals sent in & we don't like the hotel fare. Nellie came up this afternoon to help me but there are not many days that she can leave home.

I would make an apology for my writing if yours wasn't so much worse. Please print a little courser. Good night.

Your loving,
Mother

가서 거의 3주간 머물렀지. 식모를 두 주 동안 데리고 있었지만 계속 데리고 있을 수는 없었단다. 로사는 이번 주에 올 수도 있고 안 올 수도 있다는구나. 오, 요리하고 설거지를 하느라 무척 피곤하구나. 네가 집에 올 때 우리가 하숙을 하고 있다면 뭐라고 하겠니? 식모는 구하기 힘들고 참으로 불확실하구나. 언제 그들이 떠날지 알 수가 없으니 말이다. 지난여름에 우리는 언덕 꼭대기에 갈 수 없었는데, 요리사가 한 사람도 가지 않으려고 했기 때문이다. 지금은 우리가 올라가면 로사를 잃을 거라서 그렇게 하자고 제안하지 않고 있단다. 모든 언덕 꼭대기 사람들은 똑같은 문제를 가지고 있단다. [몇 단어 판독 불가.] 때로 우리는 배달된 음식을 먹는단다. 우리는 호텔 요금이 마음에 들지 않는구나. 넬리가 나를 돕기 위해 오늘 오후에 왔지만 그녀가 집을 떠날 수 있는 날이 많지는 않단다.

네 글씨가 훨씬 더 나쁘지 않았다면 나는 내 글씨에 대해 사과했을 것 같구나. 좀 더 굵게 써주렴. 잘 자거라.

사랑하는,

엄마가

Maria Jane McKee Moffett

Madison, Indiana

July 25, 1905

My Dear Sam & Alice & Baby:

I wish I could fly right over the sea & turn my back upon the kitchen & all household affairs. Rosa is sick & didn't put in an appearance this morning & here I am all alone in the house & responsible for the dinner. Rob is on the hill preparing our place for a wagonette full of *picnickers* for the afternoon & evening. I have engaged a maid to go with me to clean up the cottage for the Bamfords—what do you think of that?—The B's have always delighted in the place so I thought they might occupy it for a month or two—July 26th. Nellie [Rob's lady friend] and I were at the cottage all yesterday afternoon cleaning up & preparing for the Bamfords. It will seem strange to give up the place for a time but Rob will keep up his work & continue to beautify the flower beds, the "Park," etc.

But I must tell you about Clinton [her son Howard's son]. Two weeks ago he suffered great pain in bowels or more properly the groin. There seemed to be a misplacement or something the Dr. didn't understand (Dr. Ford). He advised consultation with Dr. Ransahoff of the Jewish Hospital, Cincinnati. Howard didn't want to lose any time. By telephone he made an engagement for the next morning at 8 o'clock for consultation or operation. Of course it was the latter. The boat was delayed by fog but by ten or later there was a successful operation. It was a rupture of the bowels. Dr. Ford advised Howard not to stay in the operating room for the patient always seems to suffer so greatly when under the influence of chloroform (or whatever other word I want). Clinton was very brave. He was very sick for an hour or more afterward but all went well & he is still improving. We had some very hot weather that was pretty hard on both Howard & Clinton. The confinement is hard on Clinton. He longs for

마리아 제인 맥키 마페트

인디애나, 매디슨

1905년 7월 25일

내 사랑하는 샘과 앨리스와 아기에게,

바다를 건너 날아가서 부엌과 모든 살림살이에서 등을 돌릴 수 있었으면 좋겠구나. 로사는 아파서 오늘 아침에 나타나지 않았단다. 그래서 나는 여기 집안에 오롯이 혼자 있고 저녁식사를 책임져야 한단다. 롭은 언덕 위에서 오후와 저녁에 소풍하는 사람들로 가득 차게 될 유람 마차를 위한 자리를 준비하고 있단다. 뱀포드 가족을 위한 오두막을 청소하기 위해 나와 함께 갈 식모 한 명을 구했단다. 어떻게 생각하니? 뱀포드 가족은 그곳에서 언제나 즐거워했고 나는 그들이 한 달 혹은 두 달 동안, 7월 26일까지 그곳에 머무를 것이라고 생각한다. 넬리[롭의 여자 친구]와 나는 어제 오후 내내 그 오두막에 머물면서 청소를 하고 뱀포드 가족을 위한 준비를 했단다. 그곳을 한동안 포기하는 것은 이상해 보이겠지만 롭은 그의 일을 계속하고 꽃밭과 "공원" 등을 가꾸는 일도 계속할 것이다.

나는 너희에게 클린턴[하워드의 아들]에 대해 말해야겠다. 2주 전에 그는 고환에, 혹은 보다 적절하게 사타구니에 큰 고통을 느꼈단다. 의사(닥터 포드)가 이해하지 못하는 어떤 문제가 있는 것 같았지. 그는 신시내티에 있는 유대인 병원의 란사호프 의사와 상담해보라고 조언했단다. 하워드는 지체하지 않았지. 그는 전화로 그다음 날 아침 8시에 진료나 수술을 예약했단다. 물론 수술을 했지. 안개 때문에 배가 연착했지만 10시 넘어서 성공적으로 수술을 했단다. 고환 파열이었단다. 포드 의사는 환자들이 클로로폼(또는 내가 원하는 어떤 다른 단어)의 냄새를 맡고 있을 때 늘 심한 고통을 느끼는 것 같으므로 하워드에게 수술실에 머물지 말라고 권고했단다. 클린턴은 용감했단다. 그는 수술 후에 1시간 이상 고통스러워했지만 모든 것이 잘 진행되었고 차차로 호전되고 있단다. 하워드와 클린턴 두 사람이 힘들게도 그동안 날씨가 무척 더웠단다. 병원에 갇혀 있는 것은 클린턴에게 힘든 일이다. 그는 집과 자

home & liberty. But he is very sweet tempered & a great favorite with the nurses in the hospital. They bring him a great many nice drinks & now he has very good fare. Last week Ella [Clinton's mother] & Carrie [Clinton's sister] went up for a two days visit. Had pleasant rooms nearby, they & Howard taking their dinners at McAlpins in the City. Howard went prepared to stay a month if necessary but I think they can come in another week. It will be two weeks tomorrow night. It is a very hard experience for Howard. He was so anxious & he is such a devoted Father. It reminded me of Father's experience in nursing you in Chicago. I was reading some of those letters not long ago. How anxious we all were & how thankful you were spared for your good work.

Do lend me the baby for an hour. I am so lonesome.

Your loving Mother

I have lots to write but my strength gives out.

유를 그리워한단다. 하지만 그는 착한 아이고 병원의 간호사들이 그를 좋아한단다. 그들은 그에게 좋은 음료수를 많이 가져다주었고, 이제 그는 훌륭한 음식을 먹는단다. 지난주에는 엘라[클린턴의 어머니]와 캐리[클린턴의 누나]가 이틀 동안 그를 방문했단다. 근처에 좋은 방을 얻어서 그들과 하워드는 시내의 맥알핀스에서 저녁을 먹었단다. 하워드는 필요할 경우 한 달을 머무를 준비를 하고 갔지만, 나는 그들이 다음 주일에는 올 수 있다고 생각한다. 내일 밤이면 2주째다. 하워드에게는 힘든 경험이지. 그는 초조해하고 있지만, 헌신적인 아빠란다. 나는 시카고에서 너를 보살폈던 네 아버지가 생각나는구나. 나는 얼마 전에 그 편지 가운데 몇 통을 읽었단다. 우리 모두 얼마나 불안했는지! 우리 모두는 네가 너의 선한 사역을 위해 회복되어 매우 감사하고 있단다!

내게 1시간만 아기를 빌려주렴. 나는 정말 외롭구나.

사랑하는 엄마가

쓸 말이 많지만 힘이 없구나.

Alice Fish Moffett, M.D.

Pyeng Yang, Korea

September 8, 1905

Dear Little Mother:

I am so sorry for this long time without having a letter go to you. I began one days ago and tried hard several times to write it, but the days were too full. All is well—I have been very busy, that is all.

First came the week of Bible study and conference for our community from Aug. 20th to 27th when we all dropped Korean work just as much as possible and gathered in the Academy chapel for two sessions a day of prayer and Bible study. It was a time of great helpfulness to us all. The two things which meant the most to me were the time each morning devoted to intercessory prayer and the hour each forenoon of study in the book of Hebrews. The book is opening up to me more and more as I look into its depths. How rich it is in its teachings concerning the person and work of Christ!

In the early part of the next week I picked up dropped threads in the household—there are *so* many of them sometimes—and then on Thursday we were honored by receiving as guests Major General Arthur MacArthur, of fame in our army in the Philippines [father of General Douglas MacArthur], and his aide, Captain West. They were with us for several days and as Ko Si our cook was not well, I spent considerable time in the kitchen. The days of this week have flown I do not know where. A number of things have been pressing so as to fill every spare minute. I have not been sleeping well for a long time and so am equal to less in the day time. It is not Baby's fault, for as a rule he sleeps splendidly while I lie awake sometimes by the hour. I am not sick but am not so full of energy as I might be, on this account. Am having summer diarrhoea—not severe, but continuous—for the first time in my life, I believe. Have stopped one article of diet after another to find its cause

앨리스 피시 마페트

한국, 평양

1905년 9월 8일

어머니께,

오랫동안 편지를 못 드려서 정말 죄송합니다. 며칠 전에 편지를 쓰기 시작했는데, 여러 번 계속 쓰려고 노력했지만 너무 바빴습니다. 저희는 모두 건강하게 지냅니다. 저는 정말 바빴습니다. 그게 전부입니다.

우선 8월 20일부터 27일까지 우리 공동체를 위한 성경공부와 토론회가 열려서 우리 모두는 한국인 사역을 중단하고 하루에 두 번의 기도와 성경공부를 위해 숭실중학교 예배실에 모였습니다. 우리 모두에게 유익한 시간이었습니다. 제게 가장 의미 있었던 두 가지는 매일 아침 중보기도 시간을 가진 일과 매일 오전에 한 시간씩 히브리서를 공부한 일이었습니다. 히브리서는 제가 그 깊이를 알아갈수록 더욱더 많은 것을 제게 열어줍니다. 그리스도의 인성과 사역에 대한 가르침은 얼마나 풍성한지요!

그다음 주초에는 미루던 집안일을 했습니다. 때로 정말 할 일이 많습니다. 그리고 목요일에는 우리나라에서 명성이 있고 필리핀에 주둔하는 아서 맥아더 소장과 그의 부관인 웨스트 대위를 손님으로 모시는 영광을 가졌습니다![1] 그분들은 우리와 여러 날 함께 머물렀는데, 요리사 고 씨가 몸이 좋지 않아서 저는 부엌에서 꽤 많은 시간을 보냈습니다. 이번 주의 날이 날아가 버렸는데 어디로 갔는지 모르겠습니다. 많은 일이 밀어닥쳐서 조금의 여가 시간도 남지 않았습니다. 오랫동안 저는 제대로 자지 못했고 낮에도 눈을 잠깐 붙일 여유가 없습니다. 아기의 잘못은 아닙니다. 왜냐하면 제가 때때로 1시간 정도 잠에서 깨어 누워 있는 동안 대체로 아이는 정말 잘 자거든요. 저는 이런 이유로 아프지는 않지만, 필요한 만큼 힘이 넘치지는 않습니다. 저는 제가 생각하기에 평생 처음으로 여름 설사를 앓고 있는데 심하지는

1 6.25 전쟁에 참전한 더글라스 맥아더 장군의 아버지다.

and have come to the conclusion that it too is nervous, from loss of sleep. I must manage to rest up in some way after Annual Meeting. The house is being prepared gradually for our guests, but there is still much to do.

Sam left before daylight this morning to take the train for Seoul to attend Council Meeting, after which all are expected to gather here for Mission Meeting. There is scarlet fever here in the Baird family. William and Richard, the two youngest boys are sick with it but not seriously so, and probably the house can be disinfected before Annual Meeting. I am eager to receive our Smith order and place it in the store room before guests arrive. There must be delay somewhere for it is seven weeks tomorrow since it left S. F. [San Francisco].

Jamie boy is growing long very fast but he is getting fat as well. He has a little double chin and creases around his wrists. He weighs 16 lbs. And is so strong in his muscles that he tries hard to stand up in my lap when I hold him before me—would rest on his feet if I would let him. On a quilt on the floor he turns himself right over on his hands and knees but when he tries to move the little hands grasp the quilt while the feet work themselves around in a circle. He likes to go to the Koreans and does not turn away from anyone unless he is sleepy or not quite well. When Mrs. Sharrocks came in the other day on her way to Seoul and Japan her exclamation on seeing Baby for the first time was, "How much he looks like your Mother!" I see it very often now in his expression though I did not at first. We have a new wet-nurse for him—a woman with such quantities of milk that I have to watch every time lest Baby shall take too much. Oh, he is such a precious treasure, and is growing bigger and stronger every day so he will be ready to go home to Grandpa and Grandma. You certainly have been having practice in the baby line—after Josephine's two and Vida's four, how will you come down to this little man! Perhaps, however, he will fill the house by that time—he is very much of a boy already. I am glad to think that Matilda

않지만 계속되고 있습니다. 그 원인을 찾으려고 음식을 한 가지씩 먹지 않았는데, 그것 역시 수면 부족에서 오는 신경과민이라는 결론에 다다랐습니다. 연례 회의가 끝나면 어떻게 해서든 휴식을 취해야겠습니다. 손님들을 영접하기 위해 집을 조금씩 준비하고 있지만 아직 할 일이 많습니다.

샘은 공의회 모임에 참석하기 위해 서울행 기차를 타려고 오늘 아침 동이 트기 전에 떠났습니다. 그 회의 후에 선교회 연례 회의를 하기 위해 모두 이곳 평양에 모일 예정입니다. 이곳에서는 베어드 가족이 성홍열을 앓고 있습니다. 가장 어린 두 아들인 윌리엄과 리차드가 앓고 있지만 그다지 심각하지는 않아서, 아마도 연례 회의 이전에 그 집을 소독할 수 있을 것입니다. 저는 손님들이 도착하기 전에 스미스상회에 주문한 물건을 받아서 그것을 창고에 넣어두고 싶습니다. 내일이면 물건이 샌프란시스코를 떠난 지 7주째가 되기 때문에 어디선가 지연되고 있음이 분명합니다.

아기 제이미는 빨리 자라며 살도 붙어서 작은 이중 턱도 있고 팔목에 접히는 부분도 있습니다. 몸무게가 16파운드입니다. 근육이 튼튼해서 제가 잡고 있으면 제 무릎 위에 서려고 무척 노력합니다. 그리고 내버려두면 두 발로 서려고 합니다. 바닥에 있는 방석 위에서 양손과 무릎으로 구르지만 아이가 움직이려고 할 때 발이 원을 그리면서 움직이는 동안 작은 손은 방석을 붙잡고 있습니다. 아기는 졸리거나 몸이 좋지 않을 때가 아니면 한국인에게 가는 것을 좋아하고 어느 누구로부터도 등을 돌리지 않습니다. 지난번에 샤록스 부인이 서울과 일본에 가는 길에 들렀을 때, 아기를 보고 나서 감탄하며 처음으로 한 말이 있습니다. "네 엄마를 정말로 많이 닮았구나!" 저는 처음에는 그렇지 않았는데 이제 그의 얼굴 표정에서 자주 그것을 느낍니다. 아기를 위한 유모를 새로 구했는데, 모유가 많아서 아기가 너무 많이 먹지 않도록 제가 매번 들여다보아야 합니다. 오, 그는 정말 소중한 보물이며 매일 더 크고 튼튼해져서 할아버지와 할머니를 뵈러 본국으로 갈 준비를 하고 있습니다. 아기를 다루는 데 대해 분명히 훈련해오셨지요? 죠세핀의 두 아기와 비다의 네 아기와 함께 지내신 후에, 어떻게 이 작은 사내아이에게 오실 수 있으시겠어요? 하지만 아마도 그때가 되면 이미 이 아이가 집을 가득 채

was to be with you through August, for you and she could have more quiet talks together than were possible when she first returned from here. The Korean women speak of her very often and very lovingly.

I have received the three books suggested by Dr. Wood-Allen and the first number of *American Motherhood*. All are interesting and valuable. What a beautiful study a baby is. Jamie boy is a sensitive little fellow—very responsive to sunshine and smiles and love. He is like a little flower—closing his petals on cloudy days and seeming never to feel so well—but blossoming beautifully in the sunshine.

I do hope you had a good rest after your large household left you. Am sorry to think that Leo is not going to stay. It is such a constant joy and comfort to know that you and dear Fatherdy are both so well. Sam is very tired—I am thankful for his sake that furlough time is so near. He will be better probably when settled down to the routine of the Winter's work.

Give much love to all the dear friends in San Rafael and to the relatives as you have opportunity.

Yes, I did send you one of the pictures of Baby which you like. It must have been lost as was Leonard's which Josephine sent to me. I have not another like it now but perhaps can have more printed.

A heart full of love from each of us to you our dear ones.

Your daughter Alice. (over)

[note on back of letter]: Please forward the enclosed letter to Mrs. White for me. I think I did not hear where she went from San Rafael.

우게 될 것입니다. 아이는 벌써 소년 같거든요. 마틸다가 8월 내내 부모님과 함께 머물렀다고 생각하니 기쁩니다. 왜냐하면 그녀가 처음 이곳에서 돌아갔을 때 가능했던 것보다 더 조용한 대화를 부모님과 나눌 수 있었을 테니까요. 이곳의 한국 여성들은 그녀에 대해 자주 사랑을 담아 얘기합니다.

우드-알렌 박사가 권고한 세 권의 책과 잡지 「아메리칸 마더후드」를 받았습니다. 모두 흥미롭고 유익합니다. 아기는 얼마나 아름다운 공부인지요. 사내아이인 제이미는 섬세한 작은 친구입니다. 햇볕과 미소와 사랑에 열심히 반응을 보입니다. 그는 작은 꽃과 같습니다. 흐린 날에는 꽃잎을 닫고 전혀 건강해 보이지 않지만, 햇볕을 받으면 아름답게 피어납니다.

큰 집안일이 끝난 후에 잘 쉬셨기를 바랍니다. 레오가 머물지 않는다고 생각하니 안타깝습니다. 사랑하는 어머니와 아버지 두 분 모두 건강하시다니 기쁘고 위로가 됩니다. 샘은 매우 피곤합니다. 그를 위해 휴가 기간이 다가오고 있어서 감사합니다. 동계 사역 일정에 익숙해지면 아마 더 나아질 것입니다.

기회 있을 때마다 샌라파엘의 사랑하는 친구와 친지들께 많은 사랑을 전해주세요.

저는 아기 사진 한 장을 보냈습니다. 그 사진이 조세핀이 제게 보냈던 레오나르드의 사진처럼 분실된 것 같습니다. 지금은 그것과 같은 다른 사진이 없지만 아마도 더 현상할 수 있을 겁니다.

우리 모두 부모님과 사랑하는 모든 분께 마음 가득 사랑을 보냅니다.

당신의 딸 앨리스 올림

[편지 뒤의 메모]: 동봉한 편지를 화이트 부인께 전달해주시기 바랍니다. 저는 그녀가 샌라파엘에서 어디로 갔는지 듣지 못한 것 같습니다.

Samuel A. Moffett

Pyeng Yang, Korea

October 2, 1905

Dear Dr. Brown:

Incident to the Annual Meeting of the Mission from which I have just returned, I have several letters to write to you. The first one is concerning Miss Brown and the action of the Apportionment Committee in her case.

I enclose the copies of the medical opinions as handed in to the Apportionment Committee and a statement from the secretary of the Apportionment Committee. In addition to this I may say that the physicians told us verbally in answer to our questions that if Miss Brown remained here in the hope of recovery and yet without recovery that there was quite a probability of her becoming a confirmed invalid.

The Apportionment Committee consisted of Dr. Underwood, Dr. Sharrocks, Mr. Adams, Mr. Sidebotham and myself and we were unanimous in our opinion that Miss Brown should return home and yet without a direct statement from the physicians who were attending her that she should go home we were not in position to send her home. We therefore transmit these opinions to the Board leaving it to the Board to take action.

Opinion No. 1 was given before examination, while opinion No. 2 was given after examination.

We deeply regret the necessity of taking action which we fear may remove Miss Brown permanently from the field but justice to her seems to demand it. I will deal with other questions later. Miss Brown knows of our action and she will write you, also.

Very Sincerely,
Samuel A. Moffett
Chairman, Apportionment Committee

마포삼열

한국, 평양

1905년 10월 2일

브라운 박사님께,

제가 이제 막 마치고 돌아온 선교회의 연례 회의와 관련해서, 박사님께 써야 할 여러 장의 편지가 있습니다. 첫 번째 것은 브라운 양과 그녀에 대한 임명위원회의 조치에 관한 것입니다.

임명위원회에 제출된 진료 소견서의 복사본과 임명위원회의 서기로부터 온 진술서를 동봉합니다. 이와 함께 저는 우리의 질문에 대한 대답으로 의사들이 브라운 양이 회복되기를 바라면서 만일 그녀가 이곳에 머무를 경우 회복되지 않고 분명히 병약하게 될 가능성이 높다고 구두로 말해주었음을 말씀드리고 싶습니다.

임명위원회는 언더우드 박사, 샤록스 의사, 애덤스 목사, 사이드보텀 목사와 저로 구성되어 있습니다. 브라운 양이 본국으로 돌아가야 하지만, 그녀를 진료한 의사들이 그녀가 귀국해야 한다고 작성한 직접적인 소견서가 없으면 우리는 그녀를 본국으로 돌려보낼 위치에 있지 않다는 의견에 모두 동의했습니다. 우리는 선교부에서 조치를 취하도록 이런 의견을 선교부에 전달하는 바입니다.

1번 소견서는 검진 전에 제출된 것이고, 2번 소견서는 검진 후에 제출된 것입니다.

우리는 브라운 양을 영원히 선교 현장에서 떠나게 할 수도 있는 조치를 취해야 할 필요성이 안타깝지만, 그녀에 대한 도리가 그것을 요구하는 것 같습니다. 나중에 다른 문제들을 다루겠습니다. 브라운 양은 우리의 조치에 대해 알고 있으며, 그녀도 귀하께 편지를 쓸 것입니다.

임명위원회 위원장

마포삼열 올림

Alice Fish Moffett

Pyeng Yang, Korea

October 9, 1905

Dear Fatherdy and Little Mother:

[First part of letter missing].............is beginning to commence to prepare for both. It certainly does pay to have a wet nurse for a baby instead of using the bottle. I believe that is the secret of Jamie's perfect health.

There is growth in Mission work everywhere—oh, *so* much to be thankful for. The Central Church is too small. Last Wednesday night there were nearly 1,200 people at prayer meeting—there were eleven who came forward as new believers and after the service Sam was told that from one district of the city about 50 people had come in desiring to hear the Word and expressing themselves as ready to decide to become Christians. Oh, the opportunities that it is impossible to follow up. Last Sabbath morning when the rain began to pour down Sam remarked, "Well, the rain will serve *one* purpose—probably the congregation will be able to get into the church." And it was so—just comfortably filled. Just think of people pressing in so as to lead missionaries to say, "Why, what shall we do with them all? We cannot teach them nor follow them up. And all the churches and meeting places are full." Mr. Koons says "The crowds ought to wait until summer when all can meet out of doors!" Oh, it is blessed. But it *is* hard to have so much work pressing all the time. There is no mental leisure or rest. We seem to be living for nothing but the work and I don't believe it is right. We ought to have *some* time to ourselves, for no one can give out continually. I shall be so glad for Sam when we can start for the homeland. This winter's work promises to be a hard one. Pray for us that we may know what the Lord would have us do—what to do and what it is right to leave undone.

Good night my dear ones. Our Father's richest blessings be upon you constantly.

앨리스 피시 마페트

한국, 평양

1905년 10월 9일

아버지 어머니께,

[편지의 첫 부분 분실됨]. 소젖을 주는 대신 아기를 위해 유모를 둔 것이 분명히 도움이 되고 있습니다. 저는 그것이 제이미가 완벽하게 건강한 비결이라고 믿습니다.

모든 곳에서 선교회 사역이 성장하고 있습니다. 오, 감사할 일이 정말 많습니다. 장대현교회는 너무 작습니다. 지난 수요일 밤 기도회에는 거의 1,200명이 참석했습니다. 앞으로 나온 새 신자가 11명이었습니다. 예배 후에 도시의 한 구역에서 약 50명의 사람이 말씀을 듣고 싶어서 왔으며 기독교인이 될 결심을 할 준비가 되어 있다고 샘에게 말했습니다. 오, 이는 다시 오기 어려운 기회입니다. 지난 주일 아침 비가 쏟아질 때 샘은 다음과 같이 말했습니다. "비는 한 가지 목적에 도움이 될거요. 회중이 교회 안으로 들어갈 것이 거의 확실하오." 그랬습니다. 딱 편안할 정도로 교회가 찼습니다. 사람들이 밀고 들어와서 선교사들로 하여금 다음과 같이 말하지 않을 수 없게 만든다고 생각해보십시오. "우리가 그들을 어찌 해야 할까요? 우리는 그들을 가르칠 수도 없고 계속 관리할 수도 없습니다. 모든 교회와 모임 장소가 가득 찼습니다." 쿤즈 목사는 말합니다. "모든 사람이 야외에서 모일 수 있는 여름까지 기다려야 합니다." 오, 축복입니다. 그러나 항상 일이 밀려들면 힘이 듭니다. 정신적인 여유나 휴식이 없습니다. 우리는 오로지 사역만을 위해 살고 있는 것 같습니다. 저는 그것이 적절하다고 믿지는 않습니다. 어느 누구도 계속해서 주기만 할 수는 없기 때문에 우리 자신을 위해 어느 정도 시간을 가져야 한다고 생각합니다. 우리가 본국으로 출발할 수 있을 때가 되면 저는 샘을 위해 정말 기뻐할 것입니다. 올겨울 사역은 힘들 것으로 예상됩니다. 주님이 우리로 무엇을 하게 하실지—무엇을 해야 하고 무엇을 하지 않은 채 그대로 두는 것이 옳은지 우리가 알 수 있도록 기도해주십시오.

A heart full of love from all three of us.

Your loving daughter,
Alice Fish Moffett

안녕히 주무세요, 사랑하는 두 분. 하늘 아버지의 가장 풍성한 은혜가 두 분께 계속 임하시기를.

우리 셋 모두가 마음 가득한 사랑을 보냅니다.

두 분의 사랑하는 딸,

앨리스 피시 마페트 올림

Maria Jane McKee Moffett

Madison, Indiana

November 6, 1905

[postmarked Madison, Indiana, Nov. 7, 1905; San Francisco, Nov. 11, '05; Seoul, Dec. 8, '05]

[stamp cut off envelope, cutting out portions of the letter here and there]

My Dear Sam:

To think of the baby boy being over 8 months old and we can't see him–and that he will be ever so many more months old before we can see him. But by that time we will know whom he looks like. How strange this foreign country will seem to him and how he will rattle off Korean and then "United States" just as flip. I would think he would get the languages wonderfully mixed. Which do you teach him first? How does his nurse talk to him? Does he answer anything but goo goo? I wish he was here this minute to see the children with their pony carts. There are more of them in town than ever before. Clinton's pretty pony died. That was the third one they had but they were getting too large for it so they don't miss it much. You wouldn't know Clinton & Carrie if you would meet them on the street. They are both taller than their mother. Rob & I drove up to Howard's Saturday afternoon. Brought down persimmons & flowers. Howard is still making improvements. He has laid cement walks all round his house & under the arbor. So white and pretty. Has a new Mission table in the sit[ting room]. Plain & heavy, made of ....
...............call with Ella [Howard's wife]. She............

......very good spirits over the prospects – does not go out now except to ride. She calls here & to her Aunt Dinsey's [?]. I think I wrote of Prof. Baird's sudden death. It was a great sorrow to the church and such a loss to his brother, Will. Of course you will hear the sad news long before this reaches you. I had written thus far when the mail came in bringing your type written report for the year, enclosing a note from Mrs. Fish

마리아 제인 맥키 마페트

인디애나, 매디슨

1905년 11월 6일[1]

샘에게,

태어난 지 8개월이 지난 아이를 우리가 아직 볼 수 없지만, 볼 수 있을 때까지 더 많이 클 거라고 생각한다. 그날이 오면 누구를 닮았는지 알 수 있겠지. 아이에게는 이 외국이 얼마나 이상하게 보일까? 한국어를 줄줄 말하다가 가끔씩 영어를 말할까? 나는 아이가 두 언어를 멋지게 섞어서 말할 거라고 생각한다. 그에게 무슨 말을 먼저 가르치니? 유모는 그에게 어떻게 말하니? 그는 "구구" 하는 것 말고 다른 대답을 하니? 나는 그 아이가 이 순간 여기 있어서 조랑말 마차를 탄 모습을 볼 수 있으면 좋겠구나. 이 마을에는 지금 어느 때보다 조랑말이 많이 있단다. 클린턴의 예쁜 조랑말이 죽었단다. 그들이 가지게 된 세 번째 말이었지만 아이들이 말에 비해 몸집이 너무 커지고 있었기 때문에 말을 많이 그리워하지는 않는단다. 길에서 만나면 너는 클린턴과 캐리를 못 알아볼 거야. 둘 다 자기 엄마보다 키가 크단다. 롭과 나는 토요일 오후에 하워드의 집에 마차를 타고 갔단다. 감과 꽃을 가지고 갔지. 하워드는 여전히 집을 고치고 있단다. 그는 집 주위와 정자 아래로 시멘트 산책길을 깔았단다. 흰색이고 예쁘단다. 응접실에는 새 미션 탁자가 있단다. 장식이 없고 무거우며…으로 만들어졌단다.…엘라[하워드의 아내]와의 전화 통화. 그녀는…전망이 밝아서 기분이 좋단다. 지금은 말을 타는 것 외에는 외출을 하지 않는단다. 그녀는 여기와 딘지 아주머니에게 전화를 한단다. 나는 베어드 교수의 갑작스런 죽음에 대해 너희에게 편지에 썼다고 생각한다. 그 일은 교회에 큰 슬픔이었고 그의 형제인 윌에게는 커다란 상실이었다. 물론 너는 이 편지가 네게 가기 훨씬 전에 슬픈 소식을 듣게 되겠지. 여기까지 쓰고 있을

1 봉투에 세 개의 소인이 찍혀 있다. 1905년 11월 7일 인디애나 매디슨, 11월 11일 샌프란시스코, 1905년 12월 8일 서울 소인이다. 우표가 봉투에서 떼어졌고 여기저기 편지가 떨어져 나가 부분적으로 판독할 수 없다.

giving me a very cordial invitation to visit her during your sojourn in our "beloved country." It would give me great pleasure to accept if .... strong enough to undertake the journey. But I am .... home is the best place ....

I dread the winter but I just have to make up my mind to be housed up nearly all winter. We have so much ice and snow I can only ride out. Susie insists on Rob and me spending the greater part of the winter with them in Washington but I think it very doubtful about them being there. Mary is looking for a furnished house and they think of packing their furniture in January.

Tom is very busy with his synodical mission work. It will give him greater responsibility and more work perhaps. Will has thrown all his time and strength into the coal business and I hope he will make it a success. The ....left to nurse a sister ....she will go back to ....

.........was very fond of the children and didn't want to leave them. Will has made the acquaintance of your friend, Miss Julia Johnston. They are in the same church. Mr. Jack is pastor and Will admires him very much. Will sent for some of my Korean treasures 2 weeks since for Miss J. to exhibit at their Mission meeting. I often see articles from her pen. Everything is very good.

Will writes in very good spirits and will build an addition to his house. They see the Williams family [Will's cousin] and enjoy going to the park together, taking their lunch. Will and Lizzie are devoted to the children. Emily McKee and Amy Glasgow are ....children. Donald walks ....blocks to kindergarten, often going alone. He is a great favorite with his teacher. She asked Will to let him spend the day with her. He carries himself with a military air and isn't afraid of anything. I wish Will could spend more time with the children. I am finishing up this letter on the 7th and as this is election day, Rob is in a great hurry. Very much love to the family.

Your loving mother

때 너희가 타자기로 쳐서 작성한 연례 보고서를 배달한 우편물이 왔구나. 피시 부인이 우리의 "사랑하는 나라"에서 너희가 체류하는 동안 그녀를 방문해 달라고 진심으로 나를 초대하는 편지가 동봉되어 있구나. 내가 여행을 감당할 수 있을 만큼 건강하다면…수락하면 내게 큰 즐거움이 되겠지. 하지만 나는…집이 가장 좋은 장소란다.

나는 겨울이 걱정되지만 거의 겨울 내내 집 안에만 있겠다고 이제 결심해야 한다. 얼음과 눈이 너무 많아 마차를 타야 외출할 수 있거든. 수지는 톰과 내게 겨울 대부분을 그들과 함께 워싱턴에서 지내자고 고집하지만, 나는 그들이 그곳에 있을지 의심스럽다. 메리는 가구가 갖추어진 집을 찾고 있고, 그들은 1월에 그들의 가구를 포장할 모양이다.

톰은 노회의 선교 사역으로 바쁘단다. 그 사역은 아마도 그에게 더 많은 책임과 일을 안겨줄 것이다. 윌은 그의 모든 시간과 힘을 석탄 사업에 투자했는데, 나는 그가 그 사업에서 성공하기를 바란다.…여자 형제를 돌보기 위해 남았고…그녀는…로 돌아갈 것이다.…아이들을 좋아했는데, 그들을 떠나고 싶어 하지 않는단다. 윌은 친구인 쥴리아 존스톤과 아는 사이가 되었단다. 그들은 같은 교회에 다닌다. 잭 씨는 목사이고 윌은 그를 존경하지. 윌은 제이 양이 선교 모임에서 전시할 수 있도록 내 한국 보물 가운데 일부를 2주 전에 보냈단다. 나는 그녀가 쓴 기사를 종종 본다. 모두 좋더구나.

윌은 기분이 좋은 상태에서 편지를 썼는데, 그의 집에 부속 건물을 지을 예정이다. 그들은 윌리암스 가족[윌의 사촌]을 만나고 있는데, 점심을 싸서 공원에 함께 가는 것을 즐기고 있단다. 윌과 리지는 그들의 자녀들에게 헌신적이란다. 에밀리 맥키와 에이미 글래스고는…아이들이다. 도널드는 유치원에 가기 위해…블록을 걸어가는데, 종종 혼자 간단다. 그는 그의 선생님이 가장 예뻐하는 아이란다. 그녀는 윌에게 그 아이가 자신과 함께 하루를 지내게 해달라고 부탁했단다. 그는 군인 같은 기상을 지녀서 어떤 것도 무서워하지 않는단다. 나는 윌이 자녀들과 더 많은 시간을 보낼 수 있기를 바란다. 나는 7일에 이 편지를 끝내는 중이다. 오늘이 선거일이기 때문에, 톰은 서두르고 있단다. 네 가정에 많은 사랑을 보낸다.

P.S. .... the stray boxes ....come to hand. I don't know what was the contents of Ella's but I didn't want those sweet little armlet corals lost. They can be worn as a necklace and the mother can wear them. I gave my coral beads to Carrie. Was glad to get Sam's report. What a busy man he is. Wish he could rest a little more.

Thank Mrs. Fish for her kind invitation. I do wish I could go. I will write to her soon.

Mother

네 사랑하는 엄마가

추신.…잃어버렸던 상자들을 손에 넣었다. 나는 엘라의 상자에 어떤 내용물이 있었는지 모르지만 예쁘고 작은 산호 팔찌가 없어지지 않았으면 하고 바랐다. 그것은 목걸이로도 할 수 있는데, 엄마도 그것을 하고 다닐 수 있다. 내 산호 구슬은 캐리에게 주었다. 샘의 보고서를 받고 기뻤단다. 그가 얼마나 바쁜 사람인지 모르겠구나. 그가 좀 더 쉴 수 있기를 바란다.

피시 부인께 그녀의 친절한 초대에 대해 감사한다고 전해다오. 나도 갈 수 있다면 정말 좋겠구나. 그녀에게 곧 편지를 쓰마.

엄마가

Samuel A. Moffett

Pyeng Yang, Korea

December 26, 1905

Dear Dr. Brown:

Delay on the part of the sub-committee for the examination and grading of the 3rd-year papers has prevented me from making the annual report of the Examination Committee to the Board. I have just received the 3rd year grades and the following is the report for the last year.

Third Year Examinations.

Dr. A. M. Sharrocks and *Rev. C. E. Sharp*, who were made Senior Missionaries last year but were conditioned on certain phases of the examination were examined on the conditioned parts and both passed satisfactorily so that they have finally passed from under the care of the committee.

Rev. A. G. Welbon successfully passed his 3rd year oral examination to the great gratification of the committee—the committee having held him to continued study until he should attain a satisfactory degree of proficiency. Mr. Welbon and five others also pass from under the care of the committee, having passed with the following grades:

	Written	Oral
Rev. A .G. Welbon	Passed in 1900	76⅔
Rev. C. E. Kearns	70	86⅔
Mrs. Kearns	63	89
Rev. A. A. Pieters	79	97⅔
Rev. W. E. Smith	68	74⅔
Rev. C. A. Clark	66	83⅔

In addition to the above, *Rev. W. M. Barrett*, who failed on 2nd year oral last year, received a grade of 75 % on second-year oral, and a grade

마포삼열

한국, 평양

1905년 12월 26일

브라운 박사님께,

소위원회에서 3년 차 시험지를 검토하고 채점하는 일이 지연되어 선교부에 시험위원회의 연례 보고서를 제출하지 못했습니다. 저는 조금 전에 3년 차 점수를 받았고 다음이 작년에 대한 보고서입니다.

3년 차 시험

작년에 고참 선교사가 되었지만 일부 시험 과정에서 조건부로 합격했던 샤록스 의사와 샤프 목사가 그 조건이었던 시험을 보았고, 두 사람 모두 위원회의 관리하에서 마침내 만족스러운 점수로 통과했습니다.

웰번 목사는 위원회가 크게 만족할 정도로 3년 차 구두시험을 성공적으로 통과했습니다. 위원회는 그가 만족스러운 정도로 능숙하게 될 때까지 계속 공부하도록 했습니다. 웰번 목사와 다른 다섯 사람 역시 다음과 같은 점수로 위원회의 관리하에 통과했습니다.

	필기	구두
웰번 목사	1900년에 통과함	76.66
컨즈 목사	70	86.66
컨즈 부인	63	89
피터즈 목사	79	97.66[1]
스미스 목사	68	74.66
클라크 목사	66	83.66

1 한때 권서 활동과 시편 번역을 했던 피터즈 목사의 한국어 실력을 짐작해볼 수 있다.

of 78% on 3rd year written, but failed to satisfy the committee on 3rd year oral, receiving a grade of 56⅔. Mr. Barrett, like Mr. Welbon, needs more time than some others but he is making steady progress and bids fair to reach the required proficiency in another year if faithful effort is put forth.

Miss M. B. Barrett should have come up for 3rd year's oral examination but was excused this year on account of the state of her health.

Second Year Examinations.

Miss M. E. Brown and Dr. & Mrs. Null were excused from the examinations this year on account of the state of their health. The following successfully passed the examinations as shown by the grades received:

	Written	Oral
Rev. E. F. Hall	83.5	85⅓
Miss H. B. Kirkwood	73.9	88
Rev. E. W. Koons	80.2	90

These are all doing good work in the language. Mr. Koons gives promise of very great proficiency as a preacher. Mr. Hall under greatly adverse circumstances has nevertheless made good progress. His health is a matter of great concern. A word of appreciation and commendation to Miss Kirkwood will do great good. She has been exceedingly faithful and is doing well but has a tendency to feel discouraged without reason for the same.

First Year Examinations.

With the exception of Dr. Hirst, all the first year missionaries have

추가로 말씀드리면 작년에 2년 차 구두시험에서 떨어졌던 배럿 목사는 2년 차 구두시험에서 75퍼센트의 점수를 받았으며 3년 차 필기시험에서는 78퍼센트의 점수를 받았지만 3년 차 구두시험에서 56.66퍼센트의 점수를 받아서 위원회를 만족시키지 못했습니다. 웰번 목사와 마찬가지로 배럿 목사는 다른 사람들보다 더 많은 시간이 필요하기는 하지만 지금 꾸준히 향상되고 있으므로 성실하게 노력한다면 내년에는 능숙하게 될 것 같습니다.

배럿 양은 3년 차 구두시험을 쳐야 하지만 그녀의 건강 상태를 고려해서 올해에는 면제했습니다.

2년 차 시험

브라운 양과 눌 의사와 그의 부인은 건강상의 이유로 올해 시험에서 제외했습니다. 다음 회원들이 받은 점수가 보여주듯이 이들은 시험을 통과했습니다.

	필기	구두
홀 목사	83.5	85.33
커크우드 양	73.9	88
쿤즈 목사	80.2	90

이들은 모두 한국어로 사역을 잘하고 있습니다. 쿤즈 목사는 설교자로서 훌륭한 능숙도를 보여줄 것 같습니다. 홀 목사는 열악한 환경에도 불구하고 상당한 진척을 보여왔습니다. 그의 건강이 큰 걱정거리입니다. 커크우드 양에 대한 감사와 칭찬의 말씀이 많은 도움이 될 것입니다. 그녀는 대단히 성실하며 잘 지내고 있지만 이유 없이 낙담하는 경향이 있습니다.

1년 차 시험

허스트 의사를 제외하면 모든 1년 차 선교사가 다음 점수가 보여주는 바와 같이 만족스러운 진척을 보였습니다.

made satisfactory progress as shown by the following grades.

	Written	Oral
Miss Carson (now Mrs. Barrett)	88	87 1/3
Rev. E. F. McFarland	82.3	75
Miss McLear (now Mrs. Hall)	85	83 1/3
Rev. Herbert E. Blair	71.7	89

The case of Dr. Hirst is of course a special one but the committee felt strongly that he should be given opportunity to learn the language and made recommendation that he be relieved of all medical work for 2 months other than July and August, the time to be spent in the country in language study. At Dr. Avison's suggestion this was referred to the Apportionment Committee which after conference with Drs. Avison and Hirst recommended "That Dr. Hirst be given quarterly examinations on the language during the year by a special committee and that this committee be empowered at it discretion after each such examination to direct that Dr. Hirst be relieved from medical work and given specified time for language study in the country."

The Committee recognizes that Dr. Hirst's age and his special position in the Severance Hospital make it more difficult for him to acquire the language and for that reason desires to so arrange the conditions of his work that he may not thereby be prevented from the necessary amount of study under helpful conditions. The Special Committee consists of Dr. Underwood, Dr. Gale and Mr. Bruen.

This committee will henceforth be known as The Language Committee and in the hope that others who can now give more time to it might be elected, both Dr. Underwood and I asked to be relieved from further service on this committee. I believe the new members of the committee will maintain the same high standard as we have worked hard to secure. They will have more time in which to assist the new

	필기	구두
카슨 양(배럿 부인)	88	87.33
맥팔랜드 목사	82.3	75
맥리어 양(홀 부인)	85	83.33
블레어 목사	71.7	89

허스트 의사의 경우는 물론 특별한 경우지만 위원회는 그에게 한국어를 배울 기회를 제공해야 한다고 판단해서 그가 지방에서 한국어 공부에 할애할 7-8월 이외에도 두 달 동안 모든 의료 사역에서 제외할 것을 권고했습니다. 에비슨 의사의 제안으로 이것을 임명위원회에 회부했으며 에비슨 의사 및 허스트 의사와 의논한 후에 위원회는 다음과 같이 권고했습니다. "허스트 의사는 1년간 4차례에 걸쳐서 특별위원회의 한국어 시험을 보며, 이 특별위원회는 허스트 의사가 각 시험 후에 의료 사역에서 면제되어 시골에서 한국어 공부를 할 수 있도록 임의로 특정한 시간을 부여한다."

특별위원회는 허스트 의사의 나이와 세브란스병원에서 차지하는 그의 특별한 위치가 그가 한국어를 습득하는 일을 더욱 어렵게 한다는 사실을 인식하고 있으며, 그런 이유로 그가 도움이 될 만한 환경에서 방해받지 않고 필요한 만큼의 공부를 할 수 있도록 그의 사역 조건을 조정하기 원합니다. 특별위원회는 언더우드 박사, 게일 박사, 브루엔 목사로 구성되어 있습니다.

본 위원회는 이제부터 "한국어 위원회"로 알려질 것이며, 그 사역에 보다 많은 시간을 할애할 수 있는 다른 사람들이 선출되기를 바라면서 언더우드 박사와 저는 더 이상 이 위원회에서 일을 하지 않게 해달라고 요청했습니다. 저는 이 위원회의 새로운 위원들이 우리가 그동안 확보하려고 열심히 노력했던 것과 같은 높은 기준을 유지해주리라고 믿습니다. 그들은 새로운 선교사들을 지원할 더 많은 시간을 갖게 될 것이며, 저는 보다 높은 효율성이 확보될 것이라고 믿습니다.

저는 한국에 있는 선교사들이 한국어를 말하는 데 있어서 높은 수준의 능숙도를 확보하기 위해 선교부와 위원회가 언제나 완벽한 공조를 이루며

missionaries and I believe greater efficiency will be secured.

I am glad that the Board and the Committee have always worked together in perfect union for the securing of a high grade of proficiency in the use of the language by the missionaries in Korea. Our mission is the stronger for it and our work here feels the benefit of it.

Yours very sincerely,
Samuel A. Moffett
Chairman

P.S. I failed to make note of the fact that the papers of several who took the 2nd year examination last year and which I wrote you had been lost, were found by Dr. Avison where he had misplaced them. They were examined and graded as follows:

Mrs. Bruen	65%
Mr. W. M. Barrett	65%
Mrs. Kearns	87%

It is due to them that this also should go on record.

Samuel A. Moffett

일해온 것을 기쁘게 생각합니다. 우리 선교회는 그로 인해 더욱 건실해졌고, 이곳에서 우리의 사역은 그 덕을 보고 있습니다.

위원장 마포삼열 올림

추신. 제가 분실했다고 귀하께 보낸 편지에 썼던, 작년에 2년 차 시험을 본 여러 사람의 시험지를 에비슨 의사가 잘못 놓아두었던 곳에서 찾았다는 사실을 말씀드리지 못했습니다. 그들의 점수는 다음과 같습니다.

브루엔 부인	65%
배럿 목사	65%
컨즈 부인	87%

이를 기록에 남기는 것이 정당합니다.

마포삼열 올림

●

공립협회 회원, 샌프란시스코, 1905년 [OAK]
앞줄 오른쪽이 안창호

The United Korean Association organized in San Francisco, 1905
An Ch'angho at the front right

●
황해도 해주 광진학교와 김구(뒷줄 오른쪽), 1906년 [OAK]

Kim Ku and his elementary school, Haeju, 1906

●
선천의 양전백 장로 가족, 1905년 [OAK]

Family of Elder Yang Chŏnbaek, Sŏnch'ŏn, 1905

서울의 쿤즈 선교사 부부 결혼식, 1906 [MOF]

Wedding of Mr. Koons in Seoul, 1906

하와이 한인감리교회를 방문한 존스 선교사 부부, 1906 [OAK]

Mr. and Mrs. G. H. Jones visiting the Korean Immigrants Church at Hawaii, 1906

서신 LETTERS 1906

Alice Fish Moffett

Pyeng Yang, Korea

January 18, 1906

Dear Fatherdy and Little Mother:

Yours of December 15th came in the last mail day before yesterday. It surprises me, Mother, to know how much you crowd into the days, how busy and well you are. I wrote you about the Sorosis shoes–I think the number is 62 in these old ones. My gray suit has come–the box arrived by rail a few days ago. My suit fits me perfectly and I like it so much. It seems more like preparing for the voyage when such things are here and ready. I have begun packing, if you please! A box of the Korean things–we have two large sorcerer's drums and I have had a box built for them, which will take small things also.

A letter came yesterday from Miss Straeffer of the Southern Presbyterian Mission in South Korea saying her furlough has been granted and she may go to America when we do. That will be delightful, especially if Sam leaves me at Honolulu. Mother, if she does go with us I should like very much to take her over to San Rafael for a little visit before she goes on East. May I do so? Her father is living but she has no mother and no real home to go to and a glimpse into the home there will do her heart good.

We had a letter from Leo from Hong Kong and I have written once to him telling him our plans as best I can at this early date and promising to write again. I hope he can go with us. Sam's program of theological work is full up to May 31st. I tell him we will celebrate our anniversary by starting the next morning. This is as closely as we can plan at present–to take the steamer first leaving Yokohama after June 1st unless it is so early we cannot reach there by leaving on the first. We must see the new schedule before we know. The time is passing rapidly with us because the days are crowded so full. I am so glad Fatherdy could write

앨리스 피시 마페트

한국, 평양

1906년 1월 18일

사랑하는 아버지 어머니께,

엊그저께 12월 15일 자 두 분의 편지를 우편으로 받았습니다. 저는 어머니께서 그날까지 매일 얼마나 일이 많고 바쁘고 또 건강하게 지내셨는지 알고 놀랐습니다. 제가 이전에 어머니께 소로시스 신발에 대해 편지한 적이 있는데, 옛날 치수로 62호였다고 생각합니다. 제 회색 정장이 왔습니다. 며칠 전에 기차 편으로 상자가 도착했습니다. 제 정장은 완벽하게 잘 맞고 정말 마음에 듭니다. 그런 물건이 여기에 준비되어 있으니, 마치 여행 갈 준비를 하는 것처럼 보입니다. 제가 짐을 싸기 시작했다고 할까요! 한 상자의 한국 물건—저희는 무당이 쓰는 두 개의 큰 북과 그것을 넣는 상자를 가지고 있는데 작은 물건도 담을 수 있을 것입니다.

한국 남부 지역의 남장로회 선교회에 있는 스트래퍼 양으로부터 그녀의 휴가가 허락되었으며 우리가 갈 때 그녀도 미국에 갈 수 있을 것이라고 쓴 편지가 어제 도착했습니다. 특히 샘이 저를 호놀룰루에 남겨놓는다면 그것은 기쁜 일이 될 것입니다. 어머니, 그녀가 저희와 함께 간다면 저는 그녀가 동부로 가기 전에 잠깐 방문하도록 그녀를 샌라파엘로 데려가고 싶습니다. 그렇게 해도 될까요? 그녀의 부친은 살아 계시지만 어머니는 계시지 않고 돌아갈 진정한 집이 없어서 그곳에서 집을 잠시 보는 것이 그녀의 마음에 좋을 것입니다.

저희는 홍콩에 있는 레오에게서 편지를 받았는데, 제가 그에게 답장을 쓰면서 아직 이르지만 최선을 다해 저희의 계획을 말해주었고 다시 편지를 쓰겠다고 약속했습니다. 그가 우리와 같이 갈 수 있으면 좋겠습니다. 샘의 신학교 사역 프로그램은 5월 31일까지 가득 차 있습니다. 저는 그다음 날 아침을 시작으로 우리의 결혼기념일을 축하할 것이라고 그에게 말했습니다. 저희가 현재 최대한 잡을 수 있는 계획을 이제 말씀드리겠습니다. 너무 일찍

that the time is going quickly with you, also. I know you are counting the weeks and so are we—but we do not want the days to drag.

The Korean New Year, January 25th, will, as usual, see the opening of the study class for city men and women to be followed by evangelistic meetings as last year. In the woman's class I am to teach every day lessons from the Gospel of John, to give a couple of practical talks on cleanliness in the home, etc., and take my turn in leading morning prayers and attending the evening mass meetings. So you see my time will be very full. But, oh, such joyous work as it is. One only longs for more and more strength when there is so much to be done.

Friday, January 19th.

The advanced School for Girls which has only a winter session closes tomorrow. This morning I have been busy making out my examination in Physiology to be held tomorrow morning. Last week Sam went to the country for a class of ten days or so. Mr. Koons went to Whang Hai Province and Mrs. Koons came to stay with me. But Mr. Koons found he would be needed down there for about a month and could not return to teach in the city class so he came back on a flying trip and this morning about daylight started off again taking Mrs. Koons with him. So Babykins and I are alone again.

Jamie boy is well except for a slight cold, is happy and strong and growing bigger and more vigorous every day. Sometimes he just sits up and shouts and screams and squeals—apparently just to let off steam! This weather is hard on him for he has to be watched very closely and cannot have as much freedom as he would like. The house is drafty and the floors are cold even with a roaring coal fire and the stove red hot, so he cannot creep all he wants to. I shall be glad for him when the keenest weather is over. Last week we had heavy snows and now there is a cutting North wind straight from Siberia's ice fields. It is such weather that spoils an active boy by keeping him in arms most of the

우리가 6월 1일까지 요코하마에 도착할 수 없다면, 우리는 1일 이후에 요코하마를 떠나는 기선을 타려고 합니다. 우리는 일정을 알기 전에 먼저 새 기선 시간표를 봐야 합니다. 매일 일이 넘치도록 차 있어서 시간이 빠르게 흐르고 있습니다. 저는 아버지께서 두 분의 시간도 빨리 가고 있다고 쓰셔서 기쁩니다. 부모님께서 한 주 한 주 세고 계시겠지만 저희도 그렇습니다. 저희는 하루하루가 천천히 가는 것을 원하지 않습니다.

한국의 설날인 1월 25일에는 평소대로 도시의 남녀를 위한 사경회를 시작하고, 작년과 같이 전도 집회가 이어질 것입니다. 여성 사경회에서 저는 요한복음의 교훈을 매일 가르치고, 가정 위생 등에 대한 두 번의 실용적인 강연을 하며, 제 차례가 되면 아침 기도회를 인도하고 저녁 대중 집회에 참석할 것입니다. 그러니 두 분도 제 시간이 꽉 차 있음을 아시겠지요. 하지만 기쁜 사역입니다. 그토록 할 일이 많이 있을 때 더욱더 강건하기를 열망할 뿐입니다.

1월 19일, 금요일.

겨울 학기만 있는 여학교 중등반이 내일 끝납니다. 오늘 아침에 저는 내일 아침에 볼 생리학 시험 문제를 만드느라 바빴습니다. 지난주에는 샘이 열흘 정도 사경회를 인도하기 위해 지방으로 갔습니다. 쿤즈 목사는 황해도로 갔고, 쿤즈 목사 부인은 저와 함께 지내려고 왔습니다. 하지만 쿤즈 목사는 그곳에서 한 달 정도 머물러야 하고 도시 사경회에서 가르치기 위해 돌아올 수 없다는 사실을 알게 됐습니다. 그래서 그는 급하게 돌아와 오늘 아침 해 뜰 무렵 쿤즈 부인을 데리고 다시 떠났습니다. 그래서 아기와 저는 다시 외로이 지냅니다.

제이미는 감기 증상이 조금 있지만 건강하게 잘 자라며, 행복하고 활발하게 지내고 있습니다. 때때로 앉아서 마냥 소리를 질러대는데 그저 기를 뿜어내기 위해 그렇게 하는 것 같습니다. 아이는 날씨로 인해 더 고통을 겪습니다. 외풍이 심한 집이라, 석탄불을 피워 군불을 때고 난로가 벌겋게 달아올라도 춥습니다. 아이는 제가 안전하게 돌보려고 자유롭게 다니지 못하게 해

time (4 p.m. thermometer 10°). It does me good to think that he can live out doors most of the time next winter. I have made a creeping suit of blue check gingham copied from the photo of a Buster Brown suit, and he does look so sweet. Can you imagine a fat blue mealbag on two fat legs with a round, laughing face above it? Here is another pen picture of him–see him sitting on a quilt on the floor with his box of toys before him hunting diligently for his little whistle which he then holds up over his shoulder to Chai-si, telling her to blow it for him with a very emphatic "whoo-oo-oo." He loves the Koreans and goes to them readily. He is not developing rapidly–is not precocious in any way, but is just building up a good strong body, and that is better, I think, than to be a marvel of early development. Two months ago I thought I would surely have him weaned by this time but his wet nurse still has a large supply of good milk which I supplement every day with a little white of egg, cream and enough Mellin's food to act as a slight laxative. He is tucking away some good rich cream these days. That reminds me, Mother, of two things which I shall need for Jamie boy when we reach home;–an Arnold's Steam Sterilizer with one dozen bottles. This I shall expect to bring back here with me and use for several years to sterilize all the milk for a growing boy. And the other article is a portable bath tub of some kind which will be serviceable for a couple of years. Will you look up the folding rubber bath tubs and see if they are not too expensive and are what I could use?

Baby's new rattle is so pretty. I sometimes tremble for its slender stem. There is nothing like a girl about Babykins and it won't be long, apparently, before he is ready for hammer and nails–so Fatherdy, don't invest in any fragile playthings for this boy.

I haven't finished but I must stop for this is a busy day. Fatherdy, the new Association building, *your* building was opened on New Year's Day with appropriate ceremonies and Sam is hunting for time to write you an account of it. I don't know enough of the details. Sam is so busy

서 원하는 곳을 모두 기어 다닐 수 없습니다. 매서운 날씨가 끝나야 아이를 위해 제가 기쁠 것 같습니다. 지난주에 많은 눈이 내렸는데 지금은 시베리아 설원에서 곧장 불어오는 예리한 북풍이 붑니다. 활발한 남자아이를 오랜 시간 팔에 안아 키우게 해서 응석받이로 만드는 그런 날씨입니다(오후 4시에도 영하 12도의 기온입니다). 내년 겨울에는 아이가 대부분 바깥에서 살 수 있다고 생각하면 도움이 됩니다. 버스터 브라운 정장의 사진을 본떠서 파란색 체크무늬 정장을 한 벌 만들었는데 정말 귀여워 보입니다. 아래로 뚱뚱한 두 다리, 위로 웃는 둥근 얼굴이 있는 파란색 뚱뚱한 밀가루 자루를 상상할 수 있으세요? 여기 아이를 그린 또 하나의 펜 그림이 있답니다. 앞에 장난감 상자를 두고 방석 위에 앉아서 작은 호루라기를 부지런히 찾고 있는 모습을 보세요. 호루라기를 어깨 위로 차 씨에게 내밀어서 단호하게 "후--우--우"라고 말하면서 그것을 불어달라고 합니다. 아이는 한국인을 사랑하고 선뜻 그들에게 다가갑니다. 아이는 빨리 자라 조숙하기보다 나이에 맞게 건강하고 튼튼하게 자라가고 있는데, 저는 이것이 더 낫다고 생각합니다. 저는 두 달 전에 이맘때라면 분명히 젖을 뗄 거라고 생각했지만 유모는 아직도 많은 양의 좋은 모유가 나오고 있고 저는 매일 부드러운 변비약으로 작용하도록 약간의 계란 흰자와 크림과 충분한 멜린 이유식으로 보충해줍니다. 아이는 요즘 영양이 풍부한 좋은 크림을 조금씩 먹어치우고 있습니다. 어머니, 저희가 집에 가면 제이미를 위해 필요한 두 가지가 생각났는데, 하나는 12개의 병이 딸린 아놀드 증기 멸균기입니다. 저는 이것을 이곳에 가져와서 자라는 아이들을 위해 우유를 소독하는 데 여러 해 동안 사용하려고 합니다. 또 다른 물건은 한 2년 정도 쓸 수 있는 이동식 욕조입니다. 접을 수 있는 고무 욕조를 찾아서 너무 비싸지 않은지, 또 제가 사용할 수 있는 것인지 봐주시겠어요?

아기의 새 딸랑이는 정말 예쁩니다. 저는 가끔 그것의 가느다란 손잡이가 걱정됩니다. 베이비킨즈 제품은 모두 여자아이용 같아요. 분명히 머지않아 이 아이가 망치와 못을 쓰려고 할 겁니다. 그러니 아버지, 이 아이를 위해 부러지기 쉬운 장난감에는 돈을 쓰지 마세요.

I scarcely see him, except across the table at meal times and then we seldom have a meal, even breakfast, that is not interrupted. He works till late at night and I get up with Baby early every morning—so we see little of each other and are always in such a rush that there is little time for home life. We both think it is not right to have no time for leisure or life together and are hoping when we come back after furlough that there will be new workers and we can plan our lives in a different way.

Now a heart full of love to you both from all three of us.

Your loving daughter,

Alice Fish Moffett

아직 드릴 말씀이 끝나지 않았지만 오늘은 바쁜 날이라 그만 써야겠습니다. 아버지, 도와주신 새로운 청년회 건물이 새해 첫날 문을 열었고, 샘은 그것에 대해 두 분께 설명할 편지를 쓸 시간을 찾고 있습니다. 저는 자세한 사항을 알지 못합니다. 샘이 바쁘다 보니 저는 그를 식사 시간에 식탁 너머로 겨우 볼 수 있는데, 그는 심지어 아침식사도 중단하지 않고 먹는 경우가 거의 없습니다. 그는 밤까지 일하고, 저는 매일 아침 아기와 함께 일찍 일어납니다. 그래서 서로를 거의 못 보고 언제나 일로 바빠서 서로를 돌아볼 시간이 거의 없습니다. 저희 두 사람은 여가나 함께할 시간이 없는 것이 옳지 않다고 생각하며, 휴가 후 돌아올 때에는 새 사역자들이 있어서 우리 생활을 다르게 계획할 수 있기를 바라고 있습니다.

저희 셋 모두가 두 분께 마음 가득 사랑을 보냅니다.

두 분의 사랑하는 딸,

앨리스 피시 마페트 올림

Maria Jane McKee Moffett

Madison, Indiana

January 19, 1906

My Dear Sam & Alice:

I think I have written to you since the New Year came in but when good news is awaiting to fly over the seas I cannot delay. We are all rejoicing over the arrival of a little girl baby in Howard's [S. A. Moffett's brother, Howard] home last Sunday morning about 5 o'clock. All's well.

Everything has been going just as we would have it. It seems I have been writing ever since the baby came but haven't got round yet in sending the glad tidings. The other three girl babies came in '05–Deweese & two Kellar babies. Little Miss Moffett is as sweet & good as she can be–cries only when she is hungry. I have been up to see her twice & she is always eating & sleeping–just what she ought to be doing. Clinton & Carrie [the new baby's older brother & sister] have been very happy in the prospect. They were with us several days but we don't see them so often now. I gave Carrie a low rocking chair for Christmas that she might have her fill of bliss in holding the little sister & rocking her to sleep. Ella [Howard's wife] is all smiles. Howard still comes in every morning to report. The Dr. & nurse commend the good behavior of all concerned. It is against the rules for the patient to see company so soon but the invitation came from headquarters for me to take up Mrs. Todd & Maude Colgate. Ella thinks she has decided on the name "Elizabeth Hendricks." She would like to call her Drusilla, for Mrs. Todd but Carrie does not like the name. Her pretty shaped head is almost covered with dark brown hair. Her cry does not show quite so much temper as I have always been accustomed to hearing from my babies. Pretty kimonos were some of the Christmas presents for both baby & Mother. Carnations were the flowers sent in.

We had a visit of nearly a week from Will [S. A. Moffett's oldest

마리아 제인 맥키 마페트

인디애나, 매디슨

1906년 1월 19일

사랑하는 샘과 앨리스에게,
새해가 된 이후에 너희에게 편지를 썼다고 생각하지만 좋은 소식이 바다를 건너 날아가기까지 기다리며 지체할 수가 없구나. 우리는 모두 지난 일요일 아침 5시경에 하워드[마포삼열의 형]의 집에서 작은 여자아이가 태어난 일을 기뻐하고 있단다. 모두 건강하다.

모든 것이 우리가 바라던 대로 진행됐다. 아기가 태어난 후에 내가 편지를 쓴 것 같았는데 아직 좋은 소식을 보내지는 않았구나. 1905년에는 다른 세 여자아이가 태어났는데, 드위스(Deweese)와 2명의 켈라(Kellar) 아기란다. 작은 마페트 양은 더할 나위 없이 사랑스럽고 착해서, 배가 고플 때만 운단다. 나는 그 아이를 보러 두 번 갔는데 항상 먹고 자고 있었단다. 그런데 그것이 아이가 해야 할 일이다. 클린턴과 캐리[새 아기의 오빠와 언니]는 아기가 태어나 행복해했단다. 그 아이들은 여러 날 동안 우리와 함께 있었지만 지금은 그렇게 자주 보지 못하는구나. 나는 어린 동생을 안고 흔들어 재우면서 행복감을 느끼도록 캐리에게 낮은 흔들의자를 크리스마스에 선물했단다. 엘라[하워드의 부인]의 얼굴은 미소로 가득하단다. 하워드는 아직도 보고하러 매일 아침에 온단다. 의사와 간호사는 관련된 모든 사람의 훌륭한 행동을 칭찬한단다. 환자가 방문객을 그렇게 금방 보는 것은 규정에 어긋나지만, 본부에서 토드 부인과 모드 콜게이트 부인을 영접하라는 초대장을 내게 보냈단다. 엘라의 생각으로 아이 이름은 "엘리자베스 헨드릭스"로 정한 모양이다. 그녀는 토드 부인을 위해 아기를 드루실라라고 부르고 싶어 하지만, 캐리가 그 이름을 좋아하지 않는단다. 그 아이의 예쁘게 생긴 머리는 거의 짙은 갈색 머리카락으로 덮여 있단다. 그녀의 울음소리는 부드러워서 내가 항상 들어서 익숙했던 내 아기들의 우는 소리에서 느낀 성질을 느낄 수 없구나. 아기와 엄마를 위한 크리스마스 선물 중에는 예쁜 기모노도 있었단다. 누군가

brother]. He is very much pleased with Peoria. It is a large beautiful city. Likes the church & pastor. It has been the greatest pleasure & comfort to him to have his relatives so near. He sees them every day & the girls make so much of the children. He has bought his house—a modern house with large grounds. Donald & Emily [Will's children] go to kindergarten. Will can't say enough in praise of "Amy Glasgow." Aunt Kate's girls take her home & keep her all day and cousin Edgar's boys are quite devoted to her. Will is kept very busy & likes the rush of business—goes to Chicago often. Abbie [Will's wife] dresses the children very pretty & is very happy.

"Scott Roberts" lives in Peoria & Will has met him several times. He called to see me when making a visit here with his wife. She was a Chapman. I gave Will some of my Korean pictures, your letters to read & Korean literature generally. I often send him *The Presbyterian* & he is gradually gathering his belongings around him. The cook they had here went with them. Has many good traits—loves the children & is a good cook. I am sure you will approve of Will's move when you see him. The series of Evangelistic Services still continue—are well attended but of no special interest. I would think the ministers would be greatly discouraged. The card parties & the dances go on higher & with greater interest than ever.

When my friends ask me how old Jamie is I have to stop & think for I can't realize he will soon be a year old. Will soon be walking.

I enclose the second of exchange—$500 of yours. $100 from Howard & $100 from me. Howard enclosed the first in his last letter.

With love from all,
Your loving Mother

가 카네이션도 보냈지.

월[마포삼열의 큰 형]이 거의 일주일 동안 우리를 방문했단다. 그는 피오리아에 대해 만족하고 있단다. 크고 아름다운 도시지. 그는 교회와 목사님을 좋아한단다. 그의 친지들과 그토록 가깝게 있는 것이 그에게는 큰 기쁨이고 위안이었단다. 그는 그들을 매일 보는데, 딸아이들끼리 어울려서 잘 지낸다는구나. 그가 집을 샀는데 큰 마당이 있는 현대식 집이란다. 도날드와 에밀리[윌의 자녀들]는 유치원에 다닌다. 윌은 "에이미 글래스고"를 무척 칭찬한단다. 케이트 아주머니의 딸들이 에이미를 집에 데려다주고 하루 종일 봐주는데, 사촌 에드가의 아들들이 그녀에게 헌신적이란다. 윌은 계속 바쁘고 공사다망한 것을 좋아하는데, 시카고에 자주 간단다. 애비[윌의 부인]는 아이들에게 예쁜 옷을 입히며 행복해한단다.

"스코트 로버츠"가 피오리아에 사는데 윌은 그를 여러 번 만났단다. 그는 아내와 함께 이곳을 방문했을 때 나를 보려고 전화를 했단다. 그녀는 채프만가 사람이란다. 나는 윌에게 읽어보라고 내가 가진 한국 사진 몇 장과 네 편지 몇 통과 일반 한국 관련 문서를 주었지. 나는 그에게 자주 잡지 「장로교인」을 보내주는데, 그는 점차 그의 소유물을 모으고 있단다. 그들이 이곳에서 데리고 있던 요리사는 그들과 함께 갔단다. 그는 품성이 좋은 사람이다. 아이들을 사랑하고, 훌륭한 요리사란다. 나는 너희가 윌을 만나면 그가 이사를 잘했다고 인정하리라고 확신한다. 일련의 전도 집회가 계속되고 있단다. 출석률이 좋지만 특별히 흥미롭지는 않구나. 나는 목사들이 크게 낙담할 것으로 생각한다. 카드 파티와 무도회는 어느 때보다 많은 관심 속에서 진행되고 있단다.

내 친구들이 제이미가 몇 살이냐고 물으면 나는 잠시 멈춰서 생각해야 하는데, 왜냐하면 그가 곧 한 살이 된다는 사실을 실감하지 못하기 때문이다. 곧 걷겠구나.

네게 보내는 두 번째 환어음인 500달러를 동봉한다. 하워드가 100달러, 내가 100달러를 더했다. 하워드는 지난번 그의 편지에 첫 번째 환어음을 동봉했다.

모두의 사랑을 담아, 사랑하는 엄마가

Samuel A. Moffett

Pyeng Yang, Korea

January 31, 1906

Dear Dr. Brown: [Arthur Judson Brown]

The narratives of the Station for January show that the opportunities before us are greater than ever and that the work here steadily increases in extent and in solidity. In many respects we are facing new conditions and we have in prospect changes which will even yet more seriously affect our work in all respects. Nevertheless, now is a harvest time and it looks as though the Lord purposed some great accomplishment through the Korean people–if not through the nation. Our Training Class system, perhaps the most distinctive feature of our work, and one of the greatest factors in its growth and permanence, is also a gauge of its condition. Reports show great growth in the country classes. Mr. Swallen reported a class of nearly 300 on the Western circuit and Mr. Koons one of over 500 as the first class in the new Station at Chai Ryeng, while Mr. Blair and I held one of 150 in a new country church. As these district classes assume larger proportions and we make larger provision for teaching them, the people from these more remote sections cease to attend the Pyeng Yang class in such large numbers. We now have practically none from the territories of Syen Chyen and Chai Ryeng Stations but nevertheless the attendance on the Pyeng Yang class keeps up so that this year we again had some 700 enrolled. This indicates steady growth. From the narratives I cull the following facts of interest.

Mr. Bernheisel reports visiting 37 groups, taking two months time and traveling 700 miles. He baptized 48 and received 174 catechumens. His churches have again subscribed sufficient for placing still another Helper at work, making four in that district. Mrs. Baird is at work on translation of short stories in hope of influencing the home life of the people.

마포삼열

한국, 평양

1906년 1월 31일

브라운 박사님께,

선교지부의 1월 보고서 이야기를 읽어보면 우리 앞에 있는 기회가 어느 때보다 크며 이곳의 사역이 규모와 일치 면에서 견실하게 성장하고 있다는 사실을 알 수 있습니다. 여러 면에서 우리는 새로운 상황에 직면하고 있으며, 모든 면에서 우리의 사역에 더욱 심각하게 영향을 줄 변화를 전망하고 있습니다. 그럼에도 불구하고 지금은 수확의 계절이며 주님이 한국 사람들을 통해—이 나라를 통해서가 아니더라도—어떤 위대한 성과를 의도하고 계신 것처럼 보입니다. 아마도 우리 사역의 가장 두드러진 특징이자 성장과 영속성 면에서 가장 큰 요인 중 하나인 우리의 사경회 체계 역시 그 상황을 측정하는 기준입니다. 보고서는 시골 사경회가 크게 성장했음을 보여줍니다. 스왈른 목사는 서부 시찰에서 개최한 거의 300명 규모의 사경회를 보고했고, 쿤즈 목사는 재령의 새 선교지부에서 가진 첫 사경회에서 500명 이상이 출석했다고 보고했으며, 블레어 목사와 저는 새로운 시골 교회에서 150명이 출석하는 사경회를 열었습니다. 이런 지방 사경회가 더 큰 비중을 차지하고 우리가 그들을 가르치기 위해 더 많이 준비하면서, 보다 먼 지방에서 오던 사람 가운데 실로 많은 수가 평양 사경회에 더 이상 참석하지 않고 있습니다. 지금은 선천과 재령 선교지부 지역에서 오는 자가 실제로 아무도 없습니다. 그럼에도 불구하고 평양 사경회 참석자는 계속 증가하고 있어서 올해 다시 700명가량 등록했습니다. 이것은 사역이 꾸준히 성장하고 있음을 보여줍니다. 저는 보고서에서 다음과 같은 흥미로운 사실을 발췌했습니다.

번하이젤 목사는 두 달간 700마일을 여행하면서 37개의 미조직교회를 방문하고 보고했습니다. 그는 48명에게 세례를 주었고, 174명의 학습교인을 받았습니다. 그의 교회들은 한 명의 조사가 사역할 수 있는 충분한 연보를 다시 함으로써 그 시찰에는 조사가 4명이 되었습니다. 베어드 부인은 사

Dr. Baird reports taking up the assignment of several groups in localities near to Pyeng Yang which he can visit on Sabbaths. He also reports the temporary disarrangement of the affairs of the Academy owing to the intense excitement over the political situation incident to Japan's assumption of power over Korea. Twelve students without permission and against advice, went to Seoul to die for their country. The whole body of students was in danger of being carried away but strong efforts were put forth and Christian motives appealed to until the victory was gained and normal conditions restored. None of the twelve died though some were imprisoned. All are now repentant but are suspended for the year. Under temporary arrangements for union with the Methodists Mr. Becker has been teaching in the Academy.

Mr. Blair reports dissatisfaction in a new group because of his refusal to receive an opium eater as a catechumen, and his refusal to recognize a young people's society organized by political agents from Seoul. As 70 people still continue faithful attendance on services the dissatisfaction bids fair to settle itself and leave a good solid group. A new congregation of over 100 people has been set aside from Central Church Pyeng Yang and under Mr. Blair's charge has begun its independent life as a third church with fine prospects for growth. Mr. Blair also reports the opening of the Men's Association building on New Year's day–this being a sort of evangelistic headquarters for all our city churches, with book store, library, reading room, class rooms, etc.–a work shop for Christian activity. The opening was attended by the Japanese and Korean officials, the Japanese Consul making an address and contributing twenty yen, with the promise of some books for the library.

Mrs. Blair has been so busy with teaching in Academy Girls' School, Women's Training Class and South Gate Church Bible Classes that she has over worked herself to the point of being seriously ill for awhile with diphtheria. She is now well again and off to the country with Mr. and Mrs. McCune for a week's class in a country church.

람들의 가정생활에 영향을 주기 위해 단편 소설들을 번역하고 있습니다.[1]

베어드 박사는 안식일에 방문할 수 있는 평양 인근의 여러 미조직교회를 맡아서 돌봤다고 보고했습니다. 또한 그는 일본이 한국의 권력을 장악하면서 야기된 정치적 상황으로 인해 강렬한 소요가 발생해 숭실중학교의 업무가 일시적으로 불안정하다고 보고했습니다. 12명의 학생이 충고를 거부하고 조국을 지키다가 죽겠다며 허가 없이 서울로 갔습니다. 모든 학생이 휩쓸릴 위험에 처해 있었지만, 많은 노력을 기울여 승리를 얻고 정상적인 상황으로 회복되기까지 기독교적인 동기에 호소했습니다. 몇 명이 투옥되기는 했지만 12명 중 아무도 죽지 않았습니다.[2] 지금은 모두가 뉘우치고 있지만 1년 동안 정학으로 처리되었습니다. 감리교인들과의 연합을 위한 일시적인 조치로 베커 목사가 중학교에서 가르쳤습니다.[3]

블레어 목사는 새 미조직교회 안에 있었던 불만에 대해 보고했습니다. 그가 아편쟁이를 학습교인으로 받아들이는 것을 거부하고, 또 서울의 정치운동가들이 조직한 청년 단체의 인정을 거부했기 때문입니다. 70명이 여전히 예배에 충실하게 출석하고 있고, 불만은 저절로 사라지고 훌륭하고 견실한 교회만 남았습니다. 100명 이상의 새로운 회중이 평양 장대현교회로부터 분리되었고, 블레어 목사의 인도하에 성장할 밝은 전망을 보이면서 제3교회[창동교회]로서 독립적인 삶을 시작했습니다.[4] 또한 블레어 목사는 새해 첫날에 남자 청년회 건물을 개관했다고 보고했는데, 이는 우리의 모든 도시 교회를 위한 일종의 전도 본부로서 서점, 도서관, 독서실, 교실 등을 갖춘 기독

---

1 베어드 부인은 『쟝자로인론』(1906), 『고영규전』(1909), 『부부의 모본』(1911)을 번역 출판했다.

2 이는 1905년 11월 을사조약 반대를 위한 가두시위로, 평양의 숭실중학교 학생들은 을사조약이 체결되자 한동안 수업을 전폐하고 을사조약 반대 시위에 나섰다. 금영서(金永瑞) 등 시위에 적극적인 학생 12명은 서울로 올라와서 상동청년회와 연계하여 200여 명이 대한문 앞에서 3일 동안 을사조약 취소 투쟁을 벌였다(William M. Baird, "Pyeng Yang Academy," *Korea Mission Field* [October 1966]: 221).

3 1901년 브라운 총무의 지시 이후 선교사들은 정치 불간섭을 정책으로 유지해왔다. 따라서 이때 개신교 선교사들의 교육 때문에 기독교 학교가 항일 구국 운동의 온상이 되었다는 서술은 옳지 않다. 선교사들의 제지에도 불구하고 1905년 국가적 위기 앞에 기독교인 학생들이 항일 운동에 참여했다.

4 널다리(板洞)에서 시작된 장대현교회(1893년)와 중성리의 남문밖교회(1903년)에 이어 1905년 창동(倉洞)교회가 독립했고, 1906년에 제4장로교회인 산정현교회가 설립되었다.

Miss Kirkwood reports two interesting country classes with the women and school work in the city. The work these ladies do in country classes is so valuable that each class but emphasizes anew our need of another single woman for more of such work, school work now demanding more and more of the time of the ladies we now have.

Mr. Koons' report for his work since Annual Meeting shows clearly how soon a new missionary here finds himself a great factor in this large work just waiting with its many opportunities for some one to take hold of it. He has been here but two years yet is in full charge of an immense work in the new station at Chai Ryeng. Fitting up temporary quarters and a dispensary at Chai Ryeng–help in Normal Class at Sorai–marriage in Seoul–settled in house-keeping at Pyeng Yang–a country trip over his territory covering 280 miles–another visit to Chai Ryeng–more itinerating–a Leaders' meeting at which funds for an additional Helper were raised–more work at Chai Ryeng–a class with Mr. Swallen at Anak taking full work therein–more itinerating until tired out, necessitating a four days' rest at home, brought him up to Dec. 1st. Another trip to Chai Ryeng was for preparations for their first class which proved a great success under Mr. Koons' excellent management. This class will prove to be a great factor in the Chai Ryeng Work as its effects will be felt for years to come there having been 110 professed conversions as a result of the class and the evangelistic services conducted in connection with it. After the class Mr. Koons came to Pyeng Yang and took part in the Winter class here. He has now returned with Mrs. Koons, whom we most cordially welcome among us, to Chai Ryeng, looking after the growing work there. His fine progress in the language, his zeal, the emergencies of the work and the abundant opportunities have made him an example of what awaits such a man who will give himself to this work in Korea. We urgently need some more such men for equally urgent and promising fields. He reports 80 adults baptized and 149 catechumens received.

교 활동 작업장입니다. 개관식에는 일본인과 한국인 관리들이 참석했고 일본인 영사가 연설을 했는데 도서관에 약간의 책을 기증하기로 약속하면서 20엔을 기부했습니다.

블레어 부인은 여자 중학교와 여성 사경회와 남문교회 성경공부반을 가르치느라 너무 바빠서 한동안 디프테리아를 심하게 앓을 정도로 과로했습니다. 지금은 다시 건강해졌으며 지방 교회에서 일주일간 사경회를 하기 위해 맥큔 목사 부부와 함께 시골로 떠났습니다.

커크우드 양은 여성을 위한 두 개의 흥미로운 지방 사경회와 도시의 학교 사역에 대해 보고했습니다. 이 여성 선교사들이 지방 사경회에서 하고 있는 사역은 큰 가치가 있습니다. 학교 사역이 지금 우리가 보유하고 있는 여성 선교사들의 시간을 점점 더 많이 요구하는 상황에서, 이 여성 선교사들의 사경회 인도는 그런 사역을 보다 많이 수행하기 위해서는 또 다른 한 명의 독신 여성 선교사가 필요함을 새삼 강조하고 있습니다.

연례 회의 이후 사역에 대한 쿤즈 목사의 보고서를 보면, 누군가가 많은 기회를 붙잡기를 기다리는 것이 이 사역이며, 새 선교사가 얼마나 빨리 이 사역을 거대하게 하는 요소인지를 알 수 있습니다. 그는 이곳에 온 지 2년밖에 되지 않았지만, 재령(載嶺)에 있는 새 선교지부의 거대한 사역을 전적으로 책임지고 있습니다. 그는 재령에 임시 숙소와 진료소를 갖추고, 소래에서 교사 사경회에 도움을 주었습니다. 서울에서 결혼한 후 평양에 정착하여 280마일에 달하는 시찰로 순회 여행을 하고, 재령을 다시 방문하고, 또 순회 여행을 하고, 영수 회의에서 조사 한 명을 추가하기 위한 기금을 마련하고, 재령에서 또 사역을 하고, 안악(安岳)에서 그곳의 전체 사역을 맡고 있는 스왈른 목사와 사경회를 인도했습니다. 그는 지칠 때까지 더 많은 순회 여행을 한 후 휴식이 필요해 집으로 돌아와 나흘을 쉬니 12월 1일이 되었습니다. 그는 재령으로 또다시 순회 여행을 갔는데 첫 번째 사경회를 준비하기 위해서였고, 사경회는 쿤즈 목사의 훌륭한 관리하에 큰 성공을 거두었습니다. 이 사경회는 재령에서 했던 사역 가운데 가장 큰 규모로 판명났고 그 효과를 앞으로 몇 년 동안 느끼게 될 것입니다. 사경회 결과 110명이 회심했고, 그와 관

It was my privilege to help in the Chai Ryeng class and to talk over with Mr. Sharp, Dr. Whiting and Mr. Koons on the ground the plan for the work of the new Station. I particularly enjoyed a share in the ordination of Mr. Han Chi Soon as Elder in the Sin An Po church, he having been one of the first catechumens I received here in Pyeng Yang in 1893 before the Japan-China war and the man who did most to spread the Gospel in the territory which now becomes the Chai Ryeng Station.

In my own narrative I report 39 baptisms and 49 catechumens received in my country groups with steady growth in all—one new group set apart with 60 in attendance and the beginning of two more in other villages. In one group endowment for a school has been raised, in another the wife and children of the chief secretary of the Governor of the Province have been received as catechumens. In the city a pleasing feature of the Christmas entertainment, adopted at the suggestion of Mr. McCune, was the contribution of rice and millet by the children—each child bringing a handful or more until four big boxes were filled amounting to about fifty-yen worth, which was distributed to the poor. What an influence such things have in the right development of the coming generation!

Dr. Whiting reports most of the three months spent in the country at Chai Ryeng, Hai Ju and Anak, treating 714 cases, making 20 calls, teaching in Anak and Chai Ryeng classes (in which we are using to great advantage his special skill as a crayon artist), and baptizing five men, the first baptisms in his ministerial experience. Mrs. Whiting accompanied the Doctor to Chai Ryeng teaching among the women.

Miss Snook and Miss Best have given their time to the school and city work.

Mr. Lee has been in South Korea assisting the Southern Presbyterians in class work. The others in the Station make no special report this month.

With the Korean New Year, Jan. 25th., we began our city classes

련해서 전도 집회가 열렸습니다. 사경회 후에 쿤즈 목사는 이곳 평양으로 와서 겨울 사경회에 참여했으며, 우리는 그와 그의 아내를 진심으로 환영했습니다. 그들은 지금 재령으로 돌아가서 성장하고 있는 그곳 사역을 관리하고 있습니다. 그는 한국어 실력이 훌륭하게 향상되고 있으며 열정이 넘칩니다. 한국에는 사역의 긴급성뿐 아니라 풍성한 기회가 있으며, 그는 사역에 헌신할 사람을 기다리는 한국의 상황을 잘 보여주는 예라고 할 수 있습니다. 우리는 동일하게 긴급하고 유망한 사역지들을 위해 그런 사람들이 조금 더 많이 시급하게 필요합니다. 그는 80명의 어른에게 세례를 주고, 149명의 학습교인을 등록했다고 보고했습니다.

재령의 사경회를 도우면서 샤프 목사, 화이팅 의사, 쿤즈 목사와 현장에서 새 선교지부의 사역 계획을 놓고 이야기를 나눈 것은 제게 특권이었습니다. 저는 신안포교회에서 거행된 한치순 씨의 장로 안수식의 한 부분을 담당한 일이 특히 좋았는데, 그는 청일전쟁 전인 1893년에 이곳 평양에서 등록한 첫 학습교인 가운데 한 명이자 지금 재령 선교지부가 된 구역에서 복음 전파를 위해 가장 많은 일을 한 사람입니다.

제가 한 일에 대한 보고입니다. 모든 면에서 꾸준히 성장한 시골 미조직교회에서 39명에게 세례를 주고, 49명의 학습교인을 받아들였습니다. 분리된 새로운 미조직교회에는 60명이 출석하고 있으며, 다른 마을들에서 두 개의 교회가 더 시작될 것입니다. 한 미조직교회에서는 학교를 세울 기부금을 조성했고, 또 다른 교회에서는 도지사의 수석 비서관의 아내와 자녀들이 학습교인으로 등록했습니다. 그 도시에서 맥큔 목사의 제안에 따라 채택된 성탄절 오락의 즐거운 특징 중 하나는 어린이들이 쌀과 수수를 연보하는 것이었습니다. 아이들 각자가 한 줌이나 그 이상을 가져왔는데, 네 개의 큰 상자를 가득 채워서 약 50엔 정도가 되었으며, 가난한 자를 위해 나누어주었습니다. 다음 세대의 바른 성장을 위해 그런 일이 얼마나 큰 영향을 미치겠습니까!

화이팅 의사는 재령, 해주, 안악에서 보낸 거의 3개월 동안의 활동을 보고했는데, 그는 진료 714건과 왕진 20회를 기록했으며, 안악과 재령에서 (우리가 대단히 유익하게 활용하고 있는 크레용 화가로서의 그의 특별한 기술을 사용하여)

for men and for women with over 200 in attendance upon each, and in connection therewith have planned an evangelistic campaign for the whole city. We have just set aside still another congregation for a fourth church under Mr. Bernheisel and in the four Presbyterian and two M. E. [Methodist Episcopal] churches in the city, meetings are held every night. The mornings are spent in Bible study, the afternoons in short prayer meetings preparatory to daily canvass of the whole city with tracts and invitations, and the nights in evangelistic meetings with remarkable testimonies from the Christians. Within five days there have been some 700 men and women who have given in their names as having decided to become Christians, and we bid fair to surpass the remarkable record of last year. What a wonderful work of grace God has wrought in Pyeng Yang, the wickedest city of Korea, in these twelve years. Twelve years ago this month I baptized the first converts–today there are four Presbyterian and two M. E. churches in the city with an attendance last Sabbath of about 2,500 people on church services and a Christian constituency in the city of some 5,000 people. Our schools are over-crowded, our Academy is over-crowded, our churches are over-crowded and the amount of work which comes upon us is at times appalling. Truly it is time for us to make stronger pleas to the church to supply this work with what is needed in the way of equipment of men and buildings, and to supply us with the relatively small sums which we ask for carrying on this work. I know I am too late with this plea to reach you before the appropriations are made this year, but I want to say this, that if the appropriations this year do not fairly meet our needs, I think the conditions are such that the Board ought to make a special plea for special gifts for Korea to meet the present wonderful opportunity. When I reach home I hope to have a chance to present to you personally the situation with reference to our need for the Theological and Training Class building.

We are now in position to do what I have long hoped we might do,

사경회 수업을 가르쳤고, 그의 목회 경험에서 첫 번째 세례식에서 5명에게 세례를 주었습니다. 화이팅 부인은 의사와 함께 재령까지 동행해서 여성들을 가르쳤습니다.

스누크 양과 베스트 양은 학교와 도시 사역을 위해 그들의 시간을 헌신했습니다.

리 목사는 한국 남쪽 지역에 있으면서 남장로회의 사경회를 도왔습니다. 선교지부에 있는 다른 선교사들은 이번 달에 특별 보고서를 제출하지 않았습니다.

한국의 설날인 1월 25일에 우리는 각각 200명 이상이 출석한 남성과 여성을 위한 도 사경회를 시작했으며, 그와 관련해서 도시 전체를 위한 전도대회를 계획했습니다. 우리는 번하이젤 목사가 관리하는 네 번째 교회를 막 분리했습니다.[5] 이로써 평양 시내에는 4개의 장로교회와 2개의 북감리회 교회가 있고, 이 여섯 곳에서 매일 밤 집회가 열리고 있습니다. 아침에는 성경공부를 하고, 오후에는 짧은 기도회 후에 소책자와 초청장을 가지고 도시 전체에 매일 전도하러 나가며, 밤에는 기독교인들이 놀라운 간증을 하는 전도집회가 열립니다. 5일 동안 기독교인이 되기로 결심하고 이름을 제출한 700명의 남녀가 있었는데, 작년의 놀랄 만한 기록을 갱신할 것이라고 장담합니다. 이 12년 동안 한국의 가장 사악한 도시인 평양에서 하나님이 얼마나 경이로운 은혜의 사역을 펼치셨는지요! 12년 전 이맘때 저는 첫 개종자들에게 세례를 주었습니다. 지금은 도시에 4개의 장로교회와 2개의 감리교회가 있는데, 지난 주일에 약 2,500명이 교회 예배에 출석했고, 도시에는 5,000명 정도의 기독교인 인구가 있습니다. 우리의 초등학교는 학생이 넘쳐나고, 중학교도 넘쳐나며, 교회도 넘쳐나서, 우리에게 다가오는 사역의 양은 때때로 무서울 정도입니다. 지금은 우리가 본국 교회에 더욱 강력하게 진심으로 다음 사항을 간청할 때입니다. 곧 인원과 건물을 갖추도록 필요한 것을 이 사역에 제공해주시고, 이 사역을 계속하기 위해 우리가 요구한 비교적 적은 금

---

5 산정현교회다.

send out from Pyeng Yang men equipped to help in other parts of Korea. This year our men go forth to assist in the work of Fusan Station, of Seoul Station and in Kang Kei, An Ju and elsewhere, and our Mission committee sends a missionary to the South in Choong Chung Province where our new Station at Chong Ju is being opened. The results in Chong Ju and Chai Ryeng show the wisdom of our move into those places. It is greatly to be hoped that permanent homes for the members of these Stations will be speedily provided that they may be permanently settled where they are so greatly needed and where their time and energy will count for so much more.

On two questions which came up in Annual Meeting I desire to make brief comments. I have been reluctant to write anything on the Union movement for I do not wish to even seem to oppose the greatest cooperation and comity and the closest relations for conserving time, energy and all Mission resources in the conquest of this land for Christ. Nevertheless the enthusiastic wave of union sentiment had, I think, been unwisely handled and the determination to press for organic union which so strongly controls many, threatens sacrifices which I fear may mean a loss of spiritual power, and greater conflict and friction than if the two churches, in cooperation and brotherly love, each according to its own convictions and policy carry on their work separately, yet without conflict, rivalry or jealousy, which the spirit of union, if first attained, should secure.

I sincerely hope Dr. Vinton's mission home may be successful and that we can unite in the publishing work, for otherwise I see little hope of providing Korea with its needed evangelical literature. In the Educational Union there is need for great caution and I confess to a fear lest the union institutions depart so largely from Presbyterian standards and teaching that we fail to build up the character of men most needed for the real evangelization of Korea. However, the advantages are so numerous that I hope for union, or at least large cooperation in Academic

액을 우리에게 제공해주십시오. 올해 예산이 책정되기 전에 이 청원서가 귀하께 도달하기에는 너무 늦었다는 사실을 알고 있지만, 저는 다음과 같이 말하고 싶습니다. 올해 예산이 우리의 요구를 충분히 만족시키지 않는다면, 저는 현재의 놀라운 기회에 대응할 수 있도록 선교부가 한국에 특별 자금을 보내는 것을 특별히 요청해야 하는 상황이라고 생각합니다. 제가 본국에 도착하면 신학교와 사경회를 열 건물에 대한 우리의 요구와 관련된 상황을 개인적으로 귀하께 제시할 기회를 갖고 싶습니다.

우리는 지금 제가 오랫동안 하려고 희망했던 일, 즉 평양에서 한국의 다른 지역으로 도와줄 인력을 파송하는 것을 할 수 있는 위치에 있습니다. 올해 우리 인력은 부산 선교지부, 서울 선교지부, 그리고 강계, 안주와 다른 지역의 사역을 지원하기 위해 갔고, 우리 선교 위원회는 충청도 남부 지역에 한 명의 선교사를 파송했으며, 청주에서 우리의 새로운 선교지부를 개설하고 있습니다. 청주와 재령의 결과는 그 장소에 우리가 지혜롭게 들어간 방식을 보여줍니다. 이 선교지부의 구성원들을 위한 영구적인 거처가 빨리 제공되어서, 그들을 필요로 하고 또 훨씬 더 많은 것을 위해 그들의 시간과 에너지가 중요하게 사용될 장소에 그들이 영구적으로 정착할 수 있기를 간절히 바랍니다.

저는 연례 회의에서 나온 두 가지 질문에 대해 간단히 논평하고 싶습니다. 저는 연합 운동에 대해 쓰기를 주저해왔습니다. 왜냐하면 저는 그리스도를 위해 이 땅을 정복하는 데 있어서 시간, 에너지, 선교회의 모든 자원을 보존하기 위한 가장 거대한 협력과 영토 분할과 가장 밀접한 관계에 대해 반대하는 것처럼 보이고 싶지 않기 때문입니다. 그럼에도 불구하고 제 생각에 연합 정서의 열정적인 파도는 지혜롭게 다뤄지지 못했고, 많은 사람을 강력하게 통제하고 유기적 연합을 밀어붙이려는 결정은 제가 염려하는 희생을 강요하여 영적인 힘의 상실과 더 큰 갈등과 분열을 의미하는 조짐을 보일지도 모릅니다. 그러나 만일 연합의 정신을 확보할 경우 두 교회가 협력과 형제애로 각자 그 확신과 정책에 따라 충돌, 경쟁의식, 시기 없이 자신의 사역을 진행할 수 있을 것입니다.

and Collegiate work.

One word with reference to the "Fusan Problem." The members of Fusan Station need our sympathy and prayers and help, not our criticism and blame and censure. They are the victims of a situation which is not remedied by attempts to locate blame here or there. I understand Dr. Irvin has said he will resign. If so, I trust the Board will accept the resignation without again referring the question to the Mission. The attempt to move Mr. Sidebotham from Fusan justly failed, for justice to the interests of the Korean church and the evangelization of Korea will keep Mr. Sidebotham there where he is doing a great work. At Mission request we sent one of our best men in Pyeng Yang, Elder Choo, to assist Fusan Station. Frequent letters from him and Mr. Sidebotham show how greatly the Lord is blessing them and how greatly each is pleased with the zeal and consecration and methods of the other.

I expect to leave on furlough June 1st, staying here until most of the work of the Theological class is over. We bid fair to have 50 Theological students this year taking first, second and fourth year studies. On my way home I expect to stop over for two weeks in Hawaii to look after our many Christians who have gone there. Conditions were such that our people there have refused to unite with the Methodists, organizing separately and have written pleading with us to care for them. Some have gone to the Church of England Mission. Knowing the character of some of the men who were placed over them as teachers, I do not wonder that they refused to unite. You wrote that our Board would not undertake work in Hawaii but if investigation shows that our people there will not unite with the Methodists what shall I do for them? Shall I ask the Congregationalists to look after them? There are many fine Christian men among them who will later go on to America and then return to Korea some years after.

I regret that I have not written long ago concerning various other matters of interest but I shall hope to write again soon.

저는 빈턴 의사의 미션 홈이 성공하고, 우리가 출판 사역에서 연합할 수 있기를 진심으로 바랍니다. 왜냐하면 그렇지 않으면 저는 한국에 필요한 전도 문서를 공급하는 일은 거의 희망이 없다고 생각하기 때문입니다. 교육 연합은 대단히 주의해야 할 필요가 있습니다. 저는 연합 기관들이 장로회 기준과 가르침에서 너무 많이 벗어나 한국의 진정한 복음화를 위해 가장 필요한 사람들의 성품을 세우는 일에 실패할 수도 있다는 두려움을 고백합니다. 그러나 장점이 셀 수 없이 많아서 저는 연합이나 적어도 중학교와 대학 사역에서의 대규모 협력을 희망합니다.[6]

"부산 문제"와 관련해서 한마디 하겠습니다. 부산 선교지부의 구성원들은 우리의 비판과 비난과 불신임이 아니라 공감과 기도와 도움을 필요로 하고 있습니다. 그들은 잘못을 이곳저곳으로 돌리려는 시도로는 해결되지 않는 상황의 희생자들입니다. 저는 어빈 의사가 사임하겠다고 말한 것으로 이해합니다. 그렇다면 저는 선교부가 그 문제를 다시 선교회에 회부하지 않고 그의 사임을 수용하리라고 믿습니다. 부산에서 사이드보텀 목사를 이동시키려는 시도는 실패했습니다. 왜냐하면 한국 교회와 한국 복음화의 관심을 제대로 다룰 경우, 사이드보텀 목사가 훌륭하게 사역하고 있는 그곳에 계속 있도록 할 것이기 때문입니다. 선교회의 요청으로 우리는 평양에서 가장 훌륭한 인력 가운데 한 명인 주공삼 장로를 부산 선교지부를 돕기 위해 파송했습니다. 그와 사이드보텀 목사가 자주 보내는 편지는 주께서 얼마나 크게 그들을 축복하고 계시며, 이 두 사람이 서로의 열정과 헌신과 방식에 대해 얼마나 기뻐하고 있는지를 보여줍니다.

저는 6월 1일에 휴가를 떠나므로 대부분의 신학교 사역이 끝날 때까지 여기에 머물 예정입니다. 우리는 올해 1년 차, 2년 차, 그리고 4년 차 공부를 하는 50명의 신학생이 있을 듯합니다. 고향으로 가는 길에 저는 하와이에 2주간 들러서 그곳으로 간 우리의 많은 기독교인들을 돌볼 예정입니다. 그곳

---

6 마포삼열은 감리회와의 유기적 연합에 따르는 위험과 희생이 클 것을 예상하고, 상호 진정한 연합 정신을 가지고 문서, 교육, 의료 사업 등에서 협력하는 형태가 더 바람직하다고 보았다. 결국 그의 이런 현실론적 접근이 실현되었다.

Thanking you for your letters full of sympathetic interest, and with most cordial greetings,

Sincerely yours,

Samuel A. Moffett

에 있는 우리의 장로교인들이 감리교인들과의 연합을 거부하고 별도로 조직한 후 우리에게 자신들을 보살펴달라고 간청하는 편지를 보낸 상황입니다. 일부 사람들은 영국 선교회의 교회로 갔습니다. 교사로서 그들을 지도하는 몇몇 사람의 성품을 제가 알기 때문에 그들이 연합하기를 거부하는 것이 놀랍지 않습니다. 귀하께서는 선교부가 하와이 사역에 착수하지 않을 것이라고 쓰셨지만, 그곳에 있는 우리 교인들이 감리교인들과 연합하지 않을 것이라는 사실을 조사를 통해 확인한다면 저는 그들을 위해 무엇을 해야겠습니까? 제가 회중교회에 그들을 보살펴달라고 부탁할까요? 나중에 미국으로 갔다가 몇 년 후에 한국으로 귀국할 사람들 가운데에는 훌륭한 기독교인들이 많이 있습니다.

다양한 다른 관심사와 관련하여 오래전에 편지를 쓰지 못해 안타깝지만 곧 다시 쓸 수 있기를 바랍니다.

공감 어린 관심으로 가득한 귀하의 편지에 감사드리며,

마포삼열 올림

Samuel A. Moffett

Pyeng Yang, Korea

February 22, 1906

Dear Father Fish:

Each year seems to find me more busy than the previous one and letter writing does not get a chance to occupy much of my time. However, since baby's birthday is so near at hand I want to send another letter to "Grandpa" and tell him once again of what a happy household we are and of how beautifully all things are working together for our good. Alice and Jamie are just as well as can be and as happy, as well. The little youngster has made our lives brimful of sunshine and we are as eager as can be to share him and his joyous little life with you. He now says "gum-ba" every morning as he carries your photograph over to Mama to show to her. It is always a time for our frolic as he kicks and squeals with delight in my arms. I do not think "gum ba" will be a stranger to him when he sees you for the first time and I believe we are as impatient as you are for that time to arrive. He is so well and strong and getting along so nicely in every way that we are just as thankful as we know how to be.

We plan to leave here as early in June as is necessary in order to catch the first steamer after that date so that before the 1st of July I think you can count on seeing the little fellow and his Mother, who looks forward to placing him in your arms as the supreme moment in her life.

Only a keen sense of a higher duty makes me shut myself out of the joy of the first meeting but it looks now as though it will be my duty to stop in Honolulu for two weeks to look after our many Korean Christians who have settled in Hawaii. If present plans carry out so that Alice has a nurse and the help of Harriette Whiting and Miss Straeffer between Honolulu and San Francisco I shall expect to stop over, but unless some such plans are realized I shall of course go right on with her and baby.

마포삼열

한국, 평양

1906년 2월 22일

장인어른께,

저는 매년 전년도보다 바빠지는 것 같고 편지 쓸 시간을 많이 할애할 수 없습니다. 그렇지만 아기의 생일이 다가오니 "할아버지"께 새 편지를 보내서 다시 한번 저희가 얼마나 행복한 가정을 이루고 있는지, 또 저희에게 모든 일이 얼마나 아름답게 진행되고 있는지 말씀드리고 싶습니다. 앨리스와 제이미는 최상의 건강을 유지하고 있고 행복합니다. 작은 아이가 저희의 삶을 햇살로 가득하게 했습니다. 우리는 장인어른께 그와 그의 즐겁고 작은 삶에 대해 나누고 싶은 마음이 간절합니다. 그는 이제 매일 아침 장인어른 사진을 엄마에게 보여주기 위해 가지고 가면서 "검-바"라고 말합니다. 아기가 제 팔에 안겨 기쁨에 넘쳐 발로 차고 소리를 지를 때가 언제나 우리의 놀이 시간입니다. 저는 아기가 장인어른을 처음 만날 때 낯설지 않으리라 생각합니다. 그 시간이 올 때까지 저희도 장인어른만큼 조바심이 납니다. 아기가 건강하고 튼튼하며 모든 면에서 잘 지내고 있어서 저희는 알고 있는 방법을 최대한으로 동원해서 감사하고 있습니다.

저희는 6월 초 첫 번째 기선을 타고 이곳을 떠나려고 합니다. 그러니 저는 7월 1일 이전에 아버지의 팔에 이 작은 녀석을 안겨드리는 것을 인생 최고의 순간으로 고대하고 있는 따님을 장인어른께서 만나실 수 있으리라 생각합니다.

더 높은 의무에 대한 예민한 지각이 첫 번째 만남의 기쁨을 유일하게 가로막고 있지만, 지금으로서는 하와이에 정착한 많은 한국 기독교인을 돌보기 위해 2주 동안 호놀룰루에 머무는 일이 제 의무일 것 같습니다. 현재의 계획이 그대로 진행되어서, 앨리스가 유모와 함께 가고 호놀룰루와 샌프란시스코 구간에서 해리어트 화이팅과 스트래퍼 양의 도움을 받는다면, 저는 하와이에 잠시 머무를 예정이지만, 만일 그 계획이 실현되지 않으면, 저는 물론

We have written to Leo and it may be that he too will be with us.

Plans for our time in America will be left indefinite to a large extent until after we have been at home for awhile but we now rather expect to count on Sept. & Oct. for Madison. We shall plan for Alice and Jamie to spend most of the time with you but just how much time I shall want to give to the East I do not know as that will depend somewhat upon whether I carry out a long cherished desire of spending a short time in study under Dr. Warfield at Princeton Seminary.

I am hoping that your suggestion that Mother Moffett come to California for a little while may be carried out next year after I have had a chance to see how she is and to talk over matters with her. My brother Howard writes that he wants to go to Seattle for a few days this year and I am hoping he may come west just before we go east—run down to San Rafael and join us for the Eastward journey. Word from him also tells of the arrival in his home of another little girl, so Jamie will find another cousin at home.

Alice, I know, keeps you posted about things out here and has told you of the great blessing in our work which has been granted us again this year. [There have been] 1,200 professed conversions in our now 4 Presbyterian churches in Pyeng Yang with large ingatherings in the country churches also. Truly we have our hands full of work, which fills our hearts full of thanksgiving. I have wanted to write you of our Men's Association Building—since its most happy inauguration on the 1st of January. Thanks to you and Mother Moffett and Howard we now have what I have been planning for the last 8 years, and what bids fair to be a great factor in the religious life of the city. I hope to send you later on, a photograph of the building—which for Pyeng Yang is a really first-class building. It is two stories, the upper being all one large room 40 x 18 feet—which is library, reading room, lecture room and Bible class & prayer meeting room all in one. The lower floor comprises the book room, a hallway, a private room for officers or committee meetings or

그녀와 아기와 함께 바로 샌라파엘로 갈 예정입니다. 저희는 [홍콩에 있는] 레오에게 편지를 썼고, 그도 저희와 함께 갈 것 같습니다.

미국에서 보내는 저희 시간에 대한 계획은 저희가 집에 얼마간 머문 후에는 대부분 미정으로 남겨놓을 예정입니다. 우리는 지금 9월과 10월에 매디슨으로 갈 것으로 예상하고 있습니다. 저희는 앨리스와 제이미가 대부분의 시간을 장인어른과 같이 보내는 것으로 계획하겠지만, 제가 동부에서 얼마나 많은 시간을 보낼지는 잘 모르겠습니다. 왜냐하면 그것은 오랫동안 지녀 온 소망, 즉 프린스턴 신학교에서 워필드 박사의 지도를 받으며 짧은 기간 동안 공부를 하려던 계획을 제가 실행에 옮길지 여부에 어느 정도 달려 있기 때문입니다.

제 어머니께서 한동안 캘리포니아에 계시도록 하자는 장인어른의 제안은 제가 어머니가 어떠신지 보고 어머니와 이야기할 기회를 가진 이후인 내년에 실행했으면 좋겠습니다. 형 하워드는 올해 며칠 동안 시애틀에 가고 싶다고 편지에 썼으므로, 저는 제가 동부로 가기 전에 그가 서부 샌라파엘로 내려와서 동부로 가는 여행에 저희와 동행하기를 바랍니다. 또한 그는 딸아이가 한 명 더 그의 가정에 태어날 것이라고 말했으니, 제이미는 집에서 또 다른 사촌을 만나게 될 것입니다.

저는 앨리스가 이곳의 일에 대해 아버님께 계속 알려드리고 있고 올해 다시 저희에게 내린 큰 축복에 대해 말씀드린 것으로 알고 있습니다. 지방 교회의 큰 집회와 아울러 지금은 4개가 된 평양의 장로교회에서 1,200명이 회심을 고백했습니다. 저희의 마음을 감사로 가득 차게 하는 사역으로 인해 저희는 정말로 바쁩니다. 1월 1일에 열린 행복했던 건물 준공식 이후 우리 남성 기독교청년회 건물에 대해 편지로 알려드리고 싶었습니다. 장인어른과 제 어머니와 형 하워드 덕분에 제가 지난 8년간 계획해왔고 도시의 기독교 생활에서 중요한 역할을 할 건물을 이제 가지게 되었습니다. 평양에서 최고라고 할 수 있는 그 건물의 사진은 나중에 보내드리겠습니다. 그것은 이층 건물로 위층은 전체가 40x18자로 된 하나의 큰 방인데 도서관, 독서실, 강의실과 성경 수업과 기도회를 위한 방이 하나에 다 들어가 있습니다. 아래층은

for examinations of candidates for baptism or the catechumenate, and two small store rooms or shops which are rented, the income going to provide janitor & fuel, etc. for the building. In the rear of the lot is a ware room and an improvised bath room which will serve its purpose until sometime in the future we build bathrooms & gymnasium in connection with the plant.

We had a great day the 1st of January–about 1,000 men being entertained and given a sight of the building with explanations of its purpose, etc. They were taken through about 50 at a time in groups of ten, each under an usher–were given an exhibition on the gramophone and regaled with cake and tea. The Japanese Consul, the representative of the Japanese Lieutenant General, and the Korean Governor, Magistrate and Commissioner of Trade were all present. The Japanese Consul made a speech and presented us with 20 yen for the library. Everybody was pleased and the Association began its work under most favorable conditions.

I am thankful now that we were delayed the two years by the war–for our plans were much improved and we have a better building, better adapted to our work in every way than if we had built two years ago. During those years also, your money was turned over and over again, making itself useful in providing lumber for houses in Syen Chyen, land in Chai Ryeng, lumber in our "Den," for the Hospital, and for numerous other projects. It is now finally and permanently invested in this Association Building and Book Room and I am sure will bring in large returns every year in the way of increased efficiency in the work of the whole church. It is your investment in the Lord's work here and I am grateful for the privilege of being the one who had the disposal of the gift. As I often write my brother, Howard, I thoroughly enjoy acting as the agent for the investment of money in the Lord's work in Korea and I am quite sure the returns prove satisfactory.

I am now working out my schemes for placing the Book Room on

서점, 복도, 임원 회의 및 위원회 회의나 세례 신청자나 학습교인 후보자들의 문답을 할 수 있는 개인실, 그리고 월세를 준 두 개의 작은 상점으로 구성되어 있는데 그 수입은 건물의 수위를 고용하고 연료 등을 공급하는 데 사용될 것입니다. 부지 건물 뒤에는 창고가 있고, 이 건물과 연결된 화장실과 체육관을 지을 때까지 사용할 임시 화장실이 있습니다.

1월 1일은 엄청난 날이었습니다. 약 1,000명의 남성을 대접하고 건물의 목적 등을 설명하면서 건물을 보여주었습니다. 10명씩 한 조를 만들어서 각 조마다 안내자가 인도하면서 한 번에 약 50명씩 축음기 전시회로 안내했고 케이크와 차를 대접했습니다. 일본인 영사, 일본인 중장 대리인, 한국인 도지사, 시장, 상공회의소 소장이 참석했습니다. 일본 영사는 연설을 하고 도서관에 사용하도록 20엔을 기부했습니다. 모든 사람이 기뻐했으며 청년회는 가장 좋은 조건에서 일을 시작했습니다.

저는 지금 러일전쟁으로 인해 우리가 이 건물의 준공을 2년간 지체한 것을 감사합니다. 왜냐하면 2년 전에 건축했을 때의 상황보다 저희 계획이 많이 개선되었고 모든 면에서 저희의 사역에 더 적합한 좋은 건물을 가지게 되었기 때문입니다. 또한 장인어른께서 주신 돈은 그동안 계속 돌려서 선천의 주택, 재령의 대지, 저희 집의 서재용 목재, 병원, 그리고 많은 다른 계획을 위해 유용하게 사용했습니다. 그 돈은 지금 마지막이자 영구히 청년회 건물과 서점에 투자되었고, 저는 교회 전체의 사역을 더 효율적으로 만들면서 매년 큰 규모의 성과를 가져오리라고 확신합니다. 그것은 이곳에서 주님의 사역을 위한 장인어른의 투자입니다. 제가 그 선물을 사용할 수 있는 사람이 된 특권에 감사드립니다. 제가 형 하워드에게 자주 쓰는 말처럼 저는 한국에서 주님의 사역에 돈을 투자하는 일의 대행자 역할을 하는 것을 기뻐하며 만족스러운 보답이 있을 것을 확신합니다.

저는 지금 서점을 자급의 기반 위에 올려놓기 위한 계획을 세우고 있고 머지않아 그것을 달성할 수 있을 것으로 예상합니다. 앨리스가 보낸 약간의 돈은 임시로 여기에 투자되었습니다. 저는 그 돈을 다 사용하지 않고 진행 중인 다양한 계획의 자본금으로 사용하고 재사용할 것입니다.

a self-supporting basis and expect to accomplish it before very long. Some of the money Alice sent for is in this, temporarily. That, however, I do not expect to use up but use & re-use as capital in various plans in operation.

Alice has long ago written of the arrival of the silver spoon—wedding gift for Mr. & Mrs. Tate, which came safely by registered mail some time ago.

Tell Grandma that so far the only thing we have found in Jamie that reminds us of anyone is a resemblance to her at times when he smiles. Perhaps he will look like somebody after a while, but as yet he seems to be himself and no one else.

The regularity of your letters we thoroughly enjoy and each mail is sure to bring us a treat. I am glad Alice is so regular in her letters and wish I might be the same but with the amount of work which offers itself to us here I can hardly expect to see my wishes realized along that line. With every letter from Alice, know that all three of us send lots of love. We are longing to be with you and daily pray that you may be kept in health and strength and that we may have a joyous happy year together.

With love to Grandma and Grandpa

Your affectionate Son,
Samuel A. Moffett

앨리스가 오래전에 은수저가 도착했다고 썼지요. 테이트 부부를 위한 결혼 선물인데, 얼마 전 등기 우편으로 무사히 도착했습니다.

장모님께 이 사실을 말씀드려주세요. 이제까지 제이미가 저희로 하여금 누군가를 떠올리게 만든 유일한 경우는 그가 웃을 때 할머니를 닮았다는 것입니다. 아마도 얼마 지나면 그가 누구를 닮았는지 알 수 있겠지만 아직은 자신 외에는 아무도 닮지 않은 것 같습니다.

저희는 장인어른께서 규칙적으로 편지를 보내주셔서 무척 즐겁습니다. 매 편지가 저희에게 특별한 선물임이 분명합니다. 앨리스가 규칙적으로 편지를 써서 기쁩니다. 저도 똑같이 하고 싶지만 이곳에서 저희가 감당해야 할 일이 많아서, 그 소망을 이루는 것을 거의 기대할 수 없습니다. 앨리스가 보내는 모든 편지에 저희 셋 모두 많은 사랑을 담아 보내드린다는 것을 알아주세요. 두 분과 함께 지내기를 바라며, 늘 건강하시고 강녕하시기를, 그리고 우리가 함께 즐겁고 행복한 한 해를 보낼 수 있기를 매일 기도합니다.

할머니와 할아버지께 사랑을 담아,

당신의 사랑하는 사위,

마포삼열 올림

Samuel A. Moffett

San Rafael, California

August 1, 1906

Dear Dr. Brown:

We left Pyeng Yang the 1st of June and had a comfortable and pleasant journey all the way, and now we are thoroughly enjoying the beginning of our furlough with Mrs. Moffett's parents here in California. It was hard for me to realize that in only 16 years there had come such a marked change in the city of Pyeng Yang. When I entered it the first time 16 years ago this month there was not a Christian in the city. We now have a Christian constituency of some 5,000 people and of these more than a thousand walked three miles to the station to see us off. Our hearts were full as we saw the men and women, school boys and school girls all lined up singing Christian hymns in farewell and then when the 50 theological students came forward and through two of their number pinned on us silver medals as a token of their love for us we were indeed thankful that the Lord had given us the privilege of service in Korea.

I am eager to meet you to talk with you of our great opportunities and of the urgent need for our Educational Buildings—for the College and for the Theological School.

Just now however I want to write you concerning the Koreans in Hawaii and in America. Under the appointment of the Presbyterian Council in Korea I stopped in Hawaii for two weeks, visiting a number of the plantations where the Koreans are at work and investigating the conditions with a view to learning what was our duty to the Korean Christians who had gone from our church and who were persistently writing us urging us to establish churches among them, they being unwilling to unite with the Methodists who had established Korean work there. I am quite sure that I was able to obtain a clear insight into the situation. I had conferences with Rev. Mr. Wadman in charge of

마포삼열

캘리포니아, 샌라파엘

1906년 8월 1일

브라운 박사님께,

저희는 6월 1일 평양을 떠났으며, 그동안 편안하고 즐거운 여행을 했습니다. 그리고 지금 우리는 이곳 캘리포니아에서 제 아내의 부모님과 함께 휴가의 시작을 온전히 즐기고 있습니다. 저는 겨우 16년 만에 평양시에 그토록 뚜렷한 변화가 왔다는 것을 깨닫기가 힘들었습니다. 16년 전 이달 그곳에 처음 들어갔을 때 그 도시에는 한 명의 기독교인도 없었습니다. 지금은 기독교 인구가 약 5,000명인데, 이들 가운데 1,000명 이상이 우리를 배웅하기 위해 10리를 걸어서 역까지 왔습니다. 남성, 여성, 남학생, 여학생이 모두 줄지어 서서 송별 찬송가를 부르는 것을 볼 때 우리의 가슴은 벅찼습니다. 이어서 50명의 신학생이 앞으로 나와서 그들 중 2명이 우리에 대한 그들의 사랑의 징표로 우리에게 은메달을 걸어주었을 때, 우리는 주님께서 한국에서 섬기는 특권을 우리에게 주신 데 대해 진심으로 감사했습니다.

저는 귀하를 뵙고 우리의 위대한 기회와 교육용 건물 — 대학과 신학교를 위한 — 의 시급한 필요에 대해 말씀을 나눌 수 있기를 간절히 바랍니다.

그러나 지금은 하와이와 미국에 있는 한국인들에 관해 쓰고 싶습니다. 한국의 장로회공의회의 임명을 받아 저는 2주간 하와이에 머물면서 한국인들이 일하고 있는 많은 농장을 방문했고, 우리 교회에서 그곳으로 간 한국인 기독교인들에 대한 우리의 의무가 무엇인지를 알아보기 위해 그곳 상황을 조사했습니다. 그들은 교회를 세워달라고 끈질기게 우리에게 촉구하고 있으며, 그곳에 한국인 사역을 수립한 감리교 교인들과 연합하기를 주저하고 있었습니다. 저는 그 상황에 대한 분명한 통찰을 얻을 수 있었다고 확신합니다. 저는 감리교 사역을 주관하고 있는 와드맨 목사, 하와이 [회중교회] 공리회의 스커더 의사, 예전에 캔톤(廣東) 선교회를 맡았다가 현재는 호놀룰루에서 중국인 사역을 담당하고 있는 쓰윙 목사와 12명의 한국인—장로회 사람과

the M. E. [Methodist] work, with Dr. Scudder of the Hawaiian Board of Missions, with Mr. Thwing, formerly of our Canton Mission, now in charge of Chinese work in Honolulu and with scores of Koreans–Presbyterians and Methodists and unbelievers. From officers of the Planters' Association I learned that they will no longer pay the steamer fare for the Koreans coming to Hawaii and from the Koreans I learn that in that case it is unlikely that many more Koreans will come to Hawaii. I found no Koreans who deliberately plan to remain in Hawaii long, all of them hoping to make enough money soon to enable them to go on to California or to return to Korea.

Mr. Thwing was the first to begin Christian work among them but soon after the Methodists opened work an understanding was reached between them and the Hawaiian Board by which the Methodists took all the Korean work and refrained from opening work among the Chinese among whom the Hawaiian Board already had an extensive work. The Methodists by a large use of funds have begun work for the Koreans in many places, have built churches for them and have employed a large number as evangelists. Of the professing Christians who came from Korea I should judge that fully ¾ of them were from our Presbyterian churches. At first all worked together worshiping as one church largely under Presbyterian leaders. Soon however, under the direction of two Methodist evangelists more interested in politics than in religion and of an excommunicated Presbyterian who was made a Methodist evangelist, the work was organized as a Methodist Church according to the methods and policy of the Methodist Church in Korea which differs widely from our own work in Korea.

Our Presbyterian Christians became greatly dissatisfied and wrote repeatedly urging us to establish work among them. They met separately in several places, expressed their dissatisfaction with the political character of the church, the character of the men who were made evangelists, the superficial character of the work and its methods and

감리교 사람과 비신자들 — 과 회의를 가졌습니다. 농장주 협회의 임원들로부터 저는 하와이로 오는 한국인들을 위해 그들이 더 이상 기선 요금을 지불하지 않을 것임을 알게 되었고, 한국인들로부터는 그 경우에 더 많은 한국인이 하와이로 오지 않을 것이라는 사실을 알게 되었습니다. 저는 하와이에 오랫동안 머물려고 의도적으로 계획하는 한국인은 한 명도 보지 못했는데, 그들은 모두 캘리포니아로 가거나 한국으로 돌아갈 수 있도록 충분한 돈을 벌기를 바라고 있습니다.

쓰윙 목사는 그들 사이에서 기독교 사역을 처음 시작한 분입니다. 그러나 감리교인들이 사역을 시작한 직후에, 감리교인들이 모든 한국인 사역을 맡고, 하와이 공리회는 이미 광범위한 사역을 하고 있는 중국인 사역을 시작하는 것을 자제한다고 서로 합의했습니다. 감리교인들은 큰 규모의 기금 운영을 통해 많은 지역에서 한국인을 위한 사역을 시작했고, 그들을 위해 교회를 세웠으며, 많은 수의 전도사를 고용했습니다.[1] 저는 한국에서 온 고백적인 기독교인 중에 3/4이 우리 장로교회 출신이라고 판단합니다.[2] 처음에는 모두가 대체로 장로교회 영수의 관리하에 한 교회로서 예배를 드리면서 함께 일했습니다. 그러나 얼마 지나지 않아서, 종교보다 정치에 더 관심이 많았던 2명의 감리교회 전도사들과, 장로회에서 제명되어 감리회 전도사가 된 사람의 지도 아래, 한국에서 우리의 사역과는 여러 면에서 다른 한국 감리교회의 방식과 정책에 따라 감리교회로서 사역이 조직되었습니다.

우리 장로회 기독교인들은 불만이 많아 우리에게 사역해줄 것을 촉구하면서 여러 번 편지를 보냈습니다. 그들은 여러 장소에서 따로 만났으며 교회의 정치적 성격, 전도사들이 된 자들의 성품, 그리고 사역과 방법의 피상적인 성격에 대해 불만을 표시했고, 우리로부터 아무런 격려를 받지 않았음에도 불구하고 감리교인들과 연합하기를 거부하고 회중교회에 그들을 관리해줄 것을 요청했습니다. 하지만 감리교인들과의 합의 때문에 회중교인들은 그

1 이들을 선교사로 보는 시각이 있지만 임시로 이민 온 한인들을 위한 자체 전도사들이었다.

2 하와이 이민자 중 기독교인의 3/4이 장로교인이라는 사실은 잘 알려져 있지 않다.

altho they received no encouragement from us, refused to unite with the Methodists and appealed to the Congregationalists to care for them. Owing to the understanding with the Methodists the Congregationalists declined to take up this work.

Then the Episcopal Bishop started a work and drew a few of our people into it but Mr. Wadman through his Board in New York succeeded in having that stopped. Thoroughly dissatisfied, many of our strongest men left for California, others lost ground spiritually and were discouraged. Where there were but few, some of them united with the Methodists, some returned to Korea and others still continued their separate organizations continuing to plead with us for recognition and oversight. When I reached Hawaii I found our Korea Christians greatly discouraged with the whole situation, some of them eager to have us establish work and confident that if we did not the church in Hawaii would have little spiritual power and would gradually lose its strength as indeed it is doing. Some were willing and ready to leave the Methodist Church at once if we would organize churches, and others were undecided as to what it was best to do waiting for me to decide the question. In one place I met with 65 Presbyterians who had maintained a separate organization and after service with them led them to the church for a union meeting making a congregation of about 150. In all the places but one that I visited the strongest men in the church were our people.

I reached no conclusions until after I had been over the ground and secured all the data I could and, as I believe, pretty clearly grasped the situation. I than had a frank talk with Mr. Wadman and then had a conference with the Presbyterians who were most eager for separate organization. Some of my findings and conclusions were as follows:

1st–I searched but could find no other reason for the desire of our people for separate organization other than their justifiable dissatisfaction with the spiritual condition of the work, the methods and policy and the

사역을 맡기를 거부했습니다.

이어서 성공회 주교가 사역을 시작했고 우리 교인 몇 명을 그 사역으로 끌어들였지만, 와드맨 목사가 뉴욕에 있는 그의 선교부 이사회를 통해 그것을 중단시키는 데 성공했습니다. 완전히 불만을 품었던 우리의 가장 유력한 교인 중 많은 수가 캘리포니아로 떠났고, 다른 사람들은 영적인 기반을 잃고 낙담했습니다. 소수만이 남은 상황에서, 일부 사람들은 감리교인들과 연합했고, 다른 사람들은 한국으로 돌아갔으며, 또 다른 사람들은 계속해서 우리에게 그들을 인정하고 관리해줄 것을 간청하면서 그들의 별도 조직을 여전히 지속했습니다. 제가 하와이에 도착했을 때, 우리의 한국인 교인들은 상황 전체에 대해 크게 낙담하고 있었으며, 그들 중 몇 사람은 우리가 사역을 시작해줄 것을 간절히 원했는데, 우리가 그렇게 하지 않는다면 하와이 교회는 지금 실제로 그렇게 되고 있듯이 영적인 권능을 거의 상실하고 강인함을 점차 잃어버리게 될 것입니다. 몇몇 사람은 우리가 교회를 조직하면 즉시 감리교회를 기꺼이 떠날 뜻이 있고 그렇게 할 준비가 되어 있습니다. 다른 사람들은 무엇이 최선인지에 대해 결정을 내리지 못하고 제가 그 문제에 대해 결정해주기를 기다리고 있는 상황입니다. 한 곳에서 저는 별도의 조직을 유지해오던 65명의 장로교인을 만났으며, 그들과 예배를 드린 후 연합 모임을 위해 그들을 교회로 인도했는데, 약 150명의 회중이 되었습니다. 제가 방문했던 한 곳을 제외하면 모든 곳에서 교회의 가장 유력한 인사들은 우리 장로교인들이었습니다.

저는 현장을 확인하고 최대한 모든 자료를 확보할 때까지 결론을 내리지 않았는데, 이제 그 상황에 대해 상당히 명확하게 파악했다고 생각합니다. 저는 와드맨 목사와 진솔한 대화를 나누었으며, 그 후 별도 조직을 간절히 바라는 장로교인들과 회의를 했습니다. 제가 알게 된 사실과 결론을 내린 몇 가지 사항은 다음과 같습니다.

첫째, 저는 사역의 영적인 상황, 지도자들의 방식과 정책 및 성품에 대한 정당한 불만족, 그리고 우리가 더 나은 기반 위에 사역을 세우지 않으면 곧 하와이에 있는 한국인 사이에서 기독교인은 거의 존재하지 않을 것이라는

character of its leaders and the conviction that unless we would establish work on a better basis there would soon be little Christianity among the Koreans in Hawaii.

2nd–That while the present outlook is for few additions to the number of Koreans in Hawaii yet if opportunity is again given them there will be many thousands more who will come and of these probably hundreds and even thousands of them will be our Presbyterian people.

3rd–That in case large numbers of our Presbyterian Christians emigrate by families to Hawaii we should provide for their spiritual oversight and should organize them into Presbyterian churches in order to conserve their spiritual welfare and that if we so organize them, our church there will soon be larger and stronger than the Methodist Church, will do more for the people in Hawaii and will become a stronger factor in the evangelization of Korea than if we leave them to the care of the Methodist Church.

4th–That it is not wise to now organize separate work nor to plan to do so unless it is seen that large numbers of our people are likely to leave Korea for Hawaii, but that our people now there should be urged to unite in the one church, to make their influence felt for its spiritual uplift and to avoid all dissension, their being however the clear understanding with them and with the Methodist authorities that in case of their return to Korea or of their coming to America we shall expect them to again identify themselves with our Presbyterian work and that they shall not serve as an excuse for the M. E. church to begin work in the Presbyterian fields to which these men may go.

5th–That if hundreds more of our people come to Hawaii we should provide for their spiritual oversight by co-operation with the Hawaii Board of Missions which represents all Congregational and Presbyterian interests in Hawaii. Dr. Scudder and Mr. Thwing both assured me that their understanding with the Methodists concerning this work would not in any wise prevent them from undertaking it if we decided that

확신 외에는 분리된 조직과 관련한 우리 교인들의 열망에 대한 다른 이유를 찾아보려고 했지만 찾을 수가 없었습니다.

둘째, 현재 하와이에 있는 한국인의 수가 증가하지 않으리라고 예상하지만, 다시 기회가 열리면 수천 명이 더 오고, 이들 중 아마도 수백 명이나 심지어 수천 명이 우리 장로교인일 것입니다.

셋째, 많은 수의 우리 장로교인들이 가족 단위로 하와이로 이민을 온 경우 우리는 그들의 영적인 관리를 제공해야 하고, 그들의 영적인 안녕을 지키기 위해 그들을 장로교회로 조직해야 합니다. 우리가 그들을 조직하면 우리 교회는 곧 감리교회보다 더 크고 건실해지고, 하와이에 있는 사람들을 위해 더 많은 사역을 하게 되며, 우리가 감리교회에 그들을 맡겨놓을 경우보다 한국의 복음화에 더 강력한 요소가 될 것입니다.

넷째, 우리 교인 중 많은 수가 한국을 떠나 하와이로 간다고 여겨지지 않으면 지금 별도의 사역을 조직하거나 그것을 계획하는 것은 현명하지 않습니다. 그러나 그곳에 있는 우리 교인들에게 하나의 교회로 연합하고, 교회의 영적인 향상을 위해 영향을 미치도록 하며, 모든 불화를 피하도록 촉구하는 일은 지금 해야 합니다. 그들이 한국으로 귀국하거나 미국 본토로 들어가는 경우, 우리는 그들이 우리 장로회 사역과 다시 일체감을 가지리라 기대하게 될 것입니다. 또 우리는 그들이 가게 되는 장로회 사역지에서 감리교회로 하여금 사역을 시작하게 하는 구실로서의 역할을 하지 않기를 기대합니다. 이런 사실에 대해 그들과, 또 감리교 당국과 분명한 합의가 있어야 합니다.

다섯째, 앞으로 우리 교인 중 수백 명이 더 하와이로 온다면 우리는 하와이에서 모든 회중교회와 장로교회의 이해를 대변하는 "하와이 선교회 이사회"와 협력하여 그들의 영적인 관리를 제공해야 합니다. 스커더 의사와 쓰윙 목사는 만일 우리가 그곳에서 사역을 계획하고 우리 선교부 이사회나 한국 교회가 그들의 협조를 요청하기로 결정한다면, 이 사역에 대한 감리교인들과의 합의가 그들이 이 사역을 맡는 것을 방해하지 않을 것이라고 제게 확인해주었습니다. 저는 이에 대해 와드맨 목사와 대화를 나눴는데, 우리가 지

we should establish work there and our Board or the Korean Church requested their co-operation. I spoke to Mr. Wadman of this and he acquiesced when I stated that while we would not begin work now, we should do so if our people again come in large numbers. I feel quite strongly that we made a mistake in not taking up the work in the first place and in not communicating at once with Mr. Thwing and the Hawaiian Board that they might have cared for our people, bringing them into sympathetic alliance with the work of the Hawaiian Board and thus much more effectively have conserved the spiritual interests of the Koreans in Hawaii.

So much for the Hawaiian situation of which I have written you quite frankly as the secretary of the Presbyterian Board, believing that you will not misunderstand my attitude towards the Methodist Church and their work altho should the Methodist Board read this letter they would probably misunderstand me.

Now for the situation in America.

I have had conferences with the Koreans who remain near San Francisco since the earthquake, with Mr. Laughlin and with Dr. Drew, and I know the wishes of our Koreans in other parts of California. There are over a thousand Koreans in America, most of them in California and it is quite certain that the best and strongest of the 5,000 in Hawaii will come here as fast as they can make enough to do so. There will also be a constant emigration from Korea to America and if the door remains open it is probable that a very large number of them will come in order to escape the unequal struggle with the Japanese favored by government discriminations and assistance and in order to secure opportunities for study and for the acquisition of more wealth than they can secure in Korea.

Many of these will be Presbyterian Christians, about one tenth of those now here being Christians—and most of those Presbyterians—some of them our brightest young men and women. The Methodists are

금 사역을 시작하지는 않겠지만 많은 수의 우리 교인이 다시 온다면 그렇게 해야 한다고 말했을 때 그도 동의했습니다. 저는 맨 처음에 우리가 그 사역을 착수하지 않은 것이 실수였다고 강하게 느낍니다. 그리고 쓰윙 목사와 하와이 선교회 이사회에게 그들이 우리 교인들을 관리할 수도 있다고 즉시 연락해서 그들이 하와이 이사회의 사역과 호의적인 제휴 관계를 맺게 하고 하와이에 있는 한국인의 영적 이해를 훨씬 더 효과적으로 보호할 수 있게 하지 않은 것이 우리의 실수였다고 강하게 느낍니다.

감리회 선교부가 이 편지를 읽으면 아마도 저를 오해하겠지만 귀하께서는 감리교회와 그들의 사역에 대한 제 태도를 오해하지 않으시리라고 믿으면서 장로회 선교부의 총무로서 귀하께 솔직하게 말씀드린 하와이의 상황에 대해서는 이제 그만 쓰겠습니다.

이제 미국의 상황에 대해 쓰겠습니다.

저는 샌프란시스코 지진 이후 근처에 머물고 있는 한국인들과 래플린 목사와 드루 박사와 만나 회의를 했습니다. 또한 저는 캘리포니아의 다른 지역에 있는 우리 한국인들의 희망에 대해 알고 있습니다. 미국 본토에는 1,000명 이상의 한국인이 있으며 그들 대부분이 캘리포니아에 삽니다. 하와이에 있는 5,000명 중 훌륭하고 유력한 사람들은 충분히 돈을 모으면 즉시 이곳으로 올 것입니다. 한국에서 미국으로의 이민은 끊임없이 계속될 것입니다. 이민의 문이 열려 있다면 아마도 많은 한국인이 정부의 차별과 도움으로 특혜를 받고 있는 일본인과의 불평등한 갈등을 피하기 위해, 그리고 공부할 기회와 한국에서 얻을 수 있는 것보다 더 많은 부를 얻기 위해 올 것입니다.

지금 이곳에 있는 사람들의 10퍼센트가 기독교인이며, 이들 중 대다수가 장로교인일 텐데, 그 일부는 우리의 가장 똑똑한 젊은 남녀입니다.[3] 감리

3 캘리포니아 한인 인구가 1,000명 정도였고, 그 10퍼센트인 약 100명이 기독교인이었다. 이들은 1905년 안창호와 이대위를 중심으로 공립협회(共立協會)를 설립하여 한인 친목을 도모하고 한국의 독립을 위해 운동했다. 그 100명 가운데 다수가 장로교인이었다. 대표적인 인물이 안창호, 송석준, 장인환 등이다. 송석준은 1903년 하와이에 이민 왔으나, 이듬해 샌프란시스코에서 도산이 창립한 공립협회 부회장으로 선출되었고, 1905년 11월 「공립신문」 창간 때 주필로 봉사했다. 1906년 리버사이드로 이주했으며, 1907년 리버사이드의 신민회(新民會) 발기인으로 참여했다. 이후 공립협회 2대 회장에 선출되었으나 바로 병사했다. 장인환은 숭실학교를 졸업하고,

very desirous of doing here what they did in Hawaii–monopolize the Korean work; but our Presbyterian Koreans here know the difference between their work and ours in Korea. They know the conditions in Hawaii, many of them having left there because thoroughly dissatisfied with the condition of church work there, and now they are unwilling to identify themselves with the M. E. [Methodist] work here where to their surprise and disquiet men in whom they had no confidence, who had proven untrustworthy in Korea or in Hawaii were made the chief evangelists here. One of these after injuring the work in Hawaii and proving untrustworthy was placed in charge here and is now reported in hiding for fear of arrest for stealing 500^{oo} received from the Japanese Consul for the relief of Koreans.

Why they have done so I know not but I do not hesitate to say that the Methodists have so conducted much of their work by the use of untrustworthy worldly and spiritually ignorant men as to have thoroughly discredited it in the eyes of our Presbyterian Christians and of the unbelieving Koreans and it seems a shame for us to refuse to look after our own people and say to them–if you want spiritual oversight you must look to the Methodist Church–the Presbyterian Church in America will not look after the Presbyterians who come from Korea.

There are now in Riverside California some 30 or more Christians, already in touch with the Presbyterian pastor there and they are looking to our church to care for them. There are groups of Koreans in some 10 or 15 places where we have Christians and where I have no doubt we can organize little groups on the same plan as our work in Korea is organized, placing them in sympathetic, helpful touch with the Presbyterian churches in these places, holding their membership there and meeting with them if so desired but also holding separate services in Korean. We can thus care for their spiritual interests, keep them in touch with our church in Korea and can have church homes for the Korean Christians who will yet come from Hawaii and Korea and who are yet to

교인들은 하와이에서처럼 한국인 사역을 독점하고 싶어 하지만, 이곳에 있는 우리 장로회 교인들은 그들의 사역과 한국에서의 우리 사역의 차이를 알고 있습니다. 또한 그들은 하와이의 상황을 알고 있는데, 그중 많은 사람이 그곳 교회 사역의 상황에 대해 완전히 불만을 품고 그곳을 떠났기 때문입니다. 그들은 한국이나 하와이에서 전혀 인정받지 못하고 신뢰할 수 없다고 판단되었던 자들이 전도사가 되어 있는 이곳의 감리교 사역으로 인해 깜짝 놀라고 불편해하며 그들과 일체감을 형성하기를 거부하고 있습니다. 그중 한 사람은 하와이 사역에 해를 끼쳐서 신뢰할 수 없는 인물로 판명되었음에도 불구하고 샌프란시스코의 책임자가 되었고, 지금은 한국인 구제를 위해 일본 영사에게서 받은 500달러를 훔친 혐의로 체포될 것을 두려워하여 숨어 지내는 것으로 알려져 있습니다.

저는 감리교인들이 왜 그렇게 했는지 알 수 없지만, 신뢰할 수 없는 세속적이고 영적으로 무지한 자들을 이용해서 많은 사역을 수행함으로써 우리 장로교인들과 믿지 않는 한국인들의 눈에 감리회의 신임은 철저히 떨어졌습니다. 또한 우리가 우리 교인들을 돌보기를 거부하면서, 만약 영적인 감독을 원하면 감리교회에 의존해야 한다거나 미국의 장로교회는 한국에서 온 장로교인들을 돌보지 않을 것이라고 그들에게 말하는 것은 부끄러운 일인 것 같습니다.

지금 캘리포니아의 리버사이드에는 30명 혹은 그 이상의 기독교인들이 있는데, 그들은 그곳의 장로회 목사와 이미 만나고 있고[4] 우리 교회가 그들을 돌봐주기를 기대하고 있습니다.[5] 대략 열 곳 또는 열다섯 곳에 한국에서

1904년 하와이로 이민했으며, 1905년 샌프란시스코로 이주하여 1907년에 장경(張景)과 김우제(金愚濟) 등이 조직한 대동보국회(大同保國會) 회원으로 활동하다가, 1908년 3월 스티븐스를 저격 살해했다. 한편 감리교인들은 1906년 12월 6일에 이대위 등을 중심으로 상항 한인감리교회를 창립했다. 그해 샌프란시스코 대지진이 일어나자 양주삼 전도사를 초빙하고 한인 구호 사업과 교육 계몽에 전념했다.

4 1903년 Central Presbyterian Church of Los Angeles의 목사로 부임한 프리차드(A. B. Prichard) 박사다. 그는 1904년 그 교회에서 임시로 예배를 드리던 흑인 교회를 독립시켜주었는데, 이민이나 소수 인종에 대해 우호적인 목사였다. 1906년 한인들과 방화중을 도와 한인 교인들이 예배를 드리도록 했다.

5 그 지도자는 도산 안창호(安昌浩, 1878-1938)였다. 1902년 유학을 위해 도미하여 샌프란시스코에 정착한 안창호는 직업 안내소를 세워 한인들을 모집하여, 1904년 로스엔젤레스 동쪽에 있는 리버사이드로 이주했다. 그

exert a great influence upon the church in Korea.

From a financial point of view alone such a move will give us good returns. These men will soon be sending large sums of money to their people in Korea enabling them to support the church work there more liberally. I have just sent $530^{oo} from four Koreans to their families in Korea. Experience shows that the Chinese here support many evangelists in China and I am sure our Koreans in America will contribute largely to the work there. {Since writing this and before copying, I have received a letter from Hawaii saying the Presbyterians there were sending me $120^{oo} for the Mission Committee in Korea.} My plea however is not on the low plane of financial profit but it is that it is our *duty* and *privilege* to care spiritually for these Christians who come here and who look pleadingly to our great Presbyterian Church to care for its own spiritual children.

Will the Board not sanction the following plan for one year at least–viz: the employment of but one Korean as an evangelist to have his headquarters in San Francisco (or Oakland) under the direction of Mr. Laughlin–this evangelist to have spiritual oversight of all the Korean work of our church–to keep in communication with our Christians; to see that they identify themselves with our churches, to organize them in groups of worshipers and to act as the connecting link between the church in Korea and the Koreans here and between our church in America and the Koreans here, he to visit these groups if possible once or twice a year and to make his headquarters in San Francisco a Bureau of Information for the *religious* life of our Korean people. The man for this work is here–a son of Elder Pang of Pyeng Yang–himself a former deacon in the Pyeng Yang Church and within one year of graduation from our Academy when he left there. He is a man whom we have known and tried and who has the confidence of the Korean believers and unbelievers.

Six hundred dollars ($600^{oo}) will establish this work for one year.

온 기독교인 무리가 있습니다. 저는 한국에서 우리 사역이 조직된 것과 똑같은 계획에 따라 우리가 소규모 미조직교회를 조직해서 그곳에 있는 장로회 교회와 호의적이고 유익한 관계를 유지하도록 하고, 그 교회에 등록 신자가 되게 하며, 그들과 만나고, 또한 원한다면 별도로 한국어로 예배를 드릴 수 있다는 데 대해 의심치 않습니다. 우리는 그렇게 그들의 영적인 관심을 돌보고, 그들로 하여금 한국에 있는 우리 교회와 연락을 유지하게 하며, 하와이와 한국에서 올 자로서 앞으로 한국 교회에 큰 영향을 미치게 될 한국인 교인을 위한 고향 같은 교회를 가질 수 있습니다.

재정적인 관점에서만 보더라도 그런 조치는 우리에게 훌륭한 보답을 해 줄 것입니다. 이 사람들은 곧 많은 돈을 한국에 있는 가족에게 송금해서 그곳의 교회 사역을 더 많이 후원할 수 있을 것입니다. 저는 방금 4명의 한국인으로부터 530달러를 받아서 한국에 있는 그들의 가족에게 보냈습니다. 경험을 통해 보면, 이곳의 중국인들은 중국에 있는 많은 전도사를 지원하고 있습니다. 저는 미국에 있는 한국인들이 한국 사역에 크게 기여하리라고 확신합니다. [이 편지를 쓴 후 복사하기 전에, 저는 하와이에서 온 편지를 받았는데, 장로교인들이 한국의 선교 위원회를 위해 제게 120달러를 보냈다고 썼습니다.] 그러나 제 간청은 재정적 이익이라는 낮은 수준에서 하는 것이 아니라, 이 기독교인들을 영적으로 보살피는 것이 우리의 의무이자 특권이기 때문에 하는 것입니다. 이들은 우리의 위대한 장로교회가 그곳에 와서 영적인 자녀들을 돌봐주기를 간절히 기대하고 있습니다.

선교부가 최소한 1년 동안 다음 계획을 승인해주지 않으시겠습니까? 즉 래플린 목사의 지도 아래 한 사람의 한국인을 샌프란시스코나 오클랜드에 본부를 둔 전도사로서 고용하는 것입니다.[6] 그는 우리 장로교회의 모든 한국

곳에 한인 10여 가족 50여 명이 거주하는 판자촌 "파차파 캠프"를 세우고 오렌지 농장에서 일했다. 이들 중 일부가 1906년 5월 10일 로스엔젤레스 노회의 허락을 받아 벙커힐에서 예배를 드리기 시작했다고 하며, 이것이 발전하여 나성한인연합교회가 되었다. 방화중 전도사는 1906년 리버사이드를 방문해서 미조직교회를 시작했고, 1907년에 리버사이드와 로스엔젤레스로 온 듯하며, 1928년 김중수 목사가 제1대 목사로 부임했다. 현재 제퍼슨가 1374번지에 교회를 세운 것은 1938년이다.

6 캘리포니아중국인장로회선교회(Chinese Presbyterian Mission of California)의 래플린(John Hood

The Koreans assure me that they will raise one hundred dollars of that. I have $\$32^{oo}$ from the church in Pyeng Yang contributed for relief of the Christians suffering from the earthquake or if not needed for that, for church purposes here, which is available for this work–so that $\$468^{oo}$ is all that the Presbyterian Church in America needs to give to care for one year for the spiritual needs of from 50 to 100 of its Korean members and to systematically seek the evangelization of the other Koreans in America.

If undertaken now we shall be in position to care for larger numbers later on and can lead on to greater self-support. Delay means discouragement to our people, loss of spiritual power and the loss of an advantageous position for prosecuting the work later on if larger numbers come. For us to refuse to take up work among these people will be a severe blow to our people in Korea who urged me over and over again to see that work was begun here and who felt keenly our failure to care for our people in Hawaii. I join them in their earnest plea that you make provision for this work and in their prayer that the duty of our church may be made clear.

Is there not someone to whom you can present this who aside from the regular gifts to the Board will for this year provide $\$468^{oo}$? I know that the Methodists have suggested one Korean Church in America. In that case, it should be our church. We have the most Christians here and by far the largest church in Korea. To turn this work over to the Methodists will build up their work in Korea at the expense of our work and their church in Korea is not doing for the Koreans the same effective work that our church is doing. Why not build up our own work which is accomplishing so much more? To turn these people away is to disown them against their earnest wish and against the wishes of the church in Korea and the Korea Mission.

I trust I am not writing too frankly nor at too great length nor in my earnestness and strong desire in a vein to which you may take exception.

인 사역에 대한 영적인 감독을 맡고, 우리 교인들과 계속 연락을 주고받으면서, 그들이 우리 교회와 일체감을 느끼도록 관리할 것입니다. 또한 그는 그들을 미조직교회의 예배자로 조직하고, 한국의 교회와 이곳의 한국인들과 또 미국에 있는 우리 교회와 이곳의 한국인들 사이의 연결 고리 역할을 담당하고, 가능하다면 1년에 한두 번씩 이 미조직교회를 방문하고, 샌프란시스코에 있는 그의 본부를 우리 장로교회의 한국인들의 종교적인 삶을 위한 하나의 정보국으로 만들어줄 전도사입니다. 이 사역을 위한 사람이 여기 있는데, 평양의 방 장로의 아들입니다. 그는 평양 교회에서 집사였고, 한국을 떠날 때 숭실중학교 졸업을 1년 앞두고 있었습니다. 그는 우리가 알던 자요, 시험해 보았던 사람이며 한국인 신자와 불신자들의 신뢰를 받고 있습니다.[7]

600달러가 있으면 1년간 이 사역을 진행할 수 있습니다. 한국인들은 그 가운데 100달러를 모금하겠다고 제게 확인해주었습니다. 제게는 지진으로 고통받는 기독교인들의 구호를 위해, 혹은 그 일에 필요하지 않으면 이곳 교회에 사용하도록 평양 교회에서 기부한 32달러가 있습니다. 그래서 468달러가 미국 장로교회가 50명에서 100명의 한국인 신자의 영적인 요구를 한 해 동안 보살피고 미국에 있는 다른 한국인들을 전도하기 위해 지불할 필요가 있는 총액입니다.

지금 이 일을 추진한다면 우리는 나중에 더 많은 수의 사람을 보살필 수 있는 위치에 있게 되고 더욱 자급할 수 있게 됩니다. 이를 지체하는 것은 우리 교인들을 낙담시키고, 영적인 권능을 상실하며, 더 많은 수의 사람이 나중에 올 경우 그 사역을 수행할 수 있는 유리한 위치를 상실하는 것을 의미합

Laughlin, 1854-1918) 목사는 샌프란시스코 대지진 후 그 도시의 아시아 인구를 조사하여 미국 북장로회 총회 발행으로 소책자 *San Francisco's Asiatic Population Since the Earthquake*(1906)를 출판하기도 했다. 그가 1912년에 출간한 *Seventy-fifth Anniversary Series: Asiatics in the U. S.*(Board of Foreign Missions, PCUSA, June 1912)를 보면, 캘리포니아 한인 기독교인 인구는 1909년 377명, 1910년에 483명, 1911년에 560명이다.

7 방화중(邦和重, 1876-1940)이다. 그는 방기창 장로의 아들로 1903년 하와이에 이민을 왔으며, 1904년 샌프란시스코에 와서 도산과 함께 활동하다가, 1906년 샌프란시스코와 오클랜드 지역 전도사로 활동했다. 1906년 로스엔젤레스로 와서 프리차드 목사의 지도 아래 한인 선교회 전도사로 일한 것으로 되어 있으나, 그것은 한 차례의 방문이었고, 최소한 1906년 12월까지 그는 래플린 목사의 지도 아래 샌프란시스코에서 일했다. 그는 1907년에 리버사이드로 이주한 듯하며, 나성 인근의 한인 거주지마다 방문하고 전도했다. 1908년 8월 방화중은 클레어몬트 학생양성소를 설립하고 교장으로 봉사했다고 한다.

I do not believe our church in America will refuse to give this small sum as an extra gift if the Board will sanction the work and present a request for that sum. Each missionary coming home on furlough will be delighted to come into helpful contact with one or more of the groups of Korean Christians and our people in Korea will rejoice to know that we are looking after their relatives and friends here and this in turn will be another factor in developing and maintaining the excellent "esprit de corps" which is so characteristic of our Korean church and [in] which enthusiastic zeal is no small factor in the progress of our work. Mr. Laughlin who knows the influence of such work upon the work on the mission field strongly endorses my plea and will gladly give some time to directing the Korean evangelist. Why, in the erection of new buildings for the Chinese work, cannot one or two rooms be provided as Korean headquarters? I am sure you will grant me the right to express my judgment and to ask a serious consideration of it when I say that for the sake of the work in Korea, for the encouragement of us missionaries and the leaders of the Korean church it is more than worth while for the Board to take up this work.

With an earnest prayer in behalf of these people who are our spiritual children, dear to us, whom we love and who love us with a rare love,

Sincerely yours in the Master's work,

Samuel A. Moffett

P.S. If it is possible to secure action on this and that favorable action before the 20th of August I wish very much you would telegraph me at my expense that I may make arrangements with Mr. Pang before I leave for Indiana. He will be free to begin work the 10th of September.

S. A. M

니다. 우리가 이 사람들 가운데서 사역을 추진하지 않으면, 한국에 있는 우리 장로회 사람들에게 심각한 타격이 될 것입니다. 그들은 이곳에서 그 사역을 시작하는 조치를 취하도록 여러 번 반복해서 제게 촉구했고, 하와이에 있는 우리 교인들을 보살피지 못한 것을 통감했습니다. 저도 그들과 같이 귀하께서 이 일을 준비하시기를 진지하게 간청하며 우리 교회의 의무가 분명해지기를 기도합니다.

올해 선교부에 기부하는 정기 헌금 외에 468달러를 기부할, 귀하께서 이것을 제안할 만한 분이 없습니까? 저는 감리교인들이 미국에서 하나의 한국 교회를 제안한 것을 알고 있습니다. 그 경우에 그것은 우리의 교회가 되어야 합니다. 우리는 이곳에서 가장 많은 기독교인을 가지고 있고, 단연 한국에서 가장 큰 교회입니다. 이 사역을 감리교인들에게 넘겨주는 것은 우리의 사역을 희생하고 한국에 그들의 사역을 세우게 되는 일입니다. 한국에 있는 그들의 교회는 한국인들을 위해 우리 교회가 하고 있는 것과 같은 효율적인 사역을 하고 있지 않습니다. 훨씬 더 많은 것을 달성하고 있는 우리의 사역을 왜 세우지 않습니까? 이 사람들을 외면하는 것은 그들의 절실한 소망과 한국에 있는 교회와 한국 선교회의 소망을 외면하고 부인하는 것입니다.

저는 제가 너무 솔직하게, 혹은 너무 길게, 혹은 귀하께서 이의를 제기하실 정도로 진지하고 강력하게 이 편지를 쓰는 것은 아니라고 믿습니다. 만일 선교부 이사회가 그 사역을 승인하고 전액을 요청한다면, 저는 미국에 있는 우리 교회가 별도의 기부금으로 이 얼마 되지 않는 전액을 지불하기를 거절하리라고는 믿지 않습니다. 안식년 휴가로 본국에 오는 각 선교사는 하나 이상의 한국인 기독교인들의 미조직교회와 유익한 만남을 나누는 일을 즐거워할 것입니다. 한국에 있는 우리 교인들은 우리가 이곳에 있는 그들의 친척과 친구를 돌보고 있다는 사실을 알고 기뻐할 것입니다. 결국 이것은 탁월한 "단결심"을 발전시키고 유지하는 또 다른 요인이 될 것입니다. 단결심은 우리 한국 교회의 또 하나의 특징이며, 그 안에 있는 열성적인 열심이 우리의 사역을 진보시킨 적지 않은 요인입니다. 그런 일이 선교지에 미치는 영향을 아는 래플린 목사는 제 탄원을 강하게 지지하고 있으며, 기쁜 마음으로 한국

의 전도사들을 감독하는 데 시간을 할애해줄 것입니다. 왜 중국인 사역을 위한 새 건물을 세울 때 한국 본부를 위해 한두 개의 방을 제공할 수 없습니까? 제가 한국인 사역을 위해, 그리고 한국 교회의 선교사와 지도자들을 격려하기 위해 선교부가 이 일을 착수하는 것이 가치 있는 일이라고 말할 때, 귀하께서 제 판단을 표현하고 그것에 대해 심각하게 고려할 것을 요청할 권리를 제게 부여해주시리라고 확신합니다.

이 사람들을 위해 진심어린 기도를 담아서 이 편지를 올립니다. 그들은 우리에게 소중한 우리의 영적 자녀이고, 우리가 사랑하는 자들이며, 흔치 않은 사랑으로 우리를 사랑하는 이들입니다.

주님의 역사 안에서,

마포삼열 올림

추신. 이에 대한 결정을 내릴 수 있고, 8월 20일 이전에 호의적인 결정을 확보할 수 있다면, 귀하께서 제 부담으로 전보를 보내주시기를 부탁드립니다. 그러면 제가 인디애나로 떠나기 전에 방 씨와 논의할 수 있습니다. 그는 9월 10일부터 일을 시작할 수 있습니다.

마포삼열 올림

Rosetta S. Hall

Chefoo, China

August 11, 1906

My dear Mrs. Moffett:

Yesterday and today we who use the little Korea prayer calendar have been remembering you and Dr. Moffett and James, and I thought I'd write to you a letter, too.

Sherwood [her son] and I left Pyeng Yang Mon. a.m. July 23rd, reaching Chefoo Wed. eve July 25th. I think the friends had not heard from you before we left after you had reached the U. S. I trust you had a happy home-coming and are enjoying your furlough. How happy your father and mother are! But how hard it will be for them to let you return again. I know how that was when I was home with my babies.

I suppose you are seeing San Francisco spring up again [after the disastrous 1906 earthquake and fire]. Do you ever see anything of the McGills or Mrs. Sherman?

The Bunkers, Miss Wambold & Messrs Lee & Burdick came to Chefoo the steamer before we did; Messrs Lee & Burdick left after one month, the others are yet here, and the Reynolds came when we did, and Sunday the Junkins' arrived.

Mr. Lee seemed improved, but he yet had to be very careful. I believe he planned going with his family up the river after his return to Pyeng Yang.

Bowling Reynolds, as I think you know, came over here to school in Feb. and since they have vacation the month of Aug. his family have come to spend it with him. The Junkins' mean to leave their boys here. Their new baby looks so well! It seems to me he is the most perfect specimen of healthy babyhood I've seen in Korea.

I think both the Reynolds & the Junkins' would have liked to send their children to our Pyeng Yang school if they could have gotten board

로제타 S. 홀

중국, 즈푸

1906년 8월 11일

마포삼열 부인에게,

작은 한국 기도 달력을 사용하고 있는 우리는 어제와 오늘 부인과 마포삼열 박사님과 제임스를 기억했습니다. 나는 부인에게도 편지를 써야겠다고 생각했어요.

셔우드[아들]와 나는 7월 23일 월요일 오전에 평양을 떠나 7월 25일 수요일 저녁에 즈푸(芝罘)에 도착했습니다. 나는 부인이 미국에 도착한 이후 우리가 떠나기 전까지 친구들이 부인으로부터 소식을 듣지 못했다고 생각합니다. 나는 부인이 행복하게 집에 가서 휴가를 즐기고 있다고 믿습니다. 부인의 아버지와 어머니는 얼마나 행복하실까요! 그러나 그분들에게 부인을 다시 돌아가게 하는 일은 얼마나 힘드실까요! 나는 아이들과 고향 집에 있었을 때 그것이 얼마나 힘들었는지 알고 있습니다.

나는 부인이 샌프란시스코가 [처참했던 1906년의 지진과 화재 이후에] 다시 일어나는 것을 보고 있다고 생각합니다.[1] 맥길 가족이나 셔먼 부인에 대해 무엇이든 보셨나요?[2]

벙커 가족과 웜볼드 양과 리 목사와 버딕 목사는 우리가 오기 전에 기선을 타고 즈푸로 왔습니다. 리 목사와 버딕 목사는 한 달 후에 떠났고, 다른 분들은 아직 이곳에 있습니다. 레널즈 가족은 우리가 올 때 왔고, 일요일에 전킨스 가족이 도착했습니다.[3]

---

1 1906년 4월 18일 새벽에 지진이 있은 후 이어 대화재가 발생하여 며칠 동안 3,000여 명이 사망하고 샌프란시스코 도시의 80퍼센트가 불타는 대참사가 발생했다. 마포삼열은 7월에 항구에 도착하여 참사의 현장을 목격했다.

2 1898년 한국에 파송된 셔먼(Harry Sherman) 의사는 건강 악화로 로스엔젤레스에 돌아왔으나 1900년에 사망했다. 셔먼 부인(Mrs. Florence Sherman)은 남가주대학(USC)의 학생 신흥우와 함께 1904년 3월 한인 선교회를 조직하고 한인 학생들을 지도하고 도왔다. 이 선교회가 발전하여 나성한인감리교회가 되었다.

3 많은 선교사가 여름휴가를 산동 반도의 아름다운 개항장인 즈푸에서 보냈다. 제물포에서 기선을 타면 하루면 갈 수 있었고 서양인이 많은 곳이라 그들이 지내기에 여러모로 편리했고 기후가 좋았기 때문이다.

for them. Oh, I forgot to say, the Millers are coming the next boat too, expecting to put their children in the school here. No doubt they'd preferred P. Y. too.

Do you know, it makes me wish we might build up our P. Y. school better and provide for our Korea children ourselves! This is a good school of course and a healthy place, but it is all carried on with English text-books and Eng. Methods which are so different from ours.

We shall have to make some different arrangement anyhow even for our P. Y. children, as thus far the teachers have not seemed strong enough for one teacher to do it all. The older children really ought to be in school 3 hours now in the afternoons instead of 2, or at least 2½ hours, and the school year should extend to the middle of June at least. But our teachers thus far don't seem to be able to stand it, and I don't know that we can expect another to do any better. The work is growing harder, anyhow, as the children become more advanced and new children are added on. It seems to me we must try one of three things, either we missionaries must share in the teaching as I suggested last year; or we must secure a young man teacher; or we must have two lady teachers.

Of course, a young man would be the easier solution of the problem I suppose, and a number are in favor of him and no one opposes, I think, only the majority seem to think we can't hope to secure one. But I'm not so skeptical. For my part, for a teacher I would much prefer a graduate of a State Normal School to any college graduate, unless he or she too had her regular Normal training. And I believe if Dr. Moffett were to put in application to several of your Calif. Normal Schools, or any of the State Normal Schools, (it would be safe to apply to several) during this coming year, to the graduating class, I believe you could secure a young man. A man so young perhaps that he would know he'd not stand a chance of getting a very good principalship or other position, and who for the travel and the experience would be willing to come to Korea for 3 yrs. at not very much higher salary than Miss Armstrong. Or suppose

리 목사는 좀 나아 보였지만 아직은 조심해야 합니다. 나는 그가 평양으로 돌아간 다음 대동강 위쪽으로 그의 가족과 함께 가기로 계획한 것으로 알고 있습니다.

부인도 알고 있을 보울링 레널즈는 2월에 이곳의 학교로 왔으며 8월에 휴가를 가기 때문에 그의 가족이 그와 함께 휴가를 보내기 위해 이곳으로 왔습니다. 전킨스 가족은 그들의 아들들을 이곳에 남겨둘 작정입니다. 그들의 새 아기는 건강해 보입니다! 그는 내가 한국에서 본 건강한 아기의 가장 완벽한 표본인 듯합니다.

나는 레널즈 가족과 전킨스 가족 모두 기숙사를 구할 수 있었다면 그들의 자녀를 우리 평양외국인학교로 보냈을 것이라고 생각합니다. 오, 내가 말하는 것을 잊어버렸는데, 밀러 가족도 다음 배로 이곳으로 오는데 자녀들을 이곳 학교로 보내려고 계획하고 있습니다. 그들도 기숙사 문제만 해결할 수 있었다면 의심할 여지 없이 평양을 더 선호했을 것입니다.

이것이 나로 하여금 평양학교를 더 좋게 세우고자 바라게 만든 사실을 아세요? 물론 즈푸에 좋은 학교가 있고 건강에도 좋지만, 우리 학교와는 달리 모두 영어 교재와 영어 방식으로 운영되고 있습니다.

이제까지는 모든 필요한 것을 할 수 있을 만큼 교사가 충분해 보이지 않았지만 아무튼 앞으로는 우리의 평양 어린이들을 위해서도 무언가 다른 조치를 취해야 할 것 같습니다. 고학년들은 오후에 2시간 대신 3시간이나 최소한 2시간 반 동안 학교에 있어야 하고, 학기도 최소한 6월 중순까지 연장되어야 합니다. 그러나 우리 교사들은 아직까지 그것을 견뎌낼 수 있을 것 같지 않으며, 또 다른 사람이 더 잘할 것이라고 기대할 수 있는지도 모르겠습니다. 어린이들이 달라지고 있고 새로 들어오기도 하면서 어쨌든 사역은 성장하고 있습니다. 저는 이제 세 가지 중 하나를 시도해야 한다고 생각합니다. 제가 작년에 제안한 대로 우리 선교사들이 가르치는 일을 분담하거나, 젊은 남성 교사 한 명을 확보하거나, 2명의 여교사가 있어야 합니다.

물론 젊은 한 명의 남성 교사가 이 문제에 대한 더 쉬운 해결책이 되리라고 보며, 많은 사람이 이것을 선호하고 아무도 반대하지 않지만, 대다수는

he was given twice the salary—his board and other expenses would cost us only the same, and we could well afford to pay him twice as much or even more if he would but do the work. I think it worth trying!

If you find it can't be done or if you think as I do, and several others, that we ought to be making better provision for the future of our school, then try to secure donations (and we will all help) toward building a good sized home, where two lady teachers (and later 3 or 4 perhaps) could live and make both a home for themselves and for the children from outside stations to board. Now that we have the R. R. I think this ought to be done. And we have as fine & healthful a site in Pyeng Yang as anywhere and with the river we could have the swimming & boating and other athletics they have at Chefoo, together with skating, etc. And if some of the men would but teach them the sports and ball games they teach the Academy boys, or let them have them together, I believe by the time *your James* is ready to enter school, if and before, we will have a school worth having—a school that the Americans from both Japan & Chefoo will be seeking for their children to enter rather than sending them to this English school!

For the sake of the sports and the discipline that must be observed in such a large school as this, I have been contemplating having Sherwood enter here next Feb. But, as stated before, I do not like their course. And since coming here find that their standards are so different that it will put Sherwood so far back unless he drops his present work and prepares only for this, that I question whether it will pay or work in his case—for he would have to continue the work either in Canada or England, or else get graded back again when he comes to leave here. He is not so quick as some and can't adapt himself to the changes as a brighter student might without loss of time.

I wish you would think about these things with me, and let me know the result. If you think best to try for two teachers and a larger school at once, I suppose we could and only need the new home as

우리가 그 한 사람을 확보할 수 없다고 생각하는 듯합니다. 그러나 나는 그렇게 회의적이지 않습니다. 나로서는 교사가 정규 사범학교 훈련을 받지 않았다면 대학 졸업자보다는 주립 사범학교 졸업자를 선호합니다. 그리고 다가오는 해에 마포삼열 박사께서 여러 캘리포니아 사범학교나 다른 주의 사범학교 졸업반에 지원서를 보낸다면(여러 학교에 보내는 것이 안전하겠지요) 나는 부인이 젊은 교사 한 명을 확보할 수 있으리라고 믿습니다. 썩 좋은 교장직이나 다른 자리를 얻을 기회를 만나기가 쉽지 않은 것을 아는 젊은 청년으로, 암스트롱 양의 급여보다 훨씬 더 높지 않은 봉급으로 여행과 경험을 쌓기 위해 3년간 한국에 기꺼이 올 남성을 구합니다. 만일 그가 두 배의 봉급을 받을 경우, 그의 숙식비나 다른 비용이 동일하게 적게 들 것입니다. 만일 그가 사역까지 한다면 그에게 두 배나 조금 더 많은 액수의 급여를 줄 수도 있을 것입니다. 나는 그것이 시도할 만한 가치가 있는 일이라고 생각합니다.

부인이 그렇게 할 수 없다거나, 나와 다른 여러 사람처럼 우리 학교의 미래를 위해 더 나은 계획을 세워야 한다면, 2명의 여성(나중에 3명 또는 아마도 4명)이 살 수 있고, 또 그들과 다른 선교지부에서 온 아이들이 식사도 할 수 있는 넉넉한 크기의 주택을 짓기 위한 기금을 마련하도록 노력해주십시오(우리도 모두 도울 것입니다). 이 도시에 철도가 있으므로 나는 이 일을 해야 한다고 생각합니다. 그리고 우리는 다른 어느 곳 못지않은 훌륭하고 유익한 좋은 부지를 평양에 가지고 있습니다. 강이 있어서 스케이팅 등은 물론 즈푸에서처럼 수영과 배 타기와 다른 운동 경기도 할 수 있습니다. 또한 일부 남성 교사들이 운동 경기와 구기 종목을 가르치고 싶으면 중학교 남학생들에게 가르치거나 학생들과 함께 경기도 할 수 있습니다. 나는 부인의 아들 제임스가 학교에 들어갈 준비가 될 때나 그전에 일본과 즈푸에 있는 미국인들이 이곳 영어 학교로 자녀를 보내는 대신, 입학시키고 싶어 하는 좋은 학교를 우리가 가지게 될 것이라고 믿습니다!

스포츠와, 큰 학교에서 준수하는 규율 때문에 나는 내년 2월에 셔우드를 이 학교에 들어가도록 하는 데 대해 생각해보았습니다. 그러나 앞에서 썼듯이 나는 그들의 과정을 좋아하지 않습니다. 그리고 이곳에 온 이후 그들의

before suggested, but also school building. But I believe we could raise the money for it–perhaps not all at once, but in ample time. Or, some arrangement might be made with the Academy and our new School of Technology that the high school work might be done in them.

Just as I left we had a school meeting in which we decided to have that Mr. Stiles that visited P. Y. at the time of your farewell reception I think it was–or perhaps it was just before that–the party the Lees gave when the Gilletts were visiting us–to have him help teach in the Academy, and also to have him help Miss Armstrong with the largest class through the coming year. So it is possible we may find in him the man teacher we are seeking for the present, though we fear his methods may be too ancient as he is 60 yrs old or so. However, it may give us plenty of time to get the right teacher in the end. As I said before, give me a graduate from a State Normal School every time before a college graduate for a teacher.

I expect you heard of the first Union Normal Class we held in P. Y. from June 20 to 30 this year–for both men & women. It was in charge of Messrs. Baird & Becker and Misses Snook & Robbins, aided by nearly all the missionaries. The morning sessions were held in the Academy and the afternoon sessions in our Church. It was altogether a great success, I think everyone felt.

Union seems to be the word here in China as well as in Korea. In the Union prayer meeting here the other day I heard a C. M. S. [Church Missionary Society] man from Foochow say his Mission were going to ask the Methodist & American Board [American Board of Commissioners for Foreign Missions] to unite with them both in a Medical School and in a *Theological School*! In Peking all the missions, even the S. P. G [Society for the Propagation of the Gospel], have united in a fine Medical School. We must do this in Korea.

I have written Miss Rothweiler & Dr. Field in regard to the latter joining me in Pyeng Yang medical work for women & children. 40% of

기준이 매우 달라졌고, 셔우드가 현재 하는 공부 대신 오직 이 학교만을 위해 준비하지 않으면 학업이 한참 뒤로 밀리게 된다는 것을 알게 되어서, 나는 그 학교에 들어가는 것이 가치가 있고 잘될지 의문입니다. 왜냐하면 그는 캐나다나 영국에서 공부를 계속해야 하고, 그렇지 않다면 이곳을 떠날 때 다시 학년을 낮추어야 하기 때문입니다. 그는 다른 아이들만큼 빠르지 않고, 더 똑똑한 학생들이 시간을 낭비하지 않고 변화에 적응하는 만큼 그렇게 할 수 없습니다.

나는 부인이 이런 점을 생각하고 그 결과를 알려주기를 바랍니다. 부인이 한꺼번에 2명의 교사를 확보하고 더 큰 학교에 가는 것이 최선이라고 생각하면 나는 우리가 할 수 있으며, 앞에서 제안했듯이 새 주택뿐만 아니라 학교 건물도 필요하다고 생각합니다. 그러나 나는 우리가 그 기금을 모금할 수 있다고 믿습니다. 아마도 한꺼번에 전액은 못해도 많은 시간을 들이면 가능할 것입니다. 또는 중학교와 우리의 새로운 기술학교에서 고등학교 사역을 할 수 있도록 두 학교와 조정할 수도 있습니다.

내가 떠날 때 우리는 학교에서 회의를 열었는데, 부인의 송별회 때 평양을 방문했던 스틸즈 씨를 임용하기로 결정했습니다. 질레트 씨가 우리를 방문했을 때 리 목사 부부가 열었던 환송회 때이거나 바로 그 직전이었다고 생각합니다. 그가 중학교에서 가르치는 일을 돕고 내년 한 해 동안 암스트롱 양을 도와 가장 큰 규모의 수업을 맡아주기로 결정했습니다. 우리는 비록 그가 60세쯤 되어서 그의 방법이 구식일 것 같아 걱정되기는 하지만, 그는 현재 우리가 찾고 있는 남성 교사의 역할이 가능합니다. 그러나 결국 적당한 교사를 찾으려면 많은 시간이 필요할 것 같습니다. 앞에서 말했듯이 대학을 졸업하고 교사가 되려는 자보다 주립 사범학교 졸업생을 보내주십시오.

저는 부인이 올해 6월 20일부터 30일까지 평양에서 우리가 열었던 첫 번째 연합 교사 사경회에 대해 들었을 것으로 생각합니다. 베어드 목사, 베커 목사, 스누크 양, 로빈스 양 등이 담당했는데 거의 모든 선교사의 도움을 받았습니다. 아침 수업은 중학교에서 열었고 오후 수업은 우리 교회에서 열었습니다. 그것은 대체로 성공적이었는데, 나는 모든 사람이 그렇게 느꼈다

the Christians I treated last year were Presbyterian, and the number is increasing all the time. With Esther ill (by the way, she has been in Chefoo since first of May and will likely stay till Oct.) and not much hope of recovery, we must have another doctor in the work, and why not Dr. Field who has the language, and the experience, and as I think we all feel, from now on our great work will not be so much seeing how many patients we can treat, but teaching *Koreans* to become doctors & nurses; and since Dr. Field is a teacher I think it would be so lovely to have her associate in the work. We have never had anyone sent out to take the Harris's place yet, you know, and Dr. Cutler's & my furlough comes due the same time in another year.

But I must close. I wonder if you will get to Costile [?]. If so, remember me to the dear friends there. Let me hear from you. Sherwood sends love to James.

Lovingly,
Rosetta S. Hall

고 생각합니다.

연합은 한국에서만큼 이곳 중국에서도 중요한 말인 것 같습니다. 며칠 전 연합 기도회에서 나는 푸초우에서 활동하는 성공회 교회선교회의 남성 선교사로부터 그의 선교회가 북감리회 선교부와 미국 공리회 선교부에 의과대학과 신학교 두 개를 연합하여 운영하자고 요청할 계획이라는 말을 들었습니다. 베이징에서는 모든 선교회, 심지어 복음전파회조차 연합해서 훌륭한 의과대학을 설립했습니다. 우리는 한국에서 이 일을 해야 합니다.[4]

나는 여성과 어린이를 위한 평양의 의료 사역을 위해 필드 의사가 나와 함께 사역하는 데 대해 로스와일러 양과 필드 의사에게 편지를 썼습니다.[5] 작년에 내가 치료했던 기독교인 중 40퍼센트가 장로교인이었으며, 그 수는 계속 증가하고 있습니다. 에스더가 아프고(그녀는 5월 1일부터 즈푸에 있으며 10월까지 머무를 것입니다) 회복될 희망이 별로 없기에 이 사역에 또 다른 의사가 있어야 하는데, 한국어를 하고 경험이 있는 필드 의사가 적합해 보입니다. 그리고 나는 지금부터 우리가 할 위대한 사역은 얼마나 많은 환자를 치료할 수 있는가를 보는 것이 아니라, 한국인들을 가르쳐 의사와 간호사가 되게 하는 것이라고 우리 모두 느끼고 있다고 생각합니다.[6] 그리고 필드 의사가 교사이기 때문에 나는 그녀가 사역에 연계되도록 하는 것은 멋진 일이라고 생각합니다. 아직 해리스 의사의 자리를 맡도록 파송된 자는 없으며, 부인도 알다시피 내년에 커틀러 의사와 내 안식년 휴가가 같은 시기에 있을 것입니다.

하지만 이제 그만 써야겠군요. 부인께서 코스타일[?]로 갈지 궁금합니다. 만약 가게 된다면 그곳의 친구들에게 안부를 전해주세요. 부인의 답장을 기대합니다. 셔우드가 제임스에게 사랑을 보냅니다.

사랑하는,

로제타 S. 홀 드림

4 결국 평양에서 기독교 대학과 기독교 병원을 장감 연합으로 운영하게 된다.

5 필드 의사와 피시 의사는 미혼 때부터 가깝게 지내는 친구였다.

6 홀 의사는 이 꿈을 위해 노력한 결과 1920년대에 첫 한국인 여의사를 양성한다.

Samuel A. Moffett

Madison, Indiana

August 31, 1906

Dear Dr. Halsey:

Your letter of August 10th in reply to mine to Dr. Brown reached me in San Rafael, Calif. and was most gladly received. I had a talk with Mr. Pang before leaving California and I eagerly await further word from you saying that the $468⁰⁰ needed to inaugurate the Korea work has been found. It will be a keen disappointment if anything prevents the beginning of work among our Korean Christians in America and I hope to hear from you soon so that I may write to Mr. Pang and to Mr. Laughlin that Mr. Pang may begin at once along the lines arranged with him before I left California.

I delayed filling out the enclosed postal until arrival here as before that my plans were not really settled. I expect to be here until November 1st after which I hope to be in Princeton Seminary until February 1st.

With kindest regards and greetings,

Sincerely yours,

Samuel A. Moffett

마포삼열

인디애나, 매디슨

1906년 8월 31일

헬시 박사님께,

브라운 박사님께 제가 썼던 편지에 대한 귀하의 8월 10일 자 답장이 캘리포니아 샌라파엘에 있는 제게 도착해서 기쁘게 받았습니다. 저는 캘리포니아를 떠나기 전에 방[화중] 씨와 대화를 나눴습니다. 저는 한국인 사역을 시작하기 위해 필요한 468달러를 구했다는 귀하의 답변을 간절히 기다리고 있습니다. 어떤 것이든 미국에 있는 우리 한국인 기독교인들 가운데 사역을 시작하는 것을 막는다면 크게 실망스러울 것입니다. 저는 귀하로부터 조만간 답변을 들어서 제가 캘리포니아를 떠나기 전에 방 씨가 계획한 것에 따라 즉시 사역을 시작해도 된다고 그와 래플린 목사에게 편지를 쓸 수 있기를 바랍니다.

저는 이곳에 도착할 때까지 동봉한 우편물을 완성하는 것을 미뤘는데 그 이전에는 제 계획이 완전히 확정되지 않았기 때문입니다. 저는 이곳에 11월 1일까지 있을 예정이며, 그 후에는 2월 1일까지 프린스턴 신학교에서 지내기를 희망하고 있습니다.

안부와 인사를 전하며,

마포삼열 올림

Arthur J. Brown

New York, New York

September 19, 1906

The Rev. Samuel A. Moffett, D.D.

Madison, Indiana

My dear Dr. Moffett:

On returning from my vacation I found your letter of August 1st and Dr. Halsey's reply to it. I need hardly tell you of my strong sympathy. It seems to me that your judgment regarding the situation in the Hawaiian Islands is very wise. I could perhaps only emphasize the doubt whether the Board would be able for financial reasons to undertake work there in any event. The financial pressure is so tremendous for the maintenance of our existing work that the Board feels obliged to be very cautious about adding new responsibilities. This consideration is intensified in this case by the fact that the Hawaiian Islands have long been considered the special field of sister evangelical churches. With the Congregational, Episcopal and Methodist churches all on the field and willing and able to look after the Koreans there, I think that our Board would not feel justified in entering such a field, especially when by doing so money would have to be taken away from the work in Asia.

In San Francisco, however, the situation appears to be a little different. Dr. Halsey informs me that he has not yet succeeded in getting the money for which he has appealed, but he is trying to get it and hopes that something can be secured. There are so many appeals before the churches just now that the Board has to be pretty cautious about adding to the number. Every dollar of the anticipated income for this year has been pledged in the regular grants and there is a debt of $110,000 besides, so that we are in trouble, but there are one or two individuals concerning whom we have hopes.

I am eager to see you and to have a good long talk with you. I

아서 J. 브라운

뉴욕 주, 뉴욕

1906년 9월 19일

인디애나, 매디슨

마포삼열 박사에게,

휴가에서 돌아오자마자 귀하의 8월 1일 자 편지와 그에 대한 핼시 박사의 답장을 발견했습니다. 내가 깊이 공감한다는 것을 따로 말할 필요가 없을 것입니다. 하와이 열도의 상황에 대한 귀하의 판단은 현명한 것으로 보입니다. 나는 아무튼 재정적인 이유 때문에 선교부 이사회가 그곳의 사역에 착수할 수 있을지 의문이 든다는 점을 강조할 수 있을 뿐입니다. 우리의 현재 사역을 유지하기 위한 재정적인 압박이 워낙 커서 선교부는 새로운 책임을 추가하는 일에 조심스러울 수밖에 없습니다. 하와이 열도가 오랫동안 우리와 자매 관계에 있는 복음주의 교회의 특별한 사역지로 여겨졌기 때문에 이 경우 더 깊이 숙고해야 합니다. 회중교회, 성공회, 감리교회가 모두 그 사역지에 있고 그곳의 한국인들을 돌보려 하고 또 돌볼 수 있는 상황에서, 나는 그런 사역지에 들어가는 데 대해, 특히 그렇게 함으로써 아시아 사역비를 줄여야 할 때 들어가는 데 대해, 우리 선교부 이사회가 정당하다고 느끼지 않으리라고 생각합니다.

그러나 샌프란시스코에서의 상황은 조금 달라 보입니다. 핼시 박사는 요청한 자금을 확보하는 데 아직 성공하지 못했지만 그것을 확보하려고 노력하고 있으며, 어느 정도 확보하게 되길 바란다고 내게 알려주었습니다. 지금은 교회에 너무 많은 요청이 있어서 선교부는 그 수를 늘리는 일에 조심스럽습니다. 올해 기대되는 수입의 모든 금액은 정규 보조금으로 책정되어 있고 그 외에도 11만 달러의 빚이 있어서 어려운 상황 가운데 있지만 우리가 기대하는 사람이 한두 명 있습니다.

나는 귀하를 만나서 충분히 대화를 나눌 수 있기를 간절히 바랍니다. 나는 귀하의 형에게 들어서 귀하가 얼마 후에 프린스턴에 갈 예정이라는 사실

understand from your brother that you expect to be in Princeton after a little. Of course then you can run over to New York and see us. It will be good to welcome you.

Affectionately yours,

Arthur J. Brown

을 알고 있습니다. 물론 그다음에 귀하는 뉴욕으로 와서 우리를 만나겠죠. 귀하를 만나게 되면 기쁠 것입니다.

아서 J. 브라운 드림

Arthur J. Brown

New York, New York

September 27, 1906

The Rev. S. A. Moffett, D.D.
Madison, Indiana
My dear Dr. Moffett:

Congratulations on your election as Moderator of [New Albany] Presbytery. It is an honor well deserved. I wish the Synod would honor itself by choosing you to preside over its deliberations.

Dr. Halsey and Dr. Bradt are in charge of the Synodical arrangements in Indiana and I think Dr. Halsey is to be there himself. He is now in Wisconsin, but I will consult him on his return next week. I am sure that he will be delighted to know that Dr. Gale and you are both to be there.

I note your suggestion about the Koreans and the Home Board. When Dr. Halsey left he had strong hopes of a gift from a lady who had been approached, but thus far nothing has been received. As soon as he comes back, which will be the latter part of next week, he will take up the matter at once. I share your anxiety.

You will receive a letter from Mr. James Reynolds, Chairman of the Committee on Oriental Immigration, of the Immigration Conference of the United States, asking you for a report to the Committee on the Koreans of the Hawaiian Islands and California. I am a member of the Committee and suggested this. Mr. Reynolds will doubtless tell you that the Committee will pay any expenses involved. We are studying the question of Korean immigration, and are very desirous of having the information that you can throw upon it.

Cordially yours,
Arthur J. Brown

아서 J. 브라운

뉴욕 주, 뉴욕

1906년 9월 27일

인디애나, 매디슨

마포삼열 박사에게,

뉴앨버니 노회의 노회장으로 선출된 것을 축하합니다. 그것은 귀하에게 합당한 명예입니다. 나는 대회가 심사위원장으로 귀하를 선택함으로써 스스로 명예로워지기를 바랍니다.[1]

헬시 박사와 브래트 박사는 인디애나에서 대회 준비를 담당하고 있습니다. 나는 헬시 박사가 그곳에 있어야 한다고 생각합니다. 그는 지금 위스콘신에 있지만, 나는 그가 다음 주에 돌아오면 그와 의논하겠습니다. 나는 게일 박사와 귀하가 그곳에 있다는 사실을 알면 그가 기뻐하리라고 확신합니다.[2]

나는 한국인들과 국내 선교부에 대한 귀하의 제안을 기억하고 있습니다. 헬시 박사는 떠날 때 연락을 취하고 있던 여성이 헌금하리라는 강한 희망을 품고 있었지만 아직까지 아무것도 받지 못했습니다. 그는 다음 주 후반에 돌아오는 즉시 그 일에 착수할 것입니다. 나는 귀하의 조바심을 함께 느끼고 있습니다.

귀하는 동양 이민 위원회의 위원장인 제임스 레널즈 목사로부터 미국 이민 대회와 관련하여 하와이와 캘리포니아의 한국인들에 대한 보고서를 위원회에 제출하라고 요청하는 편지를 받을 것입니다. 내가 그 위원회의 위원으로서 이를 제안했고 레널즈 목사는 위원회가 관련 비용을 모두 지불할 것이라고 귀하에게 말할 것입니다. 우리는 한국인 이민에 대한 문제를 연구하고 있으며, 이에 대해 귀하가 정보를 제공해주기를 바랍니다.

당신의 충실한, 아서 J. 브라운 드림

---

1 미국 북장로회는 "당회"(Session)-"노회"(Presbytery)-"대회"(Synod)-"총회"(General Assembly)로 이루어져 있다.

2 게일 목사는 마포삼열의 소개로 인디애나 노회 소속이었다.

Lucia Hull Fish(sister of Charles Hull and Thomas Fletcher Fish)

Oakland, California

October 9, 1906

My dear Allie:

Your good long go-into-detail, come-out-by wholesale letter, came this a.m.. and I've just got a spot big enough cleaned out in my palatial residence to reply. Ethel Benham calls me "First Aid to the Moving Van," and I begin to think she is right. Anyway, Tom [her brother, Thomas Fish] built another cottage in this yard and of course I was fool enough to move into it. Talk about the "Simple Life," Wagner can't give me any points. For a week and four days I lived without any fire or lights but a candle–now the gas stove is all right and I can revel in a chop and a cup of coffee, but the electrical inspector has condemned *that* work–so no lights, no door bell, etc. for goodness knows how long. "Greater Oakland" is a delusion and a snare. I'm sick of it. I know you would admire my parlor–its principal features are a work bench, a box, 2 trunks, pictures on the floor behind the door, writing desk, bookcase, clock and 4 chairs. The Bungalow is rented to two young ladies in business. They belong to the "Home of Truth." I don't know what that is–but they seem earnest to do right and believe in showing their religion in their dress and everything else, are charitable, think it wrong to lay up anything for old age, etc., etc., etc. in all of which you are supposed to be intensely interested.

I *am* glad you are having such a perfectly lovely time–but to think you have been to Cin[cinnati] & didn't call at 1344 Locust Street & on May Benham, Mary Benham's mother. You would have had a warm welcome. Mary–the Paige family, have left Chicago and are in New York. G. B. Shaw's family are back where you called on me once–3423 Michigan Avenue. I do hope you will see them all. Your dad [her brother, Charles Fish] and I have had a falling out [here she is making a bit of a

루시아 헐 피시[1]

캘리포니아, 오클랜드

1906년 10월 9일

사랑하는 앨리스에게,

네가 보내준 장문의 편지를 오늘 오전에 받았단다. 나는 대궐 같은 집에서 답장을 쓸 수 있는 공간을 겨우 찾았단다. 에셀 벤햄은 나를 "이삿짐 트럭의 구급상자"라고 부르는데 나는 그녀가 맞다고 생각하기 시작했단다. 어쨌든 톰[오빠 토마스 피시]은 이 마당에 또 다른 작은 집을 지었고, 나는 바보같이 그곳으로 이사를 했구나. "단순한 삶"에 대해 말해보렴. 와그너는 내게 어떤 중요한 점도 알려줄 수 없단다. 일주일하고도 나흘 동안 나는 불이나 전등도 없이 촛불만 가지고 살았단다. 지금은 가스난로가 작동하고 있어서 내가 빵 한 조각과 커피 한 잔을 즐길 수 있지만, 전기 감독관은 그 일을 비난했단다. 그래서 난 전등도 없고 초인종도 없단다. 맙소사, 얼마나 걸릴지 알 수가 없구나. "더 위대한 오클랜드"는 환상이고 올가미다. 정말 지겹다. 너는 내 응접실을 부러워하겠지. 응접실의 주된 특징은 작업대 하나, 상자 하나, 트렁크 두 개, 문 뒤의 바닥에 있는 그림들, 책상, 책꽂이, 시계, 그리고 네 개의 의자란다. 별채는 사업을 하는 두 여성에게 세를 주었단다. 그들은 "진리의 집" 소속이라는구나. 나는 그것이 무슨 종파인지 모르지만 그들은 바르게 살고 자신들의 종교를 자신의 옷과 다른 모든 것에서 보여주는 데 열성적인 듯하며, 자선을 베풀고, 노년을 위해 아껴두는 것이 잘못이라고 생각하는 등 모든 것이 네가 강하게 관심을 가질 만하다.

네가 그토록 완벽하게 행복한 시간을 보내고 있다니 기쁘구나. 하지만 신시내티에 가서 로커스트 가의 1344번지에 있는 메리 벤함과 그 어머니를 방문하지는 못했구나. 네가 따뜻한 환영을 받았을 텐데 말이다. 페이지 가족의 메리는 시카고를 떠나 지금 뉴욕에 있단다. 쇼 가족은 네가 나를 한 번 방

1 찰스 헐과 토마스 플레처 피시의 여동생.

quip]. The earthquake–we lay everything to that here–has made him awfully stupid. I've written him three times to know *when* you left, and *where* and *how* you all were–and until today I didn't *know* you had left San Rafael. Tell Sam [that] Tom didn't know him that a.m. at the office. I don't wonder. An iron tool fell from workmen and cut his head an hour before & Rhoda [Thomas Fish's wife] says he was dazed when he got home. He thought the gentleman very cordial and asked Al who he was after Sam left. Lucia is at Napa this week attending Institute–will be home Friday night. I hope to have a light by that time. An electrician came at 9 a.m. yesterday, worked fifteen minutes–left a took to hold the job and I haven't seen him since, so the prospect is bright.

Many thanks for statistics. I have 3 presidents of Missionary Societies on my list and of course all they can get out of me is clear gain. Also for reply to queries. Yes, that is an explanation that explains. I had quite a list of questions saved up for you to answer, but you'll be glad to know that in moving I lost them and can't remember but one and that not very important. In Numbers 16th, the careless way I read–it seems as tho Korah and everybody and everything that belonged to him was swallowed up root and branch–in the 26th chapter I was surprised to meet his *sons* serene and smiling as ever. I shall not apologize for troubling you–because you remember "we women are told to ask our husbands at home" if we want to know anything–and as I haven't any husband or just now–any home, you can come to the rescue when you get back. I think only children [meaning one-child families] ought to marry into big families and you certainly struck it rich. Don't let Grandma or any of the clan spoil the baby. By the way, his middle name should have begun with A–then the family initials could have been chanted in endless lullaby, "S. A. M.," "M. A. M.," "J. A. M."

In lots of love,

Aunt Lute

문했던 미시간가 3423번지로 돌아와 있단다. 나는 네가 그들을 모두 만날 수 있기를 바란다. 네 아빠[찰스 피시]와 나는 약간의 불화가 있었단다. 이곳에서 우리는 지진 때문에 집안을 정돈했는데, 지진이 그를 엄청 바보로 만들었지.[2] 나는 네가 언제 떠났는지, 어디서 어떻게 지냈는지 알기 위해 그에게 세 번이나 편지를 썼는데, 오늘까지 네가 샌라파엘을 떠났는지 몰랐단다. 톰이 그날 오전에 사무실에서 그를 몰라봤다고 샘에게 말해주렴. 그 1시간 전에 도구 통에서 쇠 기구가 떨어져서 그의 머리에 상처를 입혔다는구나. 나는 놀라지 않는다. 로다[토마스 피시의 부인]가 말하길 그가 집에 돌아온 후 멍해 있었다는구나. 그는 앨에게 샘이 떠난 후에 그 신사가 다정했는데 그가 누구냐고 물었단다. 네 사촌 루시아는 이번 주에 학교에 출석하느라 나파에 있고 금요일 밤에 집에 올 거란다. 나는 그때까지는 전깃불이 들어오길 바란다. 어제 오전 9시에 전기 기술자가 와서 15분간 일했는데, 일한 표시로 공구 하나를 남겨놓았고, 그 이후로 나는 그를 보지 못했구나.

통계를 보내줘서 정말 고맙다. 내 목록에는 선교회 회장 3명이 있는데, 당연히 그들이 나로부터 얻을 수 있는 모든 것은 이로울 것이다. 또한 내 질문에 대한 대답도 고맙다. 그래, 그것은 좋은 설명이다. 나는 네가 대답할 수 있는 질문로 꽤 긴 목록을 모아두었는데, 네가 알면 기쁘겠지만 이사하느라 그것을 잃어버렸고 한 가지 별로 중요하지 않은 것 외에는 기억나지 않는구나. 주의 깊게 읽지는 않았지만, 민수기 16장에서 고라와 그에 속한 모든 자와 모든 것이 뿌리와 가지까지 다 삼켜진 것 같은데, 나는 26장에서 그의 아들들이 여전히 평온하게 미소 짓고 있는 것을 보고 놀랐단다. 나는 너를 귀찮게 하는 것을 사과하지 않을 거야. 왜냐하면 우리가 무엇이든 알기를 원하면 "우리 여자들은 집에 있는 남편에게 물으라"라는 말을 너는 기억하겠지만, 나는 남편이 없고 또 지금은 집도 없으니, 네가 돌아올 때 구하러 올 수 있기 때문이지. 나는 독녀는 대가족과 결혼해야 한다고 생각하는데, 너는 분

2 이후의 문장에서 농담이 계속된다.

명 벼락부자가 되었구나.[3] 할머니나 가족 중에 누구도 아기를 응석받이로 만들지 못하게 해라. 아무튼 그의 중간 이름은 A로 시작해야 한다. 그러면 가족 이름의 약자는 끝없는 자장가로, "S. A. M.", "M. A. M.", "J. A. M." 이렇게 부를 수 있을 테니 말이다.[4]

많은 사랑을 담아,

루트 고모가

---

3 앨리스는 무남독녀인데, 마포삼열의 가족은 형제자매가 많은 대가족이었다.

4 아들 제임스를 부모의 중간 이름인 Austin과 Alice를 따라 A로 시작되는 이름으로 하면 SAM(Samuel Austin Moffett), MAM(Mary Alice Moffett), JAM(James A. Moffett)이 되어 재미있을 것이라는 뜻.

Arthur J. Brown

New York, New York

October 11, 1906

To the Korea Mission,

Dear Friends:

I am now happy to announce that Mr. Edward S. Harkness of the Madison Avenue Church of New York has given the $500 gold to complete the residence at Chai Ryong and it was appropriated for this purpose at the meeting of the Board the 2nd instant. It is a great relief to us and I am sure a very much greater relief to Dr. Whiting and his associates at Chai Ryong.

By the time this reaches the field I presume Mr. and Mrs. Hunt will be with you. Their marriage September 29th brings into your Mission circle a lady who as I have already written to you has fine qualifications for missionary service. I have known the family for years. A very large circle of warm friends follow her to Korea.

Some time ago I wrote to Major [General] MacArthur of the United States Army [father of General Douglas MacArthur], asking him if he would kindly write me his opinion of our missionary work in Korea, as he had opportunity to see it. He has replied in the following letter:

"Dear Dr. Brown:

Upon my return to San Francisco, after a long absence, I find your note of November 10th, 1905, in which reference is made to my visit to the Severance Hospital in Seoul. I hasten to acknowledge the same as it affords me an opportunity to express in a formal manner the warmest appreciation of the splendid work the missionaries are doing in the hospital, and the great satisfaction that should accrue to all who are concerned in the creation of such an admirable institution. My recollection is that the hospital needs just a little more financial support to make it a perfect establishment, in which

아서 J. 브라운

뉴욕 주, 뉴욕

1906년 10월 11일

한국선교회 귀중,

친구들에게,

뉴욕시 메디슨가교회의 에드워드 하크니스 씨가 재령(재령)의 사택을 완성하도록 금화 500달러를 기부했음을 알리게 되어 기쁩니다. 선교부는 이달 2일 회의에서 그 금액을 이 목적에 사용하도록 배정했습니다. 나는 이 일이 우리의 짐을 크게 덜어줄 뿐만 아니라, 재령의 화이팅 의사와 직원들의 어깨를 가볍게 해주리라고 확신합니다.

이 편지가 현지에 도착할 때는 헌트 목사 부부가 당신들과 함께 있을 것입니다. 제가 이미 지난 편지에 언급했듯이, 9월 29일 결혼식으로 인해 선교 봉사에 좋은 자격을 갖춘 숙녀가 귀 선교회에서 동역하게 되었습니다. 나는 그 집안사람들을 오랫동안 알고 지냈습니다. 그녀를 따라 많은 우호적인 친구들이 한국으로 갈 것입니다.

얼마 전에 나는 미국 육군 맥아더 대령에게 편지해서 우리의 한국 선교 사역을 볼 기회가 있었으므로 그에 대한 의견을 알려달라고 부탁했습니다. 그는 다음과 같은 답장을 보냈습니다.

브라운 박사님께,

장기간 떠나 있다가 샌프란시스코에 도착해보니 귀하가 보낸 1905년 11월 10일 자 편지가 도착해 있었습니다. 그 편지에서 귀하는 내가 세브란스병원을 방문한 일을 언급했습니다. 나는 그 방문을 서슴지 않고 인정하며, 선교사들이 그 병원에서 훌륭한 사역을 하고 있음을 가장 우호적으로 인정하는 공식적 표현의 기회로 삼고자 합니다. 그런 놀라운 기관을 창조하는 데 관여한 이들은 모두 만족스럽게 생각해야 할 것입니다. 나는 병원에 재정 지원을 좀 더 하면 완전한 기관이 되리라고 생각하며, 이를 관대히 고려해주시기를 권고합니다. 나는 동

connection I recommend it for the most generous consideration. In a very extended tour of the entire East I found no institution doing more beneficent work than the Severance Hospital in Seoul.

I desire further to speak in the highest terms of commendation of the missionary work I saw elsewhere in Korea, especially in Pyeng Yang, where a devoted and intelligent body of Presbyterian missionaries are doing the most admirable work and diffusing a general tone of Christianity and civilization throughout an extensive region; such work is certainly deserving of the most cordial and generous support."

Very respectfully,

Arthur MacArthur [General, U. S. Army]

I need hardly state that we are going to spread this letter all over the country. With cordial regards to all the members of the Mission, I remain,

Sincerely yours,

Arthur J. Brown

양 전체를 오랫동안 여행해보았지만, 서울의 세브란스병원보다 더 혜택을 주는 사역을 하는 기관을 본 적이 없습니다.

나는 한국의 다른 지역에서 본 선교 사역에 대해서도 최상의 찬사를 하고 싶습니다. 특히 평양에서는 헌신되고 지성적인 장로회 선교사들이 가장 놀라운 사역을 하고 있으며, 광범위한 지역에 걸쳐 기독교와 문명의 일반적인 기조를 확산시키고 있습니다. 그런 사역은 가장 진심 어리고 너그러운 지원을 받을 자격이 있음이 틀림없습니다.

아서 맥아더 배상

우리가 이 편지를 전국에 반포할 계획임을 굳이 말하지 않아도 좋겠습니다. 선교회 모든 회원에게 따뜻한 안부를 전하며,

아서 J. 브라운 드림

Arthur J. Brown

New York, New York

October 13, 1906

The Rev. Samuel A. Moffett, D.D.

Madison, Indiana

My dear Dr. Moffett:

I am sorry to say that the money for the Koreans in San Francisco has not yet developed. We have to appeal so much for objects that it is not always easy to add an additional one. We have a lady in mind now from whom we hope something, but there is nothing more tangible than a hope.

It is agreed here that the Board gives you authority to raise this money as an extra if you can do so among any of your friends or the friends of Korea, taking care, of course, not to divert sums that would otherwise come to the Treasury of the Board. Don't you know of someone to whom you could write? We are anxious with you to get the matter settled as quickly as possible, but with every dollar of the anticipated income of the year pledged in the regular grants and a debt of nearly $111,000, the Board has to move cautiously unless the funds are in hand.

Cordially yours,

Arthur J. Brown

아서 J. 브라운

뉴욕 주, 뉴욕

1906년 10월 13일

인디애나, 매디슨

마포삼열 박사에게,

샌프란시스코에 있는 한국인들을 위한 기금을 아직 걷지 못해 유감입니다. 우리가 여러 목적을 위해 많은 것을 요청해야 하기 때문에, 하나를 추가하는 일이 항상 쉽지는 않습니다. 우리는 한 여성을 염두에 두고 그녀가 기부해주기를 바라고 있지만 희망 말고 확실한 것은 없습니다.

귀하가 귀하의 친구들이나 한국의 친구들로부터 별도로 이 금액을 모금할 수 있다면, 당연히 선교부 회계에게 전달되는 돈을 사용하지 않으면서 그렇게 할 권한을 선교부 이사회가 귀하에게 부여하도록 동의했습니다. 귀하가 편지를 보낼 수 있는 아는 사람이 없습니까? 귀하와 마찬가지로 우리도 이 문제가 되도록 빨리 정리되기를 열망하고 있지만, 올해 예상 수입 전액이 정규 지원금으로 책정되었고 거의 11만 천 달러의 빚이 있어서, 이사회는 기금이 수중에 있지 않는 한 주의해서 행동해야 합니다.

당신의 충실한,

아서 J. 브라운 드림

Alice Fish Moffett

Madison, Indiana

October 17, 1906

Dear Father and Mother:

There is much to write but so little time for it that I must wait to tell you many things. Last week I went to Indianapolis and from there to Anderson to attend the Synodical meeting where I was to speak. Enjoyed it all thoroughly. Returning to Indianapolis I was entertained in the home of Mrs. Day, the mother of the new Treasurer of the Foreign Board. We expect to leave here the 23rd for Peoria, Illinois, spend three days with brother, Will, and go on to Chicago to stay till the 30th or 31st. So probably we shall reach San Rafael by Saturday, November 2nd. I received the packages, Mother—thank you for sending them.

Jamie boy is well but a little cross at times because the lower molars are coming through. He says ball, bell, boy, boat, bad, hat, hot, wah (water) mama, papa, baby bah (bottle) and tries many other words. The consonant sounds of these words are not all clear but what matter if we understand them! He has great times with Kitty in the yard and now and then Kim-si has great times chasing Baby down the side walk.

I bought a jacket suit for myself for $16.50 and one for Kim-si for $7.50. I should like to stay here longer or go to Princeton with Sam—how to stand it all winter without him I don't know.

Time for letter-writing has passed. A heart full of love to you both from all three of us.

Your loving,

Alice

앨리스 피시 마페트

인디애나, 매디슨

1906년 10월 17일

아버지 어머니께,

써야 할 것이 많지만 쓸 시간이 거의 없습니다. 그래서 저는 두 분께 많은 일을 이야기하기 위해 기다려야 합니다. 지난주에 저는 인디애나폴리스로 갔고 거기서 앤더슨으로 가서 제가 연설하도록 되어 있는 대회 모임에 참석했습니다. 모든 일이 즐거웠습니다. 인디애나폴리스로 돌아와서 저는 선교본부의 새 회계의 어머니인 데이 부인의 집에서 즐거운 시간을 보냈습니다. 우리는 여기서 23일에 일리노이 주 피오리아로 떠나서, 형 윌과 함께 지내다가, 시카고로 가서 30일이나 31일까지 머물려고 합니다. 그래서 아마도 우리는 11월 2일 토요일 이전에 샌라파엘에 도착할 것입니다. 어머니, 보내주신 소포를 잘 받았고, 보내주셔서 감사드립니다.

아들 제이미는 잘 지내고 그저 때때로 아래쪽 어금니가 나오고 있어서 조금 힘들어하기도 합니다. 아이는 볼, 벨, 보이, 보트, 배드, 햇, 핫, 워(워터), 마마, 파파, 베이비 바(보틀) 등의 말을 할 줄 알고, 그 외 다른 말도 많이 시도합니다. 이런 말의 자음이 분명하지는 않지만 아무튼 우리는 그걸 알아듣습니다! 아기는 마당에서 고양이 새끼와 많은 시간을 보내고 이따금 [유모] 김 씨가 많은 시간을 아기 곁에서 따라다닙니다.

저는 16달러 50센트를 주고 정장 한 벌을 샀고 7달러 50센트에 김 씨 것도 샀습니다. 저는 여기서 더 오래 지내거나 샘과 함께 프린스턴으로 가야 할 것 같습니다. 그 없이 겨울 내내 어떻게 지내야 할지 모르겠습니다.

편지 쓰는 시간이 다 지나가 버렸습니다. 우리 세 사람 모두 두 분께 마음에 사랑을 가득히 담아서 보냅니다.

당신의 사랑하는,

앨리스 올림

PHS, microfilm reel #281, Vol. 236, #124

Samuel A. Moffett

Madison, Indiana

October 22, 1906

Dear Dr. Brown:

Your last letter concerning funds for work among the Koreans in California was a keen disappointment. Previous letters led me to believe the work would be undertaken and I had written to the Koreans in that expectation. They will feel it very keenly that our Church neglects them and for the first time in my history with the Koreans I find myself in the position of writing them what lacks the note of encouragement and hopefulness.

I have just received a letter from them telling me that the Methodists were perfecting their plans for work among the Koreans and urging the immediate beginning of our work. I feel that the message I have for the Church at home comes with greater power and accomplishes more in the end when not accompanied by a plea for a contribution at the time for some specific item in the work in which I have a personal interest, but aside from that I should not be able to raise the amount needed in time to take advantage of our present opportunity. I know not where I can secure the money needed but I am willing to give $100 of my own money for it if that will secure an additional appropriation from the Board for the inauguration of the work. If however the Foreign Board cannot undertake this then I would urge the turning of this work over to the Home Mission Board which I understand is in position to take it up. I shall delay writing Mr. Pang and the Koreans in California until I hear once more from you. I am to speak in Peoria, Illinois this week, in Chicago and at McCormick Seminary next week before going East. I shall be back here again and letters will still reach me here.

Sincerely yours,

Samuel A. Moffett

마포삼열

인디애나, 매디슨

1906년 10월 22일

브라운 박사님께,

캘리포니아에 있는 한국인 사이에서의 사역을 위한 자금에 관해 귀하의 지난 편지를 받고 대단히 실망했습니다. 이전의 편지들은 저로 하여금 그 사역이 착수될 것으로 믿게 만들었고, 저는 한국인들에게 그런 기대에 차서 편지를 보냈습니다. 그들은 우리 교회가 그들을 소홀히 여긴다고 통감할 것입니다. 또한 저는 한국인들과 함께한 제 역사에서 처음으로 그들에게 격려와 희망의 글이 없는 편지를 쓰는 입장에 서게 되었습니다.

저는 방금 그들로부터 감리교인들이 한국인을 위한 사역 계획을 완성하고 있다고 알려주면서 우리가 직접 사역을 시작할 것을 촉구하는 편지를 받았습니다. 저는 제가 개인적으로 관심이 있는 사역에서 어떤 구체적인 사항이 있는 시기에 기부금에 대한 청원이 따르지 않을 때, 본국에 있는 교회를 위한 메시지가 더 큰 능력을 가지며 결국 더 많은 일을 성취한다고 느낍니다. 그러나 우리의 현재 기회를 이용해야 할 때에 맞춰 필요한 금액을 제가 모금할 수 없다는 사실은 별도의 문제입니다. 저는 제가 필요로 하는 돈을 어디에서 확보할 수 있을지 모릅니다. 그러나 만약 사역의 추진을 위해 선교부로부터 추가적인 지출금을 확보할 수 있다면 저는 사비로 기꺼이 100달러를 기부할 생각이 있습니다. 하지만 만약 해외 선교부가 이 일을 착수할 수 없다면, 저는 국내 선교부로 이 사역을 전환해주실 것을 촉구합니다. 저는 그들이 받아들일 위치에 있다고 알고 있습니다. 저는 귀하로부터 한 번 더 소식을 들을 때까지 캘리포니아에 있는 방[화중] 씨와 한국인들에게 편지 쓰는 일을 늦출 것입니다. 저는 동부로 가기 전에 이번 주에는 일리노이 주 피오리아에서, 다음 주에는 시카고에서, 그리고 맥코믹 신학교에서 연설하기로 되어 있습니다. 저는 여기로 다시 돌아와서 여전히 이곳에서 편지를 받을 것입니다.

마포삼열 올림

Emma H. Paige

Minneapolis, Minnesota

October 24, 1906

Dear Cousin Alice: [Mrs. S. A. Moffett]
The rain is beating against our east windows. Howe has gone out to the Public Library, the path to which we frequent often. Jamie [brother of Emma Paige] did not come over to dinner tonight but remained for his night's lecture. Macbeth is putting Elizabeth to bed and I can hear her little treble voice. She goes to kindergarten since October 1st but is staying at home because she has had two heavy colds, one following the other. In spite of this she is the picture of health being 5 lbs. heavier than when you were here. Oct. 16th she was 4 years old and had two dolls given her whose clothes may be taken off and on. I only fixed her little hood for winter wear. It worries me because she has too many "things." Father [Rev. James Alexander Paige] seems just as well as when you were here. We purchased the *wheel chair*.

Now I have accounted for all the family except Mary & Lina [?]. The latter is away on her vacation of two weeks with permission to extend this two to four. We are glad the two weeks are up today. We have a young substitute but we miss Lina sadly. I am sorry I have been so negligent about writing. I almost fear you may have left Madison but this will reach you somewhere. Cousin Martha [Alice Fish Moffett's mother] should have a letter also—& must have very soon.

Have you found your blue suit just what you desired? I hope we did not purchase it too hastily. How were the two meetings? I wish I knew more of your doings. How is Cousin Sam, Jamie & Kim-si? I have seen Mrs. Oakley twice since you left, also Mrs. Leck & George. He is a fine little boy.

Now I am going to find out what Swift meant by his satire, *Gulliver's Travels*, or unravel it further.

엠마 H. 페이지

미네소타, 미니애폴리스

1906년 10월 24일

사촌 앨리스에게,

동쪽 창문을 두드리며 비가 내리고 있구나. 하우는 우리가 자주 들르는 공공 도서관으로 가버렸단다. 제이미[남동생]는 오늘밤 저녁식사 때까지 오지 않고 야간 강의 때문에 여전히 남아 있단다. 맥베스는 엘리자베스를 침대에 눕히고 있고, 나는 작지만 고음인 그녀의 목소리를 들을 수 있단다. 그녀는 10월 1일부터 유치원에 가야 하지만 집에서 지내고 있단다. 두 번이나 심한 감기에 연달아서 걸렸기 때문이지. 그럼에도 불구하고 그 아이는 몸무게가 5파운드나 되니, 네가 여기 있었을 때보다도 더 무겁고 건강하단다. 10월 16일로 네 살이 되었고 옷을 갈아입힐 수 있는 인형 두 개를 받았단다. 나는 겨울옷에 작은 후드를 붙여주었단다. 아이가 너무 많은 "재산"을 가지게 되어서 조금 걱정이란다. 아버지[제임스 알렉산더 페이지 목사]는 네가 여기 있을 때와 마찬가지로 지금도 건강하단다. 우리는 휠체어를 구입했다.

이제 나는 메리와 리나를 제외하고 모든 가족에 대해 이야기했다. 메리와 리나는 2주간 휴가를 받았는데 2주를 4주로 연장하는 허락을 받고 멀리 나가 있단다. 우리는 오늘 2주가 다 지나서 기쁘다. 우리에게는 젊은 대체 인력이 있지만 리나가 몹시 그립구나. 내가 편지를 그다지 열심히 쓰지 못하고 게으름을 피워 미안하구나. 네가 메디슨을 떠날지도 몰라서 이 편지가 어딘가에 있는 네게 도착하게 될지 걱정이 된다. 사촌 마사[앨리스 피시 마페트의 어머니]에게도 편지를 보내야 하는데, 그것도 빨리 말이다.

네가 간절히 입고 싶어 했던 파란색 옷은 찾았니? 우리가 성급하게 그것을 구입하지 않았기를 바란다. 두 번의 모임은 어땠니? 네가 하고 있는 일을 더 많이 알고 싶다. 사촌 샘과 제이미와 김 씨는 어떻게 지내니? 네가 떠난 이후에, 나는 오클리 부인을 두 번 만났고 렉 부인과 조지도 만났단다. 그는 잘생긴 어린 소년이란다.

May you have a safe journey home!

Love to you all from

Cousin Emma [Paige][1]

1 This letter sent to Alice at Madison, Indiana and forwarded from there to Rev. William Covert, Chicago, Illinois.

이제 나는 스위프트가 『걸리버 여행기』에서 자신의 풍자로 무엇을 의미하려고 했는지 찾아보거나 풀어볼 작정이다.

네가 안전하게 집에 돌아오기를 바라마!

모두의 사랑을 전하며,

사촌 엠마 [페이지][1]

---

1 이 편지는 인디애나 주 매디슨에 있는 앨리스에게 보냈는데, 거기로부터 일리노이 주 시카고에 있는 윌리엄 커버트 목사에게 전달되었다.

Arthur J. Brown

New York, New York

November 7, 1906

The Rev. Samuel A. Moffett, D.D.

New York

My dear Dr. Moffett:

At the meeting of the Board the 5th instant the following action was taken:

"An appropriation of $221.00 was made for the salary of a Korean helper and for other expenses incident to work among the Koreans in California from November 10th to the end of the fiscal year, the work and expenditure to be under the direction of the Rev. J. H. Laughlin. The total cost of the helper and the work shall not exceed $50 per month and that the Koreans themselves are to furnish $11.00 of this amount, the Board guaranteeing the remaining $39.00."

As we talked this matter over, I simply give you this for your convenience that you may have it in writing.

Cordially yours,

Arthur J. Brown

아서 J. 브라운

뉴욕 주, 뉴욕

1906년 11월 7일

뉴욕

마포삼열 박사에게,

이번 달 5일 선교부 이사회 모임에서 다음 결정이 내려졌습니다.

"221달러의 예산이 11월 10일부터 회계 연도 말까지 한국인 조사의 봉급과 캘리포니아에 있는 한국인들의 사역에 부수되는 다른 비용을 위해 할당되었다. 그 사역과 지출은 래플런 목사의 지도 아래 있을 것이다. 조사와 사역의 전체 비용은 한 달에 50달러를 초과해서는 안 된다. 또한 한국인들이 자체로 이 금액 중에서 11달러를 마련해야 한다. 선교위원회는 나머지 39달러를 보증한다."

우리가 이 문제에 대해 이야기한 대로, 나는 간단하게 당신이 편지를 쓸 수 있도록 당신의 편의를 위해 이것을 당신께 보내드립니다.

충심을 담아,

아서 J. 브라운 드림

Arthur J. Brown

New York, New York

November 8, 1906

To the Korea Mission,

Dear Friends:

Mrs. J. C. Blair of New York has sent us $100 gold toward the new hospital at Taegu. By the terms of our agreement with Miss Mary H. Wright, we cannot use any money but her own in the building proper, but it has occurred to us that this gift could be used to good advantage in furnishing the Hospital and at the meeting of the Board the 5th instant it was appropriated for this purpose.

We have not yet received any action of the Mission or its Executive Committee regarding the return of Dr. and Mrs. Underwood. The letters from Dr. and Mrs. Underwood indicate that he has been very ill and that he is still ill in France. There does not seem to be any question about the facts of the case, but the Board does not like to take formal action until it has the official Mission action. If one was sent it must have been lost en route and in that event, I hope that the one that sent it will forward a duplicate.

We have Miss Barrett's letter of October 10th enclosing a letter of October 6th to Mr. John H. Converse of Philadelphia, regarding the Girls' Boarding School and giving a very interesting account of it. She states, however, that a furnace that was ordered last March or April has not been received and that there has been no answer to the letter regarding it. Inquiry in the Treasurer's Office elicits the information that no such order was received there, nor was any such order sent to me. Perhaps the furnace was ordered of some parties outside of the Board, but if so, Miss Barrett does not state whom they were. We can only conjecture that the letter must have been lost in connection with the catastrophe in San Francisco April 28th. I suggest that Miss Barrett or whoever gave the

아서 J. 브라운

뉴욕 주, 뉴욕

1906년 11월 8일

한국 선교회 귀중

친구들에게,

뉴욕의 J. C. 블레어 부인이 대구의 새 병원을 위해 우리에게 금화 100달러를 보냈습니다. 메리 H. 라이트 양과 합의한 조건에 따라 우리는 건물에 그녀의 돈 외에는 사용할 수 없습니다. 하지만 우리에게 뜻밖에도 이 선물이 병원 장비를 마련하는 데 사용될 수 있다는 생각이 떠올랐고, 이번 달 5일 선교부 회의에서 이 목적에 예산이 배정되었습니다.

우리는 언더우드 박사와 부인의 귀환에 관해 아직 선교회나 실행위원회의 결정을 받지 못했습니다. 언더우드 박사와 부인에게서 온 편지들을 보면 그는 프랑스에서 계속 심하게 아팠고 지금도 여전히 아픕니다. 그 사정이 사실임은 의문의 여지가 없어 보입니다. 그러나 선교부는 선교회가 공식적인 결정을 내릴 때까지 어떤 공식적인 결정도 내릴 것 같지 않습니다. 만일 결정을 보냈다면 오는 도중에 분실되었음이 틀림없습니다. 그 경우라면 나는 그것을 보낸 사람이 사본을 발송해주기를 바랍니다.

우리는 여성 기숙학교와 관련하여 흥미로운 설명을 제공하고 있는 필라델피아의 존 컨버스에게 보낸 10월 6일 자 편지에 동봉된 10월 10일 자 배럿 양의 편지를 가지고 있습니다. 하지만 그녀는 지난 3월이나 4월에 주문된 화로는 받지 않았으며 그것과 관련한 편지에 대해 답장은 없었다고 진술합니다. 회계 사무실에 문의해보니 그런 주문을 받은 적이 없으며, 내게 그런 주문을 보낸 적도 없었다고 알려주었습니다. 아마도 화로는 선교부 외부의 누군가에 주문한 듯합니다. 그러나 그렇다고 해도 배럿 양은 그들이 누구인지 말해주지 않습니다. 우리는 다만 4월 28일에 발생한 샌프란시스코의 대재해로 인해 그 편지가 분실되었음이 틀림없다고 추측해볼 따름입니다. 나는 배럿 양이나 그 외 누구라도 시간을 더 낭비하지 않으려면 선교부의 회계

order send a duplicate to the Treasurer of the Board immediately in order that no further time may be lost. Mr. Day [Board Treasurer] says that he has just received an order for the Boys' School, but none for the Girls'.

The Woman's Society of Los Angeles Presbytery has paid in a further sum of $1,490.95 gold toward the Mary T. Miner residence at Taegu, this amount being a further pledge toward the pledge of that Society to provide $3,000 for this purpose. This sum was appropriated the 5th instant. You will recall that $600.73 were appropriated Sept. 17th so that the total appropriated to date is $2,091.68.

You will appreciate our deep sorrow over the sudden and unexpected return to this country of the Rev. William M. Barrett on account of ill-health. We have received Dr. W. O. Johnson's certificate of October 9th and his explanatory letter of the same date, setting forth the fact that the return was agreed upon by consultation of physicians at the close of the Annual Meeting. The facts stated justify all too clearly and painfully the necessity of the step and the Board at the meeting already referred to approved his return and made the necessary appropriation for travelling expenses. We sympathize very deeply with Mr. and Mrs. Barrett and we most earnestly hope and pray that God will restore them both to health. We feel keenly too the added burdens that are brought upon the other brethren of the Taegu station.

We have also received Mr. McFarland's letter of October 12th and Mr. Barrett's letter of October 5th as Secretary of the Taegu station enclosing Dr. C. H. Irvin's letter to Mr. Barrett of September 28th regarding the return to this country of Mrs. McFarland. The matter was referred to in my letter to the Mission of September 22nd. I need only acknowledge the receipt of these letters. We do not raise any question as to the necessity for her return, but we think it very desirable that wherever possible, the orderly course prescribed by the rules of the Board should be followed in all cases of missionaries who return to this country.

Dr. Gale and Dr. Moffett are both in the office today and I am having

에게 즉시 주문한 사본을 발송하기를 제안합니다. 데이 씨[선교부 회계]는 조금 전 남학교에 대한 주문은 받았지만 여학교에 대한 것은 없었다고 말합니다.

로스엔젤레스 노회의 여전도회는 대구에 있는 메리 마이너 사택에 대해 금화 1,490달러 95센트를 추가로 지불했습니다. 이 금액은 이 목적을 위해 3,000달러를 제공하기로 한 전도회의 서약에 추가된 내용입니다. 이 금액은 이번 달 5일에 배정되었습니다. 여러분은 600달러 73센트가 9월 17일에 배정되었으며, 따라서 오늘까지 배정된 총액은 2,091달러 68센트임을 상기할 것입니다.

배럿 목사가 병환으로 갑자기 되돌아오게 되어 우리가 슬퍼하고 있음을 여러분은 알 것입니다. 우리는 존슨 의사의 10월 9일 자 증명서를 받았습니다. 그리고 연례 회의 마지막 날에 의사들이 협의한 결과 그의 귀환이 결정된 사실을 설명해주는, 그가 보낸 같은 날짜의 편지를 받았습니다. 진술된 사실은 그 조치의 필요성을 분명하고 고통스럽게 잘 보여줍니다. 이미 언급한 선교부 회의에서 그의 귀환을 승인하고 여행 경비로 필요한 지불을 승인했습니다. 우리는 배럿 부부를 진심으로 가엾게 여깁니다. 우리는 하나님이 두 사람의 건강을 회복시켜주실 것을 간절히 소망하고 기도합니다. 우리는 대구 지부의 우리 형제들에게 지워진 추가 부담을 예민하게 느낍니다.

또한 우리는 10월 12일 자 맥팔랜드 목사의 편지와 10월 5일 자 대구 지부의 서기인 배럿 목사의 편지를 받았는데, 그 안에는 맥팔랜드 부인의 귀환에 대해 배럿 목사에게 보낸 9월 28일 자 어빈 의사의 편지가 동봉되어 있었습니다. 그 문제는 선교회로 보낸 내 9월 22일 자 편지에 언급했습니다. 나는 단지 이 편지를 수령했음을 알릴 필요가 있어서 언급합니다. 우리는 그녀의 귀환이 필요하다는 점에 관해 어떤 의문도 제기하지 않습니다. 하지만 우리는 되도록 어디에서나, 이 나라로 귀환하는 선교사들의 모든 경우에, 선교회의 규칙에 의해 규정된 질서 있는 절차에 따라 이루어지는 것이 바람직하다고 생각합니다.

게일 박사와 마포삼열 박사는 오늘 이 사무실에 와 있습니다. 나는 그늘

a delightful conference with them. It is good to see them; and to hear their joyful account of the wonder-working of God in Korea is a tonic to faith.

You will be rejoiced to know that a lady who does not wish her name to be given, who calls herself simply a friend of Missions, has pledged Dr. Moffett $5,000 for a Theological Seminary building at Pyeng Yang and has paid in $,1000 of this amount. I have just had the joy of cabling this to Dr. Lee, so that he might be able to begin plans at once. We understand that the $1,000 gold already in hand will suffice to cover the immediately necessary operations and we trust that by the time the seminary is ready for further expenditures, further payments will be made.

Dr. Moffett has made a special study of the Koreans in California and in accordance with his strong recommendation the Board has taken the following action:

"An appropriation of $221.00 dollars was made for the salary of a Korean helper and for other expenses incident to work among the Koreans in California from Nov. 10th to the end of the fiscal year, the work and expenditure to be under the direction of the Rev. J. H. Laughlin. The total cost of the helper and work shall not exceed $50 per month and the Koreans themselves are to furnish $11 of this amount, the Board guaranteeing the remaining $39.00."

With warm regards to all the members of the Mission, I remain, as ever,

Affectionately yours,
Arthur J. Brown

과 즐거운 대담을 나누고 있습니다. 그들을 만나는 것은 좋은 일입니다. 그리고 한국에서 행하신 하나님의 놀라운 역사에 대한 그들의 즐거운 설명을 듣는 것은 믿음을 위한 강장제가 됩니다.

자신을 단지 선교회의 친구라고 부르는 익명의 여성이 평양신학교 건물을 위해 5,000달러를 마포삼열 박사에게 약속했으며, 이 중에서 1,000달러를 지불했다는 사실을 알면 여러분도 기뻐할 것입니다.[1] 나는 이 소식을 편지로 리 박사에게 기쁘게 알렸는데, 그는 즉시 계획을 시작할 수 있을 것입니다. 우리는 이미 수중에 있는 금화 1,000달러가 즉시 필요한 운영비를 감당하기에 충분하다고 이해합니다. 그리고 우리는 신학교에 추가 경비가 필요한 시점이 되면 추가 지불이 이루어지리라고 믿습니다.

마포삼열 박사는 캘리포니아에 있는 한국인들을 특별히 조사했으며, 그의 강력한 건의를 받아 선교부는 다음 조치를 취했습니다.

"221달러의 예산이 11월 10일부터 회계 연도 말까지 한국인 조사의 봉급과 캘리포니아에 있는 한국인들의 사역에 부수되는 다른 비용을 위해 할당되었다. 그 사역과 지출은 래플린 목사의 지도 아래 이루어질 것이다. 조사와 사역의 전체 비용은 한 달에 50달러를 초과해서는 안 된다. 또한 한국인들이 자체로 이 금액 중에서 11달러를 마련해야 한다. 선교위원회는 나머지 39달러를 보증한다."

언제나 그러하듯 선교회의 모든 회원에게 따뜻한 안부를 보냅니다.

애정을 담아,

아서 J. 브라운 드림

1 시카고의 맥코믹 부인이다.

PHS, microfilm reel #281, Vol. 236, #146

Samuel A. Moffett

Princeton Theological Seminary

209 Hodge Hall

Princeton, New Jersey

November 26, 1906

Dear Dr. Brown:

Some ten days or so ago I met Mr. Tooker of Orange [New Jersey] at the seminary reception here. Naturally our conversation turned upon the work of the station at Chai Ryeng and Mr. Tooker asked quite a little about Dr. Whiting and his work and I spoke of his great need of a dispensary. He then asked me how much would be needed to provide him with a dispensary and I replied that if he had a thousand dollars I was sure that he could put up a building which would answer the most urgent immediate needs and which could be so built that it would form part of a permanent hospital plant when he was ready to go ahead with plans for that. Nothing further was said at that time but yesterday I was in Orange speaking in the Brick Church and was Mr. Tooker's guest in his home. Yesterday evening or this morning he quietly asked–When would you like to have the money for that dispensary?–to which I replied that if Dr. Whiting could have the money at his disposal at once he would be able to plan to great advantage. Mr. Tooker then said that he could give a check for the amount at any time and I suggested that he send it to the Board. You will probably receive a check from him within a few days–and I write this to acquaint you with the situation and because I am so thankful that Dr. Whiting is to be provided with what I am sure is just what he wants–a simple but well-adapted medical plant which will meet all his requirements for two or three years during the establishment of the station and its various departments of work. The situation is not so urgent that there will be any reason for cabling but I

마포삼열

프린스턴 신학교

핫지 홀 209호

뉴저지, 프린스턴

1906년 11월 26일

브라운 박사님께,

약 열흘 전에 저는 이곳 신학교 환영회에서 뉴저지 주 오렌지의 투커 씨를 만났습니다. 자연스럽게 우리의 대화는 재령 선교지부의 사역으로 흘렀고 투커 씨는 화이팅 의사와 그의 사역에 대해 질문했습니다. 저는 그의 진료소가 필요하다고 말했습니다. 그는 곧 제게 진료소를 마련하는 데 드는 돈이 얼마인지 물었습니다. 그래서 저는 대답하기를, 만일 화이팅 의사가 1,000달러를 가지고 있다면, 긴급하고 즉각적으로 필요한 건물을 세울 수 있으며, 그렇게 되면 그가 병원을 지을 계획을 진행시킬 준비가 되었을 때 그것이 영구적인 병원 건물의 일부가 되리라 확신한다고 말했습니다. 당시는 더 이상 아무런 이야기도 이루어지지 않았지만, 어제 저는 브릭교회에서 설교를 하고 오렌지에 있었는데, 투커 씨의 집에 초대를 받았습니다. 어제 저녁이나 오늘 아침에 그는 조용히 제게 물었습니다. "당신은 언제 진료소를 위한 돈을 갖고 싶으신가요?" 저는 대답했습니다. "만약 화이팅 의사가 즉시 그 돈을 쓸 수 있다면 그는 큰 이점을 가지고 계획을 잡을 수 있을 것입니다." 투커 씨는 곧 자신이 언제든지 그 액수에 해당하는 수표를 줄 수 있으며, 선교부에 그것을 보내라고 제가 제안할 수 있다고 말했습니다. 귀하께서는 아마도 며칠 내에 그가 보낸 수표를 받게 될 것입니다. 그리고 제가 이 편지를 쓰는 것은 이 상황을 미리 알려드리고, 화이팅 의사가 원하는 것을 제공받게 되어서 감사하기 때문입니다. 저는 선교지부와 사역의 다양한 분과가 설립되는 2-3년 동안 그가 모든 필요에 대처하는 간단하지만 적합한 의료 설비를 원한다고 확신합니다. 상황이 긴급하지 않기 때문에 전보를 칠 이유가 없지만, 돈이 도착하는 즉시 화이팅 의사에게 돈을 이용할 수 있다는 내용으로 편지를 보내

hope that as soon as the money is received Dr. Whiting will be written to, saying that the money is available. He will then be able to secure material this winter and build in the early spring.

I expect to be in the Board rooms on Friday and on Saturday and hope to see you for a few moments at that time.

Yours very sincerely,

Samuel A. Moffett

주시기 바랍니다. 그러면 그는 올겨울에 재료를 확보해서 이른 봄에는 건축할 수 있을 것입니다.

저는 금요일과 토요일에 선교부 사무실에 갈 것으로 기대하며, 그때 잠시 동안 귀하를 뵐 수 있기를 희망합니다.

마포삼열 올림

PHS, microfilm reel #281, Vol. 236, #157

Samuel A. Moffett

Princeton Theological Seminary

209 Hodge Hall

Princeton, New Jersey

December 11, 1906

Dear Dr. Brown:

Thank you for sending me Dr. Covert's letter. It is always gratifying to know that one has in any way helped to arouse an interest in the great work. I certainly very greatly appreciated what Dr. Covert did to bring me into touch with many of the ministers and laymen in Chicago and cannot but feel that often these formal or informal meetings with opportunity for free conversation are productive of more good than the public addresses.

The luncheon at the Hamilton Club and the opportunity to speak to the students in McCormick Seminary were two incidents which made my short visit to Chicago a most enjoyable one. I was there the Sabbath that Dr. Covert accomplished his great work of paying off an indebtedness of $27,000^{00} which for years had been upon his church. He now has a great opportunity to lead his people into a larger work.

Word from Korea just received tells of "booming" work at Chai Ryeng and of "an enthusiastic collection taken up for their new church." This but emphasizes the need for houses there so that we can be on the ground to look after the work.

Very sincerely,

Samuel A. Moffett

마포삼열

프린스턴 신학교

핫지 홀 209호

뉴저지, 프린스턴

1906년 12월 11일

브라운 박사님께,

제게 코버트 박사의 편지를 보내주셔서 감사합니다. 누군가가 어떤 식으로든 위대한 사역에 관심을 불러일으키는 데 도움을 주심을 알게 되는 것은 늘 감사한 일입니다. 저로 하여금 시카고에 있는 많은 목회자와 평신도를 접촉하도록 주선해준 코버트 박사에게 대단히 고맙게 생각합니다. 그리고 자유로운 대화의 기회가 있는 이런 공식적이거나 비공식적인 만남이 대중적인 연설보다 훨씬 더 유익하고 생산적임을 자주 느끼게 됩니다.

해밀턴 클럽에서의 오찬과 맥코믹 신학교에서 학생들에게 이야기할 기회를 가진 것은 짧은 제 시카고 방문을 가장 즐거운 일로 만들어준 두 가지 사건이었습니다. 저는 주일에 그곳에 있었습니다. 그날 코버트 박사는 몇 년 동안 그의 교회에 남아 있던 27,000달러의 부채를 해결하는 대단한 성과를 이루었습니다. 그는 지금 더 큰 사역으로 자신의 사람들을 인도하는 위대한 기회를 가지고 있습니다.

지금 받은 한국에서 온 편지는 재령에서 사역이 "꽃을 활짝 피우고" 있으며 "그들의 새 교회를 위해 시작한 열정적인 연보" 소식을 전하고 있습니다. 하지만 이는 그곳에 사택의 필요성을 강조하는 것입니다. 사택이 있으면 우리는 그 사역을 보살필 토대 위에 설 수 있습니다.

마포삼열 올림

Samuel A. Moffett

Madison, Indiana

December 31, 1906

Dear Dr. Brown:

I write to tell you a little of what Mr. Pang, the Korean evangelist in California has been doing. He has just returned from his first itinerating trip and has been to San Rafael to see Mrs. Moffett and through her sends me a report of his work.

Mrs. Moffett writes me after hearing Mr. Pang tell of his work, as follows: "He certainly spent a most profitable time and the work has a splendid beginning. All the seven points he visited seem to have given him a warm reception and he has enrolled nearly 150 in the several groups. It needed only a leader to bring a response. Last Sabbath there were to be offerings in the groups for the support of the work and Pang expects to know the result soon. He will probably receive the money and will at once pass it all to Mr. Laughlin. In Oakland and San Francisco new groups are starting–about 30 Christians in all. He is in good spirits over the work and seems to have been wise in some of his decisions."

I greatly rejoice in this work and am sure that the 180 Christians (including the new groups being formed in Oakland and San Francisco) will give us a body which will become a power in caring for the spiritual needs of the Koreans yet to come.

Mr. Pang visited Los Angeles, Riverside, Redlands and Pasadena and some other places. In Los Angeles Rev. A. B. Prichard and his church have taken up the Korean work in a very helpful way. I shall hope to hear of a good measure of self-support on the part of these people as soon as we hear the returns from their offering for this purpose.

I am sure you will feel that the results so far secured justify the inauguration of this work and that you will be glad to have this first report from Mr. Pang.

마포삼열

인디애나, 매디슨

1906년 12월 31일

브라운 박사님께,

저는 귀하께 캘리포니아에 있는 한국인 전도사 방화중 씨가 해온 일을 조금 말씀드리려고 편지합니다. 그는 방금 그의 첫 순회 전도 여행을 마치고 돌아왔습니다. 그리고 제 아내를 만나, 그녀를 통해 그의 사역 보고서를 제게 보내려고 샌라파엘에 가 있습니다.

아내는 방 씨로부터 사역에 대한 말을 들은 후 다음과 같은 편지를 제게 썼습니다. "그는 유익한 시간을 보낸 것이 확실하며 사역은 멋지게 시작되었습니다. 그가 방문했던 일곱 장소 모두 그를 따뜻하게 환대했고, 그는 몇 개의 미조직교회에서 거의 150명을 등록시켰습니다.[1] 반응을 일으킬 한 명의 지도자가 필요했던 상황입니다. 지난 주일에 미조직교회들이 사역을 지원하기 위해 헌금할 계획이었으며, 방 씨는 그 결과를 곧 알기를 기대합니다. 그는 아마도 그 돈을 받아 즉시 래플린 목사에게 모두 전달할 것입니다. 오클랜드와 샌프란시스코에서 새로운 미조직교회들이 시작되고 있습니다. 전부 약 30명의 기독교인입니다. 그는 사역에 대한 훌륭한 정신을 갖고 있으며 몇 가지 결정을 내리는 데 있어 현명했던 것 같습니다."

저는 이 사역이 대단히 기쁩니다. 그리고 180명의 기독교인이(오클랜드와 샌프란시스코에서 형성되고 있는 새로운 미조직교회들을 포함하여) 앞으로 올 한국인들의 영적인 필요를 돌보는 데 힘이 될 단체를 우리에게 제공하리라고 확신합니다.

방 씨는 로스엔젤레스, 리버사이드, 레들랜드, 패서디나, 그리고 다른 몇몇 장소를 방문했습니다. 로스엔젤레스에서 프리차드 목사와 그의 교회는

1 1906년 말까지 방화중이 오클랜드와 샌프란시스코 지역에서 전도사로 사역했음을 알 수 있다.

I am enjoying my Christmas season with my mother here and hear good news from my wife and baby in California. I had a delightful visit in Chicago and greatly interested Mr. H. P. Crowell in our work in Korea. I expect to be able to make a definite report to you in a few days as to the form that interest will take.

With most cordial Christmas greetings,

Sincerely yours,
Samuel A. Moffett

요긴한 방식으로 한국인 사역을 도와주었습니다.[2] 저는 자급 목적으로 드린 그들의 헌금에서 나온 수익을 듣자마자 이 사람들 편에서 충분한 자급의 소식을 들을 수 있기를 희망하게 될 것입니다.

저는 귀하께서 현재까지 확보된 결과가 이 사역의 출범을 정당화한다고 느끼고, 방 씨로부터 온 이 첫 보고를 받게 되어 기뻐하리라고 확신합니다.

저는 이곳에서 제 어머니와 함께 성탄절을 누리고 있으며, 캘리포니아에 있는 제 아내와 아기로부터 좋은 소식을 듣습니다. 저는 시카고를 즐겁게 방문했으며, 우리의 한국 사역에 대해 크로웰 씨가 지대한 관심을 가지도록 했습니다. 저는 그 관심이 어떤 모습이 될지에 관해 며칠 내에 귀하께 확정적인 보고를 할 수 있기를 기대합니다.

가장 충심으로 드리는 성탄 인사를 전하며,

마포삼열 올림

---

2 나성한인연합장로교회로 발전한 미조직교회의 출범이었다.

●

평양 겨울 도사경회, 1905년 2월 [OAK]

앞줄 중앙 왼쪽에 길선주, 중앙에 김종섭, 그 오른쪽에 이기풍, 가장 뒷줄 중앙 오른쪽에 마포삼열 목사

The Winter Bible Training Class in Pyongyang, February, 1905

Front sitting: Kil Sŏnju, Kim Chongsŏp (middle), Yi Kip'ung
Rear standing: Moffett (right from the middle)

장대현교회 첫 장로 김종섭, 1904년 [MOF]

Kim Chongsŏp, first elder of the Central Presbyterian Church, Pyongyang, ordained in 1901

평양 숭실학당 운동회, 1905년 [MOF]

The field day of Soongsil Academy, Pyongyang, 1905

보고서 REPORTS

Alice Fish Moffett

Pyeng Yang, Korea

September, 1904

Personal Report of Alice Fish Moffett

In October of 1903 the work of a new year was begun with a country trip to Soon An Magistracy fifty "li"[one li is about $\frac{1}{3}$ of a mile] to the North. Sabbath was spent among the church people here, with a morning class of more than sixty women, many of whom I found ready for deeper teaching than is usual and eager with their questions. During the next three days I visited three small villages lying along a beautiful valley which afforded a return to Pyeng Yang by a circuitous route. From each place the Christians sent word in advance to the next village so that I always found the women gathered in one of the homes and ready for a service. Thirty-five patients were treated during this visit.

From November 13th to 21st I had the privilege of another trip to the country to hold a class for women at the Kal Won church. On the way out a night was spent at the little village of Ting Ti Pang Sung where were held evening and morning services with the women. At the Kal Won church thirty-five women gathered from seventeen villages for all the days of study and several others came in for different classes. Of the thirty-five women only seven were not able to read well: the others were prepared for good study and all were very earnest and faithful. Two Bible women helped me during this class, each teaching for an hour in the afternoons, the morning sessions being held all together. At the close of the afternoon singing class I treated a few patients each day, numbering twenty in all.

During the Fall and Winter about fifteen to eighteen little girls who were regular attendants upon the Wednesday catechumen class at the

앨리스 피시 마페트
한국, 평양
1904년 9월

앨리스 피시 마페트의 개인 보고서

1903년 10월에 새해 사역을 북쪽으로 50리 떨어진 순안(順安)으로 시골 여행을 하는 것으로 시작했습니다.[1] 주일은 이곳에서 성도들과 함께 지냈는데, 아침 사경회에 60명 이상의 여성이 참석했습니다. 평소보다 더 깊이 가르침을 배울 준비가 되어 있는 많은 사람이 질문을 하면서 열심히 공부했습니다. 이후 3일 동안 나는 아름다운 계곡을 따라 있는 세 개의 작은 마을을 방문했는데, 평양으로 돌아갈 때 다시 돌아서 가야 했습니다. 각 장소에서 기독교인들은 미리 다음 마을에 전갈을 보내서, 항상 도착하면 한 집에 여성들이 모여 예배를 드릴 준비가 되어 있었습니다. 이 순행 때 35명의 환자를 치료했습니다.

11월 13일에서 21일까지 저는 갈원교회에서 여성 사경회를 인도하기 위해 시골로 다시 순행하는 특권을 누렸습니다. 가는 길에 텅티팡성이라는 작은 마을에서 밤을 보냈는데, 그곳에서 여성들과 함께 저녁과 아침 예배를 드렸습니다. 하루 종일 갈원교회에는 공부를 하기 위해 17개의 마을에서 온 35명의 여성이 있었는데, 여러 명의 다른 여성도 참석해 다른 수업을 들었습니다. 35명의 여성 가운데 7명이 잘 읽을 수 없었습니다. 나머지는 공부를 할 준비가 되어 있었고, 모두 진지하고 성실했습니다. 2명의 전도부인이 사경회 동안 저를 도왔는데, 각각 오후에 1시간씩 가르쳤고 아침 수업은 함께 열었습니다. 오후 찬양 수업이 끝나고 저는 매일 몇 명의 환자를 치료했는데 총 20명이었습니다.

1 9월에 선교회 연례 회의를 하고, 10월 1일부터 새해 사역이 시작되었다.

city church were placed in a class by themselves for the study of the children's catechism. The attendance of the catechumen women was about thirty-five, fifteen of whom were very faithful in learning and reciting the memory verses.

During the Fall training class, I taught scriptural geography to the women of the third division. In the Spring a new class for young women was formed in Mrs. Swallen's Bible school in the city, of which I was given charge. The attendance has been regular and the listening very good. To induce these shy young women to answer questions readily is a matter of considerable time.

When, on the 22nd of May, men and women received baptism in the city church, nearly all the members of my catechumen class passed into the regular classes for baptized women. But house to house visiting among those recently received as catechumens, gathered a class of twenty-two for the first meeting and since then about ten have been added.

Faithful Pak-si, who has been my helper and Bible woman for six years, was laid aside from active work this spring by a slight stroke of paralysis. She has recovered the use of arm and limb to a great extent but not her former ready thought and speech, and probably will not again be able to hold the interest of a large number of women or to teach and preach as formerly. To be taken from her loved work was a trial she hardly knew how to bear for a time, but she is learning the secret of the ministry of prayer and the joy of knowing she may have a part in services and classes which she cannot lead nor teach.

In her place I have Won-si, an earnest woman from the country, who is faithfully studying, helping in class work and in house to house visiting, and whose whole heart is in work for the Master. She has a class of six women who are learning to read and several inquirers in four or five houses, to whom she is teaching the truths of the Gospel. These

가을과 겨울 동안에 도시 교회의 수요일 학습자반의 정기 출석생인 대략 15명에서 18명의 어린 소녀를 어린이 요리문답 공부반으로 따로 모았습니다. 여성 요리문답 출석인원은 대략 35명으로, 그들 가운데 15명은 암송할 성구를 배웠고 열심히 암송했습니다.

가을 사경회 기간에 저는 성서 지리학을 3년 차 여성들에게 가르쳤습니다. 봄에는 젊은 여성을 위한 새로운 학급을 시내에 있는 스왈른 부인의 성경학교에 만들었는데, 제가 관리를 맡게 되었습니다. 출석은 정기적이고 잘 경청해서 듣고 있습니다. 이 내성적인 여성들을 질문에 답하도록 이끄는 일은 상당히 시간이 걸리는 문제입니다.

5월 22일 도시 교회에서 남성과 여성이 세례를 받을 때 제 요리문답반의 거의 모든 회원이 통과해서, 세례 받은 여성을 위한 정규반에 들어갔습니다. 첫 모임을 22명으로 시작한 후 최근 학습교인으로 등록된 자들을 집집마다 방문하여 학급을 모아서 약 10명을 추가했습니다.

신실한 박 씨는 6년 동안 제 조사이자 전도부인이었는데, 약한 중풍 마비에 걸려 올봄에 실질적인 사역에서 제외되었습니다. 그녀는 팔다리를 사용할 수 있을 정도로 상당히 회복되었지만 이전의 훌륭한 사고와 언변은 회복되지 않아서, 아마도 다시는 이전처럼 많은 여성의 관심을 유도하거나 가르치고 설교할 수 없을 것입니다. 사랑하는 사역에서 제외되는 것은 감당하기 힘든 시련이겠지만, 그녀는 기도 목회의 비밀을 알아가며 그녀 자신이 인도하거나 가르치지 못하는 봉사와 학급의 일부가 될 수 있음을 깨닫는 기쁨을 누리고 있습니다.

그녀 대신, 시골에서 온 성실한 여성인 원 씨가 충실하게 공부하면서 학급 일과 집집마다 방문하는 일을 돕고 있는데, 그녀의 모든 마음은 주님을 위한 사역에 있습니다. 그녀는 읽기를 배우고 있는 6명의 여성으로 이루어진 학급과 네댓 가정의 여러 구도자를 돌보며 그들에게 복음의 진리를 가르치고 있습니다. 이들은 현재 모두 예배에 참석하고 있습니다. 두 사람은 학습교인이 되었고, 50세의 한 여성은 무당이었던 최근 그녀의 모든 악행

are nearly all attending services now, two have become catechumens, and one, a woman of fifty years old, who was a sorceress, recently gave up all her evil practices, declared that she would be a Christian, and requested the Christian women to come to her house and clear it of all the devil's instruments which she had used so long. Won-si's joy over these women, whom she has led out, and her watchfulness over them is like that of a mother for her children.

During the year I treated 626 patients and received for medicines ¥ 55.34.

Respectfully submitted,
Alice Fish Moffett

을 포기하고 기독교인이 되겠다고 선언하여 기독교인 여성들에게 자신의 집으로 와서 그토록 오랫동안 사용했던 모든 귀신의 도구들을 치워버리라고 요청했습니다. 자신이 인도한 이 여성들에 대한 원 씨의 기쁨과 이들을 돌보는 모습은 아이를 돌보는 어머니의 그것과 같습니다.

1년 동안 저는 626명의 환자를 치료했고, 약값으로 55.34엔을 받았습니다.

삼가 제출합니다.
앨리스 피시 마페트 올림

Samuel A. Moffett & Charles E. Sharp

Seoul, Korea

September 20, 1905

Report of the Bible Committee to the Annual Meeting of the Korea Presbyterian Mission

The Bible Committee reported through Mr. Sharp. The question as to the price of portions was referred to the Evangelistic Committee. The report as adopted was as follows:

The event of chief interest the past year has been the putting out of the tentative edition of the new translation of the New Testament. This had been long looked for and was eagerly welcomed. The disappointment was great when this edition was found to be so full of mistakes that some even doubted the advisability of continuing it on the market. 15,000 copies of the New Testament in No. 4 type were put on the market and 10,000 copies each of the Gospels and Acts. The printing of 15,000 New Testaments in No. 5 type which had been begun was ordered stopped, and the Gospels and Acts were issued as portions.

The Board of Translators was asked to supply a corrected copy of the whole New Testament, and steps were taken to get out a corrected edition as soon as possible. As for the faulty edition the blame can be laid at the door of no one person nor to any one circumstance. A number of unfortunate circumstances all converged to bring about the unhappy result.

At this time Mr. Kenmure became unable to attend to the duties of his office owing to a nervous breakdown and returned to England. The Committee asked the Societies to appoint Mr. Hugh Miller as their Agent to Korea.

It was decided to let the contract for the new edition of the New

마포삼열 & 찰스 E. 샤프
한국, 서울
1905년 9월 20일

한국 장로회 선교회 연례 회의에 제출하는 성서위원회 보고서

성서위원회는 샤프 목사를 통해 보고했습니다. 단편 성서의 가격에 관한 문제는 전도위원회에 회부되었습니다. 채택된 보고서는 다음과 같습니다.

작년의 주요 관심사는 신약전서의 새로운 번역의 임시본을 출간하는 것이었습니다. 이 일은 오랫동안 기대해왔고 열광적인 환영을 받았습니다. 이 임시본이 오류로 가득 차 있어서 판매를 계속하는 것이 타당하지 않다는 사실이 알려지자 사람들은 크게 실망했습니다.[1] 4호 활자로 된 신약전서 15,000부와 각각 10,000부의 복음서와 사도행전이 판매되었습니다. 시작한 5호 활자 신약전서 15,000권의 인쇄는 중단되었고, 복음서와 사도행전은 단편으로 발행되었습니다.

번역자회는 교정한 신약전서 판본을 보급하도록 요청받았으며, 되도록 신속하게 교정판을 내기 위한 조치가 취해졌습니다. 결함이 있는 판본에 대해서는 특정인이나 특정 상황을 탓할 수 없습니다. 많은 불행한 상황이 모여서 불행한 결과가 초래되었습니다.

지금 켄뮤어 씨는 신경쇠약 때문에 사무실 업무에 집중할 수 없게 되어서 영국으로 돌아갔습니다. 위원회는 휴 밀러 씨를 한국 총무로 임명해줄 것을 성서공회에 요청했습니다.

신약성경 신판에 대한 계약은 동경 감리회인쇄소에 맡기기로 결정했습

1 러일전쟁으로 인한 우편 업무의 비정상 처리, 한글을 모르는 일본인 식자공이 긔-긔, 지-거, ㅁ-ㅂ, ㄴ-ㄷ, ㅅ-ㅈ 등 비슷한 글자들을 혼용함, 선교회들의 요구로 번역자회가 개정 철자를 포기하고 구 철자법으로 돌아가면서 혼동을 일으켜 개정 이전의 옛 본문을 제공, 그리고 켄뮤어의 한글 실력과 교정 전문성 부족 등으로 1904년 12월에 출판된 신약전서는 1,000개가 넘는 오류를 가지게 되었다. 예를 들면 "하ᄂᆞ님의 ᄯᅳᆺ"(the will of God)이 "하ᄂᆞ님의 ᄯᆞᆯ"(the daughter of God)로 인쇄되었다.

Testament to the Methodist Publishing House of Tokyo. At this juncture the finances were found to be in such a condition that it was uncertain whether we would have the money in hand for many months to come to pay for this edition. The following action was then taken:–

"Resolved, That we represent to the Bible Societies the urgent need for immediate publication of the New Testament and repeat our request for an immediate appropriation for funds for the publication of 15,000 copies in the No. 4 type by the Methodist Publishing House of Tokyo, and an edition of 10,000 copies in No. 4 type by the Methodist Publishing House, Seoul."

"That in view of the uncertainty which exists as to the future relation of the Bible Societies and this Committee we affirm our firm conviction that the present relation is one admirably adapted to conserve the best interests of the Societies and the Missions on the field and that we earnestly request the continuance of the work under the present constitution; and we recommend that the Mission Secretary notify the three Bible Societies of this, our conviction and request."

"That in view of the above and also for the necessity for immediately providing Scriptures for the work, we authorize the Board of Translators and the Acting Agent to enter into a contract with the Methodist Publishing House, Seoul, for the publication of the above mentioned 10,000 New Testaments in No. 4 type, and that this contract be made under conditions which will mutually secure the Committee and the Publishers against financial loss in case this action does not receive the sanction of the Societies and secure an appropriation for the same."

"That the above action is taken because of the unusual and unexpected conditions which confront us and is not to be taken as a precedent."

In addition to this action estimates were called for the printing of 10,000 each of the Gospels and Acts in large type.

니다. 이 시점에서 재정 상태는 우리가 이 판본을 위해 지불할 수 있는 돈을 앞으로 여러 달 내에 수중에 확보할 수 있을지 여부가 불확실한 상황입니다. 다음 조치가 취해졌습니다.

"다음 사항을 결의한다. 우리는 신약성경의 즉각적인 출판이 시급히 필요하다는 것을 성서공회에 주지시키며, 동경 감리회인쇄소에서 4호 활자로 15,000부를 출판하고, 서울의 감리회인쇄소에서 4호 활자로 10,000부를 출판하기 위한 자금을 즉시 지불해달라는 우리의 요청을 반복한다."

"성서공회와 본 위원회 간의 향후 관계에 대해 존재하는 불확실성을 고려하여 우리는 현재의 관계가 선교지에 있는 성서공회와 선교회들의 최선의 이해를 유지하는 데 적합한 것이라는 우리의 확신을 재확인하며, 현 헌장 아래 그 사역을 지속하는 것을 진지하게 요청한다. 우리는 선교회 서기가 우리의 확신과 요청에 대해 세 개의 성서공회에 통보할 것을 권고한다."

"위 사항과 그 사역을 위해 즉시 성경을 보급할 필요성을 고려해서 우리는 번역자회와 임시 총무가 위에서 언급한 4호 활자 신약전서 10,000부의 출판을 위해 서울의 감리회출판소와 계약할 것, 그리고 이 조치가 위와 같은 것에 대한 성서공회의 인가를 받지 못하고 그 비용의 지불을 확보하지 못하는 경우에 발생하는 재정적 손실에 대해 위원회와 출판소를 상호 보증하도록 하는 조건하에서 이 계약을 체결할 것을 승인한다."

"위의 조치는 특이하고 예기치 않은 당면 상황으로 인해 취해지는 것으로, 선례로 수용되어서는 안 된다."

이 조치에 추가해서 복음서와 사도행전을 각각 큰 글자로 10,000부를 인쇄하는 것에 대한 견적이 요청되었습니다.

서기는 성서공회들로부터 자금을 받는 즉시 준비가 되어 출판할 창세기와 다른 구약의 모든 책의 인쇄비에 대한 견적을 내도록 지시받았습니다.

그 이후 번역자 위원회는 서울의 감리회출판소와 계약에 들어갔습니다. 이 계약에 따르면 올해 말까지 새 교정판 신약전서의 첫 번째 분량이 판매될 것입니다

The Secretary was also instructed to get estimates for the printing of Genesis and all other books of the Old Testament that are ready and have the same published as soon as money is received from the Societies.

Since then the Board of Translators has entered into an arrangement with the Methodist Publishing House of Seoul by which the first installment of a new and corrected edition of the New Testament will be put on the market by the end of the present year.

The Committee asks the opinion of the missionaries as to whether or not the price of Korean portions should be raised to two sen per copy. (This question was referred to Evangelistic Committee.)

Respectfully submitted,

Samuel A. Moffett
Charles E. Sharp

(from 1905 *Minutes and Reports* of the Twenty-first Annual Meeting of the Korea Mission of the Presbyterian Church in the U. S. A. held at Seoul, September 17-20, pp. 16-18)

본 성서위원회는 한국 단편 성서의 가격을 1권당 2센으로 인상하는 안에 대해 선교사들의 의견을 요청합니다(이 문제는 전도위원회로 회부되었습니다).

정중히 제출합니다.

마포삼열

찰스 E. 샤프

Samuel A. Moffett

Pyeng Yang, Korea

late September, 1905

PERSONAL REPORT–1904-1905

By the mission assignment which placed Theological instruction among my chief appointments for the year and relieved me of some more of my country work, a larger proportion of my time has been spent in Pyeng Yang in Class work. This has enabled me also to give more continuous oversight to the work of the City Central Church.

The Pyeng Yang Central Church

The great ingathering of hundreds of new converts during the evangelistic services carried on in connection with the City New Year's Classes occupied all my time in February and March, while the vision for the instruction and oversight of our large city constituency more and more taxes the energy of pastors and Church officers. A monthly meeting with the leaders of tens has been a great help and additions to the number of Leaders, Deacons and Sabbath School Teachers has increased the number of active, effective workers. Three more Elders also have just been elected.

I have also given considerable personal attention to the men's Bible Classes now meeting jointly with the Women's Classes under Mrs. Swallen at the Central Church building.

The Church with its enrollment of 915 members, 499 catechumens and 150 baptized children, a total of 1,564, has so large a constituency and such congregations as not only to make it impossible to longer hold monthly joint meetings with the South Gate congregation but also impossible to provide comfortably for all who would attend.

마포삼열
한국, 평양
1905년 9월 말

개인 보고서, 1904-1905

신학 강의를 올해의 제 주요 임무로 배정하고 지방 사역에 대한 부담을 좀 더 줄여준 선교회 업무 할당에 따라, 저는 더 많은 시간을 평양에서 가르치는 데 사용했습니다. 이것으로 저는 시내 장대현교회의 사역에 대해 보다 지속적인 감독을 할 수 있었습니다.

평양 장대현교회

2월과 3월의 제 시간을 모두 도시의 구정 사경회에 사용했는데, 이 사경회의 전도 집회를 통해 수백 명에 이르는 새로운 개종자들이 생겼습니다. 대단히 많은 이 도시 교구민을 가르치고 감독하는 계획으로 인해 목사와 교회 직원들은 점점 더 과로하고 있습니다. 구역장과 함께하는 월례 모임은 큰 도움이 되었습니다. 영수와 집사와 주일학교 교사의 수가 증가하면서 활동적이고 효율적인 사역자의 수가 증가되었습니다. 최근 3명의 장로가 추가로 선출되었습니다.

또한 저는 현재 장대현교회 건물에서 스왈른 부인의 지도하에 열리는 여성 사경회와 함께 모이는 남성 사경회에 개인적인 관심을 많이 기울였습니다.

915명의 등록신자, 499명의 학습교인, 150명의 유아세례를 받은 어린이를 포함한 총 1,564명이 있는 이 교회는 정말로 큰 교구민과 회중이 있어서 남문교회 회중과 함께하는 월례 모임을 더 이상 갖는 것은 불가능할 뿐만 아니라 출석하려는 모든 사람에게 편안한 공간을 제공하는 것이 불가능합니다.

세 번째 교회 건물이 명백하게 필요합니다. 새로운 조직과 건물을 위한

The necessity for a third church building is evident and a good large site in the Northern section of the city has been given by one of the deacons for a new church when plans for a new organization and building can be effected. This, however, does not meet the question as to how to provide for large mass meetings which at times are desirable. The mass meeting in June when Dr. Underwood preached to over 2,000 people gathered in the open air outside of the Central Church and our inability to provide church room for the congregations next winter when from 500 to 800 people will assemble for the Winter Classes show plainly our need of an auditorium for larger assemblies. Shall we enlarge the church for this purpose according to a plan drawn by Mr. Lee which will provide rooms so arranged that they can be thrown into the main auditorium when needed but leave the room as it is when the ordinary congregation only is assembled? The question has been discussed in the officers' meetings and they are eager for the enlargement to provide for about 2,500 people.

This, however, would mean an expenditure greater than the Church can bear now, since in addition to its present large responsibilities it must for some years continue its contributions for the new church building to be erected. The contributions this year for all purposes from the two congregations amounted to 42,418 nyang or yen 3,856.00, a sum which shows that the church is not shirking its duty along financial lines. We believe that the use of foreign funds in providing for this addition is justified, and that this will not in any way interfere with the principle of self-support or injure a church already eager to contribute to the extent of its ability.

The inadequate support heretofore provided for the Pastors' Assistants and their consequent ill health and inability to continue in the work brought the officers and the church to realize that this question had never been rightly met. At a very full congregational meeting and

계획을 실행할 수 있을 때 새 교회를 위해 집사 한 명이 도시의 북쪽 지역에 있는 넓고 좋은 부지를 기부했습니다. 하지만 이것은 가끔 열기에 바람직한 대규모 대중 집회를 어떻게 제공해야 할지에 대한 문제를 해결해주지는 않습니다. 언더우드 박사가 장대현교회 야외에 모인 2,000명 이상의 사람들에게 설교했던 6월의 대중 집회와, 500명에서 800명이 모일 내년 겨울 사경회 때 참석자들에게 교회 방을 제공할 수 없는 우리의 무능력은 우리가 대규모 집회를 위해 강당이 필요하다는 사실을 분명히 보여주고 있습니다. 우리가 리 목사가 그린 계획대로 이 목적을 위해 교회를 확장해야 할까요? 그 안은 방을 만들되 필요할 때 하나의 강당으로 변형시킬 수 있는 구조로, 평소 일반 회중이 모일 때에는 방으로 사용한다는 것입니다. 이 문제는 직원회의에서 논의해왔고, 그들은 약 2,500명의 인원을 수용할 수 있도록 교회 확장을 열망하고 있습니다.

하지만 이는 교회가 현재 감당할 수 있는 것보다 더 많은 지출을 의미합니다. 왜냐하면 현재의 큰 책임에 더해서 교회가 몇 년 동안 새로 건축할 건물에 대해 계속 기금을 마련해야 하기 때문입니다. 두 교회가 모든 목적을 위해 올해 모금한 헌금은 42,418냥 또는 3,856엔으로, 교회가 재정적인 문제와 관련된 의무를 회피하고 있지 않다는 사실을 보여줍니다. 우리는 이 추가 건물 제공에 외국의 자금을 사용하는 것이 정당하며, 이것이 어떤 식으로도 자급의 원칙에 위배되거나 이미 그 능력대로 연보하기를 열망하는 교회에 상처를 주지 않으리라고 믿습니다.

지금까지 목사의 조력자들에게 제공된 불충분한 지원과 그 결과로 인해 그들의 건강이 나빠지고 사역을 계속할 수 없게 된 상황으로 인해 직원들과 교회는 이 문제가 적절하게 다루어진 적이 결코 없었다는 사실을 깨닫게 되었습니다. 회중 전체가 참석한 회의에서 솔직하고 충분한 토론을 한 후에 회중은 만장일치로 25엔을 지급해야 할 적절한 월급으로 결정했습니다. 이는 이제까지 지급한 월급을 훨씬 인상한 것이고, 조력자들에게 진 감사의 빚에 대해 사람들의 인정이 점차로 증가하고 있으며, 사람들이 생활비가 인상되

after frank and full discussion the congregation unanimously decided upon 25 yen a month as the right amount which should be given. This is far in advance of any salary heretofore given and shows a growing appreciation on the part of the people of the debt of gratitude due to the Helpers and also the recognition of the increased cost of living.

The long contemplated Church Association Building as an agency of the church for the religious need and activity of the men of the city is finally under way, the war having long delayed our plans. This is to contain Bookstore, Reading Room and Library, Chapel and Sarang and a private room for use of the Church officers Committees, etc. Later it is planned to add to these, Bath Rooms, a Gymnasium and other features which may seem desirable. It is in charge of a Board of Trustees elected by the joint Board of Officers of the City Churches, about one half of the number consisting of officers of these churches. Mr. Blair has been elected Chairman and Elder Chung Ik No, General Secretary, Mr. Blair and I both being members of the Executive Committee. The idea is that of a Y.M.C.A., not separate from, but a part of the Church organization intended as a center of religious activity and influence among the men of the city. The funds for this provided by friends in America are not yet sufficient for all that is planned but the main part of the building can now be erected and the plan set in operation this fall.

I have had considerable correspondence with the large number of Christians who have gone to Hawaii and to America. Some of these are from the city but many more from the country churches. The Methodists have taken charge of the work in Hawaii and have organized five churches with a number of other meeting places. Word from our people states that from two- thirds to nine-tenths of the Christians there are from our Presbyterian Churches and they have urged us to establish our church among them. While I think we made a mistake in not caring for them from the first, I doubt now the advisability of our entering the

고 있다는 사실도 인식하고 있음을 보여줍니다.

종교적 요구와 도시 남성의 활동을 위한 교회의 대행자로서 오래도록 숙고해왔던 교회 청년회 건물이 마침내 건축 중인데, 전쟁으로 인해 우리의 계획이 오래 지연되었습니다. 이것은 서점, 독서실, 도서관, 예배당, 교회 직원회가 사용할 사랑방과 개인실 등을 포함할 것입니다. 나중에 이 외에 욕실, 체육관, 바람직한 다른 시설들을 추가할 계획입니다. 이 건축은 도시 교회들의 연합 임원회가 선출한 재단이사회가 담당하고 있는데, 대략 이 이사회의 절반이 이 교회의 직원들로 구성되어 있습니다. 블레어 목사가 회장으로, 정익노 장로는 총무로, 블레어 목사와 저는 실행위원회 회원으로 선출되었습니다. 그것은 YMCA에서 아이디어를 가져온 것으로, 교회 조직과 분리되지 않고 그 일부로서, 도시 남성들 사이에서 종교적 활동과 영향의 중심이 되도록 계획되었습니다. 이를 위해 미국의 친구들이 제공해준 자금은 계획한 모든 것을 하기에 충분하지는 않지만, 건물의 주요 부분을 지금 세우고 올가을에 계획이 가동되게 할 것입니다.

저는 하와이와 미국으로 간 많은 교인과 서로 많은 편지를 교환했습니다. 그 가운데 몇 명은 이 도시 출신이지만 더 많은 사람이 시골 교회 출신입니다. 감리교인들은 하와이 사역을 맡아왔고, 다른 많은 집회 장소와 다섯 개의 교회를 조직했습니다. 우리 교인들의 말에 따르면 그곳의 2/3에서 9/10의 기독교인들이 우리 장로교회 출신인데, 그들은 우리가 교회를 세워주기를 촉구했습니다. 저는 우리가 처음부터 그들을 돌보지 않는 실수를 했다고 생각하면서도, 지금은 우리가 그 사역지로 들어가는 것이 타당한지 의심하고 있습니다. 왜냐하면 그것은 이미 시작한 감리교회의 사역을 훼방하는 것을 의미할 수도 있기 때문입니다. 아마도 최선의 계획은 감리교 사역자들과 협력하여 우리 교인들을 위해 그곳에서 유능한 조사와 교사들을 확보하려고 노력하는 것입니다. 우리의 이전 조사 가운데 한 사람으로서 작년에 화이팅 의사의 어학교사였던 백신규는 제 추천을 받아 와드맨 목사에 의해 고용되어 한국인들 사이에서 전도사로 사역하게 되었습니다. 제가 내년에 그곳

field as that would probably mean the unsettling of the Methodist work already started. Probably our best plan is to cooperate with the Methodist workers and seek to secure for our people there efficient Helpers and Teachers. One of our former Helpers, Paik Sin-Kyu, Dr. Whiting's teacher last year, has upon my recommendation been employed by Mr. Wadman in charge of that work, as a preacher among the Koreans. Upon my visit there next year I should like to be authorized by our Mission to confer with the Methodist authorities with a view to provision for the needs of our people who I understand constitute the bulk of the Christian constituency there.

Concerning those in America who come in contact at once with our own church, I believe it is our duty to establish churches for them and I hope our Mission will ask either the Home or Foreign Board to make an appropriation for this work and secure one of our best men now in America to give his main time to looking after the spiritual welfare of his fellow Korean Christians there.

For the Japanese in Korea, more should be done. Quite a number have attended our services. I baptized and received into the church one young man who has been attending for a year. Through him as interpreter I have had quite a little contact with professing Christians and inquirers and have distributed quite a little literature in Japanese. A Japanese Church service should be established here.

Theological Instruction

Next to the City Church I have given more time and thought to this than to anything else, not only during the session of the class but with the Committee in planning for the same. During the three month term I gave most of my time to this, teaching the Shorter Catechism for two months to the first year class, giving lectures in Medieval Church History for a month to the third year class and conducting this class also for a

을 방문할 때, 제가 이해하기로 그곳 기독교 인구의 대다수를 차지하고 있는 우리 교인들의 요구를 충족시키는 문제와 관련하여 제가 감리교 관계자들과 만나도록 우리 선교회가 허락해주시기 바랍니다.

우리 교회와 즉시 접촉한 미국에 있는 교인들과 관련해서, 저는 그들을 위해 교회를 세워주는 것이 우리의 의무라고 믿으며, 우리 선교회가 국내 선교부나 해외 선교부에서 이 일을 위해 자금을 지출하고 현재 미국에 있는 우리의 최고 인력 가운데 한 명을 확보해서 그곳에 있는 동포 기독교인들의 영적 복지를 돌보는 데 자신의 주된 시간을 사용할 수 있도록 요청해주기를 바랍니다.

한국에 있는 일본인들을 위해서는 더 많은 일을 해야 합니다. 많은 사람이 우리의 예배에 참석했습니다. 저는 1년 동안 출석해온 한 젊은 남성에게 세례를 주고 입교시켰습니다. 저는 통역자인 그를 통해 기독교인이라고 고백한 일본인과 구도자들을 많이 만났으며, 일본어로 된 많은 문서를 배부했습니다. 일본어 교회 예배가 이곳에 세워져야 합니다.

신학교 수업

저는 도시 교회 다음으로 다른 어떤 것보다 이 신학 수업에 많은 시간을 할애하고 숙고했는데, 수업뿐만 아니라 이 일을 계획하는 위원회에서 시간을 보냈습니다. 3개월 한 학기 가운데 저는 2개월 동안 1학년 학급에서 "소요리문답"을, 1개월 동안 3학년 학급에서 중세교회사를 강의하고, 교회 정치에 대한 토론과 함께 디모데전후서에 대한 주석을 1개월 동안 3학년 학급에서 가르쳤습니다. 저는 그들에게 이사야서와 로마서를 보충으로 읽게 했고 시험을 쳤습니다. 이 사역을 지속하기 위한 우리의 계획을 공의회가 인준하면서, 우리 신학반은 신학교가 되었는데, 내년에는 아마도 한국의 모든 장로회 선교회에서 오는 대략 40명의 학생이 등록해서 3개 반을 운영할 것입니다.

이들은 학생이 아니라 모든 집안일을 하면서, 각 교회에서 유능한 목사, 전도사, 설교자와 영수로서 짐을 지고 사역하는 있는 성인입니다. 그러므로

month through an exegesis of 1st and 2nd Timothy with discussion upon Church Government. I also gave them examinations supplemented with lectures upon their reading of Isaiah and Romans. With the Council's endorsement of our plans for carrying on this work our Theological Class has become a school which next year will have three classes with a probable enrollment of 40 students coming from all the Presbyterian Missions in Korea.

It is of the utmost importance that these men be given a thorough training, with instruction which takes into consideration the fact that they are not school boys but grown men with all the responsibilities of their family cares and of the work of the church in which they are bearing the burdens as the practical pastors, evangelists, preachers and leaders, a work which is taxing to the full their energies and draining all their resources physical, mental and spiritual.

I think our three years' experience with the advanced class shows us that by the time it has finished the five years course as outlined, we will have been able to take the next class over the same course in four years so that while now two years behind, it will be able to finish the course the year following the advanced class and the course become a four years course. Later on when the main part of our candidates for the ministry come to us after completing an academic or collegiate course, there will be needed a readjustment of the curriculum and a change in length of term and number of years required.

The examinations upon the Helpers Course of study have been far from satisfactory, mainly from the necessary haste with which conducted in the odd hours available during the sessions of other classes. I think we should take an advance step and provide for at least two weeks to be spent in classroom work by those taking this course, giving more time to examinations and to supplementary lectures bearing upon the work covered. Time for this might be found preceding the regular Winter

그들이 자신의 힘을 최대한으로 소모시키고 자신의 모든 육체적·정신적·영적 자원을 고갈시키는 일에 대한 모든 책임을 지닌 어른이라는 사실을 고려한 수업을 하면서 철저히 훈련시키는 것이 가장 중요합니다.

우리가 3년간 상급반과 함께한 경험은 계획한 대로 상급반이 5년 과정을 마칠 때까지 4년 안에 동일 과정으로 다음 반을 받아들일 수 있다는 것을 보여줍니다. 비록 이 반이 지금은 2년이 늦었지만, 상급반이 끝난 다음 해에 과정을 마칠 수 있을 것이며, 전 과정은 4년제가 될 것입니다. 나중에 우리의 목회자 후보생 대부분이 중학교 과정이나 대학 과정을 마친 후 우리에게 올 때, 교과 과정을 재조정하고 학기 기간과 필수 수업 연수를 변경하는 일이 필요할 것입니다.

조사들의 수업 과목에 대한 시험은 전혀 만족스럽지 않았는데, 주로 다른 수업 시간 중 남는 시간에 치렀기 때문에 어쩔 수 없이 서둘러야 했습니다. 저는 우리가 선제 조치를 취하고 이 과정을 수강하는 이들이 교실에서 하는 수업에 최소한 2주를 할애할 수 있도록 해서 담당하는 사역과 연관된 보충 강의와 시험에 더 많은 시간을 주어야 한다고 생각합니다. 이를 위한 시간은 정규 겨울 학기 이전에 찾을 수 있을 것입니다.

신학교와 다른 사경회 사역을 위해 우리는 또 다른 건물이 필요합니다. 이 사역에 대한 우리의 계획은 이미 충분하게 세워졌고 성공적으로 진행되고 있어서 이 필요성을 명백히 보여줍니다. 저는 우리가 이번 연례 회의에서 이를 위해 건물을 위한 비용을 요청해야 한다고 생각합니다. 저는 내년 안식년 휴가 기간에 이 기금을 모금하려고 합니다.

사경회

신학교 사역에 추가하여 저는 겨울 사경회에 참여해서 한 반에서는 로마서를, 또 다른 반에서는 누가복음을 가르쳤습니다. 저는 겨울 사경회와 여름 사경회와 교사 사경회에서 제가 맡은 강의를 했습니다. 저는 스왈른 목사와 함께 디모데전후서를 가르치고 회의를 주재하면서 남성들을 위한 구정 사경회

Class.

For Theological and other Training Class work we need another building. Our plans for this work are already sufficiently formulated and in successful execution to clearly reveal this need. I think we ought at this Annual Meeting to ask for an appropriation for a building for this purpose. I should like to try to raise the funds for it when on furlough next year.

Class Work

In addition to the Theological work I took my part in the Winter Training Class, teaching Romans to one division and Luke to another and gave my proportion of lectures in both Winter and Summer Classes and in the Normal Class. With Mr. Swallen I carried on the New Year City Class for men, teaching Timothy and conducting conferences. During December and January, I held three country classes—one with Mr. Swallen at Han Chun, marked by evangelistic work with house to house visitation; one with Mr. Bernheisel at Cha San marked by confession and renewed consecration on the part of the Christians; and one with Mr. Blair at Yung You which stirred up the whole city and gave an impetus to the work, which means the completion this year of the big new church in that city. In all of these I taught classes daily and assisted in the evangelistic services.

I know of no one thing which tells more effectively in the country work than these classes which in their development have become great evangelistic agencies among the unconverted, and conferences for the deepening of spiritual life among the Christians. The plan which sends us out two by two for these classes has added immeasurably to their power and efficiency.

An hour a day for a month was spent in the Academy taking the Advanced Class through a part of Isaiah.

를 진행했습니다. 12월과 1월에 저는 세 개의 지방 사경회를 인도했는데, 스왈른 목사와 인도한 한천 사경회는 축호 방문이라는 전도 사역이 특징이었고, 번하이젤 목사와 함께한 자산 사경회는 기독교인들의 고백과 새로운 헌신이 두드러졌습니다. 그리고 블레어 목사와 영유에서 사경회를 했는데, 영유시 전체를 각성시키고 사역에 추동력을 준 결과 올해 그 도시에서 커다란 새 교회가 완성되었습니다. 이 모든 곳에서 저는 매일 수업을 가르쳤고 전도 집회를 도왔습니다.

저는 시골 사역에서 사경회보다 더 효과를 보여주는 일을 알지 못합니다. 이 사경회는 발전하면서 불신자에게 위대한 전도의 기관이 되었고, 토론회는 기독교인들의 영적 생활을 더 심화시켰습니다. 이 사경회를 위해 선교사를 2명씩 파송하는 계획은 그 힘과 효율성을 헤아릴 수 없을 정도로 증가시킵니다.

중학교에서 한 달 동안 하루에 한 시간씩 이사야서 일부를 고급반에서 가르쳤습니다.

지방 사역

제가 담당하는 세 개의 시찰[순행 구역]은 올봄에 한천 시찰을 스왈른 목사에게 넘겨주면서 두 개가 되었는데, 6개의 미조직교회, 193명의 세례교인과 160명의 학습교인이 있습니다. 가을에는 이 시찰에 있는 각 미조직교회를 방문했고 30명에게 세례를 주고 9명의 학습교인을 받아들였으며, 한천교회에서 떨어져나온 새로운 미조직교회가 시작된 것을 보았습니다.

순안 시찰은 거의 제가 직접 관리하지 못했지만, 강[규찬] 조사의 도움으로 잘되고 있습니다. 강 씨는 현장을 효과적으로 관리하는 능력을 보여주어서 저는 그를 목회자 후보생으로 요청했으며, 순안읍교회에서 2명의 장로를 선출할 수 있도록 허가를 받았습니다. 저는 그가 먼저 장로가 되고 나중에 이 교회의 목사가 되는 것을 보고 싶습니다. 이 순회 구역에는 세 개의 새 예배당이 있습니다. 읍 교회는 300명이 넘는 회중이 그 건물을 가득 채우고

Country Work

My three circuits have become two, the *Han Chun circuit* having been turned over to Mr. Swallen this spring, with its six groups, 193 baptized members and 160 catechumens. In the fall I visited each group in this circuit baptizing 30, receiving 9 catechumens and seeing the beginning of a new group, another offshoot from the Han Chun church.

The *Soon An circuit* has received very little direct care from me, but is doing well under Helper Kang, who is showing himself able to care for the field so effectively that I have asked to have him received as a candidate for the ministry and have received permission to elect two elders in the Soon An City church. I hope first to see him an elder and later on, the pastor of this church. There are three new chapels on the circuit. The city church has crowded its building with a congregation of more than 300 and has under way a new sarang which will enable them to enlarge the present room by throwing into it the room now occupied by the keeper. One of the associated chapels, Pyeng Ni, has raised 1,000 nyang as an endowment for a school. This church has been conducting services among the thousands of miners gathered at the new gold mines not far away with the result that plans are under way for a building there.

At Song Nim Tong I met with a most joyful reception after an absence of one and a half years, the people telling me of having met at times in tears over my inability to visit them. At Toun Tei where Elder Kim has been living for a year a vigorous group has developed with 70 adherents and a primary school.

The *Eastern circuit* under the care of Elder Han Syek Chin has undertaken even more aggressive evangelistic efforts than ever. The people subscribed so many days of preaching and visited all the outlying villages, doing personal work among the unconverted. They had a local missionary at work also for three months.

At Chang Chun (formerly called So Ou Moul) I for the first time received

있습니다. 현재 새로운 사랑방을 짓고 있는데, 현재의 방을 지금 사찰이 쓰고 있는 방까지 확장시킬 것입니다. 부속 예배당 가운데 하나인 평리는 학교 기금으로 천 냥을 모았습니다. 이 교회는 멀지 않은 곳에 있는 새 금광에서 일하는 수천 명의 광부를 위해 예배를 드려왔는데, 그 결과 그곳에 건물을 짓는 계획이 진행 중입니다.

송림동에서 저는 기쁨에 넘치는 환영을 받았는데, 그 이유는 지난 1년 반 동안 심방하지 못했기 때문입니다. 교인들은 저를 만난 것을 기뻐하며 때때로 눈물을 흘리며 제가 그들을 방문하지 못했던 일에 대해 말했습니다. 김 장로가 1년 동안 사역한 둔태에서는 열성적인 미조직교회가 70명의 신자로 늘었고 초등학교가 함께 발전했습니다.

한석진 장로가 관리하는 동부 시찰은 어느 때보다 공격적으로 전도에 전력하고 있습니다. 사람들은 전도하기 위해 많은 날 연보를 했고, 모든 외진 마을을 방문하면서 불신자들에게 개인 전도를 했습니다. 또한 그들은 지역 전도사를 3개월간 지원했습니다.

예전에 소우물로 불리던 창천에서 저는 처음으로 유아세례를 받았던 자를 입교시켰는데, 지금은 14살인 한 장로의 둘째 아들입니다. 그는 요리문답서를 암송했고 자신의 개인적 신앙에 대해 가장 신뢰할 만한 증거를 제시했습니다.

저는 내년이 되기 전에 다시 세 개의 시찰을 가지게 될 것 같습니다. 쿤즈 목사, 커크우드 양, 그리고 화이팅 의사의 어학교사인 백[신규] 씨가 유익하게 관리해주어서, 평양 장대현교회와 연결된 기독교인들이 있는 세 개의 마을이 독립적이고 열성적인 미조직교회들을 발전시키고 있습니다. 이 중에서 안골에 있는 한 그룹은 80명의 미조직교회가 되었고 좋은 교회 건물을 건축했으며 밝은 전망을 보여주고 있습니다. 동대원과 함께 이들은 최근에 김호섭 조사의 관리하에 들어갔습니다. 작년에 세 순회 구역 모두가 그들의 조사들을 후원했습니다.

제가 여전히 돌보고 있는 사역에서 지난 한 해 동안 38명의 세례교인과

to full communion one baptized in infancy, the second son of Elder Han, now aged fourteen. He recited the catechism and gave most credible evidence of his own personal faith.

I bid fair to again have three country circuits before another year. Through the helpful oversight of Mr. Koons, Miss Kirkwood, and Dr. Whiting's teacher, Mr. Paik, three villages with Christians connected with the Pyeng Yang Central Church are developing independent vigorous groups. One of these at An Kol has become a group of 80 people, has erected a good church building and has excellent prospects. These, with Tong Tai Won have just been placed in charge of Kim Ho Sup as Helper. For the past year all three of the circuits provided the support of their Helpers.

In the work still under my care there were during the year 38 baptized and 132 received as catechumens, the present enrollment being 416 members and 402 catechumens. Eight classes for men and three for women were held with an attendance of 353 men and 130 women.

There were 5 schools for boys and 1 for girls with 54 boys and 11 girls enrolled. Contributions for all purposes amounted to 16,942 nyang or yen 1,540.

Miscellaneous Work

Aside from that resulting from preparation for class work I have done little in the prosecution of long-planned literary work. I hope soon, however, to have *The Christian's Secret of a Happy Life* ready for the press.

In September I made a visit to Chong Ju and surrounding province with Mr. F. S. Miller with a view to the location of a new station. I greatly enjoyed the trip and was glad to be in position to urge the opening of the station there, deeming this the most important strategic move in the advance work of the Mission.

132명의 학습교인이 새로 생겨, 현재 416명의 등록교인과 402명의 학습교인이 있습니다. 남성을 위한 8개의 사경회와 여성을 위한 3개의 사경회가 남성 353명과 여성 130명이 출석한 가운데 열렸습니다.

소년을 위한 다섯 학교와 소녀를 위한 한 학교가 있는데, 54명의 소년과 11명의 소녀가 등록했습니다. 모든 목적을 위한 헌금은 16,942냥 또는 1,540엔에 달했습니다.

기타 사역

수업 준비용으로 만든 것 외에, 저는 오래도록 계획해온 문서 사역에서 거의 진행한 것이 없습니다. 하지만 『신도 쾌락 비결』을 곧 인쇄할 수 있기를 바랍니다.

9월에 저는 F. S. 밀러 목사와 함께 새로운 선교지부의 위치를 선정하는 것과 관련해서 청주와 주변 지역을 방문했습니다. 그 여행은 즐거웠고, 저는 그곳에 선교지부를 설립하는 것을 촉구하는 입장에 서게 된 것이 기뻤습니다. 저는 이것이 선교회의 발전에 가장 중요한 전략적 조치라고 생각합니다.

장로회공의회의 위원회 사역, 선교회의 한국어시험위원회 사역, 선교지부의 자산 문제, 계속 늘어가는 서신, 자산 문제 및 성서위원회 문제와 관련한 서울 방문(주일을 보낸 대구로 가는 데 걸린 3일을 포함), 그리고 우리의 첫째 아이인 제임스 맥키 마페트가 2월 28일에 태어난 덕분에 강제적이지만 가장 환영할 만한 휴식 시간을 가졌습니다.

정중히 제출합니다.

마포삼열 올림

Committee work of the Presbyterian Council, that of the Examination Committee of the Mission, Property matters in the Station, an ever-increasing correspondence, a visit to Seoul on property matters and for Bible Committee business (including three days taken for a run to Taegu where I spent a Sabbath) and the enforced yet most welcome recreation due to the arrival February 28th of [our first child, James McKee Moffett].

[The remainder of report is missing.]

PHS, microfilm reel #284, Vol. 244, Personal Reports

Alice Fish Moffett

Pyeng Yang, Korea

late September, 1905

PERSONAL REPORT–1904-1905

After resuming regular class work last October in the Sabbath morning Bible class and class for catechumen women, I made a short trip to the country during the first week in November, holding a class with the women of the An Yang Kol district. Twenty-six women were enrolled from eight villages and the days of study were a delight to them and to me. One gray-haired woman of seventy, a cripple unable even to stand, was brought in a chair from her mountain village some ten "li" away and with each day and each study hour her happiness increased–her delight in being among other Christians and her joy in hearing the truths from the New Testament. She is the only Christian in her village, bearing witness amid the ridicule and persecution of her relatives and neighbors and having no Christian fellowship except when a Christian woman from a neighboring village goes to her home and they two hold service together, so that the class was to her an event of years and she said it was "like heaven." Seventeen patients were treated during the class.

After reaching home I received again a request from the church officers to meet with their wives and teach them how better to care for their houses and families.

Mrs. Lee and I held eight evening meetings with these women, from ten to fifteen attending each time, and they were given simple talks on cleanliness and hygiene in the home and on the care and training of children. We showed them how to prepare pure drinking water for the household and emphasized its necessity by the use of the microscope. One woman looked at the animalcule in a drop of ordinary water and

앨리스 피시 마페트

한국, 평양

1905년 9월 말

개인 보고서, 1904-1905

지난 10월에 주일 아침 성경반과 여성 학습교인을 위한 공부를 다시 시작한 후, 저는 11월 첫 주 동안 시골로 짧은 순행을 가서, 안양골 구역의 여성들과 사경회를 했습니다. 8개의 마을에서 26명의 여성이 등록했는데, 공부하는 날이 그들과 제게 기쁨이었습니다. 다리를 절고 서지도 못하는 70세의 백발이 성성한 한 여성이 10리 정도 되는 산동네에서 가마에 앉은 채로 와서 매일 매시간 공부하면서, 다른 기독교인과 함께 있다는 기쁨과 신약성경의 진리를 듣는 기쁨으로 큰 행복을 느꼈습니다. 그녀는 마을에서 홀로 기독교인인데, 친척과 이웃의 조롱과 박해에도 불구하고 증거하고 있으며, 이웃 마을의 한 여성 교인이 그녀의 집에 가서 둘이 함께 예배를 드릴 때를 제외하고는 기독교인과 교제를 하지 못하고 있습니다. 그러므로 그 사경회는 그녀에겐 몇 년 만의 행사였고, 그녀는 그것이 "천국과 같다"고 말했습니다. 그 수업 중에 17명의 환자가 치료를 받았습니다.

집으로 돌아온 후에 저는 다시 교회 직원들로부터 그들의 아내들을 만나 어떻게 집과 가족을 더 잘 보살필 수 있는지에 대해 가르쳐달라는 요청을 받았습니다.

리 목사 부인과 저는 한 번에 10명에서 15명이 모이는 이 여성들과 여덟 번의 저녁 모임을 가졌으며, 가정에서의 청결과 위생에 대해, 그리고 자녀들을 보살피고 훈육하는 것에 대해 간단히 강의했습니다. 우리는 집안 살림을 위해 어떻게 깨끗한 식수를 준비하는지를 보여주었고 현미경을 사용해서 그 필요성을 강조했습니다. 한 여성은 물 한 방울에 들어 있는 미생물을 보고는 외쳤습니다. "그것을 보니 우리가 평생 동안 벌레만 먹고산 것 같아요."

exclaimed, “When I see that I think that we people have lived upon nothing but bugs all our lives.”

In the Advanced School for Girls I taught Physiology during part of the session and in the Fall Training Class for women gave selections from the Psalms to the Fifth class.

My Bible woman, Won-si, is very faithful in visiting among the catechumen women but in spite of this and of the large number received into the catechumenate in the Spring, the attendance at the class is very small. Many of the women attend the Wednesday evening church prayer meeting but say they cannot come out in the afternoon. It may prove necessary to gather them on some other evening for a study class.

I have done no work in the dispensary this year but have treated 154 patients as they came to the house and have received for medicines ¥ 12.55.

Our little son, James McKee, who was born in February, has found a large place in the hearts of the Korean Christians and to me he is constantly opening new points of contact with the women and new means of teaching them.

Alice Fish Moffett

소녀들을 위한 상급 학교에서 저는 수업 중에 생리학을 가르쳤고, 여성을 위한 가을 사경회에서는 5년차 학급에서 시편을 발췌해서 가르쳤습니다.

내 전도부인 원 씨는 여성 학습교인들을 열심히 방문하지만, 이 심방과 봄에 학습반으로 들어온 많은 숫자에도 불구하고 수업 출석자는 아주 적습니다. 많은 여성이 교회의 수요 저녁 기도회에 참석하지만, 오후에는 나올 수가 없다고 말합니다. 이는 수업을 위해서 다른 날 저녁에 모이도록 하는 것이 필요하다는 사실을 증명하는 것 같습니다.

올해 저는 진료소에서 아무 일도 하지 않았지만 집으로 오는 154명의 환자를 치료해주었고 12.55엔을 약값으로 받았습니다.

2월에 태어난 아들 제임스 맥키가 한국 기독교인들의 마음에 큰 자리를 차지해왔고 그 아이는 제게 그 여성들과 만날 새로운 접촉점과 그들을 가르칠 새로운 방식을 계속 열어주고 있습니다.

앨리스 피시 마페트 올림

요한 복음

요한의 긔록ᄒᆞᆫ대로 쓴 거시라

一 태초에 말숨이 (혹은 도라) 잇ᄉᆞ니 말숨이 하ᄂᆞ님과 ᄀᆞᆺ치 계시매 말숨은
곳 하ᄂᆞ님이시라 二 이 말숨이 태초에 하ᄂᆞ님과 ᄀᆞᆺ치 계셔셔 三 말숨으로
써 만물이 지은 거시니 지은 물건은 말숨 업시 지은 거시 업ᄂᆞ니라
四 싱명이 말숨에 잇ᄉᆞ니 싱명은 사ᄅᆞᆷ의 빗치라 五 빗치 어두온 ᄃᆡ 빗최되 어
두온 거시 ᄭᆡ닷지못ᄒᆞ더라 六 하ᄂᆞ님의 보내신 사ᄅᆞᆷ이 잇ᄉᆞ니 일홈은 요
한이라 七 뎌가 와셔 증거ᄒᆞᄂᆞᆫ 거슨 빗흘 위ᄒᆞ야 증거ᄒᆞᄂᆞᆫ 거시니 모든
사ᄅᆞᆷ으로 ᄒᆞ여곰 ᄌᆞ긔를 인ᄒᆞ야 다 밋게홈이라 八 요한은 이 빗치 아니오
이 빗흘 위ᄒᆞ야 증거홈이라 九 ᄎᆞᆷ 빗치 잇ᄉᆞ니 셰샹에 ᄂᆞ리샤 각 사ᄅᆞᆷ의게 다
빗최이ᄂᆞᆫ 거시라 十 그가 셰샹을 지으시고 셰샹에 계시되 셰샹이 아지못
ᄒᆞ고 十一 ᄌᆞ긔 ᄯᅡ헤 와도 그 ᄇᆡᆨ셩이 ᄃᆡ졉지아니ᄒᆞ니 十二 ᄃᆡ졉ᄒᆞᄂᆞᆫ 쟈는 그 일홈
을 밋ᄂᆞᆫ 사ᄅᆞᆷ이라 권세를 주샤 하ᄂᆞ님의 ᄌᆞ녀가 되게ᄒᆞ시ᄂᆞ니라 十三 이는
혈긔로 난 것도 아니오 졍욕으로 난 것도 아니오 사ᄅᆞᆷ의 ᄯᅳᆺ으로 난 것
도 아니오 하ᄂᆞ님ᄭᅴ로셔 난 거시라 十四 말숨이 육신이 되여 우리 가온대

요한 일쟝　　　　이ᄇᆡᆨ륙십일

一六二

임시본 신약전서의 요한복음 1장, 1904년 [OAK]

The first chapter of the Gospel of John, a provisional edition of the NT, 1904

第二千八百卅七號

京釜鐵道全通

自十二月二十七日開始

○韓國交通界一新生面○

來二十七日붓터草梁永登浦間에客車와荷車가通行하야旅客
을便乘케하며卜物을運輸ᄒᆞ고繼續하야二十八年(即光武九年)
一月一日붓터全線運輸營業을開始ᄒᆞᆷ
二十七日붓터爲始ᄒᆞ야列車發着時間이如左ᄒᆞᆷ

釜山發午前八時卅分(草梁) 太田着午後九時 京城着午後四時卅七分
太田發翌日午前八時十五分 仁川着後四時卅分
全午後四時 太邱着午後八時一分 京城着
太邱發翌日午前八時三十分 午後[illegible]時四十四分
京城發午前七時十二分 太邱着後八時卅六分 釜山着
太邱發翌日午前八時十分 午後十二時六分(草梁)
京城發午後二時五十七分 太田着午後八時四[illegible]分 釜山着
仁川發午後十二時三十分 太田發翌日午前八時二十分 午後七時三十六分(草梁)
三等賃金 釜山京城間四圓十五錢 (二等車는三等의二倍오)
釜山仁川間四圓廿四錢 (一等車는姑[illegible]臨設흠)

○釜山京城間交通至便○

●

경부선 철도 시간표, 1905년 [OAK]

Timetable of the Seoul-Pusan Railroad, 1905

PAGODA AT THE SUMMER PALACE, PEKING.

FRONT VIEW OF THE SAME.

마포삼열의 기사, 1905년 [OAK]

An article by Mr. Moffett, 1905

THE CHINESE RECORDER

AND MISSIONARY JOURNAL.

Published Monthly by the American Presbyterian Mission Press,
18 Peking Road, Shanghai, China.

Subscription $3.50 (Gold $1.75) per annum, postpaid.

VOL. XXXVII. MAY, 1906. NO. 5.

Policy and Methods for the Evangelization of Korea.

BY REV. SAMUEL A. MOFFETT, D.D., PYENG-YANG.

[The following paper has proved so useful and inspiring to several of the younger missionaries in China to whom the manuscript had been lent, that we have obtained the consent of the author to its publication for the benefit of a much larger number.—ED. RECORDER].

TAKING precedence of and more important than any mere policy or methods are the basal principles or convictions which underlie the work of evangelization and from which it obtains its vitality. To Dr. Herrick Johnson I shall ever be grateful for the expression "A vivid and abiding sense of the Divine reality of the Gospel message," an expression which has gripped me as expressing the basal principle upon which must rest any successful policy or method for evangelization. The reality of sin, of its exceeding sinfulness and the awfulness of its punishment, the wrath of God; the reality of repentance and the absolute remission of sin to the truly penitent; the reality of the regenerating work of the Holy Spirit, of faith in Christ as the one and only way of salvation,—the supernatural, divine reality of this message vividly and abidingly grasped as a profound conviction that this Gospel is the power of God unto salvation and that God is able and willing to save any and all who come unto Him, is pre-eminently the *sine qua non* for the missionary in order to affect profoundly any people for their salvation—for evangelization.

I would place therefore—

First.—The cultivation and conservation of this conviction, for upon this Satan makes his chief attack, knowing full well

기사 ARTICLES

Alice Fish Moffett,
"Yu Hi's Wedding,"
***Korea Field* (February, 1904): 153-154.**

Yu Hi's Wedding

Yu Hi's wedding day is set for the 15th of the 9th month. All the family seem very happy over the arrangements. Her betrothed came in from the country a few days ago bringing the garments for the trousseau—a substantial supply but not abundant nor elaborate. They met and had a talk together, he telling her that some men would be ashamed to bring such a meagre supply, and that he was sorry to do so, but that he could afford no more without going into debt, which he had promised Ma Moksa [Pastor Moffett] not to do. She replied that he was quite right in what he had done and that she was glad he did not go into debt, for that would only make it harder for them later on. They themselves seem very happy and satisfied and have the prospect of beginning life together under very favorable circumstances.

* * * * * * * * * * * * *

Today is Yu Hi's wedding day and the ceremony was performed in the woman's chapel this afternoon at two o'clock. Men and women who were closest friends, and little girls from the day school, gathered to form a goodly company, but not a crowd. The pulpit was placed in the corner of the "L" [L-shaped building] and was modestly decorated with chrysanthemums. Promptly at the hour came the groom and his attendant upon donkeys, and after they entered the building they were closely followed by the bride in her closed chair. Yu Hi made a very pretty bride, but to me she looked much sweeter when, after having returned to the inner room of her house, she put aside the head dress and smiled upon us

앨리스 피시 마페트
"유희의 결혼식",
「코리아 필드」(1904년 2월): 154-154쪽.
한국, 평양

유희의 결혼식

유희의 결혼은 9월 15일로 잡혀 있다. 모든 가족이 그 계획에 대해 행복해하는 것 같다. 그녀의 약혼자가 며칠 전 시골에서 왔는데 혼숫감으로 옷을 가져왔다. 상당한 양이기는 했지만 풍부하거나 세련된 것은 아니었다. 그들은 만나서 함께 이야기를 나누었다. 그는 그렇게 빈약한 물건을 가져와서 부끄럽고 미안하지만, 빚을 지지 않고서는 더 이상 감당할 여유가 없다고 말했다. 그는 마 목사에게 빚을 내지 않겠다고 약속했다. 그녀는 그가 그렇게 한 것은 옳은 일이며, 빚을 졌다면 나중에 살기 힘들어질 것이기 때문에 빚을 지지 않아서 기쁘다고 대답했다. 그들은 행복하고 만족스러운 것처럼 보였으며, 좋은 환경에서 함께 삶을 시작하게 될 것이다.

* * * * *

오늘은 유희가 혼인하는 날이다. 예식은 오후 2시에 여성 예배실에서 거행되었다. 친한 남녀 친구들과 주간 학교를 다니는 작은 여자아이들로 어느 정도 사람이 모였지만 붐비지는 않았다. 연단은 "ㄱ"자의 모서리에 위치해 있었고 국화로 수수하게 장식되어 있었다. 시간이 되자 신랑이 그의 들러리와 함께 당나귀를 타고 나타났다. 그들이 건물로 들어서자 곧 신부가 가마를 타고 뒤를 이었다. 유희는 예쁜 신부였다. 하지만 내게는 그녀가 안방에 들어간 후에 머리쓰개를 벗고 비단 옷을 정리하면서 우리에게 미소를 지었을 때가 훨씬 예뻐 보였다. 모든 일이 잘 진행되었다. 잔치는 소박하고 허세가 없었다. 그 가운데 최고는 유희가 행복해 보였다는 것인데, 이는 예식 준비가 시작되었을 때부터 한국인 여성들이 이야기했던 특징이었다. 그녀의 남편은

as she arranged her silk garments. Everything passed off very well, the feast was simple and unpretentious, and best of all Yu Hi seemed very happy, a feature which has been remarked upon by the Korean women from the time when preparations were begun. Her husband is a man of strong character, pleasing manners, and right principles. I like him very much and I do believe she will have a happy home.

The new school for girls began its sessions last Monday with thirty-eight girls and women in attendance, and there is much enthusiasm in the study. Miss Best has her hands very full with arrangements and her share of the teaching.

Last week I had the privilege of a four days' trip in the country, holding six services with the women of five groups and treating about thirty patients. It is the familiar story of need and opportunity everywhere, a beginning of knowledge and an eagerness to be taught, and yet the experience of it is ever new. In one group about sixty women gathered for the Sabbath service: they are studying Romans and are ready for thorough teaching. In the other four places the Christian women, numbering about 30, 8, 5, and 17 respectively, formed the central circle of each group, while many others gathered about the doors and listened quietly. I am eager to go again, and shall do so if possible about a month from now.

강한 성격과 상냥한 예의와 바른 원칙을 지닌 사람이다. 나는 그가 마음에 든다. 나는 유희가 행복한 가정을 이루리라고 믿는다.

새로운 여학교는 38명의 소녀와 여성이 출석하며 지난 월요일에 학기를 시작했는데, 학업에 대한 열기가 대단하다. 베스트 양은 행정과 수업으로 매우 바쁘다.

지난주에 나는 4일간 시골 여행을 할 특권을 가졌다. 5개 미조직교회의 여성들과 6회의 예배를 드렸고, 약 30명의 환자를 치료했다. 모든 곳에 도움과 기회가 있으며, 배움을 시작하고 배우려는 열정이 넘치지만, 그런 경험은 늘 새롭다는 익숙한 이야기를 할 수 있다. 한 미조직교회에서는 약 60명의 여성이 주일 예배에 모였다. 그들은 로마서를 공부하고 있었고 철저한 가르침을 받을 준비가 되어 있었다. 다른 네 곳에서는 각각 약 30명, 8명, 5명, 17명의 여성 기독교 신자가 각 미조직교회에서 둥글게 모였고, 나머지 다른 사람들은 문 근처에 모여 조용히 들었다. 나는 그들을 다시 찾아가고 싶고, 가능하다면 지금으로부터 약 한 달 후에 그렇게 하려고 한다.

Samuel A. Moffett,
"Policy and Methods in the Evangelization of Korea,"
Korea Field(November, 1904): 193-198.[1]

POLICY AND METHODS IN THE EVANGELIZATION OF KOREA

(Excerpts from a report given at a conference on the 20th anniversary of the arrival of Horace N. Allen, first Protestant missionary to arrive in Korea, September 22, 1884)[2]

Taking precedence of and more important than any mere policy or methods are the basal principles or convictions which underlie the work of Evangelization and from which it obtains its vitality. To Dr. Herrick Johnson I shall ever be grateful for the expression, "A vivid and abiding sense of the Divine reality of the Gospel message." The reality of sin, of its exceeding sinfulness and the awfulness of its punishment, the wrath of God, the reality of repentance and the absolute remission of sin to the truly penitent, the reality of the regenerating work of the Holy Spirit; of

1 The article was re-published in full in *The Chinese Recorder and Missionary Journal*, Vol. XXXVII, May, 1906, No. 5, American Presbyterian Mission Press, Shanghai, China

2 "The conference took place September 22nd, the twentieth anniversary of the day on which Dr. H. N. Allen, now the United States Minister to this court entered Seoul as a medical missionary, the first resident Protestant missionary to Korea. Morning, afternoon, and evening sessions were held, the sessions during the day being presided over by Dr. Underwood, the senior member of the Presbyterian Mission, North, who joined Dr. Allen in his work in the spring of 1885, and the evening session by Dr. Scranton, the senior member and superintendent of the Methodist Mission, who reached Korea at about the same time as Dr. Underwood.The morning devotional service, from 8:30 to 9 o'clock was conducted by Dr. Hardie. At its close a paper was read by Dr. S. A. Moffett on *Policy and Methods in Evangelization of Korea*. It constituted a masterly summary of its topic, clearly outlining the methods of work which time has developed in this land. It is matter for great regret that the length of the paper precludes our printing it in full. Some of the most noteworthy passages are these:—"

마포삼열,
"한국 복음화의 정책과 방법",
「코리아 필드」(1904년 11월): 193-198쪽.[1]

한국 복음화의 정책과 방법

어떤 단순한 정책이나 방법보다 우선적이고 더 중요한 것은 복음화 사역의 기저에 놓여 있으며 그것에 활력을 공급하는 기본적인 원칙이나 확신이다. 나는 "복음 메시지의 신적인 실재에 대한 생생하고 지속적인 감각"을 언급한 헤릭 존슨 박사에게 늘 감사한다.[2] 이는 복음화를 위한 모든 성공적인 정책이나 방법이 의존해야 하는 기본 원칙을 표현하는 것으로 나를 사로잡았다. 죄의 실재, 죄의 과도한 죄성과 죄에 대한 무서운 처벌, 하나님의 진노, 회개의 실재와 진정으로 뉘우치는 자에게 주어지는 절대적인 죄 사함, 성령의 거듭나게 하시는 사역의 실재, 그리스도가 유일무이한 구원의 길이라고 믿는 믿음의 실재 등, 이 메시지의 초월적이며 신적인 실재를 깊이 확신하되 이를 생생하고 영속적으로 붙잡는 것이 필수적이다. 이 복음이 구원을 향한 하나님의 능력이며, 하나님은 당신께 나아오는 자는 누구나 모두 구원하실 수 있고 또 구원하시기를 기뻐하신다는 확신이야말로 어떤 민족의 구원에 깊은 영향력을 주는, 곧 복음화를 위해 선교사가 가장 먼저 갖추어야 할 필수불가결한 요소다.

그러므로 나는 다음을 제시하고자 한다.

---

1 이 원고는 본래 장로회 선교사의 첫 한국 도착 20주년을 기념하여 1904년 9월 22일에 열린 개신교선교대회를 위해 작성되었다. 선교대회는 하루 동안 오전, 오후, 저녁에 열렸다. 낮에는 장로회 첫 목회선교사인 언더우드 박사가 사회를 봤고, 저녁에는 감리회 첫 선교사인 목사 스크랜턴 의사가 사회를 맡았다. 아침 8시 30분에 경건회를 시작했는데 하디 목사가 설교했다. 9시에 마포삼열 목사가 이 논문을 발표했다. 그 발췌본이 *Korea Field*(Nov. 1904): 193-198면에 실렸고, 전문은 1906년 중국에서 발간된 *The Chinese Recorder and Missionary Journal*에 실렸다.

2 헤릭 존슨은 맥코믹 신학교의 목회학 교수로서 마포삼열의 스승이다.

faith in Christ as the one and only way of salvation—the supernatural divine reality of this message vividly and abidingly grasped as a profound conviction that this Gospel is the power of God unto salvation and that God is able and willing to save any and all who come unto Him, is pre-eminently the *sine qua non* for the missionary in order to affect profoundly any people for their salvation – for Evangelization.

I would place, therefore,

First—The cultivation and conservation of this conviction, for upon this Satan makes his chief attack. I am deeply convinced that our greatest need in the Evangelization of Korea is unquestioning reliance upon the Gospel itself, the Word of God in its principal teachings of sin and salvation, a belief that when God ordained that by the foolishness of preaching men were to be saved, He ordained that which in His infinite wisdom He knew to be the best agency for the redemption of man. What will militate most against the Evangelization of Korea will be a lack of faith in the power of the Gospel itself (not acknowledged nor consciously held but nevertheless real) that there must be something used as a bait to bring people under the power of the Gospel.

Second—The determination to make it the one chief interest, the all-absorbing task of one's life to preach the Gospel. Nothing should come in to prevent a close, intimate, loving contact with the people, a sympathetic entrance into their inner life, their ways of thinking, their weaknesses, prejudices, preferences, their trials and sorrows and spiritual struggles—a real love and sympathy for them. Dominated by a sense of the supreme importance of our message to this people, we shall in daily contact inevitably give the impression that we ourselves believe there is naught of really great import to them but the truths of sin and salvation and that practically we have no other interest and nought else of real interest. We will talk, walk, eat, sleep, and think the Gospel all day and every day in natural informal contact with any one and every

첫째, 이 확신을 배양하고 보존해야 한다. 사탄이 공격하는 주 대상이 바로 이 확신이다. 나는 한국 복음화에서 가장 필요한 것은 다음 몇 가지라고 생각한다. 복음 자체, 곧 죄와 구원에 관한 중요한 가르침에서 하나님의 말씀에 대한 무조건적인 의존, 전도의 미련한 것으로 사람들이 구속받는다고 하나님이 명하셨을 때 당신께서는 그 무한한 지혜 안에서 사람들을 그리스도께로 인도하는 최선의 기관(agency)[3]으로 알고 계신 것을 정하셨다는 믿음, 하나님의 영이 하나님의 말씀만 사용하는 것을 영광스럽게 하시고 또 그렇게 하실 것이라는 믿음, 그리고 우리가 불신자를 회복시키기 위해 이차적 기관들을 신뢰하면서 일차적 기관에 대한 믿음을 포기하는 한, 세상의 구원을 위한 수단이 되도록 하나님이 정하신 도구를 하나님의 영이 사용하지 못하도록 방해하는 것이라는 믿음이다. 한국의 복음화를 가장 방해하는 것은 복음 자체의 능력에 대한 믿음의 부족으로(일반적으로 퍼져 있거나 의식적으로 생긴 것은 아님에도 불구하고 존재하는), 복음의 능력 아래로 사람들을 인도하기 위해 미끼로 사용할 무엇인가가 있어야 한다고 생각하는 것이다.

둘째, 복음을 단 하나의 주 관심사로, 곧 복음을 전하고 사람들에게 복음과 만나도록 하는 것을 일생 동안 전심전력할 과제로 만들겠다는 결심이다. 사람들과의 친밀하고 깊은 애정 어린 만남, 그들의 내면적 삶과 사고방식, 연약함, 편견과 선호, 그들의 고난, 슬픔, 영적인 분투 속으로 공감을 가지고 들어가는 것을 가로막는 어떤 것도 있어서는 안 된다. 이 민족에게 우리의 복음이 가장 중요하다는 생각에 사로잡혀 있다면, 우리는 매일 만나는 사람들에게 필연적으로 다음과 같은 인상을 줄 것이다. 곧 우리가 죄와 구원에 대한 진리 외에 그들에게 정말로 중요한 것은 없다고 믿고 있고, 복음이 이생과 내생에서 인간의 궁극적 관심이므로 우리는 다른 어떤 것에 정말로 어떤 관심도 전혀 없다는 인상이다. 존재의 내면 깊은 곳에 각인되어 우리를 지배하는 이 확신을 가지고 우리는 모든 사람과의 자연스럽고 비공식적인 만남

3 이 글에서 "기관"은 "agency"의 번역이다. "대리자", "대리점" "대리인" "수단"으로 번역할 수 있다.

one until the conviction is forced upon others that we believe this to be the supreme interest of life.

Third—The conviction that the spiritual advantages of Christianity are pre-eminently the advantages the value of the Gospel message. Salvation from sin, not mere moral reformation, is the essence of the Gospel message. Civilization is not Christianity. Western ideas, customs, and inventions are not an essential part of Christianity. Our commission is to introduce spiritual Christianity, not western civilization. Education is not regeneration. I quote Mr. Speer—"Let us not confuse evangelism with the accessory and necessary results of Evangelism, which flow from it. Missions are powerful to transform the face of society because they ignore the face of society and deal with it at its heart."

Fourth—A strong faith, a victorious, enthusiastic faith in God and His message—a faith in the power of the Gospel itself to carry conviction to the heart of any man and to do for the heathen all that that has done and now does for us. We need to believe and act upon the belief that it can transform character, lead to true repentance and hatred of sin, give strength to resist temptation and overcome sin, uphold in a consistent Christian life, and comfort and sustain in the midst of persecution, trial, sorrow, and loss. I believe in enthusiasm—in enthusiastic faith—that [our] own lack of faith shuts out the power of God.

Fifth—The missionary's own spiritual life—the missionary himself—is the great factor in Evangelization. His character, his attitude towards truth and life, determine very largely the place in evangelization which the church and those under his influence take and the influence they exert. We need to be men who will not compromise with sin, men who will set up the scriptural standard which God has set up and will not deviate one whit from that standard in their requirements.

I mention now a few methods adopted in our work in northern Korea which I believe to be the most important factors in its development.

가운데 하루 종일 그리고 매일 복음을 말하고 걷고 먹고 자고 생각할 것이다. 그래서 우리가 복음이 인생의 궁극적 관심사라고 믿고 있음을 다른 사람들로 하여금 받아들이지 않을 수 없게 만들 것이다.

셋째, 기독교의 영적인 이득이 복음 메시지의 최고 가치라는 확신이다. 단순한 개혁이 아니라 죄로부터의 구원이 복음 메시지의 핵심이다. 문명은 기독교가 아니다. 서구적 사유와 관습과 발명은 기독교의 본질적 부분이 아니다. 우리의 임무는 서구 문명이 아니라 영적인 기독교를 소개하는 것이다. 교육은 중생이 아니다. 나는 스피어 목사의 말을 인용하고자 한다. "전도와 전도에서 흘러나오는 부수적이고 필수적인 결과들을 혼동하지 말라. 전도는 사람들의 공동체 가운데 새로운 사회적 결합을 창조하는 힘을 심는다. 선교는 사회의 얼굴을 무시하고 사회의 마음을 다루기 때문에, 사회의 얼굴을 바꿀 만큼 강력하다."

넷째, 강한 믿음, 하나님과 그분의 메시지에 대한 승리하는 열정적인 믿음이다. 복음 자체의 능력에 대한 믿음, 곧 모든 사람의 가슴에 확신을 전달하며, 우리를 위해 해왔고 지금 하고 있는 모든 것을 불신자들을 위해 하는 복음 자체의 능력에 대한 믿음이다. 우리는 복음이 인격을 바꾸고, 진정한 회개와 죄에 대한 증오로 이끌며, 유혹을 이겨내고 죄를 극복하며, 일관된 기독교인의 삶을 살 수 있도록 붙잡아주며, 핍박과 시련과 슬픔과 상실 속에서 위로해주고 지탱할 수 있는 힘을 준다는 것을 믿고 그 믿음 위에서 행동할 필요가 있다. 나는 열정 – 열정적인 믿음 – 을 믿는다. 우리의 부족한 믿음은 하나님의 권능을 가로막는다.

다섯째, 선교사 자신의 영적인 삶 – 선교사 자신 – 이 복음화의 가장 중요한 요소다. 그의 인격과, 진리와 생명에 대한 그의 태도가 복음화에서 교회와 그의 영향 아래 있는 사람들과 그들이 미치는 영향력의 위치를 거의 결정한다. 우리는 죄와 타협하지 않을 사람들, 하나님이 세우신 성경적 표준을 세우고 자격 요건에서 그 표준으로부터 조금도 벗어나지 않을 사람들이 될 필요가 있다.

First—the wide-spread preaching of the Gospel message in its simplicity. There should be a perfectly frank, candid, natural avowal of one's mission and a presentation of the Gospel message to all, to everyone with whom one can come in contact as the most natural subject of conversation and interest, aiming to make the Gospel known over as wide an extent of territory as can possibly be entered from some strategic point as the center of operations. If the Gospel can be made the subject of conversation among the people by the wide spread disseminations of tracts and the extended itineration of the missionary, a great point has been gained. The method adopted to secure this will differ largely according to the personal preference and the disposition of the missionary. Some will adopt the formal preaching to crowds upon the streets or in the market place or the opening of street chapels; but a method better adapted to the genius of the Korean people seems to me the constant, daily, natural and informal conversations with individuals and small groups of people in friendly intercourse along the wayside, in the lanes, on the streets, in the shops, in the country village, anywhere and everywhere, with the invitation to meet you in your "sarang" for further conversation on this important topic. The widespread informal dissemination of the Gospel news will result in bringing your visitors from a wide territory, and the "sarang" work will give opportunity for hand to hand, face to face, heart to heart dealing with individuals in a personal earnest way with undisturbed, clear and pertinent presentation of the claims of the Gospel which has been most prolific in genuine conversions. In Korea what takes place in your "sarang" is soon heralded far and wide and often what is said to an individual there will reach a far larger audience than what is proclaimed to a crowd on the street. I would emphasize the value of seeking to reach a wide extent of territory in the initial stages. In the early stages of the work the conversion of ten men from ten different sections will accomplish more than the conversion

이제 우리가 한국의 북부 사역에서 채택했고 그 발전에서 가장 중요한 요소였다고 믿는 몇 가지 방법을 언급하겠다.

첫째, 복음 메시지를 단순한 형태로 광범위하게 전파하는 것이다. 만나는 모든 사람에게 자신의 사명과 복음 메시지를 완벽하게 솔직하고 또 담백하고 자연스럽게 천명하고 제시하되, 가장 자연스러운 대화의 주제와 관심사로 제시하고, 사역의 중심지로서 전략 지점으로부터 들어갈 수 있는 최대한 넓은 범위의 영토에 복음을 알리는 것을 목표로 해야 한다. 만일 소책자를 널리 전파하고 선교사가 장기 순회 여행을 함으로써 복음을 주민들과의 대화 주제로 삼을 수 있다면 중대한 지점을 확보한 것이다. 이를 확보하기 위해 채택하는 방법은 선교사의 개인적 선호와 성향에 따라 크게 다를 것이다. 어떤 이들은 길거리나 장터나 거리에 예배 처소를 개설하고 군중에게 정식으로 전도하는 방식을 채택하겠지만, 한국인의 특성에 더 적합한 방법은 개인이나 소수의 사람들과 끊임없이 매일 자연스럽게 격식에 얽매이지 않고 대화하는 것이다. 길가, 여관, 거리, 상점, 시골 마을 등 어느 곳에서나 이 중대한 주제에 대해 더 많은 대화를 나누고 싶은 자는 당신의 "사랑방"으로 오라는 초대와 함께 친근하게 대화하는 것이다. 복음을 격식에 얽매이지 않고 널리 보급하면, 광범위한 지역으로부터 방문자들이 오는 결과를 낳는다. "사랑방" 사역은 손과 손을 잡고 얼굴과 얼굴을 대면하면서 마음과 마음이 서로 만나 복음의 주장을 방해 없이 분명하고 적절하게 전하고, 인격적으로 진정성 있게 개개인을 다룰 수 있는 기회를 제공한다. 이 사랑방 대화가 가장 많은 진실한 개종자를 만들었다. 한국에서는 "사랑방"에서 일어난 일이 순식간에 먼 곳까지 광범위하게 알려진다. 그곳에서 어떤 개인에게 말한 것이 거리에서 군중에게 선포한 것보다 훨씬 더 많은 청중에게 자주 전해진다. 초기 단계에서는 광범위한 지역에 복음이 전달되도록 노력하는 것이 가치가 있다고 강조하고 싶다. 초기 단계에서는 10개의 다른 구역에서 온 10명이 회심하는 것이 한 구역에서 10명이 회심하는 것보다 더 많은 일을 성취하게 된다. 왜냐하면 이 10명 각자가 광범위한 지역에 걸쳐 대화의 주제가 되며, 바

of ten men in one section only, for each one of these men becomes the subject of conversation over a wide area and the Gospel news is thereby spread abroad to a far larger audience; instead of one group of Christians being formed, we may soon have ten places of worship, each to be developed into a church.

Second–The use of the Bible. Emphasis should be placed upon the fact that your message is not yours but the message of the living God whose existence and the inspiration of whose Word are facts to be proclaimed, not propositions to be proved. Rest your authority upon the Scriptures, the authoritative Word of God, which claims man's obedience. Get men to read it, read it to them, and make it known as God's message which speaks for itself and needs no apology. By far the most efficient means for the evangelization of men is the Bible itself, and our effort should be to get it into the hands of men, to arouse in them a desire to read it, to constantly appeal to it as the source of our authoritative message and as containing God's own message to men for their welfare and happiness, and as being of inestimable importance to them. I believe in the use of tracts, but primarily as a means to explaining the Scriptures and to lead to a study of the Scriptures. To this end I should advocate the use of such tracts as "*The Nevius Catechism*," "*Discourse on Salvation*," "*The Two Friends*," "*The Guide to Heaven*," and Mrs. [George Heber] Jones's most helpful *Primer* for those who cannot yet read the Korean character. These however are powerful because they are a simple presentation of fundamental Scripture truths and turn the attention of the people to the Bible itself.

Third–The Catechumenate. Particularly in the initial stages of work and for the conservation of the results of one's preaching and teaching, I look upon the public reception of catechumens as one of the most effective methods and one of far-reaching influence. Just as soon as a man gives evidence of a knowledge of sin, of a desire to worship God,

로 그것에 의해 복음의 소식이 훨씬 더 많은 청중에게 전파되기 때문이다. 하나의 미조직교회가 형성되는 대신에 교회로 발전하게 될 열 개의 예배 처소가 곧 생길 수 있기 때문이다.

둘째, 성경을 사용하는 것이다. 당신의 메시지가 당신의 말이 아니라, 살아계신 하나님의 말씀이라는 점을 강조해야 한다. 하나님의 존재와 하나님의 말씀의 영감은 증명해야 할 명제가 아니라 선포해야 할 사실이다. 당신의 권위를 인간의 복종을 요구하는 하나님의 권위 있는 말씀인 성경에 두어야 한다. 사람들로 하여금 그것을 읽게 하라. 그들에게 성경을 읽어주고, 그것이 스스로 말하며 변증이 필요 없는 하나님의 말씀임을 알게 하라. 사람을 전도하는 가장 효과적인 수단은 성경 그 자체다. 우리의 노력은 성경을 사람들의 손에 쥐어주고, 그들에게 읽고 싶은 마음을 불러일으키는 것이다. 성경은 우리의 권위 있는 메시지의 원천이요, 사람들의 안녕과 행복을 위해 하나님이 주신 그분의 이야기를 담은 책이요, 그들에게 측량할 수 없이 중요한 것임을 끊임없이 호소해야 한다. 나는 소책자를 사용하는 것이 좋지만, 그것은 우선적으로 성경을 설명하고 공부하도록 인도하는 수단이 되어야 한다고 믿는다. 이 목적을 위해 나는 『네비우스의 그리스도문답』, 『구세론』, 『장원양우상론』, 『천로지남』, 그리고 아직 한글을 읽지 못하는 이들을 위해 존스 부인이 쓴 유용한 『초학입문』 등과 같은 소책자를 추천한다. 하지만 이 소책자들이 강력한 것은 성경의 근본적인 진리를 단순하게 보여주어서 사람들의 관심을 성경 자체로 돌리기 때문이다.

셋째, 학습 제도다. 특별히 사역의 초기 단계에서 설교와 가르침의 결과에 관한 대화를 위해 나는 학습교인을 공개적으로 받아들이는 것을 가장 효과적이고 광범위한 영향을 미치는 방법 중 하나로 간주한다. 어떤 사람이 죄를 알고, 하나님을 예배하고 싶은 마음과 그리스도를 죄에서 구원하신 구주로 영접한 것에 대해 전하면, 그는 죄와 그리스도에 대한 믿음과 기독교인의 삶을 살겠다는 의도를 공개적으로 고백하도록 격려받아야 한다. 그것의 목적은 세 가지다. 첫째, 그것은 사람으로 하여금 결정에 이르도록 돕는다. 바

and of an acceptance of Christ as his Savior from sin, he should be encouraged to make a public confession of sin, of faith in Christ, and of his intention to lead a Christian life. The object of it is three-fold, first, it assists a man to reach a decision, and the very decision is a means of strengthening him, helping him to cut loose from his past life and ideas by holding before him a definite step to be taken: second, it is a formal recognition of his desire to be a Christian and an enrolling of him in a class for instruction, so that he becomes connected with the church in a way that necessitates some provision for his systematic instruction and oversight: third, it is a means of witness-bearing to others, and puts him in the position of at once making known to others the fact that he has identified himself with Christianity. Reception into the catechuenate is an extension of the hand of Christian fellowship, encouraging one in his first formed intentions to renounce heathenism and accept Christ. I look upon it as more particularly valuable as an agency in the early stages of work, furnishing a means of recognition and organization of first converts before the church with its baptized membership and fuller organization, becomes the more prominent exponent of Christianity. The more systematic and thorough the Bible instruction of the catechumenate, the more valuable will this factor prove to Evangelization.

Fourth–The intrusion of an enthusiastic evangelistic spirit into the first converts and continuously into the whole church. The importance of this can scarcely be exaggerated and it is worth our while to plan wisely to develop this and to avoid the development of the opposite spirit of service where mercenary motives develop apparent evangelistic zeal. For this reason, the employment of men and women to preach in the early stages of work, and the use of much money in initiating work of any kind is to be deprecated; for thereby people are attracted by an unintentional appeal to mercenary motives to make profession of

로 그 결정은 그를 강하게 하는 수단이 되는데, 그가 분명한 한 걸음을 내딛기 전에 그를 붙잡아줌으로써 과거의 삶과 사상으로부터 단절하도록 도와준다. 둘째, 그것은 기독교인이 되려고 하는 그의 소망에 대한 공식적인 인정이며, 교육을 위한 수업에 등록시켜서 그가 체계적인 교육과 감독을 받을 수 있는 준비를 하게 하는 방식으로 교회와 연계시킨다. 셋째, 그것은 다른 사람들에게 전하는 하나의 수단으로서, 그가 자신을 기독교와 동일시했다는 사실을 다른 사람들에게 즉시 알리는 자리에 그를 자리 잡게 한다. 학습교인으로 등록시키는 것은 기독교적 친교의 손길을 뻗는 것으로서, 이교를 버리고 그리스도를 영접하기로 처음으로 형성된 의도에 대해 그를 격려하는 것이다. 나는 그것을 사역의 초기 단계에서 특히 더 가치 있는 기관으로 여기는데, 그것은 처음 회심한 사람들을 세례 받은 등록교인과 더 완전한 조직을 가진 교회 앞에 인정하고 조직하는 방식을 제공함으로써 기독교에 대한 더 뚜렷한 주창자가 되게 한다. 학습교인에게 성경을 가르치는 것이 더 체계적이고 철저할수록, 이 요소가 복음화에서 더 가치 있는 것임이 입증될 것이다.

넷째, 열정적인 전도의 정신을 처음 회심한 자들과 전체 교회에 지속적으로 불어넣는 것이다. 이것의 중요성은 아무리 강조해도 지나치지 않다. 전도 정신을 발전시키고, 그와 반대되는 정신, 곧 금전적 동기로 인해 눈에 띄게 전도의 열정을 봉사 정신으로 발전시키는 것을 피하도록 현명하게 계획하는 것은 가치가 있다. 이런 이유로 사역의 초기 단계에서 전도할 남녀를 고용하는 것과, 어떤 종류이든 사역을 시작하기 위해 많은 돈을 쓰는 것은 강력히 반대해야 한다. 왜냐하면 그것을 통해 의도하지는 않았지만 사람들로 하여금 금전적 동기에서 기독교 신앙을 고백하도록 호소하기 때문이다. 하나님의 용서를 받았고 하나님과 화해했다는 감정과 함께 평화와 기쁨을 주는 구원의 소식을 다른 사람들에게 알리고 싶은 압도적인 소망의 주입과 발전은 다만 마음속에서 그것을 경험함으로써 나오는 것이며, 광범위한 한국의 복음화에서 다른 무엇보다 더 많은 사역을 하게 할 것이다. 자발적으로, 기쁘게, 열정적으로 진리를 전파하는 이 정신이 초기 회심자들과 교회의 특

Christianity. The inculcation and overwhelming desire to make known to others the message of salvation which brings peace and joy with the sense of forgiveness and reconciliation with God, simply from an experience of the same in one's own heart, will do more than any other one thing for the wide-spread Evangelization of Korea. When this spirit of voluntary, joyful, enthusiastic propagation of the truth has become characteristic of the early converts and the church, the employment of men proportionately with the development of the church will not be a hindrance but a help to evangelization. I am satisfied however that this spirit can be secured only through the deep convictions of the missionary working out in his own life this same enthusiastic evangelistic spirit, so that by example rather than by exhortation he infuses this spirit into the first converts who come into closest contact with him, reading and knowing his inner real self most clearly. Real enthusiasm begets enthusiasm; conviction begets conviction. A man all on fire with and dominated by this spirit is a tremendous power and the cumulative force of a whole church of such men is more irresistible than an avalanche. A church constantly at work seeking to convert men—peddlers carrying books and preaching as they sell their wares, merchants and inn-keepers talking to customers and guests, travelers along the roads and on the ferries telling of Jesus and His salvation, women going to the fields, drawing water at the well, washing clothes at the brooks, or visiting in heathen homes, all talking of the Gospel and what it has done for them—is a method of evangelization than which none is more powerful. To Yi Yeng En—now with the Lord—I ascribe the greatest influence in the development of the spirit of our northern work. He never allowed a man to pass the examination for admission to the catechumenate or the church without impressing upon him this as his first duty and privilege as a Christian. From him came the practice of questioning the advisability of admitting to the church any one who had not first made

징이 되었을 때, 교회의 발전과 비례해서 사람들을 고용하는 것은 전도에 방해가 아니라 도움이 될 것이다. 하지만 나는 선교사의 깊은 확신을 통해서만 이런 정신이 확보될 수 있다는 사실에 만족한다. 그와 가장 밀접하게 만나는 첫 개종자들은 그의 진실한 내적 자아를 가장 분명하게 보면서 알기 때문에, 선교사는 자신의 삶 속에서 이와 동일한 열정적인 전도의 정신을 구현해서 훈계 대신 모범을 통해 이런 정신을 그들에게 불어넣을 수 있다. 진정한 열정은 열정을 낳고, 확신은 확신을 낳는다. 이런 정신으로 불타고 지배되는 사람은 엄청난 능력자이며, 그런 사람들이 모인 교회 전체의 축적된 능력은 눈사태보다 더 불가항력적이다. 끊임없이 사람들을 회심시키기 위해 사역하는 교회 — 물건을 팔면서 여행할 때 소책자를 함께 가져가서 전도하는 행상들, 고객이나 손님과 대화하는 상인과 여관 주인들, 길이나 배 위에서 예수와 그의 구원에 대해 이야기하는 여행자들, 들에 나가고 우물에서 물을 길으며 냇가에서 빨래를 하고 불신자의 가정을 심방하는 여성들, 이 모두가 복음을 전한다. 복음이 그들을 위해 한 일이 다른 어떤 것보다 더 강력한 전도의 방법이다. 이제는 주님과 함께 있는 이영언(李永彦)이 우리의 북부 지역 사역에서 이런 정신이 발전하는 데 가장 큰 공을 세운 인물이다.[4] 그는 누구든지 기독교인으로서 이 정신을 자신의 첫째 의무이자 특권으로 강조하지 않고서는 학습교인이 되거나 입교 문답에 통과하도록 허락하지 않았다. 주께서 자신에게 어떤 위대한 일을 하셨는지 자신의 가족과 이웃에게 알리지 않은 사람을 교회에 받아들이는 것이 타당한지 의문을 제기하는 관행이 그로부터 생겨났다. 나는 이것이 북쪽 지역에서 우리의 사역이 광범위하게 발전한 가장 중요한 요소라고 말하는 데 주저하지 않겠다.

다섯째, 성경 공부 사경회다. 교회가 위대한 전도 기관으로 발전하기 위해, 성경공부와 예배를 위한 주일 예배를 제외하면 나는 우리 사역에 이미

---

4 이영언은 1894년 평양 널다리교회에서 세운 남학교(숭실학당)의 첫 교사로 학생을 가르치기 시작했다. 그는 이때 영수로 임명받았으며, 김종섭(1900), 길선주(1902)에 이어 장대현교회의 장로로 안수받았다.

known to his family and neighbors what great things the Lord had done for him. I do not hesitate to place this as the foremost factor in the wide spread development of our work in northern Korea.

Fifth—Bible Study Training Classes. For the development of the church as the great evangelistic agency I know of nothing, aside from the Sabbath services for Bible study and worship more perfectly adapted to the conditions in Korea than the system of Bible study training classes which has already become such a factor in our work. They are adapted to the genius of the Korean people and fit in admirably with their methods of life and study. As explanatory of these classes I quote from an article prepared by Mr. Hunt of Pyeng Yang:—"The education of the whole church, all its membership, young and old, literate and illiterate, is being undertaken systematically and largely by training classes in which the textbook is the Bible. Some of these are representative in character, the attendance coming from every part of the field: others are local, meant only for the members of a particular group. Sometimes these classes are taught entirely by the missionaries or by the missionary and several helpers, but more often by the helper alone. Bible study is the object of the class but prayer, conferences, and practical evangelistic effort are prominent parts of the work. The Christians have learned that it is only right to put aside their occupations for several weeks each year for the special study of the Word of God. This method is honoring to God's Word and teaches all the authority of God in their lives. His Word, rather than that of the helper or the missionary, early becomes the Christian's rule of faith and practice." To this I would add that these classes cannot be begun too soon, for in their essential features they are applicable alike to enquirers and catechumens, church members, leaders, helpers, evangelists, and the missionary himself, to women and children as well as to men, the ignorant, even those unable to read, as well as to the educated scholars. The whole church is made to feel the result of

거대한 요소가 된 사경회 체계보다 더 완벽하게 한국의 상황에 적합한 것을 알지 못한다. 이는 한국 사람들의 특성에 맞게 적응되었으며 그들의 삶과 공부 방식에 훌륭하게 어울린다. 이 사경회에 대한 설명으로 평양에 있는 헌트 목사가 쓴 다음 기사를 인용하고자 한다. "교회 전체, 남녀노소 혹은 글을 읽거나 못 읽거나, 모든 회원에 대한 교육이 성경을 유일한 교재로 한 사경회를 통해 체계적으로 그리고 광범위하게 이루어지고 있다. 일부 사경회는 대표적인 특성을 보여준다. 도 사경회에는 선교지의 모든 곳에서 온 사람들이 참석한다. 때때로 이 수업은 전적으로 선교사들이 가르치거나 선교사들과 여러 조사가 가르치지만, 조사들만 가르치는 경우가 더 많다. 성경공부가 수업의 목적이지만 기도, 회의, 전도 실습이 그 사역의 중요한 부분이다. 기독교인들은 하나님의 말씀을 특별히 공부하기 위해 매년 여러 주 동안 그들의 생업을 내려놓는 것이 바르고 옳다는 것을 배웠다. 이런 방법은 하나님의 말씀을 공경하는 것이고, 모든 사람에게 그들의 삶 속에서 하나님의 권위를 가르친다. 조사나 선교사의 말보다 주님의 말씀이 일찍부터 신앙과 실천에서 기독교인의 규범이 된다." 여기에 한 가지를 덧붙인다면, 사경회는 너무 빨리 시작할 수 없다. 왜냐하면 그 본질적인 특징에 있어서 사경회는 구도자, 학습교인, 교회 회원, 지도자, 조사, 전도사, 목회자, 그리고 남성뿐만 아니라 여성과 어린이, 교육받은 학자뿐만 아니라 무식한 사람, 심지어 글을 읽지 못하는 자에게 모두 똑같이 적용되기 때문이다. 교회 전체가 이 사경회의 결과를 느껴야 한다. 그 사경회로부터 사람들은 열정과 전도의 열심과 함께 성경에 대한 지식을 가지고 나아간다. 그 지식은 그들로 하여금 복음 메시지에 대한 지적이면서 열정적인 전령이 되게 한다.

여섯째, 훈련받은 조사와 전도인과 목사의 발전이다. 이는 전도 사역의 통전적인 한 부분이다. 여기에 특별히 선교 교육 사역 분야가 있는데, 나는 이것이 교회 내부의 발전이 되어야 한다고 믿는다. 이는 전도 사역의 결과이며 그 사역과 분리할 수 없이 연결되어 있다. 그것은 결국 전도에서 기하급수적인 발전을 낳는 강력한 요소 중 하나가 되고 있다. 외국인 선교사는 교

these classes and from them the men go forth with an enthusiasm and an evangelistic zeal coupled with a knowledge of the Scriptures which enables them to become intelligent as well as zealous heralds of the Gospel message.

Sixth—The development of trained helpers, evangelists, and ministers. This is an integral part of evangelistic work. Here is specifically the province of mission educational work, which I believe should be a development from within the church, a result of and indissolubly connected with the evangelistic work: it in turn becoming one of the powerful factors in producing a geometrically progressive advance in evangelization. The foreign missionary is the important agency in the initial stages of evangelization for the foundation and establishment of the church, but the native church itself must become the agency for the complete evangelization of the nation, and from the church should come the institutions and the men which are to be the permanent factors. In the development of these leaders we need to provide for the training of the classes of men. In Korea, for years to come, the bulk of the work of leading the church must be done by men who show gifts for such work but who cannot be given the thorough preparation for the ministry which is the result of a common and high school, a collegiate and seminary education. We want and must have some such men, but all experience shows that the number of such men is never equal to the demand. We must make provision for this systematic and thorough theological instruction for the training of a ministry, but we must also in the meantime and for years to come depend even more largely upon a class of men taken from among the more mature Christians, who can be taken through a course of instruction less absorbing of time and not too exhaustive of the mental or physical strength of the men.

In discussing Dr. Moffett's paper, Dr. Scranton spoke of "tact."

회의 기초와 설립을 위한 초기 단계에서 중요한 기관이지만, 본토인 교회 자체는 그 나라의 완전한 복음화를 위한 기관이 되어야 하며, 그 교회로부터 영구적인 요소가 될 기관과 사람이 나와야 한다. 이런 지도자의 계발에 있어서 우리는 두 개의 남성 훈련반을 제공해야 할 필요가 있다. 앞으로 몇 년 동안 한국에서는 교회를 인도하는 사역의 대부분이 그런 사역을 위한 재능을 보이기는 하지만 목회에 대한 철저한 준비를 할 수 없는 사람들에 의해 행해져야 한다. 철저한 준비를 하려면 초중학교, 고등학교, 대학교, 신학교 교육을 거쳐야 하기 때문이다. 우리는 그런 사람들이 존재하기를 원하지만, 경험을 통해서 보면 그런 사람의 숫자는 수요에 절대 미치지 못한다. 심지어 대학 교육과 신학 교육의 훌륭한 체계를 가지고 있는 미국 교회에서도 그렇다. 우리는 목회 훈련을 위해 이런 체계적이고 철저한 신학 교육을 준비해야 한다. 그러나 우리는 앞으로 몇 해 동안은 시간이 더 적게 걸리고 정신적·육체적인 힘을 너무 고갈시키지 않는 교과 과정을 통해 보다 성숙한 기독교인 중에서 선택된 사람들에게 훨씬 더 많이 의존해야 한다.

마포삼열 박사의 논문에 대한 토론에서 스크랜턴 의사는 "요령"에 대해 말했다. "대다수의 훌륭한 사람들이 요령이 없다. 그것은 선교지에서 필수사항이다. 요령이란 늘 복음을 단순하게 선포하는 것이 아니라, 때로는 복음을 선포하는 방식과 방법이다."

전킨 목사는 다음과 같이 말했다. "새 선교사들은 대단히 많은 수의 사람을 가르치려는 관념을 가지고 있었다. 마포삼열 박사는 우리가 개인을 목표로 해야 한다는 점을 상기시켰다. 한국은 시골 마을의 나라다. 우리를 만나려고 어떤 사람이 올 때 유혹이 일어난다. 어떻게 하면 그를 떨쳐버릴지를 묻는 유혹이다. 만일 우리가 제대로 깨달았다면 한국인과 접촉하게 되었을 때 '어떻게 하면 이 사람에게 가장 잘 다가갈까'라고 물을 것이다. 그때 복음은 전진할 것이다."

애덤스 목사가 말했다. "우리도 자주 우리와 사람들 사이에 불필요한 벽을 세운다. 너무 자주 우리는 한국인의 관점을 멸시한다. 특히 우리의 사교

"Many fine men have no tact. It is a necessity on the mission field. It is not always the simple proclamation of the Gospel, but sometimes the manner, and the way in which it is proclaimed."

Mr. Junkin said, "New missionaries had the idea of teaching great bodies of people. Dr. Moffett brought out that we should strike for the individual. Korea is a country of villages. The temptation is, when a man comes to see us, to ask how we can get rid of him. If we could get to the point, when we come in contact with a Korean, of asking, 'how can I best reach this man?' the Gospel would go forward."

Mr. Adams said, "We too often put up gratuitous barriers between us and the people. Too often we are inclined to hold in contempt the Korean point of view, especially in regard to our social relations. In the south the people are often more conservative than in the north. When we first went into Taegu we were very careful to conform to their customs and proprieties in every way possible, and hence we now enjoy the respect of all, many of whom do not even profess Christianity."

Dr. Underwood said "Have faith in the old, old Bible and its power among the Koreans. We are apt to think that we ought to give to callers a big lot of tracts and a small stock of Bibles. There is a power in the Bible. A palace commissioner in the city is condemned to banishment. His nephew takes him a New Testament, with 'when you are away, you would like to read this.' The man goes away an exile to a lonely island, and he reads it simply because of his loneliness. He interests others. They go to Sorai to ask for a teacher and purchase books. There is no teacher to go. They say, 'why purchase books without a teacher?' 'Oh,' replies Mr. Saw, 'there is something peculiar in these books, they teach themselves.' They buy the books, go away, and today there is a church in that place.

Another man comes to see Dr. Heron. He misses him and sees me. When going away he wishes to show some appreciation to me and

관계에 대해서는 그렇다. 남쪽에 있는 사람들은 자주 북쪽보다 보수적이다. 우리가 처음 대구에 들어갔을 때, 우리는 최대한 그들의 관습과 예의에 순응하려고 조심했다. 그래서 지금 우리는 모두의 존경을 받는데, 심지어 기독교인으로 고백하지 않는 많은 사람도 존경한다."

언더우드 박사가 말했다. "오래된 성경과 한국인들 가운데 역사하는 성경의 능력을 믿으라. 우리는 방문자에게 수많은 소책자를 주고 작은 양의 성경을 주어야 한다고 생각하기 쉽다. 성경에는 능력이 있다. 이 도시의 황실 궁내부 대신이 귀양에 처해졌다. 그의 조카가 그에게 신약전서 한 권을 주었다. '멀리 가 계실 때 읽어보시기 바랍니다.' 그는 외딴 섬[백령도]에 귀양을 갔고, 그저 외로움 때문에 성경을 읽었다. 다른 사람도 성경에 관심을 가지게 했다. 그들은 교사와 책을 구하기 위해 소래에 갔다. 함께 갈 교사가 없었다. 그들은 말했다. '교사 없이 책을 왜 사는가?' 서[경조] 씨가 말했다. '오, 이 책에는 좀 특별한 게 있습니다. 책이 스스로 가르칩니다.' 그들은 책을 사서 떠났고, 오늘 그곳에는 교회가 있다.

어떤 사람이 헤론 의사를 만나러 왔다가 만나지 못하고 나를 만났다. 떠날 때 그는 내게 감사를 표하고 싶었다. 그는 내가 말한 책 몇 권을 사면 나에 대한 대접이 될 것으로 생각했다. 그는 기독교에 대해 전혀 관심이 없었으나 몇 권을 사서 집으로 가져가서 한쪽으로 치워버렸다. 3년 후 한 남자가 약 한 꾸러미를 들고 그 집에 방문했을 때, 그 책을 보고 '이게 무엇이오'라고 물었다. 그 주인이 '아, 서양 쓰레기라오'라고 대답하자 그 남자는 책을 집으로 가져가서 읽었다. 그의 인생이 변했다. 누구를 만난 것도, 다른 책을 읽은 것도 아니었다. 곡산에 교회가 세워졌다. 그들이 성경을 읽는데 '믿고 씻는 의식을 받으라'가 나왔다(그들은 그렇게 불렀다). 이것이 무엇인가? 그들은 알지 못했다. 이것이 구원에 필수적인가? 그들끼리 의논한 후 5명이 집으로 가서 성부와 성자와 성령의 이름으로 몸을 씻었다. 하나님의 말씀에는 능력이 있다."

thinks that it would be a taichup [대접kindness] if he purchases a few copies of these books I have been talking about. He did not care a snap about Christianity, but he purchased them, took them home, and put them away. Three years after that a man comes to his home with a pack of medicines and sees the books. 'What is that,' he says. 'Oh, a lot of foreign rubbish.' The man takes them home and reads them. His life is changed without seeing anybody else or reading any other books, and a church was established in Kok San. They read, 'believe and receive the washing rite' (as they called it). What was it? They did not know. Was that absolutely essential to salvation? After talking it over among themselves, five of them went to their homes and washed themselves in the name of the Father, the Son and the Holy Ghost. There was power in the Word."

"Country Evangelistic Work: From Annual Report of Pyeng Yang Station, September, 1904,"

Korea Field (November, 1904): 216-218.

COUNTRY EVANGELISTIC WORK

Encouraging features are numerous. There is an increased liberality in giving, showing itself not only in larger subscriptions to the helpers' salaries (in two circuits these subscriptions have doubled) but in gifts for church buildings and for evangelistic work.

From An Ju comes this story of a generous gift. The Japanese troops used the church building for a stable and damaged it and the houses nearby to such an extent that the people decided that their best course was to buy a house in a different neighborhood and fix it up for a church: One woman named Choi Si, a widow of considerable means, was particularly zealous for the new church. During a severe illness she had been thinking a great deal about the Lord's work in An Ju, and its needs, and her conclusion was like this, as nearly as can be quoted from memory: "The church here is small and not fit for the people to use; and there is no good place for the helper or the missionary to stay when they come to visit us, and the missionary cannot bring his wife here to see the people. So the Lord has put it into my heart to buy a church and give it to them." The war kept her from selling her fields as she intended, but she contributed 500 yang, and this, with 450 more raised by the other Christians, bought a fine tiled house, well located, that will make a splendid church, and will be a source of more joy to the congregation than if it had been all the gift of one person.

For the evangelistic work, not only has the force of helpers been increased, but the people are supporting numerous special preachers. The six groups that meet at Mu Chin, in the Choong Wha circuit, one Sunday

"시골 전도 사역: 1904년 9월 평양 선교지부 연례 보고서에서", 「코리아 필드」(1904년 11월): 216-218쪽.

시골 전도 사역

고무적인 특징은 수없이 많다. 인색하지 않게 내는 연보가 증가하고 있는데, 조사의 봉급을 위한 많은 연보(두 시찰에서 후원 약정이 두 배로 늘었다)뿐만 아니라 교회 건축과 전도를 위한 헌금도 증가했다.

다음은 안주(安州)에서 전해온 후한 기부 이야기다. 일본군이 교회 건물을 마구간으로 사용해서 예배당과 주변 집들이 손상을 입었다. 그래서 교인들은 다른 이웃의 집을 한 채 사서 교회당으로 고치는 것이 최선의 방책이라고 결정했다. 상당한 부자인 최 씨라는 과부가 새 예배당에 특별히 열성적이었다. 심한 병에 걸려 있을 때 그녀는 안주에서 주님의 사역과 그 필요에 대해 많이 생각했는데 그녀의 결론은 다음과 같았다. 그녀의 기억을 최대한 되살린 것이다. "이곳 교회는 작아서 사람들이 사용하기에 적당하지 않습니다. 조사나 선교사가 우리를 방문하기 위해 왔을 때 머무를 좋은 장소가 없고, 교인들을 만나도록 선교사가 자기 부인을 데리고 올 수 없습니다. 그래서 주님이 제게 교회를 사서 그들에게 주라는 마음을 주셨습니다." 전쟁으로 인해 팔려던 논을 팔 수 없었으나 그녀는 500냥을 기부했고, 다른 교인들이 450냥을 모금하여, 괜찮은 위치에 있는 좋은 기와집을 샀고 멋진 교회로 만들려고 한다. 그래서 한 사람이 전액을 기부한 것보다 전체 회중에게 더 큰 기쁨의 원천이 될 것이다.

전도 사역에서 조사 인력이 증가되었을 뿐만 아니라 교인들이 수많은 특별 전도인을 지원한다. 중화(中和) 시찰의 무진에서 모이는 6개의 미조직교회는 매달 여러 교인의 경비를 지불해 파송하는데 그 결과 수많은 사람이 복음을 들었고, 죽었던 한 미조직교회가 되살아났다. 곡산골 교인들은 봉급

in each month, pay the expenses of several of their number, one being a woman, whom they send out to preach. As a result, many have heard the Gospel and a group that seemed dead [217] is now revived. The people of Kok-san Kol furnished money to pay an evangelist to come in and preach especially to unbelievers in their town. Two circuits each support a market preacher who travels like a merchant over a regular beat, preaching and selling books at all the fairs. Mention should also be made of the Yong Su Kol's gifts of 2,000 nyang money and fields to endow a school.

Better even than the gifts for the support of helpers and the sending out of evangelists is the report that there is among the people of all the circuits a "general desire to preach more." Two groups have divided the counties in which they are situated among the members of the congregations for regular and systematic evangelization.

The Anak circuit reports two young men, Kim Ku and O Sunhyung, converted during the past year and already widely known both by reason of their work for souls and for the inspiration they are to others. They are men of good families and in comfortable circumstances so that they can give much time to study and to preaching. Mr. Kim was converted last autumn, and put in several months at classes; including the Pyeng Yang Winter Class. In February he moved from Haiju to the magistracy of Chang Yun, where he has been untiring in teaching and preaching. Mr. O is a resident of Chang Yun, and last fall for the first time entered the Academy. He was not then a professing Christian, but was interested and was reading the Bible. His Academy work was good, and from the first he took an active part in religious exercises. During the evangelistic campaign in the city, he made his first attempt at street preaching. When the Japanese army came into Pyeng Yang he returned to his home, and with Mr. Kim began teaching what he knew of the Gospel. He opened his own house for the work, besides preaching in the markets, on the

을 주고 전도인 한 명을 불러 특별히 그 마을의 불신자들에게 전도하게 했다. 두 시찰에서 각각 장날에 전도하는 전도인을 지원하는데, 그들은 장돌뱅이처럼 장을 찾아 돌아다니며 장날에 책을 팔고 전도한다. 용수골 이야기도 언급하지 않을 수 없다. 그들은 2,000냥과 논을 기부하여 학교 재원으로 삼았다.

조사를 지원하고 전도인을 파송하는 것보다 훨씬 더 좋은 보고가 있다. 모든 시찰의 교인들이 "더 전도하려는 일반적인 열망"을 가지고 있다. 두 개의 미조직교회는 그들이 속한 두 군을 정기적이고 체계적으로 전도하기 위해 등록교인들에게 할당했다.

안악 시찰 보고서에 의하면, 작년에 개종한 김구(金龜)[1]와 오순형(吳舜炯)[2]이라는 두 청년은 영혼을 구원하는 전도 사업과 다른 사람들에게 영감을 불러일으키는 일로 이미 널리 알려졌다고 한다. 그들은 좋은 집안 출신이고 경제적 형편도 안정되어 있으므로 많은 시간을 성경공부와 전도에 바칠 수 있다. 김 씨는 작년 가을에 개종했고, 평양 겨울 사경회를 비롯하여 여러 달 동안 사경회에 참석했다. 그는 올해 2월에 해주에서 장연읍으로 이사했는데 그곳에서 쉬지 않고 가르치고 전도하고 있다. 오 씨는 장연 사람인데, 작년 가을 숭실학당에 입학했다. 당시 그는 기독교를 고백하는 교인은 아니었으나, 성경에 관심을 가지고 읽고 있었다. 그는 숭실학당에서 공부를 잘했고, 처음부터 예배에 적극적으로 참여했다. 평양 시내 전도대회 기간에는 처음으로 가두 전도를 시도했다. 일본군이 평양에 진격하자 그는 고향집으로 돌아갔고, 김 씨와 함께 기독교 복음에 대해 아는 것을 가르치기 시작했다. 그

1 김구의 개종에 대해서는 옥성득, "백범 김구의 개종과 초기 전도 활동", 「한국기독교역사연구소소식」 제47호(2001년 3월), 27-31쪽을 보라.

2 오순형(1880-1973)은 황해도 장연의 양반가에서 출생했다. 평양 숭실학당을 다니다가 러일전쟁으로 귀향하여 전도에 전념하면서 자택에 예배당과 광진학교를 설립하여 전도와 개화 운동에 앞장섰다. 그 후 도쿄에 유학하면서 동경YMCA와 유학생교회에서 영수로 활약했다. 귀국 후 1920년에 평양 장로회신학교를 졸업하고 고향에서 목회를 시작했다. 블라디보스토크 교회에 동사목사로 부임하여 한인교포 선교에 주력했다. 영등포교회, 남대문교회, 장연읍교회에서 시무했으며, 6 25 이후 월남하여 춘천 지방에서 목회했다.

street corners, and to the groups of farmers as they were resting from their work. It was not long till others were interested, and they began to gather in Mr. O's house for Sunday services. The meetings have an attendance of about 40 persons and Mr. O considered the work too important to leave, even that he may attend the Academy next fall, though he hopes yet to be able to complete the course.

The work is better looked after in some respects. This is due partly to there being more helpers and those that are already at work being better instructed and partly to the ordination of three elders;—Han Suk-chin of the So Ou Moul group, Choi Chung-yup of Mcdong and Chu Pyung-jik of Kyodong (ordained July 24). These ordinations make organized Churches of the three groups to which the men belong. The Pyeng An Committee of Council will request the privilege of ordaining several more elders in country groups this year. Some good new material for helpers and leaders is also reported.

The Mr. Han mentioned above hat been a marked man in the development of our work. Baptized in Wiju in 1891 he began aggressive work for the conversion of his friends and acquaintances and gave such promise of usefulness, zeal, and sincerity, that he was selected as assistant in opening the work in Pyeng Yang. He moved here in the spring of 1893 and continued until 1897 as helper in the city church, when he moved to the country 20 li east. Through him we purchased our property in Pyeng Yang and he had to bear the brunt of the persecution which came up on the infant church in the spring of 1894. Faithful, though he expected to die for his faith, he witnessed most powerfully to this entire northern region. His activity in the region of So Ou Moul has resulted in a strong church there and several other groups which are developing into churches. Strongly beset by the temptation to enter into political schemes for the reform of the government, he spent one most unhappy year of compromise and struggle, but gained a signal victory

는 이 일을 위해 자신의 집을 제공했고, 그밖에도 장터와 길거리와 농부들이 일하다가 쉬는 들판을 찾아가 전도했다. 곧 여러 사람이 관심을 가지게 되었고 이들은 오 씨 집에 모여 주일 예배를 드리게 되었다. 예배 참석자는 약 40명 정도다. 오 씨는 다음 가을에 숭실학당에 가서 과정을 마치기를 원하지만, 이 일이 너무 중요하여 떠나지 못하고 있다.[3]

사역은 여러 면에서 더 잘 관리되고 있다. 이것은 부분적으로 더 많은 조사가 있고, 이미 사역하는 자들이 교육을 더 잘 받았기 때문이며, 부분적으로는 3명의 장로가 안수를 받았기 때문이다. 이들은 소우물교회의 한석진, 목동의 최충엽, 교동의 주병직으로 7월 24일 안수를 받았다. 이 안수를 통해 이들이 속한 세 개의 미조직교회가 조직되었다. 공의회 평안도 위원회는 올해 시골의 미조직교회에 더 많은 장로를 안수할 수 있는 특권을 요청할 것이다. 조사와 영수를 위한 좋은 재목들도 보고되었다.

위에서 언급한 한 씨는 우리 사역의 발전에 있어 탁월한 사람이다. 그는 1891년 의주에서 세례를 받고, 그의 친구들과 아는 자들의 개종을 위해 열정적으로 사역하기 시작했으며, 유용성과 열심과 성실성에서 밝은 전망을 드러내어 평양 개척 사역에 조사로 선택되었다. 그는 1893년 평양으로 이사했고, 1897년까지 도시 교회의 조사로 계속 일했다. 그리고 20리 동쪽으로 떨어진 시골로 이주했다. 그를 통해 우리는 평양 자산을 매입했고, 그는 1894년 봄 영아기의 교회에 닥친 핍박의 고난을 견디지 않으면 안 되었다.

---

3 김구의 개종과 관련된 다른 자료는 "숭실학당 진보: 1904년 9월 베어드 박사 개인 보고서", *Korea Field*(1904. 11): 229이다. "나는 고무적인 많은 경우를 쓸 수 있지만 지면상 한 가지만 언급하겠다. 황해도에서 온 학생 오 씨는 작년 가을 초신자로 입학했다. 그는 지방 양반의 부유한 집안 자제였다. 그는 학교의 일반적인 영향과 가르침에 의해 기독교가 진리임을 확신하게 되었고, 집으로 돌아간 뒤 고향 이웃 사람들에게 기독교를 열심히 전도했다. 러일전쟁으로 학교에 돌아올 수 없게 되자, 집에 남아서 사랑방에서 친구들과 이웃 사람들에게 전도하고, 길에 나가 장날에 모인 군중들에게 전도했다. 그 결과 한 무리의 신자가 모여 그의 집에서 예배를 드리게 되었다. 그는 이미 교인이 된 친구[김구]와 함께 집 근처에서 학교를 시작했다. 그 두 사람은 함께 [평양에서 열린] 교사 사경회에 참석했고, 여름 영수 사경회까지 참석했다. 집으로 돌아가는 길에 그들은 숭실학당을 올해 졸업하고 학교 교사로 있는 최광옥에게 함께 가서 전도해줄 것을 부탁했다. 최 씨는 이를 받아들여 갔고, 가는 길에 배에 탄 사람들에게 전도했다. 이때 신천에서 온 두 사람이 그리스도를 영접했다. 장연 집에 도착하여 최 씨는 매일 저녁 사랑방에서 전도하고, 모인 신자들의 믿음을 강하게 했다. 얼마 후 그는 평양으로 돌아왔는데, 오 씨의 형 집안사람 5명이 새로 믿기로 결심했다는 기쁜 소식을 전해주었다."

and for some years has again given himself zealously to the work to which he believes the Lord has called him. His efforts have been greatly blessed and we are asking this year that he be taken under our care as a candidate for the ministry.

A point in favor of the church is that it is better understood. The persecution in Whang Hai, now happily at an end, opened the eyes of the people to the difference between Protestants and Catholics. Also, as one report says, "year by year the contrast between the Christians and their heathen neighbors is increasing." This was strikingly illustrated at Sam Kol last winter. One cold night, a voting and very bright scholar from near the Yalu, came to a Confucian school begging the privilege of sleeping there that night. The teacher's answer was a rough refusal, to which he adds "go across the valley to the 'Jesus Church.'" The young man went, and was treated kindly and given a place to sleep. The leader of the group asked him to stay, and while he studied the doctrine to teach them to read the Chinese New Testament more accurately. He soon developed into an earnest inquirer, taught the boys Chinese, established a little school, and by attending the Pyeng Yang classes is fitting himself for regular work as a teacher.

Best of all is the spirit of the people. Everywhere the war and the coming of the soldiers caused anxiety and trouble, and - everywhere they stood firm. A few, mostly catechumens, gave up their observance of the Lord's Day, but the most have been faithful throughout, and have come out of the trial the stronger for it. We would speak particularly of the Chinnampo group. It was at this port that part of the Japanese First Column—perhaps 25,000 men—was landed, and for months the town has endured military occupancy, with all its attendant evils. Yet the Christians were faithful and the group is growing vigorously.

The threats of the Tong Haks, directed as they were at the Christians, were even a better test than the war, and this too was nobly met. A few

믿음 때문에 죽을 수 있었지만 그는 신실하게 북한 전역에서 가장 열심히 전했다. 소우물에서 그의 활동으로 강한 교회가 세워졌고, 교회로 발전하고 있는 여러 미조직교회를 만들었다. 정부의 개혁을 위한 정치 운동에 들어가자는 유혹에 둘러싸여 그는 한 해 동안 불행한 타협과 분투의 시간을 보냈으나,[4] 귀중한 승리를 얻었고 여러 해 동안 주님이 그를 부르셨다고 믿는 사역에 열심히 헌신했다. 그의 노력은 크게 복을 받았고, 우리는 올해 그에게 목사 후보생이 되어주기를 부탁하고 있다.[5]

교회가 더 잘 이해되고 있어서 도움이 되고 있다. 황해도의 박해는 이제 다행히 끝났는데, 개신교인과 천주교인의 차이에 대해 사람들의 눈을 열어주었다. 한 보고서는 이렇게 보고했다. "해마다 기독교인과 그들의 믿지 않는 이웃 간의 대조가 증가하고 있다." 작년 겨울 삼골의 사건이 이를 잘 보여준다. 추운 어느 날 밤, 압록강 부근에서 온 총명한 한 양반이 향교(鄕校)에 와서 하루 밤 재워줄 것을 부탁했다. 교사는 매몰차게 거절하면서 한마디 했다. "계곡 건너 예수교회나 가 보라." 청년은 갔고 대접을 받고 잠자리를 제공받았다. 그 미조직교회의 영수가 청년에게 머물러 있기를 부탁했고, 그 청년은 사람들에게 가르치기 위해 교리를 공부하면서 한문 신약전서를 읽었다. 그는 곧 진지한 구도자가 되었고, 소년들에게 한문을 가르치는 작은 서당을 세웠으며, 평양 사경회에 참석함으로써 교사로서 정규 사역을 할 수 있는 자격을 갖추었다.

가장 좋은 부분은 교인들의 정신이다. 전쟁과 군인들이 온 곳마다 불안과 고통이 발생했으나, 교인들은 굳건히 견뎠다. 두세 명의 학습교인이 주의 날을 지키는 것을 어겼지만, 대부분은 지속적으로 신실했으며, 시련을 벗어나자 더 강하게 되었다. 우리는 특별히 진남포 미조직교회를 거론할 수 있다. 이 항구에 일본군 선봉부대 약 25,000명이 상륙했고, 여러 달 동안 마을 사

---

4 1896-1897년 독립협회 운동을 말한다.

5 한석진은 평양을 떠나 민족 운동에 관여하다가 손을 끊고 1903년에 장로 안수를 받고 1904년에 목사 후보생이 되었다.

here and there went over to the Tong Haks, but nearly all held fast their faith. One young man, the only believer in a village full of Tong Haks, who when the day set for the rising was near, came across to where the missionary was, to be received as a catechumen, with no apparent fear of the danger that faced him, is a fair sample of the faith and courage of the whole church, in a time when the country Christians in particular were confronted by what might easily have proved a serious situation. And now that the movement is quiescent, the Christians are seizing their opportunity to spread the Gospel among the former Tong Haks, many of whom are coming to see that they were deluded, and some are turning to the truth.

람들은 그곳을 점령한 일본군이 일으키는 모든 악행을 견뎌야 했다. 하지만 기독교인들은 신실했고 이제 그 미조직교회는 활발하게 성장하고 있다.

기독교인들을 겨냥했던 동학의 위협은 전쟁보다 훨씬 더 나은 시험이었고, 그들은 이 또한 훌륭하게 대처했다. 이곳저곳에서 몇 사람이 동학으로 넘어갔으나, 거의 모든 교인이 믿음을 단단히 붙잡았다. 동학도로 가득 찬 한 마을에서 홀로 믿던 한 청년은 봉기일이 다가오자 선교사가 있는 곳으로 건너와서 학습교인으로 등록했다. 그는 자신이 대면한 위험에 대해 아무런 두려움이 없었는데, 특별히 시골에 있는 기독교인들이 심각한 사태로 쉽게 발전할 수 있는 상황에 처해 있는 이런 때에 전체 교회의 신앙과 용기를 보여주는 좋은 예다. 이제 동학 운동이 잠잠해졌으므로 기독교인들은 과거 동학도였던 자들에게 복음을 전할 기회를 잡고 있으며, 그들 가운데 많은 사람이 와서 자신들이 전에 현혹되었음을 깨닫고 있으며, 일부는 진리로 돌아서고 있다.

"Our Training Class System: From Annual Report of Pyeng Yang Station, 1904,"

Korea Field **(May, 1905): 233-234.**

Our Training Class System

In our plans for educating the Church, the Bible Study class holds an important place. Understanding education to mean "not so much the communication of knowledge as the discipline of the intellect, establishment of principles and the regulations of the heart," it may be said that while we are making plans for various kinds of institutional education and have the beginnings of a primary school system and an Academy for the younger generations, the education of the whole church, all its membership, young and old, literate and illiterate, is being undertaken systematically and largely by training classes, in which the text book is the Bible. Some of these are representative in character, the attendance coming from every part of the field; others are local, meant only for the members of a particular group. Some are attended only by men, others only by women; but in most of the country classes both men and women are taught, though in separate divisions. Sometimes these classes are taught entirely by the missionaries; as are those held in Pyeng Yang or by the missionary and several helpers, at "circuit class," but more often by the helpers alone. Bible study is the object of the class, but prayer, conference, and practical evangelistic effort are prominent parts of the work.

The usual program is a sun-rise prayer and song service in whatever house those attending the class are sleeping. After breakfast all meet for a half-hour devotional exercise, after which they scatter for the morning Bible study, the number of classes depending upon the available teaching force. In the afternoon there is another hour of Bible study, an hour for

"우리의 사경회 체계: 1904년 평양 선교지부 연례 보고서에서", 「코리아 필드」(1905년 5월): 233-234쪽.

우리의 사경회 체계

교회 교육을 위한 우리의 계획에서 사경회는 중요한 위치를 차지한다. 교육을 "지식의 전달보다는 지성의 훈련과 원칙의 확립 및 마음의 다스림"으로 이해함으로써 우리는 다양한 종류의 기관 교육에 대한 계획을 만들고, 어린 세대를 위해 초등학교 체계와 중고등학교를 시작한다. 한편 남녀노소와 학식의 유무를 무론하고 전체 교회의 교육은 성경을 교재로 하는 사경회를 통해 대부분 체계적으로 진행되고 있다. 일부 사경회는 대표적인 특성을 보여준다. 주변의 모든 지역에서 참석자가 온다. 다른 것은 지역 사경회로 특정 그룹의 교인들만을 위한 것이다. 어떤 사경회는 남성만, 다른 사경회는 여성만 참석하지만 대부분의 지방 사경회에서는 비록 분반을 하지만 남녀 모두를 가르친다. 때로는 학급을 평양의 도 사경회처럼 전적으로 선교사들이 맡아 가르치거나, 시찰 사경회처럼 선교사와 조사들이 가르치지만, 더 자주 조사들만이 가르친다. 성경공부가 수업의 목적이지만 기도, 토론회, 실제적인 전도 노력이 사역의 두드러진 부분이다.

통상적 프로그램은 다음과 같다. 참석자가 어느 집에서 자든지 새벽 기도와 찬양 예배를 드린다. 아침식사 후 30분간 함께 경건회를 드리고 이어서 오전 성경공부를 위해 흩어진다. 학급의 수는 가르치는 교사의 수에 달려 있다. 오후에 각각 1시간의 성경공부와 찬양 부르기가 있으며, 자주 불신자의 집을 찾아가 전도한다. 저녁에는 다 함께 토론회를 하거나 전도 집회에 참석한다.

성경공부에는 다양한 방법이 이용된다. 주제별, 성경책별, 혹은 한 절씩 주석적으로 공부하다가 책의 개요를 만들어가는 방법 등이 있다. 특정 조건

teaching singing, and often a part of the afternoon is used in preaching to the unconverted in their homes. In the evening all unite in a conference or an evangelistic service.

Various methods of Bible study are employed, such as by topics, by books of the Bible, or exegetically, verse by verse, making an outline of the book as the study proceeds. This last method is perhaps the most popular. Certain conditions and characteristics of the people make this sort of instruction particularly attractive to the Korean church. For the most part, the people are farmers, and have their idle as well as their busy seasons of the year. Hence there are certain months when attendance on a class involves less personal sacrifice than at others. During these seasons most of the classes are held. Then, too, the love of money and of the things of this world is not so great here as in some other lands, and the Christians have learned that is only right to put aside their occupation for several weeks each year, for the special studyof the word of God. Many Koreans have a natural inclination to study and many others readily learn to apply themselves. They are exceedingly patient students; time is no object to them, nor are they easily provoked by a slow teacher or by the presence of a dullard in the class.

Koreans naturally like to study and they like to teach; so this method is simply taking advantage of certain well-known characteristics. This love of learning tends the more to Bible study because there is no Korean literature worthy of the name. However, the main reason for the large attendance upon these classes and their popularity is to be found, not in these natural characteristics, but in a love for the Word. During the past year about 60% of the members and catechumens availed themselves of the privileges of one or more of these classes, which were held in about 75% of the groups.

Now, why all these classes? On what theory of Missions is so much energy expended in this way? There are helpers who spend fully half their

과 교인의 특징에 따라 다르겠지만 특히 마지막 방법이 한국 교회에 매력적이다. 대부분의 교인들은 농부이며, 농번기와 더불어 농한기가 있다. 따라서 사경회에 어떤 달에 참석하는 것이 다른 달에 참석하는 것보다 개인적인 희생이 적을 때가 있다. 사경회는 대부분 농한기에 열린다. 그리고 이 세상의 돈과 물건에 대한 사랑이 다른 나라에 비해 그리 크지 않으며, 게다가 기독교인들은 매년 몇 주 동안 하나님의 말씀을 특별히 배우기 위해 하던 일을 잠시 멈추는 것이 옳다고 배웠다. 한국인들은 공부를 좋아하고 헌신적으로 공부하고 있다. 그들은 지나칠 정도로 인내심이 있으며, 시간은 문제가 되지 않는다. 그들은 느리게 가르치는 교사, 진도를 따라가지 못하는 학생에게 쉽게 감정을 드러내지도 않는다.

한국인이 일반적으로 공부하는 것과 가르치는 일을 좋아한다고 알려져 있는데 사경회는 이런 특징을 단순히 이용하는 것이다. 이런 배움에 대한 사랑은 성경공부에 더욱 끌리는 경향이 있는데, 왜냐하면 우리가 아는 바로는 언급할 만한 가치 있는 한국 문학이 없기 때문이다. 그러나 단순히 이런 이유 때문이 아니라, 사경회가 인기 있는 진정한 이유는 하나님의 말씀에 대한 사랑에 있다. 작년 한 해 동안 약 60퍼센트의 등록교인과 학습교인이 한 번 이상 사경회에 참석하는 특권을 누렸으며, 약 75퍼센트의 미조직교회가 사경회를 개최했다.

그러면 왜 이런 사경회를 하는가? 어떤 선교 이론에 근거하여 그렇게 많은 에너지를 이렇게 소비하는가? 족히 절반 정도의 시간과 절반 이상의 에너지를 사경회에 사용하는 조사들이 있다. 이는 조사들에게 대단히 어려운 일로, 시찰의 정기 사역에서 시간을 빼내야 한다. 사경회를 여는 미조직교회로서도 결코 쉬운 일이 아니다. 사경회 기간 동안 조사 외에 여러 사람을 무료로 대접해야 한다. 등화비, 연료비, 그밖에 건물에 드는 여러 비용을 추가로 지출해야 한다. 손님을 접대해야 하고, 수업에 참석해야 하며, 직업도 내려놓아야 한다. 그런데 선교사가 경계하지 않으면 안 되는 위험이 있다. 바로 공부하는 재미만을 위한 공부, 집요한 학문 습득, 학생들이 토론하듯이 토론

time and more than half their energy on classes. It is exceedingly hard work for the helpers and takes time from the regular work of the circuit. Neither is it an easy matter for the group, in which the class is held. During the class there are often several persons, beside the helper or helpers, to be entertained free of charge, while lighting and heating the various extra buildings is another item of expense. Guests must be entertained, the classes must be attended, and one's usual occupation must be set aside. Then there is the danger which the missionary has to watch for and guard against; of study just for the excitement of study, or to acquire the distinction of scholarship, or holding conferences—just as school boys hold debate. Study is necessarily self-culture; if it stops there the result is self-righteousness. Why then make such an expenditure of energy and run so many risks?

In the first place, our Lord commanded us not only to make disciples and baptize them, but to “teach them to observe all things, which I command you.” Then too, the method is honoring to God’s Word, and teaches all the authority of God in their lives. His Word, rather than that of the helper or the missionary; early becomes the Christian’s rule of faith and practice. Their preaching is more authoritative and their reason for the faith within them is biblical.

This method of education tends to bring about a mutual understanding between the rank and file and the leaders, helpers, and missionaries, so unifying the young church that it presents a solid front and is made more of a power in the midst of heathenism. The surest way to make a distinction between the church and the world is to set men to study the Bible and to preach its truths. This system is cumulative in its results, tending to make a unit of each group, of each circuit, and of the whole church; for it puts the literate on a plane with the illiterate, the man in the city with the man in the country, wipes away harmful distinctions of class, age, sex, and condition, and gives the whole church a common

을 위한 토론의 위험이다. 공부는 어쩔 수 없이 자기 수양이므로, 만일 거기서 멈추면 그 결과는 자기 의다. 그러면 왜 이렇게 많은 에너지를 쓰고 위험을 무릅쓰는가?

첫째, 우리 주님은 우리에게 제자를 삼고 세례를 주라고 명령하셨을 뿐만 아니라 "내가 명한 모든 것을 가르쳐서 지키게 하라"고 명령하셨기 때문이다. 또한 그 방법은 하나님의 말씀을 존중하고, 사람들의 삶에서 모든 하나님의 권위를 가르치기 때문이다. 조사나 선교사의 말이 아니라 하나님의 말씀이 먼저 기독교인의 신앙과 실천의 규칙이 된다. 그들의 선포는 더욱 권위가 있고, 그들 안에 있는 신앙의 이유는 성경적이다.

이 교육 방법은 여러 계층의 교인과 영수, 조사, 선교사 사이에 상호 이해를 가져와서 역사가 짧은 교회를 연합시키고, 견고한 전선을 제시하며, 다른 종교 한가운데서 더욱 강력하게 한다. 교회와 세상을 분명하게 구분하도록 하는 가장 확실한 길은 사람들로 하여금 성경을 공부하게 하고 그 진리를 전하게 하는 것이다. 이 체계는 그 결과에서 절정에 이르며 각 미조직교회, 각 시찰, 그리고 전체 교회를 하나의 단위로 만든다. 왜냐하면 사경회는 유식자를 무식자와 같은 수준에 놓고, 도시의 남성을 시골 남성과 동일 수준에 놓으며, 계급·연령·성·상황이라는 차이를 없애고 전체 교회에게 공동의 적에 대항하는 공동의 무기를 준다. 그것은 교회를, 남성과 여성을 함께 하나님의 말씀을 사용하는 훈련된 군대로 만든다. 따라서 각 미조직교회에서 한두 명이 지적으로 기꺼이 진리를 변호할 준비가 되도록 할 뿐만 아니라, 전체 교회가 전도대가 된다. 나아가 교회는 전도할 수 있을 뿐만 아니라, 조사들에게 더 수준 높은 설교를 요구할 수 있고 요구한다.

이 사경회의 많은 장점 가운데 아마도 가장 큰 것은 진정한 지도력의 자질을 발전시키는 기회를 제공한다는 점이다. 보다 주의를 기울이는 선발은 물론 예비적인 훈련과 시험을 위한 기회가 거의 무한대로 제공되고 있다.

weapon against a common foe. It makes of the church, men and women alike, an army skilled in the use of God's Word. Thus not only are there one or two in each group ready, and willing intelligently to defend the truth, but the whole church becomes a preaching force. And not only can the church preach, but it can and does demand a higher order of preaching from the helpers.

Among the many advantages of these classes, perhaps the greatest is that they afford an occasion to develop qualities of true leadership. Opportunities for preliminary training and trial, as well as more careful selection, are almost without end.

"South Gate Church: From Annual Report of Pyeng Yang Station, 1904,"

Korea Field(May, 1905): 252-253.

South Gate Church

Outside of the present city of Pyeng Yang is the old "Way-sung" or "Outer City," built 3,000 years ago by Kija, Korea's first great king. Here work has been carried on by Mr. Swallen and Miss Snook for a number of years. Just outside the south gate, between the old and the new cities, is a village of some 300 houses called the "Choong-sung" or "Middle City."

Up to the present year our Christians in the Way-sung and the Choong-sung worshiped in the large central church; but the city congregation, as stated in last year's report, had grown so large that it became necessary to establish another church. At the last Annual Meeting of the Mission it was decided to proceed at once with the organization. The territorial division was made to include the Way-sung, the Choong-sung, and all the city of Pyeng Yang south of the West Gate Street, the building to be erected outside the south gate. About 150 Christians were enrolled in this district. Mr. Swallen and Mr. Blair were appointed pastors.

One great element of strength in the Pyeng Yang church has been the centralization and unity of the work. Both pastors and people were desirous that nothing should be done to weaken this spirit of unity. While the success of the work demanded that a second organization be formed and another building erected, it was determined to keep the organization essentially one as far as possible without making the new church a mere chapel or dependency of the parent organization. With this in view, the pastors and officers of the two churches have been formed into one board of officers having final authority, which delegates the general oversight of the work to the separate boards. The two congregations meet together

"남문교회: 1904년 평양 선교지부 연례 보고서에서", 「코리아 필드」(1905년 5월): 252-253쪽.

남문교회

현재 평양시 바깥에 오래된 외성(外城)이 있는데 3,000년 전에 한국의 첫 위대한 왕인 기자가 세웠다. 이곳에서 스왈른 목사와 스누크 양이 몇 년간 사역을 실시했다. 남문 바로 바깥에 구 도시와 신 도시 사이에 중성(中城)으로 불리는, 약 300호가 있는 마을이 있다.

올해까지 외성과 중성에 있는 우리 기독교인들은 시내 대형 교회에서 예배를 드렸다. 그러나 작년 보고서에서 언급했듯이, 시내 교회의 회중이 크게 성장해서 다른 교회의 설립이 필요하게 되었다. 선교회의 지난번 연례 회의에서 즉시 그것을 조직하도록 결정했다. 영토 분할로 외성, 중성, 서문 거리의 남쪽의 전체 평양을 포함하는 지역이 주어졌고, 교회 건물은 남문 밖에 지을 것이다. 약 150명의 기독교인이 이 지역에 등록되어 있다. 스왈른 목사와 블레어 목사가 목회자로 임명되었다.

평양교회에서 힘 있는 위대한 요소는 사역의 중앙화와 연합이다. 목사와 교인들은 이 연합의 정신을 약화시키기를 원하지 않았다. 사역의 성공이 제2의 조직과 또 다른 건물의 건축을 요구했지만, 새 교회를 단순한 예배당이나 모조직에 의존하는 것으로 만들지 않고 조직을 하나로 유지하기로 결정했다. 이것을 고려하면서 두 교회의 목사와 직원들은 최종 권위를 가진 하나의 직원 이사회를 형성했는데, 이 이사회는 사역의 일반적 감독을 분리된 각각의 이사회에 부여했다. 두 회중은 매월 첫 주일과 기도회에 함께 모였다. 회계는 한 명만 두어 모든 헌금은 공동 자금으로 들어갔다. 새 교회를 위한 약정 헌금을 할 때 이렇게 행한 유익이 즉각 드러났다. 교인들은 사역이 하나임을 깨닫고, 위치에 상관없이 동일한 열정으로 드렸다. 이 글을 쓰는 현

the first Sabbath of each month and for weekly prayer-meetings. They have but one treasurer, all offerings going into a common fund. The benefit of this became immediately apparent when the first subscription for the new church was made. The people realized that the work was one and gave with equal zeal without regard to location. At this writing the new building is nearing completion, tho the work has been done in spite of many hindrances.

When the separation was first made last fall the congregation was compelled to meet in the old East Gate Chapel, there being in the new territory no obtainable building large enough to serve as a temporary abode. It was hard to leave the parent church and go to a building outside the new church's territory, but the enthusiasm was so great that no objection was raised during the four months that meetings were held there. Plans for the erection this spring of the new building outside the South Gate were all made and much material gathered when the war broke upon us. Everything was stopped, the people were scattered, and the East Gate Chapel used by the Japanese Acting Consul. Nothing was left but to go back, all that remained, to the Central Church and meet as of old. Many feared that the work was all undone, but with the departure of the troops our people all reassembled, no whit discouraged. Fortunately a large tiled building outside the south gate, not far from the new site, was secured during the panic. The Christians, giving their services, converted it into a temporary meeting place. The south gate congregation again moved and began at once so to develop that we had no choice but to push the work on the new building.

The work of building has been carried on largely under Mr. [Graham] Lee's direction. The architecture is Korean. When completed, the structure will resemble the Central Church but will, of course, be much smaller. The wing now building will seat between 350 and 400 people. As the plan provides for later enlargement, this first section had to be

재, 많은 난관에도 불구하고 사역이 이루어졌고, 새 건물은 거의 완성되었다.

지난가을 처음 두 교회를 분리했을 때, 남문 회중은 어쩔 수 없이 옛 동문 예배당에 모여서 예배를 드렸다. 새 교구 영토에는 전체 회중이 임시로 들어갈 수 있는 큰 건물이 없었기 때문이다. 부모 교회를 떠나 새 교회의 영토 바깥에 있는 건물로 가는 일은 어려웠다. 그러나 열정이 너무 넘쳤기 때문에 그곳에서 예배를 드리는 4개월 동안 아무런 반대도 제기되지 않았다. 올봄에 남문 밖에 교회를 건립하는 계획이 모두 마련되었고, 많은 자재를 모았는데 전쟁이 발발했다. 모든 일이 중단되었고, 사람들은 흩어졌으며, 동문 예배당은 일본 임시 영사관으로 사용되었다. 아무것도 남은 것 없이 돌아가는 수밖에 없었다. 남은 것은 장대현교회로 돌아가 예전처럼 모이는 것이었다. 모든 사역이 끝났다고 우려하는 사람이 많았지만, 군대가 떠난 후 우리 교인들이 다시 모였고, 조금도 기가 꺾이지 않았다. 다행히 새 부지에서 멀지 않은 남문 밖에 있던 큰 기와집을 공황 상태일 때 구입했다. 기독교인들이 자원해 일을 해서 그곳을 임시 모임 장소로 개조했다. 남문 회중은 다시 이사를 했는데 즉시 발전했기 때문에 우리는 새 건물을 짓는 일을 추진할 수밖에 없었다.

건축 일은 대부분 리 목사의 지시하에 진행되었다. 건축 양식은 한옥이다. 완성되면 그 구조는 장대현교회를 닮겠지만 물론 훨씬 더 작을 것이다. 지금 짓고 있는 예배실에는 350명에서 400명이 앉을 수 있다. 나중에 확장할 수 있도록 계획했으므로, 이 첫 건물은 넓고 높게 지어야 하기 때문에 첫 경비가 더 많이 필요하다. 이 한쪽 예배실 건축 비용은 17,000냥이 넘는다. 이 가운데 한국인들이 8,000냥을 약정했고 신속하게 헌금할 것이다. 또 한 번의 약정 헌금을 받아야 한다.

한국인들이 건물의 전체 경비를 지불하는 것이 크게 바람직하다. 그러나 여러 가지 이유로 이것은 불가능해 보인다. 전쟁이 매우 불안정한 상태를 야기했다. 외성에 거주하는 이 회중의 등록교인들은 철도 부지가 들어서는 바람에 땅을 잃고 큰 손실을 입었다. 그리고 상당한 경비를 들여 예배당

built wide and high, necessitating greater initial expense. It is estimated that the cost of this wing will be over 17,000 nyang. Of this amount over 8,000 nyang has been pledged by the Koreans and is being paid in rapidly. Another subscription will have to be taken.

It is greatly to be desired that the Koreans pay the full cost of the building, but for several reasons this seems to be impossible. The war has caused very unsettled conditions. The members of this congregation living in the Way-sung have lost heavily by the seizure of their lands for railroad yards, and have been compelled to remove their chapel at considerable expense. Furthermore, we hope and believe that an increasing congregation will soon make it necessary to complete the building by adding the second wing. We therefore asked the Mission to sanction the use of foreign funds to the extent of one-third the cost, stating, however, our great desire and purpose, if it be possible without crippling the work, to let the Koreans bear the full burden. Space will not permit us to give the many interesting incidents connected with the growth of this congregation, yet mention must be made of two of our business men, Ni Il-yung and Nim Taik-soon, who have given of their time without pay to oversee the building operations.

Dr. Whiting has attended the Way-sung [outside the wall] chapel regularly and has made himself greatly beloved by the people. The women's work there which Miss Snook has conducted this year as in the past has developed steadily. The Sabbath congregation at the South Gate Church now averages about 180. A Sabbath morning Bible class for men enrolls 50 and one for women about 60. There is also a Wednesday afternoon Bible class for women, conducted by Mrs. Blair. Twenty-six adults were baptized and 21 catechumens received during the year. A spirit of prayer and unusual zeal in preaching has marked the work from the beginning. A profound impression has been made upon the district. Every Sabbath now sees a number of new faces.

을 철거하지 않을 수 없었다. 더욱이 우리는 증가한 회중으로 인해 곧 다른 쪽 예배실을 추가함으로써 교회 건물을 완성하는 것이 필요하게 되리라고 희망하고 믿는다. 따라서 우리는 비용의 1/3을 외국 자금으로 사용하도록 허락해줄 것을 선교회에 요청했다. 하지만 만일 사역에 타격을 주지 않고 가능하다면 한국인에게 모든 짐을 지울 것이라는 우리의 큰 소망과 목적을 진술했다. 지면 부족으로 인해 이 회중의 성장과 연관된 많은 흥미로운 사건을 제시할 수 없다. 하지만 2명의 사업가인 이일영과 임택순에 대해서는 반드시 언급해야 한다. 이들은 보수를 받지 않고 건축 과정을 감독하는 데 시간을 바쳤다.

화이팅 의사가 외성 예배당에 정기적으로 참석했으며, 교인들에게 큰 사랑을 받았다. 올해 그곳의 여성 사역은 스누크 양이 작년처럼 수행했는데 꾸준히 발전했다. 남문교회의 주일 회중은 이제 평균 180명이다.[1] 주일 아침 남성 성경공부반에는 50명이 등록했고, 여성반에는 60명이 등록했다. 수요일 오후 여성 성경공부반도 있는데 블레어 부인이 인도한다. 지난 1년간 26명의 성인이 세례를 받았고, 21명이 학습교인으로 등록했다. 처음부터 기도의 정신과 전도에 대한 남다른 열심이 이 사역의 현저한 특징이었다. 깊은 인상을 지역 주민들에게 남겼다. 이제 매 주일 새로운 얼굴이 교회에 많이 온다.

1 영어로는 South Gate Church로 불렀으나, 남문 밖에 예배당이 있어 남문밖교회 혹은 남문외교회로 불렸다.

Samuel A. Moffett,
"Policy and Methods for the Evangelization of Korea,"
Chinese Recorder And Missionary Journal XXXVII-5 (May, 1906): 235-248.[1]

(The following paper has proved so useful and inspiring to several of the younger missionaries in China to whom the manuscript had been lent, that we have obtained the consent of the author to its publication for the benefit of a much larger number.— Ed. Recorder).

Policy and Methods for the Evangelization of Korea

Taking precedence of and more important than any mere policy or methods are the basal principles or convictions which underlie the work of evangelization and from which it obtains its vitality. To Dr. Herrick Johnson I shall ever be grateful for the expression "A vivid and abiding sense of the Divine reality of the Gospel message," an expression which has gripped me as expressing the basal principle upon which must rest any successful policy or method for evangelization. The reality of sin, of its exceeding sinfulness and the awfulness of its punishment, the wrath of God; the reality of repentance and the absolute remission of sin to the truly penitent; the reality of the regenerating work of the Holy Spirit, of faith in Christ as the one and only way of salvation—the supernatural, divine reality of this message vividly and abidingly grasped as a profound conviction that this Gospel is the power of God unto salvation and that God is able and willing to save any and all who come unto Him,

1 It was originally written for a conference of Protestant missionaries, September 22, 1904, on the twentieth anniversary of the arrival of the first Protestant missionary in Korea and excerpts published in *The Korea Field*, Seoul, Korea, November, 1904, pp. 193-198.

마포삼열, "한국 복음화의 정책과 방법", *Chinese Recorder And Missionary Journal* XXXVII-5 (1906년 5월): 235-248쪽.[1]

원고를 본 중국의 여러 젊은 선교사를 통해 이 논문이 유용하고 고무적인 것으로 입증되어 훨씬 더 많은 사람에게 유익을 주고자 저자의 동의를 얻어서 출판한다.—편집자.

한국 복음화의 정책과 방법

어떤 단순한 정책이나 방법보다 우선적이고 더 중요한 것은 복음화 사역의 기저에 놓여 있으며 그것에 활력을 공급하는 기본적인 원칙이나 확신이다. 나는 "복음 메시지의 신적인 실재에 대한 생생하고 지속적인 감각"을 언급한 헤릭 존슨 박사에게 늘 감사한다. 이는 복음화를 위한 모든 성공적인 정책이나 방법이 의존해야 하는 기본 원칙을 표현하는 것으로 나를 사로잡았다. 죄의 실재, 죄의 과도한 죄성과 죄에 대한 무서운 처벌, 하나님의 진노, 회개의 실재와 진정으로 뉘우치는 자에게 주어지는 절대적인 죄 사함, 성령의 거듭나게 하시는 사역의 실재, 그리스도가 유일무이한 구원의 길이라고 믿는 믿음의 실재 등, 이 메시지의 초월적이며 신적인 실재를 깊이 확신하되 그것을 생생하고 영속적으로 붙잡는 것이 필수적이다. 이 복음이 구원을 향한 하나님의 능력이며, 하나님은 당신께 나아오는 자는 누구나 모두 구원하실 수 있고 또 구원하시기를 기뻐하신다는 확신이야말로 어떤 민족의 구원에 깊은

1 이 원고는 본래 장로회 선교사의 첫 한국 도착을 기념하여 1904년 9월 22일에 열린 개신교선교대회를 위해 작성되었고, 그 발췌본이 *The Korea Field*(Nov. 1904): 193-198쪽에 발표되었다가, 전문이 중국에서 발간된 *The Chinese Recorder and Missionary Journal*에 실렸다. 「코리아 필드」에 발췌된 내용은 이 자료집에서 기사의 두 번째 글로 앞에 실렸다.

is pre-eminently the *sine qua non* for the missionary in order to affect profoundly any people for their salvation—for evangelization.

I would place therefore—

First.—The cultivation and conservation of this conviction, for upon this Satan makes his chief attack, knowing full well that in so far as he weakens this conviction, in so far he has blunted the most formidable instrument in the hands of the missionary in his warfare against Satan's dominion over the world and in his evangelization of the world for his Lord and Master Jesus Christ. I am deeply convinced that our greatest need in the evangelization of Korea is unquestioning reliance upon the Gospel itself, the Word of God in its principal teachings of sin and salvation; a belief that when God ordained that by the foolishness of preaching men were to be saved, He ordained that which in His infinite wisdom He knew to be the best agency for the redemption of man; a belief that the Spirit of God does and will honor the use of the Word of God alone and that in so far as we trust in secondary agencies for reclaiming the heathen, in so far we have given up faith in the primary agency and prevent the Spirit of God from using His instrument which God ordained should be the means for the salvation of the world. What will militate most against the evangelization of Korea will be a lack of faith in the power of the Gospel itself, a belief (not acknowledged nor consciously held but nevertheless real) that there must be something used as a bait to bring people under the power of the Gospel, that secondary agencies which appeal to the natural man must be used as an attraction which will dispose favorably to a hearing of the Gospel. The danger is that there be a relegating of the Gospel (not avowedly or intentionally, but practically) to the secondary place—an elimination to a large extent of the very means and the only means which the Spirit of God has given us to believe that He will use to bring souls into reconciliation with God. This will be avoided in proportion as we are possessed by the conviction and

영향력을 주는, 곧 복음화를 위해 선교사가 가장 먼저 갖추어야 할 필수불가결한 요소다.

그러므로 나는 다음을 제시하고자 한다.

첫째, 이 확신을 배양하고 보존해야 한다. 사탄이 공격하는 주 대상이 바로 이 확신이다. 사탄은 이 확신을 약하게 하는 만큼 사탄의 세계 지배에 대항하는 전쟁에서, 주님 예수 그리스도를 위한 세계 복음화 운동에서, 선교사의 손에 있는 가장 무시무시한 도구를 그만큼 무디게 한다는 사실을 충분히 잘 알고 있다. 나는 한국 복음화에서 가장 필요한 것은 다음 몇 가지라고 생각한다. 복음 자체, 곧 죄와 구원에 관한 중요한 가르침에서 하나님의 말씀에 대한 의심 없는 의존, 전도의 미련한 것으로 사람들이 구속받는다고 하나님이 정하셨을 때 당신께서는 그 무한한 지혜 안에서 사람들을 그리스도께로 인도하는 최선의 기관으로 알고 계신 것을 정하셨다는 믿음, 하나님의 영이 하나님의 말씀만 사용하는 것을 영광스럽게 하시고 또 그렇게 하실 것이라는 믿음, 그리고 우리가 불신자를 회복시키기 위해 이차적인 기관들을 신뢰하면서 일차적인 기관에 대한 믿음을 포기하는 한, 세상의 구원을 위한 수단이 되도록 하나님이 정하신 그 도구를 하나님의 영이 사용하지 못하도록 방해하는 것이라는 믿음이다. 한국의 복음화를 가장 방해하는 것은 복음 그 자체의 능력에 대한 믿음의 부족으로(일반적으로 퍼져 있거나 의식적으로 생긴 것은 아님에도 불구하고 존재하는), 복음의 능력 아래로 사람들을 인도하기 위해 미끼로 사용할 무엇인가가 있어야 한다고 생각하는 것이다. 또한 자연인에게 호소하는 이차적인 기관들이 복음을 귀에 부드럽게 들리게 하는 유인책으로써 사용되어야 한다는 믿음이다. (공공연하거나 의도적이지는 않지만 실질적으로) 복음을 이차적인 자리로 격하시키는 것은 위험하다. 하나님이 영혼을 당신과 화해하도록 인도하기 위해 수단을 사용할 것이라고 믿도록 하나님의 영이 우리에게 주신 바로 그 수단이자 유일한 방법인 복음을 무시하는 것은 위험하다. 이 위험은 우리가 복음 메시지의 신적인 실재에 대한 확신과 생생하고 지속적인 감각에 반비례하여 감소할 것이다.

a vivid and abiding sense of the Divine reality of the Gospel message.

Second.—I would place next in order for our thought (not distinguishing as to order of importance)—the determination to make it the one chief interest, the all absorbing task of one's life to preach this Gospel and bring it into contact with the people in the belief that the Gospel message is the one thing of importance to every man, the one thing which he needs. Nothing should come in to prevent a close, intimate, loving contact with the people, a sympathetic entrance into their inner life, their ways of thinking, their weaknesses, prejudices, preferences, their trials and sorrows and spiritual struggles—a real love and sympathy for them, not an abstract interest in them as so many heathen to be converted, baptized and reported upon as so much in the way of mission assets, but an unfeigned, living, personal touch and love and sympathy for individuals with a heart yearning for a transformation of their lives through a personal faith in Christ. Dominated by a sense of the supreme importance of our message to this people as the one and only reason for our being here, as the one and only thing in which we are interested or which we have which is of any real use to them, we shall in daily contact inevitably give the impression that we ourselves believe there is naught of really great import to them but the truths of sin and salvation and that practically we have no other interest and naught else of real interest, our message being the supreme concern of man, both for this life and that which is to come. This conviction deeply inwrought into our very being and dominating us we will talk, walk, eat, sleep and think the Gospel all day and every day in natural, informal contact with any one and every one until the conviction is forced upon others that we believe this to be the supreme interest of life and that our all-absorbing passion is the work of soul-saving, of soul-developing.

Third.—The conviction that the *spiritual* advantages of Christianity are pre-eminently the advantages, the value of the Gospel message and

둘째, 나는 두 번째 자리에 다음을 고려하고자 한다(중요도에 따라 구분한 것은 아니다). 복음 메시지가 모든 사람에게 중요하고 필요하며 유일하다는 믿음을 가지고, 복음을 단 하나의 주 관심사로, 곧 복음을 전하고 사람들이 복음과 만나도록 하는 것을 일생 동안 전심전력할 과제로 만들겠다는 결심이다. 사람들과의 친밀하고 깊은 애정 어린 만남, 그들의 내면적 삶과 사고방식, 연약함, 편견과 선호, 그들의 고난, 슬픔, 영적인 분투 속으로 공감을 가지고 들어가는 것을 가로막는 어떤 것도 있어서는 안 된다. 즉 많은 사람을 회심시키고 세례를 주어 선교회의 훌륭한 자산으로 보고하기 위해 가지는 추상적인 관심이 아니라, 그들에 대한 진정한 사랑과 공감, 곧 그리스도에 대한 인격적인 신앙을 통해 그들의 삶이 변화되기를 바라는 간절한 마음으로 개인에 대한 꾸미지 않은 생생하고 인격적인 감동과 사랑과 공감을 가져야 한다. 우리가 이곳에 존재하는 유일한 이유로서, 우리의 유일한 관심사로서, 우리가 가진 것 중에서 그들에게 정말로 유일하게 유용한 것으로서, 이 민족에게 복음이 가장 중요하다는 생각에 사로잡혀 있다면, 우리는 매일 만나는 사람들에게 필연적으로 다음과 같은 인상을 줄 것이다. 곧 우리가 죄와 구원에 대한 진리 외에 그들에게 정말로 중요한 것은 없다고 믿고 있고, 복음이 이생과 내생에서 인간의 궁극적 관심이므로 우리는 다른 어떤 것에 정말로 어떤 관심도 전혀 없다는 인상이다. 존재의 내면 깊은 곳에 각인되어 우리를 지배하는 이 확신을 가지고 우리는 모든 사람과의 자연스럽고 비공식적인 만남 가운데 하루 종일 그리고 매일 복음을 말하고 걷고 먹고 자고 생각할 것이다. 이는 우리가 복음이 인생의 궁극적 관심사라고 믿고 있는 것과, 전심전력하는 열정은 영혼을 구하고 발전시키는 사역이라는 확신을 다른 사람들로 하여금 받아들이지 않을 수 없게 만들 때까지 계속될 것이다.

셋째, 기독교의 "영적인" 이득이 최고의 이익이며 복음 메시지의 가치이므로, 영적인 이득을 전면에 두고 모든 매력의 기초로 삼아야 한다. 기독교인에게 따라오는 많은 이차적인 이득, 기독교의 결과, 일시적인 축복은 자주 거대하게 보이고 선명하게 눈에 띈다. 이런 것은 공직자, 개혁가, 정치인, 상인,

therefore the placing of the spiritual advantages in the forefront and the basing of all appeals upon these. There are many secondary advantages, the results of Christianity, and the temporal blessings which accrue to the Christian are often very great indeed and stand out with great prominence. These are the advantages which appeal to and receive the commendation of the statesman, the reformer, the politician, the merchant, the man of the world; but in the proclamation of the Gospel, when the material, financial, intellectual or political advantages of the spread of Christianity are placed in the forefront, then the appeal is to the natural man, to the lower motives, and this appeal to any other motives than the highest based upon man's spiritual needs is a discarding of the most powerful agency placed in our hands, is a dropping of the use of the supernatural, and indicates a lack of faith in the spiritual and in the power of the Spirit of God to affect by spiritual truth in its appeal to man's spiritual needs his acceptance of the Gospel. The Spirit of God does not bless lack of faith but does honor and bless an unquestioning faith and reliance upon spiritual means to affect spiritual ends. With an implicit faith in the power of the appeal to man's spiritual needs – the keeping in the background of all the secondary advantages of political influence, of worldly advancement, of educational opportunities, anything which appeals most strongly to man's selfish nature, and the placing in the forefront always and everywhere the joy of reconciliation and communion with God, the relief from sin and its punishment, the assurance of the love of God and of the pardon of sin, the hope of eternal life, the comfort and peace of the believer from the indwelling of the Holy Spirit, the sympathy and help of Christ in all the trials and sorrows and struggles of life, the eventual triumph of justice and righteousness and the establishment of God's kingdom in righteousness and glory–these great uplifting, inspiring truths which are the preeminent and real and eternal blessings of Christianity–the keeping of these in the

세속적인 사람에게 매력을 끌고 그들의 찬사를 받는다. 그러나 복음을 선포할 때 기독교의 전파로 인한 물질적·재정적·지적·정치적 이득을 전면에 놓으면, 그것은 자연인의 저급한 동기에 호소하는 것이다.[2] 인간의 영적인 필요에 기초한 지고한 동기가 아닌 다른 동기를 자극하는 이런 호소는 우리 손에 가지고 있는 가장 강력한 기관을 버리는 것이요, 초자연적인 기관의 사용을 포기하는 것이며, 영적인 세계와 인간의 영적 필요에 대한 호소에서 영적 진리로써 복음을 영접하도록 영향을 미치는 하나님의 성령의 능력에 대한 믿음의 부족을 나타내는 것이다. 하나님의 영은 믿음의 부족을 축복하지 않으며 의심하지 않는 믿음과 영적인 목적에 영향을 주는 영적인 수단에 의지하는 태도를 존중하고 축복한다. 인간의 영적인 필요에 호소하는 능력에 대한 내적 믿음을 가지고, 정치적 영향력, 세속적 출세, 교육의 기회, 인간의 이기적 본성에 강력하게 호소하는 모든 이차적 이득을 배후에 남아 있게 하고, 언제 어디서나 다음 몇 가지를 최우선 순위에 두어야 한다. 곧 하나님과의 화해와 친교에서 나오는 기쁨, 죄와 그 처벌로부터 벗어남, 하나님의 사랑과 죄 용서에 대한 보장, 영생에 대한 소망, 성령의 내재하심에서 오는 믿는 자의 위로와 평화, 인생의 모든 시련과 슬픔과 고난 속에 함께하는 그리스도의 공감과 도우심, 정의와 공의의 최종적인 승리, 공의와 영광 속에서 하나님 나라를 세우는 일 등, 이런 위대한 향상과 기독교의 탁월하며 진실하고 영원한 축복인 영감을 주는 진리를 최우선에 두어야 한다. 예수 그리스도를 통한 하나님과의 친교에서 얻어지는 이런 축복에 대한 영적 존재로서 인간의 본질적인 영원한 요구 때문에 이런 것을 최우선에 두고 사람들에게 예수 그리스도를 믿으라고 호소하는 것—이것이 하나님의 성령이 기쁘게 존중하시는 것을 사용하는 것이다. 또 사람들의 가슴과 정신 속에 단순히 일시적이고 현세적인 이득이 아니라, 영적인 진리의 영원한 진실에 굳건하게 의지하는 믿

---

2 이는 19세기 제국주의 선교사가 내세운 소위 3C 정책에서 문명(civilization)과 상업(commerce)을 배제하고 오직 그리스도(Christ)만 전하자는 앤더슨-네비우스 방법이다. 한국에서 발전한 이 네비우스-마포삼열 방법은 1900년 이후 문명과 그리스도의 공존을 주장한 서울의 언더우드-에비슨 방법과 갈등하게 된다.

forefront and appealing to men to believe in Christ because of the inherent eternal need of man as a spiritual being for these blessings of fellowship with God through Jesus Christ—this is to make use of that which the Spirit of God delights to honor and which becomes the power of God unto salvation giving as the result in the hearts and minds of men a faith which rests upon no mere temporary or temporal advantage but rests solidly upon the eternal verities of spiritual truth. With a conviction born of an experience of the inestimable worth of these spiritual blessings we can hold forth to these people the spiritual joys and blessings of Christianity as far outweighing in importance and value any material prosperity, and can bring them to the same appreciation of the value of spiritual blessings, so that with Paul they will count all but loss in order to win Christ and will count as their greatest, most priceless treasure their fellowship with Christ, to retain which they will willingly endure persecution, the loss of all worldly gain or possessions, yea even life itself, and will count it all joy to suffer and to endure persecution for His sake. According to one's convictions as to the relative value of the advantages to be derived from Christianity, will be the policy he will pursue in presenting Christianity to the people, and for the real evangelization of Korea I do not think we can exaggerate the importance of this as one of the underlying, basal principles—a conviction that the spiritual advantages are pre-eminently the advantages to be placed in the forefront and upon which the appeals to men are to be based.

In order to this, certain distinctions must be clearly made and kept constantly in mind. Reformation is not redemption. Salvation from sin, not mere moral reformation, is the essence of the Gospel message. Civilization is not Christianity. Western ideas, customs and inventions are not an essential part of Christianity. In fact, many Oriental ideas and customs conform more nearly to the scriptural ideas than do some of the peculiar notions and customs of the Western world and the

음을 결과로 주시는, 구원으로 인도하는 하나님의 능력을 사용하는 것이다. 측량할 수 없는 이런 영적인 축복의 경험에서 나온 확신을 가지고, 우리는 이 사람들에게 기독교의 영적인 기쁨과 축복이 어떤 물질적인 번영보다 더 중요하고 가치 있다는 의견을 개진할 수 있으며, 그들로 하여금 영적 축복의 가치를 우리와 동일하게 인식하도록 인도할 수 있다. 그래서 바울과 함께 그들은 그리스도를 얻기 위해 모든 것을 잃어버리고 배설물로 여기며, 그리스도와의 교제를 그들의 가장 위대하고 가치 있는 보물로 여기고, 박해와 모든 세속적 소득과 소유물과 심지어 생명까지 잃는 것을 기꺼이 인내하며, 주님을 위해 박해를 받고 견디는 것을 기쁨으로 여기게 될 것이다. 기독교에서 얻을 수 있는 이득의 상대적인 가치에 대한 본인의 확신에 따라서, 사람들에게 기독교를 제시할 때 추구할 정책을 가지게 된다. 한국의 진정한 복음화를 위해 나는 우리가 근본적이고 기초적인 원칙 중 하나로서 이것, 곧 영적인 이득을 특별히 최우선 순위에 두고 그것이 사람들에게 호소할 매력의 기초가 되어야 한다는 확신의 중요성을 강조해야 한다고 생각한다.

이를 위해 다음 몇 가지를 분명히 구분하고 끊임없이 명심해야 한다. 개혁은 구속이 아니다. 단순한 도덕적 개혁이 아닌 죄로부터의 구원이 복음 메시지의 본질이다. 문명은 기독교가 아니다. 서구의 사유, 관습, 발명은 기독교의 본질적 부분이 아니다. 사실 동양의 많은 사유와 관습이 서구 세계 특유의 일부 관념과 관습보다 성경적 관념에 더 일치한다. 서구 문명의 일부로 간주되는 많은 것을 소개하는 일은 영적인 삶에 도움이 되기보다는 방해가 된다. 우리의 임무는 서구 문명이 아니라 영적인 기독교를 소개하는 것이다. 교육은 중생이 아니다. 우리는 불신자를 위해 세속적인 교육을 제공하려고 한국을 복음화하라는 부름을 받은 것이 아니라, 불신자들에게 복음을 전하고 예수 그리스도의 교회를 세우기 위해 임명받았다. 우리는 수 세기 동안 불신자들을 교육하고도 교회를 세우거나 이 민족을 복음화하는 사역에 실패할 수 있다. 그러나 교회 성장의 자연스럽고 필수적인 결과로서 이 나라를 복음화하는 강력한 요소인 기독교 교육 없이는 교회를 세울 수 없다. 나는

introduction of much that is considered a part of Western civilization is a hindrance rather than a help to spiritual life. Our commission is to introduce spiritual Christianity, not Western civilization. Education is not regeneration. We are not called upon in the evangelization of Korea to provide a secular education for the heathen, but are commissioned to preach the Gospel to the heathen and to establish the Church of Jesus Christ. We might educate the heathen for centuries and yet fail to establish the church or evangelize the nation, but we cannot establish the church without having as a natural and necessary outgrowth of the church a Christian education for its own people a powerful factor of the church in the evangelization of the nation. I quote Mr. Speer as follows: "Let us not confuse evangelization with the accessory and necessary results of evangelization which flow from it." Evangelization "plants among communities of men forces that create new social combinations. Missions are powerful to transform the face of society, because they ignore the face of society and deal with it at the heart."

Fourth.–A strong faith, a victorious, enthusiastic faith in God and His message. A faith in the power of the Gospel itself to carry conviction to the heart of any man and to do for the heathen all that it has done and now does for us. We need to believe and act upon the belief that it can transform character, lead to true repentance and hatred of sin, give strength to resist temptation and overcome sin, uphold in a consistent Christian life, and comfort and sustain in the midst of persecution, trial, sorrow and loss. In the face of prominent failures, in spite of keen disappointment in given cases–one needs to grasp with a firm faith the fact that the Spirit of God can and does show His own great power in the lives of others and that through the exercise of faith these people can and do reach the same heights of spiritual attainment and enter into the same appreciation of spiritual truth which we do. Alas, too many become like those of whom a friend in another mission wrote me "some whom long

다음과 같이 스피어 목사의 말을 인용하고자 한다. “전도와 전도에서 흘러나오는 부수적이고 필수적인 결과를 혼동하지 말라.” 전도는 “사람들의 공동체 가운데 새로운 사회적 결합을 창조하는 힘을 심는다. 선교는 사회의 얼굴을 무시하고 사회의 마음을 다루기 때문에, 사회의 얼굴을 바꿀 만큼 강력하다.”

넷째, 강한 믿음, 하나님과 그분의 메시지에 대한 승리하는 열정적인 믿음이다. 복음 자체의 능력에 대한 믿음, 곧 모든 사람의 가슴에 확신을 전달하며, 우리를 위해 해왔고 지금 하고 있는 모든 것을 불신자들을 위해 하는 복음 자체의 능력에 대한 믿음이다. 우리는 복음이 인격을 바꾸고, 진정한 회개와 죄에 대한 증오로 이끌며, 유혹을 이겨내고 죄를 극복하며, 일관된 기독교인의 삶을 살 수 있도록 붙잡아주며, 핍박과 시련과 슬픔과 상실 속에서 위로해주고 지탱할 수 있는 힘을 준다는 것을 믿고 그 믿음 위에서 행동할 필요가 있다. 현저한 실패에 직면하고, 주어진 상황에 대한 엄청난 실망에도 불구하고, 하나님의 성령께서 다른 사람들의 삶에 당신의 위대한 권능을 보여주실 수 있고 또 보여주시며, 믿음의 실천을 통해 이 사람들이 우리가 도달했던 것과 동일한 영적인 성취에 도달할 수 있고 또 실제로 도달하며, 영적인 진리에 대해 우리와 동일하게 인식할 수 있고 또 그렇게 한다는 사실을 확고한 믿음을 가지고 이해할 필요가 있다. 아, 슬프다. 다른 선교회에 있는 한 친구가 내게 보낸 편지에서 쓴 사람들, 곧 “장기간의 기다림 때문에 낙심한 것이 아니라, 기대하지 않도록 훈련받은 사람들”처럼 너무나 많은 사람이 변하고 있다. 그런 마음으로는 한국의 복음화를 달성할 수 없다. 우리는 위대한 일, 거대한 결실을 기대하며, 하나님이 그것을 허락해주실 것을 아는 믿음이 필요하다. 믿음은 보이지 않는 것들의 증거다. 성령 충만한 시야는 낙천적이고 열정적인 믿음의 눈으로 비록 아직은 성취되지 않았지만 위대한 결과를 볼 수 있고, 낙담과 실망의 감정을 극복하고 승리를 얻을 수 있으며, 기대하지 않는 마음 상태로 포기하려는 정신과 저항하여 이길 수 있다. 사역에서 마음이 빠질 수 있다. 만일 믿음이 흔들리고 그래서 승리의 노래를 잃게 되면, 사역은 단순한 일상이 되고 괴로운 일이 된다. 나는 열정 — 열정적인 믿

years of waiting have rather–not discouraged but disciplined to expect little." Such a state of mind will not accomplish the evangelization of Korea. We need a faith which expects great things, large results, and knows that God will grant them. Faith is the evidence of things not seen, and the Spirit-filled vision can, with the eye of a buoyant, enthusiastic faith, see great results even though not yet accomplished, and can gain the victory over these feelings of depression and discouragement, and victoriously resist submission to the state of mind which expects but little. The heart is taken out of one's work–it becomes mere routine and drudgery, if faith has been undermined so that the note of victory is lost. I believe in enthusiasm–in enthusiastic faith. Enthusiasm may be more natural to some natures than to others, but it is a tremendous element in one's influence and has a power to communicate faith and zeal. How a real faith–a real grasp of the Gospel message and a real appreciation of the work of evangelization–can fail of enthusiasm, is a mystery. There is often far more of unbelief in our minds than we are aware of, and this unconscious and unrecognized unbelief will often explain the failure to receive a blessing and to accomplish results. "He could not do many mighty works there because of their unbelief." God delights to honor faith. He cannot work mightily in the presence of unbelief. Our own lack of faith shuts out the power of God.

Fifth.–The missionary's own spiritual life is one of the most important basal considerations or factors in evangelization. The missionary himself is the great factor in evangelization. His character, his attitude towards truth and life, determine very largely the place in evangelization which the church and those under his influence take and the influence they exert. We need to be men who will not compromise with sin, men who will set up the scriptural standard which God has set up and will not deviate one whit from that standard in their requirement. Whatever the peculiar conditions in heathendom we have no authority

음—을 믿는다. 열정은 다른 어떤 것보다 자연스러운 특성일 수 있지만, 영원히 사람의 영향력에서 거대한 요소이며, 믿음과 열의를 전파하는 힘을 갖고 있다. 어떻게 진정한 믿음—복음 메시지에 대한 진정한 파악과 전도 사역에 대한 진정한 인식—이 열정적이지 않을 수 있는지는 수수께끼다. 우리가 의식하는 것보다 우리의 마음에 자주 훨씬 더 많은 불신이 있으며, 이런 무의식적이거나 인식하지 못하는 불신 때문에 자주 축복을 받지 못하고 결과를 성취하지 못한다. "그들이 믿지 않음으로 말미암아 거기서 많은 능력을 행하지 아니하시니라"(마 13:58). 하나님은 믿음을 인정하기를 기뻐하신다. 주님은 불신이 있는 곳에서는 기적을 행하실 수 없다. 우리의 부족한 믿음은 하나님의 권능을 가로막는다.

다섯째, 선교사 자신의 영적인 삶이 복음화의 가장 중요한 기본적인 고려 사항이거나 요소 중 하나다. 선교사 자신이 선교의 복음화에서 커다란 요인이다. 그의 인격과, 진리와 생명에 대한 그의 태도가 복음화에서 교회와 그의 영향 아래 있는 사람들과 그들이 미치는 영향의 위치를 거의 결정한다. 우리는 죄와 타협하지 않을 사람들, 하나님이 세우신 성경적 표준을 세우고 자격 요건에서 그 표준으로부터 조금도 벗어나지 않을 사람들이 될 필요가 있다. 불신자의 세계에서 특별한 상황이 무엇이든지 상관없이 우리는 도덕적 문제에 대한 하나님의 기준을 낮출 권리가 없다. 우리 자신을 다룰 때, 우리는 "그리스도의 속죄에 대한 믿음을 하나의 계명을 어기면서 느끼는 안도감과 결코 짝짓지 말아야 한다"(차머스 박사). 우리는 죄에 빠져서 하나님의 법에 미치지 못하는 다른 사람들을 다룰 때에는 관대하고 사랑이 넘쳐야 한다. 하지만 그들을 치리할 때 하나의 표준을 세우고 그에 미치지 못하는 모든 것을 죄로 규정하지 못하는 것은, 기독교적 도덕성과 기독교적 인격의 기초 전체를 약화시키고, 교회를 영적인 기초가 없는 곳에 세우며, 도덕적이거나 영적인 힘으로서의 교회를 연약하고 무력하게 만든다. 표준에 미치지 못하면서도 만족하고, 하나님의 표준에 미치지 못해도 면책을 받기 때문에 괜찮다고 배운 이름뿐인 기독교인 전체보다, 즉 기독교적인 삶의 표준인 하나님의

for letting down the Divine standard on moral questions. In dealing with ourselves we should "never couple faith in the atonement of Christ with a feeling of security in the violation of a single commandment" (Chalmers) and however lenient and loving we may be in dealing with others who have fallen into sin and come short of God's law, in their discipline the failure to set up the one standard and to brand as sin anything short of that standard is to undermine the whole foundation of Christian morality and Christian character, and to build a church on no spiritual foundation, weak and powerless as a moral or spiritual force. Better far a Gideon's band of men thoroughly determined to make no compromise with sin and to strive for the highest and holiest attainments, than a whole host of nominal Christians satisfied to come short, taught that they may with impunity come short of the Divine standard–men who have committed spiritual suicide by a deliberate giving up of the law of God as the standard of Christian living. Dr. Dale writing of evangelists says: "What tells most is neither his earnestness nor his perfect certainty of the truth of the Christian Gospel, but the fact apparent to those who listen that his certainty rests on his own direct and personal knowledge of the eternal realities of which he is speaking." If God's Word is the standard by which our own life is regulated and if to us the spiritual blessings of reconciliation with God, our fellowship with Jesus Christ, the assurance of eternal life, are our chief joy and privilege and we daily experience them in our own lives, then we can go forth to present in all faith these spiritual privileges as the supreme gift of the Gospel unto a people whose despair will be exchanged for hope, whose darkness will be dispelled by light, whose fear and misery and degradation in sin and iniquity will give way to love and joy, peace and righteousness.

I place the above convictions foremost as the basal principles upon which any methods of evangelization must be founded, for I believe that the deep underlying convictions of the missionary have more to do in

법을 일부러 포기함으로써 영적인 자살을 저지른 허다한 기독교인보다, 죄와 결코 타협하지 않고 가장 높고 거룩한 성취를 위해 분투하기로 철저하게 결심한 기드온의 작은 군대가 훨씬 더 낫다. 전도인에 대해 데일 박사는 다음과 같이 썼다. "가장 중요한 것은 그의 진지함도 아니고 기독교 복음의 진리에 대한 완벽한 확신도 아니다. 듣는 자들에게 명백한 것은 그의 확신이 그가 말하고 있는 영원한 실재에 대한 직접적이고 인격적인 지식에 의존한다는 사실이다." 만일 하나님의 말씀이 우리의 삶을 규제하는 표준이라면, 그리고 우리에게 하나님과 화해하는 영적인 축복, 예수 그리스도와의 교제, 영생에 대한 확신이 주된 기쁨이고 특권이며 우리가 삶 속에서 그 권능을 매일 경험한다면, 우리는 완전한 믿음을 가지고 사람들에게 나아가 복음의 최고 선물로서 이런 영적인 특권과 축복을 전해서, 그들의 절망이 희망으로 바뀌고, 그들의 어둠이 빛에 의해 물러나며, 그들의 죄와 불법 안에서의 두려움과 불행과 타락이 사랑과 기쁨과 평화와 정의에게 길을 내어주도록 할 수 있다.

나는 위의 확신을 모든 전도의 방법이 기초해야 할 기본적인 원칙으로서 가장 우선순위에 두었다. 왜냐하면 선교사의 깊은 근본적인 확신이, 채택된 단순한 방법들보다 전도와 더 많은 관계가 있다고 믿기 때문이다. 사실 선교사의 확신은 단지 외면적 형식과 명칭에서가 아니라, 그들의 내적 원칙, 그들의 매일의 사역, 그들의 본질, 그들의 정신, 그들의 삶에서 정책과 방법을 결정한다. 그것이 진정한 정책과 방법 안으로 들어가서 결정하고, 본질적으로 살아 있는 힘이 되어서 선교사의 영향력과 결과를 결정한다. 따라서 나는 한국 복음화를 추진하기 위해 제안하는 다음 방법보다 이미 쓴 것에 대해 더 많이 강조하고 싶다. 나는 그 방법의 완벽한 목록을 열거하려고 시도하지 않을 것이다. 나는 올바르고 성공적으로 사용되고 있는 몇 가지 방법을 의도적으로 제외할 것인데, 포괄적이거나 배타적이려고 시도하지 않으면서, 우리의 한국 북부 지역 사역에서 채택되었고 그 발전에서 가장 중요한 요소였다고 믿는 몇 가지 방법을 언급하려 한다.

나는 다음과 같은 요인들이 있었다고 생각한다.

evangelization than the mere methods adopted. In fact, the missionary's convictions determine the methods and policy not in their mere external form and nomenclature but in their inner principles and their daily outworking, their essence, their spirit, their life–that which goes into and determines and is essentially the real policy and method–the vital force of them which determines their influence and results. I would therefore lay the greater emphasis upon what has already been written rather than upon the following suggested methods to be pursued in the evangelization of Korea. I shall not attempt an exhaustive enumeration of methods and I shall purposely omit some methods which are rightly and successfully used, not attempting to be either inclusive or exclusive but merely to mention a few methods adopted in our work in Northern Korea which I believe to be the most important factors in its development.

I think these factors have been

First.–The wide-spread preaching of the Gospel message in its simplicity. There should be a perfectly frank, candid, natural avowal of one's mission and a presentation of the Gospel message to all, to every one with whom one can come in contact as the most natural subject of conversation and interest, aiming to make the Gospel known over as wide an extent of territory as can possibly be covered from some strategic point as the centre of operations. If the Gospel can be made the subject of conversation among the people by the wide-spread dissemination of tracts and the extended itineration of the missionary, a great point has been gained. The methods adopted to secure this will differ largely according to the personal preferences and the disposition of the missionary. Some will adopt the formal preaching to crowds upon the street or in the market place, or the opening of street chapels, but a method better adapted to the genius of the Korean people seems to me to be the constant, daily natural and informal conversation with individuals

첫째, 복음 메시지를 단순한 형태로 광범위하게 전파하는 것이다. 만나는 모든 사람에게 자신의 사명과 복음 메시지를 완벽하게 솔직하고, 담백하고, 자연스럽게 천명하고 제시하되, 가장 자연스러운 대화의 주제와 관심사로 제시하고, 사역의 중심지로서 전략 지점으로부터 들어갈 수 있는 최대한 넓은 범위의 영토에 복음을 알리는 것을 목표로 해야 한다. 즉 모든 사람에게 복음을 전해야 한다. 만일 소책자를 널리 전파하고 선교사가 장기 순회 여행을 함으로써 복음을 주민들과의 대화 주제로 삼을 수 있다면 중대한 지점을 확보한 것이다. 이를 확보하기 위해 채택하는 방법은 선교사의 개인적 선호와 성향에 따라 크게 다를 것이다. 어떤 이들은 길거리나 장터나 거리에 예배 처소를 개설하고 군중에게 정식으로 전도하는 방식을 채택하겠지만, 한국인의 특성에 더 적합한 방법은 개인이나 소수의 사람들과 끊임없이 매일 자연스럽게 격식에 얽매이지 않고 대화하는 것이다. 길가, 여관, 거리, 상점, 시골 마을 등 어느 곳에서나 이 중대한 주제에 대해 더 많은 대화를 나누고 싶은 자는 당신의 “사랑방”으로 오라는 초대와 함께 친근하게 대화하는 것이다. 복음을 격식에 얽매이지 않고 널리 보급하면, 광범위한 지역으로부터 방문자들이 오는 결과를 낳는다. “사랑방” 사역은 손과 손을 맞잡고, 얼굴과 얼굴을 대면하면서, 마음과 마음이 서로 만나 복음의 주장을 방해 없이 분명하고 적절하게 전하고 인격적으로 진정성 있게 개개인을 다룰 수 있는 기회를 제공한다. 이 사랑방 대화가 진실한 개종자를 가장 많이 만들었다. 한국에서는 “사랑방”에서 일어난 일이 순식간에 먼 곳까지 광범위하게 알려진다. 그곳에서 어떤 개인에게 말한 것이 거리에서 군중에게 선포한 것보다 훨씬 더 많은 청중에게 자주 전해진다. 초기 단계에서는 광범위한 지역에 복음이 전달되도록 노력하는 것이 가치가 있다고 강조하고 싶다. 초기 단계에서는 10개의 다른 구역에서 온 10명이 회심하는 것이 한 구역에서 10명이 회심하는 것보다 더 많은 일을 성취하게 된다. 왜냐하면 이 열 사람 각자가 광범위한 지역에 걸쳐 대화의 주체가 되며, 바로 그것에 의해 복음의 소식은 훨씬 더 많은 청중에게 전파되기 때문이다. 하나의 미조직교회가 형성되는

and small groups of people, in friendly intercourse along the wayside, in the inns, on the street, in the shops, in the country village, anywhere and everywhere, with the invitation to visit you in your "sarang" for further conversation on this vital topic. The wide-spread informal dissemination of the Gospel news will result in bringing to you visitors from a wide territory, while the "sarang" work will give opportunity for hand to hand, face to face, heart to heart dealing with individuals in a personal earnest way with undisturbed, clear and pertinent presentation of the claims of the Gospel, which has been most prolific in genuine conversions. In Korea what takes place in your "sarang" is soon heralded far and wide and often what is said to an individual there will reach a far larger audience than what is proclaimed to a crowd on the street. I would emphasize the value of seeking to reach a wide extent of territory in the initial stages. In the early stages of work, the conversion of ten men from ten different sections will accomplish more than the conversion of ten men in one section only, for each one of these ten becomes the subject of conversation over a wide area and the Gospel news is thereby spread abroad to a far larger audience; instead of one group of Christians being formed, one may soon have ten places of worship each to be developed into a church.

Second.—The use of the Bible. Emphasis should be placed upon the fact that your message is not yours but the message of the living God, whose existence and the inspiration of whose word are facts to be proclaimed, not propositions to be proved. Rest your authority upon the Scriptures, the authoritative Word of God, which claims man's obedience. Get men to read it—read it to them and make it known as God's message which speaks for itself and needs no apology. Dr. Chalmers says: "We firmly believe that there is no one position of theology which can be more strongly and more philosophically sustained than the self-evidencing power of the Bible." Keep oneself in

대신에 교회로 발전하게 될 열 개의 예배 처소가 곧 생길 수 있기 때문이다.

둘째, 성경을 사용하는 것이다. 당신의 메시지가 당신의 말이 아니라, 살아계신 하나님의 말씀이라는 점을 강조해야 한다. 하나님의 존재와 하나님의 말씀의 영감은 증명해야 할 명제가 아니라 선포해야 할 사실이다. 당신의 권위를 인간의 복종을 요구하는 하나님의 권위 있는 말씀인 성경에 두어야 한다. 사람들로 하여금 그것을 읽게 하라. 그들에게 성경을 읽어주고, 성경이 스스로 말하며 변증이 필요 없는 하나님의 말씀임을 알게 하라. 차머스 박사는 말한다. “자명한 성경의 권능보다 더 강하게 더 철학적으로 지속될 수 있는 신학의 자리는 없다는 사실을 우리는 확고하게 믿는다.” 자신을 뒤로 돌려라. 자신의 지식과 지혜와 논증과 담론의 우월한 힘을 뒤로 돌리고, 하나님의 권위 있는 주장으로 인간의 마음에 다가가시는 하나님의 영의 초자연적인 기관인 하나님의 말씀을 전면에 두라. 사람을 전도하는 가장 효과적인 수단은 성경 그 자체다. 우리의 노력은 성경을 사람들의 손에 쥐어주고, 그들에게 읽고 싶은 마음을 불러일으키는 것이다. 성경은 우리의 권위 있는 메시지의 원천이요, 사람들의 안녕과 행복을 위해 하나님이 주신 그분의 이야기를 담은 책이요, 그들에게 측량할 수 없이 중요한 것임을 끊임없이 호소해야 한다. 나는 소책자를 사용하는 것이 좋지만, 그것은 우선적으로 성경을 설명하고 공부하도록 인도하는 수단이 되어야 한다고 믿는다. 이 목적을 위해 나는 『네비우스의 그리스도문답』, 『구세론』, 『장원양우상론』, 『천로지남』, 그리고 아직 한글을 읽지 못하는 이들을 위해 존스 부인이 쓴 유용한 『초학입문』 등과 같은 소책자를 추천한다. 하지만 이 소책자들이 강력한 것은 성경의 근본적인 진리를 단순하게 보여주어서 사람들의 관심을 성경 자체로 돌리기 때문이다.

셋째, 학습 제도다. 특별히 사역의 초기 단계에서 설교와 가르침의 결과에 관한 대화를 위해 나는 학습교인을 공개적으로 받아들이는 것을 가장 효과적이고 광범위한 영향을 미치는 방법 중 하나로 간주한다. 어떤 사람이 죄를 알고, 하나님을 예배하고 싶은 마음과 그리스도를 죄에서 구원하신 구주

the background, one's own knowledge and wisdom and superior powers of argumentation and discourse, and keep in the forefront the Word of God, which is the supernatural agency of the Spirit of God for reaching the hearts of men with God's authoritative claim upon them. By far the most efficient means for the evangelization of men is the Bible itself, and our efforts should be to get it into the hands of men, to arouse in them a desire to read it, to constantly appeal to it as the source of our authoritative message and as containing God's own message to men for their welfare and happiness and as being of inestimable importance to them. I believe in the use of tracts, but primarily as a means of explaining the Scriptures and to lead to a study of the Scriptures. To this end I should advocate the use of such tracts as "*The Nevius' Catechism*," "*Discourse on Salvation*," "*The Two Friends*," "*The Guide to Heaven*," and Mrs. Jones' most helpful *Primer* for those who cannot yet read the Korean character. These, however, are powerful, because they are a simple presentation of fundamental Scripture truths and turn the attention of the people to the Bible itself.

Third.—The Catechumenate. Particularly in the initial stages of work and for the conservation of the results of one's preaching and teaching, I look upon the public reception of catechumens as one of the most effective methods and one of far reaching influence. Just as soon as a man gives evidence of a knowledge of sin, of a desire to worship God, and of an acceptance of Christ as his Saviour from sin, he should be encouraged to make a public confession of sin, of faith in Christ, and of his intention to lead a Christian life. The object of it is three-fold: first, it assists a man to reach a decision, and the very decision is a means of strengthening him, helping him to cut loose from his past life and ideas by holding before him a definite step to be taken; second, it is a formal recognition of his desire to be a Christian and an enrolling of him in a class for instruction so that he becomes connected with the church in a

로 영접한 것에 대해 전하면, 그는 죄와 그리스도에 대한 믿음과 기독교인의 삶을 살겠다는 의도를 공개적으로 고백하도록 격려받아야 한다. 그것의 목적은 세 가지다. 첫째, 그것은 사람으로 하여금 결정에 이르도록 돕는다. 바로 그 결정은 그를 강하게 하는 수단이 되는데, 그가 분명한 한 걸음을 내딛기 전에 그를 붙잡아줌으로써 과거의 삶과 사상으로부터 단절하도록 도와준다. 둘째, 그것은 기독교인이 되려고 하는 그의 소망에 대한 공식적인 인정이며, 교육을 위한 수업에 등록시켜서 그가 체계적인 교육과 감독을 받을 수 있는 준비를 하게 하는 방식으로 교회와 연계시킨다. 셋째, 그것은 다른 사람들에게 전하는 하나의 수단으로서, 그가 자신을 기독교와 동일시했다는 사실을 다른 사람들에게 즉시 알리는 자리에 그를 자리 잡게 한다. 학습교인으로 등록시키는 것은 기독교적 친교의 손길을 뻗는 것으로서, 이교를 버리고 그리스도를 영접하기로 처음으로 형성된 의도에 대해 그를 격려하는 것이다. 나는 그것을 사역의 초기단계에서 특히 더 가치 있는 기관으로 여기는데, 그것은 처음 회심한 사람들을 세례 받은 등록교인과 더 완전한 조직을 가진 교회 앞에 인정하고 조직하는 방식을 제공함으로써 기독교에 대한 더 뚜렷한 주창자가 되게 한다. 학습교인에게 성경을 가르치는 것이 더 체계적이고 철저할수록, 이 요소가 복음화에서 더 가치 있는 것임이 입증될 것이다.

넷째, 열정적인 전도의 정신을 처음 회심한 자들과 전체 교회에 지속적으로 불어넣는 것이다. 이것의 중요성은 아무리 강조해도 지나치지 않다. 전도 정신을 발전시키고, 그와 반대되는 정신, 곧 금전적 동기로 인해 눈에 띄게 전도의 열정을 봉사 정신으로 발전시키는 것을 피하도록 현명하게 계획하는 것은 가치가 있다. 이런 이유로 사역의 초기 단계에서 전도할 남녀를 고용하는 것과, 어떤 종류이든 사역을 시작하기 위해 많은 돈을 쓰는 것은 강력히 반대해야 한다. 왜냐하면 그것을 통해 의도하지는 않았지만 사람들로 하여금 금전적 동기에서 기독교 신앙을 고백하도록 호소하기 때문이다. 하나님의 용서를 받았고 하나님과 화해했다는 감정과 함께 평화와 기쁨을 주는 구원의 소식을 다른 사람들에게 알리고 싶은 압도적인 소망의 주입과

way that necessitates some provision for his systematic instruction and oversight; third, it is a means of witness bearing to others and puts him in the position of at once making known to others the fact that he has identified himself with Christianity. Reception into the catechumenate is an extension of the hand of Christian fellowship, encouraging one in his first formed intentions to renounce heathenism and accept Christ. I look upon it as more particularly valuable as an agency in the early stages of work furnishing a means of recognition and organization of first converts before the church with its baptized membership and fuller organization becomes the more prominent exponent of Christianity. The more systematic and thorough the Biblical instruction of the catechumenate, the more valuable will this factor prove in evangelization.

Fourth.—The infusion of an enthusiastic evangelistic spirit into the first converts and continuously into the whole church. The importance of this can scarcely be exaggerated, and it is worth our while to wisely plan to develop this and to avoid the development of the opposite spirit of service where mercenary motives develop apparent evangelistic zeal. For this reason, the employment of men and women to preach in the early stages of work, and the use of much money in initiating work of any kind, is to be deprecated, for thereby people are attracted by an unintentional appeal to mercenary motives to make profession of Christianity. The inculcation and development of an overwhelming desire to make known to others the message of salvation which brings peace and joy with the sense of forgiveness and reconciliation with God, simply from an experience of the same in one's own heart, will do more than any other one thing for the wide-spread evangelization of Korea. When this spirit of voluntary, joyful, enthusiastic propagation of the truth has become characteristic of the early converts and the church, the employment of men proportionately with the development of the church will not be a hindrance but a help to evangelization. I am satisfied,

발전은 다만 마음속에서 그것을 경험함으로써 나오는 것이며, 광범위한 한국의 복음화에서 다른 무엇보다 더 많은 사역을 하게 할 것이다. 자발적으로, 기쁘게, 열정적으로 진리를 전파하는 이 정신이 초기 회심자들과 교회의 특징이 되었을 때, 교회의 발전과 비례해서 사람들을 고용하는 것은 전도에 방해가 아니라 도움이 될 것이다. 하지만 나는 선교사의 깊은 확신을 통해서만 이런 정신이 확보될 수 있다는 사실에 만족한다. 그와 가장 밀접하게 만나는 첫 개종자들은 그의 진실한 내적 자아를 가장 분명하게 보면서 알기 때문에, 선교사는 자신의 삶 속에서 이와 동일한 열정적인 전도의 정신을 구현해서 훈계 대신 모범을 통해 이런 정신을 그들에게 불어넣을 수 있다. 진정한 열정은 열정을 낳고, 확신은 확신을 낳는다. 이런 정신으로 불타고 지배되는 사람은 엄청난 능력자이며, 그런 사람들이 모인 교회 전체의 축적된 능력은 눈사태보다 더 불가항력적이다. 끊임없이 사람들을 회심시키기 위해 사역하는 교회 – 물건을 팔면서 여행할 때 소책자를 함께 가져가서 전도하는 행상들, 고객이나 손님과 대화하는 상인과 여관 주인들, 길이나 배 위에서 예수와 그의 구원에 대해 이야기하는 여행자들, 들에 나가고 우물에서 물을 길으며 냇가에서 빨래를 하고 불신자의 가정을 심방하는 여성들, 이 모두가 복음을 전한다. 복음이 그들을 위해 한 일이 다른 어떤 것보다 더 강력한 전도의 방법이다. 이제는 주님과 함께 있는 이영언(李永彦)이 우리의 북부 지역 사역에서 이런 정신이 발전하는 데 가장 큰 공을 세운 인물이다.[3] 그는 누구든지 기독교인으로서 이 정신을 자신의 첫째 의무이자 특권으로 강조하지 않고서는 학습교인이 되거나 입교 문답에 통과하도록 허락하지 않았다. 주께서 자신에게 어떤 위대한 일을 하셨는지 자신의 가족과 이웃에게 알리지 않은 사람을 교회에 받아들이는 것이 타당한지 의문을 제기하는 관행이 그로부터 생겨났다. 나는 이것이 북쪽 지역에서 우리의 사역이 광범위하게 발전한 가장

3 이영언은 1894년 평양 널다리교회에서 세운 남학교(숭실학당)의 첫 교사로 학생을 가르치기 시작했다. 그는 이때 영수로 임명받았으며, 김종섭(1900), 길선주(1902)에 이어 장대현교회의 장로로 안수받았다.

however, that this spirit can be secured only through the deep convictions of the missionary, working out in his own life this same enthusiastic evangelistic spirit, so that by example rather than by exhortation he infuses this spirit into the first converts who come into closest contact with him, reading and knowing his inner real self most clearly. Real enthusiasm begets enthusiasm; conviction begets conviction. A man all on fire with and dominated by this spirit is a tremendous power, and the cumulative force of a whole church of such men is more irresistible than an avalanche. A church constantly at work seeking to convert men—peddlers carrying books and preaching as they travel selling their wares, merchants and inn-keepers talking to customers and guests, travelers along the roads and on the ferries telling of Jesus and His salvation, women going to the fields, drawing water at the well, washing clothes at the brooks, or visiting in heathen homes, all talking of the Gospel and what it has done for them is a method of evangelization than which none is more powerful. To Yi Yeng En—now with the Lord—I ascribe the greatest influence in the development of this spirit in our Northern work. He never allowed a man to pass the examination for admission to the catechumenate or the church without impressing upon him this as his first duty and privilege as a Christian. From him came the practice of questioning the advisability of admitting to the church any one who had not first made known to his family and neighbors what great things the Lord had done for him. I do not hesitate to place this as the foremost factor in the wide-spread development of our work in Northern Korea.

Fifth.—Bible Study Training Classes. For the development of the church as the great evangelistic agency I know of nothing aside from the Sabbath services for Bible study and worship, more perfectly adapted to the conditions in Korea than the system of Bible study training classes which has already become such a great factor in our work. They are adapted to the genius of the Korean people and fit in admirably with

중요한 요소라고 말하는 데 주저하지 않겠다.

다섯째, 성경 공부 사경회다. 교회가 위대한 전도 기관으로 발전하기 위해, 성경공부와 예배를 위한 주일 예배를 제외하면 나는 우리 사역에 이미 거대한 요소가 된 사경회 체계보다 더 완벽하게 한국의 상황에 적합한 것을 알지 못한다. 그것은 한국 사람의 특성에 맞게 적응되었으며 그들의 삶과 공부 방식에 훌륭하게 어울린다. 이 사경회에 대한 설명으로 평양에 있는 헌트 목사가 쓴 다음 기사를 인용하고자 한다. "교회 전체, 남녀노소 혹은 글을 읽거나 못 읽거나 모든 회원에 대한 교육이 성경을 유일한 교재로 한 사경회를 통해 체계적으로 그리고 광범위하게 이루어지고 있다. 일부 사경회는 대표적인 특성을 보여준다. 도 사경회에는 선교지의 모든 곳에서 온 사람들이 참석한다. 다른 사경회는 특정한 미조직교회 구성원만을 위한 것으로 시골에서 열린다. 일부 수업은 남성만 참석하고, 또 다른 수업은 여성만 참석하지만, 대부분의 시골 사경회에서는 비록 분반을 하지만 남녀 모두를 가르친다. 때때로 이 수업은 전적으로 선교사들이 가르치거나 선교사와 여러 조사가 가르치지만, 조사들만이 가르치는 경우가 더 많다. 성경공부가 수업의 목적이지만 기도, 회의, 전도 실습이 그 사역의 중요한 부분이다. 기독교인들은 하나님의 말씀을 특별히 공부하기 위해 매년 여러 주 동안 그들의 생업을 내려놓는 것이 바르고 옳다는 것을 배웠다. 이런 방법은 하나님의 말씀을 공경하는 것이고, 모든 사람에게 그들의 삶 속에서 하나님의 권위를 가르친다. 조사나 선교사의 말보다 주님의 말씀이 일찍부터 신앙과 실천에서 기독교인의 규범이 된다. 이런 교육 방식은 평신도, 영수, 조사, 선교사 사이에 상호 이해를 가져오고 역사가 얼마 되지 않은 교회를 하나 되게 하며 불신자들에게 교회의 굳건한 태도를 제시해서 더 강력하게 만든다. 교회와 세상을 구별하는 가장 확실한 방법은 사람들로 하여금 성경을 공부하고 그 진리를 전파하게 하는 것이다. 이런 체계는 그 결과가 누적된다. 이는 교회를, 하나님의 말씀을 능숙하게 사용하는 군대로 만든다. 이런 사경회의 많은 장점 중 하나는 진정한 지도력의 자질을 발전시키는 기회를 제공하는 것이다. 예비 훈련

their methods of life and study. As explanatory of these classes I quote from an article prepared by Mr. Hunt, of Pyeng Yang, as follows: "The education of the whole church, all its membership, young and old, literate and illiterate, is being undertaken systematically and largely by training classes in which the textbook is the Bible. Some of these are representative in character; the attendance coming from every part of the field; others are local, meant only for the members of a particular group. Some are attended only by men, others only by women, but in most of the country classes both men and women are taught, though in separate divisions. Sometimes these classes are taught entirely by the missionaries or by the missionary and several helpers, but more often by the helper alone. Bible study is the object of the class, but prayer, conferences and practical evangelistic effort are prominent parts of the work . . . The Christians have learned that it is only right to put aside their occupations for several weeks each year for the special study of the Word of God . . . . This method is honoring to God's Word and teaches all the authority of God in their lives. His word, rather than that of the helper or the missionary, early becomes the Christian's rule of faith and practice. This method of education tends to bring about a mutual understanding between the rank and file, and the leaders, helpers and missionaries, so unifying the young church that it presents a solid front and is made more of a power in the midst of heathenism. The surest way to make a distinction between the church and the world is to set men to study the Bible and to preach its truths. This system is cumulative in its results. . . . It makes of the church an army skilled in the use of God's Word. Among the many advantages of these classes is that they afford an occasion to develop qualities of true leadership. Opportunities for preliminary training and trial as well as for more careful selection are almost without end." To this I would add that the classes cannot be begun too soon, for in their essential features they are applicable

과 시행착오와 더 주의 깊게 발탁할 기회가 끝없이 주어진다." 여기에 한 가지를 덧붙인다면, 사경회는 너무 빨리 시작할 수 없다. 왜냐하면 본질적인 특징에 있어서 사경회는 구도자, 학습교인, 교회 회원, 지도자, 조사, 전도사, 목회자, 그리고 남성뿐만 아니라 여성과 어린이, 교육받은 학자뿐만 아니라 무식한 사람, 심지어 글을 읽지 못하는 자에게 모두 똑같이 적용되기 때문이다. 교회 전체가 이 사경회의 결과를 느껴야 한다. 사경회로부터 사람들은 열정과 전도의 열심과 함께 성경에 대한 지식을 가지고 나아간다. 그 지식은 그들로 하여금 복음 메시지에 대한 지적이면서 열정적인 전령이 되게 한다.

여섯째, 훈련받은 조사와 전도인과 목사의 발전이다. 이는 전도 사역의 통전적인 한 부분이다. 여기에 특별히 선교 교육 사역 분야가 있는데, 나는 이것이 교회 내부의 발전이 되어야 한다고 믿는다. 이는 전도 사역의 결과이며 그 사역과 분리할 수 없이 연결되어 있다. 그것은 결국 전도에서 기하급수적인 발전을 낳는 강력한 요소 중 하나가 되고 있다. 일반 교육 사업을 우선하게 되면 전도 사역과 적대적인 관계에 들어가게 된다. 한 나라의 완전한 복음화는 본토인 전도사와 목회자라는 기관을 통해서만 실행될 수 있기 때문에, 이들의 발전과 훈련은 교회의 설립 및 성장과 함께 전도 사역에서 갈수록 더 중요한 부분이 된다. 외국인 선교사는 교회의 기초와 설립을 위한 초기 단계에서 중요한 기관이지만, 본토인 교회 자체는 그 나라의 완전한 복음화를 위한 기관이 되어야 하며, 그 교회로부터 영구적인 요소가 될 기관과 사람이 나와야 한다. 이런 지도자의 계발에 있어서 우리는 두 개의 남성 훈련반을 제공해야 할 필요가 있다. 앞으로 몇 년 동안 한국에서는 교회를 인도하는 사역의 대부분이 그런 사역을 위한 재능을 보이기는 하지만 목회에 대한 철저한 준비를 할 수 없는 사람들에 의해 행해져야 한다. 철저한 준비를 하려면 초중학교, 고등학교, 대학교, 신학교 교육을 거쳐야 하기 때문이다. 우리는 그런 사람들이 존재하기를 원하지만, 경험을 통해서 보면 그런 사람의 숫자는 수요에 절대 미치지 못한다. 심지어 대학 교육과 신학 교육의 훌륭한 체계를 가지고 있는 미국 교회에서도 그렇다. 우리는 목회 훈련을 위

alike to inquirers and catechumens, church members, leaders, helpers, evangelists, and the ministry itself, to women and children as well as to men, to the ignorant, even those unable to read as well as to the educated scholars. The whole church is made to feel the result of these classes, and from them the men go forth with an enthusiasm and an evangelistic zeal coupled with a knowledge of the Scriptures which enable them to become intelligent as well as zealous heralds of the Gospel message.

Sixth.–The development of trained helpers, evangelists and ministers. This is an integral part of evangelistic work. Here is specifically the province of mission educational work which, I believe, should be a development from within the church, a result of, and indissolubly connected with, the evangelistic work; it in turn becoming one of the powerful factors in producing a geometrically progressive advance in evangelization. It is only a perversion of educational work which is brought into an antagonistic relation to evangelistic work. Since the complete evangelization of any land will be effected only through the agency of native evangelists and pastors, the development and training of these becomes, with the establishment and growth of the church, an increasingly important phase of evangelistic work. The foreign missionary is the important agency in the initial stages of evangelization for the foundation and establishment of the church, but the native church itself must become the agency for the complete evangelization of the nation, and from the church should come the institutions and the men which are to be the permanent factors. In the development of these leaders we need to provide for the training of two classes of men. In Korea, for years to come, the bulk of the work of leading the church must be done by men who show gifts for such work but who cannot be given the thorough preparation for the ministry which is the result of a common and high school, a collegiate and seminary education. We want and must have some such men, but all experience shows that the number of such

해 이런 체계적이고 철저한 신학 교육을 준비해야 한다. 그러나 또한 우리는 앞으로 몇 해 동안은 시간이 더 적게 걸리고 정신적·육체적인 힘을 너무 고갈시키지 않는 교과 과정을 통해 보다 성숙한 기독교인 중에서 선택된 사람들에게 훨씬 더 많이 의존해야 한다. 이 논문의 대부분을 썼을 때, 나는 우리의 사랑하는 총무 엘린우드 박사가 쓴 기사를 입수했는데, 그의 조언과 지도는 한국에서의 선교 사역의 설립과 발전에서 유용한 특징이 되었다. 현재 그는 미국에서 지난 20년 동안 한국에서 하나님의 성령이 역사하신 결과에 대해 우리와 함께 기뻐하고 있다. 전도에서 이런 요소에 대한 내 확신을 나보다 더 잘 표현하고 있는 그 기사를 다음과 같이 인용함으로써 이 논문을 마치는 것이 특별히 적절하다고 생각한다. "나는 개인 훈련에 대해 말했지만, 각 선교회는 초기에 더욱 체계적이고 철저한 목회 교육을 대비해야 한다.… 나는 이것을 복음화라는 궁극적인 목적에 대한 수단으로서 촉구한다. 시간이 지날수록 우리의 선교지 교육 사업은 이 구체적인 목표를 주로 지향해야 하며, 위대한 영적 목표인 사람들의 회심을 한결같이 최우선으로 삼아야 한다. 지금 많은 선교회에서 순회하기 어려운 시기에 현장의 사역자를 제한된 시간 동안 호출해서 정규 성경공부반을 운영하는 훌륭한 계획을 시행하고 있다. 그런 훈련 기간은 제공하는 수업뿐만 아니라 선교사와 조사가 영적으로 고양되는 기회로서 가치가 있다. 나는 철저하게 정규 학과가 설립된 우리 기독교 대학들과 연계하여 일부 학생들이 상급반 준비를 하는 동안 다른 학생들은 임박한 사역에 적응하는 것을 기쁜 마음으로 보고 싶다.…일반 선교 기숙학교나 세속적인 대학과 관련해서, 설교자와 조사의 훈련에 더 큰 중요성을 부여해야 한다.…확실하지는 않지만, 전도사로서의 지적인 능력과 영적 자질과 관련해서 조심스럽게 선발한 상급반 학생들에게 상대적으로 좀 더 많은 관심을 기울이는 것이 언제나 우리의 적은 재원을 더 경제적으로 사용하는 일이 될 것이다.…나는 우리 교육 사역의 많은 부분이 복음을 꾸밈없이 설교하고 그 목적을 위해 사람들을 단기 과정에서 훈련시키는 방향으로 나아가야 한다고 확신한다. 나는 가까운 장래에 수천, 수만, 수십만 명을 불

men is never equal to the demand, not even in the church at home with its elaborate system of collegiate and theological education. We must make provision for this systematic and thorough theological instruction for the training of a ministry, but we must also in the meantime and for years to come depend even more largely upon a class of men taken from among the more mature Christians who can be taken through a course of instruction less absorbing of time and not too exhaustive of the mental and physical strength of the men. Since the preparation of most of this paper there has come into my hands an article written by our beloved secretary, Dr. F. F. Ellinwood, whose counsel and guidance have been such helpful features in the establishment and development of mission work in Korea, and who today, in America, rejoices with us over the results of the work of the Spirit of God in Korea these twenty years. It is particularly appropriate that I should close this paper by quoting from that article that which expresses better than I can my own convictions on this factor in evangelization as follows: "I have spoken of individual training, but each mission should at an early day make provision for a more systematic and thorough ministerial education. . . . I urge this as a means to the ultimate end of evangelization. I am more and more persuaded as the years go by that the educational work on our mission fields should be directed mainly to this specific end, that the great spiritual aim, namely of the conversion of men, should uniformly and always take the lead. An excellent plan is now found in many missions of forming normal classes for Bible study to which the field workers are called for a limited time during the season less favorable for itineration. Such periods of study are valuable not only for the instruction given, but for the opportunity of gaining a spiritual uplift for both the missionary and his helpers. I would gladly see a normal department connected with our most thoroughly established missionary colleges, so that while some students gain an advanced preparation,

러들이려면 본토인 목회의 확장이 관건이라고 믿는다." 그다음에 한국의 복음화 사역에 헌신해온 우리에게 주는 비중 있는 충고가 이어진다. "우리 주님의 지상 명령은 복음화라는 동시대적인 사역이 교회의 위대한 사명임을 직접적이면서도 쉬운 말로 지적한다. 제자들은 그들의 사역이 끝난 후에 다른 사람들이 전도하기를 기대하면서 준비 활동에 그들의 시간을 사용하라고 배우지 않았다. 그 말씀은 '가서 모든 민족을 가르치라'였다.…그리스도의 명령은 일차적으로 주님의 당대인들에 대한 것이었고 주님은 분명하게 그들에게 수행할 큰 임무를 주셨다. 그 명령은 새로운 각 세대와 함께 반복된다. 선교회나 선교부나 전체 교회가 복음을 모르는 수백만의 사람의 구원을 서두르는 대신 준비 사역에만 즐거이 몰두해서 너무 늦어버린다면, 직무 태만의 죄를 짓고 있는 것이다."

others may be fitted for immediate work. . . . As relating to the ordinary missionary boarding-school on the one hand and the secular college on the other, there should be greater prominence given to the training of preachers and religious helpers. . . . I am not sure, but it would be better economy of our resources, always too small, to give greater comparative attention to an older class of pupils, carefully selected with reference to their intellectual ability and spiritual qualifications for evangelists. . . . I am persuaded that the great volume of our educational work should be directed toward the simple preaching of the Gospel, and to the training of men by short courses for that purpose. The hope we entertain for the ingathering of tens and hundreds of thousands in the near future depends mainly, I believe, upon the enlargement of our native ministry." Then follow these words, weighty with the spirit of exhortation to us to whom has been committed the work of the evangelization of Korea. "The Great Commission of our Lord pointed directly and in plain terms to the co-temporary work of evangelization as the great errand of the church. The disciples were not taught to spend their time in preliminary operations looking to evangelization by others after their work was done. The word was, 'Go and teach all nations'. . . The command of Christ was primarily to those of His own age, and He gave them a large task to perform, surely. That command reiterates itself with each new generation and the mission or Board or the church at large is culpably remiss if willingly it occupies itself only with preliminary work instead of hastening to the rescue of the millions who know not the Gospel and with whom it will soon be too late."

COUNSEL TO NEW MISSIONARIES

From Older Missionaries of the Presbyterian Church

Published by the
Board of Foreign Missions of the
Presbyterian Church in the U. S. A.
156 Fifth Avenue, New York City
1905

마포삼열의 글이 실린 책 표지, 1905년 [OAK]

A Book Chapter by Mr. Moffett, Its Cover, 1905

V

PREREQUISITES AND PRINCIPLES OF EVANGELIZATION

By the Rev. S. A. Moffett, D. D., of Korea

TO the missionary, of all persons, is given the position of greatest privilege, provided that his whole heart and life are given unreservedly to the preaching of the unsearchable riches of Christ. He cannot unduly magnify his office, for he is *"the glory of Christ."* In so far as he appreciates the greatness and the honor of his calling, just so far will he appreciate also his own insufficiency, and thus be led, in all sincerity, to seek that sufficiency which is in Christ.

Twelve years on the mission field, in the midst of a work which wonderfully evidences the great power of the Gospel as the God-ordained means for the salvation of man, have impressed me with the profound importance of a few ideas which should dominate the missionary and determine the attitude of mind and the spirit most essential to him.

I shall ever be grateful to Dr. Herrick Johnson for the expression, "A vivid and abiding sense of the divine reality of the Gospel message," for therein he has clearly expressed what it is most important that the missionary should cultivate.

The man who has obtained from a reverent study of the Scriptures, as the Word of God, a deep impression of the exceeding sinfulness of sin, of

60

마포삼열의 글이 실린 장의 첫 페이지, 1905년 [OAK]

The first page of the chapter, 1905

책의 한 장 Book Chapter

Samuel A. Moffett, "Prerequisites and Principles of Evangelization," in *Counsel to New Missionaries from Older Missionaries of the Presbyterian Church*

(New York: Board of the Foreign Missions, PCUSA, 1905): 60-75.

The following is one of eleven articles written by missionaries from Laos, India, China, Persia, Syria and Korea printed in this booklet.

PREREQUISITES AND PRINCIPLES OF EVANGELIZATION

By the Rev. S. A. Moffett, D.D., of Korea

To the missionary, of all persons, is given the position of greatest privilege, provided that his whole heart and life are given unreservedly to the preaching of the unsearchable riches of Christ. He cannot unduly magnify his office, for he is *"the glory of Christ."* In so far as he appreciates the greatness and the honor of his calling, just so far will he appreciate also his own insufficiency, and thus be led, in all sincerity, to seek that sufficiency which is in Christ.

Twelve years on the mission field,[1] in the midst of a work which wonderfully evidences the great power of the Gospel as the God-ordained means for the salvation of man, have impressed me with the profound importance of a few ideas which should dominate the missionary and determine the attitude of mind and the spirit most essential to him.

I shall ever be grateful to Dr. Herrick Johnson for the expression, "A vivid and abiding sense of the divine reality of the Gospel message," for therein he has clearly expressed what it is most important that the missionary should cultivate.

---

1 Moffett must have written this in 1902.

마포삼열, "복음화의 전제 조건과 원칙",
『장로회의 선배 선교사들이 신규 선교사들에게 주는 조언』
(뉴욕: 미국 북장로회 해외선교부, 1905), 제5장.[1]

복음화의 전제 조건과 원칙

모든 사람 가운데 선교사에게, 만일 그가 모든 마음과 생명을 그리스도의 측량할 수 없는 부요함을 전하는 데 아낌없이 바친다면, 위대한 특권적 지위가 부여된다. 그는 "그리스도의 영광"이므로 그의 직분을 지나치게 확대할 수 없다. 그가 자신의 소명의 위대함과 명예를 인식하는 한, 자신의 부족함도 인식할 것이고, 따라서 진심을 다해 그리스도 안에 있는 그 충분함을 찾도록 인도될 것이다.

선교지에서 보낸 지난 12년 동안,[2] 인간의 구원을 위해 하나님이 지정하신 수단으로서 복음이 갖는 위대한 능력을 놀랍게 증거하는 사역을 하면서, 선교사를 지배하고 그에게 가장 필수적인 정신적·영적 태도를 결정해야 하는 몇 가지 관념의 심오한 중요성을 깨닫게 되었다.

나는 "복음 메시지의 신적인 실재에 대한 생생하고 지속적인 감각"이라는 표현에 대해 헤릭 존슨 박사에게 언제나 감사할 것이다. 왜냐하면 그는 그 표현에서 선교사가 함양해야 할 가장 중요한 것이 무엇인지를 분명하게 표현했기 때문이다.

하나님의 말씀인 성경을 경건하게 공부함으로써 죄의 과도한 죄성, 죄에 대한 무서운 처벌, 하나님의 진노, 회개의 실재, 진정으로 회개하는 자에게 절대적인 죄 사함을 주시겠다는 하나님의 약속, 그리고 그리스도를 믿는 믿

---

1 라오스, 인도, 중국, 이란, 시리아, 한국에 있는 선교사들이 쓴 책 *Counsel to New Missionaries from Older Missionaries of the Presbyterian Church*에 나오는 11개의 기사 가운데 제5장이다.

2 따라서 마포삼열은 이 글을 1902년에 썼을 것이다.

The man who has obtained from a reverent study of the Scriptures, as the Word of God, a deep impression of the exceeding sinfulness of sin, of the awfulness of its punishment, the wrath of God, of the reality of repentance, and of God's promise of absolute remission of sin to the truly penitent, of the one and only way of salvation through faith in Christ; who has reached the profound conviction that God is able and willing to save all who come unto Him by Christ, and that this gospel only is the power of God unto salvation; and who combines with this a *vivid* and an *abiding* sense of the *reality* of these truths, has the first and chief requisite for usefulness as a missionary, a requisite without which, however energetic and gifted and studious he may be, he will fail to affect profoundly the people to whom he goes; that is, affect profoundly for their salvation.

One needs to cultivate and conserve this conviction, for upon this Satan makes his chief attack, knowing that in so far as he weakens this conviction, in so far he has blunted the most formidable weapon in the hands of the missionary in his warfare against sin and Satan's dominion over heathendom.

I am convinced that the greatest need today is unquestioning reliance upon the gospel itself, the Word of God in its principal teachings of Sin and Salvation; a belief that when God ordained that by the foolishness of preaching men were to be saved, He ordained that which He knew to be the best agency for the leading of men to Christ; a belief that the Spirit of God does and will honor the use of the Word of God alone, and that in so far as we trust in secondary agencies for reclaiming the heathen, in so far we have given upfaith in the primary agency, and have prevented the Spirit of God from making use of that which God ordained should be the means for the salvation of the world.

I believe that what has militated most against the evangelization of the world has been a lack of faith in the power of the gospel itself, a

음을 통해 이르는 구원의 유일무이한 길에 대해 깊은 감동을 받은 경험이 있는 자, 하나님이 그리스도에 의해 당신께로 오는 모든 사람을 구원하실 수 있고 또 구원하기를 기뻐하시며, 이 복음만이 구원으로 인도하는 하나님의 능력이라는 확신에 도달한 자, 그리고 이 확신과 진리의 **실재**에 대한 **생생하고 지속적인** 감각을 결합시키는 자가 선교사로서 유용한 가장 중요하고 주된 전제 조건을 갖추고 있다. 그러나 만일 이 전제 조건이 없는 자라면 아무리 열정적이고 재능이 있으며 학구적이라고 해도 그가 파송되어 가는 민족에게 깊은 영향, 즉 그들의 구원을 위해 깊은 영향을 미치는 데에는 실패할 것이다.

우리는 이 확신을 키우고 유지해야 할 필요가 있다. 왜냐하면 사탄은 이 확신을 주로 공격하기 때문이다. 사탄은 자신이 이 확신을 약하게 하는 한, 죄악과 불신자의 나라에 대한 사탄의 지배에 항거하는 전쟁에서 선교사의 손에 있는 가장 무서운 무기를 무디게 한다는 사실을 충분히 잘 알고 있다.

나는 오늘날 가장 절실히 필요한 것은 다음 몇 가지라고 확신한다. 복음 자체, 곧 죄와 구원에 관한 중요한 가르침에서 하나님의 말씀에 대한 무조건적인 의존, 전도의 미련한 것으로 사람들이 구속받는다고 하나님이 명하셨을 때 당신께서는 사람들을 그리스도께로 인도하는 최선의 기관으로 알고 계신 것을 정하셨다는 믿음, 하나님의 영이 하나님의 말씀만 사용하는 것을 영광스럽게 하시고 또 그렇게 하실 것이라는 믿음, 그리고 우리가 불신자를 회복시키기 위해 이차적 기관들을 신뢰하면서 일차적 기관에 대한 믿음을 포기하는 한, 세상의 구원을 위한 수단이 되도록 하나님이 정하신 도구를 하나님의 영이 사용하지 못하도록 방해하는 것으로 믿는 것이다.

나는 한국의 복음화를 가장 방해하는 것은 복음 자체의 능력에 대한 믿음의 부족과(일반적으로 퍼져 있거나 의식적으로 생긴 것은 아님에도 불구하고 존재하는), 복음의 능력 아래로 사람들을 인도하기 위해 미끼로 사용할 무엇인가가 있어야 하므로 자연인에게 호소하는 이차적 기관들을 복음을 귀에 좋게 들리게 하는 유인책으로 사용하고 **그다음에** 복음을 제시해야 한다고 믿는 것

belief (not acknowledged, nor consciously held, but nevertheless real) that there must be something used as a bait to bring people under the power of the gospel, that secondary agencies which appeal to the natural man must be used as an attraction which will dispose favorably to a hearing of the gospel, and that *then* the gospel is to be presented.

There has been too often a relegating of the gospel (not avowedly, but practically) to the secondary place, an elimination to too large an extent of the very means and the only means which the Spirit of God has given us to believe that He will use to bring souls into reconciliation with God.

The missionary needs to cultivate, by thought and prayer and reading, this conviction as to the primary place of the gospel, making it a practical reality in his mental and spiritual life, and watching constantly against everything that may tend to weaken this conviction.

With such a conviction dominating one's life and deepening as the years go by, and with the determination to make it the one chief interest, the all-absorbing task of one's life to preach this gospel and to bring it into contact with the people, knowing for a certainty that it cannot fail to have its effect upon their hearts and lives, the missionary has before him a field of effort which promises a life of the very greatest satisfaction and happiness.

He will find, however, that coincident with this life there will be required the maintenance of his own spiritual life, the deepening of his own spiritual convictions, and the resistance of most subtle, unexpected and unprovided-for temptations.

Should his field of labor be in a treaty port or in a city where he is brought much into contact with the world of western life and institutions, he will find one set of temptations, while if in the interior, isolated from all contact with the western world, and thrown for companionship upon the resources of a small missionary community and the native Christians, he will meet with other temptations, less marked, but, perhaps, so much

이라고 생각한다.

복음을 (공공연하거나 의도적이지는 않지만 실질적으로) 이차적인 자리로 격하시키는 것은 위험한 일이다. 즉 하나님이 영혼을 하나님과 화해하도록 인도하신다고 믿게 하기 위해 하나님의 영이 우리에게 주신 바로 그 수단이자 유일한 수단을 크게 무시하는 일이 자주 발생했다.

선교사는 복음이 최고 위치에 있다는 이 확신을 그의 정신적·영적 삶에서 실제적인 실재로 만들며, 이 확신을 약하게 하는 경향이 있는 모든 것을 끊임없이 경계하면서, 사색과 기도와 독서로써 이 확신을 길러야 할 필요가 있다.

한 사람의 삶을 지배하며 세월이 흐르면서 깊어지는 그런 확신과, 그 확신을 단 하나의 주 관심사로 만들려는 결단 곧 이 복음을 설교하고 사람들을 복음과 만나도록 하는 것을 일생 동안 온전히 몰두해야 할 과제로 만들려는 결단과 함께, 그 확신이 그의 가슴과 삶에 영향을 미치는 데 실패할 수 없다는 사실을 분명히 아는 선교사는 그의 앞에 가장 큰 만족과 행복의 삶을 약속하는 노력의 장을 가지고 있다.

그러나 그는 이런 삶과 맞물려, 자신의 영적인 삶을 관리하고 자신의 영적인 확신을 심화하며, 미묘하고 예상치 못하며 준비되지 않은 유혹에 저항하는 일이 필수적임을 알게 될 것이다.

그가 수고하는 사역지가 서구적인 삶과 제도를 가진 세계와 많은 접촉을 하게 되는 개항장이나 도시라면 그는 일련의 유혹을 발견하게 될 것이다. 만일 내륙에 있다면, 서구 세계와의 모든 접촉에서 격리된 채 작은 선교사 공동체와 토착 기독교인이라는 자원과 어울리도록 던져져서, 뚜렷하지는 않지만 아마도 훨씬 더 음험한 다른 유혹들과 만날 것이다.

전자의 경우라면, 세상 속에 있더라도 악으로부터 벗어나게 해달라는 주님의 기도가 항상 우리 앞에 있어야 한다. 세상의 악에서 벗어나고, 많은 관계 속에서 세상 사람들과 만나게 될지라도 세상의 것을 자신의 삶과 동떨어진 어떤 것으로 만드는 성스러움을 유지하는 데에는 아무리 꼼꼼하다고 해

the more insidious.

If the former, the Master's prayer for us that though in the world we may be kept from the evil must be ever before us. One cannot be too particular in keeping out of touch with the evil of the world; in maintaining that sanctity of character which makes the things of the world something apart from his life, even though brought into contact with men of the world in many relations. Dr. Maltbie Babcock's reasons for not smoking give expression to a principle upon which many of the temptations to a conformity to the world can be met and conquered: "A man cannot afford as the ambassador of Christ to compromise his *influence* for that which is highest, holiest, best."

The natural, frank, sincerely courteous and polite attitude of one whose life has been lifted above an inner contact with the world, however much of association there may be necessarily in the daily life, is the attitude which will establish and maintain one's spiritual influence. The "Sky Pilot" was in closest sympathy and touch with his fellow-men, but wholly untouched by the evil which surrounded him and engulfed them.

No man can maintain this attitude and exert a real spiritual influence under such circumstances unless he spends much time in communion with the Master in prayer and devotional reading, and he who must necessarily spend a part of his time in such contact with the world needs to spend a double portion of time in contact with the holiest and purest in order to counteract the unconscious deterioration in his own spiritual ideals.

Doubtless the missionary has a duty to his fellow-countrymen on mission fields, but a far greater and more important duty—the primary duty—which faces him is that of coming into contact with and living for the native people. His fellow-countrymen, however much in need of spiritual influence, have all heard the Gospel, and the missionary is there

도 지나치지 않는다. 담배를 피우지 않는 데 대해 말트비 뱁코크 박사가 진술한 이유는 세상에 순응하려는 많은 유혹과 대면할 때 정복하는 원칙을 표현해준다. "사람은 그리스도의 대사로서 가장 고상하고 거룩하며 최선의 것을 위해 그의 **영향력**을 타협할 수 없다."

비록 일상생활에서 많은 관계를 맺는 것이 불가피하다고 하더라도 자신의 삶을 세상과의 정신적인 접촉을 초월해서 고양시키는 사람의 자연스럽고 솔직하며 진실로 예의바르고 정중한 태도는 그의 영적인 영향력을 확립하고 유지하게 하는 태도다. "하늘의 비행사"는 그의 동료들과 친밀한 공감대 속에 있었지만 그를 둘러싸고 그들을 삼켜버렸던 악으로부터 전혀 영향을 받지 않았다.

어떤 사람도 기도와 영적인 독서 속에서 주님과의 교제에 많은 시간을 보내지 않는다면 그런 환경에서 이런 태도를 유지하면서 진정한 영적인 영향력을 행사할 수 없다. 세상과의 접촉에 시간의 일부를 써야 하는 사람은 그 자신의 영적인 이상의 무의식적인 퇴보에 대응하기 위해 가장 거룩하고 순수한 것과 만나는 일에 두 배의 시간을 쓸 필요가 있다.

의심할 여지 없이 선교사는 선교지에 있는 그의 자국민 동료들에 대한 의무가 있지만, 그의 훨씬 더 크고 더 중요한 의무, 곧 그의 일차적 의무는 현지인들과 접촉하고 그들을 위해 사는 것이다. 그의 동료들이 아무리 많은 영적인 영향력을 필요로 하더라도, 그들은 모두 복음을 들었고, 선교사는 복음을 듣지 않은 사람들에게 전파하기 위해 일차적으로 그곳에 있는 것이다. 그리고 그와 본토인들과의 친밀한 만남 사이에, 즉 그가 그들의 내면적 삶과 사고방식, 그들의 약함, 선입견과 선호, 고난, 슬픔, 영적인 분투 속으로 공감을 가지고 들어가는 것 사이에 결코 어떤 것도 있어서는 안 된다.

우리는 다수를 회심시키고, 세례를 주며, 선교회의 자산으로 보고하기 위해 불신자에 대한 추상적인 관심을 가지는 것이 아니라, 그리스도에 대한 인격적인 신앙을 통해 그들의 삶을 변화시킬 목적으로 개인들과 생생하고, 진실하며, 친밀하게 공감하면서 만나기 위해 진정한 사랑과 공감을 배양해

primarily that he may preach the Gospel to those who have not heard: and nothing ought to stand between him and the close contact with them, the sympathetic entrance into their inner life, their ways of thinking, their weaknesses, prejudices and preferences, their trials, sorrows and spiritual struggles.

We must cultivate a real love and sympathy, not an abstract interest, in the heathen as so many people to be converted, baptized and reported upon as so much in the way of mission assets, but a living, real, close, sympathetic touch with individuals with a view to the transforming of their lives through a personal faith in Christ. This is something which cannot be feigned; it must be real, for heathen are like children in that they know intuitively whether you love them. Such a real sympathy and love must be the outgrowth of deep personal convictions of truth and of a personal life of faith and of fellowship with Christ.

Given this sympathy and love, recognized by the people, and one's influence can be tremendously exerted as an influence for righteousness. Plain, frank presentation of the truth of their awful condition in sin and of their personal responsibility will be met with deepest respect for the man, even though the message rouses anger and hatred against the plain truth spoken. Erring, sinning Christians may be most plainly and firmly dealt with, and they will love and respect you, even though they may deeply resent the admonition and discipline administered.

We need to cultivate a strong faith, a victorious, enthusiastic faith—a faith in the power of the Gospel itself to carry conviction to the heart of any man and to do for the heathen all that it has done and now does for us.

In the face of prominent failures, in spite of disappointments, one needs to grasp with a firm faith the fact that the Spirit of God can and does show His own great power in the lives of others and that through the exercise of faith these people can and do reach the same heights of

야 한다. 이것은 꾸밀 수 없다. 그것은 진실해야 한다. 왜냐하면 불신자들은 당신이 그들을 사랑하는지 어린아이처럼 직관적으로 알기 때문이다. 그런 진실한 공감과 사랑은 진리에 대한 깊은 개인적 확신과 인격적 신앙생활과 그리스도와의 사귐의 결과여야 한다.

이 공감과 사랑이 주어지고, 사람들이 인식하게 되면, 그의 영향력은 의를 위한 영향력으로서 엄청난 힘을 발휘할 수 있다. 죄 안에 있는 그들의 끔찍한 상황과 그들의 개인적 책임에 대한 진실을 분명하고 솔직하게 제시하는 것은, 비록 제시된 평범한 진리에 대해 분노와 증오를 불러일으킨다 할지라도, 그 선교사는 깊은 존경을 받게 될 것이다. 부정하고 죄지은 기독교인들은 분명하고 단호하게 다루어야 한다. 그들이 비록 자신에게 가해진 책망과 훈육에 깊이 분개할지라도 당신을 사랑하고 존경할 것이다.

우리는 강한 믿음, 승리하는 열정적인 믿음, 곧 복음 자체의 능력에 대한 믿음을 배양할 필요가 있다. 곧 모든 사람의 마음에 확신을 전해주고, 우리를 위해 일했고 지금도 일하고 있는 모든 것을 불신자들을 위해서도 할 수 있는 복음의 능력에 대한 믿음이다.

현저한 실패를 마주하며, 실망에도 불구하고 하나님의 영이 다른 사람들의 삶에 당신의 위대한 권능을 보여주실 수 있고 또 보여주시며, 믿음의 실천을 통해 이 사람들이 우리가 도달했던 것과 같은 정도의 영적인 성취에 도달할 수 있고 또 정말로 도달하며, 영적 진리에 대해 우리가 하는 것과 같은 감사를 할 수 있고 또 그렇게 한다는 사실을 확고한 믿음을 가지고 이해할 필요가 있다. 아, 너무나 많은 사람이 믿음을 잃고, 기대조차 하지 않으며 낙담한다. 나는 다른 선교회에 있는 친구로부터 편지를 받았는데, 그는 "수년 동안의 기다림으로 인해 낙담하지는 않았지만 기대를 거의 하지 않는 데 익숙해진 사람들"에 대해 썼다. 그런 마음 상태에 대항하여 나는 끊임없는 기도로 분투하겠다. 기다림의 기간이 아무리 길어도, 나는 우리가 위대한 일을 기대하고 하나님이 위대한 일을 허락하실 것을 아는 믿음을 길러야 한다고 믿는다. 믿음은 보이지 않는 것들의 증거다. 결과가 나오지 않더라도 성령으

spiritual attainment and enter into the same appreciation of spiritual truth which we do. Alas! too many lose faith, expect little, grow almost discouraged. I am in receipt of a letter from a friend in another mission, who writes of "some whom long years of waiting have, rather, not discouraged, but disciplined to expect little." Against such a state of mind I would strive with incessant prayer. However long the period of waiting, I believe we should cultivate a faith which expects great things and knows that God will grant great things. Faith is the evidence of things not seen, and although the results may not have come, the Spirit-filled vision can see them, and with a buoyant enthusiasm can conquer all feelings of depression and discouragement. The heart is taken out of one's work; it becomes mere routine and drudgery if faith has been undermined.

Enthusiastic faith should be cultivated. Enthusiasm may be more natural to some natures than to others, but it is an element which adds to one's influence for good and to one's power in communicating faith and zeal. How a *real* faith can fail of enthusiasm is a mystery to me. There is far more of unbelief in our minds than we are often aware of, and this unconscious or unrecognized unbelief will often explain the failure to receive a blessing. "He *could not* do mighty works there because of their *unbelief*."

God delights to honor faith. He cannot work mightily in the presence of unbelief. Our own lack of faith shuts out the power of God.

I would urge also concentration of effort upon the one great object of the missionary's life, viz: the evangelization of the people. Here the temptations are innumerable, but recognizing one's limitations and knowing that he cannot be a specialist in many departments, if he is to give himself primarily to the evangelization of the people, he must be willing to cut himself off from many attractive lines of study in order that he may acquire the language well, may give thorough study to the

로 충만한 시선은 결과를 볼 수 있으며, 드높은 열정으로 모든 낙담과 실망의 감정을 정복할 수 있다. 사역에서 마음이 빠질 수 있다. 만일 믿음이 훼손되면, 사역은 일상으로 전락하고 고된 일이 되어버린다.

열정적인 믿음을 길러야 한다. 열정은 어떤 다른 특성보다 자연스러운 것일 수 있지만, 그것은 영원히 사람의 영향력과 믿음과 열의를 전파하는 능력을 증가시키는 요소다. 어떻게 **진실한** 믿음이 열정에 도달하지 않을 수 있느냐라는 문제가 내게는 수수께끼다. 우리가 의식하는 것보다 우리의 마음에 대한 불신이 훨씬 더 많이 있다. 이런 무의식적이거나 인식하지 못하는 불신 때문에 우리는 축복을 받지 못한다. 주께서 "그들이 **믿지 않음으로** 말미암아 거기서 많은 능력을 행하지 **아니하시니라**."

하나님은 믿음을 인정하기를 기뻐하신다. 그분은 불신이 있는 곳에서는 기적을 행하실 수 없다. 우리의 부족한 믿음은 하나님의 권능을 가로막는다.

또한 나는 선교사의 삶에 있어서 하나의 위대한 목표, 즉 사람들을 전도하는 일에 대한 노력의 집중을 촉구하고 싶다. 여기에는 유혹이 수없이 많다. 그러나 자신의 한계를 인식하고 자신이 많은 분야에서 전문가가 될 수 없다는 사실을 알면서, 사람들을 전도하는 일에 무엇보다도 먼저 헌신하려고 한다면, 그는 언어를 잘 습득하고 성경을 철저히 공부하며 사람들과의 만남과 사람들 속에서의 삶을 위한 시간을 가지기 위해, 많은 매혹적인 공부로부터 자신을 기꺼이 단절시켜야 한다.

"말씀을 전하라"는 위대한 위임에서 벗어나려는 유혹은 쉬지 않고 그럴듯하게 다가온다. 교육, 문학, 언어, 과학, 역사, 자선 활동은 모두 그 중요성을 나타낸다. 그것을 이차적이거나 부차적인 사안으로 확실히 인식하거나 적절한 지위를 부여하지 않으면, 그것에 독점적으로 드는 시간과 노력의 양으로 인해 그것이 일차적인 사역을 대체하고, 첫 번째인 것이 두 번째 자리로 격하될 것이다. 전도 사역의 필수적 부분인 목회를 목적으로 사람들을 교육하는 일조차 전도와 관련되지 않은 단지 교육적인 것이 될 수도 있다. 즉

Bible, and may have time for contact with and life among the people.

The temptations to turn aside from the one great commission to "preach the Word" are constant and plausible. Education, literature, language, science, history and philanthropy all present their claims, and unless they are determinedly recognized as secondary or as side issues and kept in their proper place, they will supersede the primary work in the amount of time and effort that they monopolize and will relegate that which is first to the second place. Even the education of men with a view to the ministry, an essential part of the evangelistic work, may become merely educational instead of evangelistic–education rather than evangelization becoming the end.

Often the side issue is taken up as a recreation thoroughly legitimate and profitable, but these side issues are always what appeal to the natural man and before one knows it his zeal for the preaching of the gospel has become cooled, his chief work loses its attraction, and his main interest is being absorbed in the side issue, while the spiritual work, the soul and soul contact with the heathen, becomes a sort of drudgery or mere professional work. What we need is to have our life interest, our all-absorbing passion the work of soul-saving, of soul-developing. When one's best efforts go into some secondary line of work his power for evangelization has been surrendered. There are a few of course whose time must be given to literary work in the translation of the Scriptures, preparation of Christian literature and text-books, and to the educational and medical work as factors in the great work of evangelization, but this is the call of but few.

The temptations to separate one's self from the first and most essential work of the direct evangelization of a people are so constant, so plausible, so insidious, that it will require the most positive convictions, the most exalted idea of the magnitude of the office, the most careful cultivation of a determination not to be turned aside, if one does not

전도보다 교육이 목적이 될 수 있다.

종종 부차적인 사안이 정당하고 이득이 된다고 받아들여지지만 이것은 항상 자연인에게 호소하는 것이어서, 자신이 알기 전에 복음을 전하는 열정이 식어버리고, 주 사역은 매력을 잃는다. 또 주 관심이 부차적인 사안에 흡수되면서, 영적인 사역과 불신자와의 영적인 만남이 일종의 단조로운 일이나 단순히 직업적인 업무가 된다. 우리가 필요로 하는 것은 영혼을 구하고 영혼을 발전시키는 사역을 우리 인생의 관심사요, 우리의 모든 것을 흡수하는 열정으로 삼는 것이다. 한 사람이 기울이는 최고의 노력이 이차적인 사역에 소요된다면, 전도를 위한 그의 능력은 굴복하는 것이다. 물론 위대한 전도 사역의 요소로서 성경을 번역하고 기독교 문서와 교재를 마련하는 문서 사역, 교육 사역, 의료 사역에 자신의 시간을 헌신해야 하는 몇몇 사람이 있지만, 이는 다만 소수의 소명이다.

사람들을 직접 전도하는 가장 일차적이고 가장 필수적인 사역으로부터 스스로를 분리시키려는 유혹은 너무 끊임없고 그럴듯하며 교활하다. 따라서 만일 이런 유혹에 굴복해서 사람들과 떨어져 틀에 박힌 일을 하고, 거의 사람들과 만나지 않으며, 아마도 보다 광범위한 영향을 미치는 삶에 안주하고, 직접적인 전도 사역을 이차적인 위치로 격하시켜 그것을 본토인 설교자나 조사만이 감당하도록 내버려두고 있는 자신을 보지 않으려면, 가장 긍정적인 확신, 선교사 지위의 중대성에 대한 가장 고상한 견해, 그리고 도피하지 않으려는 결단을 조심스럽게 함양할 필요가 있다.

본토인 교회가 전도를 감당할 수 있는 때가 올 것이다 그러나 중국, 인도, 한국, 일본, 아프리카와 다른 곳에는 아직 복음을 듣지 못한 거대한 불신자의 무리가 있으므로, 선교사는 복음 자체가 불신자 세계에 일차적으로 필요하다는 믿음을 가지고 자신의 최우선 사역으로 복음을 전하고 교회를 세워야 한다. 그러면 그렇게 세워진 교회는 같은 믿음으로 물들고 위대한 전도 기관이 될 것이다.

이렇게 하기 위해 특정한 구분을 명확히 해야 하고 끊임없이 명심해야

find himself yielding to these temptations and settling down to a life of routine work apart from the people, to a contact with very few, to a life supposedly of more far-reaching influence, relegating the direct evangelistic work to a secondary place and leaving it to be carried on only by the native preachers and helpers.

The time will come when the native church will be able to cope with the problem of evangelization; but with the great mass of heathen in China, India, Korea, Japan, Africa and elsewhere, who have not yet even heard of the gospel, the missionary must himself preach the gospel and establish the church as his first work, in the belief that the gospel itself is the primary need of the heathen world. Then will the church thus established be imbued with the same belief and become a great evangelizing agency.

In order to do this, certain distinctions must be clearly made and kept constantly in mind. *One must clearly see that reformation is not redemption*. Salvation from sin, not mere moral reformation, is the essence of the gospel message. Again, *Civilization is not Christianity*. Western ideas, customs and inventions are not an essential part of Christianity. In fact, many Oriental ideas and customs conform much more nearly to the scriptural ideas than do some of the peculiar notions and customs of the Western world, and the introduction of much that is considered a part of Western Civilization is a hindrance rather than a help to spiritual life. We are not commissioned to introduce Western Civilization, but Scriptural Christianity.

Another vital distinction to be made is that *Education is not Regeneration*. We are not called upon to provide a secular education for heathen, but we are commissioned to preach the gospel to the heathen and to establish the Church of Jesus Christ. We might educate the heathen for centuries and yet fail to establish the church, but we cannot establish the church without seeing Christian education for its own

한다. **우리는 개혁은 구속이 아니라는 것을 분명히 알아야 한다.** 단순히 도덕적인 개혁이 아니라 죄로부터의 구원이 복음 메시지의 본질이다. 다시 말하지만 **문명은 기독교가 아니다.** 서구의 사유, 관습, 그리고 발명은 기독교의 본질적인 부분이 아니다. 사실 많은 동양의 사고와 관습이 서구 세계의 몇 가지 고유한 관념과 관습보다 훨씬 더 성경적인 관념과 일치한다. 서구 문명의 일부로 간주되는 많은 것을 소개하는 일은 영적인 삶에 도움이 되기보다는 방해가 된다. 우리는 서구 문명이 아니라 성경적인 기독교를 소개하도록 임명받았다.

또 다른 필수적인 차이는 **교육은 중생이 아니라는** 사실이다. 우리는 불신자들에게 세속적인 교육을 제공하려고 부름 받은 것이 아니라, 불신자들에게 복음을 선포하고 예수 그리스도의 교회를 세우도록 임명받았다. 우리는 수 세기 동안 불신자들을 교육하고도 교회를 세우는 데 실패할 수도 있다. 그러나 우리는 그들을 위한 기독교 교육을 자연스럽고 필수적인 부산물로 간주하면서 교회를 세울 수 있다.

또한 우리는 우리가 그리스도나 기독교에 대해 변명하기 위해 파송된 것이 아니라는 사실을 인지해야 한다. 우리는 주님과 기독교를 선포해야 한다. 우리는 자명한 성경의 권능, 하나님의 존재와 죄의 사실에 대한 자연과 양심의 가르침에 의지할 수 있다. 우리는 이런 점을 논쟁할 필요가 없다. 우리는 우리의 주장이 아니라 하나님의 영이 죄를 선고하고 그리스도에 대한 믿음으로 인도하신다는 것을 믿으면서 하나님이 계시하신 것을 전파할 필요가 있다. 하나님, 성경의 영감, 죄, 그리고 구원에 대한 인간의 필요는 입증해야 할 명제가 아니라 선포해야 할 사실이다. 차머스 박사의 진술을 받아들이고 그에 따라 행동하자. "자명한 성경의 권능보다 더 강하게 더 철학적으로 지속될 수 있는 신학의 자리는 없다는 사실을 우리는 확고하게 믿는다."

선교지에서는 죄와 타협하지 않을 사람들—하나님이 세우신 성경적인 기준을 세우고 그들의 자격 요건 기준에서 조금도 벗어나지 않을 사람들—

people a natural and necessary outgrowth.

We need to recognize also that we are not sent to apologize for Christ or for Christianity. We are to proclaim Him and it. We can rest upon the self-evidencing power of the Bible, upon the teaching of nature and conscience as to the existence of God and the fact of sin. We need not argue these points, but preach what God has revealed, believing that the Spirit of God, not our arguments, will convict of sin and lead to faith in Christ. God, the inspiration of the Scriptures, sin, and man's need of salvation, are facts to be proclaimed, not propositions to be proved. Let us accept Dr. Chalmers' statement and act upon it: "We firmly believe that there is no one position in theology which can be more strongly and more philosophically sustained than the self-evidencing power of the Bible."

There is need on the mission field of men who will not compromise with sin–men who will set up the scriptural standard which God has set up and will not deviate one whit from that standard in their requirements. Whatever may be the peculiar conditions in heathendom, we have no authority for letting down the divine standard on moral questions, on the marriage relation, on drunkenness, on the Sabbath. Lenient and loving as we may be in dealing with Christians who have fallen into sin and come short of the requirements of God's law, yet in the discipline of those who sin, the failure to set up the one standard and to brand as sin anything short of that standard, is to undermine the whole foundation of Christian morality and Christian character, and to build a church on no spiritual foundations, weak, and powerless as a moral or spiritual force. Better for a Gideon's band of men thoroughly determined to strive for these highest and holiest attainments along these lines than a whole host of nominal Christians, satisfied to come short, taught that they may with impunity come short of the divine standard–men who have committed spiritual suicide by a deliberate giving up of the law of God as the standard of

이 필요하다. 이교도의 세계에서 특정한 상황이 무엇이든 도덕적 문제, 결혼 관계, 술 취함, 안식일에 대한 하나님의 기준을 낮출 권리가 우리에게는 없다. 죄에 빠져서 하나님의 법이 요구하는 바에 미치는 못하는 기독교인들을 다루는 데 있어서 우리가 관대하고 사랑이 넘칠지라도, 죄 지은 자를 훈육하는 데 있어서 하나의 기준을 세우고 그 기준에 못 미치는 모든 것을 죄로서 규정하지 못하는 것은, 기독교적 도덕성과 기독교 지위의 기초 전체를 약화시키며 도덕적 또는 영적 권능으로서의 교회를 유약하고 힘이 없으며 영적인 기반이 없는 곳에 세우는 것이다. 기준에 미치지 못하면서도 만족하고, 면책을 받아서 하나님의 기준에 미치지 못해도 괜찮다고 배운 이름뿐인 기독교 무리, 즉 기독교적 삶의 기준인 하나님의 법을 일부러 포기함으로써 영적인 자살을 한 사람들보다는 가장 높고 가장 거룩한 성취를 위해 분투하기로 철저하게 결심한 기드온의 군대가 더 낫다. 우리는 차머스 박사의 "그리스도의 속죄에 대한 믿음을 하나의 계명을 어기면서 느끼는 안도감과 결코 짝짓지 말라"는 훈계를 성찰할 필요가 있다.

선교사는 사역을 위해 엄청난 개인적 희생을 기꺼이 치를 수 있어야 한다. 희생하는 삶은 어린 시절부터 사역지를 향해 출발하는 시간까지 맺었던 모든 관계가 끊어질 때 고국과 고향에서 사랑하는 사람들의 삶을 공유하는 것을 포기해야 비로소 **시작된다**. 그런 궁극적 희생의 행동이 아무리 힘들어 보일지라도, 사역을 위해 매일 희생하고, 자기를 포기하고, 자기를 부정하는 삶을 사는 것보다는 훨씬 쉽다. 그러나 아마도 다른 어떤 정신적 태도보다 희생정신이야말로 한 사람을 사역에서 효과적인 요소로, 또 선교지부에서 도움이 되고 유용하며 사랑스러운 회원으로 만들어줄 것이다.

동료 선교사들과의 관계는 선교지에서 만나는 가장 민감하면서도 가장 관련 있는 문제 가운데 하나이자 매일 매시간 중요한 문제다. 동료 사역자는 스스로 선택할 수 없다. 그의 개인적 선호가 아니라 사역의 긴급성과 사역지의 상황이, 누가 그의 동역자가 될지, 그가 어디서 업무를 보게 될지, 그의 사역이 무엇이 될지, 그 사역과 다른 사람들의 사역의 관계는 무엇이 될지를

Christian living. "Never couple faith in the atonement of Christ with a feeling of security in the violation of a single commandment," is an exhortation given by Dr. Chalmers, which we need to reflect upon.

A missionary should be willing to make great personal sacrifice for the work's sake. The life of sacrifice only *begins* with the renunciation of the home land and the sharing of the lives of loved ones at home when all the ties formed from childhood up to the time of departure for the field are broken. Hard as that one supreme act of sacrifice may seem, it is vastly easier than to lead a life of daily sacrifice, of daily self-renunciation, of daily self-effacement for the work's sake; and yet perhaps no one attitude of mind will do more towards making one a telling factor in the work and a helpful, useful, lovable member of a mission station.

The relation to one's fellow missionaries is one of the most delicate and yet most pertinent questions which meets one on the mission field— a question of daily and hourly importance. One's fellow-workers are not of one's own choosing. The exigencies of the work and the conditions of the field, not his own personal preferences, determine who are to be his co-laborers, where he is to labor, what is to be his work and what the relation of that work to the work of others. In such circumstances a man needs all the consecration, self-control, high resolve and generous unselfishness which the fullest baptism of the spirit of God may enable him to secure. Jealousy, envy, personal ambition, self-seeking, love of ease, laziness, the desire for applause, the determination to have his own way, presumably, of course, in the belief that it is the right way, malice, evil speaking, selfishness, are sins which are not absent from the mission field, and one may be surprised to find how many of these ignoble traits of character will be found lurking in his own heart and asserting themselves with surprising power, unless they are recognized and checked and striven against in prayer.

결정한다. 그런 상황에서 선교사에게는 하나님의 영의 충만한 세례로 확보할 수 있는 모든 헌신, 자기 절제, 숭고한 결심, 넓은 이타심이 필요하다. 질투, 시기, 개인적 야망, 이기적 행동, 안락함에 대한 애착, 게으름, 칭송을 받고 싶은 욕망, 아마도 자신의 생각이 옳다는 믿음으로 자기 방식대로 하려는 고집, 악의, 악담, 이기심 등은 선교지에서 찾기 어렵지 않은 죄다. 그것을 인식하고 점검하며 기도 가운데 싸우지 않으면 이런 야비한 성품 중에서 얼마나 많은 것이 자신의 가슴 속에 숨어 있고 놀라운 힘을 발휘하는지를 알고 놀라게 될 것이다.

다른 사람들의 사역에 대한 감사, 또 다른 사람의 사역에 대한 관심, 어떤 사람이 다른 사람들이 이룬 사역과, 아마도 당신이 행한 사역으로 인해 신용을 받기를 즐거이 허용하는 마음, 초조해하거나 부당하다는 생각으로 인내심을 잃지 않으면서, 자신의 소원과 선호를 기꺼이 양보하는 마음을 배양해야 한다. 또한 은혜의 정신으로 무엇이 옳고 최선인가에 대한 자신의 확신이 기각되어도 기꺼이 승복하는 마음과 자신의 개인적 감정, 선입견, 관점, 계획, 야망을 희생하고 그것을 사역 전체의 이익에 종속시킬 수 있는 능력을 배양해야 한다. 가능한 무슨 수를 써서라도 선교사는 선교지부와 선교회와 본토인 교회 사이에 조화의 정신이 있도록 노력해야 한다. 모든 위험에도 불구하고 반드시 자신의 계획을 달성해야겠다는 한 사람의 굳은 결심이 조화를 깨트려서 하나님의 영의 축복을 가로막을 수 있다. 선교사는 조화와 평화와 선의를 지키기 위해 큰 개인적인 희생을 기꺼이 치를 수 있어야 하는데, 왜냐하면 그런 정신이 지배하는 곳에 하나님의 영이 그 사역을 축복할 수 있기 때문이다.

해야 할 사역의 성격을 고려할 때, 선교사가 상황에 지적으로 대처하기 위해 그 나라의 언어와 역사와 문학을 공부하고, 비교종교학을 공부하는 일에서 가장 수준 높게 많이 준비하는 데 대해 나는 전혀 반대하지 않는다. 하지만 나는 자신에게 주어진 바로 그 권고가 가장 효율적인 사역에 대해 유혹이나 방해가 되지 않도록 선교사가 이런 공부와 관련해서 조심해야 할 필요

There should be the cultivation of an appreciation of the work of others, of an interest in another's work, of a willingness to allow others to receive credit for their own and perhaps for your work, without fretting or growing impatient under a sense of injustice, of a willingness to yield one's own wishes and preferences and that, too, in a gracious spirit, of a willingness to submit to have one's own convictions of what is right and best overruled, and of an ability to sacrifice one's personal feelings, prejudices, views, plans and ambitions and to subordinate them to the good of the work as a whole. By all means possible one should strive for the spirit of harmony in station and mission and native church. The determination of one man to carry out his own plans at all hazards may develop such a lack of harmony as to shut out the blessing of the Spirit of God. One should be willing to make very great personal sacrifices in order to maintain harmony, peace, and good will, for where such a spirit prevails the Spirit of God can grant His blessing upon the work.

In view of the character of the work to be done I would not in the least discountenance the very best and most ample preparation in the study of the language, the history and literature of the people and the study of comparative religions in order that one may intelligently meet the conditions, but I feel that there is need for caution along this line, lest the missionary find the very advice given to him a temptation and a hindrance to most effective work. Far more important than the study of comparative religions or the religious thought and life of the people is a deep and thorough study of the religion of the Lord Jesus Christ, so that one's mind and life become saturated with its spiritual ideas. When one's study of heathen religions and philosophy becomes so absorbing that he knows more of them than he does of his Bible, so that he places more stress upon the ethical teachings common to both than upon the spiritual teachings peculiar to the Scriptures; when he is more concerned

가 있다고 생각한다. 비교종교학이나 종교 사상이나 사람들의 삶에 대한 공부보다 훨씬 더 중요한 것은 주 예수 그리스도의 종교에 대한 깊고 철저한 공부다. 그렇게 해서 자신의 정신과 삶이 그 영적인 사유에 흠뻑 젖어들도록 하는 것이다. 선교사가 불신자의 종교와 철학에 대한 공부에 너무 몰입해서 자신이 성경을 아는 것보다 그것에 대해 더 많이 알아서 성경의 고유한 영적인 가르침보다 윤리적 가르침을 더 많이 강조할 때, 그리고 다른 종교의 부족한 부분을 기독교가 채워준다는 사실을 보여주는 것보다 다른 종교가 성경과 조화를 이루는 부분이 있다는 것을 보여주는 데 더 관심을 가질 때, 예수 그리스도의 복음을 전하는 선교사로서 그의 능력과 유용성은 끝나는 것이다.

나는 선교사가 자신의 사역을 위한 준비로서 공부하고 숙달하는 게 좋다는 모든 것을 읽을 때, 그 전제가 모든 선교사는 자신의 시간 전부를 공부하는 데 할애해야 하는 지적 거인이며, 사역하는 대신 항상 사역을 준비하고 있어야 한다는 말처럼 들린다.

사역을 위해 더 잘 갖추려고 끊임없이 공부하고 노력을 기울이는 것이 규칙이 되어야 하지만, 미래에 할 사역을 바라보면서 언제나 기초만 쌓을 수는 없다. 사역 활동은 그 자체로 더 나은 사역을 위한 준비다. 복음을 전하는 것과 그리스도의 교회를 세우는 일은 다른 모든 것보다 우선되어야 하며, 이 목표를 달성하기 위해 필요한 어떤 희생도 아낌없이 감수해야 한다. 건강이 최우선으로 고려할 사항이라고 자주 언급되는 말은 내가 보기에 올바른 태도와는 완전히 상충되는 마음 자세를 표현하는 것이다. 한 가지, 즉 사람들에게 복음을 전하는 일 외에 최우선으로 고려할 것은 없으며, 이것을 이루기 위해 건강의 희생이 필요하다면 건강을, 어쩌면 목숨까지도 희생해야 한다. 그러나 어떤 일이 일어나든지 복음을 전하고 반드시 그 위대한 법이 준수되도록 해야 한다. 물론 불필요할 때 건강이나 생명을 희생하는 것은 어리석은 것보다 더 나쁜 죄이지만 개인의 안녕, 안락, 사치, 건강, 심지어 생명 자체도 선교사의 주된 목표 달성을 위해 부수적인 것이 되어야 한다.

to show that other religions have parts in harmony with Scripture than he is to show that Christianity meets that which is lacking in them, then his power and usefulness as a missionary of the gospel of Jesus Christ are at an end.

When I read all that a missionary is advised to study and master in preparation for his work it seems to me that the presumption is that every missionary is an intellectual giant whose whole time is to be given to study, and that he is to be always preparing for work, instead of working.

While constant study and constant efforts towards better equipment for service should be the rule, one cannot always be laying foundations only, always looking towards work to be done in the future. Activity in work is itself a preparation for better work. The preaching of the gospel, the establishment of the Church of Christ, must be held as taking precedence of everything else, and whatever sacrifice is necessary for the accomplishment of this object should be freely made. The statement so often made that health is the first consideration expresses a sentiment which to my mind is totally at variance with the right attitude. Nothing is of first consideration but the one thing, the getting of the gospel to the people, and if to accomplish this the sacrifice of health is necessary, let health be sacrificed—yea, life itself—but come what may, preach the gospel, and see to it that the great commission is obeyed. Of course, it is worse than folly, it is sin to sacrifice health or life when that is unnecessary, but personal comfort, ease, luxury, health and even life itself must be held subordinate to the accomplishment of one's chief object.

Above all things, however, the missionary's own spiritual life is the most important consideration as a factor in evangelization. As Dr. Dale, writing of the evangelist, says: "What tells most is neither his earnestness nor his perfect certainty of the truth of the Christian gospel, but the fact apparent to those who listen that his certainty rests on his

그러나 무엇보다도 선교사 자신의 영적인 삶이 전도의 요소로서 가장 중요한 고려 사항이다. 전도사에 대해 쓰면서 데일 박사는 다음과 같이 말했다. "가장 중요한 것은 그의 진지함도, 기독교 복음의 진리에 대한 그의 완벽한 확신도 아니다. 오히려 그의 확신이 그가 말하고 있는 영원한 관계에 대한 그의 직접적이고 개인적인 지식에 의존한다는 것이 듣는 사람들에게 가장 중요한 명백한 사실이다." 우리에게는 하나님과 화해하는 영적인 축복, 예수 그리스도와의 교제, 영생에 대한 확신이 우리의 주된 기쁨이고 특권이다. 우리가 삶 속에서 그 능력을 매일 경험한다면, 우리는 완전한 믿음을 가지고 사람들에게 나아가서 복음의 최고 선물로서 이런 영적인 특권과 축복을 전해서, 그들의 절망이 희망으로 바뀌고, 그들의 어둠이 빛에 길을 내어주며, 죄와 불법 안에 있는 그들의 두려움과 불행과 타락이 사랑과 기쁨, 평화와 정의로 대체되도록 만들 수 있다.

자연인에게 호소하는 기독교의 우연적이고 일시적인 이득이 아니라, 우리가 가장 가치 있게 여기고 인간의 영적 본질을 만족시키는 이런 특권과 축복은, 사람들에게 복음을 받아들이라고 권고할 때 우리의 호소가 근거할 전면에 계속 있어야 한다. 그렇게 지어지는 교회는 한 나라에서 가장 강력한 영적 요소가 될 것이며, 사람들은 스스로 이런 영적인 축복을 그들의 주된 기쁨과 특권으로 가치 있게 여길 것이다. 그들은 그들에게 최고의 관심사가 된 것을 지키고 유지하기 위해 어떤 희생도 치를 준비가 될 것이다.

하나님의 영은 그런 호소를 존중하기를 기뻐하신다. 우리가 오직 그분의 능력에 의지하여 복음을 전할 때, 하나님께서 복음을 받는 자들의 중생을 위해 역사하시리라는 것을 자신 있게 기대할 수 있다.

own direct and personal knowledge of the eternal relations of which he is speaking." If to us the spiritual blessings of reconciliation with God, our fellowship with Jesus Christ, and the assurance of eternal life are our chief joy and privilege and we daily experience their power in our own lives, then we can go forth to present in all faith these spiritual privileges and blessings as the supreme gift of the gospel unto a people whose despair can be exchanged for hope, whose darkness can give way to the light, whose fear and misery and degradation in sin and iniquity can be displaced by love and joy, peace and righteousness.

These privileges and blessings which we value most and which satisfy man's spiritual nature, not the incidental temporal advantages of Christianity which appeal to the natural man, should be kept constantly in the forefront as that upon which our appeals are based in urging the acceptance of the gospel. A church thus established will be a powerful spiritual factor in a nation and the people themselves will value these spiritual blessings as their chief joy and privilege. They will be ready to make any sacrifice in order to secure and retain what has become of supreme interest to them.

The Spirit of God delights to honor such appeals, and we may confidently expect Him to work the regeneration of the people to whom we thus present the gospel in reliance upon His power alone.

가계도 Family Trees

MOFFETT FAMILY TREE

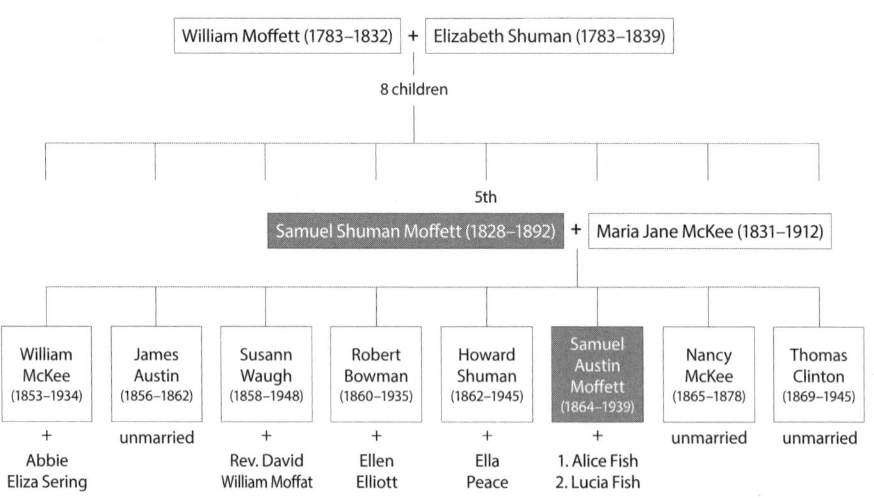

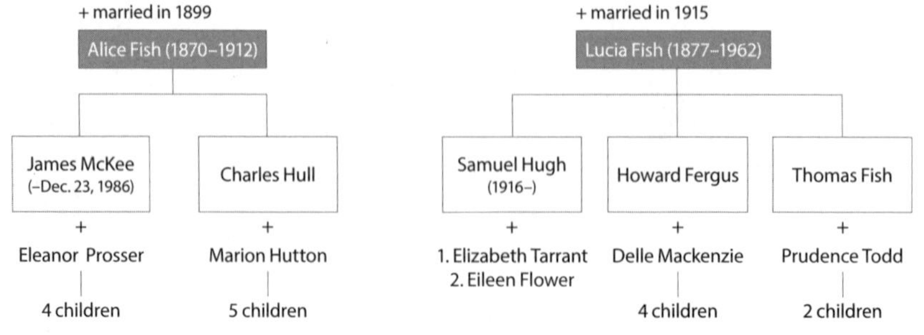

FISH FAMILY TREE

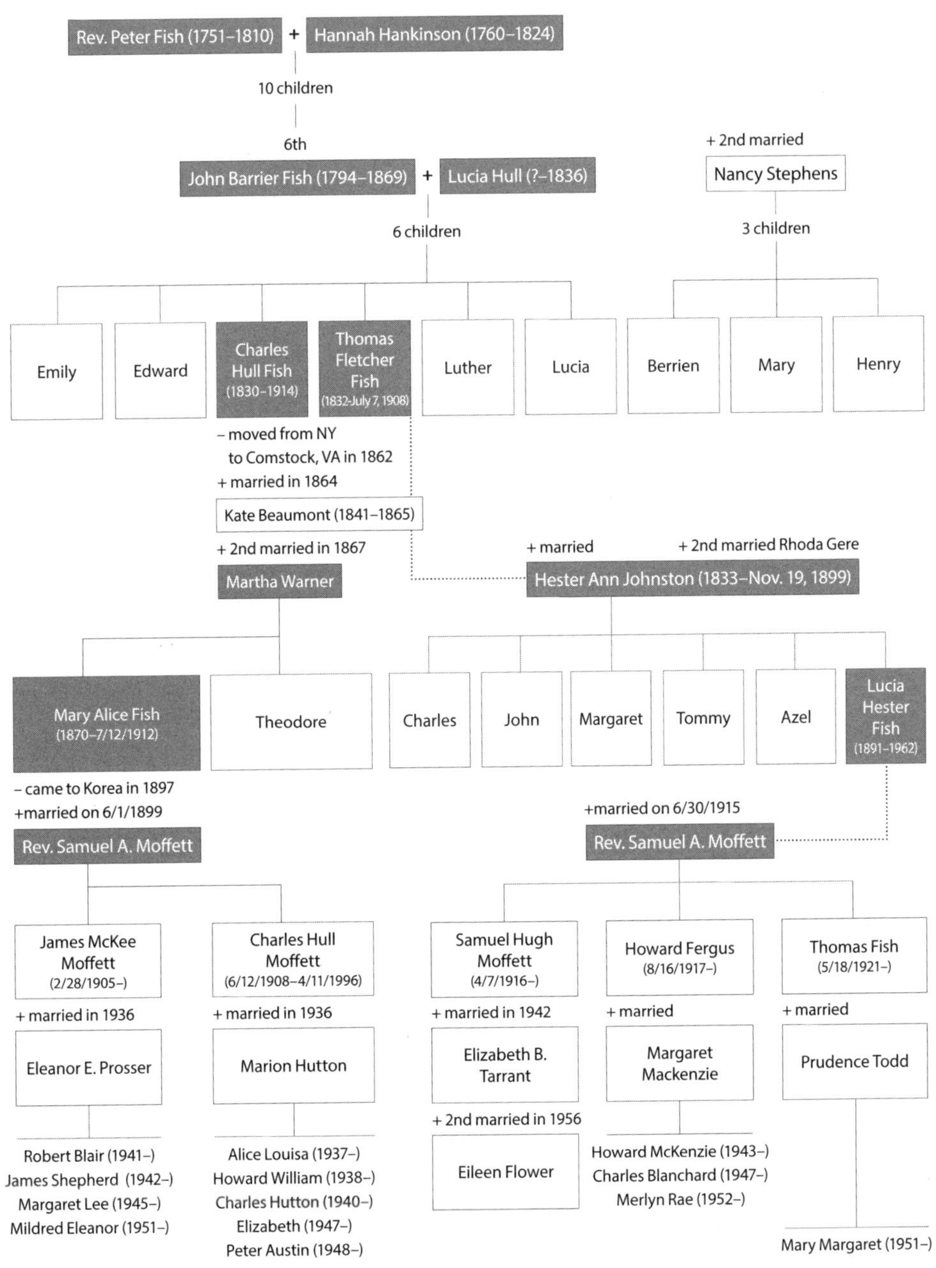

연대표 Chronology • 1904-1906

1904	Russo-Japanese War. Moffetts and missionary colleagues remain in Pyeng Yang
Sept. 22, 1904	Conference in Seoul on anniversary of Dr. Horace N. Allen's arrival (transferred from China) as first resident Protestant missionary in Korea
Autumn, 1904	Chungju opened as a Presbyterian Mission Station in Choong Chung Pŭk Do
1904 & 1905	Great trunk railway line 600 miles long connecting Pusan to Antung hurried to completion
Feb. 28, 1905	Son, James McKee Moffett was born
Nov. 17, 1905	Japanese Protectorate established in Korea
1905	S.A.M's oldest brother, William, sold S.S. Moffett & Son Drygoods store in Madison, Indiana which was established by their father
1905-1906	Moderator, Council of Presbyterian Missions in Korea
June 1, 1906	S.A. Moffett family leaves Pyeng Yang for furlough in America
June, 1906	S.A.M. stops two weeks in Hawaii to ascertain need for spiritual oversightof Korean Presbyterian workers on the islands
July 3, 1906	Alice Moffett and son, Jamie arrive in San Francisco aboard the Mongolia.
August, 1906	S.A.M. writes to A. J. Brown with plan for spiritual care of Korean Presbyterian immigrants to California
Sept. 1906	Elected moderator of New Albany Presbytery (Indiana) while on furlough from Korea
Nov. 1906-Feb. 1907	Guest (non-degree), post-graduate study, Princeton Theological Seminary

1904년	러일전쟁 2월에 발발. 마포삼열 부부와 동료 선교사들 평양에 남음
1904년 9월 22일	알렌 의사 한국 내한 25주년 기념 선교대회, 서울
1904년 가을	충청북도 청주 선교지부 개설
1904-1905	부산-서울-신의주-안퉁을 연결하는 600마일의 경의선 개통
1905년 2월 28일	아들 제임스 맥키 마페트 태어남
1905년 11월 17일	을사조약으로 일본 통감 정치 시작
1905	마포삼열의 큰 형 윌리엄이 매디슨에 있던 부친이 시작한 "마페트와 아들의 포목상점" 매각
1905-1906	마포삼열 한국 장로회공의회 의장으로 봉사
1906년 6월 1일	안식년으로 가족과 함께 미국으로 감
1906년 6월	하와이에 2주간 머물며 한국인 이민자 중 장로교인들의 영적 상태를 조사
1906년 7월 3일	아내 앨리스와 아들 제임스 샌프란시스코 도착
1906년 8월	브라운 총무에게 캘리포니아 한인 이민 장로교인들을 돌볼 목회 계획 제출, 방화중을 순행 전도사로 임명
1906년 9월	인디애나 뉴앨버니 노회 노회장으로 선출됨
1906년 11월	1907년 2월까지 프린스턴 신학교에서 대학원 과정 신학 공부

색인 Index

한글 색인

ㄱ

ㄴ

ㄷ

ㄹ

ㅁ

ㅂ

ㅅ

ㅇ

ㅈ

ㅊ

ㅋ

ㅌ

ㅍ

ㅎ

영문 색인

A

B

C

D

E

F

G

H

I

J

K

L

M

N

T

U

V

W

Y

마포삼열 자료집 3, 4

출간에 도움을 준 분들

가야교회2청년부 · 강신표 · 고광민 · 곽은이 · 권성웅 · 권영준 · 권종렬 · 김경진 · 김관범 · 김규환
김대영 · 김명수 · 김미경 · 김민석 · 김범수 · 김보경 · 김선배 · 김선희 · 김승원 · 김영범
김윤덕 · 김의종 · 김인주 · 김일환 · 김재신 · 김정근 · 김정은 · 김준환 · 김지희 · 김찬성 · 김찬호
김충은 · 김평화 · 김한식 · 김현정 · 김혜경 · 나경조 · 나성한 · 나은주 · 나필성 · 남명호
노상완 · 노제현 · 라철수 · 류정열 · 문기용 · 박광혁 · 박금호 · 박다니엘 · 박대영 · 박상갑
박용태 · 박원택 · 박종태 · 박종흔 · 박준우 · 박중민 · 박혜영 · 박환규 · 박회규 · 방영민 · 봉만형
새문안교회사료관 · 서영민 · 서원택 · 서자선 · 서정선 · 석찬권 · 손진영 · 송윤주 · 신기욱
신범용 · 신희영 · 안성권 · 안식 · 안주관 · 안한영 · 안희성 · 양기만 · 양재출
영세교회교육부 · 오명재 · 오주섭 · 오창효 · 우영호 · 유영성 · 유진호 · 윤미향 · 윤병국 · 윤상원
윤성근 · 이건 · 이경우 · 이금이 · 이대영 · 이동민 · 이민성 · 이병헌 · 이봉재 · 이상호 · 이성철
이수빈 · 이영숙 · 이영월 · 이우윤 · 이원혁 · 이장호 · 이재근 · 이정민 · 이종실 · 이준호 · 이철규
이태환 · 이한나 · 이현래 · 이현식 · 이현우 · 이현희 · 이혜천 · 이화정 · 임교신 · 임명신 · 임봉수
임성빈(장로회신학대학교 총장) · 임성희 · 임종표 · 임홍일 · 장동학 · 장종택 · 장현주
장혜영 · 전성은 · 전영호 · 정성자 · 정요한 · 정현욱 · 정현자 · 정현진 · 제은형 · 조영균
조영수 · 조예은 · 조정희 · 조하은 · 진소영 · 진정주 · 진지영 · 차정호 · 최광일 · 최영호 · 최은주
한국누가회 · 한성구 · 한호수 · 허성식 · 허임복 · 홍만화 · 황혜경 · Jinsoo Kim · Namsook Han

마포삼열 자료집 제4권

1쇄발행_ 2017년 8월 23일

책임편역_ 옥성득
펴낸이_ 김요한
펴낸곳_ 새물결플러스
편　집_ 왕희광·정인철·최율리·박규준·노재현·한바울·신준호·정혜인·김태윤
디자인_ 송미현·이지훈·이재희·김민영
마케팅_ 임성배·박성민
총　무_ 김명화·이성순
영　상_ 최정호·조용석·곽상원
아카데미_ 유영성·최경환·이윤범

홈페이지 www.hwpbooks.com
이메일 hwpbooks@hwpbooks.com
출판등록 2008년 8월 21일 제2008-24호
주소 (우) 07214 서울특별시 영등포구 양평로11, 4층(당산동5가)
전화 02) 2652-3161
팩스 02) 2652-3191

ISBN 979-11-6129-025-6　94230 (제4권)
ISBN 979-11-86409-93-0　94230 (세트)

책값은 뒤표지에 있습니다.

이 도서의 국립중앙도서관 출판시도서목록(CIP)은 서지정보유통지원시스템 홈페이지(http://seoji.nl.go.kr)와 국가자료공동목록시스템(http://www.nl.go.kr/kolisnet)에서 이용하실 수 있습니다(CIP제어번호: CIP2017019065).